U0035247

國際刑事合作概論

An Introduction to International Cooperation in Criminal Matters

柯慶忠／著

自序

　　國際間刑事合作的基礎理論散見於刑事法、國際公法、國際刑法、國際條約、公約及協定等領域，並因涉及外交、國際政治與國際關係而錯綜複雜。本書參照上述領域之英文文獻，彙集成《國際刑事合作概論》一書，以管轄權爲出發，並自第二章至第五章依序論述國際刑事合作的主要機制，包括引渡、境外取證與司法互助、受刑人移交與國際間刑事訴追移轉管轄。

　　本人曾在刑事警察局從事跨國合作打擊犯罪十餘年，執行跨國人犯解送及各式各樣的刑案偵查，剛開始最簡單的任務是赴海外押解嫌犯，從出發前的行政聯繫與準備，啟程前往人犯所在地國，抵達後進行各項押解確認，視情況必要與押解對象先行會面以掌握其健康及情緒狀況，然後才從外國監獄離開、通關、機艙門口交接、搭機返國、轉機過境，最後入境通關，完成移送才算完成任務。過程中也感受先進國家與開發中國家監獄的環境待遇，在受刑人數、空間、飲食衛生與醫療設備，顯然呈現不同的樣貌。

　　通緝犯押解回國的過程中，爲顧及飛航安全及化解不安，察言觀色、交談安撫是必要的。被押解之人如爲重刑犯或染有毒癮，若又長途飛行及轉機，則須更加費心。還好實務上許多通緝犯在搭機的那一刻已是歸心似箭又近鄉情怯。探究原因不外乎當事人在國外因案服刑完畢或因違反法律遭到驅逐時，已無法取得其他身分或旅行證件；或國內案件判決不重，發現長期逃亡因小失大；或衡量國內所涉案件刑度不致太重，訴訟尚存一線希望；或因健康或生病不願客死異鄉；或父母百年無法送終感到不孝；或妻離子散，愛人改嫁，兒女不親；或已經濟窘迫無人接濟山窮水盡；或長期淪落異鄉，語言飲食生活差異；或國外另案被捕，難熬國外監禁環境等等原因，而在我駐外人員與當地政府積極勸導及協助下，自願同意返國，總是要靠著天時地利人和的情況才能促成。因此可以說，我國基本上一直都是在正式的國際機制及體制外，靠辛苦建立的友好關係在運作。如果嫌犯極不願返國且未在當地國犯罪，當地國又無法或不願以移民法驅逐出境的方式進行假引渡，這樣的外逃罪犯多數難以緝捕歸案。有邦交及簽有引渡條約的國家用不上引渡；無邦交國家礙於國際地位問題無法簽訂引渡條約，造成追緝外逃罪犯困難，反觀我國，以移民法驅逐出境，可以說是我國追緝外逃罪犯及遭返他國罪犯所依賴的重要方式。

　　進一步的任務則是合作偵辦案件，從情資過濾、目標確認、過程設法與對方國家執法機關建立合作管道，或透過我國駐外館處或第三國執法機關進行聯繫，甚至自身安全等，都必須思考及克服，赴國外的行動若能在一星期內完成搜索扣押，就算是成功達成任務。部分案件及押解牽涉到兩岸因素，有時會造成延宕，在早期沒有行動電話及網際網路的年代，現場狀況常必須當機立斷，有時並不容易。近代基於專業分工及實務需求，派任執法人員常駐外國已成趨勢，對於國際合作打擊犯罪便利許多，已是今非昔比。

　　又實務上在國外有時為了獲取線民情報、埋伏、執行控制下交付、守候監控及追蹤對象，必要時會對執法機關提供費用或金錢獎勵，以求加快效率或打點線民，對這些國家而言，有時講「情」為基礎，「理、法」為用，金錢雖非萬能，沒有錢寸步難行；先進國家則多以「法」為本，以通緝犯協查為例，如通緝犯並無違反當地國法秩序亦無礙其治安，即使該國知道通緝犯行蹤，請求協查結果也多是石沉大海。因為這些國家在刑事制度的引渡與行政程序的遣返之間有著清楚界線，特別是當兩國往來較不密切、無頻繁跨國犯罪或罪犯藏匿時，也就沒有合作的急迫性與必要性，尤其偶發個案經評估未來也不至於有求於我方時，則更顯得興趣缺缺，這不是有沒有互惠保證的問題。倒是先進國家在跨國合作偵辦刑案很擅長，由於偵查科技先進且其資源豐富，自然較能主導及統合各國情資，對我國而言，如有可靠的犯罪情報，透過這些國家在全球的體系與網絡，借力使力是大勢所趨，不僅提高成功機率，進而還能提高我國國際能見度及國際合作聲譽等級；多年與外國刑事合作的過程中，深刻感受到先進國家與開發中國家在執法機關的合作態度、偵查科技、幹員可靠程度與清廉程度的差異。

　　從法律方面來看，合作偵辦刑案十餘年間接觸許多跨國犯罪案件，就讀研究所期間也翻閱許多案例，眾所周知犯罪地國不見得都能立即掌控及保全犯罪人，例如歐洲汽車竊案猖獗，就有人在西歐竊車後馬上開到東歐解體變賣。台灣也有人前往日本竊取重型機車，得手後交當地集團解體販賣並立即返國；或在泰國從事偽變造護照，並販賣給大陸偷渡客；或在國外盜刷側錄信用卡；或利用空服人員於飛行途中與國內發卡銀行無法連線徵信資料的空隙，在本國或外國航空器上詐購免稅商品；或在國外詐騙國人及華人投資；或常見派到國外的子公司任職時，侵占公司財物；或已有配偶之人在外國重婚；或留學生在美國誤入歧途參與強盜；或因生意糾紛在國外妨害自由，甚至在國外殺了人。過失的情形也會發生，以漁船喋血案為例，捕魚是與時間賽跑的工作，為了把握機會滿載而歸，有時工作必須日以繼夜，常常無法顧及體能與三餐，加上本籍與外籍之間的語言隔閡等因素，彼此在體能與精神上的壓力到了極限，衝突

便一觸即發。又以業務過失致人於死為例，曾有旅行社領隊帶團出遊，安排浮潛活動時未告知團員如何使用浮潛設備及應穿戴救生衣，導致毫無經驗的團員因而死亡；或團員反映身體不適，但領隊急於協助儘速就醫，導致死亡。

　　這種種情形在實務偵查上，由於犯罪發生時可能還不知道誰是犯罪者、或因犯罪嫌疑不足、或犯罪者於犯罪後逃匿，甚至得以逃離犯罪地，因此，就算沒有逃匿問題，也可能被害人在語文及情境上處於相對弱勢，在這些主客觀因素的限制下，被害人不一定都能在他國尋求司法上的救濟，況且，要停留在當地與對方進行訴訟，談何容易！因此，由犯罪地國來制裁犯罪的理想與現實產生脫節，常見被害人回到國內之後，對行為人在國外之犯罪行為提出告訴，特別是本國國民在國外受到本國國民侵害的案例最為常見，此等案件雖非過江之鯽，卻也屢見不鮮。

　　實務一方面因刑法領域外犯罪規定的限制無法給予被害人太多幫助，另一方面也了解有些人是存心利用刑事管轄限制與境外偵查盲點來從事不法行為，身為執法人員希望伸張正義的同時，也可能因為法律規定而愛莫能助。當時單純的想法是，如果證據的取得沒有問題，何以刑法要有第 7 條「最輕本刑為三年以上有期徒刑」的限制？而如果不行使管轄權，那對於在國外的犯罪行為應該如何評價？各國對於領域外犯罪的規範是否一樣？大陸法系與普通法系對於刑法的屬人原則的看法是否有差異？刑法的領域外管轄權與國力強盛與否有無關係？是否國力強盛的國家，所設的領域外管轄範圍就比較廣？國民引渡原則與領域外犯罪管轄有何關聯？這些問題，在後來的研究中慢慢找到答案。原來兩大法系的國家想法差異很大，一如 1797 年英國學者 David Hume 的一段話表示：「任何居住在本地之人，不管是蘇格蘭人或外國人，不會因為在外國的犯罪而受本國法院審判。法院不是用來主持全世界的正義。對於領域外所為之犯罪，英國法院不會採取措施予以矯正，亦無資格為之」；1891 年英國刑法學者 Lord Halsbury 亦指出：「所有的犯罪都屬地域性，犯罪的管轄屬於犯罪發生地國」。再加上陪審制度上傳喚證人困難，因而不願延伸刑法領域外管轄，認為「邊界之所止，即責任之所止；責任之所止，即管轄之所止」。隨著文獻的閱讀，也對這個問題有更深入的想法。

　　印象深刻的案件是一件發生於 1998 年在美國加州的亞裔強盜案，其中嫌犯 Jerry Hu 具有台美雙重國籍，於犯罪後逃匿回台灣，美國聯邦調查局人員多次來台請求我國協助將該人引渡或遣返至美國，或於該人出境時通報美方，以便美國向其他國家請求引渡。當時我向美方表示依據我國引渡法規定國民不引渡，但我國法院對該案可行使管轄權，同時本人好奇詢問國民如何能引渡？美方也疑惑地回復，美國准許他國請

求引渡美國國民。經過那天的討論及之後的研究，才瞭解以英美為主的普通法系國家，與大陸法系國家對於管轄原則（特別是屬人原則）有極大的差異，引渡與刑法屬人管轄原則息息相關。Jerry Hu 一案在經過將近 20 年後，於 2018 年 8 月經我國最高法院依幫助加重強盜罪判處有期徒刑 3 年 6 個月定讞(最高法院 106 年台上字第 2657號)，當然，在這個案例中，美方與我方的談論中使用引渡一詞並不正確，因為台美之間並沒有簽訂引渡條約或協定。至於普通法系採取國民可引渡原則，英國國民林克穎(Zain Taj Dean)引渡一案可以做為說明的案例，詳閱本書第三章第十節。

累積許多國際合作的實務經驗，國內早期關於跨國犯罪的研究不多，個人在勤務上產生的困惑常需自行摸索答案，也曾嘗試撰寫期刊發表心得，如〈我國在國際刑警組織的歷史回顧與展望〉一文，探討我所任職的警政署刑事警察局為何被迫退出國際刑警組織，讓我們的國際聯繫與合作如此困難；1992 年歐洲簽屬馬斯垂克條約成立了歐盟，同年也成立了歐盟警察組織，由於關注國際執法合作，撰寫〈歐盟警察組織簡介〉；又因經常出國押解，常與各國執法機關討論跨國押解，瞭解及聽聞到許多押解發生的不幸案例，因而撰寫〈跨國人犯解送之規定與實務〉做為提醒，或許年輕讀者不知道，1999 年刑事警察局負責遣返大陸劫機犯，曾發生時任海基會副秘書長詹志宏被大陸劫機犯劃傷脖子的事件；時至 2004 年 1 月歐盟逮捕令新制實施，廢除會員國之間的引渡制度，本人率國內之先，於 2007 年撰寫〈歐盟引渡制度之新變革—以歐盟逮捕令為逮捕及解送之新制〉投稿於東吳法律學報。

2008 年本人赴美國聯邦調查局國家學院受訓，之後派駐美國擔任首任駐美警察聯絡官共 3 年 6 個月，期間經常與美國司法部國際事務處(OIA)、美國聯邦調查局(FBI)、美國緝毒局(DEA)、國際刑警組織美國中央局(USNCB)及各大警察局連繫及會晤，試著瞭解可以簽訂司法互助協定卻無法簽訂引渡協定的原因、試著瞭解美國國際刑事合作的各項制度與實務、試著瞭解美國及先進國家有沒有可能依據移民法「透過行政程序或司法程序拒絕外國人民入境或繼續停留，同時將其置於他國機關直接或間接的管轄及控制，實際上卻將其交由他國押解以達到引渡的效果」。但也明白這不可能，因為引渡程序與移民程序為完全分開而獨立的軌道，兩者原則、標準、程序及證據標準不同。2011 年 6 月回國後，我將彙整的心得總結於〈從美國引渡法制與國際實踐探討臺美洽簽引渡協定之問題〉一文，多年之後重新檢視內容，情況似乎依然沒有改變，讀者閱讀後，或許可以進一步知道台美引渡的難處。

駐美期間時常在喬治華盛頓大學法學院圖書館翻閱國際刑法及跨國犯罪等專業書籍，訂書便利也購買了許多珍貴的書籍，返國後雄心壯志展開撰寫，卻在偶然機會下

受台灣警察專科學校聘任，擔任專業警察英文兼任講師，並有感於對英文的興趣及自詡對專業執法英文用語有些心得，投入近三年時間撰寫《實用執法英文》及《執法英文字彙手冊》，而後又因擔任區長及民政局長職務，能利用的餘暇時間有限，時光轉瞬流逝，眼見當年第一手圖書，轉眼已成舊版，內心恐多年來添購的書籍及閱讀心得付諸流水，且近年來各項涉外執法議題也有進展，制定了國際刑事司法互助法、跨國移交受刑人法，引渡法後也在 2022 年 3 月 31 日第 3796 次行政院院會決議通過修正草案；又近年來雖與外國簽定司法上的相關協定，但因國際政治與國家地位問題，與外國難以簽訂引渡條約、公約或協定，這些議題都與過去的閱讀及經驗心得相關，自覺尚有可與讀者分享之處，乃決定縮減篇幅加速撰寫，特別是國際刑事法院羅馬規約第 5 條至第 9 條規範的滅絕種族罪、危害人類罪、戰爭罪及侵略罪這四種嚴格意義的國際刑法的核心國際犯罪(international criminal law in stricto sensu; core international crime)以及國際關切之犯罪(crimes of international concern)亦即條約犯罪(treaty crimes)已經成為一個專門的國際刑法體系，因此本書未納入討論；另有關海峽兩岸部分，因關係特殊，跨境刑事合作的法規與實務自成一系，本書亦未予討論。

謹以本書對自己的工作及所學做為彙整，研究粗淺尚屬概論性質，又章節有些研究較為深入，有些著墨較少，不可諱言是因個人研究取向、能力及時間所限，以及堅持親自閱讀原文眼見為憑所致，盼有助於讀者對各類跨國犯罪態樣的認識與理解，也提供第一線從事國際執法合作者參考。國內實務案例及見解部分，感謝新北市政府民政局專員蔡晴棠律師協助彙整更新及提供寶貴意見。

回顧公務生涯曾長期任職刑事警察局國際刑警科、派駐美國華府擔任警察聯絡官，回國後轉至新北市政府服務，這期間曾因公務前往近三十國家上百城市，積累實務經驗與能力，積極向辦案經驗豐富的先進請益，也透過國外執法文獻的閱讀與專題研究增進所學，工作上，外語能力的提升、服裝儀容、國際禮儀也都是必要注意的。儘管我國沒有國際刑警組織的正式會籍，實務上也常因我國處境特殊而遭遇執行困難，但在工作中所獲得成就感，年輕時以國際刑警這份工作為榮。

自中央警察大學畢業匆匆已三十載，體會到人生的過程猶如登山，相遇的每個人都在不同的時間，從不同的起點，設不同的目標，帶不同的裝備，循不同的路徑，用不同的速度，開始攀登；每個人都看到不同的美景，遇到不同的險阻，在不同的交會點，與不同的人相遇，談著一路上不同的境遇，此時，已花了不同的力氣，也剩下不同的時間，最後每個人在不同的頂點折返。

感謝您對這本書的興趣，內容疏漏、錯誤及不周之處，併祈賜教指正。

柯慶忠 2022 年 4 月 1 日

目錄

第二章　管轄理論

第三章　引渡

第四章　境外取證

第五章　跨國移交受刑人與刑事訴追移轉管轄

第一章

緒 論

第一節　領域外犯罪與跨國犯罪概說

第一項　概述

　　科技發達與交通便捷使得各國往來頻繁，不免會發生在外國因故意或過失侵害他人法益或法益受侵害情形，案例不勝枚舉，例如：電信詐騙集團提供高薪及抽成引誘年輕人赴海外犯罪，或在國外詐騙華人投資；或經派赴海外工作利用職務機會侵占公司財物；或因生意糾紛，在國外妨害自由；或外籍配偶婚後來台因夫妻感情不睦，擅自帶走未成年子女回母國，涉犯移送被略誘人出國罪；或刊登廣告仲介女子赴海外從事性交易；或參加國外旅行，酒後涉嫌乘機性交同團女子；或旅行社領隊帶團出遊安排浮潛活動，未告知如何使用浮潛設備及應穿戴救生衣，導致毫無經驗團員因而死亡，或團員反映身體不適，但領隊未能及時協助就醫導致死亡；或利用漁船走私槍枝與毒品；或在東南亞國家變造護照並販賣給大陸偷渡客；或跨國共組偷渡集團掩護大陸人士偷渡歐、美、日等國家；或本國籍漁船在公海作業時，船長因與外籍船員起糾紛，故意將其推入海；或側錄並複製他人信用卡號及驗證碼等在國外盜刷；或利用空服人員於飛行途中，與國內發卡銀行無法連線之空隙，刷卡詐購免稅商品；或前往日本竊取重型機車，得手後交當地集團解體、販賣並立即返國；或留學生在國外誤入歧途參與強盜；或在國外犯殺人罪，也時有所聞。

　　依據我國刑法第4至9條規定，犯罪之行為或結果，有一在中華民國領域內者，為在中華民國領域內犯罪。如果在我國領域外犯罪，且屬最輕本刑為三年以上有期徒刑之罪，或因公務員身分或特定犯罪而有刑法規定，適用我國刑法處罰之；如果在外國犯罪且已受外國追訴及處罰時，剩下的問題是該同一行為經外國確定裁判後，仍得依我國刑法處斷，以及法院對於在外國已受刑之全部或一部執行者，是否免其刑之全部或一部之執行。

　　但如果未能在犯罪地國即時將行為人繩之以法時，即衍生困境，這是因為犯罪地國不見得都能立即知悉犯罪並掌控證據及犯罪人，或因犯罪發生時可能還不知道犯罪

者身分，或知道犯罪發生但犯罪嫌疑不足，或犯罪者於犯罪後逃離犯罪地，也可能被
害人在國外停留時間有限，加上語言及情境上處於弱勢與劣勢等，在這些主客觀因素
的限制下，無法在當地國尋求司法協助，況且，要留在當地進行訴訟，談何容易！因
此，由犯罪地國制裁犯罪的理想與現實產生脫節，常見被害人回國後才對國外的犯罪
提出告訴，主要是在國外受同國人侵害情形最為常見，案件雖非過江之鯽，卻也屢見
不鮮。同樣的情形也會發生在外國人於本國犯罪後逃匿返國。

　　跨國性犯罪例如 1980 年代源自於奈及利亞的「預付款詐騙(advance-fee scam)」或稱
「419 詐騙 (419 Fraud)」，其犯罪手法為詐騙者以信件、傳真或電子郵件向全球不特定
對象發出訊息，佯裝為卸任政府高官或其家屬，表示因有巨額款項在銀行而礙於身分
無法提領，如願意提供帳戶移轉款項，事成之後給予高額的酬庸，惟須先支付匯兌、
稅金及銀行作業等預付款(advance-fee)。集團成員分飾各種身分並使用偽、變造法院
公證文件資料以取信被害人，待被害人信以為真並匯出預付款後，即失去聯繫，被害
人始知受騙。[1]類似的詐騙歷久不衰，在國內、外至今仍時有所聞。

　　國際恐怖主義攻擊事件層出不窮，早在 1972 年 9 月德國慕尼黑奧運慘案事件中，
巴勒斯坦 8 名武裝組織闖入以色列選手村，槍殺 2 名並劫持 9 名以色列代表團成員，
要求以色列將 234 名關押中的巴勒斯坦人釋放，最終該 8 名武裝分子雖被擊斃，而 11
名以色列代表團成員（包括當場槍殺的 2 名及被劫持的 9 名）也同時遇難。時至 2001
年的 911 事件，19 名蓋達組織恐怖份子劫持 4 架飛機衝撞紐約世界貿易中心雙塔，造
成飛機上所有乘客及雙塔近 3,000 餘人死亡或失蹤，之後類似的恐怖攻擊例事件，可
以說不曾間斷過，案例不勝枚舉，如 2002 年峇里島爆炸案造成 202 人死亡、2003 年
及 2004 年兩起伊拉克清真寺爆炸案分別造成 100 多人及 271 人死亡、2004 年莫斯科
地鐵爆炸案造成 50 人死亡、2005 年倫敦地鐵爆炸案造成 90 人死亡、2006 年巴基斯
坦自殺炸彈造成 42 人死亡、2007 年武裝分子攻擊衣索比亞油田造成 74 人死亡、2008
年孟買恐怖攻擊造成 174 人死亡、2009 年伊拉克巴格達恐怖襲擊造成 115 人死亡、
2010 年莫斯科地鐵爆炸案造成 40 人死亡，2014 年奈及利亞爆炸案造成 75 人死亡、
2015 年葉門清真寺爆炸案造成 142 人死亡、2016 年敍利亞大馬士革恐怖攻擊事件造
成 83 人死亡、2017 年土耳其伊斯坦堡夜店槍擊事件造成 39 人死亡、2019 年紐西蘭
基督城清真寺槍擊案造成 51 人死亡，及 2019 年斯里蘭卡復活節大屠殺造成 159 人死
亡。還有許多萬國公罪，諸如古老的海盜罪，在今日的亞丁灣海域索馬利亞海盜、東

---

[1]　Mohamed Chawki, *Nigeria Tackles Advance Fee Fraud*, Journal of Information, Law & Technology,
　　at 1-5, (2009).

南亞海域麻六甲海盜及西非海域海盜仍然猖獗；人口販運仍然沒有間斷，2019 年 10 月英國艾塞克斯郡在一輛貨車冷凍貨櫃內發現 39 具越南偷渡客屍體，各式各樣令人髮指的重大犯罪幾乎見諸每日全球國際新聞版。

至於更嚴重的國際犯罪，學者趙守博在其現代國際刑法專論一書中即有整理，[2] 包括：【1】1946 年至 1948 年的東京大審，即遠東國際軍事法庭(International Military Tribunal for the Far East)對第二次世界大戰日本軍事首領就破壞和平(crime against peace)、戰爭罪(war crime)及違反人道罪(crime against humanity)等進行審判；【2】紐倫堡大審，即歐洲國際軍事法庭（又稱紐倫堡國際軍事法庭 Nuremberg Trials)根據國際法於第二次世界大戰後對納粹德國政治、軍事首領起訴；【3】1970 年代紅色高棉（簡稱赤柬）發生殘酷的大屠殺，長達 10 年加諸人民的暴行，估計造成至少 200 萬人死亡，其中光是惡名昭彰的金邊 Tuol Sleng S-21 監獄(Tuol Sleng Security Prison S-21)在波布政權期間整肅異己，對政治犯、知識分子及反對者進行逼供、拷問、凌虐、酷刑及殺戮，造成一萬多人死亡。經過聯合國與柬埔寨多年協商談判，終於在 2001 年成立柬埔寨法院特別法庭(ECCC)進行追訴；【4】聯合國安理會於 1993 年通過 827 號決議成立前南斯拉夫國際刑事法庭(International Criminal Tribunal for the former Yugoslavia, ICTY)，審判前南斯拉夫解體時，境內包括克羅埃西亞獨立戰爭、波士尼亞戰爭造成大量死亡及流離失所的種族滅絕及違反人道罪行。【5】聯合國安理會於 1994 年成立了盧安達國際刑事法庭(International Criminal Tribunal for Rwanda, ICTR)，審理盧安達境內從事種族滅絕及其他嚴重違反國際人道主義行為之人，以及在這段期間於鄰國境內從事種族滅絕等違法行為的盧安達公民。

2002 年國際刑事法院(International Criminal Court, ICC)在荷蘭海牙成立，針對國際刑事法院羅馬規約第 5 條規定的滅絕種族罪(Genocide)、危害人類罪(Crimes against humanity)、戰爭罪(War crimes)及侵略罪(crime of aggression)等四種犯罪行使管轄權。國際刑事法院成立迄今，也追訴了許多重大國際犯罪案件，例如：[3]【1】1998 年至 2003 年第二次剛果戰爭(Second Congo War)造成數百萬人死亡及流亡案；【2】2004 年烏干達聖主抵抗軍(Lord's Resistance Army)對平民濫殺、酷刑、驅使兒童及少年作戰、強姦婦女、強迫婦女作戰、搶奪及製造恐怖行為案；【3】蘇丹達佛地區於 2003 年至 2010 年發生戰亂，估計 20 萬至 40 萬人喪生，250 萬人流離失所案；【4】2007 年肯亞總統

---

[2] 趙守博，現代國際刑法專論，元照，2020 年 5 月。
[3] 同前註。

選舉之後發生暴動造成 1500 人喪生，約 50 萬至 60 萬人流離失所案；【5】2010 年象牙海岸總統大選紛爭引爆雙方衝突，為期數個月的暴動，造成上千人死亡，50 萬人流離失所，9 萬人逃亡至鄰國賴比瑞亞避難案。

　　上述種種犯罪行為，在各國國內法、國際條約、國際公約或協定甚至是國際刑事法院羅馬規約，都有追訴處罰規定，其基礎理論散見於刑法「領域外適用」、引渡法、刑事司法互助、刑事判決相互承認、受刑人移交、刑事訴追移轉管轄、國際法、國際刑法、國際條約公約協定、國際法院及其管轄之國際犯罪領域。不管從國內法或國際法，抑或從法律、政治或外交面角度切入，都可以是獨立機制，互有密切關聯，也都是各國執法機關及國際執法組織合作打擊犯罪的基礎原則。而就各國而言，這些基礎原則有其共通之處，但也因為法系不同而有根本差異，使得國際刑事合作的整合及運作上有所不同，最明顯的例子，即如國民是否引渡的問題。

　　本書將相關議題及概念整合為《國際刑事合作概論》，主要針對各國刑事法之一般刑事犯罪進行探討，至於國際刑事法院(ICC)及該法院獲得國際法賦予管轄的犯罪（即國際刑法之侵略罪、殘害人群罪、種族滅絕罪、戰爭罪等犯罪）則未予討論；另國際間合作打擊犯罪的組織，如國際刑警組織(Interpol)、歐盟警察組織(Europol)、東協警察組織(Aseanapol)、防制洗錢金融行動小組(FATF)、亞太洗錢防制組織(APG)、艾格蒙聯盟(EG)及各國駐外執法聯絡官，由於其合作也是依循國際刑事規範的基礎原則，因此本文亦不探討這些組織及運作，此外，有關海峽兩岸之刑事合作打擊犯罪，因兩岸關係特殊，法規與實務自成一格，本書亦不予討論。

第二項　名詞釋義與思辨

第一款　國際公法、國際刑法與國際私法

一、有關國際公法與國際刑法間關係

　　國際公法，是規範國家行為、國與國及國家與人民彼此關係的法律制度，主要關

切國與國關係，內容包括國家與國際組織的行為、權利、義務之法律與原則。[4]國際刑法是國際公法中一部分領域，國際公法關切的是國與國的關係，而國際刑法關切的則是個人的刑事責任，並依據國際法所定義的犯罪，去制定行為規範並處罰行為。[5]國際刑法既為國際法一環，因而國際法的法源規範（即國際法院規約第 38 條第 1 項列舉的條約法、習慣國際法、一般法律原則，以及居於補充地位的司法判決及重要著作）也是國際刑法的法源，[6]又國際刑法由國際法及刑法共同組成，以國際法為其法源，而以刑罰為其結果。從國際法來看，國際刑法的法源及解釋應與國際法相符，從刑法來看，其條文應力求明確，從審理程序來看，其方式應仿照刑事法庭。[7]

二、有關國際私法與國際刑法間關係

國際私法，為對於涉外民事法律關係，就內外國之法域及法律，決定其由何國法院管轄及適用何國民事實體法律，進行審判之國內公法，儘管民事法律規定法院得適用外國法解決涉外爭議，刑法卻不然；在衝突法(conflict of law)中，決定法律要如何適用的「法律選擇(choice of law)」問題，在刑法中並不發生。在刑法的「領域外適用」相關規定，主要在說明當一個行為有涉外因素（牽涉外國）時，法院在什麼條件下應適用本國刑法，而當國家對於某一行為沒有立法處罰時，法院即不能援引外國法律處罰之。[8]

在國際私法領域，基於私法自治原則，著重私法關係應尊重當事人之意思自決，特別是在債之關係，即以當事人合意選定特定準據法(Lex Causae)為重要原則，當事人有權合意選擇適用的法律(Lex pro voluntate, the parties's right to a free choice of law)，僅於當事人意思不明時，方由法院適用為國內公法、強制法性質之國際私法而為裁判，如我國涉外民事法律適用法第 20 條規定「法律行為發生債之關係者，其成立及效力，依當事人意思定其應適用之法律（第 1 項）。當事人無明示之意思或其明示之意思依所定應適用之法律無效時，依關係最切之法律（第 2 項）。法律行為所生之債務

---

[4] Bryan A. Garner, Black's law dictionary 8th edition, at 835.

[5] International Criminal Law & Practice Training Materials, *What is international criminal law?* Institute for International Criminal Investigations.

[6] Robert Cryer, Darryl Robinson & Elizabeth Wilmshurst, *An Introduction to International Criminal Law and Procedure,* Cambridge University Press, at 6-9, (2007).

[7] *Id.* at 12.

[8] Iain Cameron, *The Protective principle of International Criminal Jurisdiction*, Dartmouth, at 6-14, (1994).

中有足為該法律行為之特徵者，負擔該債務之當事人行為時之住所地法，推定為關係最切之法律（第 3 項）。」者是，但並非毫無例外，如：對於各類基本原則之確立及交易安全秩序之維護等，如：當事人之權利能力及行為能力，依其本國法；物權，依物之所在地法，物之所在地如有變更，其物權之取得、喪失或變更，依其原因事實完成時物之所在地法；物權之法律行為，其方式依該物權所應適用之法律等是。但在國際刑法中以上原則並不適用，法院地法(Lex Fori)才具有重要性。[9]

第二款　國際刑法、跨國刑法與跨國犯罪

國際法學者習慣將刑事法二分為國際刑法(International Criminal Law)與國家刑法(National Criminal Law)。國際刑法是近年來新興獨立的一門學科，在普通法系國家，較早的專書是 1965 年學者 Muller and Wise 所著的 International Criminal Law，近年來國際刑法已成為外國法學院必開的課程，學者 M. Cherif Bassiouni 則為國際刑法重要的開創及研究者，時至今日已有非常多的國際刑法著作，而且討論的範圍多元。

國際刑法的犯罪議題以往分散在國際法及刑法探討，由於各國學者間探討的角度不同，因此國際刑法一詞的概念也有所不同，但廣義來說，國際刑法涵蓋了兩大部分，包括「國際法的刑法面向(criminal aspect of international law)」及「本國刑法之國際面向(international aspect of national criminal law)」。[10]有認為「國際法的刑法面向」應稱之為「國際刑法(International Criminal Law)」，而「本國刑法的國際面向」應稱之為「跨國刑法(Transnational Criminal Law)」。[11]

所謂「國際法的刑法面向」，係指國際上所規範(prescribed)及通過(authorized)的刑事法，亦即透過習慣法或條約而拘束或授權國家在其國內刑法中對某項犯罪的立法以及有關國際刑事合作的雙邊或多邊條約。過去由於沒有超國家的執行體系，國家成為國際刑法的執行者。直到前南斯拉夫國際刑事法庭(International Criminal Tribunal for the former Yugoslavia, ICTY)的成立，可謂一大進展，但此一法庭仍屬非常設(ad hoc)機

---

[9] M Cherif Bassiouni, *International Criminal Law, Volume II Jurisdiction and Cooperation*, at 148-149, (1973).

[10] Cameron, *supra* note 8, at 10.
"…international criminal law …encompasses first, the criminal aspects of international law and second, the international aspect of domestic criminal law."

[11] Cryer, Robinson & Wilmshurst, *supra* note 6, at 3.

關，角色有限。[12]之後於 2002 年在荷蘭海牙

正式成立常設的國際刑事法院(International Criminal Court, ICC)，對於國際刑事法院羅馬規約第 5 條規定的滅絕種族罪(Genocide)；危害人類罪(Crimes against humanity)；戰爭罪(War crimes)及侵略罪(crime of aggression)等四種犯罪行使管轄權。

所謂「本國刑法的國際面向」，有學者見解認為應稱為「跨國刑法(Transnational Criminal Law)」，並將跨國刑法包含了國家立法規範跨越領域的犯罪及其執行、涉外犯罪的國際合作機制、涉外犯罪的司法互助以及引渡。有些條約要求國家將某些行為規範為內國的犯罪，在國家領域內發現行為人時，即應進行審理或引渡。迄今「本國刑法的國際面向」仍為國際刑法的重要部分。[13]此一面向包含了本國刑法及司法權所涵蓋領域及空間、引渡、司法互助、刑事判決之承認與執行、刑事訴追移轉管轄及受刑人移交及各國檢警及司法合作取證等。[14]

至「國際刑法」與「國際犯罪」間關係，國際犯罪最早發展自習慣國際法，之後才在條約法(treaty law)具體呈現，以最早的海盜罪而言，是 17 世紀被公認的第一個國際犯罪[15]。上個世紀甚至直到 90 年代的幾個國際刑事法庭成立前，國際犯罪概念上主要指本國刑法處理跨國犯罪部分，也就是跨越國境部分。[16]今日國際犯罪範圍也隨著國際刑法定義不同而有所不同，雖然目前常有將所謂跨國刑法認為是國際刑法的一部分，但事實上，跨國刑法與嚴格意義的國際刑法及國內刑法間有所區別。[17]

國際犯罪可定義為依據國際法所創設而不受本國法干涉的犯罪，國際法將此種的犯罪刑事責任直接歸咎於當事人。[18]著名的國際刑法學者 M. Cherif Bassiouni 將國際犯罪分為：（1）嚴格意義的國際刑法(international criminal law in stricto sensu)之核心犯罪，包括：侵略罪(aggression)、殘害人群罪(crimes against humanity)、種族滅絕罪(genocide)及戰爭罪(war crime)，[19]以及（2）國際關切之犯罪(crimes of international

---

[12] Cameron, *supra* note 8, at 6-14.

[13] *Id.* at 3.

[14] *Id.* at 6-14. 又在大陸法系國家中，這些法規規範在刑法或刑事訴訟法，顯示各國對於這些問題的性質是實體法還是程序法，見解分歧。

[15] M. Cherif Bassiouni, *International Criminal Law, Vol. 1 Sources, Subjects, and Contents*, at 129 (2008).

[16] Cryer, Robinson & Wilmshurst, *supra* note 6, at 3.

[17] Neil Boister, *Transnational Criminal Law?* European Journal of International Law, Vol. 14, No. 5, at 961-965, (2003).

[18] Cryer, Robinson & Wilmshurst, *supra* note 6, at 5.
An international crime may by defined as an offence witch created by international law itself, without the intervention of domestic law.

[19] Bassiouni, *supra* note 15 at 107-108.

concern)，亦卽將條約犯罪(treaty crimes)也視爲國際犯罪，學者 M. Cherif Bassiouni 並檢視 267 個國際公約，將其中 28 種犯罪也視爲國際犯罪。[20]另一學者 Neil Boister 的著作也是將國際刑法做相同的二分。[21]

　　學者 Neil Boister 認爲，國際刑事法院羅馬規約將跨國刑法與嚴格意義的國際刑法做了具體化的區分，亦卽羅馬規約第 5 條至第 9 條規定對滅絕種族罪、危害人類罪、戰爭罪及侵略罪這四種的核心國際犯罪(core international crime)具有管轄權，這都是習慣國際法認定的罪行，羅馬規約規定了個人在這些核心犯罪中的刑事責任，此等犯罪得由國際刑事法院(ICC)起訴與審理，國際刑事法院獲得國際法授予管轄權的侵略罪、殘害人群罪、種族滅絕罪、戰爭罪四種犯罪，是基本公認的國際犯罪，[22]而依照條約或學術來看，這些犯罪又稱爲「國際法下之犯罪(crime under international law)」，直接受國際法處罰，例如「聯合國防止及懲治滅絕種族罪公約(U.N. Convention on the Prevention and Punishment of the Crime of Genocide)」第 1 條卽規定，滅絕種族罪是國際法下之犯罪(crime under international law)。

　　相對地其他國際犯罪的起訴及處罰是依據國內法，這情況下的國際法與國際條約，只是拘束國家有義務將該行爲宣示並制定爲犯罪，例如聯合國禁止酷刑公約第 4

---

[20] *Id.* at 136.
　　包括侵略罪(aggression)、傭兵(mercenarism)、種族滅絕罪(genocide)、殘害人群罪(crimes against humanity)、戰爭罪(包括非法持有或使用架設武器) war crime (including unlawful possession or use of emplacement of weapons)、核武恐怖主義(nuclear terrorism)、核子原料竊盜(theft of nuclear materials)、種族隔離(apartheid)、奴隸及其相關之罪(slavery and slave-related crimes)、凌虐及其他形式之殘酷、不仁道或降等待遇(torture and other forms of cruel, inhuman or degrading treatment)、非法人體實驗(unlawful human experimentation)、海盜(piracy)、劫機及違反國際航空安全之非法行爲(aircraft hijacking and unlawful acts against international air safety)、違反航海安全及公海平台之非法行爲(unlawful acts against the safety of maritime navigation and the safety of platforms on the high seas)、對國際保護人士威脅及使用強制力 (threat and use of force against internationally protected persons、crimes against United Nations and associated personnel)、人質挾持(taking of civilian hostages)、使用爆裂物(use of explosives)、非法使用郵件(unlawful use of the mails)、資助恐怖主義(financing of terrorism)、非法走私毒品及毒品相關犯罪(unlawful traffic in drugs and related drug offenses)、組織犯罪(organized crime)、毀滅與偷竊國家寶物(destruction and/or theft of national treasures)、unlawful acts against certain internationally protected elements of the environment、國際走私猥褻刊物(international traffic in obscene publications)、偽造(falsification and counterfeiting)、干擾海底電纜(unlawful interference with submarine cables)、賄賂外國公務員(bribery of foreign public officials)

[21] Boister, *supra* note 000, at 953. 同樣分兩類：（1）嚴格意義的國際刑法 international criminal law in *stricto sensu*，也就是核心犯罪；（2）爲國際所關切的犯罪 crimes of international concern，也就是國際上條約之犯罪(treaty crimes)

[22] Cryer, Robinson & Wilmshurst, *supra* note 6, at 3.

條規定,「各締約國應確保所有酷刑應爲國家刑法下之犯罪(offences under its criminal law)」,可以說,這是透過國內的司法體制間接將其成爲國際法之下的罪刑,[23]因而海盜(piracy)、奴隸(slavery)、酷刑(torture)、恐怖主義(terrorism)、毒品走私(drug trafficking)等這些條約要求內國立法處罰的犯罪,經國家立法後,都不屬國際犯罪。[24]因而國際刑事司法在執行上,有極大部分仰賴內國機關,互補原則(principle of complementarity)成爲重要的執法原則,內國法院更爲此一原則下的重要執行者,包括了國際起訴國際犯罪及內國起訴國際犯罪。[25]

至「跨國犯罪」與「跨國刑法」間關係,跨國犯罪(transnational crime)一詞則是犯罪學家、國家的刑事司法官員及政策制定者常使用的用語,簡言之,跨國犯罪描述的是實際已產生或可能產生跨越國界而牽涉對國內或國際有影響的行爲,[26]基本上指在兩個不同國家領域的犯罪行爲,同於「跨境犯罪(cross-border crime)」的意思。[27]跨國犯罪的預備、實施或其影響涉及違反兩國以上的法律,但國際犯罪則不一定是涉及數國。[28]

跨國刑法(Transnational Criminal Law)旨在用國際法間接透過國內刑事法律的方式,壓制實際已產生或可能產生會跨越國界影響的犯罪行爲,並用以作爲跨國犯罪一詞的對應,[29]學者 Neil Boister 認爲,跨國犯罪涉及的是國際刑事法院管轄犯罪以外的條約犯罪(treaty crimes),跨國犯罪並不會創設個人在國際法上的責任,而是以間接方

---

[23] Gerhard Werle, *Principles of International Criminal Law*, The Hague TMC Asser Press, at 32, 36-37, (2005). 公約全名為「聯合國禁止酷刑和其他殘忍、不人道或有辱人格的待遇或處罰公約 (The United Nations Convention against Torture and Other Cruel, Inhuman or Degrading Treatment or Punishment)」,第 4 條規定 Art 4(1) Each State Party shall ensure that all acts of torture are offences under its criminal law.

[24] Cryer, Robinson & Wilmshurst, *supra* note 6, at 3.

[25] *Ibid.*

[26] Boister, *supra* note 17, at 954. Transnational crime describes conduct that has actual or potential trans-boundary effects of national and international concern.

[27] Philip L. Reichel, *Handbook of Transnational crime & Justice*, Sage Publications (CA), at 116, (2005)

[28] Jay S Albanese, *Transnational crime,* Whitby, ON: de Sitter Publications, (2005).
Transnational crimes are violations of law that involve more than one country in their planning, execution, or impact. These offenses are distinguished from other crimes in their multinational nature, which poses unique problems in understanding their causes, developing prevention strategies, and in mounting effective adjudication procedures. Transnational crimes can be grouped into three broad categories involving provision of illicit goods (drug trafficking, trafficking in stolen property, weapons trafficking, weapon trafficking and counterfeiting), illicit services (commercial sex and human sex and human trafficking), and infiltration of business and government (fraud, racketeering, money laundering, and corruption) affecting multiple countries.

[29] Boister, *supra* note 17, at 955. "……the indirect suppression by international law of criminal activities that have actual or potential trans-boundary effect."

式，透過內化成各國國內法，轉化爲國家的義務，換言之，賦予國家對犯罪有制定國內法並執行處罰的義務，國家也不可以用國內刑法或司法執行規定不充分做爲託辭理由，刑罰權與個人的刑事責任是來自國內法。[30]

學者 Neil Boister 尚認爲，國家雖然對於領域外犯罪訂有管轄權，但國家基本上只會願意承擔與國內有實質關聯(genuine link)者，例如：依據國籍原則而產生的領域外犯罪，領域外管轄通常只是國內法單方的法律規定，而非來自於國際義務。國際刑法體系是與對象有直接的法律關聯，其他間接關聯的法律都與國際刑法無關，因而毒梟雖然破壞國家的法律規定，但不會因此成爲國際犯罪，況且國際罪犯也沒有毒品走私這一項。[31]

學者 Neil Boister 將跨國犯罪做出較爲清晰的敘述，若依其見解，則經學者 M. Cherif Bassiouni 檢視 267 個公約後認定之 28 種國際犯罪，應歸屬跨國犯罪，而非國際犯罪。有其他研究及著作也是將這些犯罪以跨國犯罪進行討論，例如全球金融誠信 (Global Financial Integrity，簡稱 GFI)在 2017 年 Transnational Crime and the Developing World 年報認爲像是法器官交易(Illegal Organ Trade)、非法文化資產交易(Illicit Trade in Cultural Property)、僞造與海盜(Counterfeiting and Piracy)、非法野生動物交易(Illegal Wildlife Trade)、非法、未報告及未受規範之捕魚(Illegal, Unreported, Unregulated Fishing)、非法竊取原油(Crude Oil Theft)如果有跨越國界，都是跨國犯罪；又例如學者 Jay S Albanese 在其 Transnational Crime 一書中亦認爲，包括毒品走私(drug trafficking)、贓物走私(trafficking in stolen property)、武器走私(weapons trafficking)、僞造(counterfeiting)、詐欺(fraud)、勒索(racketeering)、洗錢(money laundering)、貪汙(corruption)等犯罪，如果會影響或牽涉數個國家，應稱爲跨國犯罪。[32]

學者 Neil Boister 將跨國犯罪具體描述，且將「國際犯罪/國際刑法」、「跨國犯罪/跨國刑法」做適當的概念區分，有助於了解這些犯罪的概念、本質與處理機制。

---

[30] *Id.* at 962.

[31] *Id.* at 974.

[32] Jay S Albanese, *supra* note 28, at 28.

第二節　國際刑事合作機制概說

　　國際刑事合作以管轄權爲出發，涉及的主要機制包括引渡、境外取證與司法互助、刑事判決相互承認與受刑人移交，及國際間刑事訴追移轉管轄。以下並就管轄、引渡、境外取證與司法互助、刑事判決相互承認與受刑人移交，及國際間刑事訴追移轉管轄略爲概述，並請詳參本書第二章至第六章。

第一項　管轄[33]

　　我國刑法第 1 條明文揭示「行爲之處罰，以行爲時之法律有明文規定者，爲限。」無法律即無犯罪，無法律即無刑罰，任何人除非其行爲被定義爲犯罪，否則不受處罰。罪刑法定原則同爲大陸法系及普通法系遵循的正當法律程序原則。[34]然而，犯罪之範圍因社會現象變化而消長，在某一時代有某一時代所謂之犯罪；在另一社會亦有另一社會所謂之犯罪。時代背景不同，對各種不同行爲也有不同評價，因而對犯罪有不同的定義，犯罪的範圍欠缺固定性，並隨時間、空間、社會結構、政治體系、倫理道德與價值判斷等的不同而異其內涵，在本質上是一個具有複合性與相對性的概念，且各社會不同的尺度，使量刑輕重亦有不同。[35]

　　每一個國家對於國民在國家領域內犯罪的評價與概念也有不同，其觀察面向至少就有以下三種：[36]

　　第一，犯罪可以想像爲違反統治者的法令。以殺人罪爲例，殺人的行爲是對行爲地領域內的和平造成侵擾，基於這樣的想法，即相當程度地限縮刑法領域外適用的可能性。違反他國主權的法令，例如在他國殺害他國人民，並未影響到本國領域的安

---

[33] 參本書第二章。
[34] 楊建華，刑法總則之比較與檢討，三民書局，1982 年 3 月，頁 9。
[35] 蔡德輝、楊士隆合著，犯罪學，五南圖書，2001 年 6 月修訂再版，頁 1。
[36] Cameron, *supra* note 8, at 22-23.

寧。

　　第二，犯罪是對社會秩序的破壞，可經由在國外以不服從本國法律，或外國人攻擊本國國家利益的方式而破壞本國的法秩序，依此觀念，就可能對於領域外的犯罪適用本國刑法來處罰。但如果是外國人在外國殺害外國人，只間接地干擾本國社會秩序，不爲本國所關心。

　　第三，犯罪可理解爲對個人或社會所應保護的共同利益的破壞，以殺人罪爲例，如果從個人角度出發，殺人就是殺人，至於在哪裡殺人並無不同。

　　由於刑法是國內法，是基於國家主權發動而制定用以行使刑罰權的法律，只能適用於國家主權所及範圍，[37]國家基於「刑罰權自屬原則」，在其領域內可基於主權地位，自然可以用刑罰手段行使強制權。國家刑罰權之存在，是法院刑事判決的實質要件，而刑事判決之執行，亦唯有以該行爲受到本國刑法規範時，始有實際效力。[38]國家的管轄權所考量的問題，乃一個國家如何適用本國法律，條件如何、範圍如何、著重的是國家的適用法律。[39]

　　雖然本國刑法原本只適用於本國所發生的犯罪，然而，由於在國家主權領域外所爲之行爲並非不會影響到本國法益及法秩序，因而事實上各國刑法莫不擴大其適用範圍，使外國發生的犯罪亦可適用本國刑法予以處罰，這主要以國籍與疆界來建立刑事管轄權。[40]管轄權的實踐是國家主權行使最明顯的表現，國家的管轄權，向來被視爲國家專門享有的權力，然而許多情況下，一個國家的行爲，特別是管轄權的行使，往往影響到另一個國家，不會是純粹的國內事件。國家於實踐管轄權時，不僅對本國人民有直接影響，對外國人及外國也可能有影響。[41]

　　從國家義務來看，國家具有「確保本國領域內之和平秩序」及「不干涉他國內政」的義務。前者意義在於，每一個主權國家有義務確保其本國境內的和平與秩序，以避免侵擾國際社會的和平與安定；後者乃源自於 1966 年 12 月 21 日聯合國大會第 20 屆常會通過第 2131(25)號決議案所附「不得干涉國家內政暨國家獨立及主權保護宣言」。[42]

---

[37] 林山田，刑法通論上冊，增訂 9 版，2005 年 7 月，頁 42。
[38] 蘇俊雄，刑法總論，1998 年 3 月修正再版，頁 298。
[39] 吳嘉生，國際法原理，五南出版社，2000 年 9 月，頁 353。
[40] 同前註，頁 304。
[41] 同前註，頁 251-252。
[42] 同前註，頁 375；*Declaration on the Inadmissibility of Intervention in the Domestic Affairs of States and the Protection of Their Independence and Sovereignty*, United Nations General Assembly Resolution 2131(XX) - 21 December 1965.

不干涉原則是基於尊重他國主權及國家主體的自主權，在國際公法方面有其拘束力，特別是未經同意而在他國執行管轄權，形成以人身侵入他國而侵犯他國主權完整。但「不干涉原則」不可與國家對於管轄權的立法行為相提並論，因為國家對於領域外的行為立法規範管轄，是基於保護國家免於受到潛在及實際上的損害。[43]

刑罰權是國家主權最直接的表現，犯罪如有跨越國境之情形，首先涉及的是刑事管轄權的有無，基本上有四項變數，即：犯罪行為地、犯罪人、被害人及所犯之罪。而國際法上一般承認的刑事管轄權基礎有以下五項，包括：國籍原則(nationality、citizenship)、屬地原則(territory)、世界原則（又稱「普遍性原則」，universality）、保護原則(Protective principle)及消極屬人原則(passive personality)，不同的國家在其刑事管轄權的法律體系採用不同的管轄組合[44]。

關於屬地原則，我國熟悉的大陸法系對於領域外犯罪，只有在符合刑法領域外犯罪管轄的規定時，適用之。但普通法系看法有異，以英國為首的普通法系奉行嚴格的屬地原則理念，早在 1797 年英國學者 David Hume 即表示：「任何居住在本地之人，不管是蘇格蘭人或外國人，不會因為在外國的犯罪而受本國法院審判。法院不是用來主持全世界的正義。對於領域外所為之犯罪，英國法院不會採取措施予以矯正，亦無資格為之」；1891 年英國刑法學者 Lord Halsbury 亦指出：「所有的犯罪都屬地域性，犯罪的管轄屬於犯罪發生地國」。加上陪審制度上傳喚證人困難，因而不願延伸刑法領域外管轄，認為「邊界之所止，即責任之所止；責任之所止，即管轄之所止」。這些觀念隨著英國在「日不落國」時代的威力，移植到殖民地及理念相同的大英國協國家，延用英國的刑法領域外適用概念。大西洋彼岸的美國同樣承繼英國的刑事管轄原則，也恪守嚴格的屬地管轄。

國與國之間常發生管轄衝突，當好幾個國家主張管轄權時，稱為積極管轄衝突(positive conflicts of jurisdiction)；當所有國家都不主張管轄權時，稱為消極管轄衝突(negative conflicts of jurisdiction)。造成積極管轄衝突的原因，是由於各國都以本國為犯罪地（因犯罪行為或結果有一在本國）而主張屬地管轄，或因各自主張積極屬人管轄、消極屬人管轄、保護原則與世界原則，因而產生管轄衝突。

關於屬人原則，主權國家有權對擁有本國國籍的國民進行管轄，不管他身處國內還是國外。就國內統治權而言，對於處在自己國家領域內的本國國民行使管轄，是國家主權的表；對於處在外國領土上的本國國民，國籍國一般而言也有管轄權，國家根

[43] Council of Europe, *Extraterritorial Criminal Jurisdiction*, Strasbourg, at 21-22 (1990).
[44] *Id.* at 19-21.

據屬人原則可以確立外交上的保護，防止本國國民在外國的合法權利受到非法侵害。

　　屬人原則分為「積極屬人管轄原則」與「消極屬人管轄原則」，積極屬人管轄原則，又稱國籍原則，謂任何國家得追訴及處罰在國外犯罪的本國國民，此一原則為國際法承認，且幾乎為全世界各國所採；消極屬人管轄原則，指國家得針對在外國犯罪、而對我國國民造成侵害的外國人加以審理，此一原則在普通法系國家雖不加質疑，亦不反對他國放寬適用的做法，但使用甚少，理由在於：單純因為國民在另一個國家成為被害人，並不必然關切到所屬國的共同利益。

　　18 世紀以來，還有盛極一時但曇花一現的屬人管轄原則，稱為「領事裁判權」，係指國家透過駐外領事，對處在另一國領土內的本國國民根據本國法律行使司法管轄權，形成治外法權制度。從國際而言，雖然領事裁判權必須有條約做為基礎，同時國內法律也必須有配套規定，但此制度終究是國際法一般原則的例外，因而時至 20 世紀，主權國家獨立後，紛紛宣告廢除此類不平等條約，恢復行使國主權，淘汰治外法權制度。

　　刑法的管轄原則，也與引渡息息相關。普通法系採取嚴格屬地管轄及國民可引渡原則，對於在國外之犯罪，僅針對多邊公約或法律有規範之特定犯罪行為進行處罰；大陸法系傾向行使領域外管轄、屬人管轄及國民不引渡原則，處罰範圍較廣。而由於兩大法系對刑法管轄權從不同的概念出發，導致國民是否引渡之問題也產生不同的結果，「國籍」更被認為是普通法系與大陸法系在國民引渡問題上的鴻溝。

第二項　引渡[45]

　　引渡，乃一國依據條約、互惠、睦誼或本國法律，將人遞交給另一國。早先由於國家與部落間存在著敵對意識、文明化程度懸殊，將人遞解至外國就算不代表死亡，也形同永遠放逐，因而可謂為部落法最嚴厲的處罰方式。從歷史演進來看，雖然引渡制度及程序至今沒有太大變化，但由於人權的重視保障了個人法律地位，賦予其爭取法律權利，相對地也限縮了國家的權力，使得引渡的基本理由及實踐已改變。

　　引渡必須符合可引渡之罪、雙重犯罪及特定原則等實質要件，欠缺這些實質要件

---

[45] 參本書第三章。

即構成拒絕引渡事由。又雖然符合實質要件，如果符合條約或法律規定的例外、免除、排除及抗辯情形者，也同樣構成拒絕引渡的事由。

學者歸納拒絕引渡的事由有：「（1）因罪：例如所犯爲政治之罪、軍事之罪、財稅之罪、宗教之罪；（2）因人：例如身分爲本國國民、從事公務之人及受特殊豁免所保護之人。（3）因刑：例如死刑、酷刑；（4）因程序：例如違反罪刑法定、二重危險、時效、速審、豁免、認罪協商、赦免及宥恕、缺席判決；（5）基於人權或人道之事由：例如國際條約與公約規定「有理由足認引渡之請求係基於人種、宗教、國籍、族裔、政治信仰、性別、身分，或其他理由之歧視。」

普通法系對於是否引渡尚有「不詢問原則(Rule of Non-Inquiry)」，按已經符合引渡要件就有引渡義務，法院只考慮當事人所犯之罪是否符合引渡條約的規定，不過問當事人被遞解之後可能會受到的處遇，也不過問外國法制、司法裁判以及外國政府的動機。「不詢問原則」是基於考量不想危害外交關係、基於尊重彼此主權及認爲沒有任何國家可以評斷另一國家法律體系或程序的想法。此一原則，顯示引渡的特性是一套「國與國之間的權利與義務關係(rights and obligations between states)，不是用來保護個人的程序」。基於引渡條約的義務，如果拒絕引渡，形同違反義務。

研究文獻認爲，19 世紀的國際法秩序主要是以國對國爲主，此一原則依當時的國際環境有其道理，然時至今日，代之而起的是人權考量，尤其在人權法律與人權條約蓬勃發展，加上際實踐，不詢問原則不無疑義，倘若被引渡後有面臨請求國迫害之虞，法院仍有義務進行詢問。

各項拒絕引渡的事由中，就屬國民引渡的觀念差異最大，可謂兩大主要法系之間的鴻溝。這是源於歷史、各國憲法及引渡法上的差異與限制所致。在歐陸，國民不引渡的理念源於中世紀封建制度中領主與附庸之關係，當時領主負有保護附庸之責，以換取他們對領主效忠、提供勞動、貢獻財富與力量，因此領主必須確保在引渡案件中，附庸不會被提領(withdraw)到外地受管轄與審判。加上當時歐洲宗教間極度敵對，天主教徒與清教徒相互認爲，在對方所屬的法院受審必定無法獲得公平對待。此一歷史背景，除子反映當時普遍傾向認爲本國國民在他國法院受審時會遭受重大不利益外，也顯示當時的社會條件不適於引渡。

大陸法系(civil law)，亦稱民法法系、羅馬法系，是受羅馬法影響，並與教會法、商法等、封建法及其他習慣法結合而形成的成文化法律體系，立法與司法之分工明確，強調依法審判、保障人民法定權利，一般而言，不承認判例法效力，主張國民不引渡的理由，除認爲國民在外國可能受不公平審判或不合理處遇之外，還包括認爲：

在外國之犯罪可由所屬國自行審判以代替引渡；國民有權要求在本國法院接受審判、國民基於與國家的特殊連繫關係，有權留在國內受法律保護；將國民遞交外國審判是違反國家對國民的保護義務；對外國司法制度不信任；國民在外國受審判，遠離親朋且語言隔閡，可能遭受不利；19 世紀的歐洲尚認為，同意引渡國民有損國家尊嚴。

　　普通法系以英國為例，奉行嚴格屬地原則的傳統理念，認為「所有的犯罪都屬地域性，犯罪的管轄屬於犯罪發生地之國家」；「邊界之所止，即責任之所止；責任之所止，即管轄之所止」；「任何居住在本地之人，不管是蘇格蘭人或外國人，不會因為在外國的犯罪而受本國法院審判，法院不是用來主持全世界的正義，對於領域外所為之犯罪，英國法院不會採取措施予以矯正，亦無資格為之」，普通法系尚認為，廣泛而嚴格的國民不引渡政策，將減低引渡在打擊跨國犯罪的效率。但若國家不處罰國民在領域外的犯罪，普通法系的想法是藉由引渡方式，交由犯罪地國進行處罰，即使本國國民也不例外。普通法系認為，國民不引渡原則所依據的都是 19 世紀或更早時期發展的論點，在現代文獻中沒有提出新的理論，犯罪應由犯罪地處罰，對於在外國犯罪的本國國民，不僅不反對引渡至行為地國制裁，甚至積極贊成並提倡國民應引渡。

　　「國民是否引渡」也是我國與美國商議引渡協定，除政治因素外的重要法律關鍵。近年來，美國司法部與各國商議引渡條約時，國民引渡原則已成為高度優先的事項，如果外國堅持國民不引渡或希望採納裁量引渡，則簽署的可能性極低。翻看美國所有的雙邊引渡條約，確實在 1998 年後已全採用國民引渡原則，我國若要選擇裁量引渡，則簽訂引渡條約的機會恐怕不大。

　　假引渡也是追緝國外罪犯常見方式，係指國家依據移民法，經由行政程序或經由司法程序拒絕外國人民入境或繼續停留，同時將其置於他國機關直接或間接管轄及控制的狀態；亦即國家藉由移民法的驅逐出境為手段，實際上卻將其交由他國押解，以達到引渡效果。假引渡的存在，是因為引渡程序與移民程序為完全分開而獨立的軌道，兩者原則、標準、程序及證據標準不同，執法機關及檢察機關利用了這兩套程序的差異，選擇有利的執行方式。假引渡必須藉執法機關及行政機關之間積極而默許的合作，其能成功的原因，是因為國家的行政程序在驅逐外國人方面，賦予行政機關極大的裁量權，由於行政裁定、處分之審查通常很緩慢，蓋司法審查程序的開啟，係以行政程序終了為前提，故實質上濫用行政裁定等冗長的行政程序，常造成司法救濟保障不及與不足的情形。

　　時至 2002 年，引渡制度有了新變革，歐盟部長理事會於 2002 年通過「歐盟逮捕令及解送程序架構協定」，廢除會員國之間的引渡，改由會員國之間的司法機關以解

送制度取代。除了以解送取代引渡制度之外，整部歐盟逮捕令架構協定規範上，包括相互承認原則、缺席判決、一事不再理原則、雙重犯罪原則及國民不引渡原則等也有所改變，且政治犯不引渡原則已在此一新制度中消失。歐盟逮捕令架構協定被認爲是歐盟推動刑事法相互承認的第一部具體措施，堪稱歐盟新的跨國司法合作模式，歐盟喻爲司法合作之里程碑。

第三項　境外取證與司法互助[46]

　　不管是領域外犯罪、跨國犯罪與國際犯罪，涉及人的追訴與處罰是透過引渡；涉及國外證據的蒐集與取證，是透過司法互助。然而由於國家主權及國際法基本上禁止國家直接進入他國從事訊問及取證，因而境外取證與司法互助成爲重要課題。境外取證的方式包括：「正式請求外國協助」、「非正式請求外國協助」與「逕行傳喚國外證人」。

　　「正式請求外國協助」包括「調查委託書」與「司法互助條約」，就刑事訴訟而言，從這兩項管道取得的證據即得於法院審判程序中提出，並且原則上具有證據能力；就民事訴訟而言，要取得國外的證據，早先仰賴傳統的「調查委託書」制度，但「調查委託書」必須依循外交管道提出，蒐集證據的方式在時效上已無法符合現代的要求，因而促成新的合作蒐集證據概念，即刑事司法互助制度。

　　基本上，刑事司法互助如請求事項涉及政治犯罪、軍事犯罪，或涉及被請求國之安全等根本利益等等時，被請求國得拒絕。刑事司法互助主要包括：查證身分及尋人(identifying and locating persons)、文書送達(serving documents)、詰問證人(examining witnesses)、搜索及扣押(search and seizure)、取證(obtaining evidence)、便利證人出庭(facilitating the personal appearance of witnesses)、受羈押之人以證人身分出庭時之暫時過境(effecting a temporary transfer of persons in custody to appear as a witness)、取得司法或官方資料(obtaining production of judicial or official records)、追查及扣押及沒收犯罪所得或工具、保存電腦資料。近年來，特殊互助類型尚包括：返還請求、視訊聽證、控制下交付、聯合偵查小組、隱密偵查及通訊監察等。

---

[46] 參本書第四章。

「非正式請求外國協助」主要常用於執法機關合作偵查犯罪。在跨國案件中，極大部分偵查協助事項是由警察或調查機關的層級進行，若證據沒有必要以強制手段取得，或請求國法院對於證據的採信並無要求遵循特定（法定）形式或程序時，警察及調查機關通常有相當廣泛的權力及能力，可以對外國提供偵查協助。「非正式請求外國協助」在偵查階段很有效，但取得的證據在刑事審判上可能會被法院評價為不具證據能力。協助方式包括以下幾種：（1）說服他國開啟偵查；（2）透過外交管道請求提供被請求國視為公開的資訊；（3）在使、領館內對於自願性證人進行取證；（4）提出條約型態的請求；（5）執法機關之間非正式請求，例如駐外聯絡官，或（6）透過國際刑警組織請求提供證據或情資。

非正式的合作並非總是暢行無阻，常常在第一步的溝通聯繫與情資分享就遇到困難，刑事偵查實務機關最能體會：礙於各國法律規定或文化因素不同、機關本位主義或對案件先行篩選過濾、機關間競爭或彼此不信任、欠缺互惠及執法機關的保密文化等因素。國際上也常見各國執法機關以簽署合作備忘錄方式，來改善合作打擊犯罪上的問題與阻礙。

法院或司法機關也可能決定不在他國取證，而是將證據方法帶到國內，例如：以「逕行傳喚國外證人」方式，核發傳票將國外的證人、專家請到本國進行聽證，但逕行傳喚國外證人為國家單方使用強制處分，可能有不當擴張管轄權之虞，易引起外國政府反對，影響與外國的執法關係。

第四項　刑事判決相互承認與受刑人移交[47]

在刑事判決的承認與執行中，如受刑人已不在審判國時，不須參與國移交受刑人時，即無移交之必要，故為了執行外國判決之目的所為之移交程序，僅屬刑事判決相互承認與執行之下位概念。歐洲受刑人移交雖以 1983 年 3 月 21 日簽訂之「受刑人移交歐洲公約」為主要公約，但歐洲理事會(Council of Europe)在之前通過了 3 項有關刑事判決相互承認的公約，分別為 1964 年「緩刑及假釋人犯監控歐洲公約」、1964 年「道路交通犯罪處罰歐洲公約」，以及 1970 年「刑事判決國際效力之歐洲公約」，是重要的

---

[47] 參本書第五章。

演進背景。國際間刑事判決相互承認制度極為困難與複雜，源於兩個面向的困境：「外國受刑人之困境」與「國家承認外國刑事判決之困境」。

有關「外國受刑人之困境」，係由於犯罪國際化，本國監禁的外國受刑人數量增加，又因外國人羈押比率比本國國民高，刑事司法體系要如何處理外國人的監禁及矯正，是重要議題。外國受刑人的困境不僅在其所處之法律地位，同時也來自於獄政人員及其他受刑人的相處對待。此外由於政治、社會、經濟、家庭及心理狀況不同，外國受刑人面臨許多不利的困境，包括異國語言、文化、宗教、社會、氣候及食物等障礙，以及無法與原本社會、朋友及親人聯繫；職訓計畫及資訊無法如本國一樣發揮作用；潛在的歧視也可能使受刑人無法得到職訓相關計畫的益處；本國司法體系也可能認為，外國受刑人比一般人犯更有逃匿之虞而拒絕給予假釋。

至「國家承認外國刑事判決」之困境，則是在主權觀念下，刑法是以屬地原則為基礎，司法裁判的執行效力不會延伸至領域外，直到 1970 年代，歐洲開啟判決相互承認的觀念，然而國際法雖不禁止對他國判決給予承認，但此種努力並不成功。國家難以承認並執行外國刑法及刑事判決有諸多原因，包括國家主權限制、對外國司法行政及外國法院執行的不信任及懷疑、承認外國判決並將其轉化本國法有實務上困難、執行外國法律有困難、檢驗外國法律招致外國反感、法院沒必要協助外國政府促進其國家利益，以及承認外國判決既判力等於預先假定對外國刑事司法有某種程度的信任。

國家雖然承認外國刑事判決有其困境，但基於利益考量，即使案件已在他國判決確定，本國仍會考慮重新起訴，特別是犯罪行為在領域內或其結果影響本國利益時。如果在外國犯罪且已經受外國追訴及處罰，剩下的問題是該同一行為經外國確定裁判後，仍得依我國刑法處斷，以及法院對於在外國已受刑之全部或一部執行者，是否免其刑之全部或一部之執行的問題。這些涉及一事不再理的法律問題錯綜複雜，各國解決方式不同，也造成國家不願承認外國判決的既判力。以上種種原因，造成對於外國判決無法建立有拘束性的承認標準。

引渡的目的在於實現本國刑罰權，國家扮演積極的角色，而受刑人移交的目的顯然是基於人道及教化，而非實現本國刑罰權。受刑人移交，具有矯正及實現外國刑罰權之雙重作用，聯合國早先提議「為便利國外受刑人返回住居地服刑，應透過區域合作及雙邊協議形成政策」，並於 1985 年提出「外國人犯移交與外國人犯待遇模範協定 (Model Agreement on the Transfer of Foreign Prisoners and Recommendations on the Treatment of Foreign Prisoners)」獲聯合國大會決議通過。

歐盟相互承認原則明訂於 2008 年歐盟理事會通過的「有關相互承認原則適用於刑

事判決執行架構協定(Framework Decision)」，規定自 2011 年 12 月 5 日，由該架構協定取代會員國之間受刑人移交歐洲公約及刑事判決國際效力歐洲公約之適用。該架構協定旨在建立規範，供會員國據以承認及執行判決，其目的同樣在於促進受刑人社會康復(social rehabilitation)。該架構協定僅適用於合於本協定意義之判決承認與刑之執行，至於罰金或沒收仍依各該國家間之規範進行。

　　大英國協國家依循的是 1986 年通過的「大英國協受刑人移交綱領(Scheme for the Transfer of Convicted Offenders within the Commonwealth)」，該綱領規定在被審判國宣告有罪及徒刑之人，得依綱領之條文，移交執行國執行剩餘徒刑。美洲國家依循的是 1993 年通過的「美洲國家間有關外國服刑公約(Inter-American Convention on Serving Criminal Sentence Abroad)」，該公約宣示審判國及接收國應相互提供最大合作，讓刑罰得在國籍國執行。該公約所指的「刑」係指觸犯刑事犯罪應受之處罰，包括監禁、假釋、緩刑或其他不受監禁的監控等司法裁判。

　　受刑人移交，即使是依據條約，國家也會要求透過內國立法制定該條約之適用，或放寬實務或內國法律效果的規範，欠缺條約或公約時，原則上國家不承認他國之刑事判決，惟有些國家也有立法規定在互惠原則下進行互惠移交，例如瑞士及德國。

　　德國的刑事司法互助可依據條約、公約或國內法，德國國際刑事司法互助法第 1 條規定，訂有條約時，優先適用條約規定，此外只要沒有違反德國法律規定及基本原則，德國國內法允許外國在沒有雙邊或多邊協定下，依據互惠原則向德國請求司法協助。德國國際刑事司法互助法主要包括：引渡、外國判決之執行及其他互助。（1）引渡方面：規範可引渡之罪、不得引渡之情形、特定原則、互惠保證、不判處死刑或不執行死刑之保證、逮捕後之法庭程序、再引渡、暫時引渡、物之移交、搜索與扣押、法律扶助及過境規定等。（2）外國判決之執行：包括外國所科之刑罰、罰金及沒收命令。外國刑罰轉換方面，外國刑事判決一經宣告可予執行，則所科之刑罰，應依等同規定之德國法以轉換刑罰。（3）其他互助：包括法院審理、資料傳送、聯合偵查組、基於訴訟或作證而對人或物的暫時移交、搜索扣押等。該法並自第 78 條以後為歐盟規範於成員國間適用之特殊規定。

　　瑞士國際刑事互助法適用的範圍，包括引渡、刑事互助、刑事訴追及處罰之移轉、外國刑事判決之執行等四大部分。該法規定必須是依請求國法律得向法院提起的刑事案件，才有本法之適用；當瑞士與外國有訂定條約時，依條約所訂義務提供互助，無條約時得依本法提供互助，但該法並沒有賦予提供外國國際刑事合作的義務，外國並不因而取得瑞士合作的權利。

　　美國關於引渡、受刑人移交及刑事司法互助，規定於美國聯邦刑事法典（即第18章, United States Code, USC Title 18），聯邦刑事法典第 209 節「引渡」第 3181 條(a)項規定，「遞解在外國犯罪而逃匿美國之人，以與該外國政府之間訂有引渡條約者，爲限」；第 3184 條亦規定，「美國法院是否能對外國逃匿美國之罪犯進行審理及決定遞交，必須美國與任何外國政府之間訂有引渡條約或公約。」

　　美國聯邦刑事法典第 306 節第 4100 條至第 4115 條訂有受刑人移交之規定，但這是因爲美國人犯移交條約屬於非自動履行，需有國內立法，因而實際上人犯移交一樣應依據條約爲之，且僅限於締約國間移交。美國自 1976 年開始簽訂雙邊條約，一開始是基於美國公民因毒品案受外國監禁，生活處境難以令人忍受，之後因國外監禁人數急劇增加，因而突顯受刑人移交的重要性，美國的政策考量同樣在於人道、矯正及社會康復。

第五項　國際間刑事訴追移轉管轄[48]

　　國際刑事訴追移轉管轄制度，源於管轄權規定的衝突與困境，當各國因爲刑法管轄權的規定產生管轄衝突，或因爲引渡上的限制而無法對犯罪者行使制裁時，各國必須透過刑事司法合作，來消弭此一漏洞。刑事訴追移轉管轄及跨國移交受刑人，就是歐洲解決傳統刑事管轄權問題的機制，前者遷就犯罪人之所在，而由國籍國或居住地國基於現實考量而決定捨棄(waive)或停止(desist)訴訟；後者解決人犯之社會康復等問題，並達到「犯罪地審判、國籍國執行」。

　　當犯罪地跨越國境，形成兩個以上的國家有管轄權時，如果無法從國籍國引渡犯罪人，就會造成起訴及審判不易，因此爲了確保在外國的犯罪或罪犯受到追訴，必須創設刑事訴追移轉管轄這種輔助性管轄，所要解決的是「積極管轄衝突」案件，亦即：1、多國以犯罪地爲理由而主張管轄（屬地管轄衝突）；或 2、多國以積極屬人或消極屬人原則、保護或世界管轄等不同管轄原則所造成的管轄衝突。

　　至於國家爲何願意放棄追訴，主要原因鑒於：在犯罪者所屬國籍國追訴有其好處，例如：1、基於環境、語言及法律適用，從嫌犯的觀點會偏好在其本國受審；2、

---

[48]　參本書第六章。

有助其社會康復；3、行為地國因而節省時間與費用；4、行為地法院不必進行缺席判決（基於國民不引渡原則，引渡機會渺茫，且既然執行已經無望，缺席判決的價值何在，也是疑問）；5、行為地國如果得知外國嫌犯會在其國籍國受審，也會減低羈押可能性（因為外籍嫌犯被羈押的主要原因之一，在於無固定之住、居所）；6、如果知道該外國嫌犯在其國籍國尚有其他案件能一併受審，行為國較願意移轉訴追。

刑事訴追移轉管轄在行使上有幾項先決要件：1、犯罪地國無法依法起訴；2、無法引渡或不適合引渡；（3）案件非屬政治性犯罪；（4）符合雙重犯罪原則；（5）必須先由有管轄權之國家請求起訴，否則不得行使此一輔助性管轄。

近代國際間刑事訴追移轉管轄的合作始於 1959 年 4 月 20 日簽訂之「歐洲刑事司法互助公約」第 21 條規定：「締約國得請求另一締約國提起訴訟，特別是當犯罪行為人在請求國犯罪後逃匿，而且無法引渡回請求國。」，其後為 1972 年 5 月 15 日於斯特拉斯堡簽署的「刑事訴追移轉管轄歐洲公約」所取代。歐盟整合之後，於 2002 年通過歐盟逮捕令架構協定，廢除會員國間之引渡。此一架構協定，對於解決刑事管轄衝突的貢獻在於：會員國得基於起訴或執行之目的而通緝他國國民。換言之，原有在犯罪地國追訴或處罰的限制已大幅減少。

歐盟理事會雖於 2009 年 6 月 30 日提出「歐盟刑事訴追移轉管轄架構協定草案 (Draft Council Framework Decision on the transfer of proceedings in criminal matters)」但迄未通過，因此，歐盟國家間目前沒有刑事訴追移轉管轄的規範。聯合國方面則在 1990 年 12 月 14 日訂定「刑事訴追移轉管轄模範條約(Model Treaty on the Transfer of Proceedings in Criminal Matters)」。

至於國內法方面，以瑞士為例，刑事訴追移轉包括「瑞士代替外國起訴」及「移交外國起訴」二者：

「瑞士代替外國起訴」係指對於外國的犯罪，如果有以下情形，瑞士得經犯罪地國之請求，代替該國起訴犯罪：1、瑞士不同意引渡；2、被告在瑞士因其他更嚴重的犯罪而面臨追訴，或 3、請求國保證於瑞士釋放或完成刑罰後，不會對於同一犯罪再行起訴。

「移交外國起訴」係指瑞士有管轄權的犯罪，因當事人身處外國，而不適宜或不被允許引渡至瑞士；或當事人被引渡至該國，而移轉起訴對其有較佳的社會康復，此時若外國依其法律得予起訴及處罰時，得請求該國起訴之。如果該國起訴犯罪，瑞士即不得再對被告的同一犯罪進行追訴，除非被請求國通知該案件還未達起訴階段，或依據被請求國之判決，當事人業經法院無罪釋放，或該案件有實質理由終結訴訟、免

刑，或依宣判國法律已執行完畢或已無法執行。時效上，如果訴訟在外國進行中則依瑞士法律規定之時效即為暫停。

　　至於普通法系國家，並不採納刑事訴追移轉管轄制度。例如：大英國協國家所訂之各項「綱領(Scheme)」雖訂有引渡、司法互助及人犯移交，但沒有刑事訴追移轉管轄。英國雖然也是 1959 年「歐洲刑事司法互助公約」的會員國，但對該公約第 21 條有關刑事訴追移轉管轄的規定提出保留，聲明該條文規定在英國不適用。此外，英國也沒有簽署 1972 年的「刑事訴追移轉管轄歐洲公約」。美國沒有與任何國家締結刑事訴追移轉管轄的條約，也沒有參加此類公約。對外，美國憲法及法律不禁止將刑事訴追移轉外國管轄，實際上亦可依法操作；對內，美國如同其他普通法系國家，並不接受他國移轉刑事訴追。

第三節　近代國際刑事合作的發展

　　近代國際刑事合作的發展，主要仍以歐洲為探討主軸，有些已於前兩節略有敘述，有些在之後各章提出，並就德國與瑞士兩國刑事司法協助法之條文規定略為說明。

　　刑法是國內法，當各國刑法因管轄權規定產生管轄衝突，或因為引渡的限制而無法對犯罪者行使制裁時，各國能做的，就只有透過刑事司法合作來消弭此一漏洞。歐洲在這方面的合作，已有較長歷史與較為完備的制度，關於屬人原則適用的問題，歐洲的刑事合作首先主要致力於去除國民引渡的限制，此一部分的發展將於本書第三章詳盡說明。其次是「代理原則」及「權限移轉原則」，這兩項原則也是歐洲發展出來解決傳統刑事管轄權問題的機制。至「代理原則」之體現，係以 1964 年制訂之「道路交通犯罪處罰歐洲公約」及 1970 年「刑事判決國際效力歐洲公約」為典範；「權限移轉原則」則以 1972 年制訂的「刑事訴追移轉管轄歐洲公約」為典範。

　　又刑事司法互助，也是解決刑事管轄衝突的重要合作方式，當本國要求居住於國外之人提供證據，特別是該人在居住地的犯罪事證時，或國家如規定不提供證據則將對其相關之人或公司科罰或制裁時，都會產生執行管轄權衝突(conflict in the exercise of executive jurisdiction)，此時若有刑事司法互助，即可避免這種衝突產生。

　　歐盟整合之後的發展，則是歐盟理事會於 2002 年通過的歐盟逮捕令架構協定，此一機制乃基於會員國彼此高度信任，廢除會員國間之引渡，為刑事法推動相互承認原則的第一部具體措施規定，其對於解決刑事管轄衝突的貢獻在於會員國得為起訴或執行之目的，而通緝他國國民。換言之，由犯罪地國追訴或處罰犯罪的限制已大幅限低，歐盟理事會甚至將歐盟逮捕令架構協定喻為司法合作之里程碑。[49]

---

[49] 柯慶忠，歐盟引渡制度之新變革——以歐盟逮捕令為逮捕及解送之新制，東吳法律學報，第 18 卷第 3 期，2007 年 4 月，頁 123-188。

第一項　歐洲刑事事務合作推動過程

　　近代歐洲關於刑事司法合作及引渡，早先是由 1949 年 5 月 5 日成立的歐洲理事會(Council of Europe)負責推動，之後法、德、義、荷、比、盧六國於 1957 年 3 月 25 日簽署羅馬條約成立歐洲經濟共同體(European Economic Community)，由於羅馬條約未言及政治合作，因此隨後在 1957 年 12 月 13 日由歐洲 35 國簽署的歐洲引渡公約之中，即有很多締約國都對公約的內容提出聲明與保留，例如國民不引渡原則及政治犯不引渡原則，而也因為這些聲明與保留，使得歐洲引渡公約的制度變得複雜。[50]

　　1960 年代歐洲理事會分別在 1964 年及 1970 年訂定了「道路交通犯罪處罰歐洲公約(European Convention on the Punishment of Road Traffic Offence)」及「刑事判決國際效力歐洲公約(European Convention on the International Validity of Criminal Judgements)」，這兩項公約是「代理原則」的典範規定，1972 年則制訂「刑事訴追移轉管轄歐洲公約(European Convention on the Transfer of Proceedings in Criminal Matters)，這項公約是「權限移轉原則(Principle of distribution of competence)」的典範規定，這 3 項公約突破傳統刑法在管轄權的限制，旨在解決刑事管轄權在適用及執行上所生問題。

　　時至 1970 年代由於恐怖主義橫行，歐洲理事會成員國於 1977 年 1 月 27 日簽署「恐怖主義壓制歐洲公約(Europe Convention on the Suppression on Terrorism)」，規定有關恐怖分子的引渡案件不得適用政治犯不引渡原則，[51]進入 1980 年代，歐洲共同體會員國開始討論國民自由遷移及是否應廢除邊界管制問題，荷、比、盧、法、德五個國家持肯定看法，並在 1985 年 6 月 14 日簽訂「荷、比、盧、法、德漸進廢除邊界管制申根協定(Schengen Agreement of 14 June 1985 between the Governments of the States of the Benelux Economic Union, the Federal Republic of Germany and the French Republic, on the gradual abolition of checks at their common borders)」，並於 1990 年 6 月 19 日簽訂該協定之施行公約，即「申根協定施行公約(Convention Implementing the Schengen Agreement of 14 June 1985 between the Governments of the States of the Benelux Economic Union, the Federal Republic of Germany and the French Republic, on the gradual abolition of checks at their common borders)」。[52]「申根協定施行公約」是一份相當重要的施行公

---

[50] Rob Blekxtoon & Wouter van Ballegooij, *Handbook on the European Arrest Warrant,* T.M.C ASSER Press, at 15-16 (2005).
[51] *Id.* at 17.
[52] *Id.* at 18-19.

約，除了廢除邊境檢查之外，還包括了司法互助、刑事判決移轉執行、一事不再理及、引渡等部分，最重要的是設立申根資訊系統(Shengen Information System)，供邊境、警察及海關查驗證照等。

第二項　代理原則於歐洲公約之實踐

代理原則(Representation Principle) [53]是指在滿足特定條件下，本國司法機關代替/代表(on behalf of, represent)他國起訴在他國犯罪而目前停留在本國領域內之人，通常情況下，這必須符合雙重犯罪原則。大陸法系國家傾向採納代理原則，普通法系國家則不然，大陸法系國家採納此一原則，實際因素是因為拒絕對外引渡在本國居住之人，此外基於便利性考量，犯罪人可能在不同的國家進行類似的犯罪，如果各國刑事司法體系同意由某一個國家對同一犯人一併起訴及一併裁判(a single prosecution of the offender and a single sentence)，在行政與司法資源上較為經濟外，對於被告也較為有利。[54]下文將以「道路交通犯罪處罰歐洲公約」及「刑事判決國際效力之歐洲公約」進行簡介與評析。

第一款　道路交通犯罪處罰歐洲公約

「道路交通犯罪處罰歐洲公約」是代理原則的典範規定，[55]歐洲在 1964 年制訂此一公約的背景，肇因於歐洲理事會認為引渡法及引渡條約的種種限制，使引渡並不便利。歐洲公路交通發達，但由於每一國家的刑法都固守屬地原則，加上引渡的不便利，使得車禍肇事者在事故發生後，只要回到居住地國，往往就脫免他國追訴及處罰，使得行為地國的訴訟不得不中止，已經確定的判決則無法執行，因而行為地國由於擔心肇事者回國逃避追訴，常於事發後將原本不會羈押的肇事者羈押在該國，如此

---

[53] 參本書第二章第二節。

[54] Cameron, *supra* note 8, at 22.

[55] *Explanation Report, I Basic principle, European Convention on the Punishment of Road Traffic Offences* (以下簡稱 ECPRTO)

一來，也造成肇事者不必要的不便。基於上述原因，歐洲各國乃制定「道路交通犯罪處罰歐洲公約」，以解決屬地原則下的管轄法院及刑法適用上的問題。

在管轄法院方面，此一公約賦予肇事者的居住地國有權承接犯罪地國發生的案件，在刑法適用方面，此一公約規定居住地國在一定條件下，執行他國之判決。此一公約同時還規定犯罪地國可以選擇：（1）經由通常程序完成訴訟後，再請求居住地國執行；或（2）請求居住地國進行訴訟。居住地國不論收到的是請求代行訴訟或執行判決，即有義務採取作為，並注意避免重複訴訟(dual proceedings)或重複執行(dual enforcement)。此一公約的處罰範圍，限於對刑法造成侵害之行為(punishment of acts which are infringements of criminal law)，但不包括民事賠償。此一公約表彰者為：犯罪地國對於犯罪的處罰有最大的實益，應保有立法及司法上的權力，但如果刑罰無法執行時，居住地國應開啟本國司法機制以協助犯罪地國追訴及處罰。雖然此一公約的適用僅限於道路交通刑事案件，卻是歐洲國家刑事法國際合作的重要階段。

道路交通犯罪處罰歐洲公約之重要內涵為：任何人在其居住地以外的國家因交通案件而犯刑事之罪，犯罪地國若未展開訴訟，或訴訟進行後認為在終局判決做成後並無執行之可能時，得請求居住地國承接訴訟，如犯罪地國在訴訟上已給予當事人防禦的機會，得請求居住地國執行其所為判決，居住地國應執行之，但犯罪地國所為之缺席判決，不得強制居住地國必須執行（第 1 條）。

因道路交通犯罪請求他國執行者，必須為雙方均可處罰之犯罪，為了起訴及執行判決之目的，由居住地國適用其本國法律（第 2~4 條）。行為地國向居住地國提出請求後，除非居住地國告知不予起訴或執行，或行為地國在居住地國的審理進行聽證之前撤回請求，否則行為地國不得重新開啟訴訟或執行判決（第 5 條）。

居住地國有以下情形時，「應」不執行判決：（1）行為人之同一行為已在他國已判決確定、（2）該處罰之時效在犯罪地國或居住地國已完成者、（3）該處罰經犯罪地國或居住地國赦免。

居住地國有以下情形時，「得」不執行判決：（1）居住地國對同一行為不予起訴、（2）該行為之案件已繫屬於居住地國、（3）居住地國認為該處罰之執行對於其法律制度的基本原則有侵害之虞，或與本國刑法適用原則不符，特別是居住地國依其年齡並不會進行審判時（第 9 條）。

第二款　刑事判決國際效力之歐洲公約

　　歐洲理事會亦致力解決外國法院判決的承認與一事不再理問題。外國裁判的效力與一事不再理，指的是「同一行為經外國確定裁判，是否仍得依本國法律處斷」，以及「在外國已受刑之全部或一部執行者，是否免其刑之全部或一部之執行」。按積極屬人原則在國際法上並不受到普遍性承認，[56]然而國際法並沒有明確的原則禁止國家對於本國國民行使管轄，即使其身在國外。因此，即使國民在國外犯罪，已有該行為地國管轄，國家仍得對於國民行使管轄，從人權保護上，唯一的規定也只有一事不再理(*ne bis in idem*)原則。歐洲理事會為解決外國法院判決的承認與一事不再理問題，在1970年訂定了「刑事判決國際效力歐洲公約」。下文就一事不再理原則與國際上規定、外國法院判決承認及刑事判決國際效力歐洲公約部分探討如下：

一、一事不再理的概念與國際上規定

　　古希臘、羅馬的歐洲法制史中，早有一事不再理原則之存在，而且不僅適用於程序法，至於似乎都適用於刑事法，這是因為刑事法是最古老的制裁體系。在只有刑法規範的遠古社會中，做錯一件事，不可以被責備兩次，在20世紀初，德國帝國法院曾經認一事不二罰原則並非只具程序上的意義，而是一個刑法上的基本原則，即同一犯罪行為只能處罰一次。德國聯邦憲法法院認為，依據法治國原則，科以刑罰時，不可不顧及被告就同一行為，是否已受懲戒處罰的宣告。在刑法領域，*ne bis in idem* 於程序法指「一事不再理」原則，在實體法方面，則指「重複評價禁止」原則。[57]

　　一事不再理原則，在內國適用並無疑義，按公民與政治權利國際盟約第14條第7項規定，任何人依國家法律及刑事程序經終局判決判定有罪或無罪開釋者，不得就同一罪名再予審判或科刑，[58]但此一原則在國際上的規範非無疑問，聯合國人權事務委員會(UN Human Rights Committee)在 *A.P. v Italy* 一案中表示，公民與政治權利國際盟約第14條規定的一事不再理原則，並不適用於外國判決之既判力(foreign res

---

[56] *Draft Convention on Jurisdiction with Respect to Crime.* Am. J. Int'l L, Vol. 29, Supplement: Research in International Law, at 522-528, (1935).

[57] 參司法院大法官會議釋字第六〇四號解釋大法官許玉秀不同意見書。

[58] *International Covenant on Civil and Political Rights (ICCPR) of 16 December 1966*, Article 14 para7: No one shall be liable to be tried or punished again for an offence for which he has already been finally convicted or acquitted in accordance with the law and penal procedure of each country.

judicata)。[59]歐洲人權公約第7議定書第4條第1項亦規定，任何人在同一國家管轄的刑事程序中，經依法律及刑事程序終局無罪開釋或判決確定者，不得就同一罪名再行審判或處罰，但此一條文將一事不再理的範圍限定在「同一國家的管轄之下(under the jurisdiction of the same State)」[60]。歐盟基本權憲章(Charter of Fundamental Rights of the European Union)第50條重申一罪不兩罰原則，規定任何人就歐盟境內依法完成追訴或處罰之犯罪，不得重複受刑事審判或處罰。[61]

國家不願承認外國判決具有既判力的原因在於，這等於是預先假定對外國刑事司法有某種程度的信任，其次，國家基於自身利益考量，即使其他國家已做成確定判決，還是會考慮重新起訴，特別是犯罪在本國領域內發生，或其結果影響到本國利益時，必然會提起訴訟。此外，一事不再理牽涉的法律問題錯綜複雜，各國解決方式不同，這些因素的存在，使得國家不願承認外國判決的既判力。[62]

然而，拒絕承認外國判決具有既判力，形成了管轄權的積極衝突，不僅將當事人置於多國多重起訴的危險，也增加國與國間的緊張關係，雖然歐洲許多國際公約致力於此問題的解決，但這些公約都有例外規定，例如容許國家基於屬地原則或根本利益有被侵害之虞或因為具有公務員身分時，得再追訴處罰。[63]

雖然如此，基於國際法律互助的思想，各國刑法對於外國法院判決的效力還是會在一定限度內予以承認，承認的範圍可分積極承認與消極承認。積極承認的範圍各國不同，可分為以下幾種情形：（1）完全承認外國法院判決之效力同於本國法院之判決、（2）承認外國法院之緩刑判決效力、（3）承認依據外國刑法所宣告之與本國刑法相同刑罰之判決。消極承認雖不如積極承認，但終究並非完全不承認外國法院判決的效力，各國態度可分為以下幾種情形：（1）認為外國法院之判決構成訴訟上之障礙，即有一事不再理原則之適用、（2）在外國受刑之執行者，得免除其刑、（3）在外國受刑之執行者，得算入本國法院之判決所宣告刑罰之內，尤其是在本國刑法規定

[59] *A. P. v. Italy*, Communication No. 204/1986, U.N. Doc. Supp. No. 40 (A/43/40) at 242 (1988).

[60] *Protocol No. 7 to the Convention for the Protection of Human Rights and Fundamental Freedoms,* Article 4.1:" No one shall be liable to be tried or punished again in criminal proceedings under the jurisdiction of the same State for an offence for which he has already been finally acquitted or convicted in accordance with the law and penal procedure of that State."

[61] *Charter of Fundamental Rights of the European Union,* Article 50 [Right not to be tried or punished twice in criminal proceedings for the same criminal offence] No one shall be liable to be tried or punished again in criminal proceedings for an offence for which he or she has already been finally acquitted or convicted within the Union in accordance with the law.

[62] Blekxtoon & Ballegooij, *supra* note 50, at 100.

[63] *Ibid.*

的刑罰重於外國刑法時，有其實質意義。[64]

二、刑事判決國際效力歐洲公約背景與內涵

　　歐洲在 1970 年訂定了「刑事判決國際效力之歐洲公約(European Convention on the International Validity of Criminal Judgements)」，其訂定背景，係歐洲理事會之會員國認為，各國刑法依循古典的國家主權觀念，每一國家依據屬地原則為基礎，刑事判決的效力顯少超越疆界之外，但此一情況已不符今日國際社會需求，且隨著經濟高度發展、交通與通訊的便捷及人口快速遷移，為了有效保護社會，必須將犯罪趨勢納入考慮。其次，刑罰政策亦強調犯罪人的矯正，犯人在原居住地國執行，較之於審判國執行更有助於人犯的社會康復。此外，關於人道上的考量，諸如語言隔閡、文化差異，及與親友聯繫困難等等，這些都是刑事判決國際效力歐洲公約訂定的原因。

　　刑事判決國際效力歐洲公約擴大了 1964 年道路交通犯罪處罰歐洲公約的適用，意即「讓居住地國在特定條件下，確保犯罪地國宣告之刑罰及其社會康復之措施，能在該國獲得執行」。歐洲理事會認為，在刑法的立法及司法中，長久以來各國都是在國家主權之下以屬地原則為思考，但國家主權不應該成為拒絕承認外國裁判的理由。[65]

　　本公約所指的刑事判決是指任何締約國刑事法院所做的確定判決（第 1a 條）。依據本公約第 5 條之規定，審判國有以下 5 種情形時，得請求他國執行刑罰：（1）被判刑之人通常居住於被請求國；（2）在被請求國執行判決，較有利於被判刑之人的社會康復；（3）被判刑之人在外國因案受審中，本國所科之刑罰能接續於該國之後執行；（4）被請求國為被判刑之人的國籍國；（5）如審判國認為即使提出引渡亦無法執行制裁，而被請求國能執行。

　　被請求國原則上不得拒絕執行之請求，但有本公約第 6 條規定之以下情形時，得拒絕執行，包括：（1）執行判決將違反被請求國的法律基本原則、（2）被請求國認為請求國所判決之罪涉及政治性或軍事性、（3）被請求國有實質理由相信該判決是基於種族、宗教、國籍或政治信仰而做成、（4）案件之執行與國際義務相違背、（5）被請求國對該行為正進行審理中，或即將進行訴訟、（6）被請求國對該行為已確定不予追訴或將停止追訴、（7）該行為不是在請求國領域內所為、（8）被請求國

---

[64] 章瑞卿，在外國犯罪經外國法院判決之效力，刑事法雜誌，第 37 卷第 1 期，1993 年 1 月，頁 70-71。

[65] *Explanatory Report, History (b) Identification of Key Problem, European Convention on the International Validity of criminal Judgments* (ECIVCJ).

無法執行制裁、（9）如請求國認為即使提出引渡亦無法執行制裁；（10）被請求國認為請求國有能力執行制裁、（11）被告受審判時的年齡依被請求國法律無起訴之可能，及（12）請求國請求時，依被請求國之法律，其時效已完成（第6條）。

刑事判決國際效力歐洲公約第 53 條關於一事不再理原則規定，任何刑事判決的被告如果已釋放、在執行中、執行完畢、獲全部或一部受赦免、時效完成，或宣告之刑無需執行時，其他締約國不得就同一行為再行起訴、審判或執行徒刑（第 53條）。

第三項　權限移轉原則於歐洲公約之實踐

第一款　權限移轉原則與刑事管轄

歐洲理事會為了解決積極的管轄衝突，認為有必要對積極的管轄衝突加以限制，各國必須達成協定，制定一個制度決定由那一國家採取作為，讓管轄產生衝突時，即便犯罪在有些國家已經進入訴訟程序，仍能集中由某一個國家審理。

歐洲理事會一方面認為，犯罪地有最優先的起訴順位，住居地國是否起訴要視犯罪地起訴之情況而定，但另一方面認為推定「由犯罪地起訴最為適合」也不見得完全合理，因為在現代刑法中，犯人的社會康復漸漸受到重視，從社會康復的目的，在何處最能達成社會康復，科刑與執行就應在該地執行。而一般認為，犯人的家庭、社會連結及執行完畢後的住居地，是最適合進行審理的。因此，犯人的社會康復是權限移轉原則訂定的重要原因。

權限移轉原則要解決的另一個問題，是取證問題，一個國家將訴訟移給另一國家後，仍需從犯罪地取得證據且因案而不同，此一公約讓各國提供證據時避免了本國制度上的約束及限制；此外，也有可能國家雖然對犯罪有權審理，但認為由另一個國家起訴會比較有效率，願意將訴訟移轉管轄，這些都是刑事法領域談國際合作時，必須簽訂國際公約賦予他國承接訴訟權力的原因。又從引渡來看，犯罪人在A國犯罪後離開該國領域，逃回居住國（B國），A國若決定將訴訟移轉管轄給B國，則之後A國

就不用再進行訴訟或提出引渡請求。[66]

　　只是，刑事訴追移轉管轄雖然在更大的範圍內得以解決刑事管轄衝突的問題，但實務上，借助這種司法互助的案例少之又少，引渡仍是第一首選。當引渡已沒有可能性，而國家又無法或不願進行當事人缺席判決時，刑事訴追移轉管轄才是其次的考慮，尤其普通法系國家向來主張以屬地原則爲主，因此從未使用刑事訴追移轉管轄制度來避免管轄衝突的問題。[67]

第二款　刑事訴追移轉管轄歐洲公約

一、刑事訴追移轉管轄歐洲公約簡介

　　刑事訴追移轉管轄歐洲公約第 2 條規定，「締約國有權依據本國刑法起訴另一締約國訂有處罰規定明文之犯罪，並僅得就他國請求之範圍予以起訴。」[68]按理如果本國對該項領域外犯罪依法有管轄權時，此一規定即非必要，蓋此一規定係於刑法規範並無該項犯罪的管轄權時，若未透過本公約從請求國獲得管轄權，即無法起訴該項國外犯罪。[69]他國考量承接訴訟的先決要件，必須符合「雙重犯罪原則」，[70]而在他國承接犯罪嫌疑人的同一犯罪訴訟案件之後，本國法院就能免除或停止本國訴訟程序。[71]

　　刑事訴追移轉管轄歐洲公約第 8 條規定，對於本國得移轉管轄之訴訟，請求他國承接情形包括：（1）犯罪嫌疑人爲被請求國之居民(resident)、國民(national)或於被請求國出生(state of origin)、（2）犯罪嫌疑人目前或即將在被請求國接受徒刑之判決、或因同一犯罪在被請求國進行審理中、（3）有正當理由足認訴訟移轉管轄對於發現眞實有實益，並且被請求國已取得最重要證據、（4）認爲審判後在被請求國執行較有可能促使受刑人的社會康復、（5）犯罪嫌疑人無法在請求國進行聽證，而被請求國能確保聽證之進行、（6）如請求國裁判後，透過引渡制度仍無法執行裁判，

---

[66] *Explanatory Report, Solution Adopted, European Convention on the Transfer of Proceedings in Criminal Matters* (ECTPC), ETS No. 073, (1972).

[67] Council of Europe, *supra* note 43, at 36.

[68] *Id.* Article 2, ECTPC.

[69] *Explanatory Report, B notes on the articles, Part II, Article 2*, ECTPC.

[70] *Id.* Article 6, ECTPC.

[71] *Id.* Article 3, ECTPC.

但被請求國能執行時。請求國有以上情形得請求他國承接訴訟。[72]

但有公約第 10 條及第 11 條規定情形時，不得對犯罪嫌疑人進行訴訟，公約第 10 條規定：（1）他國未請求移轉管轄，或犯罪未符合雙重犯罪原則、（2）同一行為因無罪或判決確定，而有一事不再理(*Ne bis in idem*)原則之適用、（3）請求國請求時，時效已完成。

公約第 11 條規定：（1）被請求國認為請求國請求移轉管轄訴訟之理由不充足、（2）犯罪嫌疑人現非被請求國居民或國民，或犯罪時並非被請求國居民、（3）所犯之罪為政治犯、軍事犯或財政犯、（4）基於種族、宗教、國籍或政治立場而請求移轉管轄、（5）本國刑法本即適用，或移轉管轄時，時效已完成者、（6）如果所犯之罪係在請求國領域外所為之犯罪、（7）違反被請求國之國際責任或基本權原則，或（8）請求國違反本公約程序。[73]

又被請求國有以下情形時，得撤回同意：[74]（1）如犯罪嫌疑人在被請求國顯然無法進行聽證，或被請求國即使做成判決，也無法在該國執行、（2）案件進入法院審理之前，如果有前述公約第 10 條所列之情形時、（3）其他情形如經請求國同意時，被請求國得撤回先前之同意。

二、刑事訴追移轉管轄歐洲公約欲解決之根本問題

從刑事訴追移轉管轄歐洲公約的內容來看，所要解決的問題包括：（1）刑事訴訟在何種條件下得移轉管轄、（2）被請求國法官對於案件的審理權力及其必須適用的法律為何、（3）請求移轉管轄對請求國的效力、（4）請求國與被請求國之聯繫、（5）請求國已完成的初步偵查，在被請求國所具有的法律效力、（6）法律明文限制的問題、（7）告訴的問題，及（8）被請求國的原始權力及公約之關係。[75]

刑事訴訟得移轉管轄的條件為：該犯罪必須符合雙重犯罪原則。按雙重犯罪原則本為引渡制度、外國判決執行制度及司法互助制度所採用之原則，在本公約也是一項重要基本原則。

關於被請求國法官對於案件的司法權行使及其適用法律方面，被請求國僅在其刑

---

[72] *Id.* Article 8, ECTPC.

[73] *Id.* Article 10~11, ECTPC.

[74] *Id.* Article 12, ECTPC.

[75] *Explanatory Report, Part II and III-Competence and transfer of proceedings, A. General remarks, Basic problem and Basic solution*, ECTPC.

事法院有權力並能適用本國刑法或請求國刑法加以審理時，得接受訴訟移轉管轄之請求。按刑法與私法不同，刑法幾乎沒有例外地是適用本國法律，因而不管被請求國司法機關的要求如何，必須賦予被請求國有適用其本國法律的權力，以便訴訟能夠移轉管轄。方法有二：第一，讓移轉管轄的請求自動賦予被請求國有適用其本國刑法的效果；第二，讓各締約國的刑法適用於任一國刑法適用的犯罪，惟適用國行使範圍僅限於請求國請求移轉管轄的案件。前述方法二是為了避免與「無法律即無犯罪」的法理造成衝突，故本公約第 2 條規定「締約國有權依據本國刑法起訴另一締約國法律依法有適用的犯罪，並僅得就他國請求之範圍予以起訴」。

　　關於請求移轉管轄對請求國的效力方面，公約第 2 條賦予被請求國有權依據其本國刑法進行起訴，但為了避免兩個國家都進行起訴，因此在賦予被請求國有起訴權力的同時，就必須對請求國的起訴權力加以限制。因而本公約第 21 條第 1 項規定，請求國請求移轉管轄時，不得就移轉管轄或判決確定之案件，對犯罪嫌疑人再行起訴。

　　關於請求國與被請求國的聯繫方面，依據本公約第 6 條第 2 項規定，締約國依據公約收到移轉管轄訴訟之請求時，應審查移轉管轄之可行性，如果認為有可行性，應由本國司法部通知對方的司法部；如果訂有特別的協定，則應依協定所指的機關通知之。

　　請求國已完成的初步偵查，在被請求國的法律效力為何，按所有請求移轉管轄案件，除了請求國已完成的調查或蒐集的證據可能為被請求國裁判所需外，請求國還可能額外提出調查之請求，因而，對於請求國官方已進行之程序，應賦予其與本國程序相同之價值，特別是機關所做資料與報告之證據價值。為此，本公約乃在第 26 條第 1 項規定，請求國依據其法律所為之訴訟作為，在被請求國應與其本國機關之訴訟作為具有同樣效力。

　　如果對請求國而言，訴訟的開始必須要有告訴之提出，則必須告訴確實已依法提出，才可以將訴訟移轉管轄。如果訴訟的開始對請求國及被請求國而言，都必須要有告訴之提出，依據本公約第 24 條第 1 項之規定，此項在請求國依法提出的告訴，應在被請求國具有相同的效力。如果告訴之提出，對於請求國而言不是訴訟要件，但對被請求國而言卻是訴訟要件的話，依據公約第 24 條第 2 項規定，如果告訴權人在收到權責機關通知後一個月內，未為不予告訴之意思表示者，被請求國仍得就移轉管轄之訴訟進行審理。

　　關於被請求國原始權力及公約之關係，因為請求國在被請求國有其角色地位，為了公約能夠適用，公約第 2 條第 1 項規定賦予所有締約國有相同的權力，得依據本國

刑法起訴另一締約國法律依法有適用的犯罪。另依公約第 5 條規定，本公約關於訴訟移轉管轄之規定，不得對國家依據本國法律起訴之案件有任何影響或限制。

第四項　歐盟刑事合作發展沿革

第一款　從馬斯垂克條約、阿姆斯特丹條約到坦派勒決議

歐洲聯盟整合經過數個發展階段，其中最重要的 3 個法律文件為 1987 年 7 月 1 日生效的「單一歐洲法(Single European Act)」、1992 年 2 月 7 日簽署的「歐洲聯盟條約(Treaty on European Union)或稱「馬斯垂克條約(Maastricht Treaty)」，以及 1997 年 10 月 2 日簽署的「阿姆斯特丹條約 (Treaty of Amsterdam)」，[76]但論及刑事司法合作，則歐洲聯盟條約、阿姆斯特丹條約及 1999 年 10 月 15、16 日的「歐盟理事會坦派勒決議(Tampere European Council)」為 1990 年後最重要的 3 項司法合作文件。

第二款　歐洲聯盟條約提出的刑事司法合作

首先，歐洲聯盟條約將歐洲聯盟以「三大支柱」進行整合（包括經濟與貨幣聯盟、外交與安全事務及司法與歐盟內政事務），並導入司法合作的可能觀念，首先在第 6 章第 K.1 條第 7 款提到「刑事司法合作(judicial cooperation in criminal matters)」，[77]但條

---

[76] 陳麗娟編譯，阿姆斯特丹條約解讀，五南圖書，1999 年，頁 3-22。

[77] 第 6 章第 K.1 條(Article K.1 of Title VI *Provisions on Cooperation in the Fields of Justice and Home Affairs*)「為達成聯盟之目標，讓人民能自由遷移，在不侵害歐洲共同體的權利下，會員國應將以下事項認為有共同利益：
　1. 政治庇護政策。
　2. 有關人民跨越邊境及其管制之實施等相關法規。
　3. 移民政策及第三國人民：(a) 入境會員國及遷移條件；(b) 居留、依親及應聘條件；(c) 打擊非法移民、居留、工作。
　4. 打擊毒品吸食。
　5. 打擊跨國詐欺。

文規定僅簡略提及、而無實質內容。

第三款　阿姆斯特丹條約：以「實現歐盟成爲自由、安全及正義的區域」爲目標

　　阿姆斯特丹條約除在第 6 章 29 條再度強調強化合作，將歐洲發展爲自由、安全及正義的區域外，並在第 6 章第 31 條「刑事合作方面的共同行動」第 b 項明確規定應「便利會員國之間的引渡」，[78]另依據 34 條規定，爲將會員國之間的法規調整一致，理事會得決議通過「架構協定(framework decision)」，架構協定對各會員國應有拘束力，但會員國得在國內自由選擇形式與方式，而非對會員國產生直接效果，架構協定的優點在於其不需經過批准後生效。[79]

　　阿姆斯特丹條約簽訂後，理事會要求執委會草擬行動計劃(action plan)，推動阿姆斯特丹條約所訂「實現歐盟成爲自由、安全及正義的區域」的目標，理事會隨卽在 1998 年 12 月 3 日通過了「維也納計劃(Vienna Action Plan)」，其中有關刑事司法合作方面，在第 45 要點要求有八大項目必須在阿姆斯特丹條約施行後 2 年內採取作爲，其中第 (c)項爲「確保依歐洲聯盟條約所通過的現有 2 項引渡條約有效實行」；[80]第(f)項

---

6. 民事司法合作。
7. 刑事司法合作。
8. 海關合作。
9. 警察合作，以預防及打擊恐怖主義、非法毒品走私及其他重大國際犯罪，並於必要時，透過「歐盟警察組織(European Police Office, Europol)」交換資訊。

[78] Treaty on European Union, Title VI: Provision on police and Judicial cooperation in criminal matters, Article 31 (ex Article K.3) Common action on judicial cooperation in criminal matters should include:
(a) facilitating and accelerating cooperation between competent ministries and judicial or equivalent authorities between Member States in relation to proceedings and the enforcement of judicial decisions;
(b) facilitating extradition between Member States;
(c) ensuring compatibility in rules applicable in the Member States, as may be necessary to improve such cooperation;
(d) preventing conflicts of jurisdiction between Member States;
(e) progressively adopting measures establishing minimum rules relating to constituent elements of criminal acts and to penalties in the fields of organized crime, terrorism and illicit drug trafficking.

[79] Blekxtoon & Ballegooij, *supra* note 50, at 27.

[80] 即法國與義大利一直都沒有批准 1995 年的歐盟成員國間簡易引渡程序公約及 1996 年的歐

爲「研擬有關促進相互承認判決(decisions)及刑事判決執行(enforcement of judgments in criminal matters)之程序」。同時，維也納計劃也決議於 1999 年 10 月在坦派勒舉行會議，進一步商討如何「實現歐洲成爲自由、安全及正義的區域」之目標。[81]

第四款　坦派勒決議提出司法判決相互承認

1999 年 10 月 15 日及 16 日歐盟理事會坦派勒決議(Tampere European Council 15 and 16 October 1999 Presidency Conclusion)奠定歐盟在司法合作的基礎，在決議第 5 點即明白揭示「不能讓犯罪者利用會員國司法制度的差異而有機可乘，對於歐盟的任何判決都要尊重與執行」。有關司法判決相互承認(Mutual recognition of judicial decisions)部分規定於第 33 點至 37 點：[82]

第 33 點揭示，「促進司法判決相互承認及立法上一致，有助於各機關彼此的合作及司法對個人權利的保護，因而歐盟理事會認同相互承認原則，並認爲相互承認是民事及刑事司法合作的里程碑。相互承認原則的範圍包括司法機關的判決(judgments)及裁定(decisions)。第 34 點揭示民事司法合作事項（本文略）。

第 35 點揭示，「在刑事事務方面，理事會籲請各會員國加速批准 1995 年簽訂的歐盟成員國間簡易引渡程序公約及 1996 年簽訂的歐盟成員國間引渡公約。對於判決確定後逃避司法之人，會員國應將法定引渡程序廢除，並依據歐盟條約第 6 條規定以簡易移交(simple transfer)方式取代，在不妨礙公平審理原則之下，引渡程序應迅速進行。」

第 36 點揭示，「相互承認原則適用於審判前之命令(order)，特別是對於能讓權責機關快速保全證據及扣押財產之命令；任何會員國機關合法蒐集之證據，在他國法院依據適用國家的標準，應認爲有證據能力。」

盟成員國間引渡公約。

[81] *Action Plan of the Council and the Commission on how best to implement the provisions of the Treaty of Amsterdam on an area of freedom, security and justice* - Text adopted by the Justice and Home Affairs Council of 3 December 1998, Official Journal C 019, 23/10/1999 p. 0001-0015.
(c) facilitate extradition between Member States by ensuring that the two existing conventions on extradition adopted under the TEU are effectively implemented in law and in practice;
(f) initiate a process with a view to facilitating mutual recognition of decisions and enforcement of judgments in criminal matters.
[82] *Tampere European Council 15 and 16, October 1999, Presidency Conclusions*

第 37 點揭示，「基於歐盟理事會之要求，在 2000 年 12 月之前應在尊重會員國基本法律的原則下，推動相互承認刑事判決原則所須的最低共同標準的程序法。」

第五款　歐盟逮捕令的誕生

1995 年簽訂的「歐盟成員國間簡易引渡程序公約」及 1996 年簽訂的「歐盟成員國間引渡公約」由於法國及義大利遲遲未批准，因此從未真正生效。為此，歐盟理事會才在阿姆斯特丹條約簽訂後的「維也納行動計劃」第 45 要點第(c)項以及坦派勒決議(Tampere European Council Presidency Conclusion)第 35 要點呼籲請各國加速批准。直到美國2001年911事件之後，歐盟感受恐怖主義帶來的威脅，雖然請各會員國在2002年 1 月 1 日開始施行，但最後仍功虧一簣，惟也因為美國 911 事件，使得歐盟積極而快速地擬定歐盟逮捕令的遞解新制，經過一番波折，[83]歐盟理事會終於在 2002 年 6 月13 日通過歐盟逮捕令架構協定，廢除會員國之間的引渡，改由司法機關以遞解制度取代之，經歐盟理事會喻為司法合作之里程碑。[84]

第五項　犯罪地審判、國籍國執行

綜觀歐洲在上個世紀屬人管轄方面的合作，從引渡（由犯罪地處罰，但遭到「國民不引渡」原則的障礙）到代理原則及權限移轉原則（遷就犯罪人之所在而由國籍國或居住地國審理），再到歐盟逮捕令架構協定，其實是回到「犯罪地審判、國籍國執行」的觀念，但這觀念早在 1971 年時即有學者 Ivan A Shearer 在其著作 Extradition in International Law 書中提出。當刑事管轄權發生衝突時，除非國家願意改變政策或法律，否則為了確保在他國犯罪的本國國民無法逃避司法制裁，在合作模式上就必須要「有一普通法系國家若無法有效起訴時，願意將國民引渡給犯罪發生地國」；或「有一大陸法系國家依據犯罪發生地國所提供的資料，願意將本國國民起訴」[85]。然而，此

---

[83] Blekxtoon Ballegooij, *supra* note 50, at 32-36.
[84] 同註 49。
[85] *Inquiry into Australia's Extradition Law, Policy and Practice, Joint Standing Committee on Treaties,*

一理想與實際有相當的差距，因而有研究建議「犯罪地審判、國籍國執行」，在「犯罪應由犯罪地之法院審判」的原則之下，將引渡的目的，限縮在審理及判決，做法是將被引渡之國民解送至犯罪地國，經該國法院審判後送回本國服刑，相關之赦免、減刑、假釋及交保依本國法律程序進行。

「犯罪地審判、國籍國執行」是一個可行的構想或理想，其目的既非僅保護被引渡之人免受外國法院嚴峻或歧視待遇，也不只是為了改善國人面對外國法院現實上的不利，而是為了確保犯罪的最適當管轄、處罰、矯正及社會康復，經由國家的合作，將審判留給犯罪地法院，以減低這些被過度誇大的現實上不利。

將判刑確定的人犯送回母國執行還有另一個效果：當犯罪地法院發生判決違誤時，人犯在本國還有機會獲得釋放，條約內容應規範將判決及遣返回國後的所有司法權力保留予國籍國，而國籍國對於犯罪地國法院之判決，應視同本國權責機關所做決定一樣，且條約應承認國籍國得透過寬恕或免除部分徒刑的方式行使其赦免權，並承認國籍國有權適用緩刑、假釋及其他矯正及戒治之法律與程序。

「犯罪地審判、國籍國執行」的方式，對於人犯的社會康復與剝奪自由有同等重要性，人犯送回本國後，透過本國語言對當事人施以技能訓練而合於社會所用，有助於回復；有疾病者，在國內接受治療與協助，同樣也較為有效。此外，人犯回國後與親戚朋友有較密切的接觸，亦可期望他們能對人犯給予鼓勵。至於審判國的監獄設施及矯正方法可能比本國先進或落後一節，由於人犯當初在國外為犯罪之行為，被捕後本來就應該會在該國的設施水準下服刑，如果人犯自由選擇不返回本國服刑，亦無理由不賦予其有選擇是否返國服刑的權利。[86]

Commonwealth of Australia Official Committee Hansard, (14 Mar. 2001).
[86] Ivan A Shearer, *Extradition in International Law*, Oceana, at 127 (1971).

第四節　國際司法互助立法例：德國、瑞士法制簡介——代小結

在各國法律規定中，德國及瑞士的國際刑事互助法制應屬較為全面性且周詳之立法例，規範內容涵蓋引渡、司法互助、受刑人移交及刑事訴追移轉管轄四大面向，對於司法、行政機關國際合作、取證與偵查、司法追訴、審判程序之合法性與正當性、人權保障與受刑人矯治與社會康復等均有所關照，頗值鑑鏡、參考，謹摘要重點簡介如下。

第一項　德國國際刑事司法互助法[87]概述

德國的刑事司法互助可依據條約、公約或國內法規定進行，此由德國國際刑事司法互助法第 1 條規定「有條約時，條約優先」可得而知。只要沒有違反法律基本原則，德國法允許外國在沒有雙邊或多邊協議時，依據互惠原則向德國請求互助，範圍包括引渡、司法互助、外國判決之相互執行等。[88]

德國國際刑事司法互助法主要包括「引渡國外」、「外國判決之執行」及「其他互助」，前兩者顧名思義，至於「其他互助」包括法院審理、資料傳送、聯合偵查組、基於訴訟或作證而對人或物的暫時移交、搜索及扣押等，並自第 78 條以後明文規範歐盟之特殊規定。

---

[87] *Act on International Mutual Assistance in Criminal Matters* (*Gesetz über die internationale Rechtshilfe in Strafsachen – IRG*) International Mutual Assistance Act in the version published on 27 June 1994 (Federal Law Gazette I, p. 1537), as last amended by Article 4 of the Act of 10 December 2019 (Federal Law Gazette I, p. 2128).

[88] *Requesting Mutual Legal Assistance in Criminal Matters from G20 Countries: A Step-by-step Guide 2012*, at 39.

第一款　引渡

一、可引渡之罪、不得引渡之情形及相關原則

德國國際刑事司法互助法第 2 條至第 11 條規定可引渡之罪、不得引渡之情形及相關原則。

引渡至國外對象為「受起訴或有罪判決的外國人」，除了將該人引渡回國籍國之外，也包括將該人引渡至判刑執行的第三國（第 2 條）。可引渡之罪必須該行為若在德國也構成犯罪，亦即必須符合雙重犯罪原則。如基於起訴之目的而請求引渡時，必須該行為最高刑度為一年以上有期徒刑，如基於執行徒刑之目的時，必須應服之刑期仍有至少 4 個月徒刑（第 3 條），請求國如果是依據本法提出引渡時，必須提出互惠保證（第 5 條）。

關於不得引渡之情形，如涉及政治犯罪、軍事犯罪，或有實質理由相信被引渡之人於引渡後，會因為人種、宗教、國籍、政治信仰或屬於特定社會團體而被起訴或處罰時，不同意引渡（第 6~7 條），如所犯之罪在請求國可處死刑時，必須保證不判處死刑或不執行死刑，始得准予引渡（第 8 條）。

犯罪於德國有管轄權時，如德國已就同一犯罪作成判決、不予重啟訴訟、因屬公訴之罪而不同意引渡申請，或因屬少年刑事犯罪而不予起訴時，不予引渡（第 9 條）。

在特定原則下，請求國就以下事項應提出保證：（1）未經德國同意，對於遞解前的其他犯罪不得進行處罰；（2）未經德國同意，不得再引渡、解送或驅逐至第三國；（3）引渡案件終結後得自由離開該國。但請求國有以下情況時，不受特定原則拘束：（1）引渡以外之案件經德國同意而起訴或執行；（2）被引渡之人在引渡案件終結後有權利及機會離開請求國，而經 30 日仍未離去；（3）被引渡之人離開該國後自行返回，或被第三國送回（第 11 條）。

二、引渡之管轄、逮捕與臨時逮捕

引渡應提出逮捕令、有罪判決、法條依據，並提出充分理由相信犯罪確為被引渡之人所為（第 10 條）。除了簡易引渡的情形外，引渡應經法院准許始得為之，引渡的事物管轄為邦高等法院，對其所為之裁判沒有上訴權利，裁定後由邦高等法院檢察

署製作引渡書類並執行引渡（第 12、13 條）。事物管轄之下，實際管轄法院爲逮捕地的邦高等法院及邦高等法院檢察署。如下落不明，則由聯邦最高法院(Federal Court of Justice)決定負責管轄的邦高等法院（第 14 條）。關於引渡的逮捕，通常情況下，當接到引渡請求後若發現當事人下落不明，被請求國卽可主動展開追查，（第 18 條）如果當事人有逃避引渡及其程序之虞，或依據事實有重大理由相信追緝對象對於本國引渡程序或外國訴訟在眞相建構上會帶來更加困難時，得命將引渡對象予以逮捕以便等待引渡（第 15 條）。

依據逮捕令進行逮捕後，應告知逮捕理由並給予書面（第 20 條），並依據本法第 21 條規定，最遲於逮捕次日前解送至就近的地方法院，法院應卽詢問人別身分及狀況，並提示於各階段得有辯護人扶助之權利、確保其陳述是在自由意志下所爲，以及對於引渡的逮捕有無異議。訊問時如果發現逮捕對象明顯錯誤，應立卽將該人釋放，如果逮捕時發現逮捕令已經撤銷或停止執行時，則應待邦高等法院確認後才能釋放。若當事人提出異議，地方法院關於任何疑義，應卽透過邦高等法院檢察署通報，並且邦高等法院應儘速做成決定。如當事人對於引渡沒有異議，地方法院法官應將簡易引渡程序及其法律後果告知當事人，並記明於筆錄（第 21 條）。

除子上述情況外，在接到引渡請求之前，如果請求國請求暫時逮捕，或依據事實有重大理由相信請求引渡之罪爲該外國人所犯者，則本國亦得將引渡對象暫時逮捕，但自逮捕之日起算，如 2 個月內沒接到請求國正式提出引渡，應立卽釋放（第 16 條）。暫時逮捕令由邦高等法院核發，敍明對象之身分、案件事實、引渡請求原因、所犯之罪、逮捕原因及依據事實（第 17 條）。臨時逮捕程序與上述第 21 條第 1 項至第 3 項規定相同（第 22 條）。

關於引渡之逮捕或執行，如當事人提出異議，應由邦高等法院決定之（第 23 條）。如果逮捕理由或引渡事由已不存在，應撤銷逮捕令並同時將該人釋放（第 24 條）。如果邦高等法院認爲，以較輕的強制處分方式已足以擔保逮捕目的之達成時，亦得暫停執行之（第 25 條）。接到引渡請求而進行逮捕並拘禁 2 個月期滿後，由邦高等法院審查決定是否繼續監禁，並之後每 2 個月重新審查，亦得於其間內進行審查（第 26 條）。

三、法庭程序

邦高等法院檢察署應請求排定當事人在地方法院出庭，由地方法院法官詢問人別

身分及狀況，特別是國籍，並提示他們於各階段得有辯護人扶助之權利，以確保其對於被指控犯罪案件的陳述，是在自由意志下所為，以及對於引渡的逮捕有無異議。如當事人對於引渡沒有異議，邦地方法院法官應將簡易引渡程序及其法律後果告知當事人，並製作其陳述意見（第 28 條），如當事人不同意簡易引渡，邦高等法院檢察署應提請邦高等法院決定是否准予引渡，而就算當事人同意簡易引渡，邦高等法院檢察署也還是可以提請邦高等法院決定是否准予引渡（第 29 條）。

邦高等法院如在審理期間認為資料不足，得限期補正。法院亦得舉行聽證聽其陳述，亦得要求提出其他相關引渡證據，提出充分理由相信引渡之犯罪確為被引渡之人所為。邦高等法院並得決定取證的方式與程度，不需受限於當事人有無申請或有無放棄權利，也不受限於先前法院的裁判（第 30 條）。

正式開庭時，應將時間及地點通知邦高等法院檢察署、當事人及其辯護人，特別是邦高等法院檢察署應派員到場。如該當事人已在拘禁中，應帶其出庭，除非當事人放棄出庭權利，或因路途遙遠、疾病或難以克服之原因使得當事人無法出庭，此時應由辯護人到場行使權利，如無辯護人，法院應指派辯護人為之。如當事人在逃，或未受拘禁但無正當理由不到庭時，法院得命令逮捕（第 31 條）。

開庭後，法院應檢附理由決定是否准予引渡，並將結果通知邦高等地方法院檢察署、當事人及其辯護人（第 32 條）。若法院做出是否准予引渡決定後，有新情況顯示有理由變更引渡決定時，得經邦高等法院檢察署、當事人或其辯護人之請求，變更是否引渡的裁判。此外，如果同意引渡，法院也可以決定延後引渡（第 33 條），如果同意引渡後當事人逃逸，法院應命令逮捕（第 34 條）。

當引渡已實施後，請求國再就其他犯罪案件追加請求同意起訴或執行刑罰時，被請求國在以下情況下，得同意之：（1）請求國提出證明被引渡之人對於相關案件已有陳述之機會，並且邦高等法院對於所提案件也同意引渡；或（2）被引渡之人對於該相關案件之起訴或處罰業已同意，並在請求國法院向法官聲明並記載，而該項犯罪的引渡也會准許（第 35 條）。

四、再引渡、暫時引渡、物之移交、搜索與扣押、法律扶助

（一）再引渡：

當引渡實施後，第三國請求再引渡、請求基於刑之執行而移交該人，或因引渡相同之罪請求驅逐該國時，得比照上述第 35 條規定之條件。同樣的犯罪如果同意引渡

請求時，得同意再引渡第三國，如果第三國請求再引渡是在引渡實施前，由本國就該案件是否准予引渡決定之（第36條）。

（二）暫時引渡：

同意引渡後，因為本國刑事訴訟或刑之執行或矯正處分即將執行，使得已經准許之引渡延後時，此時如請求國請求暫時引渡，並提出保證於明確時間會送回該人，或一旦被要求送回一即立刻回送時，得同意暫時引渡（第37條）。

（三）物之移交：

引渡同意後，得為外國訴訟中作為證據之物及因該犯罪所得之物，得不經請求一併移交請求國，但請求國須保證不會損及第三人之利益，並且如果本國請求返還時，會立即返還。如果當事人提出異議或第三人主張物之移交將致其權利受損時，經邦高等法院檢察署或主張該物移交將致生權利受損之虞者請求時，邦高等法院應決定是否同意移交（第38條）。

（四）有關搜索扣押：

對於會隨人移交外國的物品，即使在收到請求前亦得搜索、扣押及保全，情況急迫時，檢察官或偵查人員得逕行搜索及扣押（第39條）。

（五）有關法律扶助：

受追捕之人得於任何訴訟階段選任辯護人扶助；倘業經逮捕，則辯護人之扶助，在引渡程序中屬於強制性；若尚未被逮捕，則在以下3種情形時，辯護人之扶助在引渡程序中屬於強制性（即「強制法律扶助」）：（1）基於事實或法律情況複雜、（2）依當事人情況，當事人顯然無法充分行使權利，或（3）當事人未滿18歲。強制法律扶助之案件若當事人未選任辯護人，則管轄法院基於當事人請求或依職權應指派辯護人，直到完成引渡或裁判確定不予引渡（第40條）。

（六）有關簡易引渡：

外國權責機關請求引渡或暫時逮捕後等待引渡時，如果被引渡之人向法官表明同意簡易引渡並載於紀錄時，得不經正式引渡程序同意引渡。地方法院法官應告知被引渡之人關於簡易引渡之程序及其法律後果，簡易引渡一經當事人同意，即不得撤回（第41條）。

五、過境

過境可分為一般過境及非預定落地停留，分別介紹如下：

（一）一般過境

外國國民在外國被起訴或有罪判決確定，經該國權責機關向德國請求時，得同意該外國人過境，但必須該犯罪事實在德國也構成「應論處自由刑」之犯罪，始得同意過境（第43條）。管轄法院爲陸路或海路遞解過境的邦高等法院，如果是經過空路，則由第一個落地停留地點的邦高等法院爲管轄法院（第44條）。

過境程序方面，如果准予過境，首先應將被引渡之人拘禁以確保過境之執行，過境前，應先經邦高等法院核發逮捕令，當被引渡之人抵達本國過境時，應卽出示逮捕令正本告知，並將其保持拘禁的狀態。如果該人無法於轉機隔日過境，應卽將該人押送就近之地方法院，並由法官詢問個人狀況，特別是國籍，並告知當事人於各階段得有辯護人提供扶助之權利，確保其陳述是在自由意志下所爲，並確保當事人對於過境之拘禁有無異議及其異議理由爲何。如果當事人提出之異議非無理由者，或地方法院法官對於過境有疑慮時，應卽通知邦高等法院檢察署轉請邦高等法院儘速決定（第45條）。

（二）非預定落地停留

如果外國主管機關通知預計要經由航空運送引渡之外國人通過申請區域而不作停留，但因故必須做非預定落地停留(unscheduled stopover)時，該項通知將視爲過境之請求。此時，檢察機關及警察得對該人進行臨時逮捕，並於逮捕後隔日之前將該人押送至就近的地方法院，由法官詢問個人狀況，特別是國籍，法官應提示他們於各階段有辯護人提供扶助之權利、確保其陳述是在自由意志下所爲，並確保當事人對於過境的拘禁有無異議以及異議理由爲何。訊問時，如果發現逮捕對象明顯錯誤，應立卽將該人釋放，否則地方法院法官應命將該人拘禁直到邦高等法院做出決定。此種非預定落地停留的過境逮捕，參照第43條規定，卽使在收到相關資料「證明行爲若在德國時也構成應自由刑之犯罪（亦卽必須符合雙重犯罪原則）之前」，亦得核發過境逮捕令。但過境逮捕之人自臨時逮捕之日起算45日內，如果未收到請求國提出過境所需文件時，應釋放之；如果有收到請求文件，則邦高等法院檢察署應請邦高等法院法官開庭，並決定是否准予過境（第47條）。

第二款　外國判決之執行

一、原則與許可條件

　　對於外國刑事訴訟確定判決得提供互助，其範圍包括刑事刑罰或其他罰金及沒收命令（第 48 條），請求本國協助執行必須提出完整的確定判決，且判決必須符合歐洲人權公約及其附加議定書之規定。此外該項外國處罰、矯正處分或罰金或沒收命令之判決所依據之事實，必須如在德國相同情況下也會成立，並且其執行也非德國法律所禁止（第 49 條）。

　　如果剝奪自由之處罰是在外國宣判，而被判刑之人也仍在該國，則其執行僅得在該人於該國向法官表明同意並載於紀錄，或由獲得授權的德國領事官員紀錄其意思表示之聲明時，才得執行之。當事人表明同意時，應告知法律後果以及不得撤回該項同意。如果本國法律對於外國所科之處罰沒有對應的處罰時，即不准予執行。外國的沒收裁定中關於第三人權利的部分有拘束力，但如果第三人沒有充分的機會主張權利時，無拘束力（第 49 條）。

二、程序與權利

　　管轄法院方面，外國判決之執行可行性，由受判決之人住所地的地方法院檢察署準備資料，交由地方法院認定（第 50 條）。如果在本國沒有住所，則由慣常居住處所或最後之居住處所地管轄，如果都無住所居所時，則由逮捕地管轄。如果執行的是沒收或金錢上處罰（包括刑事罰金及行政罰鍰），則以沒收物所在地定其管轄地（第 51 條）。

　　資料準備方面，若提供資料不足以評估判決之執行可行性時，法院應給予外國有提供資料之機會後再行決定。受判決之人或第三人如果在所執行的外國沒收裁定案件中可主張權利時，法院應於決定前給予陳述機會（第 52 條）。

受判決之人於各階段得有辯護人扶助之權利，第三人如果在所執行的外國沒收裁定案件中可主張權利時，亦同。若基於事實或法律情況複雜，或受判決之人顯然無法行使此一權利時，則必需強制協助辯護。在強制辯護案件，若當事人尚未指任辯護人者，法院應依其聲請或本於職權為其指任辯護人。外國判決執行的訴訟開始時，管轄法院應即告知受判決之人有權選任辯護人扶助，如果強制辯護的原因消失，得撤銷辯護人

之指任（第 53 條）。

三、外國刑罰之轉換與執行

外國刑事判決如經宣告為可執行時，所科之刑罰應依等同之德國法轉換，此時，外國的判決有拘束性，但其處罰不得超過本國最高法定刑度（第 54 條）。執行可行性由地方法院決定，並敘明所執行判決、處罰性質及程度。如果執行的是外國關於沒收的判決，而地方法院檢察署、被判刑之人或第三人對沒收物主張權利時，得就地方法院的決定提出不服（第 55 條）。法院對於外國判決宣告有可執行性之後，國家才得授權對外國提供互助，並且依據德國法，該犯罪即不得再予起訴（第 56 條）。

同意提供互助後，後續的互助由管轄地之檢察署執行，剩餘刑期得依刑法規定予以假釋，例如監禁徒刑已執行超過 15 年而已執行三分之二者。金錢上之執行，如果被判決之人已在他國執行完畢，或外國通知執行條件已不存在時，應依情況免除或縮減其刑；外國法院關於犯罪所得沒收之執行，如果有人主張因該犯罪應受賠償，應即通知該人，但時效完成者，免除執行（第 57 條）。

費用方面，執行費用由受判刑之人負擔，解送若是必須經過受刑人同意才能執行時，由被判刑之人負擔解送費用，但鑒於被判刑之人經濟條件及國外拘禁狀況，認為將會造成難以忍耐之困頓時，免其費用負擔（第 57 條第 a 款）。

執行之確保：當請求國之判決確定為可執行並經提出請求時，如有可信事實足認受判刑之人有逃避執行之虞，或有事實強烈懷疑被判刑之人會取得有利條件而有不公，將造成執行可行性的訴訟程序中，對真相建構帶來更加困難時，得將被判刑之人逮捕。該項逮捕由管轄的地方法院決定之，對法院的決定得提起上訴。如果是執行金錢上之處罰或沒收命令，或如果外國權責機關敘明嫌疑人之身分、犯罪時間及地點，並請求採取保全執行之處分時，應適用第 67 條搜索扣押等相關規定（第 58 條）。

第三款　司法互助

按德國國內法允許外國在沒有雙邊或多邊協定下，得依據互惠原則向德國請求司法協助，亦即如果沒有司法互助協定時，依德國國際刑事司法互助法第 59-67a 條「其他互助」規定而提供協助，本章第四節第一項已有說明。關於「其他互助」雖包括了法

院審理、資料傳送、聯合偵查組、基於訴訟或作證之目的而對人或物的暫時移交，以及搜索扣押等。德國並不像瑞士在國際刑事司法互助法第 63 條及各雙邊條約及多邊公約中，逐一列出互助事項，僅於第 59 條規定「如收到外國權責機關請求時，得提供其他型態之刑事互助。」此處所指之協助，係指「任何可提供協助外國刑事訴訟之手段，不論外國的訴訟程序是由法院或機關進行，亦不論該協助事項是由法院或機關提供。」雖然條文規定僅用「任何可提供協助外國刑事訴訟之手段……」等語，但實際上包括證人詰問、請求查扣文件、財物並移交、請求提供檔卷及資訊等均屬於互助事項。

一、資料傳遞（第 61a 條）

法院及檢察署得不經請求，傳遞刑事訴訟偵查中取得之個人資料。有以下情形時，得不經請求即可傳遞給外國機關、政府間機關及超國界機關：（1）資料屬於在法院及檢察署之間可以彼此傳遞者；（2）有以下事實足以正當推定資料傳遞有其必要性：（a）基於受傳遞國為犯罪起訴或刑之執行之準備必要而請求協助者，且該罪為最重刑期 5 年以上有期徒刑，若提出互助請求時將符合協助之要件；或（b）個案上，基於避免國家生存或安全上的風險，或生命、身體、自由上的風險，或對於公共利益有相當價值之物品。

該資料之傳送必須符合以下條件：（a）資料刪除的期限應遵循德國法、（b）傳遞之資訊僅得用於傳送之目的，及（c）如發現該個人資料屬於不應傳遞之資料或不正確的資料時，應立即通知對方，對方一經通知應即刪除或更正。

二、聯合偵查組

在國際法之下，得依據協定設立聯合偵查組，外國派遣的聯合偵查組成員在該國授權下，得在德國權責小組成員指揮下執行偵查作為，其他國家人員依據參與國法律規定或共同協定，亦得參與聯合偵查組。參與運作人員得基於聯合偵查組工作之必要，直接傳送公務執行中所取得資訊，包括其他國家派遣的人員。（第 61 條 b 項）。

三、人與物的暫時移交

基於外國訴訟目的之暫時移交：有分「基於外國訴訟目的而向外國暫時移交」與

「基於外國訴訟目的而向本國暫時移交」

（一）「基於外國訴訟目的而向外國暫時移交」：

　　任何在本國被留置、在監執行、矯正預防處分之人得經外國權責機關請求，基於訴訟之聽證、指認及辨識、檢查之目的，以證人身分暫時移交，移交請求國期間得併入本國拘禁時間計算。暫時移交之必要要件為：（1）經充分告知事由，當事人在法官面前表示同意，並記錄之，此一同意不得撤回；（2）留置期間不會因為移交而延長，訴訟程序不會因為移交而受阻礙；（3）必須保證該人在移交期間不會受到處罰、其他制裁或起訴，並且如果該人可以釋放時，得自由離開請求國，以及（4）必須保證在取證後會立即將該人移交回國（第62條）。

（二）「基於外國訴訟目的而向本國暫時移交」：

　　任何在外國被留置、在監執行、矯正預防處分之人，得經該國權責機關請求，基於該國取證訴訟之取證目的，將人暫時移交本國，並於完成取證之後移交返回該國，期間為確保其返回，應保持逮捕狀態。逮捕決定由提供協助的法官為之，或由提供協助機關所在轄區的地方法院法官為之。對於法官的決定，沒有上訴權（第63條）。

（三）外國證人之解送過境：

　　外國人因在外國被留置、在監執行、矯正預防處分或受剝奪行動自由，得以證人身分解送過境本國至第三國，以進行聽證、指認或檢查，並於完成取證之後解送回國（第64條）。前述第44條規範之管轄法院、第45條規範之引渡過境程序及第47條規範之非預定落地停留之規定均準用之（第65條）。

（四）物之移交方面：

　　受外國請求時，以下物品得移交請求國：（1）得為外國訴訟之證據者；（2）因犯罪取得之物；（3）因犯罪取得之物的變賣所得。但請求之犯罪必須該行為依據德國法律規定也屬不法行為、請求國有提出扣押命令、保證第三人之權利不受影響、移交之物如經請求應即返還（第66條）。

（五）關於搜索及扣押：

　　有可能移交給外國之物，即使在收到移交請求前，得搜索、扣押或以它法保全。搜索及扣押由執行之地方法院為之，情況急迫時，授權檢察署及其偵查人員為之（第

67 條）。

第四款　德國對外請求

德國國際刑事司法互助法自第 68 條起規範德國的對外請求。

基於德國刑事訴追之目而暫時受引渡德國且保證會送回之人，應依協商同意之日期將該人送回，除非外國免除將其送回（第 68 條）。對於在外國被留置、在監執行、矯正預防處分之人，基於訴訟之聽證、指認及辨識、檢查之目的，而經德國權責機關請求以證人身分暫時移交德國之人，應保持該人於逮捕之狀態。以確保其送回（第 69 條）。

同時，任何在本國被留置、在監執行、矯正預防處分之人，得基於本國刑事訴追之取證目的而移交予國外。但移交前提必須：（1）經過充分告知，當事人在法官面前表示同意，並記錄之，此一同意不得撤回、（2）必須保證該人在移交的期間不會受到處罰、其他制裁或起訴，並且如果該人可以釋放時，得自由離開該國，及（3）必須保證在取證後會立即將該人移交回國（第 70 條）。
對外國人所科之刑罰或制裁如符合以下條件時，得移交外國執行：（1）被判刑之人之居所或其慣常居所位於該國，或人在該國且未在被引渡中，及（2）在外國執行有利於被判刑之人的利益或公共利益。

被判刑之人僅得基於自由刑之執行而移交，對於德國人所科自由刑以外之其他處罰：只能基於公共利益而移交外國，而被判刑之人居所或其慣常居所位於該國；且該人未在引渡進行中；並且被判刑之人縱使在該外國執行，亦不會遭受重大之不利（第 71 條）。

如果被判刑之人不在該國，則自由刑之移交執行必須該人於該國向獲得授權的德國領事官員表明同意並載於紀錄，一經同意不得撤回。又其執行必須外國保證遵守移交的各項限制，且須經過該國聲明認可執行後，才能移轉執行（第 71 條）。

第二項　瑞士國際刑事互助法概述[89]

瑞士國際刑事互助法共有 5 篇（Part），第 1 篇總則規範共同事項，第 2 篇至第 5 篇規定引渡、刑事互助、受刑人移交及外國刑事判決之執行等四大互助事項。

第一款　總則

總則規範共同事項，包括適用範圍與基本原則、個資、國內程序及國際程序等。

一、適用範圍

瑞士國際刑事互助法適用的範圍有引渡、刑事互助、刑事訴追及處罰之移轉及外國刑事判決之執行等四大部分，必須是依請求國法律得向法院提起的刑事案件才有本法之適用，但本法並沒有賦予國際刑事合作之請求權（The Act confers no right to international cooperation in criminal matters)（第 1 條），意即各國與瑞士有締結條約時，應依條約規定之義務提供互助；無條約時，瑞士得依本法提供互助，但外國並不因而取得要求瑞士合作的權利。[90]

總則尚規定一些基本原則，首先關於「拒絕協助事項」，外國向瑞士請求的刑事合作，如不符歐洲人權公約及公民與政治權利公約，[91]或其起訴及處罰係基於政治信

---

[89] *Federal Act on International Mutual Assistance in Criminal Matters* (Mutual Assistance Act, IMAC) of 20 March 1981 (Status as of 1 March 2019).

總則(general Provisions)第 1 章第 1 條規定，本法規範國際刑事司法合作的所有程序，包括：

a. 引渡：針對受刑事起訴或有罪判決確定之人的引渡(the extradition of persons who are the subject of criminal prosecution or have been convicted)；

b. 刑事互助：為支持外國刑事訴訟所為之協助(assistance aimed at supporting criminal proceedings abroad)；

c. 刑事訴追及處罰之移轉：即移交犯罪的刑事程序及處罰(the transfer of proceedings and punishment of offences)；

d. 外國刑事判決之執行 the execution of foreign criminal judgments)

[90] Federal Department of Justice and Police FDJP, *International Mutual Assistance in Criminal Matters Guidelines,* 9th edition 2009 (Case law as of May 2010), at 12.

[91] European Convention for the Protection of Human Rights and Fundamental Freedoms 1950; International Convenant on Civil and Political Rights 1966

仰、針對特定社會團體、人種、宗教、國籍時，瑞士不予協助。如果是外國對瑞士的請求，如訴訟當事人屬於政治犯或軍事犯，同樣不予協助，但種族滅絕、殘害人群、戰爭罪、劫機、人質劫持等行為不得主張為政治犯罪，即使主張也不予認定為政治犯罪（第 2~3 條）。此外，本法規定微罪案件(minor cases)不予協助（第 4 條）。案件若在瑞士或在犯罪地國業經法院無罪釋放、有實質理由終結訴訟、已予免刑、依宣判國法律已執行完畢或已無法執行，或追訴權時效與行刑權時效消滅時，有這些情況也都不予協助（第 5 條）。

關於互惠原則，總則明定瑞士於必要時，得要求外國提出互惠保證，但送達、基於打擊某些犯罪、基於有助於被告的社會康復，或基於針對不利瑞士國民的犯罪有助澄清時，不需互惠保證（第 1~3 條）。又瑞士對外如有必要時，得對外國提出互惠保證（第 8 條）。

二、個資

在國際刑事互助程序進行中，得允許當事人取得個案中關於自己的資料，但權責機關如果基於第三方更重大利益之考量，或基於國內外更重要之公共安全利益，或如果個資提供會抵觸偵查、法庭訴訟或國際刑事合作時，得拒絕提供、限縮提供或延後提供（第 11b 條）。如果是引渡案件，瑞士任何人均可請求告知瑞士是否有收到外國基於引渡而請求逮捕（第 11c 條），個資不得揭露給跟瑞士有連線、國際協定或特殊保證以外的國家，但為保護資料當事人或第三人之生命或身體；為避免對他國公共安全有急迫及重大威脅；為防止犯罪、發現犯罪或起訴犯罪；或為刑事判決之執行而有必要時，得將個資揭露給予第三國（第 11f 條）。

三、國內程序

（一）權責機關與基本原則

引渡司法程序由轄區司法機關負責，其他事項如司法互助、刑事訴追及處罰之移轉，及刑事判決之執行，除非聯邦法另有規定，否則仍為轄區司法機關負責（第 16 條）。聯邦司法警察部之下所屬的聯邦司法辦公室(Federal Office of Justice)負責提出對外請求、接收外國請求，並發交適當的管轄機關。聯邦司法辦公室同時應該決定是否需提出互惠保證（第 8 條），各種國際刑事合作案件最後應由聯邦司法警察部決定，一般時間為收到確定判決 30 日內。如果犯罪是在瑞士境內所為，聯邦司法警察

部得以將其全部或一部移轉有權起訴之聯邦機關，亦得決定協助的可行性並執行協助（第 17 條）。

迅速義務：權責機關如經聯邦司法辦公室要求，應即提供訴訟狀況、遲延的原因及擬採取措施。權責機關不得無理由而拒絕或延遲做出裁定，否則即認為等同反面決定(negative decision)而得以提起上訴（第 17a 條）。

如果他國明確請求，權責機關應採取暫時性的處分措施，以保存現狀及保全法律上利益有損害或滅失之虞的證據。有充分資料可認定延遲會有礙訴訟時，聯邦司法辦公室得基於外國的請求而採取上述的暫時性處分措施，但請求國如未於期限內提出時，得將暫時處分撤銷（第 18 條）。

郵政及電信偵監方面，對於引渡及各種司法互助案件，得基於追查下落或偵辦案件需要為之（第 18a 條）。電子通訊監察的資料如顯示請求對象在國外，或屬於即時性偵監，則該資料得在互助程序完成前先提供外國，但資料在互助案件准駁確定前，不得用為證據使用（第 18 條 b 項）。

如果被告在國外而該國對於案件的處理有不同的程序可選擇時，應優先考量最佳的社會康復程序（第 19 條）。

權責機關對於身處外國而涉犯其他犯罪的被告，如果瑞士犯罪的刑度相較於國外案件可能判決的刑度顯得不重要或其執行並不合適時，經聯邦司法辦公室要求，得暫停本國的刑事程序或刑之執行，等待外國的程序結束時，再決定是否續行訴訟或執行刑罰（第 20 條）。

過境方面，基於外國訴訟之需，得允許過境瑞士，但如僅經過瑞士領空未落地者，不須經過同意。如果是非預定落地停留(unscheduled stopover)，則安排解送的國家須事先通知聯邦司法辦公室，並敘明其犯罪及遞解理由，此時，如果是引渡案件而受請求時，應將該人拘禁（第 20a 條）。

(二) 權利保障

被告得指定律師，如果被告未選任律師，而基於保障被告利益之必要，得為其指定辯護人。因司法互助的處分而受影響之人或以受害之一方到場接受詢問之人如基於利益保障之需，亦得在司法互助處分執行時，由律師扶助。聯邦或地方之裁定，與判決必須以書面告知上訴的救濟管道、上訴機關及上訴期限，但依本法提起上訴時，除准予引渡、核准傳送機密資料，或送交物品或財產給外國之外，不因為上訴而使案件有暫停的效力（第 21 條、第 22 條）。

上訴應向原審的上級法院為之。但如果上訴案件是瑞士向外國提出的案件時，只能是瑞士請求外國承擔刑事訴訟或執行刑事判決時，才得以上訴，此時也僅限於慣常居住瑞士之被告(……defendants who are habitually resident in Switzerland)才有權提起上訴，又雖然第 101 條 2 項規定依瑞士批准之國際協定移交人犯時得不經該人之同意，但當事人得提起上訴。 （第 25 條）。

四、國際程序

外國的請求應向聯邦司法辦公室提出，涉及逮捕的請求應該即行處理，不得延遲，如果拒絕請求必須有具體事由（第 27 條）。請求應以書面敘明請求機關、案件刑事管轄機關、請求事由、請求理由、犯罪刑度，及精確而完整的訴訟概況（第 28 條）。

傳送方面，聯邦司法辦公室得直接接收外國司法部的請求，情況緊急有需暫時性措施時，得透過國際刑警組織傳送，或以書面直接傳送權責執行機關（第 29 條）。

對外請求方面，聯邦司法辦公室是引渡、刑事訴追移轉管轄及刑事判決執行之請求機關，基於地方機關之請求採取作為，但聯邦司法辦公室如認為犯罪的重要性不具備足夠的正當性時，得拒絕對外提出請求（第 30 條）。

費用方面，基本上外國對瑞士請求執行是免費的，但聯邦司法辦公室得決定在何種條件下全部收費或部分收取費用，如果瑞士對外的請求有貼補費用給被請求國時，則應向造成訴訟的一方收取（第 31 條）。

第二款　引渡

一、要件

關於引渡，瑞士規定外國如為起訴或徒刑之執行，或如果外國接受瑞士請求起訴或執行判決，因而請求引渡外國國民時，瑞士得同意之（第 32 條）。如果引渡的對象是本國國民，瑞士規定除非經過該當事人同意，否則不得將其引渡或遞解外國，若當事人同意，即使解送命令發布前，仍可撤回（第 7 條）。

可引渡之罪，必須是雙方可處最重一年以上有期徒刑之罪，並且瑞士並無管轄權

（第 35 條），但特殊情形下，例如基於社會康復之正當事由，則對於瑞士有管轄權之犯罪亦得引渡（第 36 條）。拒絕引渡的理由，除子前述總則篇第 2 條及第 3 條之共同規定外，在第 37 條尚規定有以下情形時，得拒絕引渡：（1）瑞士能承擔犯罪之起訴或承擔外國刑事判決之執行，而適於被告的社會康復；（2）該判決爲在被告缺席情形下所爲判決，而訴訟中並未給予被告基本辯護權利者，得拒絕引渡。但如果請求國保證對被告之案件重新審理並給予辯護權利，不在此限；（3）請求國對於得判處死刑之案件，未能保證不宣判死刑；或宣告死刑案件，未能保證不會執行死刑。

引渡的案件亦得附加條件，要求不得對於請求引渡前之未獲准引渡所犯之罪進行起訴、判刑或再引渡第三國，且不得因引渡以外事由剝奪其人身自由。但當事人或被引渡之人放棄這項權利、被釋放後得自由離開而於 45 天內未離開，或離開後又自願返回或被第三國送回時，不在此限（第 38 條）。但如果被引渡者被指控其他犯罪，而經重新提出起訴犯罪之請求時，亦得同意起訴（第 39 條）。

複數國家請求引渡又分爲：（1）複數國家就同一案件請求引渡：此時以犯罪地或主要的實施地爲主；（2）複數國家就複數案件請求引渡：此時應就犯罪嚴重程度、行爲地點、收到請求之順序、被告之國籍、較佳之社會康復，以及引渡的可行性做整體情況考量（第 40 條）。

二、程序

1.引渡之請求與臨時逮捕：

引渡應備書面文件，若基於引渡之目的而請求追蹤或逮捕時，應準備有效的逮捕令狀、敍明發布機關與發布日期，並表明權責機關將會請求引渡（第 42 條）。如基於國際刑警組織各國中央局(Interpol National Central Bureau)或各國司法部之請求，得將外國人逮捕。逮捕同時，得做爲外國刑事訴訟證據之物品、財產或犯罪所得，均得以查扣，並得對被逮捕之人及其所在處所進行搜索（第 44~45 條）。

2.引渡之拘禁與扣押：

「聯邦司法辦公室」應針對引渡核發逮捕令，但對於逮捕之請求，如認被告並無逃避引渡、或有礙偵查之虞，或被告能立即提出犯罪時不在場證明，則不須核發逮捕令。如被告不適合拘禁或有其他合理事由，亦得爲拘禁以外而能確保其能到庭，做出其他處分，但這不影響物品或財產扣押（第 47 條），當事人收到引渡逮捕令後 10 日

內得提起上訴（第 48 條）。

3.執行方面：

　　執行機關爲地方機關，發布引渡逮捕後，如當事人已在拘禁中等待審理或在服刑中，當然無須逮捕；但因有引渡案件的關係，此時，如果未經「聯邦司法辦公室」同意，不得任意釋放或遣返（第 49 條）。如果逮捕後 18 日內，沒有收到引渡請求及證明文件，則應命令釋放該人，如有特別事由，最長亦不得超過 40 日。若被告當時已在拘禁中，則 18 日或 40 日之期間計算，係由引渡拘禁開始之日起算。引渡訴訟的程序期間內，基於個案特殊情況，認爲適當時，亦得隨時將其釋放（第 50 條）。

　　如果在前述第 50 條規定之期限內收到引渡請求及其資料，且非顯無引渡可行性時，除非另有決定，否則當事人在整個程序期間都應予以拘禁；如果被告先前業已釋放，亦得基於引渡而重新再予拘禁（第 51 條）。

4.引渡判決之準備

　　引渡判決的準備方面，引渡請求及其證明資料應提供予被告及其律師，轄區機關應做人別確認；說明引渡及簡易引渡的狀況；告知有關上訴、選任辯護人、法定指定辯護等權利；初步詢問個人狀況，特別是詢問當事人的國籍及與請求國的關係；並詢問對於逮捕或引渡有無異議及其異議原因，詢問時得由律師扶助，如果被引渡之人尙有他案將被起訴或再引渡第三國，聯邦司法機關應安排該人讓請求國司法機關訊問（第 52 條）。

　　如被告主張能夠證明案件發生時不在場，聯邦司法辦公室應爲必要之調查，如果明確沒有涉案應拒絕引渡。其他案件中，無罪的證據應儘速提供給請求國，並要求請求國儘速告知是否要仍要請求該案進行引渡（第 53 條）。

　　簡易引渡方面，如果被告向司法機關表明放棄引渡訴訟程序，則聯邦司法辦公室除非另有特殊考量，否則應同意簡易引渡將其遞解。簡易引渡與一般引渡具有同樣效果，但當事人在聯邦司法辦公室做成決定前，得撤回該項意思表示（第 54 條）。

5.引渡之決定與執行

　　被告陳述意見或第三人對於扣押物異議期間屆至之後，聯邦司法辦公室應做成是否引渡的決定，此時，如被告主張被引渡者爲政治之罪，則案件應移聯邦上訴法院審理，並應給被告陳述機會（第 55 條）；如果被告申請庇護，則聯邦司法辦公室與上

訴機關於決定是否引渡時，應審酌庇護訴訟之文件（第 55a 條）。

如被告明確請求立即引渡，或收到引渡之決定後 5 日內未表示將上訴時，引渡即得執行。如果訴訟程序結果做出拒絕引渡的決定時，聯邦司法辦公室應即釋放之（第 56 條）。如果同意引渡時，應將引渡決定、日期及地點通知請求國（第 57 條）。此時如被告因為其他案件在瑞士被起訴或服刑，則引渡得延後。又國家有以下情形時，得准予暫時解送：（1）不會影響瑞士的刑事訴訟，（2）請求國保證其停留期間會將被告持續監禁，並且無論其國籍為何都會將該人送回（第 58 條）。

關於物品或財產之交付，如果引渡條件符合時，得為證據或因犯罪所得之物品或財產應一併交付，但若基於瑞士刑事訴訟而有需要者，應先留在瑞士。如果機關、善意取得之第三人或居住於瑞士之被害人，對於得為證據之物品或財物主張權利時，應經請求國保證於訴訟終結後返還，始得移交。此處之物品或財產係指犯罪之工具、犯罪所得之利益及好處，以及犯罪利益之贈與。這些物品或財產，如果屬於居住於瑞士之被害人所有，或機關主張擁有權利，或未涉及該案之人主張基於善意取得該等物品或財產，並提出相當理由認為其確有權利者，在上述這三種情況下，得將該物品或財產留於瑞士。如果物品或財產之權利人提出返還請求，於法律狀態尚未確認前，不得交付請求之人。物品或財產如要交給有法律權利之人，其交付必須：（1）請求國同意、（2）本國主張擁有權利的機關同意，或（3）瑞士司法機關認定請求具有正當理由（第 59 條）。

同意引渡之決定做成並通知請求國，而請求國未於 10 日內進行接收該人之作為時，應釋放之。請求國有正當理由得請求展延至 30 日（第 61 條）。有關同意對外引渡時，所生拘禁及解送之費用，倘依照國際慣例是由被請求國支付時，由瑞士支付之。被告之個人財產如果不需一併移交請求國時，得抵用支應費用（第 62 條）。

第三款　司法互助

刑事互助性規定於瑞士法第 63 條至第 67a 條，包括互助事項、外國法律適用、在國外訴訟中出庭、一事不再理、特定原則、資訊及證據之主動傳送等。

一、基本原則

瑞士法關於刑事互助的規定基本上包括：資料傳遞、文書送達、取證（含搜索、扣押、專家意見、聽證及對質）、文件與表報之提出、基於沒收或返還權利人之目的而交給物品或財產（第 63 條）。

有關外國法律之適用，在外國明確請求下，證人或專家之陳述應依照請求國法律規定形式，即使該形式並非本國現行法律規定之形式。取得其他證據之必要形式，只要是在法庭上可以產生證據能力者，均應予考慮。（第 65 條）。

關於國民在國外訴訟中出庭，如果實質上有助於請求之執行或有助於外國的刑事訴訟，經外國請求時得同意（第 65a 條）。但如果被告居住於瑞士，而請求協助所涉犯罪已在瑞士進行訴訟中，則基於一事不再理原則，得拒絕協助。但如果外國訴訟並非只針對居住於瑞士的被告，或如果請求執行之事項有助於證明被告無罪時，得同意協助（第 66 條）。又基於特定原則，透過互助所取得的資料及文件，請求國不得用於案件以外的犯罪偵查或訴訟證據（第 67 條）。

資訊及證據亦得主動傳送，本國起訴機關因偵查所得之資料或證據，如認為他國會因而開啟刑事訴訟，或有利於後續刑事偵查時，得不經請求，主動傳送外國起訴機關（第 67a 條）。

二、特定互助事項

（一）文件送達：

瑞士協助送達的方式，除親自送達與郵寄送達外，亦得同意外國直從國外接以郵寄方式送達（第 68 條）。

（二）傳喚通知書之送達：

本法規定任何收到傳喚通知書之人，沒有前往外國出庭的義務。傳喚通知書如含有威脅強制性的警示時，不予送達。又對被告之送達，得訂定前提條件，要求受送達之人保證於一定期間內有安全通行權(safe conduct)，且不得阻止其自由離開請求國領域，如受送達之人提出此等要求時，送達機關應要求請求國提出書面保證，送達才算完成（第 69）。

（三）被逮捕之人的移交：

在瑞士已受拘禁之人，如經外國擔保安全通行權，並保證全程拘禁且一經請求會將該人送回瑞士時，得基於外國調查之目的而移交外國機關。未受外國起訴之人以及瑞士國民的移交，須經該人書面同意，但如果是為了執行瑞士提出的請求或為了與在國外之人對質時，不須該人同意（第 70 條）。

（四）持續拘禁：

在外國被拘禁之人，如果是基於提供協助而移交至瑞士，外國逮捕令在該被告被拘禁在瑞士期間亦為有效，該被告於此期間應持續拘禁，僅得於瑞士與該國權責機關協議同意釋放時，得釋放之（第 72 條）。

（五）在瑞士之安全通行權：

慣常居住在外國而因刑事案件受傳喚至瑞士之人，不得因為入境瑞士前所發生事由，將其起訴或限制其人身自由，但該人經傳喚機關准予離開而於 3 天後未離開者，安全通行權即失其效力（第 73 條）。

（六）證據之移交、物品或財產之沒收與歸還：

基於外國的請求，得為證據而查扣之物品、文件或資產以及紀錄與判決，於完成互助程序後，應備妥以利提供外國權責機關。但如果機關、善意取得之第三人或居住於瑞士之被害人，對於該得為證據之物品或財物主張權利時，其交付應經請求國保證於訴訟終結後返還。但如果該物品、文件或資產因為瑞士刑事訴訟仍有需要時，得延後返還（第 74 條）。

另基於外國之請求，假扣押之物品或資產於完成互助程序後，得基於沒收或返還權利人之目的，交予外國權責機關。此處之物品或財產，指犯罪之工具、犯罪所得之利益及好處，以及犯罪利益之贈與。此等移交得基於請求國可執行之確定判決，於外國訴訟程序中各階段為之，然而前述物品或財產若屬於：（1）居住於瑞士之被害人所有，（2）機關主張擁有權利，（3）未涉及該案之人主張基於善意取得該等物品或財產，並提出相當理由認為其合法擁有權利，或（4）該物品或資產因為瑞士刑事訴訟仍有需要，或依其性質在瑞士應予沒收。有以上四種情形時，得將該物品或財產留於瑞士。如果物品或財產之權利人提出返還請求，於尚未確認法律狀態前，不得交付提出請求之人。物品或財產如要交給有法律權利之人，其交付必須請求國同意或本國主張擁有權利的機關同意或經瑞士司法機關認定請求具有正當理由者（第 74a 條）。

第四款　刑事訴追移轉

刑事訴追移轉包括「瑞士代替外國起訴(prosecution in Switzerland on behalf of another State)」及「移交外國起訴(Transfer to Foreign States)」。

一、要件

（一）瑞士代替外國起訴：

對於外國的犯罪，如果瑞士不同意引渡、被告在瑞士因其他更嚴重之犯罪而面臨追訴，或請求國保證於瑞士無論是釋放或完成徒刑後，不會對於同一犯罪予以起訴，有這些情況時，瑞士得經犯罪地國之請求，代替該國起訴犯罪。對於慣常居住瑞士之外國人，如果引渡沒有正當性，並就其個人情況及社會康復來看，顯然在瑞士起訴較為適當時，瑞士得起訴之，但如果該項犯罪依據瑞士法律有管轄權時，上述規定不適用之（第 85 條）。適用法律方面，該項國外犯罪應視同在本國犯罪，而應依本國法律審判，外國法律規定如對當事人較有利時，依外國法律適用之，但法院僅得依瑞士法定刑度科以刑罰。被告缺席時，訴訟程序不得進行（第 87 條）。

（二）移交外國起訴：

瑞士有管轄權的犯罪，如被告身在外國而不適宜或不被允許引渡至瑞士，或當事人被引渡至該國，且移轉起訴對於該人有較佳的社會康復時，如果外國依其法律得以起訴及處罰，得請求該國起訴之（第 88 條）。如果外國將犯罪起訴，則瑞士即不得再就被告同一犯罪進行追訴，除非被請求國通知該案件還未達起訴階段，或案件業經被請求國法院無罪釋放、有實質理由終結訴訟、予以免刑、依宣判國法律已執行完畢，或已經無法執行。另時效上，如果訴訟在外國進行中，則瑞士法律時效應即暫停（第 89 條）。

二、程序

聯邦司法辦公室應與起訴機關商議並決定是否接受外國請求瑞士代替起訴，如果同意，則應該傳送資料予起訴機關，並通知請求國及當事人，此一決定並不會因而形

成提起刑事訴訟的義務。事實上，聯邦司法辦公室如果有不予起訴的正當事由，或認犯罪未達嚴重性，得拒絕承擔起訴（第 91 條）。請求國機關依其法律所為之任何偵查處分，應視為瑞士的相對應機關所為之偵查處分（第 92 條）。

第五款　刑事判決之執行

一、要件

刑事判決之執行又分「瑞士執行外國刑事判決(Enforcement by Switzerland)」及「瑞士刑事判決移轉外國執行(Transfer to a Foreign State)」。

（一）瑞士執行外國刑事判決：

外國確定判決如果具有以下情況，得經外國請求後，在瑞士執行該外國確定判決：（1）經外國判決有罪確定之人，慣常居住於瑞士，或因重罪在瑞士被提起控訴、（2）該項有罪判決是在外國所為，而如果在瑞士所為時亦可處罰，或（3）有第85條規定之情況即：（a）瑞士不同意引渡，及（b）被告在瑞士因其他更嚴重之犯罪而面臨追訴。又外國之刑罰，如未超過瑞士法律相同規定之犯罪所科最高刑度時，應執行之；刑度低於瑞士法律規定之最低刑度時，得執行之。關於罰金與司法互助訴訟衍生之費用，如果該有罪確定之人慣常居住瑞士並且在瑞士擁有可處分之財產者，且若經請求國提出互惠保證時，亦得執行之（第 94 條）。

法院如認有以下情形者，不予執行：（1）外國判決依據瑞士法律，其追訴權時效已完成，（2）依瑞士法律，其行刑權時效已完成，或（3）犯罪應受瑞士管轄，但因故不予以科刑。另有關執行等費用之裁判，僅於該費用應繳納予政府者，方得宣告可予執行（第 95 條）。

關於拒絕執行，法院如認有以下情形時，應全部或一部拒絕執行：（1）受有罪判決之人在瑞士因其他犯罪被判處剝奪自由之徒刑，若執行則會比犯罪一併在瑞士審判所獲得刑罰明顯更重，（2）附帶刑事處分在瑞士礙難執行，或（3）有合理事由相信該判決或處罰係在該人缺席之下所為之判決，而依請求國法律已無提出異議或上訴之權利（第 96 條）。

依據瑞士法律評估刑事責任及起訴可能性，法院應受外國判決內所依據的事實所拘束，如果不夠充分，得命為蒐集證據（第 97 條）。如果瑞士決定承擔執行之責任，不得對該人就同一行為再行提起刑事訴訟（第 98 條）。

（二）瑞士刑事判決移轉外國執行

在以下情形時，瑞士得請求外國執行瑞士刑事判決：（1）外國接受瑞士判決的拘束力，（2）移轉執行有助改善有罪判決之人的社會康復，或（3）瑞士無法將其引渡回瑞士本國（第 100 條）。

在瑞士拘禁的受刑人若基於刑之執行而移交外國時，應有受刑人之同意，並且被請求國接受瑞士要求條件。但依瑞士批准之國際協定移交人犯時，得不經該人之同意（第 101 條）。如果外國同意執行刑事判決，瑞士應即放棄執行，並得將該人先予以拘禁，以確保順利移交（第 102 條）。

二、程序

關於外國對瑞士之請求，聯邦司法辦公室應與未來將執行請求的機關商議，決定是否同意外國請求。如果同意，應將卷宗及意見交予執行機關，並通知請求國。而依據第 91 條 4 款規定，聯邦司法辦公室如果有不予起訴之正當事由，或認犯罪未達嚴重程度者，得拒絕承擔起訴。如果瑞士對於案件有管轄權，而國外判決的刑期比瑞士法還重時，如經請求國提出請求，亦得改為起訴而非執行判決（第 104 條）。

權責法院法官應將適用程序告知有罪判刑之人，聽取當事人及其辯護人之意見並裁定執行。法院應依職權蒐集必要證據，並決定執行之條件是否符合（第 105~106 條）。刑期之執行，應依據瑞士法律規定為之，但如果該判決在請求國已經不再屬於可執行時，應中止執行。涉及費用之判決，經請求國提出互惠保證後，則收取之數額扣除衍生費用之後，應移交請求國（第 107~108 條）。

參考文獻

司法院大法官會議釋字第 604 號解釋大法官許玉秀不同意見書

吳嘉生，國際法原理，五南出版社，2000 年 9 月

林山田，刑法通論上冊，增訂 9 版，2005 年 7 月

柯慶忠，歐盟引渡制度之新變革──以歐盟逮捕令爲逮捕及解送之新制，東吳法律學報，第 18 卷第 3 期，頁 123-188，2007 年 4 月

章瑞卿，在外國犯罪經外國法院判決之效力，刑事法雜誌，第 37 卷第 1 期，1993 年 1 月

陳麗娟編譯，阿姆斯特丹條約解讀，五南圖書，1999 年

楊建華，刑法總則之比較與檢討，三民書局，1982 年 3 月

趙守博，現代國際刑法專論，元照，2020 年 5 月

蔡德輝、楊士隆合著，犯罪學，五南圖書，2001 年 6 月修訂再版

蘇俊雄，刑法總論，1998 年 3 月修正再版，頁 298

Bibliography

A.P. v. Italy, Communication No. 204/1986, U.N. Doc. Supp. No. 40 (A/43/40) (1988)

Act on International Mutual Assistance in Criminal Matters (*Gesetz über die internationale Rechtshilfe in Strafsachen – IRG*) International Mutual Assistance Act in the version published on 27 June 1994 (Federal Law Gazette I), as last amended by Article 4 of the Act of 10 December 2019 (Federal Law Gazette I)

Action Plan of the Council and the Commission on how best to implement the provisions of the Treaty of Amsterdam on an area of freedom, security and justice - Text adopted by the Justice and Home Affairs Council of 3 December 1998, Official Journal C 019, 23/10/1999

Bryan A. Garner, Black's law dictionary 8th edition

Charter of Fundamental Rights of the European Union

Council of Europe, *Extraterritorial Criminal Jurisdiction*, Strasbourg, (1990)

Declaration on the Inadmissibility of Intervention in the Domestic Affairs of States and the Protection of Their Independence and Sovereignty, United Nations General Assembly Resolution 2131(XX) - 21 December 1965

Draft Convention on Jurisdiction with Respect to Crime. Am. J. Int'l L, Vol. 29, Supplement: Research in International Law, (1935)

European Convention for the Protection of Human Rights and Fundamental Freedoms1950;

International Convenant on Civil and Political Rights 1966

Explanation Report, I Basic principle, European Convention on the Punishment of Road Traffic Offences

Explanatory Report, History (b) Identification of Key Problem, European Convention on the International Validity of criminal Judgments

Explanatory Report, Solution Adopted, European Convention on the Transfer of Proceedings in Criminal Matters (ECTPC), ETS No. 073, (1972)

Federal Act on International Mutual Assistance in Criminal Matters (Mutual Assistance Act, IMAC) of 20 March 1981 (Status as of 1 March 2019)

Federal Department of Justice and Police FDJP, *International Mutual Assistance in Criminal Matters Guidelines,* 9th edition 2009 (Case law as of May 2010)

Gerhard Werle, *Principles of International Criminal Law*, The Hague TMC Asser Press, (2005)

Iain Cameron, *The Protective principle of International Criminal Jurisdiction*, Dartmouth, (1994)

Inquiry into Australia's Extradition Law, Policy and Practice, Joint Standing Committee on Treaties, Commonwealth of Australia Official Committee Hansard, 14 Mar. 2001.

International Covenant on Civil and Political Rights (ICCPR) of 16 December 1966

International Criminal Law & Practice Training Materials, *What is international criminal law?* Institute for International Criminal Investigations

Ivan A Shearer, *Extradition in International Law*, Oceana, (1971)

Jay S Albanese, *Transnational crime,* Whitby, ON: de Sitter Publications, (2005)

M Cherif Bassiouni, *International Criminal Law, Volume II Jurisdiction and Cooperation*, (1973)

M. Cherif Bassiouni, *International Criminal Law, Vol. 1 Sources, Subjects, and Contents*, (2008)

Mohamed Chawki, *Nigeria Tackles Advance Fee Fraud*, Journal of Information, Law & Technology, (2009)

Neil Boister, *Transnational Criminal Law?* European Journal of International Law, Vol. 14, No. 5, (2003)

Philip L. Reichel, *Handbook of Transnational crime & Justice*, Sage Publications (CA), (2005)

Protocol No. 7 to the Convention for the Protection of Human Rights and Fundamental Freedoms

Requesting Mutual Legal Assistance in Criminal Matters from G20 Countries: A Step-by-step Guide 2012

Rob Blekxtoon & Wouter van Ballegooij, *Handbook on the European Arrest Warrant,* T.M.C ASSER Press, (2005)

Robert Cryer, Darryl Robinson & Elizabeth Wilmshurst, *An Introduction to International*

Criminal Law and Procedure, Cambridge University Press, (2007)

Tampere European Council 15 and 16, October 1999, Presidency Conclusions

Treaty on European Union

第二章

管轄理論

第一節 概述

第一項 領域外犯罪與國家主權

刑法第 1 條明文揭示：「行為之處罰，以行為時之法律有明文規定者，為限。」德國費爾巴哈(Feuerbach)於 1801 年出版的刑法教科書揭示「無法律即無犯罪，無法律即無刑罰」。任何人除非其行為被定義為犯罪，否則不受處罰。罪刑法定原則不僅為大陸法系所遵從，也是普通法系國家的司法體系遵循的正當法律程序原則。[1]然而，犯罪之範圍因社會現象之變化而消長，在某一時代有某一時代所謂之犯罪；在另一社會亦有另一個社會所謂之犯罪，時代背景不同，對各種不同行為亦有不同的評價，對犯罪也有不同的定義。犯罪的範圍欠缺固定性，並隨時間、空間、社會結構、政治體系、倫理道德與價值判斷等之不同而異其內涵，在本質上是一個具有複合性與相對性的概念。且各社會尺度不同，量刑輕重亦有不同。[2]每個國家對於其國民在領域犯罪的評價與概念也是不同的，其觀察面向至少就有以下三種：[3]

第一，犯罪可以想像成是違反統治者的法令。以殺人罪為例，殺人行為是對行為地領域內的和平造成侵擾，基於這樣的想法，即相當程度地限縮刑法領域外適用的可能性。違反他國主權的法令，例如在他國殺害他國人民，並未影響到本國領域的安寧。

第二，犯罪是對社會秩序的破壞，可經由在國外以不服從本國法律，或外國人攻擊本國國家利益的方式，而破壞本國的法秩序，依此觀念，就可能對於領域外的犯罪適用本國刑法來處罰。但如果是外國人在外國殺害外國人，只能間接地干擾本國的社會秩序，因而不為本國所關心。

---

[1] 楊建華，刑法總則之比較與檢討，三民書局，1982 年 3 月，頁 9。

[2] 蔡德輝、楊士隆合著，犯罪學，五南圖書，2001 年 6 月修訂再版，頁 1。

[3] Iain Cameron, *The Protective Principle of International Criminal Jurisdiction*, Dartmouth, at 22-23 (1994).

第三，犯罪可理解成是對個人或社會所應保護的共同利益的破壞，以殺人罪爲例，如從個人角度出發，殺人就是殺人，至於在哪裡殺人並沒有不同。

由於刑法爲國內法，是基於國家主權之發動，而制定用以行使刑罰權之法律，此等法律只能適用於國家主權所及之範圍，[4]國家基於「刑罰權自屬原則」，在其領域內，基於主權地位，自可以刑罰手段就一定之行爲行使法律強制權。國家刑罰權的存在，是法院刑事判決的實質要件，而刑事判決之執行，亦唯有以該行爲受到本國刑法規範之情況，始有實際效力。[5]國家管轄權所考量的問題，乃一個國家如何適用本國法律，條件如何、範圍如何、著重的是國家的適用法律。[6]

雖然本國刑法原本只應適用於本國所發生之犯罪，然而，由於在國家主權領域外所爲之行爲並非不會影響到本國的法益及法秩序，因而事實上各國刑法莫不擴大其適用範圍，使外國所發生之犯罪亦可適用本國刑法予以處罰。國家爲全面及永續的掌握人民，藉以在國家內確保及鞏固主動及決策的地位，所使用的二大基本方式爲「國籍」與「疆界」，[7]並以之建立刑事管轄權。

管轄權的實踐是國家主權行使最明顯的表現，國家的管轄權向來被視爲國家的專享權，然而，在許多情況下，一個國家的行爲，特別是管轄權的行使，往往影響到另一個國家的權利或權利的行使，不會是純粹的國內事件。國家於實踐管轄權時，不僅對其本國人民有直接影響，在國際法的領域內，更會影響到外國人及外國。[8]

從國家之義務來看，國家具有「確保本國領域內之和平秩序」之義務及「不干涉他國內政」之義務。國家「確保本國領域內之和平秩序」之義務，其意義在於，每一個主權國家有義務確保其本國境內的和平與秩序，以避免侵擾國際社會的和平與安定；國家「不干涉他國內政」源自於1966年12月21日聯合國大會第20屆常會通過第2131(25)號決議案所附之「不得干涉國家內政暨國家獨立及主權保護宣言(*Declaration on the Inadmissibility of Intervention in the Domestic Affairs of States and the Protection of Their Independence and Sovereignty*)」。[9]

「不干涉原則」是基於尊重他國主權及國家主體自主權，在國際公法方面有其拘束

---

[4] 林山田，刑法通論上冊，2005年7月增訂9版，頁42。
[5] 蘇俊雄，刑法總論，1998年3月修正再版，頁298。
[6] 吳嘉生，國際法原理，五南出版社，2000年9月，頁353。
[7] 同上註，頁304。
[8] 同上註，頁251-252。
[9] 同上註，頁375；*Declaration on the Inadmissibility of Intervention in the Domestic Affairs of States and the Protection of Their Independence and Sovereignty*, United Nations General Assembly Resolution 2131(XX) - 21 December 1965.

力，特別是未經同意而在他國執行管轄權，形成以人身侵入他國，即侵犯了他國主權完整。但「不干涉原則」不可與國家對於管轄權的立法行爲相提並論，因爲，國家對於領域外的行爲立法規範管轄，是基於保護國家免於潛在及實際上的損害。[10]

從刑法國際適用來看，基於國家刑罰權自主之原則，一個國家刑法之適用範圍，主要由該國自定，當事國在訂定其刑法適用領域時，當然必須注意國際法上的原則，國家不可以毫無顧慮唯其本國之司法利益是圖，國際法對於國家主權的權能仍有「禁止權利濫用」的限制；各國所制定之刑法國際適用原則，雖然涉及本國刑法在外國或對於外國人或保護外國法益之適用問題，但其性質仍屬國內法規，而非國際公法，對於他國並無規範效力。通常情形，在一國領域內，本國之刑法（刑罰權）由其本國法院行使管轄爲原則，因爲國家在其領域內維持公共秩序之安全，是國家之責任。刑法之國際適用原則主要在規範，一件由外國人所爲或行爲地在外國或與國際相關之犯罪，是否得以適用本國刑法之問題。本國法對於外國人或領域外之行爲如何發生作用，是純粹屬於其本國法如何正當適用之問題，而非指在外國境內行使國家主權。[11]

刑法國際適用原則之制定，雖屬各國國內立法權之裁量事項，但是文明國家之間，已經形成相當之適用原則與模式，在近世紀之經驗發展中，受到重視的基本指導理念，大致可歸納爲下列五項：[12]

(1) 國內公共秩序的維護思想；

(2) 本國法律秩序對於旅外僑民的約束性——國籍法的效力觀點；

(3) 本國法益保護的需要性；

(4) 人類共同對抗犯罪及國際司法協助的需要性；

(5) 一國家刑罰權疏而不漏，鍥而不捨追求正義制裁之理念。

---

[10] Council of Europe, *Extraterritorial Criminal Jurisdiction*, Strasbourg, at 21-22 (1990).

[11] 蘇俊雄，同註 5，頁 299-330。

[12] 同上註。

第二項　審判權與管轄權

第一款　Jurisdiction 的意義

Jurisdiction 一般之解釋為管轄或管轄權，最早源於拉丁字 jurisdctio，意指司法的運作執行(Administration of Justice)，至羅馬共和(Roman Republic)時代，其意義被擴大解釋成「解釋與適用法律的權威(authority)與權力(Power)」，用以描述一權威實體（國家）對另一權威實體的權力限制(Limit of Power)；從國內的司法制度而言，Jurisdiction 包括了法院對訴訟案件的審判資格與能力；從國際法的管轄而言，Jurisdiction 是指一個國家制定本國法律的規範資格與執行本國所制定法律的能力。[13]

審判權與管轄權在翻譯上常產生混淆，這是因為英文 jurisdiction 一字在法律上不僅指管轄權，還包括了審判權。然而在德文中，審判權(Gerichtsbarkeit)與管轄權(Zustandigkeit)有嚴格區別，例如 immunity from jurisdiction 指的是「審判權」的豁免，而 Jurisdiction in personam (or *in rem*)則指對人（或對物）的「管轄權」。只是中文常不加區分地翻譯為管轄，例如維也納外交關係公約英文本中的 Jurisdiction，在中文翻譯中皆使用「管轄」一詞，比對其於德文譯本使用的 Gerichtsbarkeit 在國內訴訟法學者普遍譯為「審判權」，可進一步印證中文本使用「管轄」一詞，應該是在當時我國法律概念不甚清楚下的不妥適翻譯。因而，在解釋國內法律時，必須清楚 Jurisdiction 所指的究竟是不同法院間權限劃分的「管轄權」問題，還是指國家司法權概念的「審判權」有無問題。

普通法系雖然用 jurisdiction 一字包括了大陸法系的審判權及管轄權二義，然而，審判權說明的是司法權，管轄權則是有審判權之下的機關事務主管權，有管轄權就有審判權，無管轄權同時就各案就沒有審判權，所以普通法用 jurisdiction 一個字並不會產生混淆或問題，惟大陸法系對於審判權及管轄權的概念，有嚴格的區分。

在大陸法制國家，國家審判權通常依訴訟事件及其適用法律的性質，劃歸由不同系統的法院行使。因此，學者所稱涉不同種類審判機關的權限劃分，係國家將統一的審判權劃分由不同系統的法院行使，是訴訟途逕與救濟管道的問題，並非審判權的問

---

[13] 吳嘉生，同註 6。

題，其性質上亦屬於管轄權的問題。換言之，不同訴訟途逕法院權限衝突，性質上係管轄權的衝突，或可泛稱為權限衝突，所以，稱之為審判權之衝突並不適當。在解釋國內法律時，必須清楚管轄所指的究竟是不同法院間權限劃分的「管轄權」問題，還是指國家司法權概念的「審判權」有無問題。

審判權的規定，乃決定究竟法院根本是否「得」為審判，國家在其審判權的界限內，得基於自己認為適當而自由地決定內國法院行使審判權限的界限與要件。對於非我國審判權效力所及的人，我國無法對其行使司法高權，其所涉及刑事案件，檢察官只能在程序上以不起訴處分結案，若檢察官不察，提起公訴或自訴人提起自訴，法院也只能在程序上以不受理判決駁回起訴，即使刑事法院誤為實體的無罪或有罪判決，對於非我國審判權效力所及之被告，亦不發生任何效力，因其不受我國司法高權行為的拘束。

Jurisdiction 從審判權的角度來看，審判權的規定乃決定究竟法院根本是否「得」為審判，但一個國家是否應該行使其所擁有的審判權，原則上是由國家的妥適性觀點決定，國家在其審判權的界限內，得基於本國認為適當且不受拘束的方式，來決定內國法院行使審判權限的界限與要件。[14]

國際法稱刑事管轄權，係指抽象意義的管轄，實乃國家的司法的刑事審判權。[15]對於涉外刑事案件，應先認定我國有無審判權，之後始進一步考慮該案件應交由何法院管轄審理。亦即先有審判權，始有管轄權。[16]審判權的有無，係內國法院為本案實體判決的先決問題，法院應優先確認之。[17]英美學者亦認為，對一項涉外案件，本國法院在何種情形之下具有管轄權，在次序上應先於實體法討論。管轄原則之規定，使一國的司法管轄權衝出國家領土與國籍以外，在國際法尚無統一而周密的規範之下，大多任由各國國內自行規定實施，大陸法系的國家較多傾向此種領域外管轄的規定；普通法系的國家對於海外的國民多不主張行使管轄權；而國際法則不禁止各國國內法有不同的規定。[18]

---

[14] 陳啟垂，審判權、國際管轄權與訴訟途逕，法學叢刊，第 48 卷第 1 期(189 期)，2003 年 1 月，頁 27-30。

[15] 劉秉鈞，刑事審判權觀念之澄清，軍法專刊，第 52 卷第 2 期，2006 年 4 月，頁 97。

[16] 陳樸生，刑事訴訟法實務，頁 29；黃東熊，刑事訴訟法，頁 85；褚劍鴻，刑事訴訟法論上冊，1996 年 2 月第二次修訂版，頁 44。

[17] 陳啟垂，同註 14，頁 29-32。

[18] 章瑞卿，在外國犯罪經外國法院判決之效力，刑事法雜誌，第 37 卷第 1 期，1993 年 1 月，頁 62-65。

　　國內刑法文獻關於刑事審判權的討論，多探討普通法院與軍事法院之間的審判權問題。惟有學者依從大法官釋字第 436 號解釋內容，認爲軍事審判權非獨立之審判權，普通法院與軍事法院屬同一審判體系，並非審判權之區分，而只是功能上之管轄權問題。[19]

　　本國的審判權，原則上及於所有身處於本國主權所及範圍內的人，而不管其是否擁有我國國籍。審判權的有無係國內受訴法院爲實體判決的先決問題，法院應優先確認之，若是法院忽略審判權的欠缺，而誤爲實體判決，則判決不生效力，但如果法院認爲本國具有審判權，則該判決仍如國內一般判決發生效力。

　　對於非我國審判權效力所及的人，因我國無法對其行使司法高權，因此，檢察官只能在程序上以不起訴處分結案，若檢察官不察提起公訴或自訴人提起自訴，法院也只能在程序上以不受理判決駁回起訴；卽使刑事法院誤爲實體的無罪或有罪判決，對於非我國審判權效力所及之被告，亦不發生任何效力，因其不受我國司法高權行爲的拘束。若依刑事法學者見解，將刑事審判權解釋爲「法院審理裁判刑事案件之司法權」，則司法權係一整體不可分割的國家權力，其雖得分配給不同種類的法院審判不同的事件，但各法院之間仍共同行使「同一的司法權」（審判權），只是對不同事件有不同的「管轄權」而已，若是對於被告無審判權，卽該被告不爲我國司法權的拘束，則根本無從移送。[20]

　　79 年台非字第 277 號判例謂「外國民用航空器降落於我國機場後，我國法院對其上發生之犯罪行爲，享有刑事管轄權」，按國際法稱刑事管轄權，係指抽象意義的管轄，實乃國家司法的刑事審判權。因此係指我國法院之司法權行使而言，得依我國刑事訴訟法追訴、審判，是審判權的概念。[21]

第二款　管轄權的型態

　　「立法管轄權(Legislative jurisdiction, Jurisdiction to Prescribe)」指對於某些國家準則及法規，所設的一般性適用內容及範圍的管轄權，創設管轄權爲其基本功能之一。[22]

---

[19] 何賴傑，刑事訴訟法之「審判權」概念，法學講座，第 0 期，2001 年 12 月，頁 10。
[20] 陳啟垂，同註 14，頁 28-29, 32。
[21] 劉秉鈞，同註 15，頁 97。
[22] Council of Europe, *supra* note 10, at 18.

「美國法律彙編第三版——美國對外關係法(*Restatement of the Law Third, Foreign Relations Law of the United States*)」[23]謂:「國家關於……(2)本國國民在領域內及領域外的活動、利益、地位或與其相關者,有立法管轄權。」[24]

「司法管轄權(或稱審判管轄權 Judicial Jurisdiction, Jurisdiction to Adjudicate)」係指將立法設置的管轄權適用在特定的訴訟中。[25]《美國法律彙編第三版——美國對外關係法(*Restatement of the Law Third, Foreign Relations Law of the United States*)》針對審判管轄權謂:「國家行使管轄而對人或事件進行審判,於以下情形主張管轄時,為合理:……(d)該人——即自然人——為本國國民。」[26]「執行管轄權(Executive Jurisdiction, Jurisdiction to Enforce)」係指法院實際執行法律上的管轄。國家除非獲得他國同意,否則執行管轄權的範圍若延伸入他國,有違國際法。[27]《美國法律彙編第三版——美國對外關係法(*Restatement of the Law Third, Foreign Relations Law of the United States*)》針對執行管轄權謂:「(1)國家得在其領域內,經由運用警察、調查機關、檢察官、法院及拘禁機關,而執行本國立法管轄權之下所制定的刑法;(2)國家之執法人員僅得在其他國家授權之官署同意下,在它國領域行使職權。」[28]

立法管轄權雖伴隨著審判管轄權及執行管轄權才能運作,但立法管轄權的立法範圍,並非不可大於審判管轄權及執行管轄權的範圍。反之,國家要在外國行使執行管轄權,則要透過另一國家行執行,或請求將人犯送回本國執行管轄權的範圍,但也不能就此認定國家的立法管轄權可以沒有領域限制。在刑法中,立法管轄權與司法管轄

---

[23] 美國法律彙編(*Restatement of the Law*)是由美國法律學會(American Law Institute)在 1923 年時開始,由各法律領域的知名學者負責,將美國大量判例法予以系統化、條理化、簡單化,而重新整編,其形式與立法機關制定的成文法相近,雖非立法機關之產物,但編纂過程嚴謹,且常為各級法院所弔用,因此權威性相當高。請參閱元照法律出版社出版之英美法詞典說明。

[24] *Restatement of the Law Third, Foreign Relations Law of the United States*, American Law Institute, Vol. 1, at 238. (1987). Jurisdiction to Prescribe, A state has jurisdiction to prescribe law with respect to … (2) the activities, interests, status, or relations of its nationals outside as well as within its territory.

[25] Council of Europe, *supra* note 10, at 18.

[26] *Restatement*, *supra* note 24, at 305. Jurisdiction to Adjudicate….(2) A state's exercise of jurisdiction to adjudicate with respect to a person or thing is reasonable if, at the time jurisdiction is asserted:……(d) the person, if a natural person, is a national of the states.

[27] Council of Europe, *supra* note 10, at 18.

[28] *Restatement*, *supra* note 24, at 28. Jurisdiction to Enforce, Measure in Aid of Enforcement of Criminal Law (1) A state may enforce its criminal law within its own territory through the use of police, investigative agencies, public prosecutors, courts and custodial facilities, provided (a) the law being enforced is within the state's jurisdiction to prescribe. (2) A state's law enforcement officers may exercise their functions in the territory of another state only with the consent of the other state, given by duly authorized official of that state.

權具有一致性，因為即使犯罪行為在國家領域之外，本國法院原則上只適用本國之刑法、刑事訴訟程序、證據法則、救濟程序及判決之執行。[29]

---

[29] Council of Europe, *supra* note 10, at 19-20.

第二節　刑法管轄權之原則

第一項　概說

　　刑事管轄權與民事管轄權有別，國家制定刑法，並將其適用在領域內，刑罰權是國家主權最直接的表現，也是主權國家最維護的權力。儘管民事法律規定法院得適用外國法解決涉外爭議，刑法卻不然，因而在衝突法(conflict of law)中，決定法律要如何適用的「法律選擇(choice of law)」問題，在刑法中並不發生。換言之，司法權不能從立法權分離，如某一國家對於某一行為沒有立法予以規範，該國之法院即不能援引外國法律處罰之。[30]

　　刑事管轄權基本上有四項變數：即，犯罪行為地、犯罪人、被害人、及所犯之罪。管轄原則不只四種，且隨著時間的經過，所採行的管轄原則、種類及管轄範圍在思考上亦有不同。19 世紀到 20 世紀初，全世界跨國犯罪及領域外犯罪的型態產生相當大的改變，明顯地影響管轄原則的範圍。

　　在國際法上，國際社會一般承認的刑事管轄權基礎為以下五項，包括：國籍原則(nationality、citizenship)、屬地原則(territory)、世界原則（普遍性原則）(universality)、保護原則(Protective principle)及消極屬人原則(passive personality)。但國外有學者將管轄權分為八種，包括：「屬地原則(territorial principle)」、「積極屬人原則(active personality principle)」、「國旗原則(flag principle)」、「保護原則(protective principle)」、「消極屬人原則(passive personality principle)」、「世界(普遍性)原則(universality principle)、「代理原則(representation principle)」、「權限移轉原則(principle of distribution of competence)」。[31]

　　「代理原則(Representation Principle)」係在滿足特定要件下，由本國司法機關代替或代表(on behalf of, represent)他國起訴在他國犯罪而目前停留於本國領域內之人。通

---

[30] Cameron, *supra* note 3, at 6-7.
[31] *Id.* at 18-19.

常情況下，其必須符合雙重犯罪原則(double criminality)。第二種是「權限移轉原則(principle of distribution of competence)」，此一原則是「代理原則」的另一種型態，犯罪地放棄(waive)對犯罪人起訴或處罰的權利，轉由犯罪人的國籍所屬國或居住國起訴或處罰。這二種都被納入多邊條約當中，尤其後者在「道路交通犯罪(road traffic offences)」及「判決之移交(transfer of sentence)」中常見。[32]

有學者認為「判決之移交(transfer of sentence)」是多餘而無意義的原則，如果某一國家主張積極屬人管轄，則該國對於國民在國外所犯之罪，即具有管轄權。然而，亦有學者支持此一原則，因為實務上，國籍國可能只針對在國外犯重罪的本國國民，對於行為屬於微罪或行為人是外國人，則沒能依據國內法進行處罰，因而移轉審判有其立論。[33]

不同的國家在其刑事管轄權的法律體系中，採用不同的管轄原則組合，可用以下四點說明[34]：

第一，管轄原則沒有層級化的體系排列(not arranged in a hierarchy)，但可用「主要、輔充（其他）(primary, secondary(residuary))」來分類。「主要管轄權」是指不管犯罪行為地法律如何規定，或犯罪行為地之司法機關是否業已處罰，仍適用之。

第二，管轄原則是重疊及相互依存(overlapping and interdependent)。國家選擇要賦予某種管轄權適用的範圍，要視賦予其他種管轄權適用的範圍而定；而兩個國家雖採用相同原則建構管轄權，但結果範圍往往有很大的差異。

第三，國家適用領域外刑事管轄的範圍限度，直接關係到該國引渡犯罪嫌人及通緝罪犯的意願(the willingness to extradite suspected and fugitive criminals)。許多大陸法系國家拒絕引渡本國公民，基本的思想是在於國民應受國家法律的保護(nationals are entitled to the protection of their home state's law)，然而，其立即產生了以下問題，即本國國民在他國犯罪後逃回本國，如果本國政府拒絕將本國國民引渡給犯罪地國，則本國能做的，就是對該犯罪實行管轄。換言之，如果引渡的意願較低，則管轄權主張的範圍可能就會較廣。

第四，各國主張的刑事管轄原則限度，端視該國之歷史及地理背景、法律文化、

---

[32] *Ibid.* 關於有關「代理原則」與「權限移轉原則」所指的「道路交通犯罪處罰歐洲公約(European Convention on the Punishment of Road Traffic Offence)」及「刑事訴追移轉管轄歐洲公約 (European Convention on the Transfer of Proceedings in Criminal Matters)，請參閱本書第一章第三節之說明。

[33] *Id.* at 18, note 5.

[34] *Id.* at 19-21.

經濟情況及社會因素而定，而如果某一個國家在地理上能與他國相隔離，則較有條件適用純粹的屬地原則。

按我國刑法教科書對於刑法的空間效力，多僅就法條之文字意義說明，學術論文亦多從國際法角度探討刑事管轄權，我國學者曾劭勳認為，處罰國外犯罪原係屬地主義之積極例外，近世國家鑒於屬地主義之缺點，間採屬人主義補充之，對於屬地屬人主義所不賅之事實，而有保護之必要者，或採保護主義以彌二義之缺漏。其為世界公敵之犯罪行為，雖上三主義所不及者，亦有對於特定事件無論犯罪者被害者之為本國人或外國人，犯罪地雖在國外，悉依本國法加以制裁，蓋略其世界主義之精神者也，至所謂國外犯罪之中，依犯罪者及被害法益之所屬（本國或外國），可分為四種情形：

本國人在國外侵害本國人之法益；

本國人在國外侵害外國人之法益；

外國人在國外侵害本國人之法益；

外國人在國外侵害外國人之法益。

第 1、2 項依屬人主義，原可適用本國法律處罰，如毫無限制，事實上殊感困難，故各國法例多採有限制之規定；第 3 項得依保護主義處罰之，但範圍過廣，易引起國際之糾紛，故 1879 年國際公法學會會議於比利時曾議決其標準如下：「外國人在外國犯本國刑法之罪必其罪關係其國之安全存在，而犯罪所在之國，又未有法律處罰者，各國得罰之。」墨西哥處罰國外犯罪原無限制，致 1886 年以 Cutting 事件幾與美國失和，而徒損刑法之威信，故多數法例，咸以一定之重罪為限。[35]

第二項　刑法管轄權之衝突

當複數國家均主張管轄時，稱之為積極的管轄衝突(positive conflicts of jurisdiction)；當所有國家都不主張管轄權時，稱之為消極的管轄衝突(negative conflicts of jurisdiction)。積極的管轄衝突造成的原因，是由於各國都以本國為犯罪地（因犯罪行為或結果有一在本國）而主張屬地管轄，或因各自主張積極屬人管轄、消

---

[35] 曾劭勳，刑法總則，1974 年 3 月初版，頁 49-50。

極屬人管轄、保護原則與世界原則而產生管轄衝突。[36]

　　雖然國際公法承認國家有保護自身及國民免於受到外在的威脅及傷害的權利，但基於此一權利所制定的領域外刑事管轄權則必須檢討。從「國際一致性」及「國家保護自我利益」兩項基本立場出發，可將管轄區分如表 2-1。[37]

表 2-1　管轄權分類表

(依「國際一致性」及「國家保護自我利益」為分類)

國際一致性 (International Solidarity)	國家保護自我利益 (Protection of a state's own interests)
有限制之積極屬人原則 (restricted active personality principle) 代理原則 (representation principle) 世界原則 (universality principle)	無限制之積極屬人原則 (unrestricted active personality principle) 消極屬人原則 (passive personality principle) 保護原則 (protective principle)

資料來源：Council of Europe, *Extraterritorial Criminal Jurisdiction*, Strasourg (1990)，at 26.

　　從「國家保護自我利益」的觀點所列的三項管轄原則，是目前國際間的實務，但各國規範的範圍仍差異極大。這三種管轄原則，再加上屬地管轄的延伸──效果原則（即犯罪之行為或結果有一在本國領域內時，本國有管轄權），即是管轄衝突所在。

　　「無限制之積極屬人原則」造成的管轄衝突之情形有兩種：[38]

　　（一）法人：有些國家之刑法規定法人(corporate bodies)有刑事責任能力，因而當法人在國外犯罪時，視其在本國犯罪。此時的管轄衝突問題在於，法人國籍認定的標準何在，以及這些標準是否為國際法所接受。歐洲之所以提出此一管轄衝突問題，是因為美國公司在歐洲設有許多子公司，美國基於刑法之目的，即設有管轄條件，惟法人在大部分歐洲不具有刑事責任能力，或即便有刑事責任能力，也沒有規範其領域外犯罪之管轄權。

　　（二）犯罪行為在發生地 *locus delicti* 應予起訴，同時，主張領域外管轄的國家也予以起訴，因而造成行為人負有遵守兩套法律的義務衝突。此時，應優先考慮屬地

---

[36] *Explanatory Report, Solution Adopted, European Convention on the Transfer of Proceedings in Criminal Matters* (以下簡稱 ECTPC)

[37] Council of Europe, *supra* note 10, at 26.

[38] *Id.* at 27-28.

原則,對行為地法律的優先尊重;而主張領域外管轄的國家,則應僅就重大利益,在合理情況下才可以主張。

消極屬人原則產生管轄衝突的原因在於,其適用無異明白表示對他國刑事司法制度及法律的不信任。由於普通法系國家對於此種管轄甚為質疑,因此,若要將此一原則納為管轄基礎,應該設有適用條件,例如:(1)此一原則僅適用犯罪有針對性,故意加害某一國家之國民、(2)適用於重大犯罪、(3)訴訟時,被告身在訴訟國領域內、(4)該犯罪在犯罪發生地亦構成犯罪。[39]

適用保護原則產生管轄衝突的原因在於,保護原則所要保護的法益,其犯罪發生地在國外,但該行為在發生地並不構成犯罪,因而形成管轄衝突。文獻上一般認為,保護原則所要保護的法益,必須是對國家生存、國家機關、國家憲政秩序及社會秩序有重大侵害的犯罪才屬之。

屬地管轄中的效果原則,亦為產生管轄衝突的原因。效果原則即我國刑法第 4 條隔地犯之規定,凡犯罪之行為或結果有一在本國領域內時,本國有管轄權。在效果原則之下,只要國家只要有一部分犯罪行為或結果在其領域之內,各自對全部的犯罪行為主張屬地管轄,由於管轄權普遍存在於這些國家間,因而稱之為「普遍存在原則(doctrine of ubiquity)」。由於隔地犯的問題複雜,因此牽涉到領域外犯罪時,其管轄權的釐清極為不易。[40]

第三項　管轄原則與引渡之關聯

刑法的管轄原則與引渡息息相關,引渡請求國之所以請求引渡,係因犯罪行為發生在其領域之內,或雖發生在其領域之外,但違反請求國法律,對請求國造成傷害[41]。因此,由於國家對犯罪主張了管轄權,才會發動引渡,也才有他國對引渡同意與否的問題。

不同的國家在其刑事管轄權的法律體系中,採用不同的管轄原則組合,端視該國之歷史、地理、法律背景、經濟情況及社會因素而定。國家對於領域外犯罪是否規範

---

[39] *Id.* at 29.
[40] *Id.* at 8-9.
[41] 陳榮傑,引渡之理論與實踐,三民書局,1985 年 1 月,頁 15。

管轄，視國家對領域外犯罪採取何種評價，而國家適用領域外刑事管轄的範圍限度，更會直接關係到該國引渡人犯的意願[42]。

　　早期有學者指出，如果國家在地理上能與他國相隔離，則較有條件採用屬地原則[43]，例如英國在地理上屬於島國，國民不易逃離領土，因而英國並沒有領域外適用的急迫性，此為其能恪守屬地原則的原因之一。歐陸國家由於地理上有地界及河界，人民在國與國之間的遷移輕而易舉，因而為防止逃犯脫免司法制裁，必須採屬人原則[44]，本國國民在他國犯罪後逃回本國時，如果本國政府拒絕將本國國民引渡給犯罪地國，則本國能做的就是對該犯罪行使管轄。換言之，如果引渡的意願較低，則管轄權主張的範圍可能就會較廣[45]。

第四項　公海刑事管轄權

　　關於公海刑事管轄權，按任何國家不得有效地聲稱將公海的任何部分置於其主權之下，對公海主權主張的無效。公海自由原則與公海禁止屬地管轄，兩者之下代表的是，在公海航行的船舶僅受船旗國管轄(1982 年聯合國海洋法公約第 89 條)。依據公海公約第 2 條規定：公海對各國一律開放，任何國家不得有效主張公海任何部份屬其主權範圍。公海自由依本條款及國際法其他規則所定之條件行使之。各國行使以上各項自由及國際法一般原則所承認之其他自由應適當顧及其他國家行使公海自由之利益。相同規定亦見於 1982 年聯合國海洋法公約第 87 條「公海自由」規定：1.公海對所有國家開放，不論其為沿海國或內陸國。公海自由是在本公約和其他國際法規則所規定的條件下行使的。2.這些自由應由所有國家行使，但須適當顧及其他國家行使公海自由的利益，並適當顧及本公約所規定的同「區域」內活動有關的權利。

　　關於船舶在公海上的地位，依據 1982 年聯合國海洋法公約第 92 條，船舶航行應僅懸掛一國的旗幟，且除國際條約或本公約明文規定的例外情形外，在公海上應受該國的專屬管轄。除所有權確實轉移或變更登記的情形外，船舶在航程中或在停泊港內

---

[42] Cameron, *supra* note 3, at 19-21.

[43] *Ibid.*

[44] Sharon A. Williams and Jean-Gabriel Caste, *Canadian Criminal Law: International and Transnational Aspects*, Osgoode Digital Commons, at 6, (1981).

[45] Cameron, *supra* note 3, at 20.

不得更換其旗幟。懸掛兩國或兩國以上旗幟航行，並視方便而換用旗幟的船舶，對任何其他國家不得主張其中任一國籍，並可視同無國籍的船舶。

公海公約第 22 條：除干涉行爲出於條約授權之情形外，軍艦對公海上相遇之外國商船不得登臨該船，除非有適當理由認爲該船有：從事海盜、販賣奴隸，或該船懸掛外國國旗或拒不舉示其國旗，而事實上與該軍艦屬同一國籍。遇有上述情形，軍艦得對該船之懸旗權利進行查核。爲此目的，軍艦得派由軍官指揮之小艇前往嫌疑船舶。[46]

---

[46] 相同之規定可見於公海公約第 110 條登臨權：

1. 除條約授權的干涉行爲外，軍艦在公海上遇到按照第 95 和第 96 條享有完全豁免權的船舶以外的外國船舶，非有合理根據認爲有下列嫌疑，不得登臨該船：(a)該船從事海盜行爲；(b)該船從事奴隸販賣；(c)該船從事未經許可的廣播而且軍艦的船旗國依據第一○九條有管轄權；(d)該船沒有國籍；或(e)該船雖懸掛外國旗幟或拒不展示其旗幟，而事實上卻與該軍艦屬同一國籍。
2. 在第 1 款規定的情形下，軍艦可查核該船懸掛其旗幟的權利。爲此目的，軍艦可派一艘由一名軍官指揮的小艇到該嫌疑船舶。如果檢驗船舶文件後仍有嫌疑，軍艦可進一步在該船上進行檢查，但檢查須儘量審慎進行。
3. 如果嫌疑經證明爲無根據，而且被登臨的船舶並未從事嫌疑的任何行爲，對該船舶可能遭受的任何損失或損害應予賠償。
4. 這些規定比照適用於軍用飛機。
5. 這些規定也適用於經正式授權並有清楚標誌可以識別的爲政府服務的任何其他船舶或飛機。

第三節　法的屬地原則及屬人原則

第一項　屬地原則概說

第一款　英國與美國的屬地原則理念

　　屬地管轄原則，爲一般國家適用的原則。行爲發生地國有管轄權固無疑問，如行爲發生於某國，結果發生於他國，則兩國均有管轄權，此時，行爲開始地依據主觀屬地原則(subjective territorial principle)擁有管轄權，結果發生地則依客觀屬地原則(objective territorial principle)，客觀屬地原則有時亦稱效果原則(effective doctrine)，是基於受害的結果事實發生在該國領域內。

第一款　英國與美國的屬地原則理念

　　英國奉行嚴格屬地原則的傳統理念，早在 1797 年英國學者 David Hume 即表示：「任何居住在本地之人，不管是蘇格蘭人或外國人，不會因爲在外國的犯罪而受本國法院審判。法院不是用來主持全世界的正義。對於領域外所爲之犯罪，英國法院不會採取措施予以矯正，亦無資格爲之」；1891 年英國刑法學者 Lord Halsbury 亦指出：「所有的犯罪都屬地域性，犯罪的管轄屬於犯罪發生地之國家」[47]。

　　英國法認爲，沒有必要在刑事法中以法條明白限制適用於國外的行爲，是因爲刑事法是假設其不會創設領域外的責任。國會立法創設某種犯罪行爲應予處罰時，一般就認定不欲適用於英國以外任何人所爲之行爲。[48]

　　普通法刑事法院只對於國家之內的事物有管轄權，國家領土延伸至海岸爲止，普

---

[47] Michael Hirst; *Jurisdiction and the Ambit of the Criminal Law*, Oxford University Press, at 29 (2003). "All crime is local. The jurisdiction over the crime belongs to the country where the crime is committed."

[48] *Id.* at 6; Wendell Berget, *Criminal Jurisdiction and the Territorial Principle*, Michigan Law Review, Vol. 30, No 2, at 238 (1931).

通法並沒有領海或國外犯罪之觀念，這些觀念都是因爲立法創設而來。在 *Treacy v. DPP* 一案中，大法官 Lord Reid 即表示：「長久以來一般認爲，國會在立法創設某種犯罪行爲應予處罰時，即無意將其適用於英國以外任何人所爲之行爲」。由於刑事法是假設其不會創設領域外的責任，因此沒有必要在刑事法中以法條明文，限制國外行爲之適用。[49]

美國的刑事管轄原則承繼自英國，也是嚴格恪守屬地管轄。[50]當初的建國者期望，美國只針對在美國領土內及公海上懸掛美國國旗的船艦上之犯罪行使刑事管轄。[51]這種傳統的美國觀點，最早在美國獨立宣言中，即有批評英王喬治三世(George III)將其所謂的犯罪送到彼岸「英國」審判的做法不當。[52]1844 年，美國國務卿 John C. Calhoun 亦指出：「從法律的角度，犯罪是地方性，行爲之所以構成犯罪，是因爲犯罪地的法律將這些行爲宣告爲犯罪，國家對於國民的犯罪管轄權，僅限於國家領土範圍內及公海上懸掛本國國旗的船舶，將管轄權延伸至他國領域內時，不可能不會侵犯他國的主權與獨立性。」[53]

由於現代國家是以屬地原則爲基礎，因而當任何人離開本國進入他國時，原本由本國管轄的法律，也自動轉成由他國管轄。[54]

屬地主義以其確保嫌犯就近在犯罪地面對公平審判、犯罪地證人及證據便利性，宣揚了普通法系刑事案件對質(confrontation)的理念。在對質理念之下，與犯罪地距離遙遠的起訴，不僅讓證人不便利，對於被告亦不公平。本國國民在國外時，要求其向駐在國及本國兩個國家答辯似乎亦不公平。[55]

普通法系對國籍管轄的排斥，正好與美國採取的聯邦制度相契合。在聯邦制之下，屬地發生的犯罪都是由各州起訴，聯邦政府不行使國籍管轄，一般性犯罪便都交由各主權國家處置。換言之，由於國內的犯罪交由各州處罰，國外的犯罪則交由外國

---

[49] Hirst, *supra* note 47, at 3, 5 & 6.

[50] Christopher L. Blakesley, *United States Jurisdiction over Extraterritorial Crime*, The Journal of Criminal Law and Criminology Vol. 73, No. 3, at, 1115-1116, (Autumn, 1982).

[51] Geoffrey R. Watson, *Offenders Abroad: The Case for Nationality Based Criminal Jurisdiction*, Yale J. Int'l L., Winter, at 44-45 (1992).

[52] *Id.* at 45-46.

[53] Lawrence Preuss, *American Conception of Jurisdiction with Respect to Conflicts of Law on Crime*, Transactions of the Grotius Society, at 187 (1944).

[54] Shalom Kassan, *Extraterritorial Jurisdiction in the Ancient World*, Am. J. Int'l L., Vol, 29, No.2., at 238, (1935).

[55] Watson, *supra* note 51, at 44-46.

處罰，因此對於美國國民在國外之犯罪，自然選擇不予起訴。[56]

對於屬地原則之延伸——客觀屬地原則，大法官 Justice Holmes 指出，「在管轄之外製造或意圖製造有損於管轄之內的行為，如果能將該人置於管轄權力之內的話，其處罰便屬正當」。[57]印地安那州最高法院於 1862 年 Johns v. The State 一案中表示：「每一州相對於其他州而言，都是獨立的主權，握有強大而專屬的權力，得決定在其邊界之內什麼是可以容忍或要禁止的，什麼是無罪，什麼是有罪……。任何州都不能將法律強加在主權權力界限以外之地方」。

如果沒有對實際個案做探究，這種說法強化了一般的印象，認為美國刑法對於本國領域以外發生的行為及事件的態度是漠不關心。法院此一說法，對於屬地原則的解釋及適用是一個錯誤觀念誤導。正確的理解，要從判決的其他部分來看，即：「因為任何州的刑法都無法在領域外生效(extraterritorial operation 或領域外操作)，每個州得決定在其界限之內有那些行為是犯罪而應處罰，以保護其公民享有生命、自由及財產權。而處罰的權力不僅及於「實際」在本州之內違反刑法之人，還及於「從法律的角度來看」，認為如同在本州之內違反刑法之人。[58]

對於「在管轄領域之內完成的犯罪，如果有人在管轄領域外參與」時，依據早期對於屬地原則的見解認為已超出本地之管轄，因此非由本地行使管轄。此一見解後已被揚棄，西維吉尼亞最高法院即在 1915 年 *Weil v. Black* 一案中即表示，對於在外國參與國內之犯罪時，本地對之亦有管轄權。[59]

第二款 普通法系之屬地原則與陪審制度

現代國家普遍依據的屬地原則有許多說服理由，例如屬地國有最大的利益、有最強大的手段可以壓制犯罪，這些理由從英美法來看，只有從歷史發展可以解釋。[60]

英國之所以採取嚴格的屬地原則，與陪審制度息息相關，陪審制度在英國的司法演進中，一向被認為是保障司法不淪為專斷的制度。[61]最初，英國對於可予起訴之犯

---

[56] *Ibid.*
[57] Preuss, *supra* note 53, at 199.
[58] *Id.* at 185-186.
[59] *Weil v. Black,* 76 W.Va. 685, 86 S.E. 666 (1915).
[60] Preuss, *supra* note 53, at 191.
[61] *Ibid.*

罪，一般是要求由行為發生地之郡(county)組成陪審團管轄。在犯罪地管轄原則之下，使得英國刑事法很難適用於領域外，導致英國至今仍採用狹隘的屬地原則。陪審團成員由當地人組合而成，大家期望他有當地的知識。陪審團的成員是由社區中人士組織，這些居住於家鄉之人，被認為是當地犯罪最適格作證之人，但當陪審團改為審理事實且陪審團中不再包括證人後，這個社區理念的本質仍然保留。「邊界之所止即社區責任之所止；責任之所止即管轄之所止」。例如某甲在 A 國遇害，卻在 B 國死亡，依早期的英國法認為，因為 A、B 兩國的陪審團成員被假定對於發生於他國的行為或事件沒有認知(cognizance)能力，所以兩國都不能審理。[62]

「陪審員無法對於外地發生的事件進行審理」，雖是早期就普遍被接受的想法，開始時的做法卻是，無論案件是民事或刑事，認為都要設法從外地區請陪審員陪審，這樣的要求在實務上證明是麻煩，且導致陪審員是否適格產生很多爭議，因而，在1705 年，在民事案件首先廢除從外地請陪審員前來陪審，刑事案件則在 17 世紀中葉廢除。[63]

美國固守屬地管轄，也與陪審制度息息相關。前述及，陪審制度在英國的司法演進中，一向被認為是保障司法不淪為專斷的制度，美國承繼此一司法傳統，並在憲法中規定，被告有權在陪審團前接受審理。美國憲法第 3 條第 2 項第 3 款即規定：「除彈劾的案件以外，犯罪的審判應由陪審團為之，此種審判應在犯罪地所屬的州進行」。[64]憲法上，此一規定形成一種障礙，讓犯罪管轄權無法透過擴張解釋的方式延伸，更不可能將屬地外的犯罪詭稱是屬地內犯罪。主權理論成為美國晚近固守屬地原則的立論基礎，「刑法屬地性與主權國家同時併存」被認為是必然的結果，國家主權絕對原則，也代表不包括在領域之外行使主權權利。[65]

---

[62] Preuss, Supra note 53, at 191-192; Hirst, *supra* note 47, at 30; Berget, *supra* note 48, at 239.

[63] Hirst; *supra* note 47, at 31.

[64] U.S. Const. art. III, § 2 cl. 3
   The Trial of all Crimes, except in Cases of Impeachment, shall be by Jury; and such Trial shall be held in the State where the said Crimes shall have been committed; but when not committed within any State, the Trial shall be at such Place or Places as the Congress may by Law have directed.

[65] Preuss, *supra* note 53, at 193.

第二項　屬人原則概說

屬人原則分爲積極屬人原則(active personality principle)及消極屬人原則(passive personality principle)。積極屬人原則又稱國籍原則(nationality principle)，謂任何國家得追訴在他國犯罪的本國國民，此項原則爲各國接受。消極屬人管轄係指國家得依據此一原則，對於在外國犯罪而對我國國民造成侵害之外國人，加以審理。

積極屬人原則又稱國籍原則，國家依據國籍原則追訴及處罰本國國民，乃各國採用及承認之原則，[66]國籍管轄，是以國籍爲基礎而確立的刑事管轄權，國籍原則與屬地原則同樣是基於國家主權的觀念，此一管轄承認國家在政治上能控制其國民。其意義在於，國民即使身在國家領域之外，仍然有資格接受國家保護，但同時相對負有遵守國家法律的義務，此等法律要求國民負有忠誠的義務。[67]而國民對於國家所負的忠誠，從國家實踐上，國家對國民負有實際最終法律上的支配，此一權能(competence)獲正當化的理由在於，國家給予國民如何之待遇，通常不爲他國或國際法所關切。[68]

一個主權國家有權對擁有本國國籍的國民進行管轄，不管他身處在國內還是國外。就國內統治權而言，一國對於處在自己國家領域內的本國國民行使管轄，是國家主權的表現；對於處在外國領土上的本國公民，國籍國一般亦有管轄權，國家可以根據屬人原則確立外交上的保護，防止本國公民在外國的合法權利受到非法侵害。

國籍管轄的適用原則是「凡本國國民犯罪受本國管轄」。雖然一般而言，國家對於在本國領域內由本國人實施的犯罪行使屬人管轄，符合國際法原則，且爲各國所尊重，但當某國國民在外國犯罪時，其國籍國是否擁有刑事管轄權，各國的範圍並不相同，從各國立法適用情況來看大致有五種原則[69]：(1)所有犯罪均處罰；(2)犯罪地亦處罰之犯罪，亦予以處罰；(3)一定刑度之犯罪予以處罰；(4)本國國民在國外對本國國民犯罪時，予以處罰；(5)列舉之特定犯罪，予以處罰。有些國家甚至適用得更廣，例如，犯罪後成爲本國國民者，即予以處罰。

消極屬人原則又稱被害人國籍管轄，是指一個國家的國民在領域外受到侵害時，其國籍國有權對犯罪人進行刑事管轄。此一管轄原則，是建立在被害人的國籍爲基

---

[66] *Draft Convention on Jurisdiction with Respect to Crime.* Am. J. Int'l L., Vol. 29, Supplement: Research in International Law, at. 519 (1935).

[67] *Id.* at 520.

[68] *Id.* at 519.

[69] *Id.* at 522-528.

礎，認為本國國民均受本國法律保護，不受非法侵害，使之有安全感[70]，大陸法系多在刑法典中將此一管轄原則列入條文規定。被害人國籍管轄，實質上是從保護本國公民不受外國非法侵害，而由國家設定的管轄權。

積極屬人原則讓在國外犯罪之本國國民被制裁，消極屬人原則乃確保國民在國外的福祉受到保護。由於國家最終的康樂繫於國民之福祉，因而有認為國家起訴在國外對本國犯罪之人，有其正當合理之利益。消極屬人原則與積極屬人原則均以國籍為判斷標準，消極屬人原則關切的是被害人，積極屬人原則關切的則是犯罪人。

被害人國籍管轄已被國際社會接受，但在實際操作過程中，卻往往遇到許多障礙。例如，如果 A 國公民告 B 國公民犯罪，B 國認為該行為不構成犯罪，則 B 國將拒絕 A 國的指控或請求，因為 B 國依法也有義務保護本國公民的自由和安全。此外，由於現代交通及通訊發達，每個國家每天出境人口多，這些人在國外期間有時難免受到外國人的不法侵害，如果其國籍國不加區別，對於本國公民在外國的受害案件一律加以管轄，則本國將額外增加許多司法上的壓力。

第一款　大陸法系之屬人原則

一、採納屬人原則的實質理由

屬人原則可追溯至古早時期，當時的疆界通常模糊，社會與社會之間常以宗教、種族或國籍來區隔，而非以地域。埃及、巴比倫、希臘及羅馬均行使領域外管轄，其中包括了現代的國籍管轄的觀念在內。[71]

大陸法系國家比普通法系國家實質上有較廣的領域外處罰規定。但是，國家刑法為何要支配國外的本國國民？其理由包括：(1)既然國家以國民為成員，則不管國民身在何處，國家的法律自應適用於國民；(2)國民的行為根本上影響的是所屬國，並為所屬國家所關切；(3)刑法具有屬人性(personal character)，適用於任何地方之本國國民；(4)國家對於在外國之本國國民提供保護，相對地導出國民有服從本國的義務(reciprocal duty of obedience)；(5)國民在國外從事犯罪，對於所負忠誠的國家的社會與

---

[70] Michael P. Scharf & Melanie K. Corrin, *On Dangerous Ground: Personality Jurisdiction and the Prohibition of Internet Gambling*; New Eng. J. Int'l & Comp. L. 2002, Vol. 8:1, at 29-30, (2002).

[71] Watson, *supra* note 51, at 46-47.

道德秩序造成擾亂；(6)國民最瞭解本國刑法規定，在本國法院依據本國法律最有可能受到公平而迅速的審判，應從人（被告）的角度考慮最適合的管轄，而非以事（犯罪）的角度決定管轄；(7)如果不行使屬人管轄，以及特別是如果國家採取國民不引渡原則時，許多犯罪將不會受到處罰，[72]

此外，尚有學者指出，由於大陸法系較能容許傳聞(hearsay)，且比普通法系國家較有意願接受筆錄(deposition)，因此大陸法系較不嚴格的證據法則讓這種長距離審理變成可能，使得對於國籍管轄原則較能接納。[73]

前述及國民在領域外犯罪的五大類管轄條件，包括：(1)所有犯罪均處罰；(2)犯罪地亦處罰之犯罪，亦予以處罰；(3)一定刑度之犯罪予以處罰；(4)本國國民在國外對本國國民犯罪時，予以處罰；(5)列舉之特定犯罪，予以處罰。[74]

第(1)類「所有犯罪均處罰」：例如韓國刑法第 3 條規定：「本法適用於在大韓民國領域外犯罪之大韓民國國民」。

第(2)類「犯罪地處罰之犯罪，亦予以處罰」：此即雙重犯罪原則，例如德國 1927 年刑法第 7 條規定：「本法適用於其他在國外所犯而依行為地亦處罰之犯罪」。第(3)類「一定刑度之犯罪」；國民在國外犯罪是否處罰，訂有最低刑，例如我國刑法第 7 條及中國大陸刑法第 7 條亦有相同之規定。第(4)類「本國國民在國外對本國國民犯罪」：例如 1906 年智利刑法第 2 條第 2 項規定。第(5)類「列舉之特定犯罪」：此為最廣為各國刑法使用的規定方式，例如我國刑法第 5 條及第 6 條、日本刑法第 2 條至第 4 條、南韓刑法第 5 條、德國刑法第 5 條及第 6 條、義大利刑法第 7 條及瑞士刑法第 4 條(請參閱附件三)。

除上述五類處罰條件之外，其餘尚有一些不易分類的規定，例如：「被告須於本國領域內或已被引渡至本國」、「須經犯罪被害人或犯罪地國政府提出告訴者」、「起訴以國家之政府官員提出者為限」、「政治犯不得起訴」、「不得因起訴國或犯罪地國之時效已經過而不得起訴」、「同一犯罪不得已於犯罪地國受起訴或處罰」等。

二、各國立法例比較

大陸法系於刑法典中，一般有消極屬人管轄及積極屬人管轄之規定，規定方式有

---

[72] *Draft Convention, supra* note 66, at 519-520.
[73] Watson, *supra* note 51, at 47.
[74] *Draft Convention, supra* note 66, at 522-528.

列舉式及概括式二種。

我國刑法第 7 條規定「本法於中華民國人民在中華民國領域外犯前二條以外之罪，而其最輕本刑爲 3 年以上有期徒刑者，適用之。但依犯罪地之法律不罰者，不在此限」，爲概括式規定。第 8 條規定「前條之規定，於在中華民國領域外對於中華民國人民犯罪之外國人，準用之」，爲消極屬人管轄之規定。

其他大陸法系國家之規定內容，謹就日本刑法、德國刑法、義大利刑法、瑞士刑法及南韓及中華人民共和國刑法說明如下：

韓國刑法第 3 條「國民國外犯罪原則」規定：「本法適用於在大韓民國領域外犯罪之大韓民國國民」。第 4 條規定船艦或航空機之犯罪。第 5 條規定爲保護主義，第 6 條「外國人於國外對大韓民國或其國民犯罪」前段規定：「本法對於在大韓民國領域外對大韓民國或其人民犯罪之外國人適用之」。從條文字義觀之，韓國刑法處罰過廣，國民在國外犯罪均應處罰，此一規定從普通法系來看，有侵害他國主權之虞。

日本刑法典有關國外犯罪處罰規定於第 1 編第 1 章「法例」第 2 條「國外犯罪」、第 3 條「國民國外犯罪」、第 4 條「公務員國外犯罪」、第 4 條之 2「國外條約犯」（詳如日本刑法典）。比較我國與日本刑法發現，日本刑法典並無類似我國第 7 條「最輕本刑三年以上有期徒刑」之概括規定條款。並且，國外犯罪亦就既遂與未遂分別規定。其他國外犯罪處罰較特殊之罪包括：毀損名譽（誹謗）、保護義務者之遺棄（違背法令契約義務遺棄）及其致死、竊盜（爲十年以下有期徒刑之罪）、業務侵占、詐欺背信罪章、恐嚇取財、贓物。另外，「因而致人於死」之罪並不當然列入管轄範圍。

德國刑法第 7 條第 1 項規定，「在國外對德國人犯罪，依犯罪地法律應處罰或犯罪地無任何刑罰權可及者，德國法律適用之」。採消極屬人原則。第 2 項規定，「對其他在國外之犯罪，依犯罪地法律應處罰，或犯罪地無任何刑罰權可及者，如犯罪時爲德國人或犯罪後成爲德國人者；或犯罪時爲外國人，在國內逮捕，依其犯罪性質符合引渡法之規定，而由於未提出引渡，或請求被拒絕或不能引渡者，德國刑法適用之」，爲積極屬人原則。

義大利刑法第 9 條規定，本國人在外國之一般性犯罪，與我國刑法第 7 條有相類之規定，必須爲可處無期徒刑或三年以上有期徒刑者，且必須於其本國領域內滯留時，才依義大利法律處斷。犯罪係應處短期自由刑者，依司法部長之要求，或被害人之請求或告訴乃論。第 10 條爲外國人在外國之一般性犯罪，規定在本國領域外犯罪，損害本國或本國人民，而依義大利法律應處無期徒刑或二年以上有期徒刑者，於其在本國領域內滯留時，依司法部長之請求或被害人之請求或告訴，以義大利刑法處

罰之。

　　瑞士刑法第 5 條規定,「在外國對瑞士國民所犯之輕罪或重罪,依行為地法律亦屬可罰,且行為人在瑞士國內未被引渡至國外,或因其行為被引渡至瑞士者,適用瑞士刑法,如行為地法對行為人之處罰較輕者,適用行為地法」。第 6 條規定,「瑞士國民在外國犯重罪或輕罪,依瑞士法律屬可引渡之罪,且為雙方均可處罰時,行為人如在瑞士國內或因其犯罪被引渡瑞士者,適用本法。如犯罪行為地之法律對行為人之處罰較輕者,適用行為地法」。從第 5 條及第 6 條文意上觀察,瑞士刑法允許在適用法律時,選擇有利行為人之法律。

　　中華人民共和國於 1997 年修法前,與我國刑法同樣以最低刑為三年以上有期徒刑為門檻,修法後則規定「中華人民共和國公民在中華人民共和國領域外犯本法規定之罪的,適用本法,但是按本法規定的最高刑為三年以下有期徒刑的,可以不予追究」,為積極屬人原則。第 8 條則規定,外國人在領域外對中華人民共和國國家或公民犯罪,而按本法規定的最低刑為三年以上有期徒刑的,可以適用本法;但按照犯罪地法律不受處罰的除外。此為消極屬人原則之立法。

　　積極屬人原則受國際法承認,且幾乎為全世界各國所採,普通法系國家使用甚少,但並不質疑或反對他國放寬適用的做法。至於消極屬人原則雖然在許多大陸法系國家的刑法設有管轄規定,在普通法系幾乎無用武之地,[75]反對之理由在於,單純某國國民在另一個國家成為被害人,並不必然關切到所屬國的共同利益。[76]

第二款　普通法系之屬人原則

一、英國對於屬人原則的思維與實踐

　　除保護原則及世界原則規範之罪以外的犯罪,英國對於國民在國外犯罪均必需立法有特別規定其有領域外適用為限,例如殺人及重婚(murder, manslaughter and bigamy)規定於「侵害人身法(Offences Against the Person Act)」,其第 9 條及第 22 條明

---

[75] C Shachor-Landau, *Extraterritorial Penal Jurisdiction and Extradition,* Int'l Cooperative L. Quarterly, Vol. 29, No. 2/3, at 283, (1980).

[76] 趙永琛,國際刑法與司法協助,法律出版社,1994 年 7 月,頁 127。

定其有領域外適用。[77]

屬人原則實爲屬地原則的擴張,過去,除了海盜或叛亂罪之外,任何在國外從事之犯罪,一向被視爲不關英國之事。而今,擴大或改變普通法原本的屬地管轄原則,不僅來自於國際法或英國所簽訂條約之義務,同時也是因爲改變中的新型態犯罪。[78]

換言之,屬地管轄應予擴張,是因爲在領域外犯罪的情形已相當普遍。實際案例如:(1)行爲人在英國倫敦向其他歐洲人進行金融詐騙或投資詐騙,並要求被害人匯款至行爲人在瑞士銀行的帳戶,或(2)英國人成爲奈及利亞419詐騙案的被害人,將錢匯至英國以外之其他國家,又如(3)船員在公海上的外國船隻上遇刺,經空中救援至英國,之後因傷勢嚴重在英國死亡,又如(4)勒贖者在英國寄出勒贖信件,被害人在德國收到該信件行事;以及(5)某人在美國架設色情網站。在英國法中,這些案例均無法明確地確認犯罪地在英國。[79]

時至今日,英國刑事法仍以屬地原則爲中心,雖設有許多例外,多半是依據打擊重大之跨國犯罪而簽訂之多邊公約之國際義務,例如危害飛安或毒品走私。[80]儘管有許多例外情形,屬地原則仍是英國法的基本原則。[81]英國刑法只適用於英格蘭及威爾斯領域內之人,領域外之事件除有特別條款規定可處罰者外,即使是英國人所爲者,不適用。[82]

二、美國對於屬人原則的思維與實踐

(一)以保護原則爲出發點的領域外犯罪處罰規定

美國的聯邦法並沒有以屬人爲原則的立法,如果要處罰,是由犯罪地處罰,[83]這是本項各款所要探討的部分。但首要說明的是,這並不代表美國對於國民在國外犯罪或成爲被害人時,美國司法機關都不會追訴處罰,例如,翻看美國聯邦刑事法典(即Title 18 US Code, Crimes and Criminal Procedure)的規定,會發現其中有許多對領域外犯罪的適用規定,雖然美國聯邦刑法典並沒有像我國刑法第3條至第9條,以及像其

---

[77] Hirst, *supra* note 47, at 226-236.
[78] *Id.* at 6.
[79] *Id.* at 9.
[80] *Id.* at 6.
[81] *Id.* at 5. The common law had no conception of territorial waters or of crimes committed abroad.
[82] *Id.* at 2-3.
[83] B. J. George, Jr. *Extraterritorial Application of Penal Legislation*, Mich. L. Rev., Vol. 64, No. 4, at 620, (1966).

他大陸法系國家一樣，將刑法的領域外適用分別標示其適用原則，但學者 Iain Cameron 就美國聯邦刑法典 Title 18 US Code, Crimes and Criminal Procedure 分析研究後，認為這些領域外犯罪的適用規定，全部都屬保護原則的範圍，本文依其研究摘要如下表：

表 3-1　美國聯邦刑法典領域外犯罪有適用可能之罪

Title 18 US Code, Crimes and Criminal Procedure

	章節 Chapter and Section	所犯之罪 Offences	領域外適用之條件
1	Chapter 3 Sec. 33.	飛航及交通工具 Aircraft and motor vehicles	置爆裂物或毀滅性物質
2	Chapter 7, Sec. 113, 112, 115	傷害 Assault	美國外交官、特使、國際應保護之人士
3	Chapter 9 Sec. 152, 153, 154	破產 Bankruptcy	破產如隱匿之財產損及政府利益；政府保管人、受託人或法院人員犯侵占
4	Chapter 10 Sec. 175	生化武器 Biological weapon	運送或持生化武器之行為人或被害人為美國人(此條依據生化武器公約制定)
5	Chapter 11 Sec. 201, 203, 205	行賄及受賄 Bribery and graft	對象為公務員、政府人員
6	Chapter 13 Sec. 241	妨害公民權利行使 Civil rights	妨害公民權利之行使
7	Chapter 15 Sec.286, 287	向政府詐騙錢財 Claims and services in matters affecting the government	向政府詐騙錢財
8	Chapter 17 Sec. .331, 334	貨幣 Coins and currency	偽造貨幣、支付證券
9	Chapter 18 Sec. 351	暗殺、綁架及傷害國會議員、閣員、最高法院法官 Congressional, Cabinet and Supreme Court assassination, kidnapping and assault	暗殺、綁架及傷害國會議員、閣員、最高法院法官
10	Chapter 19 Sec. 371	共謀 Conspiracy	共謀結夥對美國犯罪或欺騙美國
11	Chapter 21 Sec. 401, 402	藐視法庭 Contempts	不服從令狀
12	Chapter 23 Sec. 431, 432	擅自締結契約 Contracts	任何國會議員於就任之前或之後，擅自以政府或機關之名義締結契約或協定
13	Chapter 25 Sec. 478-483, 513	偽造或變造政府文書	偽造或變造政府文書

		Counterfeiting and forgery	
14	Chapter 29 Sec. .608	選舉與政治活動 Elections and political activities	剝奪海外投票權利行使、恐嚇投票人
15	Chapter 31 Sec. 641	侵占及竊盜 Embezzlement and theft	侵占、竊取、販賣或處分美國政府或機關所擁有之記錄、券、金錢或有價物品
16	Chapter 33	徽章、服飾及姓名 Emblems, insignia and names	為使人陷於錯誤認知其已受贊助或核准，而濫行使用美國簽章或總統、副總統之簽章。
17	Chapter 35	脫逃及包庇 Escape and rescue	於戰時，包庇美國及盟軍緝獲之戰俘
18	Chapter 37 Sec. 793, 763, 798	通敵 Espionage and censorship	蒐集、傳送或遺失國防資料，或協助外國政府蒐集或傳送國防資料，或洩漏機密資料。
19	Chapter 39-40 Sec. 831, 844	爆裂物及危險物 Explosives and dangerous articles. 進口、製造、散佈及囤積爆裂物 Importation, manufacture, distribution and storage of explosive materials	前者係依核子原料保護公約，屬世界主義，後者針對在美國領域外對美國政府擁有的聯邦機關實施爆炸或損害。
20	Chapter 41 Sec. 871, 876, 877	勒索與脅迫 Extortion and threats	針對美國官員
21	Chapter 43 Sec.911, 912	冒名 False personation	向移民機關冒充美國公民，在他國冒充美國政府官員。
22	Chapter 45 Sec. 953, 954	外交關係 Foreign relations	洩漏外交通訊密碼、美國公民與他國有聯繫，意圖影響兩國關係、向他國作偽證以傷害美國
23	Chapter 47 Sec. 1001,1002,1003	詐欺與偽證 Fraud and false statements	在美國之聯邦部門做偽證；持有不實文件意圖欺騙美國；陳述或使用有關歸化、公民之不實文件。
24	Chapter 49 Sec. 1071, 1072	通緝犯 Fugitives	藏匿脫逃之囚犯。
25	Chapter 50A Sec. 1091	種族滅絕 Genocide	依據種族滅族公約。
26	Chapter 51 Sec. .1111-1113 1114, 1116	殺人 Homicide	在特別領地或軍事管轄所在殺害聯邦官員或國際應保護之人等。
27	Chapter 55 Sec. 1201, 1203	綁架 Kidnapping	綁架國際應保護之人、參照人質公約。
28	Chapter 65 Sec. 1361,	蓄意毀損 Malicious mischief	蓄意損毀美國財產、通訊設備、或特別軍事管轄地區之上述財產及設備。

29	Chapter 67 Sec. 1381, 1382	軍事 Military and navy	引誘誘棄守地、基於不法目的進入軍事要地。
30	Chapter 69 Sec 1423, 1424, 1425	國籍與公民 Nationality and citizenships	濫用、非法取得、複製及販賣美國公民或歸化之證明。
31	Chapter 71 Sec. 1512(f), 1513(b)	妨礙司法 Obstruction of justice	妨礙或報復證人、被害人、線民
32	Chapter 75 Sec. 1541-1547	護照及簽證 Passports and visas	不法核發、申請不實陳述、偽造及變造等。
33	Chapter 79 Sec. 1621-1623	偽證 Perjury	偽證
34	Chapter 81	海盜及海上掠奪 Piracy and privateering	海盜及海上掠奪
35	Chapter 84 Sec. 1751	暗殺、綁架及攻擊總統及總統隨員 Presidential and presidential staff assassination, kidnapping and assault	暗殺、綁架及攻擊總統、副總統及其隨員
36	Chapter 93 Sec. 1905	公務人員 Public officer and employees	美國公務人員洩漏國家貿易機密
38	Chapter 103 Sec. 2111, 2112	強盜及竊盜 Robbery and burglary	在美國特別軍事基地強盜及竊盜
39	Chapter 105 Sec. 2151, 2153, 2154, 2155, 2156	破壞 Sabotage	破壞軍事或國防設施
40	Chapter 107 Sec. 2197	海員及偷渡 Seamen and stowaways	偽造及濫用聯邦機關發給船舶、官員及海員的證書、執照、文件。
41	Chapter 111 Sec.	航行 Shipping	公海干擾、射擊或侵入美國船艦
42	Chapter 113A Sec. 2331	領域外對美國國民為恐怖主義行為 Extraterritorial jurisdiction against terrorist acts abroad against U.S. national	領域外對美國國民為恐怖主義行為，例如恐怖謀殺、重傷害等。
43	Chapter 115 Sec. 2381-2390	叛國、叛亂、顛覆行動 Treason, sedition and subversive activities	叛國、叛亂、顛覆行動
44	Chapter 119 Sec. 2511	電子通訊及談話之攔截 Wire and electronic communications interception and interception of oral communications	美國派赴國外之人員在外國違反「外國情報偵查法」，從事電子通訊及談話之攔截。

原始資料來源：Iain Cameron 原著「國際刑事管轄之保護原則 *The Protective principle of International Criminal Jurisdiction*, Dartmouth(1994)」一書，頁 243-274。

（二）積極屬人原則思維

美國對於國民在國外犯罪時，通常是依賴犯罪地國起訴，並尊重其判決，認為由當地國起訴是最聰明的方法，因為，如此一來可以確保犯罪人就近在犯罪地審判，並減少證據上衍生的問題，避免了管轄衝突問題。[84]

然而若犯罪地國未能起訴，或起訴時犯罪人已經返回美國，且美國與行為地國未簽訂引渡條約，或簽訂的條約規定國民不引渡原則時，此時，美國這套法律體系無法提供補救，便產生了漏洞。儘管國籍管轄，已是不受爭議的領域外管轄原則，但美國迄今仍然拒絕適用此一領域外管轄原則，因而，美國國民在國外從事重大犯罪，都逃過追訴。但如果改採由美國法院審判的話，美國認為這將使刑事體系的司法資源的負擔難以忍受，並對他國造成侵犯。[85]

反對國籍管轄的理由包括：(1)與普通法系的屬地管轄理論相違背、(2)隱含著對其他主權國家法律體系的不信任、(3)讓國外的美國公民置於兩套法律體系。雖然這些反對見解一樣存在於領事管轄權，但 19 世紀的學者認為兩者主要的差異在於證據，當時美國在中國的領事法庭能夠審理美國人在上海所犯的殺人案，因為證人與證據都在審判地，但舊金山就無法對該案進行公平審理，因為證據都在半個地球外。[86]

然而，反對國籍管轄的結果，使美國刑事管轄缺口卻是大家看得到，為了填補這個缺口，需有聯邦法律對美國國民在領域外之犯罪建立國籍管轄，這樣的法律應解決以下的問題：(1)如何從國外取得證據，來支撐起訴，並確保被告獲得公平審判；(2)沒有雙重犯罪時是否仍要行使管轄；(3)即使外國已準備起訴時，是否還要行使管轄；及(4)是否要將所有犯罪都包括在內，或僅列重大犯罪。[87]

由於外國因為種種因素，可能無法起訴在當地犯罪的美國人，而保護原則及世界原則各有特定的處罰條件、積極屬人原則被美國認為起訴國外犯罪的美國人並沒有政策上利益(policy interest)、消極屬人原則又被美國政府認為使美國公民隨時曝露在全世界其他國家的不特定刑事追訴當中，因而，對於一般的犯罪，可以說美國沒有任何替代方式，除非有引渡條約，否則在境外犯罪的美國人逃回美國之後，不會遭到起訴。[88]

---

[84] Watson, *supra* note 51, at 54 & 70.
[85] *Ibid.*
[86] *Id.* at 54.
[87] *Id.* at 70.
[88] *Id.* at 59-63.

案例：美籍學生 Jamie Lynn Penich 在韓國遇害案

　　2001 年，兩位美籍女留學生 Jamie Lynn Penich 及 Kenzi Noris Elizabeth Snider 以交換學生名義前往南韓留學，2001 年 3 月 18 日 Penich 與同為美國籍來自馬歇爾大學另一名女子交換學生前往南韓某家舞廳慶祝聖派屈克節，隔日 Penich 被發現陳屍於飯店房間，法醫認定因窒息死亡，Snider 於案情膠著之返回美國。美國聯邦調查局基於被害者家屬要求以及政治壓力，乃與南韓警方合作調查，並發現 Snider 涉有重嫌。美國聯邦調查局遂於 2002 年進行一連串偵訊，並經由測謊找到證詞不一致，及參照其他證人的供詞，終於突破 Snider 心防並坦承犯案，之後基於韓國的引渡請求將其逮捕，聽證時法官認為有相當理由(probable cause)足信 Snider 涉嫌殺害 Penich，乃於 2002 年 12 月依據韓美引渡條約將 Snider 引渡至南韓，[89]隔(2003)年 1 月 Snider 被起訴後旋即羈押，惟該案在南韓歷經首爾地方法院以罪證不足釋放，並纏訟至韓國最高法院於 2006 年 1 月確定，[90]之後 Snider 返回美國。

（三）消極屬人原則思維

　　美國在傳統上向來反對消極屬人管轄原則，認為單純因為本國國民在另一個國家成為被害人，並不必然關切到本國的共同利益，[91]美國長期以來一貫拒絕立法適用消

---

[89] 1999 年 6 月 9 日簽訂，同年 12 月 20 日生效，該條約第三條「國籍」規定：「締約雙方不負引渡本國國民之義務，但被請求國有權裁決是否引渡。如決定拒絕引渡，則應將案件起訴」。
Article 3 Nationality：
1.Neither Contracting State shall be bound to extradite its own nationals, but the Requested State shall have the power to extradite such person if, in its discretion, it be deemed proper to do so.
2.If extradition is refused solely on the basis of the nationality of the person sought, the Requested State shall, at the request of the Requesting State, submit the case to its authorities for prosecution.
3.Nationality shall be determined at the time of the commission of the offense for which extradition is requested.
[90] *Snider v. Seung Lee*, 584 F.3d 193 (4th Cir. 2009); *Who Killed Jamie Lynn Penich?* The Beat, Korea's Monthly English Magazine, March 2004; *Acquittal in Penich death Survives appeal in Seoul* Jeremy Kirk, Star and Stripes, Oct. 16, 2003. 本案之後 Snider 於南韓推翻先前之證詞，指稱係遭美國聯邦調查局誘導及脅迫而做出供述，Snider 在美國的證言的證據能力為本案初審的爭點，因為依據南韓法律規定，只有在檢察官面前所為之陳述才具證據能力，且本案關於證人的指證不一，法院乃以證據不足宣判無罪。之後 Snider 返回美國並對聯邦調查局的幹員提告違法逮捕(即 *Snider v. Seung Lee* 一案)，雖與本文論述的國民引渡無直接相關，惟也可看出美國對於一般國民在領域外的犯罪並不行使管轄權並搭配國民引渡的機制來解決犯罪的處罰問題。
[91] 趙永琛，同註 76，頁 127。

極屬人原則，最大的關切點(Concern)在於，適用此一管轄原則，會對外國公民產生無法預見而且不適當的責任負擔。[92]因此，傳統上，對非本國公民在國外從事侵害美國公民的案件均不予追訴。[93]

「對於任何傷害本國公民的人，不論其所在地點都要處罰」的觀念有違國家主權原則。如果任何國家都得對於在他國領域內侵犯我國國民的人加諸刑事責任，本質上是凌駕他國主權而將法律適用到所有國家。常設國際法庭在「蓮花號(Lotus)」一案中表示，此一管轄原則為最具爭議且最少被承認的管轄權基礎，而有研究認為，其在理論上最難以合理化，應予刪除[94]。

美國國會唯一依據消極屬人管轄原則(Passive personality Jurisdiction)所立的法律，是有關恐怖分子在國外侵犯美國公民，然而，這些法律同時也可以用保護原則(Protective principle)及世界原則(universal principle)加以正當化。[95]

第三款　關於消極屬人原則的管轄衝突案例

一、蓮花號（Lotus）案例[96]

消極屬人原管轄原則最有名的案例是「蓮花號（Lotus）」一案，案例發生在法國和土耳其間，1926 年法國郵船蓮花號在公海上撞沈一艘土耳其輪船，使八名土耳其人溺死。當這艘法國郵船駛抵君士坦丁堡後，土耳其當局逮捕該船負責職員以及土耳其船船長，一併以殺人罪向法院起訴。土耳其法院根據土耳其刑法第 6 條的規定，判處該法國郵船負責職員 80 日徒刑和 22 鎊罰金。當時法國政府以土耳其法院無管轄權為由，向土耳其政府提出抗議。同年十月，兩國政府達成協定，將這一爭議案件提交海牙常設國際法院，要求該法院決定土耳其法院對本案行使刑事管轄權是否符合國際原則。

1927 年 9 月 7 日，常設國際法院作出判決，認為土耳其法院對本案行使刑事管轄

---

[92] Scharf, *supra* note 70, at 29-30. (…unforeseen and unduly burdensome responsibilities on citizens of foreign states).

[93] *Id.* at 31.

[94] *Id.* at 29-31 (.......the most difficult to justify in theory).

[95] *Id.* at 32-33.

[96] *The Case of the S.S. Lotus*, Permanent Court of International Justice September 7th, (1927).

權不違反國際法原則。常設國際法院的法官認爲，該案的關鍵是，危害行爲發生在法國郵船上，而危害結果發生在土耳其輪船上，因而土耳其法院根據該國刑法所確立的屬地管轄原則享有管轄權。常設國際法院在關於蓮花號一案的判決指出：常設國際法院絕不是一般地禁止國家對他們的領土以外的人、財產或行爲適用其法律和由其法院管轄，反而在這方面留給國家相當寬鬆的自由選擇權，這個自由選擇權，只是在某些場合受禁止性規則的限制，在其他場合，每個國家都可以自由地採用它認爲最好的、最適合的原則。

二、葛丁案（Cutting's case）

　　美國傳統向來反對採用消極屬人管轄原則(Passive personality Jurisdiction)。第一個與消極屬人管轄原則有關的案子即是發生於 1887 年的葛丁案(Cutting's case)，該案中，有美國公民被指控在美國境內的報紙誹謗墨西哥公民，墨西哥法院判決確定，美國外交部門立即強硬回應，主張任何美國公民均不得因爲在美國境內犯罪，而只因爲被害人正巧是墨西哥人，便得依國際法規定被要求在墨西哥應訊。否則，任何一個國民在其國內之行爲，都將隨時曝露在全世界其他國家的不特定刑事訴追當中。此一原則已違反一項基本的觀念就是，任何人都應該獲得適當的告知，瞭解什麼樣的行爲事實上已構成犯罪。本案墨西哥在美國外交壓力下，旋即釋放該美國公民。[97]

　　然而，從墨西哥的法律來看葛丁(A.K. Cutting)一案是否全無道理，本文認爲有再檢視的必要。還原事件原委如下：[98]

　　1986 年 6 月 6 日，美國公民葛丁(A.K. Cutting)在墨西哥北方小鎮 Paso 對墨西哥國民 Emigdio Medina 發表誹謗言論，並被當地媒體報導引述，案件原擬起訴，但墨西哥同意若葛丁(A.K. Cutting)在報紙上刊登道歉並收回誹謗言論，得撤回起訴，惟葛丁只刊登了小小的一則，並且對事實關鍵有很多錯誤的說明，已到了無法理解的情況。就在同一天，葛丁經過邊界回到美國德州的 El Paso，並在當地再次擴大對 Medina 的誹謗攻擊。其後葛丁重回墨西哥時，就因該誹謗罪被墨西哥起訴，並被法院判處有期徒刑一年，併科六百美元罰金，並經 Chihuahua 最高法院判決確定。

　　美國方面，就在葛丁被捕當初即向墨西哥要求釋放，理由是墨西哥據以起訴的犯罪行爲全在美國境內，不在墨西哥管轄範圍。當時美國國務卿 Bayard 陳述美國立場

---

[97] *Id.* at 30-31.
[98] Preuss, *supra* Note 53, at 188-191.

表示：「一個國家的刑法中沒有領域外效力，就是最好的原則，……如果國家的刑法能拘束及規範外國人在其本國或在他國之行為，即是對別的國家主張管轄並侵害其獨立性。」

墨西哥法院的判決理由有三點：(1)葛丁違反了原先的約定條件；(2)葛丁從事領域外犯罪而有損於墨西哥公民，及(3)葛丁於墨西哥散佈其在美國德州發表的誹謗言論，墨西哥依屬地原則主張管轄。

事實上，美國的抗議只針對第(2)點，並全然漠視「葛丁因在墨西哥領域內的犯罪行為被起訴」的部分。美國甚至要求，為了鄰國情誼及未來的和睦關係，法律中關於外國人在外國對墨西哥人犯罪的領域外管轄規定，因屬侵害鄰國主權獨立之主張，應予廢除。而本案如果葛丁在墨西哥散佈誹謗言論屬實，墨西哥之起訴並非無依據。

葛丁最後被釋放，但沒有任何法律上的理由，墨西哥方面不僅合理認為該國依屬地原則採取作為的正當性，也辯護該國保護在外國之本國國民的立法在國際上的合法性。至於美國要求廢除領域外管轄條文一節，則為墨西哥拒絕。在葛丁案中可知，如果過度強調美國的屬地原則觀點，而不考慮該案的其他背景時，便容易誇大該案為國際先例的重要性，然而該案無疑地闡明美國對於刑事管轄權問題的態度，使美國及歐陸的法學學者認為美國刑法固守嚴格屬地原則。

三、春日輪（Kasuga-1）案例[99]

懸掛巴拿馬船旗的貨櫃輪春日輪(Kasaga-1)於 1996 年 2 月 4 日自香港駛往美國，2 月 5 日晚間 8 時行經基隆市彭佳嶼外 17 海浬之公海海域時，因疏於注意雷達之警示，以致閃避不及撞及我國籍日東六號漁船，致該船沈沒，造成 13 位我國船員、13 位大陸船員及 1 位菲律賓船員死亡或隨船沉沒失蹤。然而，春日輪未確實查證有無撞及其他船隻，即貿然駛離，直到發覺絞網船速驟降後，因故障難以排除，乃於 2 月 6 日將船駛入基隆港修理，為基隆港警所查獲。

在司法管轄權部分，被告印度籍船長及兩位船員主張碰撞地點位於公海，依 1952 年於比利時簽訂之「關於船舶碰撞或其他航行意外事故之統一刑事管轄公約」及公海公約之規定，僅船旗國有管轄權，聯合國國際海洋法公約亦重申此旨等語。基隆

---

[99] 台灣基隆地方法院 85 年度訴字第 125 號刑事判決；台灣高等法院 85 年度上訴字第 4506 號、87 年度上更(一)字第 185 號、87 年度上更(二)字第 580 號刑事判決；最高法院法院 85 年度訴字第 125 號刑事判決。

地方法院以蓮花號一案爲例，認爲被害船舶之所屬國亦有權就案件進行審判，並認爲，「上開公約規定船舶碰撞並導致船長及船員應屬刑事及懲戒責任時，應由加害船舶之船旗國行使管轄權，僅係就旣已存在之國際習慣法予以法典化，幾無異見，……國際海洋法公約之規定，係指國家主張其司法管轄權時，其他國家應予尊重……有權管轄之國家是否主張其司法管轄權，亦非他國所得干涉，此與『內國法院間之管轄權劃分，其有管轄權之法院不得拒絕管轄』之情形有異。……日東六號爲我國籍、死亡之漁民多爲本國國民、死亡結果亦發生於我國船舶，依客觀屬地原則，我國非無行使管轄權之基礎，且依刑法第 3 條及第 4 條之規定，本案爲我國刑法效力所及，法院就本案得爲實質審判」。基隆地方法院之見解並獲台灣高等法院及最高法院肯認。

第四款　領事裁判權（盛極一時卻曇花一現的屬人管轄）

領事裁判權，爲 18 世紀以來盛極一時但曇花一現的屬人管轄原則；係指一個國家透過駐外領事，對處於另一國領土內的本國國民根據其法律行使司法管轄權，形成治外法權制度(Extraterritorial jurisdiction)。[100]

文獻記載，早在 1782 年，美國就曾賦予駐法國的領事有審判在法國犯罪的美國公民的管轄權，但此點並非美國的發明，而是當時法國爲了保護其商業利益，施壓美國將領事關係正常化，美國國會於是授權富蘭克林(Benjamin Franklin)與法國談判領事公約，至傑佛遜總統(Jefferson)時終於在 1788 年 11 月 14 日與法國簽訂，其第 13 條即規定，美國公民在法國對美國公民所爲之犯罪，由美國駐法國的領事行使管轄權，法國公民在美國對法國公民所爲之犯罪，由法國駐美國的領事行使管轄權，此種由領事行使的專屬管轄權，即包括了國籍管轄以及消極屬人管轄。[101]

18 世紀時，歐洲列強將此一制度透過不平等條約強加其他國家，以中國爲例，在 1827 年，一名葡萄牙人在澳門殺死一名中國人，葡萄牙當局根據法律將該罪犯處以死刑，而非將移交中國處理，此爲西方國家在中國行使治外法權的先例。治外法權制度到了 19 世紀發展到最高潮，大多數歐美國家在與亞洲及非洲國家締通商條約時，往往規定治外法權的條款，並透過其駐外領事正式行使這種刑事管轄權，領事在

---

[100] 趙永琛，同註 76，頁 127-130。

[101] Watson, *supra* note 51, at 48-49; Editorial Comment, *Extraterritoriality and the United States Court for China*, The Am. J. Int'l L., Vol. 1, No. 2, at 471, (1907).

執行領事職務過程中，把行政權及司法權集於一身，總攬本國僑民在駐在國期間的一切民刑事事務。[102]

美國在 19 世紀時，也漸漸熱切地懷抱領事裁判權，初期僅在民事領域，與摩洛哥(1787)、阿爾及爾(1795)、突尼斯(1797)等國在協定中規定，對於美國國民之所有爭執都由美國領事爲裁判；對於美國國民與當地國民之間的爭執則由兩國共同派員組成審判法庭，但對於刑事案件則不能參與審判，但會到場(present)。而隨著國外商業利益的擴大，美國開始向外國堅持領事裁判權，甚至到最後與土耳其厄圖曼帝國(Ottomans Empire)締結的條約，變成不平等的單方規定，美國公民在厄圖曼帝國對美國公民所爲之犯罪，由美國的領事行使管轄權，厄圖曼帝國駐美國的領事，則沒有此種管轄權。此外，美國還與中國(1844 年)、婆羅洲(1850 年)、Persia(1856 年)、日本(1857 年)、馬達加斯加(1867 年)、薩摩亞(1878 年)、東加(1886 年)簽定類似的條約。[103]

美國明確地使用領事管轄權介入外國主權，以保護美國的商業利益，當時的學者及政策制定者認爲這是必要之惡，其自我合理的理由是，「野蠻之地不享有完全的主權，因爲野蠻之地無法律存在」、「羅馬法中的管轄觀念爲屬人管轄而非屬地管轄」、「領事裁判權是必要之惡，因爲如沒有定訂此等條約，沒有人願意至土耳其這些伊斯蘭法律的國家」，中國大陸亦同，民刑事案件均如此。[104]

從國際角度而言，雖然領事裁判權必須有條約做爲基礎，同時國內的法律也必須有配套規定，但此一制度終究是國際法一般原則的例外，[105]因而時至 20 世紀，主權國家獨立後，紛紛宣告廢除此類不平等條約，恢復行使國家主權，淘汰治外法權制度。從此以後，各國一般不再承認和堅持對在外國犯罪的屬人管轄，而僅維持對本國人在本國犯罪，包括侵犯外國人利益的犯罪行使管轄權。例如，美國自此禁止對在外國犯罪的美國人適用屬人管轄，而任由外國當局自行處理，美國僅保留領事探視在押的美國人，遇到美國人在外國犯罪後逃回美國，也不予刑事追訴。[106]

領事裁判權行使時間超過百年，讓美國得以依據國籍原則，對國外犯罪的美國人行使管轄。此種領事裁判權與普通法系的理念一致，因爲其確保了美國人就近在犯罪地接受處罰，然而將美國國民的犯罪管轄切割出來，造成屬地國無法起訴屬地的犯

---

[102] 趙永琛，同註 76，頁 127-130。

[103] Watson, *supra* note 51, at 49-50; Editorial Comment, *supra* note 101, at 471.

[104] Watson, *supra* note 51, at 49-50

[105] Editorial Comment, *supra* note 101, at 472.

[106] 同註 102。

罪，當然違背主權原則，因此國際社會逐漸揚棄使用此種管轄，終至於消失。[107]

　　屬人管轄的消失產生了一個鴻溝，當一個國家的國民在另一個國家犯罪時，犯罪地國如果將他驅逐出境或引渡給其國籍國，國籍國根據屬地管轄原則缺乏管轄權，而要依據屬人管轄處罰卻沒有法理依據，這種情況下，該罪犯就可能會逃避法律的懲罰，而形成法律上漏洞。因此，各國不得不採取某種措施，以對本國的刑事管轄權作出合於邏輯的解釋，這便促成新的屬人管轄制度的發展。

　　為何美國對於刑事管轄寧採領事管轄而不願採用國籍管轄，歷史過程提供諸多解釋，從 18 世紀至 20 世紀初，主要的反對原因有其理論基礎，歸因於國外證人及證據取得問題。領事裁判權行使的時期，沒有人在證據方面提出反對，甚至因為認為外國法難以預測，為了要保護美國國民的利益，領事裁判權還曾盛極一時。[108]

---

[107] Watson, *supra* note 51, at 52.
[108] *Id.* at 54.

第四節　我國刑法領域外適用規定與司法實務裁判見解研析

第一項　我國刑法領域外適用規定與修法草案概述

　　領域外之行為是否界定為犯罪而應予以處罰，依犯罪者及被害法益之所屬（本國或外國）所區分的 4 種情形進行探討：(1)本國人在國外侵害本國人之法益；(2)本國人在國外侵害外國人之法益；(3)外國人在國外侵害本國或本國人之法益；(4)外國人在國外侵害外國或外國人之法益。[109]於(1)、(2)兩種情形，如侵害行為沒有符合我國刑法第 5 條、第 6 條及第 7 條之規定，不適用之；第(3)項之情形，除犯罪符合我國刑法第 5 條及第 7 條之規定，而依刑法第 8 條之規定準用之外，不適用之。第(4)項之情形，如無刑法第 5 條第 1 項第 8 款至第 10 款之適用時，也屬不適用。

　　另應說明者，除自訴案或聲請交付審判的案件外，第一線處理跨國刑案的司法警察機關於初步調查後，認為沒有刑法第 5、6、7 條規定之適用而未移送的案件；或雖有適用但因司法互助困難無法取得證據，因而無法移送，以及檢察機關偵查後予以不起訴處分確定之案件，前述這類犯罪案件，原則上無法繫屬於法院審判，因此，本章節所蒐集我國法院判決見解，並無法完整呈現我國領域外犯罪之全貌。至於領域外之犯罪行為或結果有一在我國領域內者，因刑法第 4 條已規定為在領域內犯罪，並沒有刑法適用上的問題，故不在本文討論範圍。

　　現行刑法第 7 條規定之「最輕本刑為三年以上有期徒刑者」，係指法定本刑而言，縱依法有加減之原因，仍以法定本刑為準，最輕本刑，謂法定本刑之最低度。[110]然而，第 7 條為何規定須是「最輕本刑為三年以上有期徒刑者」，按立法理由僅謂：「……考國外立法例對於前二條列舉以外之罪，在國外犯者本國處罰類多附以條件，

---

[109] 曾勁勳，同註 35。
[110] 楊大器，刑法總則釋論，1994 年 8 月修訂 19 版，頁 86。

本法略仿其意，規定本條第其第 1 款，不及涉輕微罪。……」。

國內教科書就有關此點的敘述舉例如下：

（1）「……其次，應視為純粹屬人主義之規定者，即第 7 條之條文。本法於中華民國領域外犯前 2 條以之罪，而其最輕本刑為 3 年以上有期徒刑者，適用之。但依犯罪地之法律不罰者，不在此限」。[111]

（2）「……第 7 條之規定可知，本法所採之屬人原則並非毫無限制，而應具備下述四要件，始有本法之適用。即：(1)行為人……。(2)行為人……(3)行為人所犯之罪之最輕本刑為三年以上有期徒刑。例如重婚罪之法定刑為五年以下有期徒刑……不適用本法處罰」。[112]

（3）「一般國民在國外犯罪之刑法適用規定，則不個別列舉犯罪之類到為對象，而以所犯者非第五條世界主義、保護主義或第六條公務員屬人主義原則所列舉之罪，而其最輕本刑為三年以上有期徒刑者，適用之。但依犯罪地之法律不罰者，不在此限。其立法意旨無非在求國民對於國家法律秩序之尊重，並維持其僑居地法律價值觀念之和諧。」[113]

（4）國境外的犯罪，只能有限的追訴。除非法定刑相當重或特定的犯罪，否則行為人返國後不能追訴。國境外的犯罪，證據取得不易，如果無分輕重一律加以追訴，則刑事司法的成本將難以估計。[114]

（5）2002 年法務部版刑法第 7 條修正草案：按法務部於 1989 年 9 月間完成「中華民國刑法修正草案」，並於 1990 年 2 月 13 日由行政院與司法院會銜送請立法院審議，經立法院司法委員會多次審查，自 2002 年 3 月 28 日起，至 2002 年 7 月 11 日止，連續召開 8 次審查會，始行擬定本次之刑法部分條文修正草案。有關法務部所擬之刑法總則修正草案中第 7 條國民國外犯罪原則之適用規定，原擬將「……而其最輕本刑三年以上有期徒刑者，適用之」修正為「而其最重本刑三年以上有期徒刑者，適用之」，惟所涉範圍過廣，刑罰權雖擴及輕罪，然偵查、審判之成效是否相當，應予考量，若因國外蒐證困難而難以將被告繩之以法，是否符合人民之期待，而損及修法之美意，宜衡量之。故最終審查結論為：基於現實案件負擔及偵查之效率，現行第 7 條規定仍予維持。

---

[111] 蔡墩銘，中國刑法精義，漢林出版社，1997 年 9 月 9 版，頁 22。
[112] 林山田，同註 4，頁 129。
[113] 蘇俊雄，同註 5，頁 305。
[114] 林東茂，刑法總則，2018 年 5 月出版，頁 54。

　　(6) 2016 年立法院審議刑法第 7 條修正草案：2016 年時立法委員許淑華等 18 人亦有鑑於跨國犯罪日漸猖獗，逃避法律追溯者日益增多，形成國際社會治安的大漏洞及損害我國國際形象，故提出刑法第七條修正草案「本法於中華民國人民在中華民國領域外的犯罪皆適用。……」；立法委員呂玉玲等 17 人有鑑於跨國電信詐騙案罪嫌，犯罪發生地在國外，導致本國罪嫌遭返回國後，因刑期未滿 3 年或未犯刑法第 5 條及第 6 條之相關罪刑，予以釋放，社會大眾難以接受等故，爰提案修正刑法第 7 條規定，將「……而其最輕本刑為 3 年以上有期徒刑者，適用之。……」，增列為「……而其最輕本刑為 3 年以上有期徒刑與犯刑法第三百三十九條之四者，適用之。……」[115]；另時代力量黨團主張：為維護我國司法主權，確保我國刑法於跨境犯罪之有效實現，並便利我國於司法互助及引渡請求時之積極主張，將本國人於外國之犯罪，修正為於犯罪地亦有處罰規定之情形，即適用我國刑法之規定，不再以重罪為限，而提出「本法於中華民國人民在中華民國領域外犯前二條以外之罪，適用之。但依犯罪地之法律不罰者，不在此限」之修正草案。惟經立法院院會交付司法及法制委員會審查決議「不予審議」，審查報告中，法務部對於刑法第 7 條修正案部分之列席報告意見略以：刑法第 7 條中增列上開規定宜再審酌，理由如下：德國與日本有關領域外犯罪，未採取與提案相同之規範，德國於刑法中雖無重罪之適用限制，然另於其刑事訴訟法第 153c 條規定，在特定條件下之領域外犯罪得不予追訴（例如於該國刑事訴訟法領域範圍外實施之犯罪，或在領域內之共犯參與上述領域外犯罪之行為等）；日本刑法第 3 條就該國刑法對其國民於領域外犯罪之效力，亦採取列舉規定而僅限於特定犯罪。因此，有關刑法屬人效力之規範，德、日之立法並非採取「一網打盡」之方式。再者擴大刑法域外效力，宜考量有限的司法資源之負荷，對於我國國民在國外犯罪，因其行為及結果均在境外，依提案內容將適用我國刑法處罰，惟因相關證據資料

---

[115] 本項修法通過公告施行後，使海外詐騙集團得以有效由我國法院訴追、處罰，如：臺灣高等法院高雄分院 106 年上易字第 731 號判決所示事實：跨國詐欺集團招募擔任「車手頭」，負責在我國高雄地區吸收及安排在我國境內提領贓款、於境外出面向被害人取款或收取網路銀行帳戶 USB 傳輸裝置之人員（即「車手」）等工作，藉此賺取報酬，該詐欺集團成員另於馬來西亞設置「電信機房」，由在電信機房之集團成員以撥打電話方式，向中國大陸或越南之民眾進行詐騙工作，並僱用人員在我國境內擔任「總機」，負責指示在「轉帳機房」操作電腦之集團成員，於集團其他成員向被害人以出示偽造之文書或證件或以口頭詐得渠等向銀行申請之「e 路通」、「U 盾」卡等密碼，或使被害人陷於錯誤，由詐騙集團成員將被害人銀行帳戶內之款項轉匯至該集團所控管之人頭帳戶，以及將該集團成員自中國大陸寄至臺灣之人頭帳戶銀聯卡交予車手頭，由車手頭分派車手持銀聯卡至自動提款機提領贓款等工作，此類跨國詐欺取財犯行得以有效訴追處罰。

均在外國，在偵查審判程序法上，須透過國際司法互助調查程序，相當耗費司法資源。基於我國國際上之特殊處境，司法資源有限情形下，有無擴張刑法之屬人效力建請再酌。[116]故刑法第 7 條規定迄今仍未有修正。

　　學者柯耀程教授於 2002 年法務部提出刑法修法草案時認應修正中華民國領域外犯第 5 條、第 6 條、第 7 條以外之罪處罰之規定，將最輕本刑三年以上調整爲最重本刑三年以上有期徒刑，以期公允，按現行第 7 條有關我國刑法對在中華民國領域外犯第 5 條、第 6 條以外之罪之處罰，僅對最輕本刑三年以上之罪始及之，以此條件限制，無異放棄我國大多數的刑罰主權，以現行航空、觀光事業發達，國與國之間人民來往已今非昔比，尤其犯罪手法日新月異，實不宜以現行規定自限刑罰權之行使，否則國人在境外犯諸如重大經濟犯罪等案件，我國刑罰權竟不能處罰之，似有縱容本國人在領域外犯罪、鼓勵犯罪之嫌，且對我國之聲譽亦有影響，爰建議將最輕本刑三年以上有期徒刑，修正爲最重本刑三年以上有期徒刑，以符屬人主義之立法精神。

　　另外，現行法第 7 條及第 8 條之規定，在刑罰權成立的條件加上「最輕本刑爲三年以上有期徒刑者」，並不恰當，蓋一方面形成刑罰權之選擇性關係，造成國家主權的存在需有選擇性的謬誤；另一方面在第 8 條之規定，則成爲對於本國法益保護有所不周的弊病，外國人對於本國人民之犯罪行爲，只要非屬最輕三年以上有期徒刑之罪者，均可免除我國刑罰之拘束，無異是自我放棄刑罰主權的規定，故亦應將此一「最輕本刑爲三年以上有期徒刑者」刪除。

　　關於此點，本書作者持保留的看法，蓋大陸法系與普通法系國家對於刑法的屬人原則的看法亦有極大的差異，國力強盛與否，與領域外管轄範圍沒有必然的關係；國家對於領域外犯罪是否處罰，不只是國內法律的問題，也涉及國際政治、外交及法律事務，因此不能單純從內國法律探討。領域外的犯罪，是在他國領土及主權下所爲之行爲，基於各種因素及考量，便有不同的立法。而要能有效壓制領域外犯罪，必須大量依靠國與國之間的引渡及司法互助制度。透過引渡條約「或引渡、或起訴(*aut dedere aut judicare*)」及國民引渡制度的約定，讓締約國在引渡及起訴兩者間，有義務擇一，確保國際合作壓制某些犯罪行爲；透過司法互助協定，則能解決證據的證據取得與證據能力的問題。

---

[116] 參見立法院第 9 屆第 2 會期第 11 次會議議案關係文書院總第 246 號委員提案第 18955 之 1 號。

第二項　領域外行為有無我國刑法適用：我國法院判決見解介紹

我國刑法第 7 條前段規定，「本法於中華民國人民在中華民國領域外犯前二條以外之罪，而其最輕本刑為三年以上有期徒刑者，適用之」。實務上，所犯之罪是否屬最輕本刑為三年以上有期徒刑之罪，係以檢察官之起訴法條為準，非依審判結果而斷。[117]而對於國民在領域外之行為是否界定為犯罪而應予以處罰，我國刑法規定以符合第 5 條、第 6 條及第 7 條的情形時，「適用之」；不符合這 3 條條文時，依據反面解釋為「不適用之」。惟「適用之」與「不適用之」意義為何？國內文獻顯少討論，而實務判決見解論理上亦非一致，本文將介紹我國法院對於「領域外犯罪」之「有無我國刑法之適用」、「審判權之有無」及「有罪、無罪」相關判決見解，並就「無罪」與「無審判權而不受理」判決加以評析。

第一款　領域外犯罪有我國刑法之適用，即「有審判權」

我國法院判決多數見解認為，若審理後認領域外犯罪有我國刑法之適用時，即認「法院有審判權」，例如臺灣高等法院 108 年侵上訴字第 236 號刑事判決見解：「……壹、程序事項：一、按刑法於中華民國人民在中華民國領域外犯同法第 5、6 條以外之罪，而其最輕本刑為 3 年以上有期徒刑者，適用之，刑法第 7 條前段定有明文。本案雖於中華民國領域外之新加坡發生，然被告甲○○（下稱被告）所犯兒童及少年福利與權益保障法第 112 條第 1 項前段、刑法第 221 條第 1 項強制性交罪，法定本刑為 3 年 1 月以上 15 年以下，是本院對此犯行有審判權，合先敘明。……」，常見判決理由先於程序部分敘明本案是否適用刑法第 5 條至 7 條規定、有無審判權等程序事項說明，再就本案實體事項論究，簡言之，法院判決見解認有我國刑法之適用時，即遵循「先程序、後實體」原則，認定我國法院「有審判權」後，再行就實體部分審理。

---

[117] 最高法院 104 年度台上字第 406 號判決。

　　經查閱司法院之相關裁判函釋[118]及我國各級法院之相關裁判書，[119]認有刑法第 7
條規定之適用且判決有罪之案例，如：殺人案（臺灣高等法院 108 年度上重更三字第
5 號判決）、幫助攜帶凶器強盜未遂案（臺灣高等法院 105 年上訴字第 1464 號刑事判
決）、連續販賣或運輸毒品案（臺灣高等法院 98 年上重更(四)字第 24 號刑事判決、
臺灣高等法院高雄分院 103 年上更(一)字第 15 號刑事判決）、結夥三人以上攜帶凶器
即加重強盜案（臺灣宜蘭地方法院 108 年訴字第 322 號刑事判決）及持有可發射子彈
具殺傷力之槍枝案（臺灣臺中地方法院 106 年訴字第 1165 號刑事判決）等。

　　惟需特別說明者，犯罪行為地及（或）結果地在大陸地區時，是否得適用我國刑
法加以處罰之問題，綜觀我國法院對於「大陸地區犯罪是屬於領域內還是領域外的犯
罪」，裁判見解有二：(一)在大陸地區犯罪，仍應受我國法律之處罰，故以領域內犯
罪論處，而無刑法第 7 條規定之適用，此為近來多數判決見解；(二)在大陸地區犯
罪，應屬在我國領域外犯罪。二者主要歧異在於：我國對大陸地區之主權（治權）有
事實上障礙而不及，是否影響我國領域範圍之認定。闡述如下：

　　「在大陸地區犯罪，仍應受我國法律之處罰」，為多數我國法院判決見解所採，略
以：「……復參照刑法第 4 條關於『隔地犯』之規定，其所謂『犯罪地』，在解釋上當然
包括『行為地』與『結果地』。又中華民國憲法第 4 條明定：『中華民國領土，依其固有
之疆域，非經國民大會之決議，不得變更之。』而行憲至今，實際上，國民大會未曾
為變更領土之決議。縱然 94 年 6 月 10 日修正公布之中華民國憲法增修條文第 1 條第
1 項規定：『中華民國自由地區選舉人於立法院提出憲法修正案、領土變更案，經公
告半年，應於 3 個月內投票複決，不適用憲法第 4 條、第 174 條之規定。』該增修條
文第 4 條第 5 項並規定：『中華民國領土，依其固有疆域，非經全體立法委員四分之
一之提議，全體立法委員四分之三之出席，及出席委員四分之三之決議，提出領土變
更案，並於公告半年後，經中華民國自由地區選舉人投票複決，有效同意票過選舉人
總額之半數，不得變更之。』但立法委員迄今亦未曾為領土變更案之決議，中華民國
自由地區選舉人也不曾為領土變更案之複決。另稽諸該增修條文第 11 條規定：『自由

---

[118] 索引範圍包括：司法解釋(全部)、最高法院判例(16 年起之判例、38 年以前只有要旨無全文)、
最高法院民刑庭會議決議(民國 17 年起至 80 年，81 年起僅收錄已作成決議者)、最高法院
裁判選輯或彙編刊登於各機關公報者、台灣高等法院暨其高分院裁判書彙編(84 年起)、各地
方法院裁判書彙編(84 年起)及司法院法學資料檢索系統網站，分別輸入索引「刑法第四條」
至「刑法第九條」之案例，迄 110 年 2 月止。

[119] 索引範圍包括：最高法院(85 年起)、台灣高等法院及其分院(88 年 8 月起)、全國各地方法院
(88 年 8 月起)，分別輸入索引「刑法第四條」至「刑法第九條」之案例，迄 110 年 6 月止。

地區與大陸地區間人民權利義務關係及其他事務之處理，得以法律為特別之規定。』臺灣地區與大陸地區人民關係條例第 2 條第 2 款更指明：『大陸地區：指臺灣地區以外之中華民國領土。』仍揭示大陸地區係屬我中華民國之固有領土；同條例第 75 條又規定：『在大陸地區或在大陸船艦、航空器內犯罪，雖在大陸地區曾受處罰，仍得依法處斷。但得免其刑之全部或一部之執行。』據此，大陸地區現在雖因事實上之障礙，為我國主權（統治權）所不及，但在大陸地區犯罪，仍應受我國法律之處罰，揭明大陸地區猶屬我國之領域，且未放棄對此地區之主權。基此，苟『行為地』與『結果地』有其一在大陸地區者，自應受我國法律之處罰，向為本院之見解。」、「……認大陸地區事實上並非我中華民國主權所及之地域，從而在大陸地區犯罪，應屬在我國領域外犯罪。係將法權因事實上之障礙所不及與領域外之地混為一談，有違上述中華民國憲法及台灣地區與大陸地區人民關係條例之規定，自有判決不適用法則之違誤」。[120]

簡言之，大陸地區雖於事實上並非我中華民國主權所及之地域，然而因中華民國憲法第 4 條規定、憲法增修條文第 11 條規定、臺灣地區與大陸地區人民關係條例第 2 條第 2 款及第 75 條規定可知，大陸地區猶屬我國領域，而在大陸地區犯罪，依刑法第 4 條規定，犯罪之行為或結果，有一在中華民國領域內者，為在中華民國領域內犯罪。仍應受我國法律處罰。

另我國人民在大陸地區法院判處有罪確定並曾受處罰，我國法院判決見解認為如大陸地區法院判決執行已具有懲戒之效用，我國法院就同一事件審判時，自得依據臺灣地區與大陸地區人民關係條例第 75 條但書規定，得諭知免其刑全部或一部之執行[121]。

至少數判決見解認「在大陸地區犯罪，應屬在我國領域外犯罪」，判決見解略以：「……國家刑罰權乃國家主權作用之一種形態，故刑罰權行使關於地之範圍，應與主權支配之地域相同，若為主權所不及之地域，除特定之犯罪行為外，要無刑罰權之適

---

[120] 最高法院 108 年度臺上字第 334 號判決，相同見解請參見：最高法院 107 年度台上字第 2497 號判決、90 年度台上字第 705 號判決、89 年度台非字第 94 號判決、臺灣高等法院 107 年上易字第 1637 號判決等。

[121] 請參考：臺灣高等法院 103 年度上訴字第 3521 號判決、臺灣高等法院高雄分院 108 年度上易字第 497 號判決、臺灣新北地方法院 105 年度金訴字第 38 號判決、臺灣新北地方法院 104 年度智訴字第 16 號判決、臺灣桃園地方法院 109 年度易緝字第 40 號判決、臺灣新竹地方法院 103 年度訴字第 71 號判決、臺灣臺中地方法院 107 年金訴字第 40 號判決、臺灣彰化地方法院 108 年度金訴字第 199 號判決、臺灣高雄地方法院 110 年度審易字第 88 號判決、臺灣高雄地方法院 109 年度金訴字第 67 號判決、105 年度易字第 6 號判決、104 年度金訴字第 13 號判決及臺灣花蓮地方法院 99 年度重訴緝字第 3 號判決。

用。雖然我國對於大陸地區亦實稱擁有主權，然而依國際情勢實不容否認該地區現係由另一政治實體『中華人民共和國』所統治，事實上並非我中華民國主權所及之地域，從而在大陸地區犯罪，應屬在我國領域外犯罪。……」、「……大陸地區爲中華人民共和國，臺灣地區爲中華民國，此爲世人共知之事實，若說大陸地區爲中華民國之領域，不僅與事實不符，且與一般國民之認知有違。觀之臺灣地區與大陸地區人民關係條例之制訂，足證中華民國之統治權不及於大陸地區，故本院認定大陸地區非屬中華民國之領域」。[122]

　　學者蘇俊雄大法官於其著作「刑法總論」，認爲刑法第 7 條所規定之「領域」涵義，可參考東、西德模式，亦卽在東、西德統一前，西德刑法上所稱之本國是採取「功能定義」的方式，卽對於一般國家或國際法上的「本國」概念而言；就刑法所謂的「本國」，對於西德而言，則僅限於西德及西柏林境內；在這種刑法設定界限的概念下，東德自亦屬「外國」的範疇，但並不因此當然解釋與一般國家間或國際法上所謂的「外國與本國」定義相同，可資參考。

第二款　領域外犯罪無我國刑法適用：「無罪」與「無審判權」之判決見解歧異

　　依據司法院及各級法院相關裁判函釋及裁判書見解，我國法院認該案屬領域外犯罪，且不符合我國刑法第 5 條、第 6 條及第 7 條規定，卽「不適用」我國刑法規定時，採取的法學方法是「反面解釋」，而反面解釋之結果主要有二，一爲「不適用之等於不罰」，應爲「無罪判決」；一爲「不適用之等於無審判權」，應爲「不受理判決」。

　　按無罪判決爲「實體判決」，依據我國刑事訴訟法規定，判決確定後基於一事不再理原則，而生「同一案件禁止再訴」之實體確定力卽「旣判力」，提起公訴或自訴之「同一案件」，「經實體判決確定」，在同一法院重行起訴者，應依刑事訴訟法第 302 條第 1 款諭知免訴之判決。且同一案件基本上只受一次實體判決。所謂「同一案件」應指被告

---

[122] 請參考臺灣高等法院 88 年度上易字第 3571 號判決、臺灣高等法院臺中分院 89 年度上訴字第 325 號判決、臺灣臺北地方法院 102 年度審訴字第 628 號判決、臺灣士林地方法院 90 年度自字第 22 號判決、臺灣士林地方法 88 年度自更一字第 11 號判決、臺灣桃園地方法院 90 年度訴字第 935 號判決、臺灣高雄地方法院 93 年度易字第 299 號判決、臺灣板橋地方法院（現爲臺灣新北地方法院）88 年度易字第 3059 號判決等。

同一、犯罪事實同一而言。至犯罪事實是否同一，實務上以起訴請求確定具有侵害性之社會事實是否同一，卽以起訴擇爲訴訟客體之基本社會事實關係爲準，且包括實質上一罪或裁判上一罪關係。而所謂判決確定，除指犯罪事實之全部已受判決確定之外，尚包括犯罪事實之一部確定。是否同一案件，端視前後案件之基本社會事實是否同一而定。……法院依刑事訴訟法第 267 條之規定，對於全部犯罪事實，本應予以審判，其確定判決之既判力，自應及於全部之犯罪事實，故其一部事實已經判決確定者，對於構成一罪之其他部分，亦有其適用。……」。[123]

至「審判權之有無」屬訴訟程序要件，依據刑事訴訟法第 303 條第 6 款規定，法院認無審判權者，應諭知不受理之判決，而不受理判決與無罪判決差異在於：不受理判決並未就案件爲實體審理，僅依程序事項爲審判，故並無判決結果歧異之虞。

於法理上層次分明之「審判權有無」程序要件，與「有罪、無罪」之實體要件，在此出現判決見解歧異，原因在於：刑法第 7 條規定「適用之」定義未臻明確。多數判決見解認爲「不適用」的反面解釋爲不罰，常見判決理由如：「行爲之處罰，以行爲時之法律有明文規定者爲限，爲刑法第 1 條所明定。如非屬刑法或特別刑事法令所規定處罰之行爲，則屬實體上判決之範疇……我國刑法第 7 條前段規定：本法於中華民國人民在中華民國領域外犯前二條以外之罪，而其最輕本刑爲 3 年以上有期徒刑者適用之。依其反面解釋，我國人民在我國領域外犯同法第 5、6 條以外之罪，而其最輕本刑非爲 3 年以上有期徒刑者，則屬不罰。」、「依刑事訴訟法第 301 條第 1 項後段之規定，此等行爲當屬不罰，是若經起訴，應爲無罪之判決」，[124]至常見案例事實爲多涉及刑法第 339 條「普通侵占罪」、第 342 條「背信罪」、第 215 條「業務上登載不實罪」、第 212 條「僞造變造證書介紹書罪」、刑法第 210 條「僞造變造私文書罪」、第 336 條 2 項「業務侵占罪」及第 335 條「侵占罪」等，我國各級法院判決審理此類案件，主要援引以下 4 個最高法院判決（判例）[125]：

---

[123] 請參考最高法院 110 年度臺上字第 2809 號判決、110 年台非字第 167 號刑事判決等。

[124] 相同見解者如最高法院 60 年度台非字第 61 號判決、89 年度台上字第 1334 號判決、94 年度台上字第 1066 號判決、97 年度台非字第 121 號判決；臺灣高等法院 101 年度侵上訴字第 192 號判決、103 年度上易字第 34 號判決、104 年度上易字第 201 號判決；臺灣高等法院台中分院 106 年上易字第 1521 號刑事判決、臺灣高等法院高雄分院 105 年度上易字第 246 號判決等。

[125] 依據 108 年 1 月 4 日修正之法院組織法規定，其中第 57 條法院選編判例之規定已予刪除，而新增之第 57 條之 1 第 1、2 項規定，對於中華民國 107 年 12 月 7 日本法修正施行前依法選編之判例，若無裁判全文可資查考者，應停止適用（第 1 項）。未經前項規定停止適用之判例，其效力與未經選編爲判例之最高法院裁判相同（第 2 項），惟最高法院判例因審級制

（1）最高法院 60 年度台非字第 61 號判例：被告在外國籍輪船工作，於 57 年 4 月間該船駛抵美國後逃亡，法院認為依刑法第 11 條前段及第 7 條之規定，屬刑事訴訟法第 301 條第 1 項之行為不罰，原審論以被告違反政府依國家總動員法所發限制海員退職命令之罪（後於民國 93 年廢止），顯屬判決適用法則不當，為違背法令，應另為諭知無罪之判決。

（2）最高法院 81 年度台上字第 1413 號判例：被告在日本持槍殺死被害人，其「未經許可無故持有手槍」部分，臺灣高等法院認為我國司法機關無審判權，惟最高法院援引刑法第 1 條規定，認為領域外犯刑法第 5、6、7 條以外之罪者不適用之，此種行為係屬不罰，如經起訴，應為無罪之判決，原判決認此部分係無審判權，自屬違誤。

（3）最高法院 83 年度台上字第 1660 號判決：該案與最高法院 81 年度台上字第 1413 號實為同一案，惟對於上訴人在日本持槍殺死被害人，其未經許可無故持有手槍部分，僅表示無適用我國刑法處罰之餘地，因與殺人部分為裁判上一罪，不另為無罪之諭知。

（4）最高法院 97 年度台非字第 121 號判決：被告在香港赤臘角國際機場，向被害人謊稱其機票逾期、提款卡亦不能使用，身上無現金購買機票返台，欲借款購買機票，待返台後返還，惟被告返台後不僅未曾聯繫還款事宜，且所留予被害人之聯絡電話、地址均屬不實，涉犯刑法第三百三十九條第一項之詐欺取財罪嫌等。惟被告在香港涉犯刑法第三百三十九條第一項之詐欺取財罪，所犯既非刑法第五條、第六條之罪，亦非刑法第七條所稱最輕本刑為三年以上有期徒刑之罪，核與香港澳門關係條例第四十三條規定不合，其行為不罰，自應從實體上諭知被告無罪之判決。

少數我國法院判決見解則認「不適用」的反面解釋為無審判權，如：「……依刑法第 7 條之反面解釋即無本國刑法之適用，本國法院自屬無審判權。」、「……依刑法第 7 條反面解釋不予訴追，即本國法院無審判權，應諭知不受理之判決」等。[126]以臺灣高等法院 103 年上重訴字第 10 號刑事判決（嗣由最高法院以 104 年台上字第 406 號刑事判決撤銷發回）為例，該案被告涉犯殺人罪嫌，惟其涉犯修正前槍砲彈藥刀械管制

度拘束性，見解仍具相當參考價值。

[126]請參考最高法院 83 年度台上字第 326 號判例、臺灣高等法院 108 年度上訴字第 2783 號判決、90 年度上易字第 4117 號判決、89 年度上易字第 1906 號判決；臺灣臺灣高等法院高雄分院 98 年度上訴字第 48 號判決、臺灣臺北地方法院 91 年度易字第 369 號判決、臺灣板橋地方法院（現更名為臺灣新北地方法院）93 年度易字第 248 號判決、臺灣臺中地方法院 92 年度自字第 554 號判決及臺灣高雄地方法院 101 年重訴字第 49 號刑事判決等。

條例第 8 條第 4 項之非法持有可發射子彈具有殺傷力之改造手槍罪嫌，由於非屬最輕本刑爲 3 年以上有期徒刑之罪，且此部分犯罪事實未經記載於起訴事實欄，故臺灣高等法院認被告持有改造手槍部分，我國法院自無審判權，且認我國法院對於非屬最輕本刑爲 3 年以上有期徒刑之罪應無審判權之主張，亦見於被告方抗辯或檢察官上訴意旨，如：臺灣高等法院高雄分院 105 年上易字第 246 號判決理由中，檢察官上訴意旨略以：「……本案卽便原審採信被告 2 人之辯解，然新加坡係境外，爲我國刑法屬地主義效力所不及，通姦罪又不符合刑法第 5 條至第 7 條之例外狀況，我國法院對被告二人犯罪並無審判權，依法應爲不受理判決，原審法院誤爲實體判決，顯有適用法則不當或不應受理而受理之違法，請將原判決撤銷，更爲適當合法之判決……」等。

至「不罰而無罪」與「無審判權而應不受理」，除前述基於「一事不再理」原則而生之判決實質確定力有無之差異外，相關概念釐清，詳如所述。

第三項　「不罰而無罪」及「無審判權而不受理」概念釐清

第一款　「不適用」非關「罪刑法定原則」

在罪刑法定原則之下，「無法律卽無犯罪，無法律卽無處罰」，此一原則爲大陸法系及普通法系所共同遵循的原則」[127]。實務判決見解認爲「不適用時，基於罪刑法定原則，應予無罪之判決」，如前述最高法院 104 年台上字第 406 號判決：「……行爲之處罰，以行爲時之法律有明文規定者爲限，爲刑法第一條所明定。如非屬刑法或特別刑事法令所規定處罰之行爲，則屬實體上判決之範疇。我國刑法第七條前段規定：本法於中華民國人民在中華民國領域外犯前二條以外之罪，而其最輕本刑爲三年以上有期徒刑者適用之。依其反面解釋，我國人民在我國領域外犯同法第五、六條以外之罪，且其最輕本刑非爲三年以上有期徒刑者，其行爲應屬不罰，而非我國法院對之無審判權。……」，卽透過文意解釋將 1 個「不適用」我國刑法的行爲，逕認屬於刑法第 1 條

---

[127] Joshua Dressler, *Understanding Criminal Law*, Carolina Academic Press, 4th edition, at 39, (2006).

罪刑法定原則範疇，並依刑事訴訟法第 301 條規定「不能證明被告犯罪或其行為不罰者，應諭知無罪判決」而判決無罪。

惟查「不適用」並不等同於「法律無明文規定」，「刑罰權的行使範圍」與「無處罰規定」，二者不能混為一談。犯罪的構成要件，既已明白規定在刑法典中，則不能解釋為我國刑法對各該行為沒有處罰的規定。所謂的無罪，應該只包括沒有犯罪事實以及沒有描述為犯罪的構成要件兩種情形。[128]亦即倘行為合致於刑法典明文規範之各類犯罪行為，即屬有罪，至刑罰權之行使與否，即「行為是否予以處罰」，依據罪刑法定原則，固然以行為時法有處罰明文規定為限，然而「無罪」與「不罰」，概念上仍屬有別，且「不適用」與前述學說有關無罪之「沒有犯罪事實以及沒有描述為犯罪的構成要件」定義，應為截然不同。

再者，自引渡法制觀之，按引渡法有所謂「雙重犯罪原則」，其規定是「凡於請求國領域內犯罪依請求國及被請求之法律，均應處罰者，得准予引渡。」例如我國引渡法第 2 條。雙重犯罪原則說明的是，國家依據本國法律認定行為人的確破壞了一個法秩序，只是如果本國刑法不適用而他國刑法有適用時，即可引渡至他國接受處罰。

國家限縮刑罰權的適用範圍，除因為證據法則及引渡法制上的諸多原因(如下表)外，還有刑事追訴資源的經濟考量，換言之，在比例原則下，國家只能將有限的資源選擇性地關注某些重大的犯罪案類上，不宜不計代價地追訴犯罪。

兩大法系關於領域外犯罪的刑法態度（理由整理）

普通法系堅持屬地原則之理由	大陸法系兼採屬人原則之理由
兼採屬人原則恐侵犯他國主權與獨立性。	國民即使在國外仍有資格接受國家保護。
屬地有最大利益且有最強大手段可壓制犯罪。	確立外交上的保護，防止本國公民在外國的合法權利受到非法侵害。
證人及證據的便利性陪審制度下的對質理念證人必須長途跋涉前往，造成不便且所費不貲，甚至證據須以較不妥的書面型態提出。	國家對於外國之本國國民提供保護，導出國民有服從的相對義務。
國家主權絕對原則亦代表不在領域外行使主權權利。	本國國民受本國法律保護，不受非法侵害，使之有安全感。
刑事體系的司法資源的負擔難以忍受，並對他國造成侵犯。	國家以國民為成員，不管國民身在何處，國家的法律自應適用於國民。
會對外國公民產生無法預見而且不適當的責	國民的行為根本上影響的是所屬國，並為所

[128] 許玉秀，罪刑法定原則的構成要件保障功能，月旦法學，第 123 期，2005 年 8 月，頁 27。

任負擔。	屬國家所關切。
「對於任何傷害本國公民的人，不論其所在地點均要處罰」的觀念有違國家主權原則。	國民在國外從事犯罪，對於所負忠誠的國家的社會與道德秩序造成擾亂。
從 18 世紀至 20 世紀初，主要的反對原因其理論基礎歸因於國外證人及證據的取得問題。	國民最瞭解本國刑法規定，在本國法院依據本國法律最有可能受到公平而迅速的審判。
與普通法系的屬地管轄理論相違背。	國民在外國可能受不公平審判或不合理處遇。
採屬人原則隱含著對其他主權國家法律體系的不信任。	在外國之犯罪可由所屬國自行審判以代引渡。
英國地理上能與他國相隔離，國民不易逃離領土，沒有領域外適用的急迫性，較有條件採用屬地原則。	國民有權要求在其本國之法院接受審判。
起訴國外犯罪的本國人沒有政策上利益。	國民基於其與國家間之特殊連繫，有權留在其國內受其法律之保護。
消極屬人原則使人隨時曝露在全世界其他國家的不特定刑事追訴當中。	如將國民遞交外國審判，違反國家對國民之保護義務。
讓國外的本國公民置於兩套法律體系的審判。	對外國司法制度之不信任。
廣泛而嚴格的國民不引渡政策將減低引渡在打擊跨國犯罪的效率。	國民在外國受審判，遠離親朋且語言隔閡，可能遭受不利。
區分國民與非國民是歧視的待遇，其預設司法執行時會有極度的對比差異，而造成潛在的不公平處遇。	19 世紀的歐洲尚認爲引渡國民有損國家尊嚴。
一個居住在外國的人負有遵守當地國法律的義務，以換取當地國對他的保護，爲何要因爲犯罪人逃離法律的管轄之外，被請求遞解時，就會立於一個與犯罪地國不一樣的地位。	國民不引渡原則的國家中，甚至有將該原則列爲憲法保障之基本權利。
取得在他國的相關證據上的困難，因而審理並不可行；且如果引渡的客體在審判後逃回本國。	不行使屬人管轄，以及特別是如果國家採取國民不引渡原則時，許多犯罪將不會受到處罰。
對外國司法制度不信任的恐懼，是可以透過外交代表或國際機構的力量解決。	歐陸國家由於地理上有地界及河界，遷移輕易，爲防止逃犯脫免司法制裁，必須採屬人原則。
使用當地國的語言並透過翻譯解決引渡人所屬國的外交代表均會出庭，就防禦爭點、翻譯之提供、羈押期間的權益事項協助。國民在外國接受審判，不會遭受不利。	如果引渡的意願較低，則管轄權主張的範圍可能就會較廣。
國家尊嚴受損一說爲毫無依據且憑空想像的	中世紀領主與附庸之關係，附庸有資格要求

推論。	不會被提領(withdraw)到當地方法院的管轄之外之權利。
減低引渡在打擊跨國犯罪的效率及證據實務問題與困難。	16 世紀宗教改革時，歐洲的宗教之間極度敵對，天主教徒與清教徒相互認為，在對方所屬的法院受審不會獲得公平的對待。
外國政府在起訴國外的犯罪上通常不積極。	19 世紀時有「國民尊嚴」及「國家榮譽」之慮。

　　且若被告之犯罪能予證明，只因國家限縮刑罰權的適用範圍，而諭知無罪，非無將某種行為事實評價為符合法秩序的意味，有變相肯定犯罪人之所作所為之嫌，因此，將「不適用」認定屬刑法第 1 條「罪刑法定原則」的問題，此種文意解釋與罪刑法定原則的本旨並不相符。本文認為，不適用的意義應為「不評價」，不評價即不就案件為實體審理，進而論以有罪或無罪，較為合理。

第二款　「不適用」不等同「不罰」

　　刑事訴訟法第 301 條規定，不能證明被告犯罪或其行為不罰者，應諭知無罪判決。按現行刑法第 12 條、18 條、19 條、21 條、22 條、23 條、24 條規定的「不罰」，於 1912 年的「中華民國暫行新刑律」均有相同之條文，但當時的用語為「不為罪」。[129]直到 1928 年 3 月公布的舊刑法才將「不為罪」改為「不罰」，惟 1928 年 7 月公布之刑事訴訟法僅於第 316 條規定「法院認為被告之犯罪嫌疑不能證明或其行為不成罪者，應諭知無罪之判決」，而無「不罰」應如何處罰之規定。嗣法院於處理案件時發生疑義，呈請解釋，經司法院院字第 1060 號做出解釋謂，刑法第 4 章(相當於現行刑法第 2 章)各條所謂不罰與刑事訴訟法第 316 條行為不成犯罪之情形相當，應諭知無罪之判決。[130]

　　民國 24 年修正刑事訴訟法時，於第 293 條第 1 條規定「不能證明被告犯罪或其行為不罰者，應諭知無罪之判決」，與現行刑事訴訟法第 301 條第 1 項規定相同。依上

---

[129] 暫行新刑律：
　　第 11 條，「未滿十二歲人之行為不為罪」。
　　第 13 條，「凡精神病人之行為不為罪」。
　　第 14 條，「依法令正當業務之行為或不背公共秩序善良風俗、習慣之行為不為罪」。
　　第 15 條，「對現在不正之侵害而出於防衛自已或他人權利之行為不為罪」。
　　第 16 條，「避不能抗拒之危難而出於不得已之行為不為罪」。
[130] 司法院解釋彙編第 3 冊，1934 年 5 月 24 日，頁 918。

所述，則刑事訴訟法上宣告無罪，係沿襲「不爲罪」的觀念而來。[131]

不罰應該是「不可罰」，意思是不構成犯罪，[132]就文意解釋而言，不罰指不處罰，是法律效果，若依據實務多數之見解主張領域外犯罪屬「不罰而無罪」者，並將刑法第7條反面解釋爲「此等行爲當屬不罰，是若經起訴，應爲無罪之判決」的話，則刑法第7條不就等同規定「最重輕本刑三年下有期徒刑者，不罰」？惟刑法第5條第6條及第7條明確規定「不適用」，而非「不罰」，更非「無罪」，顯然立法之初即有意區別「不適用」與「不罰」的不同。行爲若成立犯罪，即應處罰；行爲若不成立犯罪(不犯罪)，即不(處)罰。有認爲不罰應改爲「不犯罪」，不成立犯罪的可能原因有構成要件不符合、欠缺違法性、無罪責。唯有三部分均具備後，某一行爲才會被評價爲犯罪，三項之中缺乏其中任一項，就導出不犯罪的結論。依據劉幸義教授對1994年以前的刑法文獻中的「不罰」所做的探討，[133]不罰未包括不適用。

第三款　「不適用」在訴訟法上指「無審判權」

「不適用」指「無審判權」，此爲刑法學者贊同之見解。學者許玉秀大法官認爲，我國刑罰權不及於各該國家領域外所犯的罪，理應屬於無審判權的情形。[134]按若法院將不適用刑法之國外犯罪行爲認定爲無罪，則由於刑事訴訟法第301條之無罪判決屬實體法上之實體判決，因而有一事不再理之實體確定力，及禁止再訴之效力，[135]「判例或許因而認爲，對刑法第1條擴大解釋，對於行爲人較爲有利，但擴大解釋的結果，卻造成了法價值的混淆。」[136]因爲一個沒有我國刑法適用的領域外犯罪行爲，終究與無罪之情形不能等同視之。

若法院將不適用刑法之國外犯罪行爲認定爲無審判權，則依刑事訴訟法第303條第6款之規定爲不受理判決，屬訴訟法上事項之形式裁判，從審判的一致性來看亦較爲正確，因爲，同一案件在起訴階段經檢察官認爲無我國刑法適用時，檢察官是以刑

---

[131] 黃亮，不罰不爲罪及無罪，法學評論第37卷第7冊，頁3。
[132] 許玉秀，刑法導讀，學林分科六法，學林4版，2003年3月，頁34-35。
[133] 劉幸義，由法律用語理論區分不罰、不犯罪及無罪之用語與概念，蔡教授墩銘先生六秩晉五壽誕祝壽論文集，1997年2月，頁583。
[134] 同註128。
[135] 黃朝義，刑事訴訟法，一品文化出版社，2006年9月，頁534-535。
[136] 同註128。

事訴訟法第 252 條第 7 款之規定爲不起訴處分。且從行爲人的角度來看，不受理判決同樣讓行爲人脫離訴訟，並沒有對行爲人更不利，判例擴大適用刑法第 1 條規定，尚有值得斟酌之處。[137]

　　學者林鈺雄教授則認爲，刑事普通法院無審判權的情形包括：(1)國家根本無審判權者，(2)國家雖有審判權，但因割裂行使而有一套以上的審判系統，如軍事審判問題。[138]刑事審判權有無應先判斷，不在我國刑法效力範圍者，我國根本無從對其處罰，因而也無從發動追訴，領域外發生的犯罪，除非合乎屬地原則之擴張，否則並不在我國刑法的效力範圍，因此也不在我國刑事訴訟法的效力範圍，我國對之根本無刑事審判權，檢察官應爲第 252 條第 7 款，而非第 8 款之不起訴處分；若竟誤予起訴者，法院應爲第 303 條第 6 款之不受理之判決，而非無罪之判決，簡言之，法院必先有審判權，始有管轄權，兩者兼具者，始能爲實體之有罪或無罪判決。[139]

　　學者何賴傑教授引述德國文獻指出，德國刑事訴訟法將審判權視爲訴訟條件，審判權有所欠缺時，將導致案件不能進行實體審理而終結，基此，刑事法院之審判權亦須基於刑法適用之效力而定。[140]德國學說及實務皆認爲，不適用德國刑法之行爲(人)，德國刑事法院卽不必介入，因而法院得以欠缺審判權而終止審理(Einstellung)。[141]

　　學者陳啟垂教授認爲，刑事法界通說將刑事訴訟法第 252 條第 7 款及 303 條第 6 款規定，解釋爲有關國內不同刑事法院權限分配的規定，卽屬於訴訟途徑的問題，性質上屬於管轄權問題，不應規定爲對該被告無審判權，而應規定爲對該事件無審判權。[142]

　　學者蔡墩銘教授則認爲，國民在國外犯罪，於入境後，如依我國刑法 5 條第 6 條及第 7 條等規定，對該行爲能適用我國刑法處罰時，我國法院始有審判權。[143]學者黃東熊教授贊同此一看法，但指出：「有無審判權」須與「有無刑法適用」加以區別，國人在外國犯罪時，固適用我國刑法，但如其不回國，對之則無審判權，反之外國人在國

---

[137] 同上註。

[138] 林鈺雄，刑事訴訟法(下冊)，元照，2005 年 9 月，4 版 2 刷，頁 27。惟軍事審判法第 1 條、第 34 條、第 237 條於 102 年 8 月 13 日修正公布、自 103 年 1 月 13 日起施行，則現役軍人非戰時犯刑法、陸海空軍刑法或其特別法之罪，均依刑事訴訟法追訴、處罰。

[139] 林鈺雄，同上註，頁 64-65。

[140] 何賴傑，同註 19，頁 8-9。

[141] Volk, PrdzessvoraussetzungenimStrafrecht, 1978, S.222; Peter, aaO, S. 95.轉引自何賴傑，前揭(註 30)文，頁 8。

[142] 陳啟垂，同註 14，頁 28。

[143] 蔡墩銘，刑事訴訟法論，1999 年，頁 31。

国際刑事合作概論

外犯罪，入境我國時，我國對其有審判權，但因不適用我國刑法，故不成立犯罪。[144]

本文贊同「不適用」為「無審判權」之意，但對於關於學者黃東熊教授指出「國民在國外犯罪是否在該人入境後始有審判權」，本文認為是將審判權的有無與行使未做區別。蓋刑事實體法係為國家刑罰權劃定範圍，而刑事程序法係為行使國家刑罰權，[145]國家本即有權制定法律規定何者為犯罪，即使是領域外的犯罪，即為前述的「立法管轄權」；只要符合刑事實體法「適用之」時，縱使該人未入境，我國仍有審判權，稱之為「審判管轄權」，至於審判權無法進行，若因為該人滯留國外，使得國家無法強制當事人到庭受審，這是因為「執行管轄權」規定的執行限制。[146]

廣義的管轄權固然包括法院受理之權及強制執行之權，從狹義的解釋，只指法院有權審判及定罪，不包括強制執行，因此，犯罪者須進入國境之後，方可逮捕控訴，當犯罪者滯留外國時，有管轄權的國家只可要求引渡。[147]換言之，國家得對於在外國領域內之國民的行為訂定各種法規予以制裁，並為司法審判，但此項司法程序應在本境內進行，不能在外領域內採取各種行政措施。[148]

國家如何強制滯留國外的人犯回國受審，涉及的是引渡及跨國人犯解送的問題；如何取得國外犯罪證據，涉及刑事司法互助的問題；而如果國民在國外犯罪後始終未能解送或引渡回國，在國內涉及的則是可否缺席判決及追訴時效的問題，這些不能執行的原因，應與國家的審判權無關。因此，學者黃東熊教授認為有無審判權須與有無刑法適用加以區別，本文認為其所指應為審判權之執行。

至於「外國人在國外犯罪，入境我國時，我國對其有審判權，但因不適用我國刑法，故不成立犯罪」之看法，仍應區分「外國人在國外侵害本國或本國人之法益」及「外國人在國外侵害外國或外國人之法益」分別討論。前者，如果沒有符合我國刑法第 5 條之規定，或沒有刑法第 8 條之規定準用時，不適用之。後者，如無刑法第 5 條第 1 項第 8 款至第 10 款之適用時，不適用之。換言之，即沒有審判權。

不適用時，既於我國之法益既無絲毫影響，且不在我刑法保護範圍之內，此時即使該外國人入境我國，本國並不能發動刑事程序加以干涉，只能由行政機關以違反入出國及移民法第 17 條之規定為由，依據同法第 34 條之規定強制驅逐出國，或最多透

---

[144] 黃東熊，刑事訴訟法，頁 84。
[145] 陳樸生，刑事訴訟法實務，頁 1。
[146] 有關立法管轄權、司法管轄權及執行管轄權請參閱本章第一節之說明。
[147] 章瑞卿，同註 18，頁 57。
[148] 黃異，論福明輪事件的歸屬，月旦法學雜誌，第 18 期，1996 年 11 月。

過引渡方式將行為人交由犯罪地審理，若竟誤予起訴者，法院應為第 303 條第 6 款之不受理之判決。

第四項　領域外行為「不罰而無罪」相關判決評析

第一款　案件基礎事實及判決見解介紹

一、韓國盜刷，台灣銷贓案

案例事實：「被告二人將在韓國刷卡詐購之貨品帶回臺灣，並交由「小陳」銷贓」。臺灣臺北地方法院判決謂：「⋯⋯(三)上開貨品為被告二人財產上犯罪所取得之財物，渠等事後之銷贓行為當係之前財產犯罪即詐欺取財罪之不罰後行為，不得再依刑法之贓物罪論處，故被告二人銷贓地雖在中華民國領域內，但不得將銷贓地逕認為係本件詐欺取財及行使偽造私文書之犯罪地。（四）綜上所述，本件被告二人雖均為中華民國人民，惟渠等犯罪行為地與結果地均在中華民國領域外，被告等所犯之詐欺罪及行使偽造私文書罪，並非刑法第 5 條所明文列舉之罪名，且上開二罪均非最輕本刑三年以上有期徒刑之罪，是揆諸前開規定及說明，自應均為無罪判決之諭知。」[149]

案經檢察官以被告二人在國內之銷贓行為仍應構成犯罪，指摘原判決不當，請求撤銷改判。臺灣高等法院肯認原審判決，謂被告等事後之銷贓行為，係財產犯罪即詐欺取財罪之不罰後行為，不得再依刑法之贓物罪論處，檢察官之上訴為無理由，應予駁回。[150]

二、謊報支票在國外遭竊遺失涉嫌誣告案

案例事實：被告李 0 信明知受付於陳 0 全簽發之支票一只（付款人為第一商業銀行金邊分行）在其配偶江 0 均（告發人）所持有保管中。嗣告發人江 0 均先後兩次以

---

[149] 臺灣臺北地方法院 91 年度訴字第 99 號判決。
[150] 臺灣高等法院 91 年度上訴字第 986 號判決。

存證信函向被告表示因投資事項有許多帳目未清，故已由告發人暫時代為保管等語，被告竟於 91 年 9 月間以該支票在柬埔寨遭竊遺失為由向臺北縣政府警察局三重分局光明派出所報案，嗣被告並於同年月 16 日持警所製發之報案證明書向第一商業銀行金邊分行辦理上開票號支票之掛失止付。被告稱其明知支票在其配偶江 0 均(告發人)保管，然仍申報遺失，希望藉由辦理止付掛失手續避免發生損失。檢察官認為被告向光明派出所報案表示上揭票據遺失，未指定犯人誣告他人犯罪等情，涉犯刑法第 171 條第 1 項之未指定犯人誣告犯罪之罪嫌。

臺灣板橋地方法院（現為臺灣新北地方法院）判決參照最高法院 81 年度臺上字第 1413 號、83 年臺上字第 1660 號判決要旨認為，行為人在中華民國領域外犯刑法第 5 條、第 6 條規定以外之罪而其最輕本刑為三年以上有期徒刑以外案件，其行為不罰。……被告向警所申報之該項犯竊盜犯罪縱屬實情，其行為亦不適用我國刑法處罰，即令起訴，法院亦應為無罪之諭知。從而依被告向光明派出所申告之犯罪內容既為我國刑法所不罰，則未經被告指明之行為人即無成立竊盜罪而受刑事處罰之危險，故被告申告之內容縱屬虛偽不實，其行為仍與刑法誣告罪之構成要件不符。[151]

檢察官上訴理由認為，原審判決被告無罪所持之上述之事由，係指形式之訴訟要件，若此等條件有所欠缺，其效果僅為法院應為不受理之判決，而不得為實體判決，是被誣指犯罪之人，並無免於遭受刑事訴追之危險，而國家偵查權之開啟、行使，亦與訴訟條件俱足之一般案件無異，此與告訴乃論之罪，無告訴權人捏造事實而為告發之情形無異，並不因告訴權人有否提出告訴而影響誣告罪之成立。惟臺灣高等法院判決肯認原審判決，駁回上訴。[152]

三、在國外施用第二級毒品案

案例事實：被告吳 0 芳基於施用第二級毒品甲基安非他命之犯意，於 107 年 6 月 6 日 5 時許，在我國香港地區某旅館內，以將甲基安非他命放入電子菸內產生煙霧之方式，施用第二級毒品甲基安非他命，因認被告涉犯毒品危害防制條例第 10 條第 2 項施用第二級毒品罪。

臺灣臺北地方法院判決見解認被告為我國人民，有施用第二級毒品甲基安非他命之犯行，且被告坦承不諱，但被告施用毒品之行為地或結果地均在香港，涉犯毒品危

---

[151] 臺灣板橋地方法院（現為臺灣新北地方法院）92 年度易字第 2467 號判決。
[152] 臺灣高等法院 93 年度上易字第 1380 號判決。

害防制條例第 10 條第 2 項罪嫌，既非刑法第 5 條、第 6 條之罪，亦非刑法第 7 條所稱最輕本刑爲 3 年以上有期徒刑之罪，核與香港澳門關係條例第 43 條規定不合，其行爲不罰，且該施用毒品行爲，亦與被告同案另涉持有其他第二級毒品犯行間，意思各別且行爲互殊，不具實質上或裁判上一罪關係，而爲被告無罪之諭知。[153]

四、持停用之信用卡在外國航空器上刷卡購物詐欺取財案

案例事實：被告歐陽 00 明知其已無資力，其前分別向中國信託商業銀行股份有限公司、荷蘭銀行股份有限公司、富邦商業銀行股份有限公司等申辦之信用卡均遭卡片停止使用，竟基於常業詐欺之犯意聯絡，利用飛機飛行途中空服人員與國內之發卡銀行無法連線徵信資料之空隙，持已停卡或積欠多筆金額未付之信用卡，在我國、外國航空器（飛機）上詐購免稅商品，使各該飛機上之空服人員，誤認歐陽新華所持供刷卡消費之信用卡係在授權金額範圍內使用、未經停卡及歐陽新華有意給付消費金額等正常有效卡之情況下，刷卡後將簽帳單列印供歐陽新華簽帳，以表示係由其本人消費及願意支付消費金額之行爲，因而陷於錯誤，將各該免稅商品交付予被告歐陽新華，嗣被告再將前揭免稅商品透過管道轉賣銷贓。

臺灣臺北地方法院判決見解認爲上述事實中被告在我國航空器（飛機）上詐欺取財行爲，足堪認定被告以犯詐欺罪爲常業（現常業犯部分刑法規定已刪除），而爲有罪之諭知，但公訴人起訴書載被告持所申請業經停卡之信用卡，消費地點爲日亞航（飛機）之刷卡消費行爲，屬外國領域內詐取財物，且於取得刷卡所購的物品時，即已完成犯罪，且被告所涉之詐欺罪，其最高法定本刑並非最輕本刑三年以上有期徒刑之罪，並不該當刑法第七條前段，復無適用刑法其他法條之處罰規定，其行爲即爲不罰，惟公訴意旨認被告此一外國籍航空器上之行爲，既與前述被告被訴詐欺之犯罪有連續犯之裁判上一罪關係（連續犯處罰規定現已刪除），爰不另爲無罪之諭知。[154]。

---

[153] 臺灣臺北地方法院 107 年度易字第 789 號判決。
[154] 臺灣臺北地方法院 92 年度易緝字第 33 號刑事判決。至持上開僞卡至外國盜刷，然後再將所刷得之貨物帶回台灣轉售銷贓案情類似者，如：臺灣高等法院高雄分院 94 年度上更(一)字第 343 號判決（惟該案被告之犯罪結果，亦有使我國之發卡銀行及卡號使用人國內民衆受害，故我國仍屬犯罪結果地，而得以適用我國刑法予以論處）。

第二款　判決見解評析

　　案例一、法院認為國外的詐欺取財罪屬於不罰行為，因被告等事後銷贓行為，被認為詐欺取財罪之不罰後行為，不得再依刑法之贓物罪論處，係基於裁判上一罪避免重複評價之目的。

　　有關贓物罪之成立認定中，關於贓物來源之證明問題，涉及國外犯罪證據調查，如透過包括國際刑事司法互助在內的管道所得的資料能證明時，當可依法起訴及審判；惟如無法證明被告犯罪嫌疑時，偵查中應依刑事訴訟法第 252 條第 10 款予不起訴處分；審判中應依刑事訴訟法第 301 條規定應諭知無罪判決。

　　案例一之判決理由實已認定有詐欺取財行為，對於贓物之來源已可得證明，惟前述判決理由「……渠等事後之銷贓行為當係之前財產犯罪即詐欺取財罪之不罰後行為，不得再依刑法之贓物罪論處，故被告二人銷贓地雖在中華民國領域內，但不得將銷贓地逕認為係本件詐欺取財及行使偽造私文書之犯罪地。……」，是否應衡酌在我國境內銷贓行為，是對我國法秩序的一種挑戰與威脅，且「不罰之後行為」是否應以前行為（即取得贓物之詐欺取財行為）已受充分評價為前提，方得以避免重複評價為宜？

　　本案若採「無審判權」說，則法院對於在國外的詐欺取財罪以無審判權而判決不受理，即未於案件實體部分予以評價，則被告國內銷贓行為，自得依刑法之贓物罪獨立評價並論罪，以避免評價不足及維護我國法秩序。

　　案例二：法院認為誣告他人在國外犯竊盜罪縱屬實情，其行為亦不適用我國刑法處罰，即令起訴，法院亦應為無罪之諭知。被告指明之行為人即無成立竊盜罪而受刑事處罰之危險，故被告申告之內容縱屬虛偽不實，其行為仍與刑法誣告罪之構成要件不符。

　　依此說法，是否只要選擇不適用我國刑法領域外適用的犯罪進行誣告，終將因為被誣告之人沒有受刑事處罰之危險，而不會構成犯罪？

　　如果案例二採無審判權說，或可解釋為：法院對於誣告他人在國外犯竊盜罪縱屬實情，第一商業銀行金邊分行辦理上開票號支票之掛失止付，則本案之支票保管人(告發人)江 0 均在柬埔寨仍有成立竊盜罪而受刑事處罰之危險。同理可知，誣告他人在外國殺人乃至於任何犯罪，確有可能使被誣告之人受他國刑事處罰之危險，只是這個危險為我國刑法認為無審判權而不予評價。因此被告在本國之誣告行為，依刑法之

誣告罪仍可評價。由此可見，我國法院判決將不適用我國刑法之犯罪行為認定為無罪，除對該犯罪行為之我國人民保護不足外，將產生評價不足之問題。

第五項　我國刑法關於外國裁判之效力與一事不再理原則

第一款　概述

刑法第 9 條「同一行為雖經外國確定裁判，仍得依本法處斷。但在外國已受刑之全部或一部執行者，得免其刑之全部或一部之執行。」此一規定涉及的是外國法院判決的承認與一事不再理的問題。[155]

同一行為經外國確定裁判，是否仍得依本國法處斷；在外國已受刑之全部或一部執行者，是否免其刑之全部或一部之執行。此一規定涉及的是外國法院判決的承認與一事不再理的問題。[156]

積極屬人原則在國際法上，並不受到普遍性承認。[157]然而，國際法並沒有明確的原則禁止國家合理地對於本國國民行使管轄，即使其身在國外。因此，即使國民犯罪之行為在國外已管轄，國家仍得對於國民執行法律，從人權保護上，唯一的規定也只有一事不再理(*ne bis in idem*)。而歐洲理事會(Council of Europe)為解決此外國法院判決的承認與一事不再理的問題，在 1970 年訂定了「刑事判決國際效力歐洲公約」。茲就以上外國法院判決的承認、一事不再理原則的國際適用及刑事判決國際效力歐洲公約

---

[155] 關於外國裁判之效力與一事不再理之探討請參見本文第五章第四節說明。

[156] 外國法院裁判之效力承認與否，共有 3 說：
　　1.承認外國法院裁判之效力：尊重一事不再理原則，本國法院不再處罰，又稱為「終結原則」。
　　2.否認外國法院裁判之效力：我國刑法第 9 條前段規定即採此見解，認為外國裁判對本國無拘束力，而僅為一種事實狀態，不具法律效力。
　　3.折衷見解：外國法院判決僅為裁判之事實而已，我國法院不受拘束。但為兼顧人權維護，故在外國已受刑之執行者，可酌量免除該刑之執行，以免造成二度刑罰，又稱為「複勘原則」，我國刑法第 9 條但書規定即採此見解。有關外國法院裁判之效力相關介紹，請參閱張麗卿，刑法總則理論與運用，五南出版，7 版 1 刷，2018 年 9 月，頁 76。

[157] *Draft Convention, supra* note 66, at 522-528.

探討如下文。

一事不再理的概念與國際規定為何,按「古希臘羅馬的歐洲法制史,早有一事不再理原則之存在,而且不僅適用於程序法,至於似乎都適用於刑事法,則是因為刑事法是最古老的制裁體系。在只有刑法規範的遠古社會中,做錯一件事,不可以被責備兩次,在 20 世紀初,概念德國帝國法院曾經認一事不二罰原則為並非只具程序上的意義,而是一個刑法上的基本原則,即同一個犯罪行為,只能處罰一次。德國聯邦憲法法院即認為,依據法治國原則,科以刑罰時,不可以不顧及被告就同一行為,是否已受懲戒處罰的宣告,在刑法的領域,*ne bis in idem* 一向是程序法上的一事不再理,在實體法方面,則一向慣用重複評價禁止原則。」[158]

一事不再理原則在一國之內固無問題,公民與政治權利國際盟約第 14 條第 7 項規定,任何人依一國法律及刑事程序經終局判決判定有罪或無罪開釋者,不得就同一罪名再予審判或科刑。[159]但一事不再理原則在國際上的規範非無疑問,聯合國人權事務委員會(UN Human Rights Committee)在 *A.P. v. Italy* 一案中表示,公民與政治權利國際盟約第 14 條規定的一事不再理原則,並不適用於外國判決之既判力(foreign *res judicata*)。[160]歐洲人權公約第 7 議定書第 4 條第 1 項亦規定,任何人在同一個國家管轄的刑事程序中,經依法律及刑事程序終局無罪開釋或判決確定者,不得就同一罪名再予審判或處罰,但此一條文將一事不再理的範圍限定在「同一個國家的管轄(under the jurisdiction of the same State)」[161]。歐盟基本權憲章(Charter of Fundamental Rights of the European Union)第 50 條重申一罪不二罰原則,規定任何人就歐洲聯盟境內已依法完成追訴或處罰之犯罪,不得重複受刑事審判或處罰。[162]

國家不願承認外國判決既判力的原因在於,這等於是預先假定對外國刑事司法有某種程度的信任,其次,國家基於自身的利益考量,即使其他國家已做了確定判決,

---

[158] 參司法院大法官會議釋字第 604 號解釋大法官許玉秀不同意見書。

[159] *International Covenant on Civil and Political Rights (ICCPR) of 16 December 1966*, Article 14 para7: "No one shall be liable to be tried or punished again for an offence for which he has already been finally convicted or acquitted in accordance with the law and penal procedure of each country."

[160] *A. P. v. Italy*, Communication No. 204/1986, U.N. Doc. Supp. No. 40 (A/43/40) at 242 (1988).

[161] *Protocol No. 7 to the Convention for the Protection of Human Rights and Fundamental Freedoms*, Article 4.1:" No one shall be liable to be tried or punished again in criminal proceedings under the jurisdiction of the same State for an offence for which he has already been finally acquitted or convicted in accordance with the law and penal procedure of that State."

[162] *Charter of Fundamental Rights of the European Union*, Article 50 [Right not to be tried or punished twice in criminal proceedings for the same criminal offence] No one shall be liable to be tried or punished again in criminal proceedings for an offence for which he or she has already been finally acquitted or convicted within the Union in accordance with the law.

還是會考慮重新起訴，特別是犯罪在本國領域內或其結果影響到本國利益時，必然會提起訴訟。此外，一事不再理牽涉的法律問題錯綜複雜，各國解決方式不同，這些原因的存在使得國家不願承認外國判決的既判力。[163]

然而，拒絕承認外國判決的既判力形成了管轄權的積極衝突，不僅將人置於多國多重起訴的危險，也增加國與國之間關係的緊張，雖然歐洲的許多國際公約致力於此問題的解決，但這些公約都有例外規定，容許國家基於屬地原則或於根本利益有被侵害之虞時，或因為具有公務員身分時，得再追訴處罰。[164]

各國刑法對於外國法院判決之效力，基於國際法律互助之思想，在一定限度內予以承認，承認的範圍可分積極承認與消極承認二方面說明。

積極承認之範圍，各國能度並不相同，可分為以下幾種情形：(1)完全承認外國法院判決之效力同於本法院之判決、(2)承認外法院之緩刑判決效力、(3)承認外國刑法所宣告之與本刑法相同刑罰之判決。

消極承認雖非與積極承認可比，但究非完全不承認外國法院判決之效力，各國態度可分為以下幾種情形：(1)認為外法院之判決構成訴訟上之障礙，即有一事不再理原則之適用、(2)在外國受刑之執行者，得免除其刑、(3)在外國受刑之執行者，得算入本國法院之判決所宣告刑罰之內，此尤其以本國刑法所規定之刑罰重於外國刑法時，有其實質意義。[165]

第二款　我國法院判決見解分析

前述我國實務上適用刑法第 271 條殺人罪的 7 件在美國、日本及西班牙等國家殺人後經起訴審判服刑後遭返的案例，回國後被我國法院再次判決，這是由於我國法院拒絕外國刑法之適用，而且只認外國裁判為一種事實，不承認其有既判力，故於刑法第 9 條前段之規定「同一行為雖經外國確定裁判，仍得依本法處斷」，刑法第 49 條規定「累犯之規定，於前所犯罪在外國法院受裁判者，不適用之」，亦是不承認外國法院判決之規定。然而，不承認外國法院判決之效力，當事人受到重複處罰亦不公平，因

---

[163] Rob Blekxtoon & Wouter van Ballegooij, *Handbook on the European Arrest Warrant*, T.M.C ASSER Press, at 100 (2005).

[164] *Ibid.*

[165] 章瑞卿，同註 18，頁 70-71。

此，刑法第 9 條後段乃規定「在外國已受刑之全部或一部執行者，得免其刑之全部或一部之執行。」

換言之，量刑之際，由法院斟酌其實施之犯罪與已受之刑罰是否相當，而爲全部或一部之免除，以示公平，並非完全不承認外國法院判決之效力。且今日國際社會中，承認外國判決非但爲公平正義所要求，亦爲共同利益所必須。[166]

歐洲理事會(Council of Europe)爲解決外國法院判決的承認與一事不再理的問題，在 1970 年訂定了「關於刑事判決國際效力之歐洲公約(European Convention on the International Validity of Criminal Judgements)」。其訂定的背景，係歐洲理事會之會員國均認爲，各國刑法依循古典的國家主權觀念，每個國家依據屬地原則爲根本，刑事判決的顯少超越疆界之外，但此一情況已不符今日社會的需求。而隨著經濟高度發展、交通與通訊的便捷及人口快速遷移，爲了有效保護社會，這些原因使得必須將犯罪趨勢納入考慮。其次，刑罰政策亦強調犯罪人的矯正，犯人在原居住地國執行較諸於審判國執行更有助於人犯的再社會化。此外，人道上的考量諸如語言隔閡、文化差異，及與親友聯繫困難等等，這些都是刑事判決國際效力歐洲公約訂定的原因。

刑事判決國際效力歐洲公約，等於是擴大了 1964 年「道路交通犯罪處罰歐洲公約」的原則，意卽「讓居住地國在特定條件下，確保犯罪地國宣告之刑罰及其再社會化之措施能在該國獲得執行」。歐洲理事會均認爲，在刑法的立法及司法中，長久以來，各國各都是在「國家主權」之下以屬地原則爲思考，但「國家主權」不應該成爲拒絕承認外國裁判的理由。[167]

刑事判決國際效力歐洲公約所指的刑事判決，是指任何締約國之刑事法院所做的確定判決。[168]審判國在何種情形下，得請求他國執行刑罰？依據本公約第 5 條之規定，其情形有五：(1)被判刑之人通常居住於被請求國；(2)在被請求國執行判決，較有利於被判刑之人的社會康復(social rehabilitation)；(3)被判刑人在他國亦因案受審中，本國所科之刑罰能接續於該國之後執行；(4)被請求國爲被判刑之人的國籍國(state of origin)；(5)如審判國認爲卽使提出引渡亦無法執行制裁，而被請求國能執行時。

被請求國原則上不得拒絕執行之請求，但有本公約第 6 條規定之以下情形時，得

---

[166] 同上註，頁 66 及 70。

[167] *Explanatory Report, History (b) Identification of Key Problem, European Convention on the International Validity of criminal judgments* (以下簡稱 ECIVCJ)。

[168] *Id.* Art. 1 a, ECIVCJ

拒絕執行，包括：(1)執行判決將違反被請求國法律之基本原則；(2)被請求國認爲請求國所判決之罪涉及政治性或軍事性；(3)被請求國有實質理事可信該判決是基於種族、宗教、國籍或政治信仰而做成；(4)該項執行與國際義務相違背；(5)被請求國已該行爲進行審理中，或卽將進入訴訟；(6)被請求國對該行爲已決定不予追訴或將停止追訴；(7)該行爲不在被請求國領域內實施；(8)被請求國無法執行制裁；(9)如請求國認爲卽使提出引渡亦無法執行制裁，因依本公約第 5 條之規定轉請被請求國執行，但被請求國亦認爲執行條件不符時、得拒絕請求；(10)被請求國認爲請求國有能力執行制裁；(11)被告受審判時之年齡在被請求國無起訴之可能；(12)請求國請求時，依被請求國之法律，其時效已完成。[169]

　　刑事判決國際效力歐洲公約第 53 條亦就一事不再理原則規定，任何刑事判決之被告，如果已被釋放、在執行中、執行完畢、全部或一部受赦免、時效完成，或宣告之刑無需執行時，其他締約國不得就同一行爲再行起訴、審判或執行徒刑。[170]

第六項　小結

　　本章以屬人爲中心探討刑法的領域外適用。從立法角度上，任何國家的刑法可以主張要對那些領域外行爲適用，這是管轄權立法的問題(prescriptive jurisdiction, Legislative jurisdiction, Jurisdiction to Prescribe)，雖然刑法的空間效力範圍沒有限制，但由於各國歷史與地理背景、法律、文化、經濟情況及社會因素不同，實際上對領域外犯罪都會設定管轄門檻，包括：(1)所有犯罪均處罰；(2)犯罪地處罰之犯罪，亦予以處罰；(3)一定刑度之犯罪予以處罰；(4)本國國民在國外對本國國民犯罪時，予以處罰；(5)列舉之特定犯罪，予以處罰。各國對於刑法的空間效力規定並不相同。

　　從司法的角度上，國家也可以在國內將立法設置的管轄權適用在特定的訴訟中，這是管轄權的實際審理問題(Judicial Jurisdiction, Jurisdiction to Adjudicate)。

　　從執行的角度上，法院實際執行法律上的管轄時，除非獲得他國同意，才能在外國行使，否則是對他國主權造成侵害，有違國際法。在刑法領域中，除 18 世紀曾盛極一時的領事裁判權外，刑罰權是國家主權最直接的表現，也是主權國家最維護的權

---

[169] *Id.* Art. 6, ECIVCJ
[170] *Id.* Arti. 53, ECIVCJ

力之一。國家不會援引外國法律進行處罰,沒有衝突法(conflict of law)中的「法律選擇(choice of law)」問題,這是審判權的執行問題(Executive Jurisdiction, Jurisdiction to Enforce)」,各國皆然。

刑法的空間效力範圍雖然沒有限制,但不設限制的畢竟極其少數,依本文之研究,各國刑法對於領域外犯罪處罰的範圍,與採行之法系及引渡政策息息相關,並非國力強盛的國家,所設的領域外管轄範圍就比較廣。

以英國爲首的普通法系,奉行嚴格屬地原則理念,認爲法院不是用來主持全世界的正義,加上陪審制度上傳喚證人方面的困難,因而不願延伸刑法領域外管轄的想法,認爲「邊界之所止即社區責任之所止;責任之所止即管轄之所止」。普通法系發源的英國,因爲在地理上能與他國相隔離,在交通運輸尚未發達之前,國民不易逃離領土,出境人數不多,所以領域外犯罪不致造成太大影響,因而當初在刑法的發展中,認爲有條件採用屬地原則,並沒有領域外適用的急迫性。

這些觀念隨著英國在「日不落國」時代的威力,移植到植民地——即之後的大英國協國家——的法律體系,即使這些國家在地理上雖然不像英國一樣能與他國相隔離,卻延用英國的刑法領域外適用概念。

若國家不處罰國民在領域外的犯罪,那麼,要如何不讓犯罪逍遙法外,普通法系的想法是藉由引渡的方式,交由犯罪地國進行處罰。即使本國國民也不例外,其理由認爲,犯罪應由犯罪地處罰最爲適當,一個廣泛而嚴格的國民不引渡政策,將減低引渡在打擊跨國犯罪的效率。

反觀歐陸的大陸法系國家,在地理上只有陸界及河界,人民在國與國之間遷移輕而易舉,因而,爲防止逃犯脫免司法制裁,必須採屬人原則。從歷史的角度觀察,在中世紀封建制度的時代,領主負責保護附庸,以換取他們對領主效忠、勞動、貢獻財富與力量;附庸即有資格要求不會被送到當地之外之地受審的權利。歐洲在宗教改革之前,由於宗教極度敵對,天主教徒與清教徒相互認爲,在對方所屬的法院受審不會獲得公平的對待,一般人認爲本國國民在他國法院受審時會遭受重大的不利益,因而,即使犯罪應由犯罪地進行審判,但當時的社會條件不適於引渡。時至 19 世紀時,引渡國民甚至被認爲有損國家尊嚴。

此外,亦有學者從刑事訴訟的角度指出,由於大陸法系較能容許傳聞(hearsay),並且比普通法系國家較有意願接受筆錄(deposition testimony),因此大陸法系較不嚴格之證據法則,讓這種長距離審理變成可能,使得其對於屬人管轄原則較能接納。

歐陸國家尚認爲,國民在外國可能受不公平審判或不合理處遇;在外國之犯罪可

由所屬國自行審判以代引渡；國民有權要求在其本國之法院接受審判；國民基於其與國家間之特殊連繫，有權留在其國內受其法律之保護，如將國民遞交外國審判，違反國家對國民之保護義務；對外國司法制度之不信任；國民在外國受審判，遠離親友且語言隔閡，可能遭受不利；引渡國民有損國家尊嚴。因此，本國國民在他國犯罪後逃回本國時，如果本國政府拒絕將本國國民引渡給犯罪地國，則本國能做的就是對該犯罪行使管轄。換言之，如果引渡的意願較低，則管轄權主張的範圍可能就會較廣。

本文對歐洲數十年來刑事合作的發展進行討論，按 20 世紀後的歐洲開始致力於刑事管轄衝突的解決機制，既然各國刑事管轄衝突無可避免，各國能做的就只有透過刑事司法的合作。首先，在屬人管轄問題上致力於引渡的改革與簡化，惟歷次的引渡公約中，最關鍵的國民不引渡原則，始終由於歷史傳統、內國憲法及引渡法上的限制而無法突破，讓領域外犯罪的本國國民逃避了制裁。

之後，歐洲發展出代理原則及權限移轉原則，但因這兩項原則遷就犯罪人之所在，而由國籍國或居住地國審理，畢竟不如犯罪地國依屬地原則處罰來得適當，成效似乎不彰。實務上，藉助此種司法互助的案例少之又少，引渡仍是第一首選，當引渡已沒有可能性，而國家又無法或不願為缺席判決時，刑事訴追移轉管轄才是次佳的考慮。尤其在英屬法系國家，向來主張屬地原則，因此從未使用刑事訴追移轉管轄制度，來避免管轄衝突的問題。

時至 2002 年，歐盟最新發展則是歐盟理事會於 2002 年通過的歐盟逮捕令架構協定，這套制度讓歐盟各國對於在其境內犯罪並逃匿他國之人，都能發布歐盟逮捕令，被通緝之人犯即使是本國國民或居住於本國之公民，亦應解送至發布國，由犯罪地國審理，落實由屬地管轄之原則。

為了解決歐洲各國普遍規定的國民不引渡原則，該架構協定提出解決方案，規定被請求解送之人如係執行國之國民或居民，其解送得訂定條件俟聽審進行後，將該人送回執行國執行。換言之，犯罪地國得以依其立法管轄權進行司法審判權，至於執行權則交由國籍國或居住地國行使。

關於我國刑法領域外適用規定與審判實務，本文歸納各級法院之判決後，發現領域外犯罪之判決的兩種見解：(1)行為係屬不罰，應為無罪之判決，(2)對被告無審判權，應依刑事訴訟法第 303 條為不受理判決。本文從「適用之」的學者見解、「不適用」與「不罰」的關係、「不適用」是否等同「法律無明文規定」及「以不適用為不罰而為無罪」判決案例探討，贊同第(2)說，並認為刑法對於領域外犯罪沒有適用的案件，應認定我國無審判權，因為其不在我國刑法的效力範圍，也就不在我國刑事訴訟法的效力範

圍，檢察官應爲第 252 條第 7 款予不起訴處分。若誤予起訴者，法院應爲第 303 條第 6 款「對被告無審判權」之不受理判決，而非無罪之判決。依據學者何賴傑教授研究德國文獻，發現德國之學說及實務皆爲如此。簡言之，不適用的意義應爲不評價，不評價就不能爲實體之有罪或無罪判決，較爲合理。

參考文獻

司法院解釋彙編第 3 冊，1934 年 5 月 24 日

何賴傑，刑事訴訟法之「審判權」概念，法學講座，第 0 期，2001 年 12 月

吳嘉生，國際法原理，五南出版社，2000 年 9 月

林山田，刑法通論上冊，2005 年 7 月增訂 9 版

林東茂，刑法總則，2018 年 5 月出版

林鈺雄，刑事訴訟法(下冊)，元照，2005 年 9 月，4 版 2 刷

章瑞卿，在外國犯罪經外國法院判決之效力，刑事法雜誌，第 37 卷第 1 期，1993 年
    1 月

許玉秀，司法院大法官會議釋字第 604 號解釋大法官許玉秀不同意見書

許玉秀，刑法導讀，學林分科六法，學林 4 版，2003 年 3 月

許玉秀，罪刑法定原則的構成要件保障功能，月旦法學，第 123 期，2005 年 8 月

陳啟垂，審判權、國際管轄權與訴訟途徑，法學叢刊，第 48 卷第 1 期(189 期)，2003
    年 1 月

陳榮傑，引渡之理論與實踐，三民書局，1985 年 1 月

陳樸生，刑事訴訟法實務

曾劭勳，刑法總則，1974 年 3 月初版

黃東熊，刑事訴訟法

黃亮，不罰不為罪及無罪，法學評論第 37 卷第 7 冊

黃異，論福明輪事件的歸屬，月旦法學雜誌，第 18 期，1996 年 11 月

黃朝義，刑事訴訟法，一品文化出版社，2006 年 9 月

楊大器，刑法總則釋論，1994 年 8 月修訂 19 版

楊建華，刑法總則之比較與檢討，三民書局，1982 年 3 月

褚劍鴻，刑事訴訟法論上冊，1996 年 2 月第二次修訂版

趙永琛，國際刑法與司法協助，法律出版社，1994 年 7 月

劉幸義，由法律用語理論區分不罰、不犯罪及無罪之用語與概念，蔡教授墩銘先生六
    秩晉五壽誕祝壽論文集，1997 年 2 月

劉秉鈞，刑事審判權觀念之澄清，軍法專刊，第 52 卷第 2 期，2006 年 4 月

蔡墩銘，中國刑法精義，漢林出版社，1997 年 9 月 9 版

蔡墩銘，刑事訴訟法論，1999 年

蔡德輝、楊士隆合著，犯罪學，五南圖書，2001 年 6 月修訂再版

蘇俊雄，刑法總論，1998 年 3 月修正再版

Bibliography

B. J. George, Jr. *Extraterritorial Application of Penal Legislation*, Mich. L. Rev., Vol. 64, No. 4, 1966

C Shachor-Landau, *Extraterritorial Penal Jurisdiction and Extradition,* Int'l Cooperative L. Quarterly, Vol. 29, No. 2/3, 1980

Charter of Fundamental Rights of the European Union

Christopher L. Blakesley, *United States Jurisdiction over Extraterritorial Crime*, The Journal of Criminal Law and Criminology Vol. 73, No. 3, Autumn, 1982

Council of Europe, *Extraterritorial Criminal Jurisdiction*, Strasbourg, 1990

Declaration on the Inadmissibility of Intervention in the Domestic Affairs of States and the Protection of Their Independence and Sovereignty, United Nations General Assembly Resolution 2131(XX) - 21 December 1965

Draft Convention on Jurisdiction with Respect to Crime. Am. J. Int'l L., Vol. 29, Supplement: Research in International Law, 1935

Editorial Comment, *Extraterritoriality and the United States Court for China*, The Am. J. Int'l L., Vol. 1, No. 2, 1907

Explanatory Report, History (b) Identification of Key Problem, European Convention on the International Validity of criminal judgments

Explanatory Report, Solution Adopted, European Convention on the Transfer of Proceedings in Criminal Matters

Geoffrey R. Watson, *Offenders Abroad: The Case for Nationality Based Criminal Jurisdiction*, Yale J. Int'l L., Winter, 1992

Iain Cameron, *The Protective Principle of International Criminal Jurisdiction*, Dartmouth, 1994

International Covenant on Civil and Political Rights (ICCPR) of 16 December 1966

Joshua Dressler, *Understanding Criminal Law*, Carolina Academic Press, 4th edition, 2006

Lawrence Preuss, *American Conception of Jurisdiction with Respect to Conflicts of Law on Crime*, Transactions of the Grotius Society, 1944

Michael Hirst; *Jurisdiction and the Ambit of the Criminal Law*, Oxford University Press, 2003

Michael P. Scharf & Melanie K. Corrin, *On Dangerous Ground: Personality Jurisdiction and the Prohibition of Internet Gambling*; New Eng. J. Int'l & Comp. L. 2002, Vol. 8:1, 2002

Protocol No. 7 to the Convention for the Protection of Human Rights and Fundamental Freedoms

Restatement of the Law Third, Foreign Relations Law of the United States, American Law Institute, Vol. 1. 1987

Rob Blekxtoon & Wouter van Ballegooij, *Handbook on the European Arrest Warrant*, T.M.C ASSER Press, 2005

Shalom Kassan, *Extraterritorial Jurisdiction in the Ancient World*, Am. J. Int'l L., Vol, 29, No.2. 1935

Sharon A. Williams and Jean-Gabriel Caste, *Canadian Criminal Law: International and Transnational Aspects*, Osgoode Digital Commons, 1981

The Case of the S.S. Lotus, Permanent Court of International Justice September 7th, 1927

Wendell Berget, *Criminal Jurisdiction and the Territorial Principle*, Michigan Law Review, Vol. 30, No 2, 1931

第三章

引渡

第一節　引渡概説

第一項　引渡的發展

　　引渡乃一國依據條約、互惠、睦誼或本國法律，將人遞交給另一國，[1]是一種各國政府間的司法協助，針對的是犯罪被告的起訴及有罪確定者的處罰。[2]當一國的罪犯逃匿至另一國時，基於主權、彊界及管轄權，須透過引渡法或引渡條約，才能將該被起訴或被判決確定之人犯交付予犯罪行爲地國或判決地國。[3]早先由於國家（部落）之間存在著敵對意識，文明化程度懸殊，將人遞解至外國，就算不代表死亡，也形同永遠放逐，因而可謂部落法最嚴厲的處罰方式[4]。

　　從歷史演進來看，雖然引渡制度及程序無太大變化，但因人權的提升與重視，不僅保障個人法律地位，更賦予其爭取法律權利，相對地，也就限縮了國家權力。現代國家必須依據正當法律程序提供公平審判的保障，拒絕引渡之傳統事由、程序及要件，已漸漸消失或改變。[5]早期人犯的遞解，被視爲主權之間的友好象徵，遞解甚至是出於自願性，不必然透過引渡程序，遞解權力掌握於君王，是基於國家的利益，個人在這過程中基本上沒有任何權利可言；而隨著時間發展，引渡才開始機制化。由於引渡是國家間行爲，因此，是否同意引渡，與國家利益間存在著必然的關聯性。事實上，整個引渡的歷史就是請求國與同意國之間政治關係的顯像(reflection)，當國家間形成正式關係時，會以條約的莊重方式來約束引渡，且於彼此政治關係更緊密時，其

---

[1] M. Cherif Bassiouni, *International Extradition, United States Law and Practic*e, Oceana publications, Inc. at 1 (2007)

[2] *Id.* at 489; Extradition is essentially a process of inter-governmental legal assistance for the prosecution and punishment of persons accused of a crime or convicted of a crime.

[3] 陳榮傑，引渡之理論與實踐，三民書局，1985 年 1 月，頁 3-4。

[4] Michael Plachta *(Non-) Extradition of Nationals: A Neverending Story?* Emory Int'l L Rev. Spring, at 81, (1999).

[5] Bassiouni, *Supra* note 1.

他非正式的遞交(rendition)模式就會使用，這說明了彼此友善的合作。[6]

　　有關引渡條約，最早記載於西元前 1280 年，當時希泰族(Hittites)意圖侵略埃及，遭埃及法老 Ramses 二世平定，並與希泰族 Hattusili 三世簽訂和平條約，明定送回在雙方領域中之避難者。早期，他國請求遞交之人不必然是因躲避犯罪的逃犯，事實上，從古代一直到 18 世紀後期，這些人所犯根本不是普通之罪，多是因政治因素而被請求遞交。對於挑戰或冒犯執政者，甚或僅是讓執政者不悅的人，主權國家會彼此拘束，並約定將這些人遞交。因此，若主權國家間關係越穩固，則對彼此認定的國家福祉會越重視，而越有意願遞解這些造成國家福祉危害或顧慮之人，犯普通之罪而被請求遞解者反而是少數；前述可知，早期見解認為這些引渡、遞解等行為所傷害影響者只是個人，並無危及主權。[7]

　　引渡的歷史可分為四個時期：[8]

(1) 17 世紀以前：引渡之罪幾乎都是政治犯及宗教犯；

(2) 18 世紀至 19 世紀中葉：恰逢條約締結時期，主要是在歐洲針對軍事犯的部分。
　　據文獻記載，在 1718 年至 1830 年的 92 個條約，有 28 個條約針對軍事叛逃者；

(3) 1833 年至 1948 年：國際間所共同關注者，為一般犯罪的壓制；

(4) 1948 年以後：重視人權保護，體認應有國際正當程序的規範。

　　綜觀歷史發展，引渡，早先是基於維護一國內部秩序、維護君主個人利益、保護國家的政治及宗教利益，後逐漸轉移成仇恨主義與軍國主義打壓的工具，最後才發展為國際合作及維護世界社會利益的工具。在歐洲，引渡制度最初並沒有隨著南地中海盆地古文明國家的發展而有所進展，直到 18 世紀，歐洲新興獨立的主權國家因彼此猜疑或戰爭，不僅不覺得在犯罪領域有合作的必要，甚至對於逃避司法的罪犯時常給予庇護。18 世紀的歐洲，引渡明顯是用以促進國家間的和平關係及友善合作。[9]

　　當國與國之間沒有條約或公約時，引渡應如何看待？[10]按國家的存在、主權、法律及政府與人民關係等觀念，影響過去引渡理論的形成，特別引渡是一項善意的恩惠，而非義務。[11]引渡被國家視為主權行為，大部分國家的觀點認為，引渡的義務源於條約或內國法，在欠缺國際上義務時，國家得依據（也只能依據）互惠及睦誼。關

---

[6] *Id.* at 2-3.

[7] *Id.* at 4-5.

[8] *Ibid.*

[9] *Id.* at 6.

[10] *Id.* at 25-26.

[11] Plachta, *Supra* note 4, at 81.

於互惠，在國際法之下如果能證明互惠是「國家慣常的實踐(consistent practice)」時，有拘束性；至於睦誼，由於只是基於好意(courtesy)，因而沒有拘束性。無條約時，引渡的請求與核准是依據內國法，由內國法規範架構、實質要件、原則、例外及程序，也因為內國法規範各國不同，因而不易找到互惠及睦誼的共同原則。[12]

第二項　或引渡、或起訴

「或引渡、或起訴(aut dedere aut judicare)」係指在多邊條約中，為確保國際合作壓制某些犯罪行為，規定對於引渡或起訴有擇一的義務(alternative obligation to extradite or prosecute)，此種義務在不同條約中雖有不同用語，但基本上要求國家拘禁某人時，必為其所犯之罪為國際關切之犯罪(crime of international concern)。此時，國家若不將人犯引渡給希望進行審判的國家，就應該在內國法院進行起訴，以免犯罪者成為引渡機制下的受益者。[13]

「或引渡或起訴(aut dedere aut judicare)」源自於格老秀斯(Hugo Grotius)的「或引渡或處罰(aut dedere aut punire)」。[14]指犯罪若損及他國時，國家即有引渡或起訴的擇一義務。[15]然而，此種義務是法律義務或僅是道德義務？格老秀斯主張屬於法律義務，認為所有犯罪(all crimes)若有損及他國時，國家的通常義務是選擇自行處罰或送給請求國處罰，[16]然而，格老秀斯的看法並非全然把送交罪犯的義務當成是不處罰的附隨義務。維特(Emerish de Vattel，比利時學者)亦主張屬於法律義務，至少在嚴重犯罪或基於國家間有睦誼時是如此。[17]

普芬朵夫(Samuel Puffendorf,德國學者)與比洛(Billot,法國學者)則主張，應屬道德義務或不完整義務，需經由協定加以確定及規範，在國際法上才有拘束力，並能確保締約國的互惠權利與義務。[18]美國國際刑法學者 Bassiouni 認為「或引渡或起訴」係指在

---

[12] Bassiouni, *Supra* note 1, at 25-26.

[13] M. Cherif Bassiouni & Edward M. Wise, *AUT DEDERE AUT JUDICARE: The Duty to Extradite or Prosecute in International Law,* Martinus Nijhoff Publishers, at 3, (1995).

[14] Bassiouni, *Supra* note 1, at 10.

[15] Bassiouni & Wise, *Supra* note 13.

[16] Bassiouni, *Supra* note 1 at 10.

[17] *Id.* at 9.

[18] Ivan A Shearer, *Extradition in International Law*, Oceana, at 23-24, (1971).

多邊條約中，為確保國際合作壓制某些犯罪行為，對於引渡或起訴有擇一的義務，此種義務在不同的條約中雖有不同用語，但基本上要求必須所犯之罪，為國際關切之犯罪，此時，國家若不引渡該人犯給希望進行審判的國家，即應於內國法院將其起訴，以免犯罪行為人成為引渡機制下的受益者。[19]國際犯罪已逐漸承認有「或引渡、或起訴」的義務，並應視為習慣國際法的一部分。[20]

理論上，「或引渡、或起訴」亦可作為國民引渡問題的替代方案[21]，解決犯罪因刑法制度漏洞而逃避處罰的情況。只是這在國際犯罪固無問題，但對於各國國內刑法所處罰的一般犯罪，由於道德義務對各國並無拘束力，因而不管是大陸法系或普通法系，「或引渡、或起訴」常形成「不引渡、不起訴」，尤其對於國民在國外犯罪之後的引渡問題，更是如此，因為普通法系國家端賴條約或公約有無義務，若無國民引渡義務，則不會同意引渡外國，同時，因其屬人原則極為限縮，國內如無處罰規定，亦不會予以起訴。至於大陸法系國家的引渡法亦無「或引渡、或起訴」規定，對國民在領域外從事犯罪雖訂有處罰規定，但由於司法機關認為，對在領域外犯罪進行處罰並沒有實益，因而對這類案件之起訴與審判流於不在乎、不關心，及斷斷續續的狀態。即使在國內展開訴訟，由於證據存在於外國，就算透過司法互助的管道，外國也不會輕易將證據交由本國據以起訴與審判，最後也常變成「不引渡、不起訴」，特別是他國本身對於案件就有管轄權時更是如此。

雖然學者 Bodin 及 Grotius 等主張欠缺條約時仍有引渡義務，並有「或引渡或處罰(*aut dedere aut punire*)」之論點支持，但仍沒有被視為習慣國際法的一部分，除一些國際犯罪(international crimes)之外，並無明確的國際法律規範或義務，可在欠缺條約的前提下，得請求將罪犯遞交。[22]

第三項　領域外刑事管轄與引渡之關聯

刑法的管轄原則與引渡息息相關，請求國請求引渡是因為犯罪行為發生在其領域

---

[19] Bassiouni & Wise, *Supra* note 13, at 3.

[20] Bassiouni, *Supra* note 1, at 9.

[21] *Convention on the Prevention and Punishment of the Crime of Genocide,* 9 December, 1948 78 UNTS 277, footnote 20 para 19.

[22] Bassiouni, *Supra* note 1, at 489.

內，或雖發生在領域外，但違反請求國法律，而對請求國造成傷害。[23]不同國家採用不同的刑事管轄原則組合，端視該國的地理、歷史背景、法律文化、經濟情況及社會因素而定，國家對領域外的犯罪是否訂有規範納入管轄範圍，視國家對領域外犯罪採取何種評價，而國家適用領域外刑事管轄的規範範圍與限度，更會直接關係到該國引渡人犯的意願。[24]早期有學者指出，如果國家在地理上能與他國相隔離，則較有條件採用屬地原則，[25]例如英國在地理上屬於島國，國民不易逃離領土，因而英國並沒有刑法領域外適用的急迫性，這也是英國能恪守屬地原則的原因之一。歐陸國家由於地理上僅有陸界及河界，人民在國與國之間的遷移輕而易舉，因而為防止逃犯脫免司法制裁，必須採屬人原則，[26]本國國民在他國犯罪後逃回本國時，如果本國拒絕將國民引渡給犯罪地國，則本國能做的，就是對犯罪行使管轄權，換言之，如果引渡的意願較低，則管轄權主張的範圍就會較廣。[27]

---

[23] 陳榮傑，同註 3，頁 15。

[24] Iain Cameron, *The Protective principle of international criminal jurisdiction*, Dartmouth, at 19-20, (1994).

[25] *Id.* at 21.

[26] Sharon A. Williams and Jean-Gabriel Caste, *Canadian Criminal Law: International and Transnational Aspects*, Osgoode Digital Commons, at 6, (1981).

[27] Cameron, *supra* note 24, at 20.

第二節　引渡之實質要件

引渡的實質要件有：可引渡之罪(extraditable offenses)、雙重犯罪原則(dual criminality)、特定原則(Principle of Specialty or Rule of Speciality)及英美法系國家採用的不詢問原則(Rule of Non-Inquiry)。欠缺實質要件時，即構成拒絕引渡事由，[28]又雖然符合實質要件，如果有條約或其法律規定的例外、免除、排除及抗辯情況時，也同樣構成拒絕引渡事由。學者 M Cherif Bossioni 將拒絕引渡事由歸納以下 4 類（許多學者也歸納第 5 類進行討論）：[29]

1. 因所犯之罪：政治之罪(political)、軍事之罪(military)、財稅之罪(fiscal)、宗教之罪(religion)。
2. 因人之身分：國民(nationals)、從事公務之人(persons performing official acts)及受特殊豁免所保護之人(persons protected by special immunity)
3. 因所科之刑：死刑(death penalty)、酷刑(cruel punishment)
4. 因程序：罪刑法定(legality of the offense charged)、二重危險(double jeopardy)、時效(statute of limitations)、赦免及宥恕(amnesty and pardon)、缺席判決(trial *in absentia*)

第一項　可引渡之罪

引渡的實質要件應首先考慮該罪是否屬於條約所列可引渡之罪(extraditable offenses)，如屬於可引渡之罪，再看是否符合雙重犯罪原則。[30]可引渡之罪必須列舉在條約或國內法，欠缺條約時，如果依據的是互惠，則該罪必須經過兩國相互認定為可引渡之罪。極少的例外是依據睦誼，雖然依據睦誼為引渡時，請求國不需再審視該

---

[28] Bassiouni, *supra* note 1, at 490.
[29] *Id.* at 643.
[30] *Id.* at 583.

罪是否爲可引渡之罪，且被請求國也可以不管犯罪的狀況而自爲准駁，然而，被請求國亦得依據內國法規定而要求該罪必須符合雙重犯罪原則，習慣國際法要求所有的引渡案件皆需符合雙重犯罪原則。[31]

可引渡之罪有列舉式及概括式兩種規範形式：

（1）列舉式(enumerative method)：[32]列舉可引渡之犯罪並就犯罪之定義爲明確規範，使其有限定的效果，並將條約適用於所列舉之罪。例如美國與日本引渡條約第 2 條規定：「本條約附表(Schedule)所列之罪，而依締約國雙方之法律爲可處死刑、無期徒刑或 1 年以上徒刑者，應予引渡；如已判刑確定者，須仍然有 4 個月以上之服刑期間。」[33]

美國與日本 1974 年引渡條約第 2 條可引渡之罪附表(Schedule)

1. Murder, manslaughter, including causing death through solicitation or assistance（殺人、過失殺人，包括教唆及幫助犯）
2. Assault made with intent to commit murder （故意傷害的殺人未遂）
3. Malicious wounding, injury or assault （故意重傷害、普通傷害）
4. Illegal abortion（非法墮胎）
5. Abandonment which causes bodily harm or death （遺棄致死、傷）
6. An offense relating to kidnapping, abduction or unlawful arrest or imprisonment （綁架、誘拐罪或非法逮捕、拘禁）
7. Threat（恐嚇、脅迫）
8. Rape, indecent assault （強制性交）
9. An offense relating to pandering or prostitution（色情相關犯罪或賣淫）
10. An offense relating to obscene material （猥褻物品相關）
11. Bigamy（重婚）
12. Burglary （夜盜）
13. Robbery （搶劫）
14. Larceny（竊盜）
15. Extortion, blackmail （勒索、訛詐）

---

[31] *Id.* at 503.

[32] *Id.* at 505-506.

[33] Treaty on Extradition Between the United States of America and Canada (signed: June 28 and July 9, 1974) Article 2

(1) Persons shall be delivered up according to the provisions of this Treaty for any of the offenses listed in the Schedule annexed to this Treaty, which is an integral part of this Treaty, provided these offenses are punishable by the laws of both Contracting Parties by a term of imprisonment exceeding one year.

(2) Extradition shall also be granted for attempts to commit, or conspiracy to commit or being a party to any of the offenses listed in the annexed Schedule.

16. Fraud (obtaining property, money, valuable securities, or other things of economic value by false pretenses or by fraudulent means)（詐欺罪-包含以虛假陳述及欺騙等方式獲得動產、金錢、有價證券極其他具有經濟價值之物）

17. Embezzlement, breach of trust by a person who is in a fiduciary relationship（侵占、信託受託人侵占信託財物）

18. An offense relating to unlawfully obtained property （不法獲得財產）

19. An offense relating to damage of property, documents, or facilities（毀損財產、文書或設施）

20. An offense against the laws relating to protection of industrial property or copyright（危害產業財產或版權）

21. Obstruction of business by violence or threat（以暴力或威脅妨礙業務）

22. Arson, burning through gross negligence（放火罪、重大過失之失火）

23. Leading, directing or inciting a riot（領導、謀劃或煽動暴亂）

24. An offense against the laws relating to protection of public health（危害公共健康）

25. An offense endangering public safety through explosion, water power or other destructive means（以爆炸、決水或其他破壞手段危害公共安全）

26. Piracy according to the law of nations （國際法之海盜罪）

27. An offense relating to unlawful seizure or exercise of control of trains, aircraft, vessel or other means of transportation （以違法扣留或啟動等方式控制火車、航空器、船舶或其他交通運輸措施）

28. An offense interfering with or endangering the normal operation of trains, aircraft, vessel or other means of transportation （危及火車、航空器、船舶或其他交通運輸措施正常運行）

29. An offense against the laws relating to the control of explosive substances, incendiary devices or dangerous or prohibited weapons （非法持有易爆、易燃物或裝置或危險、違禁武器）

30. An offense against the laws relating to the control of narcotic drugs, cannabis, psychotropic drugs, cocaine, or their precursors or derivatives, or other dangerous drugs or chemicals （非法持有麻醉藥、大麻、精神科藥物、古柯鹼或其前體、衍生物，或其他危險藥物或化學物品）

31. An offense against the laws relating to the control of poisons or other substances injurious to health（非法持有有毒物品或其他有害健康物品）

32. An offense relating to forgery or counterfeiting（偽造文書、偽造貨幣）

33. An offense against the laws relating to the control of gambling or lotteries（非法賭博或博彩罪）

34. Assault or threat upon public official relating to the execution of his duty（襲擊、恐嚇政府官員妨礙執行職務）

35. An offense relating to false statements（虛偽陳述）

36. An offense relating to perjury （偽證）

37. An offense relating to escape from confinement of a person detained or serving a sentence for an offense specified in paragraph 1 of Article II of this Treaty（本條約第 2 條第 1 項所特定之在押或服刑中受監禁之人非法脫逃）

38. An offense relating to obstruction of justice, including harboring criminals and suppressing or destroying evidence（妨礙司法公正，包含掩護犯罪及隱匿、湮滅證據）

39. Bribery （賄賂）

40. An offense relating to abuse of official authority （政府濫權）

41. An offense against the laws relating to the control of public elections or political contributions and expenditures （違反公職選舉或政治獻金及支出等法規）

42. An offense relating to willful evasion of taxes and duties （逃漏稅捐繳納及申報等義務）

43. An offense against the laws relating to the control of companies or other corporations （違反公司或其他企業組織體管制法規）

44. An offense against the laws relating to bankruptcy or rehabilitation of a company（違反公司破產、重整等法規）

45. An offense against the laws relating to prohibition of private monopoly or unfair business transactions（違反反壟斷或禁止不正交易等法規）

46. An offense against the laws relating to the control of exportation and importation or international transfer of funds（違反進、出口或國際匯款等法規）

47. Attempt, conspiracy, assistance, solicitation, preparation for, or participation in, the commission of any of the above-mentioned offenses（前述犯罪行為之意圖、共謀、幫助、教唆、準備、共犯等違法參與形式）

列舉式規定的主要缺點在於「掛一漏萬」，可能會遺漏某些犯罪又欠缺彈性，若因而以臨時補充條約規定方式將遺漏者納為可引渡之罪，亦頗為困難；兩國對於同一犯罪行為所規範之刑度差距太大時，列舉式規定亦屬不切實際；此外，列舉式規定對於最低刑期、最高刑期或可能刑期上的適用上也不很明確。但列舉式規定適用上優點為：讓引渡有明確性。例如某項犯罪在被請求國為輕罪，在請求國卻是重罪時，列舉式規定即可免除雙重犯罪原則的認定問題。[34]美國與加拿大最早的引渡條約採列舉式，之後兩國在 1971 年附加議定書並於第 II 項刪除了 1974 年引渡條約中列舉式附錄。[35]美國與捷克同樣在最早的引渡條約採列舉式規定，之後於 2006 年的第二附加議

---

[34] Bassiouni, *Supra* note 1, at 506.

[35] Protocol Amending the Treaty on Extradition Between Canada and the United States of America Signed at Washington on December 3, 1971, as Amended by an Exchange of Notes on June 28 and July 9, 1974 (signed January 11, 1988)
1971 年附加議定書第 I 條規定：「任何人因本條所列之罪受指控或判決有罪，應依本條約遞解，以起訴或判決之執行」；第 2 項規定「其未遂、共謀或共犯附錄所列之罪者亦同。」第 II 條：「任何人因本條所列之罪受指控或判決有罪，應依本條約遞解，以予起訴或判決之執行。」
Article I
Article 2 of the Extradition Treaty is deleted and replaced by the following:
"Article 2

定書第 2 條，刪除 1925 年引渡條約之列舉方式。

　　（2）概括式(eliminative method)：締約國依犯罪的嚴重程度決定可引渡之罪，通常「嚴重程度」是指犯罪之最低刑度。概括式規範靈活簡便，不僅避免不必要的條約細節及可能會遺漏某些犯罪，也避免了不同法律間對於犯罪定義的差異，然而概括式規範的問題在於「刑度」，亦即究竟是採「實際判決刑度(actual sentence)」、「可能判決刑度(possible sentence)」還是「法定刑度(range of the sentence)」。對於某些國家而言，這種方式不切實際，例如美國聯邦法及州法對於最輕本刑(minimum sentence)並無一致做法。[36]

　　概括式本質上顯現的是應報理論，有時會忽略矯治(rehabilitation)及再社會化(resocialization)的角度，特別是偏差行為是起因於疾病、犯罪、精神問題、少年事件、吸毒及酗酒問題，這些問題在每個國家的認知上有極大差異，一國視為犯罪、另一國可能視為疾病，往往在各國刑法學上定義及認知上均出現差異兩極化情形。從而，依循國家法律明文處罰規定、從處罰出發，變為概括性規範的共通原則。現代引渡條約之趨勢為：以概括式規範指定可引渡之罪，多半為「雙重犯罪原則」加上「可處一年以上有期徒刑之罪」。[37]

第二項　雙重犯罪原則

　　如前所述，引渡應先考慮該罪是否屬於條約所列可引渡之罪，再考慮是否存在雙重犯罪原則。[38]雙重犯罪原則(dual criminality, double criminality, double incrimination)係指行為依請求國及被請求國之法律規定均屬於犯罪，符合引渡的實質要件。[39]學者奧

---

　　(1) Extradition shall be granted for conduct which constitutes an offense punishable by the laws of both Contracting Parties by imprisonment or other form of detention for a term exceeding one year or any greater punishment.

　　(2) (omitted)

　　Article II

　　The SCHEDULE to the Extradition Treaty, as amended, is deleted.

[36] Bassiouni, *supra* note 1, at 505-507.

[37] *Id.* at 507-509.

[38] Sharon A. Williams, *The double criminality rule and extradition: A Comparative Analysis*, Nova L. Rev. Vol. 15, Issue 2, at 583, (1991).

[39] Bassiouni, *supra* note 1, at 494.

本海表示：「任何人的行為如果在（引渡的）被請求國及請求國不構成犯罪時，不得引渡之。」[40]

　　歐洲引渡公約將雙重犯罪原則規定在第 2 條第 1 項，「犯罪依據請求國及被請求國雙方之法律，為最重本刑 12 個月以上有期徒刑之罪者，應准予引渡；如請求國對於犯罪已確定判決時，該刑期應仍有 4 個月以上有期徒刑」。依條文規定可知，沒有構成雙重犯罪時，應構成拒絕引渡之事由。又雙重犯罪原則與本國刑法的領域外犯罪管轄權關係密切，引渡條約或公約關於「犯罪地(place of commission)」規定，如依據被請求國法律，被引渡者所犯之罪，如全部或一部在引渡國領域內或其管轄之內時，得拒絕引渡；如請求引渡之罪的犯罪地在請求國領域外時，僅於被請求國法律就領域外犯相同之罪不予起訴或引渡時，得拒絕引渡。[41]

　　雙重犯罪原則，是代表締約國互負義務，[42]此一原則在傳統引渡制度向來少有爭論，對於被請求國不認為是犯罪的引渡請求予以拒絕，是保障人身自由的原則。雙重犯罪原則部分，是基於拉丁法諺「無法律就不處罰(nulla poena sine lege)」，部分是基於互惠原則，其原因在於，對於本國不會相對提出引渡請求的犯罪，就沒有同意他國引渡請求的必要[43]。

　　互惠原則是引渡的法律基礎，雙重犯罪原則將可引渡犯罪的互惠性質具體化，條約會列出或指定可引渡之罪，並要求符合雙重犯罪原則，即隱含了相互關係。雙重犯罪原則也確保彼此之間可獲得相對的待遇，不會因為犯罪以外的行為被遞解。當然如果同一行為在被請求國不被視為犯罪，則雙重犯罪原則也會讓當事人得利脫免處罰。[44]

---

[40] L. Oppenheim, *International Law: A Treatise,* Longmans Greens, and Co., 8th ed., at 701, (1955). No person may be extradited whose deed is not a crime according to the criminal law of the State which is asked to extradite as well as the state which demands extradition.

[41] Williams, *supra* note 39, at 615. Canada-France Extradition Treaty
Art. 6 [place of commission] 1. Extradition may be refused if, under the law of the requested State, the offence for which the person is sought was committed in whole or in part in the territory of the requested state or elsewhere subject to its jurisdiction.
European Convention on Extradition Art. 7 [Place of commission]
1 The requested Party may refuse to extradite a person claimed for an offence which is regarded by its law as having been committed in whole or in part in its territory or in a place treated as its territory.
2 When the offence for which extradition is requested has been committed outside the territory of the requesting Party, extradition may only be refused if the law of the requested Party does not allow prosecution for the same category of offence when committed outside the latter Party's territory or does not allow extradition for the offence concerned.

[42] Williams, *supra* note 38, at 582.

[43] Shearer, *supra* note 18, at 138.

[44] Bassiouni, *supra* note 1, at 494.

雙重犯罪原則與可引渡之罪密切相關，有些國家要求雙重犯罪原則與可引渡之罪，都要單獨列出，有些國家則認為，有雙重犯罪原則的條文已足，不需再列出可引渡之罪。條約實踐中約會將可引渡之罪予以列舉或以條文規範概括訂定，如果引渡條約訂有雙重犯罪原則時，可引渡之罪係指符合刑法規定之罪，如果引渡並非依據條約為之，則可引渡之罪端視國家是否同意，且願意施以互惠者。[45]

由於各國法制有時並無制訂相對應的法律規定，或被請求國對於該犯罪的起訴及有罪判決等認知上不同，故衍生是否符合雙重犯罪的問題[46]，此時，外國法院可能會依據該國法律體系中符合罪名者，或者透過比對犯罪構成要件後，裁准引渡；本國就只能依據裁准引渡的罪名起訴，或比對引渡請求書及裁定書之罪質(nature of the charges)起訴，這同時涉及的是「特定原則」。[47]

歐盟逮捕令架構協定（下文中簡稱「協定」）破除了長久建立的雙重犯罪原則。協定第 2 條第 1 項規定，凡犯罪行為依（歐盟逮捕令）發布國法律規定，屬最重本刑 12 個月以上之監禁徒刑或拘禁，或經判處 4 個月以上監禁徒刑或拘禁者，得發布歐盟逮捕令。協定第 2 條第 2 項例外地規定了 32 款犯罪行為，如在發布國屬最重徒刑為 3 年以上之監禁徒刑或拘禁之行為，並且為會員國法定之犯罪，不需確認是否屬於雙重刑事犯罪，應即依協定規定進行解送。至於該 32 款以外之犯罪，則應依據協定同條第 1 項及第 4 項的原則性規定。

從上述協定條文規定可知，法定本刑最高可處 12 個月以上有期徒刑之罪，實際上有各種審判結果（宣告刑），反之，確定判決宣判為 4 個月之罪，其法定刑亦可能不是最高可處 12 個月以上有期徒刑之罪。而依協定第 2 條第 4 項規定，其解送「得」以執行國之國內法對於該行為亦認為構成犯罪為條件。[48]換言之，依據協定第 2 條第

---

[45] *Ibid.*
[46] 在 *Sudar v. United States* 一案中，Sudar 之殺人、縱火及敲詐犯行被美國以 RICO 法案(Racketeer Influenced and Corrupt Organizations Act 之簡稱，中文名「有組織犯罪控制法」)起訴，但 Sudar 以加拿大沒有此罪為抗辯，加拿大法院主張殺人、縱火及敲詐之行為構成刑法之罪，符合雙重犯罪的要件。本案爭點涉及的是：加拿大同意引渡，究竟是基於 RICO 法案規定，還是基於殺人、縱火及敲詐之刑法規範之犯罪行為？如果答案是後者，則依 RICO 法案同意引渡將違反特定原則。又例如美國依據貨幣交易報告(currency transaction report,CTR)規定，美國金融機構對涉及多幣種交易的金融機構進行的每筆存、提款，貨幣兌換或其他付款、轉帳等，都必須向 FinCEN（「US Financial Crimes Enforcement Network」之縮寫，中文名：美國金融犯罪執法網）」提交報告，超過美金 1 萬元未申報者為犯罪。但澳洲、瑞士、匈牙利並沒有此種規定，則因為沒有雙重犯罪原則，便會拒絕引渡。
[47] Bassiouni, *supra* note 1, at 531.
[48] *Council Framework Decision 2002/584/JHA of 13 June 2002 on the European Arrest Warrant and*

1 項及第 4 項的原則性規定，被請求國得以雙重犯罪原則裁量拒絕解送，亦即雙重犯罪原則在請求國屬強制性規定，但是在被請求國則屬任意性選擇。[49]

第三項　特定原則

特定原則(Principle of Specialty or Rule of Speciality)[50]，係指請求國只能以被請求國同意遞解事由之範圍爲限，若請求國希望追訴及處罰事項超出遞解國（即被請求國）之同意範圍，則必須先取得遞解國之同意，此外，請求國必須遵循其向遞解國所做的保證，否則須將該人送回遞解國。[51]

例如美國與德國引渡條約第 22 條「特定原則(rule of specialty)」規定，依本條約受引渡之人，不得因解交之前所犯引渡以外之罪，受被請求國追訴、審判、拘禁，亦不得以任何理由限制其人身自由。但有下列情形者，不在此限：(a)經被請求國同意；(b)人犯如有機會離開請求國領域，而未於其最後釋放之日起 45 日內離去者，或於離去之後自願返回請求國領域者。受假釋或緩刑而釋放且限制行動自由者，等同確定釋放。又引渡之罪在訴訟過程中有變更，如果新的法定事實的敘述是基於引渡請求的同一事實及其佐證文件時，並且其可處之最高徒刑與原本請求引渡之罪相同或較低時，得起訴或審判之。[52]

---

the Surrender Procedures between Member States, Art. 1-2.

[49] Rob Blekxtoon & Wouter van Ballegooij, *Handbook on the European Arrest Warrant*, T.M.C ASSER Press, at 139-140, (2005).

[50] Specialty 一字源自於法文 *Specialite*，意指 specialty, see Bassiouni, *supra* note 1, at 538. Specialty 的意思是「緘印的契約(contract under seal)」，在引渡上代表這個條文是兩國簽章同意。

[51] Bassiouni, *supra* note 1, at 537-538.

[52] US-Germany Extradition Treaty Art. 22 [Rule of Speciality]

(1) A person who has been extradited under this Treaty shall not be proceeded against, sentenced or detained with a view to carrying out a sentence or detention order for any offense committed prior to his surrender other than that for which he was extradited, nor shall he be for any other reason restricted in his personal freedom, except in the following cases: (a) When the State which extradited him consents thereto. A request for consent shall be submitted, accompanied by the documents mentioned in Article 14 and a record established by a judge or competent officer of the statement made by the extradited person in respect of the request for consent. If under the law of the Requesting State the issuance of a warrant of arrest for the offense for which extradition is sought is not possible, the request may instead be accompanied by a statement issued by a judge or competent officer establishing that the person sought is strongly suspected of having committed the offense. (b) When such person, having had the opportunity

　　國家請求引渡通常是依據檢察官的起訴書，但由於檢察官在提出引渡後到正式引渡間，或甚至是引渡回國後，常會取得其他先前的犯罪證據，此時檢察官追加起訴必須受到特定原則的限制，[53]而特定原則有 3 個目的：[54]

（1）保護被請求國：國家依據特定原則及具體要件衡酌引渡的條件，確保引渡與國家法制模式及政治考量一致，例如：被請求國法律規定係以廢除死刑爲原則，而得將引渡限制在非死刑案件，以保護被請求國法律基本原則。

（2）對國際睦誼有助益：如果請求國忽略特定原則，會受到國際社會的放大檢驗，[55]如果被請求國同意放棄特定原則，當事人只能受制於被請求國的態度，而無權主張特定原則。被請求國的同意，通常是基於國際睦誼(international comity)。[56]

（3）保護被解送人的利益：如果沒有特定原則的規定，則正常情況下原本不會同意引渡的犯罪，都將無可避免地會予以追訴，特定原則保護了被解送人不因而被起訴，避免引渡後的處罰超過被請求方所認知的範圍。[57]此一原則保障了引渡程序的廉正(integrity of extradition process)，因爲國家不可先以虛假藉口請求引渡，又以不同罪名，甚至更嚴重罪名起訴及處罰在後。[58]

　　特定原則的設計，是爲確保被請求國對請求國的信賴不受破壞，並且避免濫行起

---

to leave the territory of the State to which he has been surrendered, has not done so within 45 days of his final discharge or has returned to that territory after leaving it. A discharge under parole or probation without an order restricting the freedom of movement of the extradited person shall be deemed equivalent to a final discharge.

(2) The State to which the person has been extradited may, however, take any legal measures necessary under its law, in order to proceed in absentia, to interrupt any lapse of time or to record a statement under paragraph (1)(a).

(3) If the offense for which the person sought was extradited is legally altered in the course of proceedings, he shall be prosecuted or sentenced provided the offense under its new legal description is: (a) Based on the same set of facts contained in the extradition request and its supporting documents; and (b) Punishable by the same maximum penalty as, or a lesser maximum penalty than, the offense for which he was extradited.

[53] Speedy Rice & Renee Luke, *U.S. courts, the Death Penalty, and the Doctrine of Specialty: Enforcement in the Heart of Darkness,* Santa Clara L. Rev. Vol. 42 No. 4, at 1073, (2001).

[54] *Id.* at 1065.

[55] *Ibid.*

[56] *Id.* at 1084.; *United States v. Medina,* 985 F. Supp. 397 (S.D.N.Y. 1997).

[57] *Id.* at 1067.; *Fiocconi v. Attorney Gen.,* 462 F. 2d 475, 481 (2d Cir. 1972).

[58] 特定原則是引渡被請求國的權利，被請求國可以同意放棄，當事人只能受制於被請求國的態度。是「被請求國的特權」用以保護被請求國的利益，而不是一項授予被告的權利。參本章第二節第三項。

訴。在 *Kuhn v. Staatanwaltschaft des Kantons Zurich* 一案中，法官表示此一原則是用來保障引渡國的權利，並確保請求國及被請求國在程序上的廉正(integrity)，至於被請求國可以放棄此一原則，或在放棄書(waiver)聲明同意其得起訴及審判引渡以外之罪的範圍，這基本上是被請求國的權利，即便犯罪人不同意，被請求國還是可以放棄。此外不論從條約、內國法或國際習慣來看，特定原則是一項保護犯罪人的權利，基於此一原因，犯罪人當然也可以放棄此一權利，而同意對其起訴引渡以外之罪。[59]

有關另行起訴請求，起訴國得經由補充引渡請求書(supplemental extradition requests)請求放棄或變更特定原則，任何未獲變更同意的起訴均視為違反特定原則，[60]至於被請求國是否有違反特定原則，在美國有以下兩個檢驗法則：

（1）「明確請求法則(Specific Request Test)」：[61]

以 *United States v. Khan* 為例，當事人 Khan 因走私海洛因被告，美國向巴基斯坦提出引渡請求，但 Khan 在引渡同意前因它案受巴基斯坦判刑一年，總之，Khan 在被監禁五年釋放後，美國依據原內容重新提出引渡，並經巴基斯坦同意准予引渡。Khan 抵達美國後，美國檢方追加起訴「以通訊方式便利違犯毒品罪」，但此並非巴基斯坦法規訂有明文處罰之犯罪。本案法院認為，特定原則必須被請求國針對每一項罪名都要做出確定的表示，由於本案追加之犯罪在巴基斯坦並非犯罪，法院推定巴基斯坦將不會同意引渡，本案法院判決見解略以，「……除非被請求國對於每一項犯罪都明確同意，否則本案違反特定原則。」

（2）「整體情況法則(Totality of the Circumstances Test)」：[62]

美國多數法院採用「整體情況法則」，該法則之標準為：(i)被請求國是否反對或將會反對新的犯罪起訴，(ii) 追加的起訴是否基於同一事實。

(i)「被請求國是否已反對，或將會反對新的犯罪起訴」：為確定被請求國是否已反對，或將會反對新的犯罪起訴，法院應從被請求國的立場評斷這樣的起訴是否違反引渡法令，如果法院認為從被請求國的立場也會起訴，就沒有違反特定原則。不可諱言的是，被請求國會做出何種認定實屬難以確認，雖然上述 Khan 一案法院判決見解提出「需要被請求國明確同意」作為標準，但此見解不為多數法院所依循，即被請求國若無明確同意時，除了不為「被請求國會反對起訴」之推定外，反而推定為：除非被請求

---

[59] Bassiouni, *supra* note 1, at 541.

[60] *Id.* at 544.

[61] Rice & Luke, *supra* note 53, at 1073-1074.

[62] *Ibid.*

國提出反證，否則即爲同意起訴，詳如下述。

例如 *United States v Jetter* 一案，被告被指控「共謀散播古柯鹼及意圖散播而持有古柯鹼之罪」，在哥斯大黎加被逮捕及請求引渡。引渡令中引述了各項指控，卻漏列「意圖散播而持有古柯鹼」罪名部分。本案美國法院即推定哥斯大黎加法院有將「意圖」的部分列入，因爲在意見書中，並沒有指出對引渡的任何限制，因而美國直接就「意圖」的部分行使管轄權。同樣在 *Gallo-Chamorro v. United States* 一案，美國從墨西哥將毒品嫌犯引渡回國，法院依舊主張特定原則之重點在於被告的行爲與起訴，不在於被請求國的觀點。

(ii)「追加起訴是否基於同一事實」：幾乎所有法院在判斷特定原則時，都會先檢驗起訴是否基於原始引渡請求內的證據、事實或行爲。有些追加起訴如果沒有先探究「被請求國是否反對或將會反對新的犯罪起訴」，也會用「追加起訴是否基於同一事實」來檢驗是否違反特定原則。但這並非要求引渡請求書要與起訴書絕對符合一致，而是起訴必須「依據引渡請求所提出的相同事實(based on the same facts as those set forth in the request for extradition)」。[63]許多法院會專注在是否是分開的罪(separate offense)，事實上應考慮的是「是否引渡國（即被請求國）會認爲被告被起訴的行爲是獨立於被引渡之外的行爲(……whether the extraditing country would consider the acts for which the defendant was prosecuted as independent form those for which the defendant was extradited.)」。[64]總之，追加起訴是根據一個完全分離的事實或發生經過(……an additional charge or indictment is based on a completely isolated fact or occurrence)，法院應就「明確同意(unambiguously agree)」、「獨立(independent)」、「分隔(separate)」、「完全無關(totally unrelated)」爲綜合判斷，以認定追加起訴是否違反特定原則。[65]

特定原則是引渡被請求國的權利，被請求國可以同意放棄，[66]但必須是明示放棄，例如在 *Tse v. United States* 一案中，被告從香港引渡美國，法院發現檢察官對於追加起訴的部分沒有「獲告知同意(informed consent)」，即透過駐香港領事館向香港政府請求並獲得同意，並將 Tse 起訴及判刑。換言之，如果被請求國同意放棄特定原則，當事人即無權提出特定原則，只能受制於被請求國的態度。被請求國的同意是基於國

---

[63] Rice & Luke, *supra* note 53, at 1074.

[64] *Id.* at 1077-1178.

[65] *Id.* at 1080. 只是美國司法實務上幾乎絕大多數法院都不願意對於追加起訴裁定違反特定原則，而是認爲要從犯罪性質(nature of offense)來看，並非看是否爲不同事實

[66] *Id.* at 1083.

際睦誼(international comity)，[67]是被請求國的特權，用以保護被請求國的利益，而不是一項授予被告的權利。[68]

　　雖然實務案例顯示 Khan 案並非多數所採，但學者認爲此案應該成爲標準，亦即如果檢察官發現新事實而想追加起訴，應該證明：(1)被請求國也有此一罪與刑的規定；(2)被請求國默許該罪與刑的起訴。這對檢察官而言是應盡之責任，而非額外負擔，更是尊重國際法、國際關係與互惠的實踐。[69]

第四項　不詢問原則

　　基於引渡條約所提出的請求爲可引渡之罪，而如果已經符合前述的雙重犯罪原則及特定原則時，被請求國依據條約即有引渡的義務。法院只考慮人犯所犯之罪是否符合引渡條約，不過問當事人被遞解後可能會受到的待遇或預期性的不當對待(ill-treatment)、外國法制、司法裁判及行政裁判，或外國政府的動機，此即爲不詢問原則(Rule of Non-Inquiry)。不詢問原則是基於不想危害外交關係、尊重彼此主權，以及基於「沒有任何國家可以評斷另一個國家的法律體系或程序」等考量。此一原則顯示引渡的特性是「一套國與國之間的權利與義務(rights and obligations between states)關係，不是用來保護個人的程序。」基於引渡條約規定所課予義務，拒絕引渡形同違反義務。

一、基於尊重主權

　　「不詢問原則」的最早發展是基於尊重請求國之主權，因爲，沒有任何國家可以評斷另一個國家的法律體系或程序。[70]不詢問原則的範圍，包括外國法制的法律、司法裁判及行政裁判，以尊重彼此主權。[71]在美國，聯邦法院遵循「不詢問原則」，不過問預期性的不當對待(ill-treatment)、不過問外國政府的動機、法院只考慮人犯所犯之罪是否符合引渡條約。[72]「不詢問原則」顯示引渡的特性是「一套國與國之間的權利與義

---

[67] *Id* at 1084; *United States v. Medina,* 985 F. Supp. 397 (S.D.N.Y. 1997).

[68] *Ibid.*

[69] *Id.* at 1073-1074.

[70] Bassiouni, *supra* note 1, at 605.

[71] *Id.* at 615.

[72] John Quigley, *The Rule of Non-Inquiry and Human Rights Treaties*, Cath. U. L. Rev. Vol. 45 Issue

務(rights and obligations between states)關係，不是一套用來保護個人的程序。」[73]

　　美國對於引渡的案件至今仍傾向不詢問他國所持證據、不詢問請求國做成刑事判決的方式或當事人可能受到的待遇，甚至也不詢問被請求國本國實體法之適用，這些原則都不能作爲爭執引渡效力(validity)的理由[74]，例如在 *Mainero v. Gregg* 一案中，第九巡迴法院表示，法院不會以當事人預期會在請求國的待遇爲由拒絕引渡。[75]又例如在 1960 年 *Gallina v. Fraser* 一案中，義大利法院以缺席判決方式將當事人判處強盜罪，並向美國請求引渡，*Gallina* 辯稱如果被引渡回義大利，並沒有重審、對質或抗辯的機會。該案法官認爲，因引渡案件而提起人身保護令的訴訟案件中，並無判決前例可爲聯邦法院遵循而去質問(inquire into)引渡程序。被遞解之人不論是否爲美國人，並不會因爲請求國欠缺美國法律體系保障而受到侵害，因此對於請求國的司法體系不允許有司法詢問(Judicial inquiry)。[76]

　　「不詢問原則」在跨國移交受刑人條約中也可獲得佐證，美國聯邦刑法典第 4,100 條規定，當事人在外國受判決、依據移交受刑人條約而被移交回國後，外國法院判決應完全執行。實際引渡案例有 *Rosado v. Civiletti*、*Neely v. Henkel* 與 *United States v. Toscanino* 案等，判決見解均認爲，美國不能詢問其他主權國家內部實踐情形，這些案例可視爲是不詢問原則意義之延伸。[77]如果決定移交受刑人，即不得再以「殘酷而非尋常之處罰(cruel and unusual punishment)」爲由而挑戰原判決，可參考 *Rosado v. Civiletti* 一案。[78]亦有認爲不詢問原則是基於引渡條約的義務，拒絕引渡，形同違反義務，[79]如果認爲他國的程序保障不足，當初就不會也不應簽訂引渡條約。[80]

4, at 1213, (1996).

[73] *Id.* at 1217.

[74] Bassiouni, *supra* note 1, at 604.

[75] *Id.* at 615.

[76] *Id.* at 607.

[77] *Id.* at 608. 美國最高法院於 1900 年在 *Neely v. Henkel* 一案中做出權威見解認為，「上訴人係美國公民，但此一身分並無法免除他在其他國家的犯罪，亦不讓他在違反他國法律並逃避該國司法制裁之後，還擁有權利要求改用該國以外之模式審判。當美國人在外國犯罪，除非該國與美國訂有特別的條約規定採取不同的模式，否則如果經他國請求後，將本國國民送至該國接受與該國國民相同的審判及處罰模式，即不能有所抱怨」。

[78] *Id.* at 620.

[79] Quigley, *supra* note 72, at 1241. 然而如果被請求國的法院同意引渡，卻由國家最終決定拒絕解送，一樣也是違反條約所訂義務。

[80] *Id.* at 1217.

二、不詢問原則的困境

雖然引渡是一套國與國之間的權利與義務，而且基於尊重主權而有「不詢問原則」之立論，然而國家對於當事人提出的訴求，特別是基於人權而提出之「潛在的惡意對待(potential ill-treatment)」以及「缺席判決」，仍難以避免適用不詢問原則下所衍生之相關問題。

被請求國對於當事人返國後「潛在的惡意對待」進行詢問的情況，例如：（1）引渡對象在被請求國企圖自殺：被請求國法院採信精神科的證詞，認定遣返之後所受的待遇狀況極不樂觀，（2）在請求國受死刑之判決：被請求國以廢除死刑為由，拒絕引渡，（3）不當待遇：因越獄受通緝，引渡回國恐遭到獄方毆打，（4）歧視：遣返對象在請求國有極多的負面新聞報導，陪審團有歧視的主觀心證，[81]（5）飲食：例如引渡對象為猶太人，認為被請求國無法提供所需的齋食，[82]其他包括預期虐待、刑求、法律提供的保護不足、審判不公、提出訴訟防禦上之限制、恐怕使用非法取得的證據、[83]被告遣返請求國以後之體罰、監禁長度、監禁型態及監禁環境待遇不佳等問題。[84]

「不詢問原則」在缺席判決的案件中也備受關注，國際法的實踐認為，缺席判決並不是終局確認是否有罪。美國在此類案件中遵循這個實踐，在缺席判決這類的案件中，法院傾向不詢問當事人遞解後將會受到何種待遇或審判品質(quality of justice)[85]。

---

[81] *Id.* at 1226-1229.

[82] *Id.* at. 1243.

[83] Jacques Semmelman, *Federal Courts the Constitution and the Rule of Non-Inquiry in International Extradition Proceedings*, Cornell L. Rev. Vol. 76, Issue 6, at 1204, (Sep. 1991).

[84] Bassiouni, *supra* note 1, at 618, Section 7.3.1

[85] *Id.* at 605-676. 但實務上法院在有些案例中，會基於其他理由而認本案無引渡性(non-extraditability)。缺席判決的實例如下：
Ex parte Fudera (162 F. 591 S.D.N.Y. 1908, 219 U.S. 589 (1911))案，義大利法院以缺席判決將當事人判處謀殺罪成立，地方法院未針對缺席起訴及審判的妥適性做論述，而是以義大利政府的有罪證據為純屬傳聞證據而駁回所請，並以證據不足釋放當事人。
Ex parte La Mantia (206 F. 330 S.D.N.Y. 1913)案，同樣是義大利法院以缺席判決將當事人判處謀殺罪成立的案件，該案中當事人主張有違憲法第 6 修正案關於對質及交互詰問的權利，聯邦地方法院認為，某些國家與美國訂有引渡條約而法律體系完全不同，此一權利不適用之。該案仍是以義大利政府的有罪證據不足而駁回所請並釋放當事人。
In re Mylonas (187 F. Supp. 716)案，同樣是義大利法院以缺席判決將當事人判處謀殺罪成立的案件，該案中當事人主張有違憲法第 6 修正案關於對質及交互詰問的權利，聯邦地方法院認為，某些國家與美國訂有引渡條約而法律體系完全不同，此一權利不適用之。該案仍是以義大利政府的有罪證據不足而駁回所請並釋放當事人。

「不詢問原則」隨著國際法及國際人權保護的發展，及其透過憲法或法律導入本國司法體系，實際上自 1960 年代以來，要維持適用嚴格的不詢問原則已不容易。[86]因而國家也可能考慮在有條件情況下同意引渡，最常使用的方式就是由請求國前往出席保證或是提出書面保證的方式，例如在 *Ahmad v Wigen* 一案中，以色列向美國請求引渡一名巴勒斯坦人，被引渡人主張以色列對於類似的被告會在偵訊時施以刑求，以色列政府遂派員前往美國向法院保證會給人犯公平的對待。[87]又歐洲國家特別是西歐一貫認為死刑案件或人犯的死囚症候群(death row syndrome)即常對請求國提出詢問，例如 *Soering v. United Kingdom* 案。[88]

三、不詢問原則的發展趨勢

不詢問原則興起於國際法仍以主權關係為主的時代，自二次世界大戰，認為國際人權限縮或取代不詢問原則，雖然許多國家局部承認此一原則，但英國、德國、加拿大及荷蘭等國，針對某些情況特別是被引渡人之人權有受侵害之虞時，准予詢問。例如第 3 條第 1 項規定，「任何國家均不得將人驅逐、送回或引渡至其有實質理由相信當事人有受刑求(torture)之虞的國家」。[89]*Soering v. United Kindgom* 即為著名的案例，我國引渡英商 Zain Taj Dean（林克穎）一案或許也可說明不詢問原則已非國際發展趨勢。

雖然引渡是請求國與被請求國之間的事，但 20 世紀中期人權法律的出現，給不詢問原則(Rule of Non-Inquiry)帶來壓力，即使不予全部放棄或不採用此原則，也得縮小適用範圍。近代許多國際條約提到保護人權義務，提供了詢問的正當理由，帶領這個方向的重要代表是「聯合國禁止酷刑公約」第 3.1 條規定，「如有充分理由相信任何人

Argento v. Horn (1957 年)案，義大利法院以缺席判決將當事人判處謀殺罪成立，該案發生於 1,921 年、1,931 年定讞，但直到 1,950 年代才向美國提出引渡請求，當事人指控美國不當承認義大利判決所依據之指認證據，法院認為，從證人具結來看，指認筆錄屬傳聞證據而顯然在美國並無證據能力，惟本案重心問題在於「指認筆錄是否合法認證，而在相同情形下，會被法院採納使用。……當事人在美國的這 30 年間一直都遵守法律，做出遞解的決定令人掙扎，但基於以上理由，仍應予同意。一如 Connell 所正確之陳述：當事人在此所提的主張，與其在他國管轄內所之罪沒有關聯。」

[86] *Id.* at 615-616, Section 7.3 (2012/2/10).
[87] Semmelman, *supra* note 83, at 1244.
[88] Bassiouni, *supra* note 1, at 620 & 624, Section 7.4
[89] John T. Parry, International Extradition, *The Rule of Non-Inquiry, and the Problem of Sovereignty*, Bos. L. Rev. Vol. 90, at 2009 (2010)

在另一國家將有遭受酷刑的危險，任何締約國不得將該人驅逐、遣返或引渡至該國」。[90]此外，世界人權宣言(The Universal Declaration of Human Rights)第 5 條規定，「任何人不得加以酷刑，或施以殘忍的、不人道的或侮辱性的待遇或刑罰。」相同的規定上可見諸於「公民權利和政治權利國際公約(The International Covenant on Civil and Political Rights)」第 7 條、「歐洲保障人權和基本自由公約(The European Convention for the Protection of Human Rights and Fundamental Freedoms)」第 3 條及「美洲人權公約(The American Convention on Human Rights)」第 5 條。[91]難民地位議定書(The 1967 Protocol relating to the Status of Refugees)規定「不容許法院依據不詢問原則而拒絕詢問當事人遣返請求國之後可能受到的迫害。」

在美國，從條約與司法解釋來看，不詢問原則的理論與適用並沒有一致。[92]雖然美國向來拒絕詢問他國司法或行政之實踐，以示遵守不詢問原則，但如果證據嚴重違反正當法律程序，致使法院認為該證據無證據能力，或證據顯示當事人在請求國受到殘酷或不仁道待遇時，美國參照既有的國際公約規定，仍得拒絕引渡。[93]法院判決見解也認為，請求國的政策及實務如根本上已無公平性，並與美國政策相違背時，不能禁止就行政部分另作考量，應容許其行使行政裁量拒絕引渡，此可參閱 *Peroff v. Hylton* 案。事實上，依據 1985 年美英補充引渡條約(1985 U.S.-U.K. Supplemental Extradition Treaty)第 3(a)條規定，如果當事人被引渡後，會因種族、宗教、國籍或政治立場而受處罰、拘禁、限制，或在審判時受到不利時，引渡應予禁止。顯然這已改變不詢問原則的傳統看法。

最後應討論的是，如果同意對於「潛在的惡意對待」進行有限度的詢問，究竟是由法院或行政部門進行詢問？美國是由行政部門進行，但國際上多贊同由法院為之，多

---

[90] Semmelman, *supra* note 83, at 1217. *United Nations Convention against Torture and Other forms of Cruel, Inhuman or Degrading Treatment or Punishment,* The Rule of Non-Inquiry and Human Rights Treaties, Article 3.1 No State Party shall expel, return ("refouler") or extradite a person to another State where there are substantial grounds for believing that he would be in danger of being subjected to torture. For the purpose of determining whether there are such grounds, the competent authorities shall take into account all relevant considerations including, where applicable, the existence in the State concerned of a consistent pattern of gross, flagrant or mass violations of human rights.

[91] Bassiouni, *supra* note 1, at 618.

[92] *Id.* at 611-612.

[93] *Id.* at 610. 例如 Universal Declaration of Human Rights, International Covenant on Civil and Political Rights 及 The Inter-American Convention on Human Rights

數國家認為是法院的義務，而非行政機關的義務，[94]但沒有絕對性。[95]

四、小結

基於不想危害外交關係的考量，不詢問原則在 19 世紀的國與國間時代關係背景下，是有其道理的，但時至今日，代之而起的是人權的考量，[96]人權法令與人權條約的興起加上國際實踐，不詢問原則(Rule of Non-Inquiry)似可揚棄，[97]隨著國際法及國際人權保護的發展，及透過憲法或法律導入本國司法體系，實際上自 1960 年代以來，要維持適用嚴格的不詢問原則已不容易，惟美國司法體系仍相當遵守此一原則，傾向讓行政部門於之後再行決定就請求國之法律及實踐進行評斷，[98]若條約規定容許或依國際人權條約而負有義務時，亦得有限度的詢問。[99]

---

[94] Quigley, *supra* note 72, at 1223 & 1226.

[95] *Id.* at 1217. See: Convention Against Illicit Traffic in Narcotic Drugs and Psychotropic Substance, Art. 6(6) "…may refuse to comply with such request where there are substantial ground leading its *judicial* or other *competent authorities* to believe that compliance would facilitate the prosecution or punishment of any person on account of his race, religion, nationality or political opinions."
See also: International Covenant on Civil and Political Right, Art. 2(3)(b) "…to ensure that any person claiming such a remedy shall have his right thereto determined by competent judicial, administrative or legislative authorities, or by any other competent authority provided for by the legal system of the State."

[96] Quigley, *supra* note 72, at 1240.

[97] *Id.* at 1248.

[98] Bassiouni, *supra* note 1, at 615, Section 7.3 (2012/2/10)

[99] *Ibid.*

第三節　拒絕引渡事由：因所犯之罪

第一項　政治犯罪不引渡

一、政治犯罪不引渡的歷史發展與考量

政治犯不引渡保護的是思想自由(freedom of thought)，[100]「政治犯罪不引渡原則(political offense exception)」讓國家在面對外國發生動盪與衝突時，能保持中立，或至少不必將參與者交到立場敵對的一方。[101]引渡法制認為，請求引渡之犯罪，若被請求國認為屬於政治性犯罪時，得拒絕之。早期引渡條約對於政治性犯罪的規定較為簡單，例如 1935 年美國與新加坡引渡條約第 6 條規定，罪犯所犯之罪如具政治性，或證明請求引渡之目的是為了審理或處罰有政治性質的犯罪時，不得遞解。[102]近年來的引渡條文規定如：美國與安地卡巴布達引渡條約第 4 條第 1 項規定：引渡請求之犯罪，若被請求國認為屬於政治性犯罪者，得拒絕之。第 2 項規定：基於本條約之目的，以下之罪不視為政治犯罪：(a)殺人或對締約國元首或元首家庭從事暴力犯罪；(b)請求國與被請求國依據多邊國際協定，有引渡或起訴義務之罪；(c)共謀或意圖從事上述犯罪，或幫助或教唆從事或意圖從事上述犯罪。第 3 項規定：雖有上述之第(2)

---

[100] Geoff Gilbert, *Transnational Fugitive Offenders in International Law, Extradition and Other Mechanisms,* Martinus Nijhoff Pulishers, at 186, (1998)

[101] Duane K. Thompson, *The Evolution of the Political Offense Exception in an Age of Modern Political Violence,* Yale J. of World Public Order, Vol. 9:315, at 315 (1983)

[102] US-Singapore Extradition Treaty, Art. 6 A fugitive criminal shall not be surrendered if the crime or offence in respect of which his surrender is demanded is one of a political character, or if he proves that the requisition for his surrender has, in fact, been made with a view to try or punish him for a crime or offence of a political character. 又美國與澳洲條約規定：引渡有以下情況者不予核准：... (c)引渡請求之罪具政治性，或證明被請求引渡之人被請求引渡，目的是為了政治性質的犯罪而審理或處罰(US-Australia Extradition Treaty, Art. VII...(c) When the offense in respect of which extradition is requested is of a political character, or the person whose extradition is requested proves that the extradition request has been made for the purpose of trying or punishing him for an offense of a political character.)。

項規定，如被請求國行政機關認定引渡的請求屬於政治性，應拒絕引渡。[103]

今日的政治犯罪不引渡觀念在歷史演進正好相反，早期引渡的目的，是爲了遞解政治犯，例如冒犯君主罪(*crime de lèse-majesté*)，包括叛國、意圖推翻君主或殺害君主，或甚至是藐視君主的行爲。第一個規定政治犯遞解的條約是 1174 年由英格蘭與蘇格蘭簽訂，之後的數百年，引渡是歐洲君主國家間相互友好合作的表現，直到 1789 年法國大革命之後，政治犯才開始從可引渡之罪轉變爲不可引渡之罪。時至 1833 年，比利時成爲第一個立法不引渡政治犯的國家，並且之後幾乎所有引渡條約都規定政治犯不引渡，更是近代的引渡條約中的標準條文，許多內國引渡法亦如此規定。[104]

政治關聯性犯罪的問題與爭議在於：同時包括政治性質與犯罪性質，政治罪犯固守政治自由的信仰，不覺得其行爲在道德上應受到責難，通常被視爲意識形態引起的犯罪(ideologically motivated offenders)。[105]因而，政治犯罪不引渡的目的，可以防止某些人因爲政治或宗教信仰的言論表現自由，免於受到請求國基於意識形態所引起的起訴或處罰，[106]並確保被請求國不會被用來達成請求國起訴政治信仰及政治行爲的政治目的。但這不代表政府官員或政治人物可以隨意引用此一原則來反對引渡，[107]換言

---

[103] 有關於「對締約國元首或元首家庭從事殺人或暴力犯罪」的規定，在許多條約當中，刪除以國家元首及其家庭為對象，代之而起的是擴大犯罪範圍，明列增加傷害、性侵害、綁架、非法拘禁等等列為不適用政治犯不引渡。US-Serbia Extradition Treaty, Art. 4 [Political and Military Offenses]

1. Extradition shall not be granted if the offense for which extradition is request is a political offense.
2. For the purpose of the this Treaty, the following offense shall not be considered political offenses:
   (a) an offense for which both the Requesting and Requested States have the obligation pursuant to a multilateral international agreement to extradite the person sought or to submit the case to their competent authorities for the purpose of prosecution;
   (b) murder, manslaughter, malicious wounding, inflicting grievous bodily harm, assault with intent to cause serious injury, and serious sexual assault;
   (c) an offense involving kidnapping, abduction, or any harm of unlawful detention, including the taking of a hostage;
   (d) an offense involving placing, using, threatening the use of , or possessing an explosive, incendiary, or destructive device, or a biological, chemical, or radiological agent, where such device or agene is capable of endangering life, causing substantial bodily harm, or causing substantial property damage, and;
   (e) a conspiracy or attempt to commit any of the foregoing offenses, or aiding or abetting a person who commits or attempts to commit such offenses.

[104] Bassiouni, *supra* note 1, at 650-651.
[105] *Id.* at 656.
[106] *Id.* at 654.
[107] *Id.* at 658.

之，若國家領袖涉入侵占公帑、走私毒品、洗錢、下令政治暗殺，都不能因為其身分是國家領袖而將之視為政治罪。此外，當行為構成國際犯罪(international crimes)例如種族滅絕罪(Genocide)、違反人道罪(Crimes Against humanity)、戰爭罪(war crime)或酷刑罪(Torture)時，不適用政治犯罪不引渡原則。[108]

政治犯罪不引渡是建立在三方利益考量：（1）當事人、（2）當事國（3）國際公共秩序。主要理由認為：（1）訴諸政治行動來強化政治革新，是個人權利，（2）任何人特別是謀反失敗者，都不得被送回可能因為政治認知(opinion)而受處罰的國家，（3）政府不應干涉他國內部角力。這三項理由為目前多數所接受，認為政治犯罪不引渡具有正當性。[109]

雖然政治犯罪不引渡已廣被認同，但條約及內國法律卻沒有定義何謂政治之罪，端視國內的司法解釋、認知、標準及政策。[110]司法實務發展出「純政治性犯罪(pure political offense)」及「政治關聯犯罪(relative political offense)」兩大分類來認定是否屬於政治犯罪及是否禁止引渡。而在政治關聯犯罪之認定上，目前英、美適用法則是「政治依附法則(Political Incidence Test)」，瑞士則採用「政治動機法則(Political Motivation Test)」，[111]詳如下述。

（一）純政治性犯罪

純政治性犯罪(pure political offense)，係指直接涉及主權或政治部門，並且違背政治、宗教、種族之意識形態，而沒有涉及普通之罪。之所以變成犯罪，是因為所要保護的是主權，亦即國家實體為了保護本身的主權而將其制定為罪，並非因該行為是侵犯個人的不法行為。因而叛國罪(treason)、叛亂罪(sedition)及通敵罪(espionage)因為威脅國家的存在、福祉及安全，即屬於純政治性犯罪，但如有牽涉到普通之罪，就不屬於純政治性犯罪。[112]

（二）政治關聯性犯罪

「政治關聯性犯罪(relative political offense)」為純政治性犯罪的延伸，該行為觸犯

---

[108] *Id.* at 659. *Philippine v. Marcos* 818 f 2d 1473, (9th Cir. 1987).

[109] Ribia Anne Cebeci, *International Extradition Law and the Political Offense Exception: The Traditional Incidence Test as a Workable Reality,* Loy. L.A. Int'l & Comp. L. Rev., Vol. 10, at 635-636, (6-1-1988)

[110] Bassiouni, *supra* note 1, at 654.

[111] Cebeci, *supra* note 109, at 636.

[112] Bassiouni, *supra* note 1, at 660-662.

單純政治犯罪的同時，也觸犯一般犯罪，純粹是侵害公共利益；或所爲雖非純政治之罪，卻因受到意識形態驅使，侵害公共利益的同時，也侵害個人的生命或財產法益，以助長其政治目的。[113]政治關聯性犯罪在涉及政治的同時，也常會伴隨殺人、爆炸或人質劫持等犯罪，因而究竟是一般犯罪還是政治關聯性犯罪常有爭議，也因爲如此，各國發展出一些法則，[114]茲以目前英美適用的「政治依附法則(Political Incidence Test)」及瑞士「政治動機法則(Political Motivation Test)」說明如下：

（1）政治依附法則

政治依附法則(Political Incidence Test)是目前英美檢視政治犯是否引渡所使用的法則，檢視標準有二：（1）犯罪行爲必須是在領域內發生的起義(uprising)、謀反(rebellion)或革命(revolution)之時附隨發生；（2）該犯罪行爲必須是具有政治目的的政治暴力。[115]

按政治犯罪不引渡的目的是爲了保護個人有發動政治變革的權利(to protect an individual's right to agitate for political change)，保護那些國內或內政上爲了籌組撤換掌權勢力而抗爭的人。而起義(uprising)與附隨性(incidental to)就是政治依附法則的兩項要件，用來限縮政治犯罪不引渡：[116]

要件一「起義(uprising）」：政治犯罪必須是在起義、謀反或革命之際，且行爲人必須是參與起義的集團分子。起義要有：（1）一定程度的激烈行爲（violence)爲革命者用來引起政府在組織架構上的變革；（2）起義不可以是跨越國家實際邊境或領土，例如土耳其人在英國以爆裂物炸毀土耳其駐英國大使館後逃往美國，即不符合起義的要件，因爲行爲人是在土耳其的實際邊界外。

要件二「附隨性(incidental to)」：政治犯罪必須是當事人基於政治目的而附隨從事激烈政治行爲，要件有二：（1）附隨的行爲必須受限在起義的地域；（2）激烈政治行爲與政治目的應有相當的關聯性，行爲與起義必須在意識形態上有關聯性。

（2）政治動機法則

瑞士法院採用「政治動機法則(Political Motivation Test)」，也稱「優勢政治動機法則(Predominant Political Motivation Test)」，此一法則認爲是否成立政治犯不引渡，應從

---

[113] *Ibid.*
[114] Gilbert, *supra* note 100, at 216-244.
[115] Cebeci, *supra* note 109, at 647-649.
[116] *Ibid.*

當事人主觀動機來看，如果符合以下兩項要件即符合政治犯罪不引渡：（1）行為必須直接助長政治運動的目的；（2）依據優勢理論(predominance theory)，必須是行為的政治性質大於普通犯罪性質。[117]

在 *In re Ockert* 一案中，德國國民 Ockert 參與反納粹的半軍事組織，在一次街頭衝突中開槍殺害了一名納粹份子，當時的德國政府以 Ockert 謀殺了社會民主黨（納粹）人士為由，請求瑞士引渡 Ockert，Ockert 對於他的行為是主觀的政治信仰所激起一節也不予否認，本案瑞士聯邦法院認為 Ockert 在政治動機下的行為，符合政治犯罪不引渡。又在 *In re Kaphengst* 一案中，德國國民 Kaphengst 在公共場所進行一連串的爆炸攻擊傷及許多市民，德國政府向瑞士請求引渡 Kaphengst，瑞士聯邦法院審理認為，Kaphengst 的動機是政治動機，但卻跟政治運動沒有關係，法院表示政治犯罪不引渡只能適用於組織性推翻政府的行為，隨機的暴力行為，並不會助長這個政治目的，因此不適用，本案瑞士同意德國的引渡請求。在 Wassilief 一案中法院認為，即使被告的政治動機是為了要助長控制政府的政治運動，但該暴力行為並不會自動轉化為政治犯罪，如果行為對於政治目標並非必要或不符比例時，也不構成政治犯罪不引渡。[118]

政治犯不引渡，也會涉及前朝或先任政府官員逃離母國並主張政治犯不引渡的問題，例如 Carlos Gullermo Suarez-Mason 引渡案中，當事人 Suarez-Mason 主張，其所涉之罪適用美國與阿根廷引渡條約第 7(1)(e)條規定：「⋯⋯請求引渡之罪有政治性質時，該引渡不予同意。」Suarez-Mason 主張政治犯不引渡適用於前朝執政者於壓制反叛起義之際的行為，惟遭法院駁回。[119]

---

[117] Thompson, *supra* note 101, at 320.

[118] *Id.* at 321.

[119] *Carlos Gullermo Suarez-Mason* 引渡案事件背景：自從 1930 年起，阿根廷一直處在政治動盪及軍事干政的狀態。自 1960 年代後期，舉國遭遇許多基於政治目的的暴力恐怖事件。1974 年 11 月 6 日，總統胡安·貝隆(或譯為胡安·裴隆，Juan Domingo Perón)發布戒嚴狀態(State of Seige)，賦予警察及國安機關更多的權利，偵查涉嫌顛覆之人。直至 1975 年 10 月，行政部門認為警察及國安機關已經束手無策，於是設立國防委員會，以軍事方式，針對顛覆活動，在全國進行掃除。然而，隨著通貨膨脹 700%，政治更加不穩定，軍方發動政變，逐出人民政府。軍政府持續戒嚴狀態，並通過立法，規定一般人民若被控涉嫌顛覆，將依軍法審判。這場被名為骯髒戰爭(Dirty War, 1976 年到 1983 年) 的目標就是終止顛覆思想(to put an end to subversive thought)。方式有：當街或從家裡綁架有顛覆可疑之人、集體拘禁於秘密處所、身體心理虐待、性虐待、殘殺。手段殘暴不人道，也未留紀錄。
1983 年，由於軍政府在英阿福克蘭戰爭失利，執政嚴重挫敗，加上低迷的經濟始終無法提振，因而民主政府重新執政，勞爾·阿方辛(Raul Alfonsin)總統上台，並賦予軍方最高委員會(Supreme Council of the Armed Forces)起訴軍事將領之權，逮捕軍事執政團(military junta)

二、政治犯不引渡與恐怖主義

　　政治犯在近代也與恐怖主義產生關聯，這是因爲政治犯涉及了謀反(rebellion)，而恐怖主義與謀反等政治行動的界線時常混淆不清，例如 *In re McMullen* 案、*In re Mackin* 案及 *Quinn v. Robinson* 案都是有關愛爾蘭共和軍(I.R.A.)，係英國向美國請求引渡，而遭美國以恐怖主義行爲屬政治犯罪(acts of terrorism were political offenses)而不准予引渡。[120]由於界線混淆不清，在「保持中立」與「打擊國際恐怖主義」間，常造成國與國之間的衝突與緊張情勢，因而政治犯的概念不能無限擴張，[121]但是彈性而寬鬆的解釋，卻會讓適用政治犯不引渡原則減損了打擊恐怖主義的價值，如何打擊恐怖主義同時不會剝奪眞正的政治罪犯不引渡的立意，實是一大困難。[122]

　　有鑑於此，歐洲於 1977 年 1 月 27 日提出制止恐怖主義歐洲公約(European Convention on the Suppression of Terrorism)，因應恐怖主義活動增加，需採取有效措施以確保犯罪者不會逃過追訴與處罰。該公約第 1 條規定，締約國基於引渡目的，包括劫機、危害飛航安全、加害外交人員及國際保護之人、綁架、人質及炸藥等犯罪都不得被視爲政治犯罪(political offence)、牽涉政治之犯罪(offence connected with a political offence)或受政治動機誘導之犯罪(offence inspired by political motives)。[123]又 1975 年歐

九位軍事首腦並且起訴。

按軍方執政期間將全國分為 5 大軍事區，被引渡人 Carlos Gullermo Suarez-Mason 雖非軍事執政團(military junta)九位首腦之一，但是他是第一區負責人，下轄首都布宜諾斯艾利斯在內 700 萬人民。估計該區在 Carlos 任內，約有 5000 人失蹤。Carlos 於 1984 年 3 月外逃至美國。1987 年 1 月，阿根廷發布臨時逮捕令，Carlos 旋在美國加州被逮補。指控的罪名包括：(1)43 項殺人罪、(2)24 項非法剝奪自由罪、(3)1 項偽造護照。

被引渡人 Carlos 在引渡過程中，主張適用軍事犯不引渡及政治犯不引渡均遭到駁回。

[120] Michael Aidan O'Connor, *International Extradition and the Political Offense Exception: The Granting of Political Offender Status to Terrorists by United States Courts,* N.Y.L. Sch. J. Int'l & Comp. L. No. 3 Vol. 4, (1983)

[121] Thompson, *supra* note 101, at 316-317.

[122] *Ibid.*

[123] 制止恐怖主義歐洲公約 European Convention on the Suppression of Terrorism，第 1 條：締約國基於引渡之目的，將多項犯罪都不得被視為政治犯罪 political offence、牽涉政治之犯罪 offence connected with a political offence 或受政治動機誘導之犯罪 offence inspired by political motives：(a) 1970 年 12 月 16 日於海牙簽訂之「制止非法劫持航空器公約 Convention for the Suppression of Unlawful Seizure of Aircraft,」；(b) 1971 年 12 月 23 日於蒙特婁簽訂之「制止危害民用航空安全非法行為公約 Convention for the Suppression of Unlawful Acts against the Safety of Civil Aviation」；(c) 對外交官在內之國際受保護人士侵害其生命、身體及自由之重大犯罪；(d) 綁架、俘虜人質或重大之非法拘禁；(e) 使用炸彈、手榴彈、火箭彈、自動武器、信件炸彈或郵包炸彈，而對人命產生危害。第 2 條第 1 項規定，基於締約國引渡之目

洲引渡公約附加議定書第 3 條規定，政治犯不包括違反人道罪(crime against humanity)及戰爭罪(war crime)；許多雙邊條約，例如美國與阿根廷條約第 4 條明文訂定恐怖主義行動(acts of terrorism)，不予認定爲政治犯罪。[124]

第二項　軍事犯不引渡

　　前述及，政治犯不引渡在保護的是思想自由(freedom of thought)，軍事犯不引渡的理由則是在於保護良心自由(freedom of conscience)。[125]許多條約或國內法禁止引渡軍事犯罪之行爲。歐洲引渡公約第 4 條規定，「犯軍法而非屬普通刑法之罪之引渡，不適用本公約」。大英國協間，有關通緝罪犯遞解綱領在軍事犯不引渡中的規定：「犯罪屬於軍法(military law)或與軍事義務有關之法律(law relating to military obligations.)。[126]美國與德國引渡條約第 5 條規定：「引渡之罪如爲純軍事之犯罪(purely military offenses)時，不同意引渡。」[127]

　　所謂「純軍事之犯罪」，係指只有軍人才有可能成爲主體的違反軍令行爲，此時不同意引渡，軍人若犯一般刑法之罪，即使同爲軍事刑法中所規範之罪，且軍事法院有審判權者，仍得引渡，[128]換言之，被告不會因爲受軍事法庭審理，就表示犯罪屬軍事

的，締約國得決定不將前條以外而侵害生命、身體或自由之暴力重大犯罪視爲政治犯罪、牽涉政治之犯罪或受政治動機誘導之犯罪。

[124] US-Argentina Extradition Treaty Art. 4. [Political and Military Offenses] 1. Extradition shall not be granted if the offense for which extradition is requested is a political offense. 2. For the purposes of this Treaty, the following offenses shall not be considered to be political offenses:…(b) an offense for which both Parties have the obligation, pursuant to a multilateral international agreement on genocide, acts of terrorism, … or other crimes, to extradite the person sought or to submit the case to their competent authorities for decision as to prosecution.

[125] Gilbert, *supra* note 100, at 186.

[126] Commonwealth Scheme for the Rendition of Fugitive Offenders, Article 4 – Military offences: Extradition for offences under military law which are not offences under ordinary criminal law is excluded from the application of this Convention.)
The return of a fugitive offender will be either precluded by law, or be subject to refusal by the competent authority if the competent authority is satisfied that the offence is an offence under military law or law relating to military obligations.

[127] US-Germany Extradition Treaty, Art. 5: Extradition shall not be granted if the offense in respect of which it is requested is purely a military offense.

[128] M. Cherif Bassiouni and Ved P. Nanda, *A Treatise on International Criminal Law,* Vol. II, Springfield, Illinois: Charles C. Thomas, Publisher, at 317, (1973).

性質，重點在於一項犯罪是否既在普通刑法又在軍刑法都有規範，以委棄守地(deserter)及拒服兵役而言，因為都只在軍事刑法規範，因而均不予引渡。[129]雖然許多條約或內國立法禁止引渡軍事犯，但是軍事犯如果：（1）該軍事之罪構成請求國普通刑事法所定之罪；或（2）犯罪行為構成戰爭法而屬國際刑法之犯罪，不適用軍事犯不引渡。[130]

有文獻認為，純軍事犯不引渡為習慣國際法所承認，[131]聯合國人權委員會(United Nations Commission on Human Rights)在 1995/83.承認人民有基於良心拒絕服兵役(conscientious objections to military service)之權利，並於 1990 Copenhagen Conference on the Human Dimension of OSCE 重申人民的此一權利。國際社會認為純軍事犯沒有協助他國執行國內法的義務，除非該行為違反國家的軍法同時也屬於一般之罪，否則沒有嚴重到必須透過國際間進行互助。[132]

軍事犯不引渡的案例不多，以之前 Carlos Gullermo Suarez-Mason 引渡案為例，該案被引渡人 Suarez-Mason 除主張政治犯不引渡之外，亦主張軍事犯不引渡，表示其所涉之罪適用美國與阿根廷引渡條約第 7(1)(d)條規定：「……請求引渡之罪為軍事犯罪，同時不屬於普通刑法管轄時，不同意引渡。」法院認為 Suarez-Mason 所犯之罪，都是阿根廷刑法規定之罪，殺人罪及偽造文書罪在美國也都是普通刑法之罪，故認為其主張無理由。[133]

第三項　財稅犯不引渡

近代的引渡與歐洲歷史息息相關，歐洲各國直至近世，仍在財稅及經濟結構上有極大差異，兩次世界大戰見證了資本主義與共產主義的分野，加上東歐與中歐社會主義以及共產主義興起，經濟體制不相容，因此對於財稅犯罪的引渡正當性，沒有一致的認定，[134]特別是採行市場經濟的國家，財稅犯不引渡原則源於認為財稅犯並非刑事

---

[129] Gilbert, *supra* note 100, at 185.

[130] Bassiouni, *supra* note 1, at 732-734.

[131] Bassiouni & Nanda, *supra* note 128 at 317.

[132] Gilbert, *supra* note 100, at 185-186.

[133] M. Cherif Bassiouni, *International Extradition and World Public Order*, Oceana Publications Inc. at 433-434, (1974).

[134] Extradition shall not be granted…when the offense in respect of which the extradition is requested

犯罪，似無高度道德上的惡名。然時至今日，此一觀點未有良好的支撐理由，觀念已有轉變，近代引渡條約幾乎都規定不得僅以財稅犯爲由拒絕引渡。[135]雖然財稅犯不引渡的實務案例鳳毛麟角，但習慣國際法並不禁止，財稅(fiscal)一詞本質上通常涵蓋經濟犯罪，且偏向公共利益有關，但最困難的在於各國經濟體系對於財稅犯的定義問題，難以滿足雙重犯罪的要件，加上國際上對各國的逃稅及違反貨幣管制的關切，造成財稅犯不引渡的原則從現代的條約中逐漸消失，實務上已經漸趨式微，[136]又從現代世界對福利國原則之實踐及經濟相互依存來看，財稅犯不引渡的觀念已不合時宜，現代引渡法並不排除或禁止財政犯或經濟犯引渡。[137]

例如：1957 年歐洲引渡公約第 5 條關於財政犯規定，「有關賦稅、關稅及匯兌(taxes, duties, customs and exchange)之罪，於締約國相互合意且符合雙重犯罪之引渡要件規定時，應准予引渡。」其第二議定書規定本公約第 5 條由以下規定代之：「財稅犯：第 1 項有關賦稅、關稅及匯兌之罪，如該罪依被請求國之法律有相同性質之罪者，締約國應依本公約之規定引渡之。第 2 項：不得以被請求國法律未課徵該同種類之賦稅或關稅，或未有與發布國相同之賦稅、關稅及匯兌法規爲由，而拒絕引渡。」此外，一些司法互助協定及備忘錄訂有財稅方面的合作，也顯示了此一趨勢。[138]「聯合國打擊組織犯罪公約(United Nations Convention against Transnational Organized Crime)」第 15(16)條規定，「締約國不得基於犯罪涉及財稅事項爲由而拒絕引渡。」

第四項　死刑不引渡

死刑的存廢一直是高度爭議的問題，世界各國有法律廢除死刑、有事實上廢除死刑（卽法律上有死刑規定，但已超過 10 年未曾執行死刑）、有向國際承諾不再執行死刑（卽政治上及司法實務上不執行死刑），也有國家維持死刑。[139]聯合國及區域性

---

is a military offense and does not fall within the jurisdiction of ordinary criminal law.
[135] Gavan Griffith QC & Claire Harris, *Recent Developments in the Law of Extradition*, Melbourne J. of Int'l L. Vol. 6, (2005).
[136] Bassiouni, *supra* note 1, at 735-738.
[137] Bassiouni & Nanda, *supra* note 128, at 318.
[138] Bruce Zagaris, *U.S. Efforts to Extradite Persons for Tax Offenses* Loy. L.A. Int'l Comp. L. Rev. at 655-56 (2003).
[139] 陳新民、黃富源、吳志光等，廢除死刑暨替代方案之研究，法務部委託研究報告(PG 9603-

國際組織如歐盟、歐洲理事會、美洲組織及許多人權組織簽署並批准關於廢除死刑的文件，不可勝數。

從引渡來看，拒絕引渡死刑犯，主要是國家基於人道考量及公共政策考量而廢除死刑，如國家同意引渡，形同透過程序變相違反本國法律。[140]目前對於引渡死刑犯的解決方案包括：（1）拒絕引渡；（2）由請求國擔保不執行死刑後同意引渡。但請求國提出擔保並不表示被請求國應同意引渡；（3）被請求國承擔起訴。[141]

歐洲引渡公約第 11 條關於死刑之引渡規定，「請求引渡之罪如依請求國之法律可判處死刑，而被請求國法律對於該罪未有死刑之規定或通常不執行死刑時，得拒絕引渡，但請求國保證不執行死刑，經被請求國認為理由充分者，不在此限。」，此外，例如 2003 年的歐盟與美國引渡條約 (EU-U.S. Extradition Treaty) 第 13 條、美洲國家間引渡公約(Inter-American Convention on Extradition)第 9 條，雙邊引渡條約則不勝枚舉，例如英國與美國條約第 7 條、美國與泰國條約第 6 條、美國與巴西引渡條約第 VI 條、美國與以色列引渡條約第 VII 條、美國與義大利引渡條約第 IX 條都有相同的規定。

有關「由請求國擔保不執行死刑後同意引渡」，須了解請求國提出擔保，並不表示被請求國有同意引渡的義務，以 1996 年義大利國民 Venezia 引渡美國案(*Venezia v. Ministero de Grazia e Giustizia*)為例，義大利憲法法院表示，義大利無法同意將 Venezia 引渡至佛羅里達這個因謀殺而可能被判處死刑之地，義大利禁止死刑，不會引渡至任何可能處以死刑的請求國，不論請求國提出任何保證，即使提出保證，也不會同意引渡。本案美國司法部雖有向義大利提出保證，但憲法法院認為無法排除判處死刑的風險，最後，義大利取得佛羅里達州檢察機關的合作，將 Venezia 在義大利起訴，以無期徒刑定讞。[142]

又對於請求國而言，由於行政部門不得介入或限制司法裁判，或因判決尚未終局定讞，要求提出擔保並非容易之事，只能透過最終的總統赦免權(Presidential pardon)，但實務上若非即將要執行的案例，國家領袖不會輕易同意。[143]

沒有條約而只是基於互惠與睦誼時，死刑的引渡端視各國國內法規定；以 1929 年阿根廷國民 Pedro Alejandrino Flores 引渡智利案為例，Pedro 所犯之殺人罪在智利

0122)，2007 年 12 月 10 日，頁 233-261。

[140] Bassiouni, *supra* note 1, at 623.

[141] *Id.* at 621-622 & 627.

[142] *Id.* at 634-635.

[143] *Id.* at 628-629.

為可處死刑之罪，但阿根廷已廢除死刑，且兩國當時並無引渡條約，因此引渡的依據是互惠。智利最高法院表示，當事人引渡後，會依智利法律審判，雖無法保證會科以較輕之刑罰，但會遵守阿根廷對於引渡的條件，阿根廷地方法院認為智利提出的司法保證似嫌不足，上訴法院看法一致，並表示如果智利總統以其赦免權提出保證，則不無引渡的可能。案經最高法院確認，如智利國家元首提出保證一旦判決死刑，將予以赦免死罪時，得同意引渡。[144]

第五項　引渡與人道、人權、種族平等考量之關係

　　引渡應考量人道、人權與種族平等，許多國際公約及條約有此種規定，例如：（1）聯合國模範引渡條約第 4 條(h)項規定：「被請求國在考量犯罪性質與請求國利益之時，如依其年齡、健康或其他個人情況，認為與人道不符時，得拒絕引渡。」[145]（2）「禁止酷刑和其他殘忍、不人道或有辱人格待遇或處罰公約(United Nations Convention Against Torture and Other Cruel, Inhuman and Degrading Treatment or Punishment)」第 3.1 條規定，[146]「締約國有充分理由相信任何人在它國有遭受酷刑之危險時，不得將該人驅逐、遣返或引渡。」（3）世界人權宣言(The Universal Declaration of Human Rights)第 5 條及公民權利和政治權利國際公約(The International Covenant on Civil and Political Rights)第 7 條同樣規定：「不得對任何人施以酷刑，或以殘忍、不人

---

[144] *Id.* at 628.; *In re Pedro Alejandrino Flores*, Digest of International Law, Department of State Publication 8350, at 886-887, (1968).

[145] Bassiouni, *supra* note 1, at 618.

United Nations Model Treaty on Extradition, Art. 4: Optional grounds for refusal Extradition may be refused in any of the following circumstances…: (h) If the requested State, while also taking into account the nature of the offence and the interests of the requesting State, considers that, in the circumstances of the case, the extradition of that person would be incompatible with humanitarian considerations in view of age, health or other personal circumstances of that person.

[146] Quigley, *supra* note 72, at 1217.

The Rule of Non-Inquiry and Human Rights Treaties, Article 3.1 No State Party shall…extradite a person to another State where there are substantial grounds for believing that he would be in danger of being subjected to torture. For the purpose of determining whether there are such grounds, the competent authorities shall take into account all relevant considerations including, where applicable, the existence in the State concerned of a consistent pattern of gross, flagrant or mass violations of human rights.

道或侮辱待遇或刑罰」。[147]（4）「聯合國打擊跨國有組織犯罪公約」第 16 條第 14 項規定：「締約國有充分理由認為引渡請求係基於性別、種族、宗教、國籍、族裔或政治觀點為由對其進行起訴或處罰，或依其請求將損及該人地位時，不得對本公約解釋為有引渡的義務。」（5）澳洲與馬來西亞引渡條約第 3 條規定：「如被請求國有實質理由相信犯罪引渡之請求，係基於種族、膚色、性別、語言、宗教、國籍、血統、政治信仰或身分，或因任何理由歧視其地位，而起訴或處罰時，應拒絕引渡。」[148]（6）澳洲與馬來西亞第 3 條：「如被請求國有實質理由足信犯罪引渡之請求，係基於種族、膚色、性別、語言、宗教、國籍、血統、政治信仰或身分，或因任何理由歧視其地位，而起訴或處罰時，應拒絕引渡。」[149]

---

[147] Bassiouni, *supra* note 1, at 618. 其他尚有歐洲保障人權和基本自由公約(The European Convention for the Protection of Human Rights and Fundamental Freedoms)第 3 條、The American Declaration of the Rights and Duties of Man 第 XXV 條、The American Convention on Human Rights 第 5 條亦有規定。

[148] United Nations Convention against Transnational Organized Crime, Article 16.14: Nothing in this Convention shall be interpreted as imposing an obligation to extradite if the requested State Party has substantial grounds for believing that the request has been made for the purpose of prosecuting or punishing a person on account of that person's sex, race, religion, nationality, ethnic origin or political opinions or that compliance with the request would cause prejudice to that person's position for any one of these reasons. 其他例如聯合國反貪腐公約第 44 條第 15 項(2003 United Nations Convention against Corruption (United Nations 2003, art. 44.15)

[149] Australia-Malaysia Extradition Treaty, Art. 3 [Exceptions to Extradition] 1. Extradition shall not be granted in any of the following circumstances:… (b) if there are substantial grounds for believing that a request for extradition for an ordinary criminal offence has been made for the purpose of prosecuting or punishing a person on account of that person's race, colour, sex, language, religion, nationality, ethnic origin, political opinion or other status, or that that person's position may be prejudiced for any of those reasons. 其他上有英國與阿拉伯聯合大公國引渡條約第 4 條、英國與菲律賓引渡條約第 4 條第 2 項; 及英國與科威特引渡條約第 3 條有相同規定。

第四節　拒絕引渡事由：國民不引渡原則──兼論國際法上國民引渡之實踐

以人的因素而拒絕引渡事由包括：從事公務之人(persons performing official acts)、受特殊豁免所保護之人(persons protected by special immunity)不引渡，以及因國民（國籍）之身分而不引渡。

從事公務之人(persons performing official acts)，係指本國駐外從事公務而免於本國、駐在國或利害關係第三國之司法程序及行政程序之人。就外交官而言，豁免起訴是基於條約法(treaty law)或習慣國際法(customary international law)而來，例如維也納外交豁免公約(Vienna Convention on Diplomatic Immunity)。個別國家公務官員則是基於內國法，而同樣也受習慣國際法承認，這兩種豁免都是基於主權原則。國家元首，為另一種受特殊豁免所保護之人(persons protected by special immunity)。他國國家元首豁免起訴隱含的是，同時也免於引渡，實務上，這些對象的豁免，沒有引渡條約或內國引渡法可參，參照的不是引渡法，而是國際法上的豁免規範。應注意者，如果是觸犯「國際法強制規範(*jes cogens*)」之罪，例如種族滅絕、違反人道罪、戰爭、酷刑、種族隔離、海盜、奴隸，甚至恐怖主義等罪時，這兩種身分之人都不享有豁免，此時外交官應由派遣國進行起訴，如果派遣國沒有起訴，駐在國以外任何國家即得予起訴，至於國家元首，起訴須俟其卸任。[150]

有關國民引渡或不引渡，早先由於國家（部落）之間存在著敵對意識，文明化程度懸殊，將人遞解至外國就算不代表死亡，也形同永遠放逐，因而可謂部落法最嚴屬的處罰方式[151]。由於我國引渡法第 4 條第 1 項前段規定「請求引渡之人犯，為中華民國國民時，應拒絕引渡」，國內外文獻亦指出，大多數引渡條約在實踐上是採用國民不引渡原則，大陸法系國家以國民不引渡為原則，包含德國在內，甚有將國民不引渡

---

[150] Bassiouni, *supra* note 1, at 745.
[151] Plachta, *supra* note 4, at 81.

原則列爲憲法保障的基本權，[152]惟實際上普通法系國家係以國民可引渡爲原則，兩者存在根本上的差異。

　　國民引渡問題在實務上有其重要性，以美國及德國爲例，美國同意他國請求引渡人數，約有百分之十的被引渡人爲美國國民，德國則約有百分之九的引渡案件，涉及德國籍國民且均遭到德國拒絕引渡，其他還有更多情形是犯罪地國務實評估後，認爲他國同意國民引渡的可能性認爲機會渺茫，不願多此一舉，因而罪犯逃過了制裁。[153]

第一項　國民引渡問題之起源與發展

一、大陸法系與國民不引渡原則

　　國民不引渡觀念，最早可溯自中世紀封建制度領主與附庸之關係，當時領主負責保護附庸，以換取他們對領主效忠、勞動、貢獻財富與力量。附庸即有資格要求不被提領(withdraw)到當地法院管轄以外之法院進行審判之權利(ius de non evocando)，此一權利，是經由統治者頒給的特別訓令所賦予，稱之爲詔書（Bull，意爲教皇的詔書、公文或法令），第一道詔書於 1290 年由德國凱撒大帝頒布，而較著名的詔書，則是 1349 年由北海沿岸之低地國(Low Countries)頒布給「布洛班(Brabant)」及「林堡(Limburg)」的路德人(Lothars)的「布洛班詔書(Brabantine Bull)」，[154]在當時法國與低地國家之間協定引渡政策中，低地國家頒布了此一詔書，確保低地國家的居民在引渡案件中，不會被提領(withdraw)到當地地方法院管轄之外的法院，法國從之，1736 年並經由內國立法擬定互惠法令，確認此一原則。[155]

　　「布洛班詔書」頒布於 14 世紀，在時間上早於 16 世紀宗教改革甚久，當時歐洲宗教間極度敵對，天主教徒與清教徒相互認爲，在對方所屬的法院受審不會獲得公平的對待，此一歷史背景，除反映一般人何以認爲本國國民在他國法院受審時會遭受重大的不利益外，亦顯示當時的社會條件不適於引渡。之後，國民不引渡的觀念，從布洛

---

[152] 詳本文「參、(四)國家對國民之保護義務」。

[153] Plachta, *supra* note 4, at 157-158.

[154] Id. at 82. 低地國(Low Countries)即今荷、比、盧三國；「布洛班(Brabant)」現位於荷蘭與比利時交界處，「林堡(Limburg)」則位於比利時境內。

[155] Shearer, *supra* note 18, at 95.

班傳至荷蘭，再傳至法國。[156]

　　歐陸的實踐是在法國強勢影響下而發展，1736 年，法國與荷蘭通過互惠協議，內容基本上延續「布洛班詔書」條文，然而在 1765 年至 1834 年間，法國條約實踐上對國民之引渡採取彈性的作法，此乃反映政治及現實之多方考量，例如法國於 1765 年與同為天主教的西班牙簽訂的引渡條約中，明定國民可引渡；同年與西班牙簽訂的引渡條約明定國民亦有適用；1777 年，法國與瑞士境內天主教地區希維地克聯盟(Catholic cantons, Helvetic League)協議「除屬重大之公眾犯罪(crime grave et public)之外，國民不引渡」，換言之，就某些犯罪有達成國民引渡的共識。1803 年 Jollivet 於國會(Council of State)宣布，國民不引渡為全世界國家所採用，1811 年拿破崙頒布了國王令(imperial decree)，明確承認法國國民可引渡，但需將引渡案件呈送拿破崙大帝，惟該國王令還未生效，即在 1814 年的大憲章(Constitutional Charter)中被廢除，但 1820 年曾有法國國民 Machon 被送至瑞士接受審判之案例。[157]

　　法國雖然被視為國民不引渡原則的搖籃，但引渡政策直到 1830 年代都還相當不穩定，官方的公告與實務也不一致。直到 1834 年，法國與比利時的引渡條約中，明文規定了國民不引渡原則，其後並在法國與他國的所有引渡條約中，一律排除國民之引渡。[158]自此，法國的政策大致上嚴格遵守國民不引渡原則，唯一的偏離的是 1843 年法、英及法、美簽訂的引渡條約規定引渡的對象為「所有人(all persons)」，沒有例外（1938 年引渡條約第 4 條亦為同樣之規定），至於法國在這兩個條約同意國民可引渡的原因則令人好奇，亦未見任何解釋。[159]然而事實上，這兩項條約之形式意義大於實質意義，因為自從該兩項條約簽訂起，從沒有法國國民被引渡出境。在法國公法中，國民不引渡原則一直是單純的習慣規範(customary norm)，直到 1927 年引渡法才規定，被請求之人如為法國領土主權法律下之國民、被保護人、居民時，不同意引渡。[160]在法國建立拒絕國民引渡之後，經過許多年法國才對於在國外的犯罪規定處罰。[161]

　　歐陸的發展深受法國影響，除了荷蘭及北歐國家間之特別情況外，沒有任何國家放棄此一原則。值得一提的是瑞士與義大利，瑞士依據 1892 年的瑞士引渡法(Swiss Extradition Law)規定絕對禁止國民引渡，惟 1981 年國際刑事合作法(Law of

[156] *Id.* at 95-96.
[157] Plachta, *supra* note 4, at 82.
[158] *Harvard Research in International Law*, Amer. J. Int'l L., Vol. 29, at 123-24, (1935).
[159] Shearer, *supra* note 18, at 98.
[160] Plachta, *supra* note 4, at 84.
[161] Harvard Research, *supra* note 158.

International Cooperation in Criminal Matters)則規定如經本人同意者，可遞解。1947 年義大利憲法第 26 條第 1 項規定，國民之引渡於國際條約有明文規定時，國家應予准許。

綜上而言，歐洲國家對國民不引渡原則雖有些許不同及修正，但基本方向仍然一致，而從 19 世紀中世紀之後，不管是基於條約或互惠，法國與比利時此一拒絕國民引渡的規定已為歐洲國家普遍接受，並傳至拉丁美洲國家。[162]

二、普通法系與國民可引渡原則

(一) 英國

普通法系的引渡制度，首推英國。英國不贊成排除國民之引渡，包括 1794 年及 1842 年與美國的兩次引渡條約及 1843 年的英法引渡條約，均規定引渡的對象為「所有人(all persons)」。[163]然而，英國很快發現其他國家堅持國民不引渡原則，為了符合締約他方的想法，英國有時亦將國民不引渡之條款置於引渡條約中，近來的條款則乾脆規定締約之任何一方均不得強迫國民引渡，各國得自由決定。[164]

雖然如此，1880 年英國與瑞士商議新的引渡法時，由於瑞士仍然堅持國民不得引渡至英國的條文，當時英國政府也並未採取「皇家引渡委員會」所建議的折衷做法，而是放棄互惠原則，同意「英國國民得予引渡至瑞士；瑞士國民不予引渡至英國，但必須處罰在英國領土所犯之罪」。[165]條文雖規定如此，但曾任「皇家引渡委員會(Royal Commission on Extradition)」主席的大法官 Lord Cockburn C.J.在 *The Queen v. Wilson* 一案中曾表示，「依據 1874 年英國與瑞士之引渡條約，任何英國人在國內均不得被遞送瑞士政府，因為 Wilson 所犯之罪在英國欠缺管轄權」。並指出，英國與瑞士的引渡條約中，有關國民不引渡的條文是法律上的污點(blot upon the law)」，由此可窺知，當時英國法院對國民不引渡原則反對態度。[166]

然而，英國大法官 Lord Cockburn C.J.所持的理由不獲贊同，在 1896 年在 In Re

---

[162] *Ibid.*
[163] Plachta, *supra* note 4, at 86.
[164] Harvard Research, *supra* note 158, at 124.
[165] Shearer, *supra* note 18, at 97-99. 之後英國亦與西班牙及盧森堡簽訂類似的單方排除條款，但未約定進行起訴之部分。
[166] Plachta, *supra* note 4, at 86. 英國於 1878 年指派「皇家引渡委員會(Royal Commission on Extradition)」針對引渡從事研究各國引渡制度，前述「國民不引渡」之理由為 Harvard Research 一文援引及補述案例，並為國內學者引註之依據。

Galwey 一案中即表示，依據 1876 年英國與比利時的條約，遞送英國公民完全合法，條約的訂立並非禁止遞送英國國民，而是賦予行政機關有裁量權。[167]

此外，由於放棄互惠原則的做法代價太大，英國外交部與內政部均反對此一單方排除國民引渡之條款，認為未來在條約上，若未充分確保本國國民在外國可受公平審判之進行，則英國應保有拒絕遞解英國國民之權利。此一裁量條款旋即見諸於 1886 年英國與墨西哥引渡條約，該條約規定「締約雙方得依其獨立自主之裁量，拒絕將其國民遞交他方」，1887 年英國與比利時補充條約亦有類似的條文規定：「締約雙方不論在任何情形之下，均不得受拘束應遞解本國國民」，修正了 1867 年簽訂的舊條文中，有關國民絕對不引渡的規定。之後英國與阿爾巴尼亞等 27 國所簽訂的各引渡條約中均援用此一用語。

雖然英國自 1878 年即表達不贊同絕對的國民不引渡原則，但直至 1910 年，卻仍有 7 個條約規定絕對的國民不引渡條款，此乃因締約國無法接受國民的引渡適用裁量原則，並總計與之前共有 14 個條約有此條款。[168]

至於大英國協國家(Commonwealth of Nations)不論延用「帝國引渡法(Imperial Extradition Act)」或重新立法，均承認繼承自英國的條約，不反對引渡本國國民，例外情形僅愛爾蘭（前大英國協國家）及塞浦路斯（憲法規定國民不引渡）。[169]

（二）美國

美國法院向來表示不限制國民引渡的立場，且拒絕用憲法及條約反對美國國民之引渡。國務院認為美國有權引渡國民，且常基於司法的利益而引渡國民，簽訂引渡條約時，向來倡議國民可引渡或至少要規定裁量條款。[170]

雖然美國贊同引渡包括本國國民，但早期見解較保守，例如美國最高法院於 1840 年在 *Holmes v. Fennison* 一案中所述：「除條約之外，沒有引渡的義務」，[171]換言之，即使條約中訂有裁量條款，裁量的對象不包括本國國民。實務上，例如 1891 年 In Exparte McCabe 一案中，美國籍被告 McCabe 在墨西哥被控殺人罪，法官認為，「沒有引渡義務時，即沒有同意的權力」。美國最高法院在 *Valentine v. United States ex Neidecker* 一案中亦贊同此一見解，認為：「不得將引渡所訂之裁量條款，解釋其賦予

---

[167] *Id.* at 96.
[168] Shearer, *supra* note 18, at 99-100.
[169] *Id.* at 102.
[170] Plachta, *supra* note 4, at 97.
[171] Shearer, *supra* note 18, at 24.

簽署國有遞解本國國民之義務。既然除了條約義務之外，沒有引渡的一般性法律，則若條約明文拒絕引渡美國國民時，當然剝奪國家在任何憲法上可以引渡國民的權力」。[172]

然此一見解目前已非被美國所採。有關互惠原則運用在國民之引渡上的改變是，卽使他國未能同意引渡國民，亦不能做爲美國拒絕之理由。在 *Charlton v. Kelly* 一案中，[173]美國最高法院認爲，縱然義大利依據條約無法引渡國民，亦不使美國得以拒絕國民之引渡。當前的實踐上，如果條約中訂有裁量條款，或條約對國民否引渡未表示意見，美國仍容許國民之引渡。[174]另依據美國聯邦法典第 18 編第 209 節第 3196 條規定：「如果有效之條約或公約，並未規定美國有義務將其國民引渡給外國，國務卿在接到他國請求引渡美國公民，倘引渡要件符合條約或公約之規定，仍得命令將該美國公民遞交該國」。

美國與英國採行國民引渡原則，面臨了同樣的問題，卽主要引渡條約締約國例如法國、德國及巴西，在其憲法或國內法規定禁止引渡國民，但美國在引渡談判磋商中，經常希望締約對造國不要在條約中訂定國民不引渡的一般性條款，然而很少如願。甚至在 19 世紀中葉，此種條款的磋商，可說根本上是失敗的，因爲這些締約國都採國民不引渡原則。然而，美國迄今只要是有助於引渡之可能，也已逐漸接受條文規定締約國如堅持國民不引渡者，卽無引渡國民之義務。[175]

美國在引渡上，並不區別被引渡人是否爲本國國民，甚至提倡所有國家應採用相同之政策，司法部積極致力說服他國應隨著交通的便利及犯罪國際化，放棄國民」不引渡原則，此已成爲美國與他國洽談引渡條約時，高度優先的事項。實務上，近年來美國與中南美洲國家，例如玻利維亞、阿根廷及巴拉圭的引渡條約中，對於國民引渡的限制已趨向嚴格甚至廢除，例如墨西哥及哥倫比亞開始對國民之引渡，採取裁量的方式決定，多明尼加共和國甚至廢除國民不引渡的法令，並將多名被控殺人及毒品的國民，引渡至美國。

中美洲國家之外，美國與印度、菲律賓、斯里蘭卡、聖露西亞、聖文森、千里達、辛巴威明訂禁止拒絕引渡國民；與澳洲、馬來西亞、香港、南韓、日本及泰國之條約，則規定由締約國裁量決定是否解交國民。

---

[172] Plachta, *supra* note 4, at 144.

[173] *Charlton v. Kelly*, 229 U.S. 447 (1913).

[174] Plachta, *supra* note 4, at 142.

[175] *Harvard Research*, *supra* note 158, at 124.

美國與歐洲國家在國民之引渡問題上，與過去並無太大變化，但與愛爾蘭、義大利及荷蘭之引渡條約，則於特定之狀況時准予引渡國民；另美國與奧地利、賽普勒斯、法國及盧森堡之引渡條約仍無進展，但條約中明訂如因國籍因素拒絕引渡時，經締約國請求者，應依國內法起訴。墨西哥及玻利維亞則授權行政機關依據國內法某些特別條件下，有裁量是否引渡國民之權。美國在這些引渡條約中，如果締約國單純因國籍原因拒絕引渡時，經美國請求起訴者，即應起訴。[176]

第二項　國民不引渡及可引渡之理由

大陸法系國家主張國民不引渡的理由，或認為國民在外國可能受不公平審判或不合理處遇、在外國之犯罪可由所在國自行審判以代引渡、國民有權要求在其本國之法院接受審判、國民基於其與國家間之特殊連繫，有權利留在其國內，受其法律之保護，如將國民遞交外國審判，違反國家對國民之保護義務；對外國司法制度之不信任；國民在外國受審判，遠離親朋且語言隔閡，可能遭受不利，[177]19世紀的歐洲尚認為引渡國民有損國家尊嚴。[178]此外，亦有認為一個廣泛而嚴格的國民不引渡政策，將減低引渡在打擊跨國犯罪的效率。

普通法系國家對國民不引渡原則提出批評與駁斥，認為國民不引渡原則所依據的都是十九世紀或更早時期發展的論點，在現代文獻中沒有提出新的理論，犯罪應由犯罪地處罰最為洽當，對於在他國犯罪的本國國民，不反對引渡予他國制裁，甚至積極贊成與提倡國民應引渡。[179]惟普通法系在批評與駁斥的同時也深知，不管對國民可引渡的看法多麼具有說服性及合理性，對於傳統主張國民不引渡的國家，並不會產生有太大的改變。[180]

---

[176] Secretary of State to the Senate Committee on Foreign Relations and the House Committee on International Relations, *Report on International Extradition pursuant to Section 211 of Public Law 106-113*, at 4-6.

[177] Plachta, *supra* note 4, at 4; *Harvard Research*, *supra* note 158, at 127; 陳榮傑，同注 3，108 頁。

[178] Shearer, *supra* note 18, at 107.

[179] Plachta, *supra* note 4, at 85.

[180] *Id.* at 134.

一、國民在外國是否受到公平審判或合理處遇之問題

有關國民在外國可能受不公平審判或不合理處遇，以大陸法系國家引述哥倫比亞 In re Arevalo (Colombia, Supreme Court 1942)為案例。該案中被告受指控在委內瑞拉犯殺人罪，哥倫比亞最高法院認為：「在外國審判有可能受到重大的危險，而冒此風險是沒有必要的，因為哥倫比亞致力將刑法國際化，已經立法讓哥倫比亞刑法適用於在國外犯罪之本國人及外國人。……依刑法第七條之規定，本案被告受指控在委內瑞拉之殺人罪，在哥倫比亞將不會被免除審判。哥倫比亞將如同委內瑞拉一樣對抗犯罪。同時，基於保持主權不受侵害，哥倫比亞禁止將國民引渡至被請求國」。[181]

普通法系國家認為，區分國民與非國民是歧視的待遇，源自於國民主權的觀念，其預設司法執行時極度的對比差異，將進而造成潛在的不公平處遇。[182]此一假設是因為恐懼於專制或粗糙不公平的訴訟程序，以及在外國法院或陪審團前接受審判所潛藏的危機。[183]此外，如果國家負有義務將本國法律適用於本國國民在國外從事之犯罪行為，則對於那些在國外犯罪並被羈押在國外的本國國民，是不是同樣也應該要求引渡回國才算合理？事實上如果引渡後，經由監督而能確保國民能獲得公正的審理，也一樣對國民善盡了保護之責。因此，有關國民被引渡後成為該國的外國被告，在外國可能受不公平審判下而成為犧牲者，此一說法頗令人懷疑，因為事實上國家會監督看行為人是否確實受到同等審判。[184]

二、在外國之犯罪應由所屬國自行審判或引渡至犯罪地審判

大陸法系在外國之犯罪，係可由所屬國自行審判以代引渡，引述哥斯大黎加 In re Rojas (Costa Rica, Supreme Court 1941)為例，案中哥斯大黎加國民 Rojas 在尼加拉瓜從事詐騙後逃回本國，哥斯大黎加最高法院依據 1934 年簽訂的中美洲引渡公約引渡 (Central American Extradition Convention)第 4 條「締約國並無義務遞交國民，但如果拒絕引渡時，被請求國應就該犯罪起訴」之規定，要求行政部門拒絕尼加拉瓜引渡之請求。[185]

---

[181] M. Cherif Bassiouni, *International Extradition, United States Law and Practic*e, Oceana publications, Inc. February, at III 3-8, (1983).

[182] Plachta, *supra* note 4, at 87-88.

[183] Shearer, *supra* note 18, at 120.

[184] *Harvard Research*, *supra* note 158, at 128-129.

[185] Bassiouni, *supra* note 181, at VIII 3-9.

普通法系國家認爲，國民不引渡的理由中，唯一應嚴肅看待理由，就是大多數國家的法律中訂有審判及處罰國民在外國犯罪行爲的條款，當內國可以依法處罰時，便無由將該人送至外國法院審判。[186]惟普通法系奉行嚴格的屬地主義，向來認爲犯罪應由犯罪地處罰最爲洽當，所謂犯罪係違反犯罪所在地國家的法律，一個居住在外國的人負有遵守當地國法律的義務，以換取當地國對他的保護。爲何要因爲犯罪人逃離法律管轄之外，被請求遞解時就會處立於一個與犯罪地國不一樣的地位？[187]由於取得在他國的相關證據並沒有可能，因而審理並不可行；且如果引渡的客體在審判後逃回本國，基於一事不再理原則，所有爭議都不再適用。基於此二點無法說明，任何國家想要審判其國民在外國之所有犯罪必定失敗。[188]所以，雖然屬人管轄原則的國家規定國民在國外的犯罪可以處罰，然而，在犯罪人國籍國審判其在國外的犯罪行爲，實際上受到相當的反對，證人必須長途跋涉前往，造成不便且所費不貲，甚至證據須以較不妥的書面型態提出，且證據之運送及提示必須要依協定爲之。[189]

三、國民有權要求在其本國之法院接受審判

大陸法系國家引述阿根廷 In re Artaza (Argentina, Court of Second Instance, Buenos Aires 1951)爲例，案中阿根廷國民 Artaza 在巴西殺人後逃回阿根廷，巴西上訴法院變更下級法院判決不准許引渡，認爲：「由於與請求國之間未有引渡條約，本案應依阿根廷刑事訴訟法進行訴訟，依據該法第 669 條規定，阿根廷國民有權要求在其本國之法院接受審判。上訴人既行使此項權利，引渡之請求應予拒絕」。

普通法系國家則認爲，國民有權要求其在本國之法院審判係指國民「不被移離原本的審判(not be withdrawn from his natural judges)」，所謂「原本的審判(natural judge)」係源自於 1814 年法國大憲章第 62 條規定：nul ne pouvra etre distrait de ses juges naturels。然而法國學者認爲「原本的審判」係指犯罪地(place of offense)，而非指被告國籍(nationality of the accused)。況且，犯罪地比其他國家可能對該犯罪之審判更有意願；犯罪發生地是最能舉證之地，而爲衆所公認。[190]

美國最高法院於 1900 年在 *Neely v. Henkel* 一案中做出權威見解認爲，「上訴人係

---

[186] *Harvard Research*, *supra* note 158, at 132.

[187] *Id.* at 127.

[188] Plachta, *supra* note 4, at 123.

[189] Shearer, *supra* note 18, at 122-123.

[190] *Harvard Research*, *supra* note 158, at 128.

美國公民，但此一身分並無法免除他在其他國家的犯罪，亦不讓他在違反他國法律並逃避該國司法制裁之後，還擁有權利要求改用該國以外之模式審判。當美國人在外國犯罪，除非該國與美國訂有特別的條約規定採取不同模式，否則如經他國請求後，將本國國民送至該國接受與該國國民相同審判及處罰模式，即不能有所抱怨」。[191]

　　至於許多國家處罰國民在外國之犯罪行為，但如果行為人之行為在國外判刑確定，而於服刑前即逃回本國，由於該外國判決不會在本國執行，此時如果不引渡，仍然不會被處罰，因為基於一事不再理原則(ne bis in idem)，行為人不會因同一行為再次受到審判，此為另一問題。[192]

四、國家對國民之保護義務

　　大陸法系國家支持此一理由認為，基於國家與國民之間的特殊關係或親密聯繫，國家依法對國民負有保護之責任，適用於引渡領域時，則成為國民不引渡原則。國民基於其與國家間特殊連繫，有權留在國內接受法律保護，如將國民遞送給外國審判，違反國家對國民之保護義務。

　　採國民不引渡原則國家中，甚至有將該原則列為憲法保障基本權利者，如：斯洛伐克憲法第 23 條第 4 項、[193]俄羅斯憲法第 61 條第 1 項、[194]蒙古憲法第 15 條第 2 項、[195]拉脫維亞憲法第 98 條、[196]安哥拉憲法第 27 條第 1 項、[197]克羅埃西亞憲法第 9 條第

---

[191] *Neely v. Henkel*, 180 U.S. 109 (1901).

[192] *Harvard Research, supra* note 158, at 129.

[193] 斯洛伐克憲法第 23 條第 4 項規定 Slovakia Constitution Article 23 [Freedom of Movement] (4) Every citizen has the right to freely enter the territory of the Slovak Republic. A citizen must not be forced to leave his homeland and he must not be deported or extradited.

[194] 俄羅斯憲法第 61 條第 1 項規定 Russia – Constitution Article 61 [Extradition](1) The citizen of the Russian Federation may not be deported out of Russia or extradited to another state.

[195] 蒙古憲法第 15 條第 2 項規定 Article 15 [Citizenship, Extradition] (2) Deprivation of Mongolian citizenship, exile, or extradition of citizens of Mongolia are prohibited.

[196] 拉脫維亞憲法第 98 條規定 Latvia Constitution Article 98　[Departure, Extradition] Everyone has the right to freely depart from Latvia. Everyone having a Latvian passport shall be protected by the State when abroad and has the right to freely return to Latvia. A citizen of Latvia may not be extradited to a foreign country.

[197] 安哥拉憲法第 27 條第 1 項規定 Angola Constitution Article 27　(1) The extradition or expulsion of Angolan citizens from the nations territory shall not be permitted.

2 項、[198]波蘭憲法第 55 條第 1 項、[199]葡萄牙憲法第 33 條、[200]厄瓜多爾憲法第 25 條、[201]亞塞拜然憲法第 53 條第 2 項、[202]及羅馬尼亞憲法第 19 條規定者，[203]均明文規定國民不引渡原則。

　　瑞士憲法第 25 條則在當事人同意的原則下，可將本國國民引渡外國。[204]德國基本法第 16 條第 2 項舊條文規定「德國人民不得引渡於外國」，但 2003 年 6 月 13 日歐盟通過「歐盟逮捕令及遞解程序歐盟理事會決議架構(Council Framework Decision on the European Arrest Warrant and the surrender procedures between Member States)」，廢除會員國間之引渡，而以推動「相互承認原則」取代，即由司法機關以遞解制度取代引渡。因而德國先於 2000 年 11 月 29 日修正基本法第 16 條第 2 項加上但書規定「德國人民不得引渡於外國，但在符合法治國原則的情況下，得以法律就引渡至歐盟會員國或國際法庭。」[205]，其目的乃在確保刑事程序的公正與客觀，並保護德國人免於他國不可知的訴訟程序。此一修正條文創設了德國國民可引渡的憲法依據，惟其遞解僅限

---

[198] 克羅埃西亞憲法第 9 條第 2 項規定 Croatia Constitution Article 9 [Citizenship](2) No Croatian citizen shall be exiled from the Republic of Croatia or deprived of citizenship, nor extradited to another state.

[199] 波蘭憲法第 55 條第 1 項規定 Poland Constitution Article 55 (1) The extradition of a Polish citizen shall be forbidden.

[200] 葡萄牙憲法第 33 條規定 Portugal – Constitution Article 33 Extradition, Deportation, Right to Asylum (1) Portuguese citizens may not be extradited or deported from the national territory.

[201] 厄瓜多爾憲法第 25 條規定，Ecuador Constitution Article. 25. En ningún caso se concederá la extradición de un ecuatoriano. Su juzgamiento se sujetará a las leyes del Ecuador.

[202] 亞塞拜然憲法第 53 條第 2 項 Constitution of Republic of the Azerbaijan Article 53. [Guarantee of the Citizenship Right] 2. A Citizen of the Azerbaijan Republic can under no circumstances be driven away from the Azerbaijan Republic or extradited to a foreign State.

[203] 羅馬尼亞憲法第 19 條 Constitution of Romania Article 19 Extradition and expulsion (1) No Romanian citizen may be extradited or expelled from Romania.

[204] 瑞士憲法第 25 條規定 Switzerland Constitution Article 25 Protection Against Expulsion, Extradition, and Removal by Force(1) Swiss citizens may not be expelled from the country; they may be extradited to a foreign authority only with their consent.

[205] 德國統一後基本法 1990 年 9 月 23 日通過之基本法第 16 條第 2 項條文 Article 16 [Citizenship; Extradition] (2) No German may be extradited to a foreign country. Persons persecuted for political reasons enjoy the right of asylum。2000 年 11 月 29 日修正前舊條文第 16 條規定 Article 16 [Citizenship; Extradition] (1) No German may be deprived of his citizenship. Citizenship may be lost only pursuant to a law, and against the will of the person affected only if he does not become stateless as a result. (2) No German may be extradited to a foreign country.。2000 年 11 月 29 日修正第 16 條第 2 項但書規定 Article 16 [Citizenship; Extradition] (2) No German may be extradited to a foreign country. A different regulation to cover extradition to a Member State of the European Union or to an international court of law may be laid down by law, provided that constitutional principle are observed.

國際法庭或其他歐盟會員國。[206]

普通法系國家認為，「國家對國民負有保護義務」的觀念並非大陸法系國家所獨有，普通法系亦有類似觀念。在英國 In re Galway (1896) 一案中法院表示，服刑人身為英國國民，即對英國皇室負有忠誠義務，相對地並得以接受保護。[207]但將國家與國民間聯繫做為國民不引渡之說理標準難以一致，因為此聯繫基礎在過去歷史有相當大的改變，國家與國民間的聯繫，在形式上標準為：文件或證書載明國籍；實質上標準則如：住所、工作、事業或家庭等，若採實質性標準，則表示除國民外之任何人，只要與被請求國有真實(genuine)而長久(long-standing)的聯繫，就應該給予同樣保護；若採形式標準，則產生以下明顯謬誤：某 X 具有 A 國及 B 國雙重國籍，但在 A 國居住數十年，且未曾到過 B 國。設 X 在 A 國詐欺後逃往 B 國，A 國向 B 國請求引渡 X，將遭 B 國援引國民不引渡原則拒絕。即使 X 不反對，甚至願意返回 A 國接受審判，此一請求亦不被考慮，除非 B 國恰好為瑞士，因為依據瑞士「刑事業務國際合作法(Law on International Cooperation in Criminal Matters)」規定，如果國民以書面表示同意者，可引渡至他國，[208]否則一般而言 B 國亦將拒絕。

五、對外國司法制度之信任問題[209]

對外國司法制度之不信任被認為是國民不引渡的理由之一，惟普通法系國家認為，如果對於外國司法不信任，則根本徹底不該有引渡。[210]對引渡國是否提供公正的司法裁判缺乏信任，正好說明應該全然拒絕該國所有引渡請求才對，而不能在接到引渡請求時，要區分本國人與外國人。[211]

雖然迄今沒有研究數據，但一般經驗認為，具有外國國籍可能是一項促使陪審團對被告產生不利看法因素，而美國之所以在聯邦間形成多元管轄權(diversity jurisdiction in federal States)，也是基於假定在跨州民事訴訟中，地方的陪審團會偏向地方。此外，還有許多原因，例如控訴事件性質乃至於傳統服裝，都可能會造成對被告歧視，而如果在非陪審團審判，則指控外國人會因為國籍而被不當產生偏頗，在立

---

[206] Arnd Duker, *The Extradition of Nationals: Comment on the Extradition Request for Alberto Fujimori*, German Law Journal Vol. 04, No 11, at 1174 (2003)

[207] Plachta, *supra* note 4, at 90; *In re Galwey*, 1 Q.B. 230, 233 (1896).

[208] *Id.* at 91.

[209] *Harvard Research*, *supra* note 158, at 127.

[210] *Id.* at 128.

[211] *Id.* at 135.

論上更站不住腳。而對外國司法制度之不信任的恐懼，可以透過外交代表或國際機構的力量解決。[212]

六、國民在外國受審判，遠離親朋且語言隔閡，是否可能遭受不利

大陸法系國家認爲，國民在外國接受審判，遠離親朋好友且具有語言隔閡，可能遭受不利；[213]普通法系國家則認爲，外國人在審理時的語言問題，可使用通譯解決，因爲當本國國民在外國犯罪被緝獲時，不也一樣是使用當地國語言並透過翻譯解決？[214]而且長久以來在實務上，被引渡人所屬國的外交代表都應出庭，就防禦爭點、翻譯之提供、羈押期間的權益事項等均應協助被引渡人。[215]

七、引渡國民有損國家尊嚴[216]

19 世紀的歐洲尚有認爲引渡國民有損國家尊嚴，1865 年法國因國民在外國犯罪不被引渡，爲了不讓這類司法案件全然束手無策，因此提議法國法院延申對人民的管轄權，但在當時爭論中，「國民尊嚴」及「國家榮譽」是二大根本障礙。[217]1881 年，義大利政府指派之委員會報告稱，「義大利對其子民應予保護，如被指控犯罪，不得使其棄離土地而任令其受外國法律審判。國家尊嚴無法同意國民受到強迫而遵從外國當局之命令」。

對此，英國大法官 Lord Cockburn 在 In Re Tivnan 一案中表達普通法系國家觀點：「如果國民在國外犯罪，他國係基於司法正義目的而要求本國遞解國民，實看不出何損於國家尊嚴、崇高與地位」。國家尊嚴受損可說是毫無依據且憑空想像的推論。

八、減低引渡在打擊跨國犯罪效率

普通法系國家認爲，一個廣泛而嚴格的國民不引渡政策，將減低引渡在打擊跨國犯罪效率。一個案件應該以起訴或引渡爲宜，應就以下考量：（1）犯罪對何國衝擊

---

[212] Shearer, *supra* note 18, at 120.
[213] *Harvard Research*, *supra* note 158, at 127.
[214] *Id.* at 129.
[215] Shearer, *supra* note 18, at 120.
[216] Plachta, *supra* note 4, at 93-94.
[217] *Id.* at 118-122.

感最大；（2）何國行使管轄起訴犯罪有較大利益；（3）　何國之警察機關對發展案件扮演較主要角色；（4）何國已依管轄提出控訴；（5）何管轄地對案件最完整；（6）何管轄地已準備進入審判程序；（7）證據所在地；（8）證據是否具有可移動性；（9）被告人數及是否可集中於某處審判；（10）何管轄地為主要犯罪行為地；（11）被告的國籍及居住地，及（12）被告在各管轄地可能接受審判的嚴重程度。因而，國民不引渡政策若過於廣泛而嚴格，必然將減低引渡在打擊跨國犯罪上的效率。[218]

九、證據實務問題與困難

由於主權、條約及協定等因素，跨國犯罪證據取得雖非不能，但誠屬不易。又即使證據有取得可能，尚會遭遇到下述問題：（1）證人請到外國作證有實質困難且費用昂貴；（2）證據無取得之可能性，例如：應就犯罪現場進行勘驗；（3）如證據被送至國外，亦可能因程序上限制而無法於法庭上使用，證據使用的問題除了修法外別無他途，特別是普通法系國家。[219]

美國尚認為外國政府在起訴上並不積極，美國贊成犯罪在犯罪地國審判，但也瞭解如果引渡已無可能性時，在國籍國起訴，就成為最好的選擇。惟有時美國認為外國政府在起訴上並不積極，除將證人請到外國作證有實質困難且費用昂貴，且各國證據及訴訟程序之差異使起訴有困難外，站在美國立場及被害人、犯罪發生地角度來看，極不希望在他國起訴；且美國認為他國之處罰實質上會比在美國輕。[220]

---

[218] *Id.* at 133-134.
[219] Plachta, *supra* note 4, at 136. 另有文獻指出其有以下實際問題：(1)被請求國基於沈重的司法負荷，將此等案件的起訴擺放於次要的順位；(2)對請求國而言，證據取得困難且費用昂貴；對於被告及證人等而言，此一審判造成極大負擔，(3)跨國案件證據上的問題使得起訴在效率上有極大的阻礙。參閱 *Convention on the Prevention and Punishment of the Crime of Genocide*, 9 December, 1948 78 UNT S 277, footnote 20 para 19.
[220] *Supra* note 176, at 5, footnote 8.

兩大法系國家關於領域外犯罪的刑法態度（理由整理）

普通法系國家堅持屬地原則理由	大陸法系國家兼採屬人原則理由
兼採屬人原則恐侵犯他國主權與獨立性。	國民即使在國外，仍有資格接受國家保護。
屬地有最大利益且有最強大手段可壓制犯罪。	確立外交上保護，防止本國公民在外國的合法權利受到非法侵害。
證人及證據的便利性，陪審制度下的對質理念證人必須長途跋涉前往，造成不便且所費不貲，甚至證據須以較不妥的書面型態提出。	國家對於外國之本國國民提供保護，導出國民有服從的相對義務。
國家主權絕對原則亦代表不在領域外行使主權權利。	本國國民均受本國法律保護，不受非法侵害，使之有安全感。
刑事體系的司法資源的負擔難以忍受，並對他國造成侵犯。	國家以國民為成員，不管國民身在何處，國家的法律自應適用於國民。
對外國公民產生無法預見，而且不適當的責任負擔。	國民行為根本上影響的是所屬國，並為所屬國所關切。
「對於任何傷害本國公民的人，不論其所在地點均要處罰」的觀念有違國家主權原則。	國民在國外從事犯罪，對於所負忠誠的國家的社會與道德秩序造成擾亂。
從 18 世紀至 20 世紀初，主要的反對原因理論基礎歸因於國外證人及證據的取得問題。	國民最瞭解本國刑法規定，在本國法院依據本國法律最有可能受到公平而迅速的審判。
與普通法系國家的屬地管轄理論相違背。	國民在外國可能受不公平審判或不合理處遇。
採屬人原則隱含著對其他主權國家法律體系的不信任。	在外國之犯罪可由所屬國自行審判以代引渡。
英國地理上能與他國相隔離，國民不易逃離領土，沒有領域外適用的急迫性，較有條件採用屬地原則。	國民有權要求在其本國之法院接受審判。
起訴國外犯罪的本國人沒有政策上利益。	國民基於其與國家間之特殊連繫，有權留在其國內受其法律之保護。
消極屬人原則使人隨時曝露在全世界其他國家的不特定刑事追訴當中。	如將國民遞交外國審判，違反國家對國民之保護義務。
讓身處國外的本國公民受至於兩套法律體系的審判。	對外國司法制度之不信任。
廣泛而嚴格的國民不引渡政策，將減低引渡在打擊跨國犯罪的效率。	國民在外國受審判，遠離親朋且語言隔閡，可能遭受不利。
區分國民與非國民是歧視的待遇，預設司法執行時會有極度的對比差異，而造成潛在的不公平處遇。	19 世紀的歐洲尚認為引渡國民有損國家尊嚴。
一個居住在外國的人負有遵守當地國法律的義務，以換取當地國對他的保護，為何要因	國民不引渡原則的國家中，甚至有將該原則列為憲法保障之基本權利。

爲犯罪人逃離法律的管轄之外，被請求遞解時，就會立於一個與犯罪地國不一樣的地位？	
取得在他國的相關證據上困難，因而審理並不可行；且如果引渡的客體在審判後逃回本國。	不行使屬人管轄，以及特別是如果國家採取國民不引渡原則時，許多犯罪將不會受到處罰。
對外國司法制度不信任的恐懼，是可以透過外交代表或國際機構的力量解決。	歐陸國家由於地理上有地界及河界，遷移輕易，爲防止逃犯脫免司法制裁，必須採屬人原則。
使用當地國的語言並透過翻譯，解決引渡人所屬國的外交代表均會出庭，就防禦爭點、翻譯之提供、羈押期間的權益事項協助。國民在外國接受審判，不會遭受不利。	如果引渡的意願較低，則管轄權主張的範圍可能就會較廣。
國家尊嚴受損一說爲毫無依據且憑空想像的推論。	中世紀領主與附庸之關係，附庸有資格要求不會被提領(withdraw)到當地法院以外之法院管轄之權利。
減低引渡在打擊跨國犯罪的效率及證據實務問題與困難。	16 世紀宗教改革時，歐洲的宗教之間極度敵對，天主教徒與清教徒相互認爲，在對方所屬的法院受審不會獲得公平的對待。
外國政府在起訴國外的犯罪上通常不積極。	19 世紀時有「國民尊嚴」及「國家榮譽」之慮。

　　按國民引渡問題自 18 世紀以來，迄今仍然分歧。按國民不引渡原則，是隨著國民情感及國家團結而出現及演進而來，在國家形成之前並不存在。只要國家觀念繼續存在或、國與國之間存在不信任，則國民不引渡原則將會繼續存在。[221]普通法系國家在批評與駁斥的同時也深知：不管對國民可引渡看法多麼具有說服性及合理性，對於傳統主張國民不引渡的國家，並不會產生有太大的改變。[222]

---

[221] Plachta, *supra* note 4, at 158-159.
[222] *Id.* at 134.

第三項、條約、公約及國際法關於國民引渡之實踐

一、條約

（一）條約爲決定國民是否引渡之主要依據

條約爲國民引渡之主要決定依據。條約中有關國民是否引渡的規範方式可分爲三類： （1）不分國籍包括「所有人(all persons)」、（2）條約或公約不得拘束要求締約雙方遞解本國國民，及（3）締約雙方關於本國國民之遞解不受條約或公約之拘束，惟經裁量認爲以遞交爲適當者，有權爲之。[223]

普通法系在國民引渡的實踐上有兩項特徵，即「互惠(reciprocity)」與「條約要求(treaty requirement)」，當條約並未特指國籍而是規定「所有人(all person)」時，法律上向來將此種條款解釋認爲「所有人」包括國民在內，因而說理上自然無法拒絕國民之引渡。[224]

（二）條約中有關國民是否引渡之規範方式

裁量條款(discretionary clause)又稱爲「選擇條款(optional clause)」，規定「締約國互不受拘束遞解國民」，英國模式爲「縱使政府對於國民之引渡沒有條約上之義務，英國國民仍可遞解至外國」。選擇條款似乎是近代的標準實踐，英國傾向於解釋爲「得裁量不引渡」，墨西哥最高法院則解釋其爲「不禁止、可准予引渡」。[225]

裁量條款(discretionary clause)雖是爲了顧及某些無法妥協的國家的感受，而在條約及公約創造此一用語，但實際上此條款的存在，並沒有使這些國家自願遞解國民，使得當初希望透過此規定，得以逐步達成國民引渡的希望也消失。除了英國與美國，各國一般仍舊拒絕國民引渡，一方面行政機關在擬訂國民是否引渡的裁量準則(guidelines)有困難，另一方面，雖然英國與美國是裁量條款的提倡者，但如果條約對於國民遞解只屬於裁量規定的話，對大陸法系國家而言也沒有什麼好懼怕的，在這種義務不確定的情況之下，如果本國法律依據屬人原則可處罰該行爲時，自然傾向將疑義利益歸給被請求國。[226]

---

[223] Bassiouni, *supra* note 181, at VIII 3-2~3-3.
[224] Plachta, *supra* note 4, at 94-95.
[225] Plachta, *supra* note 4, at 143-144.
[226] Shearer, *supra* note 18, at 125.

普通法系國家包括英國、美國、大英國協、智利、巴拉圭都沒有國民不引渡原則的立法。墨西哥賦予行政機關有裁量國民引渡之權，西班牙及瑞典之法律則明文規定國民引渡准予許可，前述及比利時與法國之國民不引渡之實踐傳至拉丁美洲國家，近年來該原則已朝准予許可(permissive)而非強制(mandatory)。此一改變至少是朝著國民引渡的方向，一如美英兩國及英國與其他各國間條約，雙方不負有引渡國民之拘束。[227]

二、公約──區域性合作模式

國民不引渡的理由，既包括了國家間相互不信任及恐懼本國同胞在請求國將受到野蠻的待遇，則如果某些國家在文化、傳統、宗教、社會、經濟價值、司法及政治體制等基本原則及理念相近，應該可以期待這個限制被去除 。[228]在這些區域性合作模式中，大英國協國家間(Commonwealth Scheme)與北歐國家間(The Nordic States Scheme)透過國內立法訂定互惠原則；美洲國家間(Inter-American Conventions)、阿拉伯國家間(Arabic League)及歐盟(European Union)則採簽訂條約或公約之方式。

（一）大英國協國家間(Commonwealth Scheme)

大英國協國家(Commonwealth of Nations)包括澳洲、緬甸、加拿大、錫蘭、迦納、印度、以色列、牙買加、肯亞、馬拉威、馬來西亞、馬爾他、紐西蘭、奈及利亞、巴勒斯坦、羅德西亞、敘利亞、獅子山國、南非、坦桑尼亞、千里達、烏干達及辛巴威等國家，不論是延用「帝國引渡法(Imperial Extradition Act)」或重新立法，均承認從英國繼承的條約，不反對引渡本國國民，例外情形僅愛爾蘭（前大英國協國家）及塞浦路斯（憲法規定國民不引渡）。[229]

大英國協國家於 1966 年 4 月 26 日至 5 月 3 日在英國倫敦舉行司法部長會議，原本提議簽訂多邊條約，但最後在「國協間有關通緝罪犯遞解綱領(The Scheme relating to the Rendition of Fugitive Offenders within the Commonwealth)」中，決議改由各國國內立法訂定互惠條款，[230]此乃因為大英國協在這些事項中，並不將彼此視為外國。[231]

---

[227] *Harvard Research*, *supra* note 158, at125.
[228] Plachta, *supra* note 4, at 99.
[229] Shearer, *supra* note 18, at 102. 例外情形僅愛爾蘭（前大英國協國家）及塞浦路斯（憲法規定國民不引渡）。
[230] Shearer, *supra* note 18, at 55.
[231] *Id.* at 22-23.

（二）美洲國家間(Inter-American Conventions)

拉丁美洲的條約實踐傾向國民可引渡，美洲國家間的引渡合作始於 1889 年阿根廷、玻利維亞、巴拉圭、秘魯及烏拉圭五國簽署之「蒙特維多國際刑法條約(The Treaty of Montevideo on International Penal Law)」，該條約第 20 條規定，引渡應盡全力為之，任何情況下均不管被告之國籍。[232]1902 年由 17 國簽署之「泛美引渡公約(Pan-American Extradition Convention)」、1933 年「蒙特維多公約(The Montevideo Convention)」及 1934 年「中美洲公約 (The Central American Convention)」則規定簽署國如拒絕遞解國民時，應在內國法院審理。1940 年第二次「蒙特維多國際刑法條約(The Treaty of Montevideo on International Penal Law)」7 國（增加巴西及哥倫比亞兩國）又再度重申 1889 年的條文，在其第 19 條規定，除憲法有規定之外，被告之國籍不得被提出作為拒絕引渡國民之理由，因而，刑法或引渡法中規定的，都不屬憲法層次，自然不得作為排除適用之依據。實際案例則以 In Re Artaza、In Re Arevalo 及 In Re Rojas 三個案例較為重要。

在多邊公約的情況，1889 年「南美洲公約(South American Convention)」第 20 條明白宣示，被請求人之國籍無論在任何情況下均不得成為引渡的阻礙，1911 年的「南美洲公約(South American Convention)」亦規定國民沒有例外，1933 年「蒙特維多公約(Montevideo Convention)」第 2 條規定國民是否引渡可自行決定(optional)，但如果拒絕引渡時即應審判。1934 年簽訂的「中美洲引渡公約引渡(Central American Extradition Convention)」第 4 條規定，締約國並無義務遞交國民，但如果拒絕引渡時，被請求國就該犯罪起訴起，請求國應提供所有犯罪證據。[233]

（三）阿拉伯國家間(Arab League)

阿拉伯聯邦引渡協定(The Arab League Extradition Agreement)」於 1952 年 9 月 14 日由埃及、伊拉克、約旦、黎巴嫩、沙烏地阿拉伯及敘利亞等 5 國簽訂。該協定第二條規定，任何國家得拒絕引渡本國國民；惟若行使此一權利時，負有義務起訴該在請求國所犯之罪。[234]

---

[232] *Harvard Research*, *supra* note 158, at 275.

[233] *Id.* at 126.

[234] Shearer, *supra* note 18, at 53.

（四）北歐國家間(The Nordic States Scheme)

北歐五國(the Nordic countries)於 1962 年 3 月 23 日簽訂的「赫爾辛基條約(Helsinki Treaty)」規範該區域內的司法、社會、經濟、交通與通訊之合作。[235]但北歐並非全面簽訂條約或公約，而是基於互惠原則，在內國立法訂定規範。[236]而觀諸北歐國家之引渡規定，採取的是雙重標準並分別立法，對於國民是否引渡有 2 項原則；[237]（1）對非北歐國家禁止國民引渡，[238]（2）在北歐國家間，同意國民在符合一定條件下得引渡至另一北歐國家。[239]

區域性合作機制事實上只有北歐五國實現國民引渡的做法，人犯得以相互遞解，不僅是因為其地理相近，也包括文化、傳統、宗教、社會及經濟價值、法律及政治制度的同質性。[240]

（五）比荷盧(The Benelux Extradition Convention)

比荷盧三國雖然有「各國國民法律平等」的政策，但 1962 年簽訂並於 1967 年生效的「比荷盧引渡及刑事司法互助條約(Benelux Treaty Concerning Extradition and Mutual Assistance in Criminal Matters)」第 5 條規定國民絕對禁止引渡，條約中並未規定若不引

---

[235] 全稱為「丹麥、芬蘭、冰島、挪威及瑞典合作條約(Treaty of Cooperation between Denmark, Finland, Iceland, Norway and Sweden)」。

[236] Shearer, *supra* note 18, at 22-23.

[237] Plachta, *supra* note 4, at 99-100. 所採雙重標準並分別立法例如瑞典「罪犯引渡法(The Extradition for Criminal Offences Act 1957:668)」第 1 條第 2 項明定：如「瑞典與丹麥、芬蘭、冰島、挪威引渡法(Treaty of Cooperation between Denmark, Finland, Iceland, Norway and Sweden)」及「依歐盟通緝書自瑞典遞解出境法」適用時，本法不適用之。

[238] 例如「冰島罪犯引渡及刑事訴訟協助法(Icelandic Extradition of Criminals and other Assistance in Criminal Proceeding Act)第 2 條規定「冰島國民不得被引渡 (Article 2: Icelandic citizens may not be extradited.)」；瑞典「罪犯引渡法(The Extradition for Criminal Offences Act 1957:668)」第 2 條亦規定：「瑞典國民依本法不得被引渡(Section 2: A Swedish national may not be extradited under this act.)」

[239] 例如：「瑞典與丹麥、芬蘭、冰島、挪威引渡法(Lag (1959:254) om utlämning för brott till Danmark, Finland, Island och Norge)」第 2 條規定，如所犯之罪依被請求國之法律為可處 4 年以上之徒刑，或被請求之人在請求國居住 2 年以上者，被請求國得引渡國民。**2 §** Svensk medborgare må utlämnas, allenast om han vid tiden för brottet sedan minst två år stadigvarande vistats i den stat till vilken utlämning begäres eller den gärning för vilken utlämning begäres motsvarar brott, för vilket enligt svensk lag är stadgat fängelse i mer än fyra år; om gärningen i sin helhet begåtts inom riket, må utlämning dock ej ske, med mindre gärningen innefattar medverkan till ett utom riket begånget brott eller utlämning sker jämväl för gärning, som förövats utom riket. Lag (l964:2l2).

[240] Plachta, *supra* note 4, at 99.

渡時，有移送國內機關起訴之相對義務。此一嚴格的方式抵觸了比荷盧三國長久以來推動彼此合作、協調及信任的努力。[241]

（六）共產國家間(Communist countries)

共產國家雖然在意識型態、政治、社會及經濟根本制度相同，卻都固守國民不引渡原則，雙邊條約規定國民絕對不引渡，但負有在內國起訴的義務。雖然曾有提議「行為地審理、國籍國執行」的構想，暫時性地遞解至行為地，但此一國民引渡原則並不被考慮。[242]

（七）歐洲引渡公約(European Convention on Extradition)

歐洲引渡公約於 1957 年 12 月 13 日在法國巴黎簽訂，共有 35 國簽署。[243]該公約第 6 條「國民之引渡」第一項第 a 款規定，「各締約國有權拒絕引渡本國國民」；第 b 款規定，「各締約國於簽署或存放批准文件或加入時，得以聲明書界定本公約意義內之「國民(nationals)」一詞之含義」；第 c 款規定，「國籍應於引渡決定之時確定，惟被請求引渡之人在「考慮引渡」到「做成決定」間，經被請求國承認其為國民者，被請求國得援引第 a 項之規定」。第 6 條第 2 項規定「被請求國如不引渡國民時，基於請求國之請求，應將案件移送主管機關於認為適當的情況下進行訴訟，為此目的，犯罪之相關文件、資料及證據應依第 12 條第 1 項規定之方式轉交，並不得收取費用，被請求國應將審理結果告知請求國」。[244]

---

[241] Id. at 100-101.

[242] Ibid.

[243] 阿爾巴尼亞、奧地利、比利時、保加利亞、克羅埃西亞、塞浦路斯、捷克、丹麥、愛沙尼亞、芬蘭、法國、德國、希臘、匈牙利、冰島、以色列、義大利、拉脫維亞、列支敦士登、立陶宛、盧森堡、馬爾他、摩多瓦、荷蘭、挪威、波蘭、葡萄牙、斯洛伐克、斯洛維尼亞、西班牙、瑞典、瑞士、土耳其及烏克蘭等 35 國。

[244] European Convention on Extradition, Art. 6   [Extradition of nationals]
1. a. Contracting Party shall have the right to refuse extradition of its nationals.
  b. Each Contracting Party may, by a declaration made at the time of signature or of deposit of its instrument of ratification or accession, define as far as it is concerned the term "nationals" within the meaning of this Convention.
  c. Nationality shall be determined as at the time of the decision concerning extradition. If, however, the person claimed is first recognized as a national of the requested Party during the period between the time of the decision and the time contemplated for the surrender, the requested Party may avail itself of the provision contained in sub-paragraph a of this article.
2. If the requested Party does not extradite its national, it shall at the request of the requesting Party submit the case to its competent authorities in order that proceedings may be taken if they are considered appropriate. For this purpose, the files, information and exhibits relating to the

簽署歐洲引渡公約國家中，有 20 國依據第 6 條第 1 項 b 款規定，對本國國民之引渡提出保留，因爲憲法及刑事訴訟法等法律規定，禁止將國民引渡或驅逐至他國。[245]

（八）歐盟成員國間引渡公約(Convention relating to Extradition between the Member States of the European Union)

歐洲聯盟自從 1992 年 2 月 7 日簽署之歐洲聯盟條約(Treaty on European Union 或稱馬斯垂克條約 Maastricht Treaty)整合以後，爲解決 1957 年簽署的歐洲引渡公約中國民不引渡原則等問題，乃在 1996 年簽署歐盟會員國間引渡公約第 7 條「國民引渡(extradition of nationals)」第 1 項規定，不得以被請求之人爲其本國國民而拒絕引渡，惟第 7 條第 2 項及第 3 項同時規定會員國得就國民引渡原則聲明保留。[246]整體而言，此一公約已大幅限制了國民不引渡的條件，但在拒絕引渡方面，仍爲歐盟會員國留下相當程度的裁量空間。

第四項　我國之國民不引渡原則

一、引渡法及引渡條約規定概況

我國憲法並未規定國民引渡之條文，1954 年 4 月 17 日公布施行的引渡法第 4 條規定：「請求引渡之人犯，爲中華民國國民時，應拒絕引渡。但該人犯取得中華民國國籍在請求引渡後者不在此限」，另 2022 年引渡法修正條文第 9 條規定：「有下列情形之一者，應拒絕引渡：……五、被請求引渡人爲我國國民。但有下列情形之一者，不在此限：（一）取得我國國籍在請求引渡後。（二）引渡犯罪，係我國法律規定法定最輕本刑爲三年以上有期徒刑之罪，經徵詢檢察機關及相關機關意見後，認在我國無從追訴或其追訴顯有困難。（三）爲執行徒刑而請求引渡，其應執行刑期或剩餘刑期逾一年。」按本次修法對於國民引渡問題亦與時俱進有重大調整，此可參閱我國引

offence shall be transmitted without charge by the means provided for in Article 12, paragraph 1. The requesting Party shall be informed of the result of its request.

[245] Ivor Stanbrook and Clive Stanbrook, *Extradition Law and Practice*, Second Edition, Oxford University Pres, at 502-526, (2000).

[246] *Convention relating to Extradition between the Member States of the European Union,* Official Journal C 313 , 23/10/1996 P. 0012 – 0023

渡法修正草案立法說明詳如本章第十一節。

　　而依據外交部資料，我國目前與 7 個國家訂有引渡條約，其中有關國民引渡問題之規定並不一致，依條約用語可分下列 5 種情形敘述：

　　（1）無國民引渡之規定：我國與南非共和國間引渡條約，並無國民引渡原則之相關規定。

　　（2）國民絕對不引渡：我國與多明尼加共和國引渡條約第 4 條第 1 項前段規定：「締約雙方，不得以任何理由同意引渡其本國國民」。

　　（3）無引渡義務但得裁量同意引渡：我國與哥斯大黎加引渡條約第 5 條第 1 項規定：「締約之任一方均無將其本國國民解交他方之義務，但若屬被請求國之憲法所不禁止，而經被請求國自行考慮決定時，有權同意將本國國民引渡予他方。締約雙方於人犯業依被請求國之法律取消該國國籍後，概不得以其具有該國國籍之理由拒絕引渡」。

　　（4）對有管轄權之案件得拒絕、對無管轄權之案件仍得准許：我國與巴拉圭引渡條約第 4 條第 1 項：「締約一方，除本條第 2 項規定『拒絕解交一方之法院，對於被請求引渡之案件無管轄權者，仍得准許引渡』之情形外，得不將其本國國民解交與他方；但拒絕解交其本國國民之締約一方，應對被請求引渡之人犯就其被控之犯罪行為進行偵查、審理，並將該案之最後結果通知他方」。此為本章前一節關於國際法上「或引渡、或起訴」理論之實踐，此一引渡條文解決了犯罪因刑法制度的漏洞而逃避處罰的情況，為國民引渡問題之替代方案。

　　（5）對有管轄權之案件得拒絕、對無管轄權之案件不得拒絕：共有二項條約。我國與史瓦濟蘭王國引渡條約第 4 條第 1 項前段：「締約一方，除本條第 2 項『締約國之法院對被請求引渡之人無管轄權時，不得拒絕解交其本國國民』之情形外，得拒絕將其本國國民解交他方。」我國與馬拉威引渡條約第 3 條第 1 項前段規定：「締約一方，除本條第二項所規定之情形外，得拒絕將其本國國民解交他方」。第 2 項規定：「締約國之管轄法院對被請求引渡之人犯無管轄權時，不得拒絕解交其本國國民」。

二、國民不引渡條款在我國國內法之地位

　　上述 7 個引渡條約中有關國民引渡之用語不同，我國應如何看待，涉及條約在我國國內法之地位及其適用。有學者將條約與我國國內法之關係分為三點討論：[247]

---

[247] 游啟忠・條約在我國國內法上之地位及其適用(七)，法務通訊第 1596 期 (第三版)，1992 年

(1) 條約地位優於國內法：在我國國內立法有明文規定應排除相關法律規定而適用條約時，條約地位自應優先適用，不論該條約締結在該國內法之前或之後。例如我國引渡法第 1 條（2022 年引渡法修正草案爲第 2 條）規定：「引渡依條約，無條約或條約無規定者，依本法之規定」，即爲一例。

(2) 條約法地位等於國內法：倘相關國內法未明文規定條約之地位時，條約地位與國內法地位相等。

(3) 條約地位次於憲法：此觀憲法第 171 條第 1 項規定「法律與憲法抵觸者無效」之意旨可知，憲法既爲我國根本大法，條約自不得優於憲法規定而適用。

　　實務上，依臺灣高等法院 79 年上更字第 128 號判決認爲，條約在我國是否具有國內法之效力，法無明文，惟由憲法第 58 條第 2 項、第 63 條、第 57 條第 3 款規定觀之，其審查程序殆與內國一般法律相同，應認其具有國內法之同等效力（參見最高法院 72 年台上字第 1412 號判決）。另依憲法第 141 條「尊重條約」之規定，條約效力應優於內國一般法律（參照最高法院 23 年上字第 1074 號判例）而居於特別規定之地位，故條約與內國一般法律抵觸時，依特別法優於普通法之原則，自應優先適用條約之規定。

　　另外，依據民國 82 年司法院大法官釋字第 329 號解釋文內容觀之，憲法所稱之條約，係指我國（包括主管機關授權之機構或團體）與其他國家（包括其授權之機關或團體）或國際組織所締結之國際書面協定，名稱用條約或公約者，或用協定等其他名稱，而其內容直接涉及國防、外交、財政、經濟等之國家重要事項，或直接涉及人民之權利義務且具有法律上效力者而言，其中名稱爲條約或公約或用協定等名稱而附有批准條款者，當然應送立法院審議，其餘國際書面協定，除經法律授權或事先經立法院同意簽訂，或其內容與國內法律相同（例如協定內容係重複法律之規定，或已將協定內容訂定於法律）者外，亦應送立法院審議。其無須送立法院審議之國際書面協定，以及其他由主管機關或其授權之機構或團體簽訂而不屬於條約案之協定，應視其性質，由主管機關依訂定法規之程序，或一般行政程序處理。

　　亦即依據憲法規定締結之條約，位階等同於法律，而國際文件名稱爲條約、公約或協定等名稱，附有批准條款者，經批准後具有國內法之效力。而其餘國際書面協定，除經法律授權或事先經立法院同意簽訂，或其內容與國內法律相同（例如協定內容係重複法律之規定，或已將協定內容訂定於法律）者外，亦應送立法院審議。至於

---

10 月 29 日。

無須送立法院審議之國際書面協定，以及其他由主管機關或其授權之機構或團體簽訂而不屬於條約案之協定，應視其性質，由主管機關依訂定法規之程序，或一般行政程序處理，即其法律位階同於法律或法規命令。

三、國民引渡／不引渡問題的漏洞與解決之道

（一）國民引渡/不引渡的漏洞

從美國 Snider 引渡案可知，美國固然是以美、韓簽訂的引渡條約為准駁依據，但另一方面顯示的意義是，普通法系國家對並沒有像大陸法系一樣設有領域外犯罪屬人管轄的規定——即使是殺人、性侵、縱火、強盜綁架等犯罪，[248]完全必須依賴犯罪地國起訴。美國認為這是最明智的方法，因為不僅確保犯罪人就近在犯罪地審判，減少證據上衍生的問題，也避免了管轄衝突的問題。然而，反面來看，若犯罪地國未能起訴，或起訴時犯罪人已經返回美國，再加上美國與犯罪地國未簽訂引渡條約，或簽訂的條約規定國民不引渡原則時，美國的法律體系也無法提供補救，便產生了漏洞。[249]

相對地，大陸法系國家對於符合一定條件之領域外犯罪雖定有管轄權，但由於司法機關認為在領域外犯罪進行處罰並沒有實益，因而此類案件之起訴與審判之進行流於不在乎、不關心及斷斷續續的狀態。即使在國內展開訴訟，由於證據只能在請求國才能取得，證據所在國若沒有法律依據可據以提供犯罪證據、不願意提供或提供不完整時，加上堅持國民不引渡原則的結果，使得「或引渡、或起訴」原則，在現實上形成了「對本國國民不引渡亦無起訴」的情況。

（二）解決之道——「犯罪地審判、國籍國執行」

國民不引渡原則，是隨著國民情感及國家團結而出現及演進而來的原則，在國家形成之前並不存在。然而只要國家觀念繼續存在、國與國之間存在不信任與反感，則國民不引渡原則就會繼續存在。[250]除非國家願意改變政策或法律，否則為了確保在他國犯罪的本國國民無法規避司法制裁，在合作模式上就必須要「有一普通法系國家於無法有效起訴時，願意將國民引渡給犯罪發生地國」；或者「有一大陸法系國家依據犯

[248] Geoffrey R. Watson, *Offenders Abroad: The Case for Nationality Based Criminal Jurisdiction*, Yale Journal of International Law, Winter, at 83, (1992).
[249] *Id.* at 54-55.
[250] Plachta, *supra* note 4, at 158-159.

罪發生地國所提供的資料，將本國國民起訴。」[251]

　　然而，此一理想與事實有相當差距，因而有研究建議「犯罪地審判、國籍國執行」，在「犯罪應由犯罪地之法院審判」的原則之下，將引渡的目的限縮在審理及判決，其做法係將被引渡之國民解送至犯罪地國，經該國法院審判後送回本國服刑，相關之赦免、減刑、假釋及交保都依據本國法律程序進行。

　　「犯罪地審判、國籍國執行」是一個可行的構想，其目的既不在保護被引渡之人免受外國法院嚴峻或歧視待遇，也不是爲了改善國人面對外國法院時現實不利益，而是爲了確保犯罪的最適當管轄、處罰、矯正及回復，經由國家的合作，將審判留給犯罪地法院，以減低這些被過度誇大的現實不利益。

　　將判刑確定的人犯送回母國執行，尚有另一個效果，即如果在犯罪地法院判決違誤(miscarriage)時，人犯在母國還可以有機會獲得釋放。此時，訂定條約內容時，便要將人犯判決遣返回國後的所有權力保留給國籍國，而國籍國對於犯罪地國法院所爲之判決，無論如何均應視同本國權責機關所做的決定。且條約應承認國籍國得透過寬恕或免除部分徒刑方式，行使其專屬之赦免權，並承認國籍國有權適本國緩刑、假釋及其他矯正及戒治之法律與程序。

　　「犯罪地審判、國籍國執行」矯正過程之監督極爲適合，基於人犯再社會化與剝奪自由有同等重要性，人犯送回本國後，透過本國語言對之施以技能訓練而合於社會所用，有助於其回復。有疾病者，在國內接受精神機構及治療機構的協助，同樣也較爲有效。此外，人犯回國後與親戚朋友有較密切的接觸，或可期望他們能對人犯給予鼓勵。至於審判國監獄設施及矯正方法，可能比本國先進或落後，而要不是人犯當初決定在國境外從事該等犯罪行爲，本就應在這樣水準下服刑，而如果人犯自由表示不選擇返國服刑，亦賦予其選擇權利。[252]

---

[251] Inquiry into Australia's Extradition Law, Policy and Practice, Joint Standing Committee on Treaties
[252] Shearer, *supra* note 18, at 127.

第五節　拒絕引渡事由：因犯罪之追訴

　　因犯罪之追訴而拒絕引渡的事由，包括罪刑法定原則(legality of the offense charged)、一事不再理原則(二重危險 ne bis in idem or double jeopardy)、時效(statute of limitations)、赦免及宥恕(amnesty and pardon)及缺席判決(trial in absentia)。

第一項　罪刑法定原則

　　引渡法制上會發生罪刑法定原則的問題是，犯罪的當時，該罪在請求國或被請求國並不爲罪，於是產生罪刑法定原則中的「事後(*Ex Post Facto*)」與「追溯(retroactivity)」適用問題。當然，在請求國所犯之罪若在被請求國並不爲罪，必然違反被請求國的罪刑法定原則，一如違反雙重犯罪原則。美國在 1976 年 *United States v. Flores* 一案中，美國聯邦第二上訴巡迴法院認爲，罪刑法定原則中禁止「事後(*Ex Post Facto*)」與「追溯(*Retroactivity*)」適用，是爲美國公共政策，引渡案件除條約另有規定外，應遵循。[253] 又實務上爲了明確，常見條約中規定所犯之罪早於條約生效時間，可以引渡。例如美國與英國引渡條約第 22 條規定：本條約適用於生效前以及生效後所犯之罪。[254]

第二項　一事不再理原則
（Double jeopardy – Ne Bis In Idem）

---

[253] Bassiouni, *supra* note 1, at 749-750.

[254] US-UK Extradition Treaty, Art. 22 [Application] 1. This Treaty shall apply to offenses committed before as well as after the date it enters into force.

　　羅馬格言謂「任何人不會因爲同一犯罪置於雙重的危險(*ne bis in idem debet vexari*; No one shall be twice placed in jeopardy for the same offense.)」，由於主權的關係，此一原則的適用在不同國家各有不同，不同法制間也有適用上的問題。[255]歐洲引渡公約第 9 條一事不再理規定，被請求國之權責機關，如就被請求引渡人之犯罪已做成確定判決，不准予引渡，如被請求國之權責機關就同一犯罪決定不予起訴或停止訴訟時，得拒絕引渡。

　　在歐洲法制史之古希臘羅馬時代，已有一事不再理原則之存在，而且不僅適用於程序法，似亦適用於刑事法，因爲刑事法是最古老的制裁體系。在只有刑法規範的遠古社會中，做錯一件事，不可以被責備兩次，在二十世紀初，德國帝國法院曾認一事不二罰原則並非只具程序上意義，而是一個刑法上的基本原則，即同一個犯罪行爲，只能處罰一次。德國聯邦憲法法院卽認爲，依據法治國原則，科以刑罰時，不可以不顧及被告就同一行爲，是否已受懲戒處罰的宣告，就是 ne bis in idem 的意思。在刑法的領域，ne bis in idem 一向是程序法上的一事不再理，在實體法方面，則一向慣以重複評價禁止原則。[256]

　　一事不再理原則在一國之內固無問題，公民與政治權利國際盟約第 14 條第 7 項規定，任何人依一國法律及刑事程序經終局判決判定有罪或無罪開釋者，不得就同一罪名再予審判或科刑。[257]但一事不再理原則在國際上規範非無疑問，聯合國人權事務委員會(UN Human Rights Committee)在 *A.P. v. Italy* 一案中表示，公民與政治權利國際盟約第 14 條規定的一事不再理原則，不適用外國的確定判決(foreign *res judicata*)。[258]歐洲人權公約第七議定書第 4 條第 1 項亦規定，任何人在同一個國家管轄的刑事程序中，經依法律及刑事程序終局無罪開釋或判決確定者，不得就同一罪名再予審判或處罰，但此一條文將一事不再理的範圍限定在「同一個國家的管轄(under the jurisdiction of the same State)」。[259]歐盟基本權憲章(Charter of Fundamental Rights of the European

---

[255] Bassiouni, *supra* note 1, at 628.

[256] 參司法院大法官會議釋字第六〇四號解釋大法官許玉秀不同意見書。

[257] *International Covenant on Civil and Political Rights (ICCPR) of 16 December 1966*, Article 14 para7: "No one shall be liable to be tried or punished again for an offence for which he has already been finally convicted or acquitted in accordance with the law and penal procedure of each country."

[258] *A. P. v. Italy*, Communication No. 204/1986, U.N. Doc. Supp. No. 40 (A/43/40) at 242 (1988)

[259] *Protocol No. 7 to the Convention for the Protection of Human Rights and Fundamental Freedoms,* Article 4.1:" No one shall be liable to be tried or punished again in criminal proceedings under the jurisdiction of the same State for an offence for which he has already been finally acquitted or convicted in accordance with the law and penal procedure of that State."

Union)第 50 條重申一罪不二罰原則，規定任何人就歐洲聯盟境內已依法完成追訴或處罰之犯罪，不得重複受刑事審判或處罰。[260]

國家不願承認外國判決既判力的原因在於，這等於是預先假定本國對外國刑事司法存在某種程度的信任；其次，國家基於自身利益考量，即使其他國家已做了確定判決，還是會考慮重新起訴，特別是犯罪在本國領域內或其結果影響到本國利益時，則必然會提起訴訟。此外，一事不再理牽涉的法律問題錯綜複雜，各國解決方式不同，這些原因使得國家通常不願承認外國判決的既判力。[261]

然而，拒絕承認外國判決既判力形成了管轄權的積極衝突，不僅將人置於多國多重起訴的危險，也增加國與國關係的緊張，雖然歐洲的許多國際公約致力於解決此一問題，但這些公約都有例外規定，容許國家基於屬地原則或於國家之根本利益有被侵害之虞時，或因為具有公務員身分時，得再追訴處罰。[262]

引渡條約幾乎都有一事不再理 (*ne bis in idem*)或雙重危險(Double jeopardy) 的規定，並依請求國或被請求國的法律適用之。條文會規定禁止已經在被請求國追訴的相同犯罪相同事實(same facts)或相同犯罪(same offense)，不同用語主要是因為普通法系國家與大陸法系國家之差異。普通法系國家檢察官對於選擇哪一部份的犯罪事實起訴，具有裁量權，而檢察官即不得就已起訴之同一犯罪事實再行起訴；相對地，大陸法系國家之檢察官就犯罪事實一部起訴者，效力及於全部。因而學者認為相同事實(same facts) 的保護範圍大於相同犯罪(same offense)。實務上，相關引渡條約或公約各有不同的選擇，沒有單一的標準。[263]

歐盟逮捕令架構協定對一事不再理原則採用較為進步的立法模式，不再從傳統引渡法原則角度切入，與歐洲引渡公約比較即可清晰看出其差異。歐洲引渡公約第 9 條規定「如被請求國對於被請求人所被請求之犯罪已為確定判決者，應拒絕引渡；如被請求國對於同一犯罪決定不提起訴訟或決定終止訴訟者，得拒絕引渡」。此一條文基本上認為，「被請求國已作成具有既判力的判決」為應拒絕引渡事由。而歐盟逮捕令架構協定第 3 條第 2 項規定「如執行之司法機關得知受逮捕之人就該同一行為，業經某

---

[260] Charter of Fundamental Rights of the European Union, Article 50 [Right not to be tried or punished twice in criminal proceedings for the same criminal offence] No one shall be liable to be tried or punished again in criminal proceedings for an offence for which he or she has already been finally acquitted or convicted within the Union in accordance with the law.

[261] Blekxtoon & Ballegooij, *supra* note 49, at 100.

[262] *Ibid.*

[263] Bassiouni, *supra* note 1, at 750.

一會員國爲確定之判決，如該判決已執行完畢或目前在執行中，或依審判之會員國法律，爲不得再執行者，執行之司法機關應拒絕執行歐盟逮捕令」。

前述歐盟逮捕令架構協定第 3 條第 2 項規定之重大成就在於：所有會員國所爲具有既判力的判決，都與被請求國之確定判決評價相同，即應承認判決效力及應做爲拒絕解送之事由。換言之，任何會員國所做的確定判決，所有會員國均應遵守。因而，如果 A 國國民在 B 國領域內犯罪後，經 B 國判決確定但還未執行前即逃匿至 C 國，此時 C 國依據協定第 3 條第 2 項之規定，即必須將其解送至 B 國，或者如果 A 國同意代 B 爲執行時，應解送至 A 國。[264]

第三項　時效（Statute of limitation）

歐洲引渡公約第 10 條「時效消滅」規定，依據請求國或被請求國之法律，被請求之人因時效消滅而免於追訴或處罰時，不准予引渡。時效消滅的法律效果有兩方面：（1）程序面：時效是禁止起訴；（2）實體面：時效讓犯罪消滅(extinguish)。從這兩個面向來看，時效消滅與赦免(amnesty)可以等同看待。應注意者，美國認爲時效消滅並不代表犯罪消滅(extinguish the crime 除罪)；但赦免可以認爲是犯罪消滅。[265]

第四項　赦免及宥恕（amnesty and pardon）

「如引渡對象因同一行爲在被請求國業經有罪判決確定、無罪釋放或宥恕，或已服刑完畢時，引渡不予同意。」，在許多公約及條約都有同樣規定，例如：中美洲引渡公約第 4 條及美國與義大利引渡條約第 VI 條規定。[266]赦免及宥恕，都是限制起訴

---

[264] *Id.* at 102.
[265] Id. at 769.
[266] Inter-American Convention on Extradition, Art. 4 [Grounds for Denying Extradition] Extradition shall not be granted: 1. when the person sought has completed his punishment or has been granted amnesty, pardon or grace for the offense for which extradition is sought, or when he has been acquitted or the case against him for the same offense has been dismissed with prejudice.
US-Italian Extradition Treaty, art. VI. Extradition shall not be granted when the person sought has

與處罰，兩者不是除罪，而是「除去刑事訴訟」，赦免(amnesty)通常在起訴或判決確定前為之；相對地宥恕(pardon)通常在有罪判決(found guilty)之後為之，是專屬總統的特權及裁量權(presidential pardon power)。[267]

第五項　缺席判決（trial *in absentia*）

傳統的國際引渡法制中，缺席判決向來是拒絕引渡的事由之一，因為此種判決常被認為是根本上不公平。從國家實踐上，如果請求國的法律體系不允許缺席判決時，即不會准許請求國的引渡請求。[268]缺席判決之所以會被置於引渡制度，基本上牽涉的是正當程序下的公平問題，但一個國家的司法是否有能力決斷另一個國家的司法程序是否公平？顯然是個疑問。[269]

歐洲引渡公約於 1957 年簽訂時並未提及缺席判決的處理原則，直到 1978 年在歐洲引渡公約第二附加議定書訂定時，才在第 3 章第 3 條第 1 項規定「締約一方基於執行徒刑或拘禁之目的，而請求他方引渡之人，若該判決係在其缺席之下做成，此時如被請求之一方依其見解(in its opinion)，認為判決所經之訴訟程序未能符合刑事被告應受保障的最基本防禦權時，得拒絕引渡。但請求之一方提出保證後，如認為足以確保被請求之人得以重審而能保障其防禦權時，應同意引渡。此一同意同時賦予被請求國得在被判刑之人不反對之下執行判決，或在其反對之下對其提起訴訟」。上述條文中「……依其見解(in its opinion)」之用語，即是賦予被請求國有權評價請求國的訴訟程序。[270]

歐盟逮捕令架構協定將缺席判決的處理規定在第 5 條「發布國關於特殊案件之保證」，第 1 項明定「若歐盟逮捕令之核發目的是為了判決或拘禁之執行，而其裁判是在

---

been convicted, acquitted or pardoned, or has served the sentence imposed, by the Requested Party for the same act for which extradition is requested.

[267] Bassiouni, *supra* note 1, at 790-791.

[268] Blekxtoon & Ballegooij, *supra* note 49, at 119.

[269] M. Cherif Bassiouni, *International Extradition*, United States Law and Practice, Oceana publications, Inc., Chapter VIII, p 4-38. February (1983). 作者表示，美國最高法院並不認為僅因缺席判決就足以絕對否定基本公正性，而為拒絕引渡的理由。作者引述美國最高法院 *Wilson v. Girard*【354 U.S. 524 (1957)】為例表示，將任何人解送至一個與本國有不同程序保障的國家，並不違反正當程序。

[270] Blekxtoon & Ballegooij, *supra* note 49, at 122.

被告缺席下做成，或如果被告未經傳喚或未通知聽證之期日及處所，致該裁判在被告缺席下做成者，得附帶條件請發布之司法機關提出適當之保證，確保該被逮捕之人在發布國有重新審理(retrial)及出席審判之機會」。此項規定對於缺席判決的態度顯然比歐洲引渡公約第二附加議定書更向前邁進一步，沒有將缺席判決列爲第 3 條「應拒絕解送之事由」及第 4 條「得拒絕解送之事由」。請求國及執行國保留本國司法程序機制，而歐盟逮捕令之執行國有權力評斷發布國在該案件之審判或處罰的基本公平性，並延後解送，直到逮捕令發布機關對被解送之人的某些司法權利能提出充分確保。[271]

美國文獻指出，[272]各國請求引渡依據的主要有兩類：追訴中的案件及有罪判決。「外國有罪判決如經被告在審判中出庭，基於引渡的目的，已足認定有相當理由」。有罪判決的問題在於被告缺席之下所做的有罪判決，在美國基本上，法院只會將缺席判決認定爲一件追訴中的案件，必須在該缺席判決之外，要有充分證據能正當化合理相信該在逃罪犯有犯下該罪，如果承審法官認爲證據充分，也就是具有相當理由(probable cause)，則會同意引渡。[273]

應探討者，如果該通緝犯在審理期間從未出庭；或出席部分庭期後卽避不出庭直到宣判；或僅委任律師出庭時，引渡的實務爲何？以美國而言：[274]

一、許多判決見解認爲，被告缺席下做成之有罪判決本身就具有充分、相當的理由，如：*Gouveia v. Vokes* 引渡案，葡萄牙的缺席判決將涉犯毒品罪之被告判處 3 年 9 個月，美國法院表示：「不能質問葡萄牙的有罪缺席判決是否真的正確」；而在 *United States v. Bogue* 引渡案，美國法院另表示：「法國刑事訴訟對於有罪缺席的公正性，並不能由本國法官去審酌其合理性。」在 *Fsposito v. INS* 一案中，美國聯邦第七巡迴法院認爲：「外國有罪缺席判決已足以認定被告爲有罪具有相當理由」。

二、被告出席部分庭期後卽避不出庭直到宣判：在 *United States ex rel. Bloomfield v. Gengler* 一案中，美國聯邦第二巡迴法院認爲，被告在加拿大的毒品案，在判決有罪前曾由律師陪同出庭，被告未等到判決確定卽先回到美國；在 *Lindstrom v. Gilkey* 一案中，挪威重大詐欺犯在出席大部分庭訊後，以請假爲藉口逃匿美國，法院認爲該有罪的缺席判決並無重大證據顯示是在其出庭後才提出，故以上兩案均裁定引渡。

[271] *Id.* at 120.
[272] Roberto Iraola, *Foreign Extradition and In Absentia Convictions,* Seton Hall L. Rev. Vol 39, at 843, (2009).
[273] *Id.* at 843-844. A foreign conviction obtained after a trial at which the accused is present is sufficient to support a finding of probable cause for the purpose of extradition.
[274] *Id.* at 849.

　　三、僅由律師出庭：僅由律師出庭後法院所爲的有罪缺席判決，並不必然足堪認定被告有罪具有相當、充分理由。許多法院將這種有罪缺席判決，視爲追訴中的案件，仍必須在該缺席判決之外，具有充分證據得以正當化、合理相信該在逃罪犯有犯下該罪；因而實務上，如果憑藉的只有該有罪缺席判決時，法院不會認定有相當理由；但也有些外國法院判決認爲足堪認定被告有罪具有相當理由。

　　四、判決過程完全未參與訴訟：多數法院對於這種缺席下所爲的有罪判決，不認定有相當理由；而認定爲一件「追訴中的案件」，必須在該缺席判決之外，仍要有充分證據能正當化、合理相信該逃犯確實有犯下該罪。[275]

　　引渡案件中，被引渡之人常主張「缺席判決違反正當程序，無法給予重新審理的機會」，關於此點，美國實務案例認爲引渡案件中，本國法院無權探究外國程序或要求外國重審，來做爲准駁條件。[276]

---

[275]　*Id.* at 855.

[276]　*Id.* at 857.

第六節　美國引渡、驅逐出境與台美之間引渡問題

第一項　引渡，應依條約或公約為之

一、美國憲法與聯邦法規定

美國憲法第 1 條第 10 項規定，締結條約為聯邦政府的權力，州政府不得為之。美國憲法第 6 條規定，憲法與依據本憲法所制定之美國法律，及以美國所締結的條約，均為全國最高法律，縱與州憲法或州法律有所牴觸，各州法院之法官都應遵守並受其約束。另美國憲法第 2 條第 2 項規定，總統經參議院之諮議及同意(advice and consent)，經出席議員三分之二以上贊成時，有締結條約之權。

在行政、立法與司法三權分立之下，行政部門有權與外國締結條約；由參議院行使諮議及同意權；司法部門總攬依憲法解釋條約及聯邦立法之權力。但司法部門不能囑咐、命令或禁止行政部門協商條約或協定，亦不能在符合引渡條約時，囑咐或命令行政部門運用行政裁量權拒絕引渡，但引渡違反憲法、聯邦法或現行條約時，得囑咐行政部門拒絕之。[277]法律發生衝突時，憲法優於條約，[278]條約優於法律。[279]

依據憲法第 2 條規定，國會於美國聯邦法典第 18 編第 209 節(Title 18 Chapter 209)訂制定「引渡」一節，條文自第 3181 條至第 3196 條，但這些規定是在引渡條約簽署後，作為法院遵循的程序規範，[280]而非作為沒有引渡條約或條約無規定時之引渡依據，此與我國引渡法第 1 條規定不同。

依據該法第 3181 條第 a 項規定，引渡應依有效之條約，然而美國除了透過行政

---

[277] Bassiouni, *supra* note 1, at 60.
[278] *Id.*; *Valentine v. United States ex rel. Neidercker*, 299, U.S. 5, (1936).
[279] *Id.* at 61; 6 Marjorie Whiteman, *Digest of International Law*, at 734, (1968).
[280] Bassiouni, *supra note* 1, at 60.

部門與外國商議條約,以條約案送請參議院通過外,還可經由行政部門與外國商議協定,以法律案送國會審議。行政部門是選擇以條約案送請參議院,或以法律案送請參、眾兩院審議,是總統的政治決定;但總統決定的考量,則是參議院的態度是否會堅持以條約案而非以法律案審議。[281]

二、以「協定」為名稱的三個特例

美國對外簽署協定的形式有三種,即國會的行政協定(Congressional-Executive Agreement)、依條約之行政協定(executive agreement pursuant to treaty)及單純行政協定(Presidential or sole executive agreement)。[282]雖然美國與各國所簽訂引渡都是以條約為形式,但有三個以協定為名稱的特例,即「香港美國引渡協定」、「美國與前南斯拉夫國際刑事法庭協定」及「美國與盧安達國際刑事法庭協定」。這三個協定都屬國會的行政協定;其中,香港美國引渡協定是以條約案送請參議院審議,與兩個國際刑事法庭所簽的協定則是以法律案送國會即參、眾兩院審議。

(一)香港與美國引渡協定

在 1997 年之前,美國與香港間引渡是依據 1972 年美英引渡條約、議定書與換文,以及 1985 年的引渡補充條約。[283]為因應香港於 1997 年 7 月 1 日回歸中國大陸,美國於 1992 年制定「香港政策法(Hong Kong Policy Act)」,做為與香港直接簽訂協定之基礎,之後行政部門引用該法第 5701(2)條規定,[284]於 1996 年 12 月 20 日與香港簽訂

---

[281] *Restatement (Third) of Foreign Relations Law* §303 (1987).

[282] *Treaties and Other International Agreements: The Role of the United States Senate* (A Study Prepared for the Committee on Foreign Relations United States Senate by the Congressional Research Service Library of Congress,) 6th Congress 2d Session, at 4-5, (Jan. 2001).

[283] *See: 1972 Extradition Treaty, Protocol of Signature and Exchange of Notes between the United States of America and the United Kingdom of Great Britain and Northern Ireland*, which entered into force on January 21, 1977 (TIAS 8468), made applicable to Hong Kong by an exchange of notes in Washington on October 21, 1976, and the Supplementary Treaty of June 25, 1985, which entered into force on December 23, 1986, also made applicable to Hong Kong in the Annex to the Supplemental Treaty.

[284] 即聯邦法典 22 U.S.C. Chapter 66, § 5701~5732.
5701(2): The United States should actively seek to establish and expand direct bilateral ties and agreements with Hong Kong in economic, trade, financial, monetary, aviation, shipping, communications, tourism, cultural, sport, and other appropriate areas.第 5701(2)條:「美國應積極與香港在經濟、貿易、財政、貨幣、航空、貨運、通訊、旅遊、運動及其他適當之領域,建立及開展直接的雙邊關係與協定。」

「香港政府和美利堅合眾國政府關於移交逃犯的協定(Agreement Between the Government of the United States of America and the Government of Hong Kong for the Surrender of Fugitive Offender)」，美國官方簡稱其爲「香港美國引渡協定(Hong Kong-United States Extradition Agreement)」。[285]除了用語上以協定代替條約、以移交(surrender)代替引渡(extradition)外，內容與一般的引渡條約並無二致。

就香港而言，雖然香港特別行政區基本法第 151 條規定得以「中國香港」名義與各國簽訂協議，但基本法第 96 條規定，在司法互助方面須在中央人民政府協助或授權下，才得與外國簽訂協議。因此香港與美國商議引渡時，要求名稱上以協定代替條約，用語上以移交代替引渡；[286]就美國而言，雖然接納香港在名稱及用語的要求，[287]但在國內的法制程序上，是由國務卿及總統柯林頓以「視同條約(as a treaty)」的方式送交參議院同意。[288]

然而，畢竟美國聯邦法典第 18 編第 209 節「引渡」第 3181 條(a)項規定，遞解在外國(foreign countries)犯罪而逃匿美國之人，以與該外國政府(such foreign government)之間訂有引渡條約者，爲限；第 3184 條亦規定，美國法院是否能對外國逃匿美國之罪犯進行審理及決定遞交，必須美國與任何外國政府(any foreign government)之間訂有引渡條約或公約。[289]因此，美國是否將香港特區政府視爲外國政府？如何解釋協定的名稱問題？值得探討。

按美國行政及立法部門的立場雖已明確，即該協定視同條約(as a treaty)，並經參議院諮議及同意。但此一協定在司法上受到挑戰，在 *CHEUNG v. United States* 一案

---

[285] *Message to the Congress Transmitting the Hong Kong-United States Extradition Agreement*, Weeekly Compilation of Presidential Documents Volume 33, Issue 10

[286] *John Cheung v. United States*, 213 F.3d 82, 2d Cir., (2000).

[287] *Ibid.*

[288] *Letter of Transmittal*, Department of State to the White House, February 4, 1997 (…[r]ecommend that the Agreement be transferred to the Senate for its advice and consent to ratification as a treaty……The Agreement follows the form and content of extradition treaties recently concluded by the United States……Although entitled an "Agreement" to reflect Hong Kong's unique juridical status, for purpose of U.S. law, the instrument will be considered to be a treaty…); Letter of Transmittal, White House to the Senate, March 3, 1997; (…As a treaty, this Agreement will not require implementing legislation. ……I recommend that the Senate……give its advice and consent to its ratification as a treaty.)

[289] 18 U.S.C. §3181 [Scope and limitation of chapter] The provisions of this chapter relating to the surrender of persons who have committed crimes in foreign countries shall continue in force only during the existence of any treaty of extradition with such foreign government. 18 U.S.C. § 3184 (Fugitives from foreign country to United States): Whenever there is a treaty or convention for extradition between the United States and any foreign government…

中，[290]當事人 *CHEUNG* 於 1994 年在香港詐欺得款 2 百萬港幣後逃匿美國，經香港政府於 1998 年向美國提出引渡，案經康乃狄克州法院審理，地方法院裁決法官依據前述聯邦法典第 18 編第 3184 條將其逮捕，*CHEUNG* 主張：該法條所稱之外國政府(foreign government)應指外國主權(foreign sovereign)，然而香港特區政府只屬次級主權(sub-sovereign)，因此美國與香港引渡協定不是美國法律規定的政府間條約，美國法院無管轄權。

地方法院審理後，認為前述聯邦法典第 18 編第 3184 條早在 1848 年訂定，當時的國會不可能有意將外國國民引渡至外國的次級主權地區，因此引渡條約應該是與外國中央政府(central government of a foreign country)訂定，而非與其次級主權政府(sub-sovereign government)」，當事人的主張非無理由，裁定本案禁止引渡。[291]

惟第二巡迴上訴法院駁斥地方法院見解，認為：外國政府不必然指外國中央政府，美國「香港政策法」認定香港特區政府的獨立性，美國內國法不受香港回歸與否的影響，這包括第 3184 條在內。雖然美國罕見與外國的次級主權政府簽訂引渡條約，但第 3184 條卻也沒有說明立法當時國會有禁止之意；即便第 3184 條要求引渡條約只能與外國中央政府締結，中國大陸在談判及締結過程中的角色，亦已符合「中央政府」這個要件，協定序言敘明已獲得「負責外交事務的主權國政府」的授權[292]，因此，基於第 3184 條之目的，此一協定無疑是「美國與外國政府之間的引渡條約或公約」。[293]

（二）美國與前南斯拉夫及與盧安達國際刑事法庭協定

美國於 1994 年 5 月 4 日在海牙簽署「美國與南斯拉夫國際刑事法庭協定」，並於 1995 年 1 月 24 日同在海牙簽署「美國與盧安達國際刑事法庭協定」，依據這兩個協議，美國負有向該刑事法庭遞解被告的義務。但這兩個協定同樣不符合美國聯邦法典第 18 編第 3181 條及 3184 條有關「外國政府」與「應依條約或公約」的規定，為此，美國於 1996 年 2 月 10 日通過「國防授權法(National Defense Authorization Act for Fiscal Year 1996)」第 1342 條第(a)項規定，美國聯邦法典第 18 編第 209 節有關引渡之條文，

---

[290] *John Cheung v. United States*, 213 F.3d 82, 2d Cir. (2000).
[291] *Ibid.*
[292] 香港美國引渡協定序言：香港政府經負責管理與香港有關的外交事務的主權國政府正式授權締結本協定，與美利堅合眾國政府(下文稱"締約雙方")願訂立有效合作以遏止罪行與相互移交逃犯的規定。The Government of the United States of America and the Government of Hong Kong, having been duly authorized to conclude this Agreement by the sovereign government which is responsible for its foreign affairs (hereinafter called "the Parties")。
[293] *Ibid.*

對於人犯遞解南斯拉夫國際刑事法庭及盧安達國際刑事法，應同等適用，人犯包括美國公民在內。[294]該條文之後成爲美國法典 Title 18 第 3181 條之之成文註釋(Statutory note)。

同樣地，此種引渡協定在實務上也受到挑戰。在 *Ntakirutimana v. Reno* 一案中，盧安達國際刑事法庭以 *Ntakirutimana* 涉及種族滅絕罪而請求美國遞解，*Ntakirutimana* 質疑在欠缺條約的情況下，依據「國防授權法」遞解爲違憲。德州南區地方法院認爲，國防授權法已授權引渡；第五上訴巡迴法院認爲，行政機關與該刑事法庭所簽訂之協定，經由立法的方式獲得國會同意之後，成爲「國會的行政協定」，遞解並不違憲。[295]

三、台美引渡協定

（一）簽訂資格

美國法律明訂引渡僅能依條約爲之，美國與香港之間的引渡雖然以協定爲名，然而不論是美國的香港政策法或中國大陸的香港特別行政區基本法，香港特區政府的主權問題及法律地位明確而無爭議；美國認定與香港的關係是官方關係，行政及立法部門將香港美國引渡協定視同條約，判例認定引渡亦得與外國政府下的次級主權政府簽訂，因而香港美國引渡協定，等同是「美國與外國政府之間的引渡條約」。

美國官方依據臺灣關係法第 6 條及第 13014 號行政命令，將台美關係認定爲非官方關係，總統或各部門依據法律授權或要求，得與臺灣簽署協定，但應依美國總統指示的方式或範圍，透過美國在台協會進行。另依據臺灣關係法第 10 條，美方認定我

---

[294] Sec. 1342. Judicial Assistance to the International Tribunal for Yugoslavia and to the International Tribunal for Rwanda

(a) Surrender of Persons: (1) Application of United States Extradition Laws - Except as provided in paragraphs (2) and (3), the provisions of chapter 209 of title 18, United States Code, relating to the extradition of persons to a foreign country pursuant to a treaty or convention for extradition between the United States and a foreign government, shall apply in the same manner and extent to the surrender of persons, including United States citizens, to—

(A) the International Tribunal for Yugoslavia, pursuant to the Agreement Between the United States and the International Tribunal for Yugoslavia; and

(B) the International Tribunal for Rwanda, pursuant to the Agreement Between the United States and the International Tribunal for Rwanda.

[295] *Ntakirutimana v. Reno*, 184 F. 3d 419, 427 (5th Cir. 1999). South District Court of Texas: "It is within the power of the Executive and Congress to surrender fugitives......under an executive agreement with congressional assent via implementing legislation."Fifth Circuit Court of Appeals: "It is not unconstitutional to surrender Ntakirutimana ...... pursuant to the Executive-Congressional Agreement."

駐美國台北經濟文化代表處（前身爲北美事務協調委員會）爲對等機構。[296]自從 1979 年 1 月 1 日起，台美之間的協定都是由美國在台協會與駐美國台北經濟文化代表處（或其前身北美事務協調委員會）所簽訂，都屬於單純行政協定。其談判與締結過程與條約相同，但差別在於程序上不經過參議院的諮議及同意(advice and consent)[297]

如果行政部門採取「國會的行政協定」模式與臺灣簽訂引渡，雖然從美國引渡法制來看具有等同引渡條約的效力，但這不僅會讓美國自陷臺灣主權與政府承認的政治問題，也與美國與臺灣保持非正式關係的政策不符，因此採取的可能性極低。如循例以單純行政協定的模式簽訂，由於不是以視同條約的方式經過參議院同意，並不符合第 3181 條及 3184 條有關「外國政府」與「應依條約或公約」的規定，此時行政部門將須比照與兩個國際法庭的協定模式，向國會另行提出法律案，在美國聯邦法典第 18 編第 3181 條下，爲台美簽訂的引渡協定創設具有同等適用效力的成文註釋(Statutory note)。

然而，行政部門會先經司法部評估，即使司法部認爲應與臺灣簽訂引渡協定，尚得經過國務院的政治考量，而如前所述，是否以法律案送國會審議，是總統的政治決定，總統又必須考量國會態度，並經國會通過後才能開始運作，此一漫長的法制過程，即是美國國內對於臺灣提出引渡協定遲遲沒有具體進展原因之一。

（二）國民引渡問題

就協定內容而言，美國司法部最關切的問題，應屬我國是否同意國民引渡。按國民引渡問題已在本章第四節有詳述。對我國而言，我國憲法並未規定國民引渡之條文，與外國訂定國民引渡條款並無違憲的爭議，又參照前述最高法院及高等法院相關判決，我國與外國訂定國民引渡條款，依後法優於前法等法理，其效力理應優於引渡法，雖與引渡法第 4 條之規定有抵觸，仍應優先適用條約的規定。但若能簽訂裁量條款，明訂「雙方無引渡國民之義務，但被請求國有裁量權，認爲適當時，得引渡之；如以國籍爲由拒絕引渡時，經請求國請求之下，被請求國應送交有關機關起訴」，一方面與我國法制精神較爲相符，另一方面，罪犯亦無法逃避刑事制裁。

然而美國認爲裁量引渡的結果，往往都仍是趨向不引渡國民，使得裁量條款形同具文，因此近年來，司法部在商議引渡條約時，國民引渡原則已成爲高度優先的事

---

[296] *Federal Register, Part V The President, Executive Order 13014* – maintaining Unofficial Relations With the People on Taiwan, August 19, 1996.

[297] *Supra* note 282.

項，如外國堅持國民不引渡，簽署的可能性頗低，觀諸所有美國近年來的雙邊引渡條約，確實從 1997 年開始，已全採國民引渡原則，我國要選擇裁量引渡的機會恐怖不大。如考慮接受，在我國可能需顧慮現階段國人在國民情感上能否理性接受國民引渡的結果，甚至將國民引渡與主權做不當的聯想。因為畢竟國民引渡問題自從 18 世紀來仍然分歧，即使在區域合作模式中有所進展，但從引渡法、引渡條約及某些國家的憲法對於國民引渡存在著不同程度的差異，加上國民情感、國家觀念、國力與國之間的強弱與不信任來看，國民引渡問題在短期內難以趨於一致。

美國在這一百多年來，與全世界超過一百多個國家簽訂引渡條約。以在 1980 年至 2020 年這 40 年間簽訂引渡條約的 45 個國家為例，關於國民引渡的條款，主要有「國民引渡」與「裁量引渡」兩種態樣；而裁量引渡的條約中，大多數訂有「或起訴、或引渡」，極少數的條約為單純裁量引渡。整理如下：（1）國民引渡：有 26 個條約規定「不得以本國國民為由拒絕引渡」；[298]（2）單純裁量引渡：有 2 個條約規定「無引渡國民之義務，但得裁量引渡」；[299]（3）裁量引渡加上或起訴或引渡：有 16 個條約規定「無引渡國民之義務，但得裁量引渡；如裁量不引渡，經請求時應於國內起訴」。[300]事實上，美國與南韓在 1998 年訂定的引渡條約，是最後一個國民引渡條款採裁量引渡的國家，之後的引渡條約全採國民引渡原則。

我國憲法並無關於國民不引渡的規定，但引渡法第 4 條規定，請求引渡之人犯，

---

[298] 「不得以本國國民為由拒絕引渡(Extradition shall not be refused on the ground that the person sought is a national of the requested State.)」，巴哈馬(1990 年、第 4 條)、菲律賓(1994 年、第 6 條)、約旦(1995 年、第 3 條)、義大利(1996 年、第 4 條)、巴貝多(1996 年、第 3 條)、格瑞那達(1996 年、第 3 條)、多米尼克(1996 年、第 3 條)、香港(1996 年、第 3 條)、安地卡及巴布達(1996 年、第 3 條)、聖文森(1996 年、第 3 條)、聖露西亞(1996 年、第 3 條)、阿根廷(1997 年、第 3 條)、印度(1997 年、第 3 條)、巴拉圭(1998 年、第 3 條)、斯里蘭卡(1999 年、第 3 條)、南非(1999 年、第 3 條)、貝里斯(2000 年、第 3 條)、立陶宛(2001 年、第 3 條)、秘魯(2001 年、第 3 條)、英國(2003 年、第 3 條)、辛巴威(2003 年、第 3 條)、智利(2013 年第 3 條)、塞爾維亞(2016 年、第 3 條)、多明尼加(2015 年、第 3 條)。另外，美國與加拿大(1971 年、第 1 條，2001 年補充)及愛爾蘭(1983 年、第 1 條)條約則以正面陳述方式，明訂引渡包括國民在內，亦屬此種條約。

[299] 奧地利(1998 年、第 3 條)及澳洲(1974 年、第 4 條，1990 年補充)。另外，美國與日本(1978 年、第 5 條)及紐西蘭(1970 年、第 5 條)的條約在更早時間簽訂，亦屬此類。

[300] 德國(1978 年、第 9 條，1986 年補充)、墨西哥(1978 年、第 9 條，1997 年補充)、芬蘭(1980 年、第 4 條)、荷蘭(1980 年、第 8 條)、哥斯大黎加(1982 年、第 8 條)、泰國(1983 年、第 8 條)、瑞典(1983 年、第 6 條)、比利時(1987 年、第 3 條) 、西班牙(1988 年、第 3 條)、瑞士(1990 年、第 8 條)、匈牙利(1994 年、第 3 條)、馬來西亞(1995 年、第 3 條) 、玻利維亞(1995 年、第 3 條)、波蘭(1996 年、第 4 條)、盧森堡(1996 年、第 3 條)、南韓(1998 年、第 3 條)。

爲中華民國國民時，應拒絕引渡；該人犯取得中華民國國籍在請求引渡後者不在此限。而依據我國目前與 7 個國家訂有引渡條約，其中有關國民引渡問題之規定並不一致，例如：與南非及（第 1 條）及與多米尼克引渡條約（第 1 條）規定，任何人犯，彼此互予引渡；與多明尼加之條約（第 4 條）規定，不得以任何理由同意引渡其本國國民；與哥斯大黎加引渡條約規定無引渡義務，但得經裁量同意引渡；與巴拉圭（第 4 條）、史瓦濟蘭王國（第 4 條）及馬拉威（第 3 條）爲裁量引渡加上或起訴、或引渡。

依高等法院 79 年上更字第 128 號判決認爲，條約在我國是否具有國內法之效力，法無明文，惟由憲法第 58 條第 2 項、第 63 條及第 57 條第 3 款規定觀之，其審查程序殆與內國一般法律相同，應認其具有國內法之同等效力（參見最高法院 72 年台上字第 1412 號判決）。另依憲法第 141 條「尊重條約」之規定，條約之效力應優於內國一般法律（參照最高法院 23 年上字第 1074 號判例）而居於特別規定之地位，故條約與內國一般法律抵觸時，依特別法優於普通法之原則，自應優先適用條約之規定。

四、小結

引渡(Extradition)與假引渡(Disguised Extradition)是追緝國外罪犯的兩種主要方式。引渡指國家依據引渡法、條約、公約、協定、互惠或國際睦誼，將被起訴或被判決確定之人犯，交付予犯罪行爲地國或判決地國；[301]假引渡則是指國家以移民法之驅逐出境爲手段將其驅逐後，交由他國押解，以達到引渡的效果。[302]假引渡因程序簡便且容易達成，爲各國實務機關常用。尤其我國國情特殊，通緝犯逃匿之主要國家，與我國都沒有簽訂引渡條約或協定，因而假引渡成爲我國追緝外逃罪犯及遣返他國罪犯所依賴的重要方式。

在美國，依據聯邦法典第 18 編(United States Code Title 18)的規定，引渡應依有效之條約，由於引渡程序與移民程序有嚴格的區分，因此，司法及執法機關無法利用這兩套程序的差異去選擇有利的執行方式。如果沒有條約，要尋求美國以假引渡的方式遣返，可能性極低，因爲這有濫用程序之嫌。然而，美國對外卻有不同的作法，沒有引渡條約的國家如果對於美國的請求不合作，美國不僅透過假引渡、外交斡旋或經

---

[301] M. Cherif Bassiouni, *International Extradition, United States Law and Practice*, Oceana, at 25 & 61, (2007).

[302] *Id.* at 205.

濟制裁的方式取得合作，甚至可能使用綁架與非法逮捕的極端手段。[303]

　　由於我國通緝犯滯留美國的問題存在已久，請求遣返屢遭困難，因此對於簽訂引渡協定寄予厚望，而或許因為台美刑事司法互助協定於 2002 年間順利簽訂，因而認為洽簽引渡協定有前例可循。但事實上，引渡及司法互助所依據的法律基礎不同，[304]時空背景不同，[305]兩者不能相提並論。

第二項　關於移民法之驅逐出境

　　如前所述，台美引渡協定能否簽訂涉及兩項法律問題：（1）美國是否修法明定美國法典 Title 18 （即美國聯邦刑法典）第 209 節第 3181 條對臺灣適用。這除了複雜的修法過程之外，還包括美國政府的政治考量；（2）我國是否要同意國民引渡。

　　如果引渡不可行，驅逐出境是否是可行的方案，茲以美國為例探討如下。

一、假引渡的意義

　　假引渡，係指國家依據移民法，經由行政程序或司法程序拒絕外國人民入境或繼續停留，同時將其置於他國機關直接或間接的管轄及控制狀態，亦即國家以移民法之

---

[303] Bassiouni, *supra* note 1, at 217, 273-345.

[304] 引渡的依據是美國法典第 18 編(Title 18)第 209 節「引渡」一節，其中第 3181 條第 a 項明定「引渡應依有效之條約」，詳參本文相關說明；司法互助的依據是美國法典第 28 編(Title 28)，其中第 1782 條「對外國及國際法庭及其涉訟人提供協助(Assistance to foreign and international tribunals and to litigants before such tribunals)規定，當事人住所地的地方法院依外國或國際法庭的調查委託書或利害關係人之聲請，得命取當事人之證言。該條(b)項甚至明文規定「不得排除美國境內之人自願提供 testimony or statement 或提出文件或其他物品，而在外國或國際法庭之任何人之前以其接受之方式，作為訴訟之用」。司法互助沒有硬性規法院應依條約。

[305] 台美司法互助協訂之洽談始於 1995 年，當時美國總統柯林頓因外國政治獻金事件受到調查，聯邦調查局於 1997 年 6 月派員前往臺灣希望訪談證人及蒐集資料，但因為無司法互助協定而為法務部拒絕，美國司法部一開始提議簽訂洛克希德式(Lockheed)的暫行協定(interim agreement)，亦為我國拒絕，嗣經過多年商議，美方同意我國要求，於 2002 年 3 月 26 日由我國駐美代表處與美國在台協會簽訂台美司法互助協定。Non-Paper by Mark M. Richard, Deputy Assistant Attorney General for the Criminal Division, received by TECRO on Mar 17, 1998.

驅逐出境爲手段，實際上卻將其交由他國押解以達到引渡的效果。[306]

假引渡的存在，是因爲引渡程序與移民程序爲完全分開而獨立的軌道，兩者原則、標準、程序及證據標準不同，執法機關及檢察機關利用了這兩套程序的差異，選擇有利的執行方式。假引渡必須執法機關及行政機關之間積極而默許的合作，而其能成功的原因，是因爲國家的行政程序在驅逐外國人方面，賦予行政機關極大的裁量權，由於行政裁定的審查通常很緩慢，司法審查又要求必須用盡行政救濟，因此，行政程序上的濫用常造成沒有足夠的司法救濟。[307]

二、美國移民法之驅逐與遣送

依據美國移民法，拒絕入境(exclusion)適用於尙未入境之人，驅逐出境(deportation)適用於已入境之人。[308]拒絕入境及驅逐出境的設計目的是爲了移民管制，受行政機關支配；不是爲了提供國際刑事司法合作，當然程序上也不適用刑事司法的標準。[309]

在移民法規定下，是否驅逐出境，端視其簽證種類。憲法第 14 修正案賦予美國公民及具有居留身分之人的正當程序，持非移民簽證之人並不享有之；非移民人士的權利及正當程序由移民法規範。簽證過期後，沒有重新核發或延長的義務，如果裁量不重新核發或延長，則當事人卽無續留之法律依據，應卽離境。[310]拒絕入境的程序中，外國當事人應提出舉證供移民官員相信並核准其入境；但驅逐出境的程序中，外國當事人享有較多的權利，政府對於是否應驅逐出境，有舉證之義務。[311]

當事人離境涉及「是否自願離境」以及「是否可自由選擇目的地」的問題。如果在合法身分註銷前離境，當事人有權自由選擇目的地，如果已逾合法停留期限，則依移民法可予驅逐出境，此時當事人雖可依據移民法第 240 條請求志願離境，但同意與否，則屬行政機關的裁量權。如果自願離境的請求被駁回，卽應驅逐出境，此時依據美國移民法之規定，當事人有權選擇驅逐出境之目的地國，行政機關只有在認定當事人的

---

[306] Bassiouni, *supra* note 1, at 204.

[307] *Id.* at 205.

[308] *Id.* at 219.

[309] John F. Murphy, *Punishing International Terrorists: The Legal Framework for Policy Initiatives*, Rowman Allanheld Publishers, at 81-82, (1985).

[310] Bassiouni, *supra* note 1, at 217.

[311] *Id.* at 220.

選擇有害美國利益時，才有權拒絕遣送至當事人指定的國家。[312]

　　想要透過美國的拒絕入境程序(exclusion process)達到押解(redition)的目的原已不易，要透過驅逐程序(deportation process)更加困難。移民法官對於外國人是否符合驅逐資格(deportability)，必須依據合理(reasonable)、實質(substantial)而可供為證明(probative)之證據。在 *Woodby v. INS*[313]一案中，法院指出應有明確令人信服(clear convincing unequivocal)的證據才得驅逐，然而請求國往往難以證明該外國人合於遣送資格(deportability)。

　　美國移民法容許當事指定前往其他的國家，是依據美國法典第 8 編（Title 8 即移民法）第 1231 條「裁定驅逐之外國人之收容與驅逐（Detention and removal of aliens ordered removed）」規定：「外國人……受驅逐出境，得指定前往國家。檢察長應依其指定之國家驅逐之」。[314]如果其指定的國家接受，則想透過驅逐程序達到押解目的，便無法成功。另外，驅逐程序中，外國人尚有其他的救濟方式，例如第 1158 條的庇護(Asylum)。[315]

　　這些實體或程序的規定，都是遣返人犯困難的原因。實務上，從國外遣返回台的通緝犯，多因當事人在國外因案服刑完畢或因違反法律遭到驅逐時，因無法取得其他身分或旅行證件、或國內案件判決不重，發現長期逃亡因小失大；或衡量國內所涉案件刑度不致太重、訴訟尚存一線希望；或因健康或生病不願客死異鄉；或父母百年無法送終感到不孝；或妻離子散，愛人改嫁，兒女不親；或經濟窘迫無人接濟山窮水盡；或長期淪落異鄉，語言飲食生活差異；或國外另案被捕，難熬國外監禁等等原因，而在我駐外人員與當地政府官員積極勸導及協助下，自願同意返國。嚴格來說，美國基於移民法規定並且在欠缺引渡機制等因素，對於我國請求追緝之特定對象，從未利用假引渡之名行引渡之實。

三、強制驅逐出國（境）在我國之實踐

---

[312] *Id.* at 218.

[313] *385 U.S. 276 (1966)*

[314] (A) Selection of country by alien:
　Except as otherwise provided in this paragraph—
　　(i) any alien not described in paragraph (1) who has been ordered removed may designate one country to which the alien wants to be removed, and
　　(ii) the Attorney General shall remove the alien to the country the alien so designates.

[315] Bassiouni, *supra* note 1, at 223-224.

　　我國對於外國通緝犯的處理，一般模式都是由當事人所屬國家撤銷護照，經由其執法機關或在台機構告知通緝狀況；或者我國警方主動查獲外國通緝犯，再由當事人所屬國家撤銷護照，即以在我國屬非法居留爲由，經我國警方做人別身分確認後逮捕，再協調外國執法機關來台進行接押。實務機關或認爲，外國通緝犯來台，當事人的護照或旅行文件既已被撤銷，依據移民法第 34 條及第 36 條之規定，即得強制驅逐出國，且得強制收容。由於當事人已無有效之旅行文件，航空公司因運送此類乘客將遭高額罰款，將會拒載；即使給予搭載，他國亦將以其未持有效之旅行文件而原機遣返回原啟程地，不僅沒有解決問題，飛行過程中無執法人員隨行押解，更影響飛航安全。若國籍國配合核發旅行文件，該文件即成爲當事人唯一的出境證件，又實務上，國籍國往往在旅行文件上註明僅得前往某特定國家，因此，已沒有依其意願同意其前往第三國之可能。

　　無論當事人的護照或旅行文件是在何種情況下被撤銷，我國實務機關以驅逐出境之名行引渡之實的做法，常遭各界質疑，其原因即如學者所指，在於我國移民法對於外國人驅逐出國程序中的人身自由限制方面，欠缺憲法第 8 條之法定程序，人身自由之限制亦非經由法院，對當事人正當法律程序保護不足，救濟管道亦不足所致。[316]

　　事實上，在國際法之下，此一方式並不是不合法，因當事人並不是被綁架，而是經由本國行政或司法程序進行遞解，有疑問的地方在於某些實務違反國際法，例如當事人遞解前沒有獲得充分或即時的法律諮詢等。[317]

　　假引渡爲我國追緝外逃罪犯及遣返他國罪犯所依賴的重要方式，以此協助美國遣返通緝犯也有案例，惟美國在引渡程序與移民程序有明確切割，要尋求美國以假引渡的方式遣返我國通緝犯，可能性極低。關於引渡協定，美國法律明定引渡應依條約，從以上討論，我國似乎只能比照美國與兩個國際法庭簽訂協定的模式，由行政部門向國會另行提出法律案，明定美國聯邦法典 Title 18 第 209 節第 3181 條對臺灣有相同的適用。然而，從司法部的評估、國務院及總統的政治決定，再到國會參眾兩院通過，此一法制過程困難而漫長，加上美國向我國請求的幾個案件，雖然都有爭議與批評，但結果多半能「美」夢成眞，因此美國對於此一協定並沒有簽訂的急迫性，這或許是美國對於臺灣提議簽訂引渡協定遲遲沒有具體回應的原因。

---

[316] 林超駿，提審法、人身保護令狀與外國人驅逐出國程序，第七屆「憲法解釋之理論與實務」學術研討會，中央研究院法律研究所，2009 年 12 月 12 日。

[317] Bassiouni, *supra* note 1, at 78.

第三項　我國對外國人強制驅逐出國及大陸港澳地區人民強制出境制度介紹

一、概述

按我國協助外國通緝犯之逮捕方式，固然主要係以假引渡遣返方式爲之，惟外來人口入國（境）是否開放，屬於國家主權事項，國家並無強制接納入國（境）之義務，通常外來人口需經過入境申請、使用簽證方式，或經國家准許以免簽證等方式而合法入國（境），而國家亦得制訂相關法令對外國人在境內行爲予以管制、處罰，倘外國人在該國（境）內有違法（不法）行爲者，該國權責主管機關得依法對其警告、罰鍰或處以驅逐出國（強制出境）等處分，以維護國內安全與秩序。[318]按外國人之驅逐出國（出境），係指一國司法或行政部門機關行使國家主權，要求其停留有違反該國法律或利益之外國人（不具該國國籍或無國籍者均屬之）離開該國國境或自領土驅離之命令或決定，通常係伴隨強制力之運用，而未取得被驅逐出國者之同意。依據我國憲法增修條文第 11 條規定，自由地區與大陸地區間人民權利義務關係及其他事務之處理，得以法律爲特別規定，故對於大陸地區人民與香港、澳門居民之遣送處分，稱「強制出境」而非「驅逐出國」。[319]

另爲保全強制驅逐出境（出國）處分之執行可能性，實務上亦需針對被處分之外國人進行收容，而收容本質上爲一拘束人身自由之強制處分，涉及人身自由、居住自由等基本權利之保障等，自不應依其國籍而存在差別待遇或不人道處遇等，亦需以法律明文規範賦予外國人得依法提起救濟，故下文將對外國人強制驅逐出國、大陸、港、澳門地區人（居）民強制出境制度逐一介紹，另因驅逐出國（出境）處分涉及強制力之行使，且外來人口來我國涉及人身自由及居住遷徙自由等基本人權保障，故亦將對我國現行收容及驅逐出國（出境）等強制處分，及相關救濟途徑等予以介紹。

---

[318] 許義寶，論驅逐出國與強制出境之法規範，收錄於國境執法與合作一書，黃文志、王寬弘主編，五南，初版，2020 年 1 月，頁 179-181。

[319] 柯雨瑞、吳佳霖、黃翠紋，試論外國人與大陸地區人民收容、驅逐出國及強制出境之司法救濟機制之困境與對策。中央警察大學國土安全與國境管理學報，第 29 期，2018 年，頁 45-86。

二、我國有關外國人強制驅逐出國制度

我國對「外國人」違法之實務處理情形，大部分係以法律授權行政機關較大行政裁量空間，如外國人違反就業服務法者，大部分予以強制出境，違反刑法者亦大多予以強制出境，並配合有關管制規定；如若干年內均不准再入境等是，以有效維護國境（國家）安全。[320]

外國人有我國「入出國及移民法」第 36 條第 1 項各款「入出國及移民署應強制驅逐出國」情形，[321]或第 2 項各款「入出國及移民署得強制驅逐出國，或限令其於十日內出國，逾限令出國期限仍未出國，得強制驅逐出國」情形者，[322]依據入出國及移民法第 36、37 條規定及「外國人強制驅逐出國處理辦法」第 2 至 5 條規定，內政部移民署或其他機關查獲、發現外國人前述入出國及移民法第 36 條第 1 項、第 2 項情形之一者，應蒐集、查證相關資料、拍照及製作調查筆錄，若查獲之外國人涉有刑事案件者，應先移送司法機關偵辦，倘外國人所涉刑事案件已進入司法程序者，移民署於強制驅逐出國 10 日前，應通知司法機關。

而查獲之外國人經查未涉有刑事案件，未經依法羈押、拘提、管收或限制出國者，移民署得強制驅逐出國或限令其於 10 日內出國。[323]依據入出國及移民法第 36 條第 4 項規定及外國人強制驅逐出國處理辦法第 4 條規定，入出國及移民署依規定強制驅逐外國人出國前，應給予當事人陳述意見之機會，並以其理解之語文製作「強制驅

---

[320] 同註 318，頁 182。

[321] 一、違反入出國及移民法第四條第一項規定，未經查驗入國。二、違反第十九條第一項規定，未經許可臨時入國。

[322] 一、入國後，發現有第十八條第一項及第二項禁止入國情形之一。二、違反依第十九條第二項所定辦法中有關應備文件、證件、停留期間、地區之管理規定。三、違反第二十條第二項規定，擅離過夜住宿之處所。四、違反第二十九條規定，從事與許可停留、居留原因不符之活動或工作。五、違反入出國及移民署依第三十條所定限制住居所、活動或課以應行遵守之事項。六、違反第三十一條第一項規定，於停留或居留期限屆滿前，未申請停留、居留延期。但有第三十一條第三項情形者，不在此限。七、有第三十一條第四項規定情形，居留原因消失，經廢止居留許可，並註銷外僑居留證。八、有第三十二條第一款至第三款規定情形，經撤銷或廢止居留許可，並註銷外僑居留證。九、有第三十三條第一款至第三款規定情形，經撤銷或廢止永久居留許可，並註銷外僑永久居留證。

[323] 外國人有入出國及移民法第 36 條第 2 項各款情形之一者，內政部移民署得強制驅逐出國或限令其於 10 日內出國，但依據「外國人強制驅逐出國處理辦法」第 2 條第 1 項但書規定，外國人有下列情形之一者，「得」強制驅逐出國：「一、未依規定於限令期限內自行出國。二、在臺灣地區無一定之住所或居所。三、因行蹤不明遭查獲。四、有事實認有逃逸或不願自行出國之虞。五、經法院於裁判時併宣告驅逐出境確定。六、受外國政府通緝，並經外國政府請求協助。七、其他有危害我國利益、公共安全或從事恐怖活動之虞。」

逐出國處分書」，及受強制驅逐出國處分人之姓名、性別、國籍、出生年月日、身分證明文件號碼及在臺灣地區住、居所；事實；強制驅逐出國之依據及理由；不服處分提起救濟之方法、期間及受理機關，並將處分書應送交受強制驅逐出國處分人及應聯繫當事人原籍國駐華使領館、授權機構或通知其在臺指定之親友，至遲不得逾 24 小時。

至已取得居留或永久居留許可之外國人經強制驅逐出國前，應召開審查會，除有第 36 條第 4 項但書各款情形之一者。[324]得不經審查會審查，逕行強制驅逐出國外，於審查會決議前，不執行強制驅逐出國。外國人強制驅逐出國處理辦法第 6 條第 1 項各款規定有「暫緩強制驅逐出國」事由，[325] 於其原因消失後，再由移民署執行強制驅逐出國，惟依據同條第 2 項規定，應由其本人及在臺灣地區設有戶籍國民、慈善團體或經移民署同意之人士，共立切結書，或請求其原籍國駐華使領館、授權機構協助，暫緩強制驅逐出國。

至強制驅逐出國之執行，依據外國人強制驅逐出國處理辦法第 7 條第 1、3 項規定，內政部移民署執行外國人之強制驅逐出國，應檢查受強制驅逐出國之外國人身體及攜帶之物及派員戒護至機場、港口，監視其出國，並將其證照或旅行文件交由機、船長或其授權人員保管。有抗拒出國或脫逃之虞者，移民署得派員護送至應遣送之國家或地區（第 1 項）。執行第一項外國人強制驅逐出國之目的地，以遣返當事人國籍所屬國家或地區為原則。但不能遣返至其所屬國家或地區者，得依當事人要求將其遣返至下列之一國家或地區：一、當事人持有效證照或旅行文件預定前往之第三國家或地區。二、當事人進入我國之前，持有效證照或旅行文件停留或居住之國家或地區。三、其他接受其進入之國家或地區（第 3 項）。

三、有關大陸地區人民與香港、澳門地區居民強制出境制度介紹

在兩岸分治現況下，大陸地區人民入境臺灣地區受有限制，但經主管機關許可且

---

[324] 一、以書面聲明放棄陳述意見或自願出國。二、經法院於裁判時併宣告驅逐出境確定。三、依其他法律規定應限令出國。四、有危害我國利益、公共安全或從事恐怖活動之虞，且情況急迫應即時處分。）

[325] 一、懷胎五個月以上或生產、流產未滿二個月。二、罹患疾病而強制驅逐其出國有生命危險之虞。三、罹患法定傳染病尚未治癒，因執行而顯有傳染他人之虞。四、未滿十八歲、衰老或身心障礙，如無法獨自出國，亦無人協助出國。五、經司法或其他機關通知限制出國。六、其他在事實上認有暫緩強制驅逐出國之必要。

以合法入境臺灣地區者，其居住、遷徙等個人自由，自應予以保障。依據臺灣地區與大陸地區人民關係條例第 18 條第 1 項規定及香港澳門關係條例第 14 條第 1 項規定，進入臺灣地區之大陸地區人民，有下列情形之一者，內政部移民署得逕行強制出境，或限令其於十日內出境，逾限令出境期限仍未出境，內政部移民署得強制出境：一、未經許可入境。二、經許可入境，已逾停留、居留期限，或經撤銷、廢止停留、居留、定居許可。三、從事與許可目的不符之活動或工作。四、有事實足認為有犯罪行為。五、有事實足認為有危害國家安全或社會安定之虞。六、非經許可與臺灣地區之公務人員以任何形式進行涉及公權力或政治議題之協商。

　　至於強制出境之執行程序，依據臺灣地區與大陸地區人民關係條例第 18 條第 2、3 項規定、[326]香港澳門關係條例第 14 條第 2、3 項規定，[327]及上開二法規授權訂立之「大陸地區人民及香港澳門居民強制出境處理辦法」第 4 條第 1 至 3 項規定，內政部移民署或其他機關查獲或發現，有臺灣地區與大陸地區人民關係條例第 18 條第 1 項或香港澳門關係條例第 14 條第 1 項所定得逕行強制出境或限令其於 10 日內出境之大陸地區人民、香港或澳門居民，應查證身分及製作調查筆錄。如涉有刑事案件者，應先移送司法機關偵辦，未經依法羈押、拘提、管收或限制出境者，或經查未涉有刑事案件者，其他機關並應檢附案件相關資料，移由移民署依法為相關處置（第 1 項）。依前項規定，移由移民署處置之大陸地區人民、香港或澳門居民於強制出境前涉有刑事案件已進入司法程序者，移送機關應即時通知移民署（第 2 項）。移民署知悉受強制出境處分之大陸地區人民、香港或澳門居民涉有刑事案件已進入司法程序者，於強制出境十日前，應通知司法機關（第 3 項）。

---

[326] 內政部移民署於知悉前項大陸地區人民涉有刑事案件已進入司法程序者，於強制出境十日前，應通知司法機關。該等大陸地區人民除經依法羈押、拘提、管收或限制出境者外，內政部移民署得強制出境或限令出境（第 2 項）。內政部移民署於強制大陸地區人民出境前，應給予陳述意見之機會；強制已取得居留或定居許可之大陸地區人民出境前，並應召開審查會。但當事人有下列情形之一者，得不經審查會審查，逕行強制出境：一、以書面聲明放棄陳述意見或自願出境。二、依其他法律規定限令出境。三、有危害國家利益、公共安全、公共秩序或從事恐怖活動之虞，且情況急迫應即時處分（第 3 項）。

[327] 內政部移民署於知悉前項香港或澳門居民涉有刑事案件已進入司法程序者，於強制出境十日前，應通知司法機關。該等香港或澳門居民除經依法羈押、拘提、管收或限制出境者外，內政部移民署得強制出境或限令出境（第 2 項）。內政部移民署於強制香港或澳門居民出境前，應給予陳述意見之機會；強制已取得居留或定居許可之香港或澳門居民出境前，並應召開審查會。但當事人有下列情形之一者，得不經審查會審查，逕行強制出境：一、以書面聲明放棄陳述意見或自願出境。二、依其他法律規定限令出境。三、有危害國家利益、公共安全、公共秩序或從事恐怖活動之虞，且情況急迫應即時處分（第 3 項）。

四、外國人與大陸地區人民、香港澳門地區居民之收容制度介紹

收容之目的，在於確保外國人、大陸地區人民與香港、澳門地區居民所為強制（驅逐）出國（境）處分之執行，屬於在一定期間內剝奪受收容人之人身自由、使其與外界隔離之強制處分。惟仍需具有收容事由之一（如：入出國及移民法第 38 條、第 38 條之 1；臺灣地區與大陸地區人民關係條例第 18 條之 1 與香港澳門關係條例第 14 條之 1 等規定），且非予收容顯難以強制（驅逐）出國（境）者，方得予收容。有學者見解認為，法院審理收容聲請案件時，應審酌：是否具有強制（驅逐）出國（境）之障礙（具備收容事由）、非予收容，顯難強制驅逐出國（境）（即收容必要性）；是否有替代收容處分之可能性（如：具保或限制住居、有無依法得不予收容之情形等），以符合人權需求。[328] 按收容聲請事件共有收容異議、續予收容、停止收容及延長收容 4 種；而收容期間，則區分為暫予收容（第 1 日至第 15 日）、續予收容（第 16 日至第 60 日）、延長收容（第 61 日至第 100 日），大陸地區人民得再延長收容 1 次（第 101 日至第 150 日）。[329] 除暫予收容處分為內政部移民署做成外，超過 15 日之收容期間，移民署均需事前向法院提出聲請，經法院裁定准許後，始能繼續收容。如嗣後收容原因消滅、無收容必要或有得不予收容情形，受收容人或一定關係親屬可向法院聲請停止收容。[330]

而受收容人有得不暫予收容之情形、收容原因消滅，或無收容之必要，內政部移民署得依職權，視其情形分別為廢止暫予收容處分、停止收容，或為收容替代處分後，釋放受收容人。如於法院裁定准予續予收容或延長收容後，內政部移民署停止收容時，應即時通知原裁定法院。另受收容人涉及刑事案件已進入司法程序者，內政部

---

[328] 蔡震榮，由人身自由與居住遷徙自由限制論行政上的強制執行，收錄於國境執法與合作一書，黃文志、王寬弘主編，五南，初版，2020 年 1 月出版，頁 252-253。

[329] 請參閱入出國及移民法第 38 條之 4 規定、臺灣地區與大陸地區人民關係條例第 18 條之 1 規定及香港澳門關係條例第 14 條之 1 規定，規範內容大致如下：暫予收容期間屆滿前，入出國及移民署認有續予收容之必要者，應於期間屆滿五日前附具理由，向法院聲請裁定續予收容；續予收容期間屆滿前，因受收容人所持護照或旅行文件遺失或失效，尚未能換發、補發或延期，經入出國及移民署認有繼續收容之必要者，應於期間屆滿五日前附具理由，向法院聲請裁定延長收容；續予收容之期間，自暫予收容期間屆滿時起，最長不得逾四十五日；延長收容之期間，自續予收容期間屆滿時起，最長不得逾四十日。而大陸地區人民於延長收容期間屆滿前，內政部移民署認有符合法定延長收容事由，且有延長收容之必要者，應於期間屆滿五日前附具理由，再向法院聲請延長收容一次。延長收容之期間，自前次延長收容期間屆滿時起，最長不得逾五十日。）

[330] 蔡震榮，同註 328。

移民署於知悉後執行強制出境十日前，應通知司法機關；如經司法機關認為有羈押或限制出境之必要，而移由其處理者，不得執行強制出境。至各收容期間及收容聲請事件類型，經學者整理如下圖所示：[331]

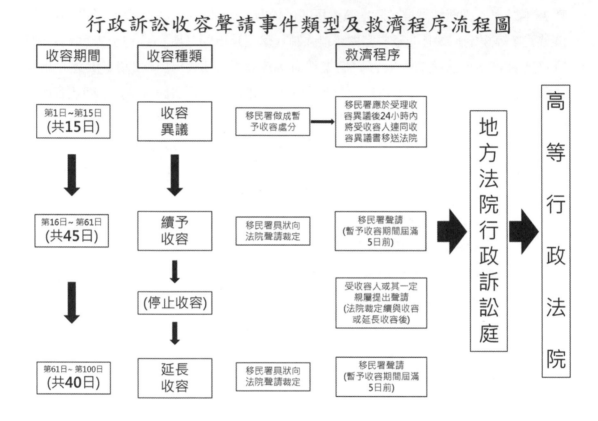

行政訴訟收容聲請事件類型及救濟程序流程圖

五、現行收容處分之救濟程序——兼論司法院大法官解釋第 708、710 號解釋

按司法院大法官釋字第 708 號解釋，係聲請人對原「入出國及移民法」第 38 條規定增訂外國人之收容期限為 120 天，不必經由法官審查、決定，是否合於憲法第 8 條等規定對於人身自由的保障一事而聲請大法官解釋。

第 708 號解釋理由書略以：「收容」，雖與刑事羈押或處罰之性質不同，但仍係於

一定期間拘束受收容外國人於一定處所，使其與外界隔離，亦屬剝奪人身自由之一種態樣，係嚴重干預人民身體自由之強制處分，依憲法第 8 條第 1 項規定意旨，自須踐行必要之司法程序或其他正當法律程序。惟刑事被告與非刑事被告之人身自由限制，在目的、方式與程度上畢竟有其差異，是其踐行之司法程序或其他正當法律程序，自非均須同一不可。收容外國人之目的，在儘速將外國人遣送出國，非爲逮捕拘禁犯罪嫌疑人，則在該外國人可立即於短期間內迅速遣送出國之情形下，入出國及移民署自須有合理之作業期間，以利執行遣送事宜，例如代爲洽購機票、申辦護照及旅行文件、聯繫相關機構協助或其他應辦事項，當屬合理、必要，亦屬國家主權之行使，並不違反憲法第八條第一項保障人身自由之意旨，是此暫時收容之處分部分，尚無須經由法院爲之。……倘受收容人於暫時收容期間內，對於暫時收容處分表示不服，或要求由法院審查決定是否予以收容，移民署應即於二十四小時內將受收容人移送法院，迅速裁定是否予以收容；且於處分或裁定收容之後，亦應即以受收容之外國人可理解之語言及書面，告知其處分收容之原因、法律依據及不服處分之司法救濟途徑，並通知其指定之在臺親友或其原籍國駐華使領館或授權機關，俾受收容人善用上述救濟程序，得即時有效維護其權益，方符上開憲法保障人身自由之意旨。……移民署得處分暫時收容之期間，其上限不得超過 15 日。

至司法院大法官釋字第 710 號解釋，則係以原「臺灣地區與大陸地區人民關係條例」規定中就強制大陸地區人民出境部分，未予申辯機會；又就暫予收容，未明定事由及期限，是否有違憲之虞，而提出釋憲聲請。

第 710 號解釋理由書略以：在兩岸分治之現況下，大陸地區人民入境臺灣地區之自由受有限制，惟大陸地區人民形式上經主管機關許可，且已合法入境臺灣地區者，其遷徙之自由原則上即應受憲法保障（參酌聯合國公民與政治權利國際公約第十二條及第十五號一般性意見第六點）。除因危害國家安全或社會秩序而須爲急速處分者外，強制經許可合法入境之大陸地區人民出境，應踐行相應之正當程序（參酌聯合國公民與政治權利國際公約第十三條、歐洲人權公約第七號議定書第一條）。尤其強制經許可合法入境之大陸配偶出境，影響人民之婚姻及家庭關係至鉅，更應審慎。於強制經許可合法入境之大陸地區人民出境前，並未明定治安機關應給予申辯之機會，有違憲法上正當法律程序原則，不符憲法第 10 條保障遷徙自由之意旨。……原「臺灣地區與大陸地區人民關係條例」第 18 條第 2 項僅規定大陸地區人民受強制出境處分者，於強制出境前得暫予收容，文義過於寬泛，未能顯示應限於非暫予收容顯難強制出境者，始得暫予收容之意旨，亦未明定暫予收容之事由，與法律明確性原則不符。……

鑑於刑事被告與非刑事被告之人身自由限制,在目的、方式與程序上均有差異,是兩者應踐行之司法程序或其他正當法律程序,自非均須相同(本院釋字第五八八號、第七〇八號解釋參照)。為防範受強制出境之大陸地區人民脫逃,俾能迅速將之遣送出境,治安機關於合理之遣送作業期間內,尚屬合理、必要,此暫時收容之處分固無須經由法院為之,惟仍應予受收容人即時司法救濟之機會,始符合憲法第八條第一項正當法律程序之意旨。故治安機關應以書面告知受收容人暫時收容之原因及不服之救濟方法,並通知其所指定在臺之親友或有關機關;受收容人一經表示不服,或要求由法院審查決定是否予以收容者,暫時收容機關應即於 24 小時內移送法院迅速裁定是否收容。至於暫時收容期間屆滿前,未能遣送出境者,暫時收容機關應將受暫時收容人移送法院聲請裁定收容,始能續予收容(本院釋字第七〇八號解釋參照)。

因應前述司法院大法官釋字 708 號跟及 710 號解釋意旨,104 年時入出國及移民法增訂第 38 條之 1 至 38 條之 9 規定,臺灣地區與大陸地區人民關係條例則增訂第 18 條之 1 及第 18 條之 2 規定,香港澳門關係條例增訂第 14 條之 1 及第 14 條之 2 規定,前揭規定為收容之實體要件,前已論及,恕不贅述;至收容聲請事件程序、事件種類、管轄法院及審理程序等事項,則規範於行政訴訟法第 2 編第 4 章(收容聲請事件程序,第 237 條之 10 至 237 條之 17),自 2015 年 2 月 5 日起施行。[332]

六、現行收容制度及救濟程序評析

有學者認為,司法院大法官釋字第 708 號解釋理由可見大法官有意區隔刑事目的與非刑事目的之剝奪人身自由處分、措施,即創設所謂「合理作業期間」,行政機關之暫時收容無須法官保留,但本號解釋強調須提供受收容人即時救濟管道,即向法院聲請救濟,仍與「公民與政治權利國際公約」第 9 條第 4 項之提審規定有所落差。[333]

---

[332] 蔡震榮,同註 328。

[333] 公民與政治權利國際公約於 2009 年 3 月 31 日經立法院第 7 屆第 3 會期第 6 次會議審議通過、於同年 12 月 10 日以總統華總一義字第 09800285401 號令公布。公約第 9 條規定:
一、人人有權享有身體自由及人身安全。任何人不得無理予以逮捕或拘禁。非依法定理由及程序,不得剝奪任何人之自由。二、執行逮捕時,應當場向被捕人宣告逮捕原因,並應隨即告知被控案由。三、因刑事罪名而被逮捕或拘禁之人,應迅即解送法官或依法執行司法權力之其他官員,並應於合理期間內審訊或釋放。候訊人通常不得加以羈押,但釋放得令具保,於審訊時,於司法程序之任何其他階段、並於一旦執行判決時,候傳到場。四、任何人因逮捕或拘禁而被奪自由時,有權聲請法院提審,以迅速決定其拘禁是否合法,如屬非法,應即令釋放。五、任何人受非法逮捕或拘禁者,有權要求執行損害賠償。至有關我國法規定和公民與政治權利國際公約規定之落差與相關建議、評析意見,請參考蔡震榮,

　　另外，司法院大法官釋字第 710 號解釋理由，固然提及公民與政治權利國際公約第 13 條規定「本公約締約國境內合法居留之外國人，非經依法判定，不得驅逐出境，且除事關國家安全必須急速處分者外，應准其提出不服驅逐出境之理由，及聲請主管當局或主管當局特別指定之人員予以覆判，並爲此目的委託代理人到場申訴。」，強調正當合法及公正程序審理之權利，但本號解釋並無要求（強制）驅逐出國（境）需踐行法官保留程序。[334]

　　至我國立法院院會 2013 年 12 月 24 日三讀通過提審法部分修正案，並經總統於 2014 年 1 月 8 日公布及訂於公布後 6 個月施行，依據提審法規定，人民被法院以外之任何機關逮捕、拘禁時，其本人或他人得向逮捕、拘禁地之地方法院聲請提審，且人民被逮捕、拘禁時，逮捕、拘禁之機關應即將逮捕、拘禁之原因、時間、地點及得依本法聲請提審之意旨，以書面告知本人及其指定之親友，至遲不得逾 24 小時。

　　有我國學者就我國現行收容及救濟制度，提出建議如下：（一）我國法院法官審理收容聲請案件，較少引用提審法規定，應係現行實務做法賦予受暫予收容人收容異議之即時司法救濟，故法院法官裁定多係直接引用入出國及移民法、臺灣地區與大陸地區人民關係條例及行政訴訟法之收容聲請事件專章之收容程序規定，似已無提審法適用之空間。（二）建議入出國及移民法第 64 條第 2 項「暫時留置」規定，亦屬人身自由剝奪之一種，依據提審法即時救濟精神，應亦得以聲請提審。（三）法院審查是否具有收容必要性（非予收容，顯難強制驅逐出國）時，建議除審查「暫時收容」之行政處分外，亦宜一併審查「驅逐出國」行政處分之合法性，始符合憲法保障基本人權之目的。（四）聲請人如已提出收容異議行政救濟程序時，內政部移民署宜暫緩執行強制驅逐出國及強制出境程序，蓋我國行政處分之執行採取以「不停止執行」爲原則，縱使當事人提起訴願或行政訴訟，只有在例外情形始得以獲准停止執行，至地方法院雖已收受聲請人之收容異議聲請，惟該件受收容人既已驅逐出國，則所提出之異議及其後可能之相關行政救濟將無任何實益。[335]

　　由人身自由與居住遷徙自由限制論行政上的強制執行，收錄於國境執法與合作一書，黃文志、王寬弘主編，五南出版，2020 年 1 月出版，初版，頁 252。

[334] 蔡震榮，同註 328，頁 258。

[335] 同註 319。

第七節　庇護與引渡

第一項　庇護的歷史發展

　　庇護(Asylum)一詞爲拉丁文，源於希臘文 Asylia 一字，意指「不可侵犯之地」，此一不可侵犯後來從「地」的概念轉到「庇護之人」，使得人與地同樣具有不可侵犯性。從歷史來看，由於對人的不可侵犯，國家無法對該庇護之地行使管轄，導致了庇護與管轄間形成了法律關聯性。庇護並非爲所有國家所採，即使是承認庇護制度的國家，實踐上也常有變化，而且是選擇性適用，但庇護基本上被視爲一項特權(privilege)而非權利(right)，雖然如此，從幾世紀的實踐來看，已愈來愈依賴格魯秀斯(Grotius)的理論，即認爲庇護是從自然法(Natural Law)而來的固有人權。依歷史記載，原先只有在地中海盆地承認及實踐庇護，並且某個程度一致地依循某些規範。庇護在那一帶自西元前 5 世紀盛行至西元 16 世紀，這段期間的實踐提供了當代庇護觀念的哲學基礎。[336]

　　在希臘，庇護有兩種形式：

　　（1）對某些人適用：最早適用於奧林匹克運動的選手及大使，此即近代的外交豁免(diplomatic immunity)，目前受 1963 年維也納公約所保護，包括外交領事官員及其眷屬。

　　（2）對某些處所適用：傳統的庇護處所爲寺院，寺院神聖不可侵，即使是死刑犯，只要停留在寺院中，寺院的神聖不可侵犯仍受尊重，在古希臘及古埃及托勒密王朝(Egyptian Ptolemaic Dynasty 305-30 B.C.)，冒犯寺院最重甚至可處以死刑。[337]

　　至 16 世紀，由於當時的庇護受到批評，國家或教堂不再僅因通緝犯身處寺院之內就給予庇護，政府及宗教組織會從個人請求庇護的原因予以考量，事實上，這樣的觀念早已存在於希臘羅馬(Greco-Roman)及猶太教(Talmudic)的庇護法典及實踐，但也只限於傳教士庇護案件，而且給予庇護，是基於處所聖潔(sanctity of the locus)的考

---

[336] Bassiouni, *supra* note 1, at 168.
[337] *Id.* at 169.

量，而非基於此人跑到這個避難所，但這相當程度也反映出當時因爲對人犯及逃犯的懲罰方式不人道，導致這些人不得已必須如此，而這個原因，在今日國際法當中仍是一個庇護的正當基礎因素。[338]

16 世紀刑事司法改革的觀念萌芽，到了 17 世紀特別是 1648 年西發利亞條約簽訂後，宗教戰爭及長久以來的宗教仇恨在歐洲逐漸減緩，又到了 18 世紀，刑罰改革及世界秩序開始受到關切，這些發展爲庇護帶來以下新的想法：（1）基於「或引渡或起訴(*aut dedere aut judicare*)」之法理，不管各種逃亡的態樣如何，都不再以處所提供絕對的豁免；（2）國家之間被認爲有促進世界秩序的相互義務。這兩項理由自 17 世紀中葉提出後，直到今天仍然具有正當性，有趣的是，在此發展的同一時期，刑法改革者爲了促進刑事司法的人性化，也群起匯集足夠的支持力量進行改革，18 世紀的政治哲學包括政教分離，爲這種基於政治或宗教原因的庇護，帶來新的觀念與實踐，宗教組織包括教堂及修道院，都給予涉及宗教的庇護；國家則處理外國前來的宗教及政治異議分子的庇護，當時國家並未再區分後來所謂的政治犯不引渡。[339]

隨著歐洲大部分國家實施政教分離，特別是君權神授(divine right of king)制度在宗教改革運動(Reformation)之後沒落，宗教庇護也隨之減少，並進而發展成目前這種由收容國給予他國前來避難的外國人一個免於他國司法訴訟的豁免型態。只是到了現代發展階段，庇護理論提供了使領館居住區不可侵犯(*jus quarterirum*)的原則基礎，歐洲國家一度引用此一原則遂行租界地(concession)的殖民統治，即治外法權的庇護模式(a form of asylum by extraterritoriality)，但外國人在本國境內卻被排除在本國法律的適用，無法令人接受，終於在第二次世界大戰後消失，因而在現代實踐上，眞正的庇護，只有屬地庇護一種。[340]

庇護的起源早於引渡，庇護向來被視爲是國家元首的特權與意志，只是後來是由行政部門做成。儘管庇護屬於一種裁量權力，但 1951 年「難民公約(Refugee Convention)在 1967 年所做的議定書規定，如果條約有規定庇護的要件時，即有給予庇護之法律義務。由於 1967 年議定書規定，有些國家將庇護程序認爲純屬行政機關決定的程序，另有其他國家是採取類似引渡的雙重程序，亦即部分程序由行政機關做成、另一些部分依據準司法或司法程序作成。由於尋求庇護之人常常也是被引渡的對象，因此會造成司法與行政這兩套程序的衝突，引渡與庇護形成競合之國際義務

---

[338] *Ibid.*

[339] *Id.* at 170.

[340] *Id.* at 171-172.

(competing international duties)。[341]

由於引渡與庇護的雙重特性，雖有不同程序與法律標準，仍常被引渡對象及被請求國將引渡程序轉換為移民程序。大部分案件中，當事人若是以政治理由或因恐懼迫害而逃離其國籍國，會尋求庇護。有時此種人是在其國籍國犯罪，導致該國尋求引渡，在這情況下，「基於政治迫害而給予庇護」與「政治犯不引渡原則」兩者就會產生相互影響作用，有可能某人已先被依政治犯不引渡原則宣告不得引渡，之後尋求庇護，至於是否同意須視各國考量。[342]又從引渡的角度來看，是否給予庇護最直接關係到得就是難民(refugee)及尋求庇護者(asylum seeker)會不會被遣送回國。

第二項　難民公約之不遣返原則[343]

庇護的法律基礎有國際法與國內法，國際法主要是依據 1951 年「難民公約(Refugee Convention)」及其 1967 年的議定書；國內法有關難民的不引渡原則，有訂在憲法、難民法、庇護法、庇護與難民法、引渡法、國際刑事合作法、引渡與司法互助法、國際刑事司法互助法、刑事訴訟法等。[344]難民(refugee)及尋求庇護者(asylum seeker)會不會被以引渡或移民法送回國籍國，這是請求庇護的當事人最關切的事項，最重要的規定為難民公約的「不遣返原則(The Principle of Non-refoulement)」[345]

按聯合國 1951 年通過「難民地位公約（Convention relating to the Status of Refugees，簡稱難民公約）」第 33(1)條規定，「締約國不得以任何方式，將難民驅逐或送回（推回）至其生命或自由會因種族、宗教、國籍、特定社會團體成員或政治見解

---

[341] *Id.* at 167.

[342] *Ibid.*

[343] *Id.* at 175.

[344] 阿爾及利亞憲法第 69 條、瑞士聯邦憲法 25(2)；貝里斯、賴比瑞亞、烏克蘭、巴拉圭難民法(Refugee Act)；瑞士、斯洛伐克庇護法(Law on Asylum)；拉脫維亞庇護及難民法(Law on Asylum Seekers and Regugees)；中國大陸、羅馬尼亞引渡法(Extradition Law)；阿根廷國際刑事合作法(Law on International Cooperation in criminal Matters)；奧地利引渡及司法互助法(Law on Extradition and Mutual Legal Assistance)；匈牙利國際刑事司法互助法(Law on International Legal Assistance in Criminal Matter)

[345] Sibylle Kapferer, *The Interface between Extradition and Asylum,* UNHCR Department of International Protection, at 75 (2003)

而受威脅的領域。」此爲不遣返原則。[346]此一原則爲習慣國際法所承認,因而對於非締約國而言,不遣返原則對於難民及請求庇護之人也有拘束力。條文中關於「不得以任何方式驅逐或送回」的規定於引渡亦有適用。[347]聯合國難民署 1980 年針對引渡對難民的影響 (Problems of Extradition Affecting Refugees No. 17 (XXXI) – 1980) 的結論(c)(d)(e)也表達「認同難民關於引渡到有據實理由恐懼遭到迫害者,應予保護;並呼籲各國確保將不遣返原則納入引渡條約及國內立法考量;各國關於既有關於引渡的條約,應尊重不遣返原則。

「不遣返原則」的唯一例外,是難民地位公約第 33(2)條規定,「如有正當理由認爲難民足以危害所在國之安全,或難民從事特殊嚴重之犯罪經判決確定,而對該國社會構成危害時,該難民不得主張本條規定之利益。」[348]但這個例外要嚴格遵守正當程序原則,有充分證據證明有國安威脅。

「危害所在國之安全(danger to the security)」:指難民必須是造成公共秩序或國家存亡威脅,例如難民以暴力或非法手段從事推翻本地政府的行爲,或從事政治活動引起外國對本地國進行報復,或對本地國從事恐怖行爲或間諜行爲。[349]

「對社會構成危害(danger to the community)」:此危害必須是行爲人所犯爲重大的犯罪,例如謀殺、性侵害、武裝搶劫或縱火,對於被請求國而言有潛在的風險,而且是威脅到大衆的安全與福祉,端視先前被判刑確定的特殊嚴重犯罪而定,以及該確定判決是否有確保公平審判程序。[350]

難民的引渡並且必須符合比例原則,亦即如果個人危險高於被請求國風險時,不得引渡。此外,尚須符合必要性原則,亦即引渡必須能有效確保被請求國安全時,或

---

[346] Convention relating to the Status of Refugees, Art. 33 [Prohibition of Expulsion or return ("refoulement")]
　　1. No contracting State shall expel or return (refouler) a refugee in any manner whatsoever to the frontiers of territories where his life or freedom would be threatened on account of his race, religion, nationality, membership of a particular social group or political opinion.
[347] Kapferer, *supra* note 345, at 75-76.
[348] Convention relating to the status of refugees
　　Article 33 - Prohibition of expulsion or return ("refoulement")
　　2. The benefit of the present provision may not, however, be claimed by a refugee whom there are reasonable grounds for regarding as a danger to the security of the country in which he is, or who, having been convicted by a final judgement of a particularly serious crime, constitutes a danger to the community of that country.
[349] Kapferer, *supra* note 345, at 81.
[350] *Ibid.*

是無法用其他方式，例如：在被請求國起訴時，引渡才有合法性。[351]

引渡程序對象如果是已經審定的難民時，所收到該難民的相關資訊，亦得做為難民資格重新審查的正當理由，被請求國透過正當公平程序以及充分的證據，即有正當理由以自始無效的撤銷(cancellation)及向後無效的註銷(revocation)，來終止其難民身分的保護。難民身分的撤銷及註銷只有原來認定難民身分的國家可以重新認定。[352]

庇護有許多面向，但最重要的結果莫過於一國阻擋另一國針對特定個人行使其權力，這可發生在引渡決定前或決定後。引渡決定前給予庇護，代表引渡可能會被拒絕，但並非絕對如此，因為庇護仍可能在引渡請求審查之後被撤銷；但如果引渡程序展開後給予引渡的話，便會導致引渡請求被以政治犯不引渡或行政裁量為由而拒絕。[353]至於尋求庇護者是否有不遣返原則之適用，按國家明文禁止引渡遣返庇護者，有國家是將此一原則延伸適用的方式。從國內法與實踐來看，態樣不同：[354]

(1) 庇護裁判確定前，引渡程序應暫停：亦即引渡的行政及司法程序必須等到尋求庇護者的主張事項獲得確定裁判，例如西班牙庇護法(s. 5(2) Law No. 5/1984 Right to Asylum)規定，有庇護請求時，引渡程序及引渡之執行於難民身分確認前，應暫停為之。

(2) 引渡與庇護的法律沒有明確規定：此時兩套程序雖然各自獨立進行，但實務上通常引渡程序也會暫停，例如德國、瑞士、匈牙利、芬蘭、瑞典、挪威、丹麥、阿根廷及墨西哥等國。

(3) 引渡程序不因申請庇護而暫停：例如英國認為引渡與庇護可平行進行，法院在 *R. v. Latvia*[355]一案中，拒絕因當事人聲請庇護而暫停引渡審理程序，法院認為基於司法利益，引渡及庇護應各自依其正常情況進行。但英國在 2003 年修正引渡法 121 條規定，如果被引渡之人同時請求庇護時，引渡程序及引渡之執行於難民身分確認前，應暫停為之。[356]

(4) 引渡程序開始時，庇護程序應暫停：例如美國 *Barapind v. Reno* 案，當事人

---

[351] *Ibid.*

[352] *Id.* at 92-94.

[353] Bassiouni, *supra* note 1, at 172.

[354] Kapferer, *supra* note 345, at 94-95.

[355] *R. (on the application of Karpichkov and another) v. Latvia and the Republic of South Africa and another, Queens Bench Division* (Administrative Court), CO/2553/2000, (26 April 2001.)

[356] UK 2003 Extradition Act 2003, Section 121 [Asylum claim] (1) This section applies if—(a)a person whose extradition is requested makes an asylum claim at any time in the relevant period;… (3)The person must not be extradited in pursuance of the request before the asylum claim is finally determined.

Barapind 在印度參加錫克國(Sikh homeland)建國的學運組織活動之後，逃亡美國，經美國移民法官於 1993 年 4 月 25 日裁定拒絕入境(exclusion)，當事人卽向美國移民局(INS)請求庇護，同時該案經印度政府於 1994 年 11 月 29 日依據引渡條約以其涉嫌傷害 11 人及殺害 52 人等 30 項起訴罪名爲由，向美國請求暫時逮捕。該案由於引渡的提出，美國移民局上訴委員會(BIA)裁定暫停遣返及庇護程序，等待引渡最終結果，案經第九巡迴法院於 1997 年 10 月 31 日確認維持移民局上訴委員會(BIA)之裁定。[357]

　最後應說明者，可引渡性是司法機關裁判，庇護則是行政機關裁判。引渡中的政治迫害主張，對於移民機關進行庇護程序審查沒有拘束力；移民機關基於政治或人道理由給予庇護，對於引渡法庭也沒有拘束力。換言之，雖然給予庇護與拒絕引渡是基於同樣的理由，但因法定機關與法律程序不同，因此並不互相拘束，而並無互爲引用而可獲得確定性結論。[358]然後，引渡結果之最終決定仍在於行政機關，蓋引渡程序中卽使將當事人釋放，也不會拘束移民法庭應進行驅逐程序。[359]如果引渡程序認爲不予引渡當事人，或如果移民法庭認爲當事人遣返回國之後會面臨迫害，都不得遣送。[360]若從不詢問原則來看，引渡程序不會詢問當事人返國後待遇；但是否給予庇護，則必須考慮當事人返國後待遇。[361]

---

[357] *Barapind v. Reno*, 225 F. 3d 1110 (9th Cir. 2000).
[358] Bassiouni, *supra* note 1, at 193.
[359] *Id.* at 194.
[360] *Id.* at 195.
[361] *Id.* at 197.

第八節　引渡審理程序

　　引渡的依據多爲引渡條約，但條約沒有規範國內程序，因而許多國家制定了國內法規範引渡程序，大部分國家引渡程序是規範在引渡條約、引渡法及國內刑法及刑事訴訴訟。[362]美國的引渡條約是自動履行條款，條約法優先於國內法；英國的引渡條約無自動履行條款，須將條約內國法化。對於依據互惠或睦誼給予引渡的國家，適用的是內國引渡法，至於引渡程序，由行政機關處理還是司法機關處理視各國而定，標準的實踐是透過外交管道，提出請求及佐證文件。[363]

　　目前大部分國家將可引渡的法律決定，賦予司法機關，但因引渡涉及國家的外交關係，因而最終決定是委由行政部門。事實上在 19 世紀之前，整個引渡全部是行政程序，1833 年比利時是第一個將司法程序導入引渡程序的國家，其要求所有引渡案件，都必須交由司法機關進行考量，但當時司法決定卻不是終局決定，行政部門仍得推翻司法決定。直到 1950 年代，德國開始將全部引渡審查權限交由司法機關。大陸法系國家認爲，引渡是國際間刑事司法合作，對於犯罪本身不會像英國探究表面證據(prima facie)或像美國探究相當理由(probable cause)。[364]大陸法系制定專法規範引渡及司法互助，法院對於引渡案件審理，不探究相當理由，是以引渡指涉事實爲基礎而決定是否引渡，並將請求國提出的正式請求，視爲足以核准引渡的表面證據。[365]

---

[362] *Id.* at 805-806.
[363] *Ibid.*
[364] *Ibid.*
[365] *Id.* at 809.

美國引渡流程

```
┌─────────────────────────────────────────────┐
│              請求書(Complaint)                 │
│            外國請求引渡或暫時逮捕                 │
└─────────────────────────────────────────────┘
```

司法部審查	逮捕令	保釋庭
司法部國際事務處進行審查並分案檢察官	通緝犯所在之地檢署發出逮捕令、安排移民法官(裁決法官)Arraignment	推定不予保釋,惟被引渡人得提出「情況特殊」並且無逃亡之餘且對社區沒有危害性

引渡聽證
法官確認存在有效的條約、確認被引渡人身分、被指控之犯行構成犯罪並且具有可引渡性、請求書(Complaint)有相當理由(Probable cause)為佐證、引渡的請求有遵照引渡條文

核准
如果符合,法官即核准引渡、先送司法部再送國務院

國務院審查	引渡命令與遞解令
參酌聽證紀錄、外交政策利益、請求國情況、最終裁量	國務院如決定引渡,則核發遞解令、由外國執法機關承接押解

第一項　暫時逮捕

暫時逮捕(Provisional Arrest),係指被請求國在收到外國正式引渡請求之前所做的逮捕,目的在避免對象於外國準備引渡請求之前逃逸。[366]例如歐洲引渡公約第 16 條第 1 項規定,「請求國權責機關遇有緊急情況時,得請求暫時逮捕,被請求國之權責機關應依本國法律決定之。」

---

[366] 6 M. Whiteman, *Digest of International Law*, at 920 (1968). A provisional arrest an arrest made prior to a formal extradition request. It is intended to prevent further flight by the fugitive while the foreign state prepares the documentation for the formal extradition request.

　　按引渡是國家行爲，引渡條約係兩邦交國依據外交關係而簽訂的條約，引渡講求程序[367]，請求國以正式文件透過外交途徑，請求另一國將人犯解送回國受審或服刑；被請求國則於收到相關文件後，參照國內法、引渡條約或引渡公約之義務決定是否接受或拒絕引渡。然而，由於國際交通運輸的便捷，罪犯在各國間流竄，待請求國完成繁複而冗長的行政手續時，罪犯早已聞風逃匿，對於保全刑事程序的對象是相當困難，因此各國引渡條約及引渡法多設有緊急措施之規定，將人犯暫時逮捕(Provisional Arrest)，再補辦必要之手續。[368]

　　暫時逮捕，係先將對象留置一段相當的時間，以等待請求國發動引渡。此一制度起源於法國與若干國家的引渡條約，早期的暫時逮捕須透過外交途徑請求，晚近在方式上趨於彈性，有規定逕向被請求國外交部爲之者、有規定由請求國司法部向被請求國司法部爲之者、有規定由請求國之司法機關向被請求國之司法機關爲之者、有規定由承辦法官向對方對等機關爲之者、有規定由請求國檢察官向被請求國檢察官爲之者，亦有規定由請求國地方官員向對方地方官員爲之者[369]。

　　引渡法制中的暫時逮捕，屬於裁量而非義務，暫時逮捕由「被請求國之權責機關應依本國法律決定之」，逮捕必須有「相當理由」始得爲之，暫時逮捕中所謂相當理由，根據的除有可信的官方陳述、訴訟文書或有罪判決，還有暫時逮捕條文中的「請求應敍明事項」。[370]

　　引渡條約規定暫時逮捕應循外交管道，程序上由外國透過外交管道提出請求，並提出證明或證據，法官對於被引渡之人的逮捕，應有相當理由足認該犯罪爲被引渡之人所爲，之後依據條約或法律規定的天數羈押，以等待正式的引渡請求。[371]如果無法

---

[367] 依據我國引渡法規定，引渡依條約，無條約或條約無規定者本法之規定。外國政府提出引渡請求書，應循外交途徑向外交部爲之，外交部應送請法務部發交地方法院檢察官辦理，案件即進入刑事訴訟程序，司法機關得動用拘提及羈押等強制處分手段，保全刑事程序之對象，並嚴格規定檢察官應於廿四小時訊問被請求引渡人，必須告知請求引渡之內容，儘速將案件移送法院，被請求引渡人可以選任律師為辯護人，於六十日內提出答辯，法院並應舉行言詞辯論，於五日內作成應否准許引渡之決定書，再送檢察官報請法務部，移送外交部，呈請行政院，核請總統核定之，總統有最後決定權，如果決定書是准許引渡，總統基於國際政治或其他正當因素之考量可以變更決定書，不許引渡，若法官的決定書是不許引渡，總統也無權變更。

[368] 陳榮傑著，同註 3，頁 153。

[369] 同上註，頁 153-154。

[370] Leslie R. Carter, *Probable Cause and Provisional Arrest Under Certain Extradition Treaties: Caltagirone v. Grant*, N.C. J. Int'l L. Vol. 7, at 124-125, (1982).

[371] *Ibid.*

掌握對象所在的確切國家，也可能會同時向數個國家提出暫時逮捕的請求，並俟逮捕後再向其他國家撤除請求。[372]暫時逮捕在實務上並不受到許多國家歡迎，特別是請求對象為本國國民，或對當事人家庭會有重大影響時。[373]

　　引渡條約或公約也會規定透過國際刑警組織的管道傳遞請求，國際刑警組織發布的紅色通報，對於有些國家也可視為暫時逮捕(Provisional Arrest)地的請求依據，雙邊的引渡條約方面例如「法國與加拿大之引渡條約（Treaty between Canada and France concerning Extradition）」[374]以及「法國與澳洲引渡條約（Treaty on Extradition between France and Australia）」[375]；引渡公約方面例如「歐洲引渡公約(European Convention on Extradition)」[376]、「歐洲刑事司法互助公約(European Convention on Mutual Legal Assistance in Criminal Matters)」[377]、「西非經濟共同體引渡公約(Economic Community of West African States Convention on Extradition)」[378]及「聯合國引渡模範條約(United Nations Model Treaty on Extradition)。[379]這些條約或公約，均明定國際刑警組織為傳遞

---

[372] 7 FAM 1620 Extradition of Fugitives to the United States

[373] *Ibid.*

[374] 「法國與加拿大之引渡條約」第 13 條第 1 項：France-Canada Extradition Treaty Art. 13 [Provisional Arrest] (1) In case of urgency, the competent authorities of the requesting State may request the provisional arrest of the person sough, through the International Criminal Police Organization (Interpol), or by any other method that provides a written record of the request ......

[375] 「法國與澳洲引渡條約」第 9 條第 1 項 B 款：France-Australia Extradition Treaty Art. 9 (1)(b) The application for provisional arrest shall be transmitted by means of the facilities of the International Criminal Police Organization (Interpol), by post or telegraph or by any other means affording a record in writing.

[376] 「歐洲引渡公約」第 16 條第 3 項：European Convention on Extradition, Art. 16(3) A request for provisional arrest shall be sent to the competent authorities of the requested Party either through the diplomatic channel or direct by post or telegraph or through International Criminal Police Organization, or by any other means affording evidence in writing or accepted by the requested Party. The requesting authority shall be informed without delay of the result of its request.)

[377] 「歐洲刑事司法互助公約」第 15 條第 5 項規定：European Convention on Mutual Legal Assistance in Criminal Matters, Art. 15(5) In case where direct transmission is permitted under this Convention, it may take place through the International Criminal Police Organization (Interpol).

[378] 「西非家經濟共同體引渡公約」第 22 條第 3 項：Economic Community of West African States Convention on Extradition, Art. 22(3) The request for provisional arrest shall be sent to the competent authorities of the requested States either through the diplomatic channel or direct by post or telegraph or through International Criminal Police Organization, or by any other means affording evidence in writing or accepted by the requested States. The requesting authority shall be informed without delay of the result of its request.

[379] 聯合國「引渡模範條約」第 9 條第 1 項規定：United Nations Model Treaty on Extradition, Art. 9(1) In case of urgency the requesting State may apply for the provisional arrest of the person sought pending the presentation of the request for extradition. The application shall be transmitted by means of the facilities of the International Criminal Police Organization, by post or telegraph

暫時逮捕請求的正式管道。

經由暫時逮捕固然可以將某個特定對象留置一段相當的時間，以等待請求國發動引渡，惟逮捕既是「暫時」的，其留置期間即非毫無限制。依據「歐洲引渡公約(European Convention on Extradition)」所做的暫時逮捕可對特定對象可留置 18 日，最長不得超過 40 日；依據「美洲國家間引渡公約(Inter-American Convention on Extradition)」可留置 60 日。在我國，依據引渡法第 12 條第 2 項規定，暫時逮捕所得拘束由由的期間為「自羈押人犯之日起 30 日」；我國與邦交國所訂的引渡條約中，與多明尼加簽訂的引渡條約第 11 條第 2 項規定「自接獲羈押人犯通知之日起 60 日」；與哥斯大黎加簽訂的引渡條約第 9 條第 4 項規定「自羈押被請求人犯之日起算，在工作天 60 日內」；與多明尼克簽訂的引渡條約第 14 條第 4 項規定「被請求國於逮捕後 18 日內，仍未接獲引渡請求書，或逮捕後雖有請求，惟在四 40 內未接獲請求書及文件」；與巴拉圭簽訂的引渡條約第 11 條第 2 項規定「自接獲羈押人犯通知之日起 60 日」。

紅色通報雖以逮捕令（通緝書）為發布依據，惟得否作為暫時逮捕的法律依據，有國家認為，請求國與被請求國之間如果有簽訂雙邊引渡條約或引渡公約，則紅色通報可視為暫時逮捕的有效請求；有國家認為，即使被請求國與請求國之間沒有雙邊引渡條約或引渡公約，若請求國為國際刑警組織的會員國，並且紅色通報上詳述所需要的資料的話，則可以紅色通報視為暫時逮捕的有效請求；有國家無法依紅色通報進行暫時逮捕，因為這些國家的司法體系要求的特定資訊或司法程序，在目前的紅色通報中並不完備，因此無法將紅色通報視為暫時逮捕的請求。實務上以美國為例，美國不會單純依據紅色通報進行暫時逮捕，司法部會先確認如果兩國有無條約，而且紅色通報內的犯罪資訊充分，就會將紅色通報註記在全國犯罪系統(NCIC)。[380]

第二項　首次出庭、引渡聽證與保釋

被引渡之人於逮捕後應立即移送法院進行首次出庭，法官應：（1）告知因何案由何國請求引渡、（2）被引渡之相關權利、（3）決定是否指定辯護人、（4）決定

---

or by any other means affording a record in writing.

[380] *INTERPOL: Red Notices*, The Law Library of Congress, Global Legal Research Center, at 8-10, (July 2010)

在正式的引渡聽證之前是否保釋、（5）另訂聽證日期，並與被引渡人雙向提出證據及相關文件、（6）確認被引渡人及律師知悉引渡聽證的限制以及被引渡人得引進證據的限度。[381]

引渡的終局裁判，是行政判決而非司法判決，[382]引渡屬於行政部門的行政權，引渡的聽證不是刑事審判庭，也不在於對犯罪做確定，其目的在於確認（1）有無證據足認有犯罪的「相當理由」；（2）引渡條約的有效性；（3）被引渡人身分；（4）引渡之罪是否屬於條約所列之罪；（5）所需文件是否齊備、是否正本；（6）其他引渡要件是否符合，例如雙重犯罪等。[383]

關於保釋，逮捕後應盡速進行引渡保釋開庭，這與本國刑事訴訟程序相似。引渡程序以不保釋為原則，這是基於對應國際法之下對於請求國的義務，[384]被請求國基本上推定當事人有逃亡之虞，逃亡等於推翻了被請求國條約義務，因而是否給予保釋，是人身自由與國家外交政策之間的平衡。[385]被請求國不讓被引渡人保釋，監禁留置對於被引渡人形成壓力，因而有時會選擇放棄引渡程序，特別是白領罪犯不習慣監獄環境，監禁期間可能遭政府凍結財產，或對於經濟條件不佳無力負擔訴訟費用或家計費用者。[386]

保釋的舉證責任在於被引渡人，法院是否採信依據的是「證據明確」或「證據優勢」。[387]保釋的條件必須是無逃亡之虞，或經法官裁量認為情況特殊有交保之必要，[388]至於是否情況特殊，應依明確的個案事實(fact-specific)，例如：

（1）有高度可能不會同意引渡：例如只提供簡單說明，無相當理由，[389]後續又未能提供證據。[390]

---

[381] Ronald J. Hedges, *International Extradition: A Guide for Judges,* Federal Judicial Center, at 5-7, (2014)

[382] *John Cheung v. United States*, 213 F.3d 82, 2d Cir. (2000)

[383] Hedges, *supra* note 381 at, 10-11.

[384] *In re* Extradition of Russell, 805 F 2d 1215, 1216-1217 (5th Cir. 1986).

[385] Bassiouni, *supra* note 1, at 851-852.

[386] *Id.* at 849.

[387] *In re* Extradition of Garcia, 761 F. Supp. 2d 468, 474 (S.D. Tex. 2010). 英美法將舉證責任細分為提出證據的責任及說服的責任。 說服責任又有程度上的差別，自難易而分有「無庸置疑」（Beyond a Reasonable Doubt），「證據明確」（Clear and Convincing Evidence），「證據優勢」（Preponderance of Evidence）等三種不同程度。

[388] *United States v. Taitz*, 130 F.R.D 442, 444-445, 470-472 （S. D. Cal. 1990).

[389] Hedges, *supra* note 381 at, at 5-7.

[390] Bassiouni, *supra* note 1, at 859.; see also *In the Matter of the Extradition of Ricardo Gonzales*, 52 F. Supp. 2d. 725, 737 (W.D. La 1999).

（2）有重大醫療考量：[391]單純一般生病基本上多數法院不會認爲健康的理由構成「情況特殊」，[392]單純基於監獄環境不舒適、輕微健康問題、需要諮詢律師、經商上的需求，都不足以構成「情況特殊」。[393]

（3）特殊個案程序及留置期間過長：例如在 *Vardy v. United States* 一案中，當事人被拘禁超過 2 年，參 *United States v. Williams* 案 611 F. 2d 914, 915 (1 Cir. 1996)，當事人舉證「情況特殊」之後才得證明無逃亡之虞，例如以其所犯之罪、過去的犯罪行爲、對社會危害性、與社會的聯結、與原生地的關係，及當事人的品格證明無逃亡之必要，[394]但無逃亡之虞並不代表有保釋的正當性。[395]

第三項　放棄權利與簡易引渡

近代的引渡條約亦有放棄引渡權利主張 （waiver of extradition)與簡易引渡 (simplified extradition)之規定。[396]

被引渡人得在開庭的任何期間提出放棄引渡權利主張，法官應確認被引渡人知悉而自願(knowing and voluntary)。[397]放棄引渡上的權利主張包括：（1）被引渡人放棄

---

[391] *United States v. Williams*, 611 F. 2d 914, 915 (1st Cir. 1979); *Salerno v. United States*, 878 F. 2d 317, 317 (9the Cir. 1989).

[392] Bassiouni, *supra* note 1, at 849.

[393] Bassiouni, *supra* note 1, at 852.

[394] Id. at 852-853. *See In re* Extradition of Nacif-Borge, 829 F Supp. 1222. 實務案例例如紐約南區法院(Southern District of New York) 在 *In the Matter of the Extradition of Rudolf Johann Othmar Ernst* 一案中：當事人 Ernst 已在社區居住及工作了 10 年、家庭穩定有太太及兩子、Ernst 被指控的不適暴力犯罪、Ernst 在美國沒有犯罪紀錄、Ernst 在瑞士面對的是兩年罪刑沒有太重。

[395] Bassiouni, *supra* note 1, at 854.; *See In re* Matterof the Extradition of Felice Rovelli, 977 F Supp. 566, 568 (D. Conn. 1977)

[396] Treaty Between the United States of America and Kosovo, Article 16 Waiver and Simplified Extradition:

The Requested State may expedite the transfer of the person sought to the Requesting State:

(a) When the person sought waives extradition, and in such case the competent judicial authority before whom such waiver is made may direct the transfer of the person to the Requesting State without further proceedings; or

(b) When the person sought consent to extradition or to a simplified extradition proceeding, and in such case the Requested State may surrender the person as expeditiously as possible.

[397] U.S. Dep't of State, 7 foreign aff. Manual 1660, 1631. 4 (2010).

引渡程序上的全部權利，並且不進行後續程序而進行解送，及（2）被引渡人放棄引渡上的聽證程序、認諾引渡指控事項，最後同意依據引渡條約進行引渡。這兩者區別在於後者要求請求國在特定原則之下，僅得就引渡之罪對被引渡人進行追訴，讓被引渡人受有特定原則的保護。[398]

關於簡易引渡程序公約，以「歐盟成員國間簡易引渡程序公約(Convention on the Simplified Extradition Procedure between the Member States of the European Union)」爲說明力，按歐盟理事會依據 1992 年會員國間 700 件引渡案件統計，發現有 30%案件爲當事人同意引渡，大部分的案件在程序上都長達 7 個月，因而理事會認爲，有必要縮短如此冗長的引渡時間與拘禁，如果當事人是因爲請求國爲了訴訟進行，基於引渡之目的而被羈押，此時應尊重被起訴人之人權及基本自由，推定其爲無罪，對其人身自由的限制應有嚴格之正當理由；如果當事人同意引渡，應即遞解給請求國，讓當事人得以提出上訴。從效率的觀點，在被引渡人尚未交給請求國之前，如果程序緩慢原因是基於尊重當事人有反對引渡權利的話，則符合刑事訴訟的公平原則，但如果當事人不反對引渡，則遲延就沒有正當理由。基於以上考量，理事會決定簽訂此一簡易引渡程序公約，採取更適合法律架構。[399]

此一公約主要適用於當事人同意引渡的情況，請求國基於引渡目的而請求暫時逮捕之人。如果當事人「同意(consent)」引渡，並經被請求國權責主管機關「答應(agreement)」者，無需提出引渡請求及經過正式的引渡程序，即可進行遞解，程序進行由請求國及被請求國的權責主管機關負責。被請求國於暫時逮捕後 10 日內必須通報請求國（此一期限亦爲被逮捕之人得表示是否同意引渡期限）、於暫時逮捕後 20 內必須做成是否引渡決定，並於同意後 20 日內完成遞解。換言之，被請求國應於被逮捕之人同意後 40 天內完成遞解。[400]

如果被逮捕之人於暫時逮捕 10 日期間未爲同意引渡表示時，請求國在程序上應依 1957 年歐洲引渡公約第 12 條規定，以書面透過外交管道請求引渡。如果被逮捕之人於暫時逮捕 10 日後表示同意引渡，但沒有超過歐洲引渡公約第 16 條「暫時逮捕」規定所訂 40 日等待請求引渡期限時，被請求國得適用本公約。[401]

---

[398] U.S. Dep't of State, 7 foreign aff. Manual 1660, 1631. At 22-24 (2010).

[399] *Explanatory Report, 2 Principles of the Convention, Convention on the Simplified Extradition Procedure between the Member States of the European Union*

[400] *Convention on Simplified Extradition Procedure between the Member States of the European Union, Art. 1, 2, 5, 8, 10 & 11*

[401] Id. Article 12

當事人同意引渡與被請求國答應引渡二者無涉，被請求國仍得就當事人同意引渡
及其在本國繫屬案件，自由評估引渡適當性(advisability of extradition)。[402]

第四項　行政裁量

行政部門在整個引渡中負責前後兩端，包括開始時的正式請求以及法院決定引渡
後仍得拒絕遞交。[403]引渡是主權國家之間的事務，國與國的外交事務是總統與行政部
門的職權，行政部門對於引渡人犯是否解送及解送條件，有裁量權。[404]以美國為例，
法院決定可引渡之後，會以書面通知司法部，司法部再呈國務院，此時國務卿有權援
用行政裁量(executive discretion)，拒絕簽署命令。如果同意引渡，得由本國或請求國
執法人員執行。[405]即使引渡法庭認為證據充分，行政部門仍得基於政治或人道的理
由，為不同的結論拒絕引渡。行政部門基於政治的理由而做不引渡的行政裁量案件鳳
毛麟角，而且理由也不會對外揭露；基於人道理由拒絕引渡可參考 1967 年難民議定
書(1967 Protocol relating to the Status of Refugees)32 條、33 條，行政部門之所以在這個
階段才對難民進行裁量不予引渡，是因為政治庇護無法在引渡程序中提出，政治庇護
屬於移民法程序，為行政範疇，行政部門會審酌請求引渡背後的動機，並考量回到請
求國之後程序的公正性。[406]

---

[402] *Convention on simplified extradition procedure between the Member States of the European Union Explanatory Report*, Official Journal C 375, 12/12/1996 P. 0004-0010
[403] Bassiouni, *supra* note 1, at 943.
[404] Id. at 943.
[405] Id. at 816.
[406] Id. at 943.

第九節　近代歐洲對引渡現代化的努力

　　1990 年代的歐盟對於引渡現代化的努力主要見於兩個公約，即 1995 年 3 月 10 日簽訂的「歐盟成員國間簡易引渡程序公約」（如前述第八節）及 1996 年 9 月 27 日簽訂的「歐盟成員國間引渡公約」。可惜由於法國及義大利遲未批准，因而這兩份公約並未眞正生效，也因此在美國 911 事件後，歐盟積極而快速地擬定歐盟逮捕令架構協定。

第一項　歐盟成員國間引渡公約

　　不管引渡之草擬、解釋及適用如何從寬，拒絕引渡的事由一直是最重要且最敏感的爭議問題。[407]1957 年簽署的歐洲引渡公約第 3 條「政治犯罪(political offences)」第 1 項規定，「如被請求國認爲請求引渡之犯罪爲政治犯罪或涉及政治之犯罪時，應拒絕引渡」；第 5 條「財稅犯罪(Fiscal offences)」規定，「有關納稅、課稅及關稅及匯兌之犯罪，僅在締約國同意情況下應同意引渡」；第 7 條「國民引渡(extradition of nationals)」第 1 項規定，「任何締約國應有權拒絕引渡本國國民」。

　　歐盟爲了對這些不利條件尋找解決之道，乃在 1996 年簽署的「歐盟成員國間引渡公約(Convention relating to Extradition between the Member States of the European Union)」第 5 條「政治犯罪(political offences)」第 1 項規定「基於公約適用之目的，被請求國不得將任何犯罪視爲政治犯罪、牽涉政治之犯罪，或基於政治動機鼓動的犯罪」、第 6 條「財稅犯罪(Fiscal offences)」第 1 項規定「有關納稅、課稅及關稅及匯兌之犯罪應准予引渡」、第 7 條「國民引渡(extradition of nationals)」第 1 項規定「不得以被請求之人爲其本國國民而拒絕引渡」惟第 7 條第 2 項及第 3 項同時又規定會員國得國民引渡原則聲明保留。

　　整體而言，1996 年簽署的「歐盟成員國間引渡公約」基本上已大幅限制了引渡的

---

[407] Blekxtoon & Ballegooij, *supra* note 49, at 22.

障礙，但仍爲會員國在拒絕引渡方面留下相當程度的裁量空間。[408]

　　1990 年 6 月 19 日的申根協定施行公約、1995 年 3 月 10 日的歐盟成員國間簡易引渡程序公約及 1996 年 9 月 27 日的歐盟成員國間引渡公約，這三個公約已經簡化了 1957 年歐洲引渡公約中的許多程序障礙，同時仍完整地保留引渡的基本機制——即引渡的屬性是政治性，且「本質上是政府之間的事務(political and intergovernmental by its nature)」。[409]可惜的是，法國與義大利一直都沒有批准 1995 年的歐盟成員國間簡易引渡程序公約及 1996 年的歐盟成員國間引渡公約，使得這兩份公約並未眞正生效，雖然「歐盟司法與內政理事會(JHA Council)」曾於美國 911 恐怖攻擊後極力呼籲會員國採取必要的措施，讓這兩個公約在 2002 年 1 月 1 日前生效，但目標並未達成。[410]

第二項　歐盟逮捕令架構協定

一、歐盟逮捕令架構協定與刑事管轄權的關係

　　按刑法領域外管轄與引渡制度息息相關，國家對於領域外犯罪是否規範管轄，視國家對領域外犯罪採取何種評價，而國家適用領域外刑事管轄的範圍限度，更會直接關係到該國引渡犯罪嫌疑人及通緝罪犯的意願，國民引渡的問題成爲相持不下的爭議。

　　之後雖然歐洲歐洲理事會在 1964 年、1970 年及 1972 年簽訂了「道路交通犯罪處罰歐洲公約」、「刑事判決國際效力歐洲公約」及「刑事訴追移轉管轄歐洲公約」，試圖以「代理原則」及「權限移轉原則」來突破傳統刑法在管轄權的限制，解決刑事管轄權在適用及執行上所產生問題，但因遷就犯罪人之所在而由國籍國或居住地國審理，畢竟不如犯罪地國依屬地原則處罰來得洽當，因而成效似乎不彰。

　　時至歐盟整合之後，乃著手構思能一套符合屬地管轄原則、一事不再理原則、比引渡更有效率、去除國民引渡的顧忌的新制度，終於在 2002 年 6 月 13 日通過歐盟逮捕令架構協定。簡言之，這套制度讓歐盟各國對於在其境內犯罪並逃匿他國之人，都

---

[408] *Id.* at 24.
[409] *Id.* at 24-25.
[410] *Id.* at 32.

能發布歐盟逮捕令，被通緝之人犯即使是本國國民或居住於本國之公民，亦應解送至發布國，由犯罪地國審理，落實由屬地管轄之原則。爲了解決歐洲各國普遍規定的國民不引渡原則，歐盟逮捕令架構協定在第 5 條第 3 項提出解決方案，規定：「基於起訴之目的所發布之歐盟逮捕令，如該人係執行國之國民或居民，其解送得訂定條件俟聽審進行後，將該人送回執行國執行其於發布公所判處之監禁徒刑或拘禁令。」換言之，犯罪地國得依其立法規定之管轄權，並進行司法審判管轄權，至於執行則交由國籍國或居住地國行使。

　　歐盟逮捕令架構協定，係基於會員國彼此間之高度信任，[411]爲刑事法推動相互承認原則的第一部具體措施，經歐盟理事會喻爲司法合作之里程碑。[412]

二、歐盟逮捕令架構協定背景

　　爲建構歐盟成爲一自由、安全及正義之地區，歐盟理事會鑑於 1957 年 12 月 13 日「歐洲引渡公約」建構的引渡制度無法由會員國一方之力而達成，且認爲依其規模及影響，必須提升至歐盟層級才更能達成該目的，[413]因此，乃決定廢除會員國間之引渡，改由司法機關以遞解制度取代。這套新的簡化遞解制度的援用，係基於執行或起訴刑事審判之目的，在於除去目前複雜的引渡程序及潛在的遲延，以新制度取代傳統的合作關係，刑事案件的司法裁判則包括裁定及確定判決。[414]

　　1999 年 10 月 15 日及 16 日歐盟理會坦派勒決議第 5 要點明白揭示，「不能讓罪犯利用會員國司法制度的差異而有機可乘，對於歐盟的任何判決都要尊重與執行」。第 35 要點揭示「有關刑事事務，理事會籲請各會員國加速批准 1995 年及 1996 年有關引渡的公約。認爲對於判決確定後逃避司法之人，會員國應將法定引渡程序予以廢除，並依據歐盟條約第 6 條規定，以簡易遞交(simple transfer)方式取代，在不妨礙公平審理原則之下，引渡程序應迅速進行。[415]坦派勒決議第 37 要點則揭示：「在 2000 年 12 月之前，應在尊重會員國基本法律原則之下，展開有關歐盟執行命令(European Enforcement Order) 之相關工作，並推動相互承認刑事判決原則所須的最低共同標準

---

[411] *Council Framework Decision 2002/584/JHA of 13 June 2002 on the European Arrest Warrant and the Surrender Procedures between Member States*, (EAW) *Preamble (10)* Official J. of the European Communities. L190/1- L190-18. 18.7.2002
[412] *Id.* EAW, Preamble (6)
[413] *Id.* EAW, Preamble (7)
[414] *Id.* EAW, Preamble (5)
[415] *Id.* EAW, Preamble (1)

的程序法。[416]在 2000 年 11 月 30 日的坦派勒決議中，尚有提出通緝書相互執行一事。坦派勒決議可謂奠定歐盟在司法合作的重要基礎。

此外，歐盟逮捕令架構協定的通過還有一項背景，即歐洲引渡公約及恐怖主義壓制歐洲公約，都是由會員國參加的公約締約國。[417]且「申根協定施行公約」、「歐盟成員國間簡易引渡程序公約」及「歐盟成員國間引渡公約」也都經歐盟會員國均一致同意。[418]

歐盟逮捕令架構協定的前言還揭示其他一些原則，包括（1）基本權尊重方面：宣示遵守歐盟條約第 6 條承認之原則以及歐盟基本權憲章第 6 章(Charter of Fundamental Rights of the European Union) 所示之原則。如果基於客觀要素有理由足認歐盟逮捕令之發布，係根據性別、種族、宗教、國籍、語言、政治觀點、性別取向，或該人之地位因上述原因有受侵害之虞時，本協定任何部分均不得被解釋為禁止拒絕遞解歐盟逮捕令被通緝人。[419]（2）人身自由方面：任何人均不得被移去、驅逐或引渡至其很可能有受死刑、酷刑、非人道或降等待遇或處罰之虞之會員國。[420]

三、歐盟逮捕令架構協定重要內涵

（一）總則規定

第 1 章總則(General Principles)共有 8 條條文，包括：歐盟逮捕令之定義及執行義務 （第 1 條）、範圍（第 2 條）、應不執行之事由（第 3 條）、得不執行之事由（第 4 條）、發布國於特殊案件中之保證（第 5 條）、權責司法機關之判斷（第 6 條）、中央機關（第 7 條）、逮捕令之內容及格式（第 8 條）。

（1）關於歐盟逮捕令之定義、執行義務、範圍及罪名問題

所謂的歐盟逮捕令，依據架構協定第 1 條之規定，係會員國為進行刑事起訴或為執行服刑判決或拘留令之目的，供其他會員國從事逮捕及解送之司法決定。會員國依相互承認之原則及本架構協定之條款執行。第 2 條有關「歐盟逮捕令之範圍」第 1 項規定，必須是「犯罪行為依發布國屬最重本刑 12 個月以上之監禁徒刑或拘禁，或經判處

---

[416] *Id.* EAW, Preamble (2)
[417] *Id.* EAW, Preamble (3)
[418] *Id.* EAW, Preamble (4)
[419] *Id.* EAW, Preamble (12)
[420] *Id.* EAW, Preamble (13)

4 個月以上監禁徒刑或拘禁者」。此一規定基本上與歐洲引渡公約第 2 條第 1 項之規定相同。不同者乃協定第 2 條第 2 項另規定組織犯罪等 32 款犯罪行爲不需確認雙重刑事犯罪，應卽依本協定解送。此一條項一方面也破除了長久以來建立的雙重犯罪原則。[421]

（2）關於不執行事由

　　歐盟逮捕令不執行事由分爲應不執行之事由及得不執行之事由。第 3 條列有三項「應不執行之事由」，第 2 項規定「同一行爲經它會員國通知已爲確定判決，且該判決已執行完畢或目前在執行中，或依審判國之法律爲不得再執行者，該歐盟逮捕令應不執行」，涉及的是會員國之內「一事不再理原則(ne bis in idem)」。

　　第 4 條規定 7 項「得不執行之事由」第 1 項規定，對於不符雙重犯罪原則之犯罪，執行國得自行選擇是否執行逮捕令，但賦稅、關稅及匯兌之事項，不得以執行國國內法律沒有課徵該同種類賦稅，或以沒有與發布國相同之賦稅、關稅及匯兌法規爲由而拒絕執行。此一規定延用歐盟成員國間引渡公約第 6 條「財稅犯罪」之規定。

　　第 2 項「因同一行爲被起訴」及第 3 項「不起訴、相同已受確定判決」而爲得不執行之事由者，都是基於一事不再理原則。關於第 4 項「被請求之人所受刑事起訴或處罰，係執行國法律所禁止者，且其行爲在執行國刑法之管轄範圍內」之規定，有認爲對於第 2 條第 2 項所列 32 款犯罪不適用，換言之，認爲該 32 款犯罪是應引渡之犯罪。[422]

　　第 6 項規定，涉及應解送之人爲執行國之國民或居民，而執行國承擔該判決或拘禁令之執行時，得拒絕執行。簡言之，此爲「或解送或承擔判決之執行」原則。[423]

（3）關於特殊案件之保證

　　歐盟逮捕令架構協定第 5 條規定，司法機關執行歐盟逮捕令時，得依執行國法律附帶保證條件要求發布國遵守。第 1 項爲缺席判決的處理原則，規定執行國得附帶條件請發布之司法機關提出充分之保證，確保被逮捕之人在發布國有「重審(retrial)」及出席審判之機會，但重審是模糊的概念，是指重開新的程序？抑或指要有上訴事實審？又上訴事實審是否要審理所有事項？依據歐洲人權法院之判決，如果嫌疑人在任何一

---

[421] Blekxtoon & Ballegooij, *supra* note 49, at 228-229.
[422] *Id.* at 235-236.
[423] *Ibid.* (…either surrender for serving the sentence or take over the execution of the sentence)

次事實審中擁有親自到場、自我辯護或聘請他人辯護的權利時，即已符合重審的要件。對於不承認缺席判決的國家——例如瑞典——自然不會有保證重審的問題。[424]

第 5 條第 2 項涉及無期徒刑的問題，由於會員國之間對終生監禁的看法中不同，例如葡萄牙認爲終生監禁不人道，因此，這一條項才會規定「對於無期徒刑或終生拘禁之判決，得附帶條件要求發布國保證，依據請求或最遲在 20 年之內，應有重新審理之措施」。[425]

第 3 項規定如被請求之人係執行國之國民或居民，得要求保證在判刑後送回執行國（卽本國）執行其於發布國所被判處之徒刑。此一條項涉及的是「國民引渡的問題」。會員國之所以願意將國民解送至他國，原因之一在於有起訴經濟(economy of prosecution)的好處。一個荷蘭人加入犯罪組織，若犯罪活動主要在德國境內，且大部分的共同被告都在德國被捕，證人及卷證也在德國，則該荷蘭人在德國接受審判較爲適當。本項之規定固然保障了國家對本國國民的主權性，最重要的更是在確保被判刑人能在本國的環境中服刑，以便使其服刑完畢後容易重新進入社會。[426]

（4）權責機關

第 6 條「權責司法機關之判斷」定義何爲「發布之司法機關」，此乃因爲每個國家歐盟逮捕令的發布機關不同，可能是法官或檢察官，甚至在英國，特定的警察機關也可爲發布機關。而「執行之司法機關」的定義理由也是基於同一想法，卽雖然絕大多數會員國指定法院擔任，但檢察體系甚至是警察機關也可能做爲執行機關。[427]而只要是發布機關所發之逮捕令，各國卽應承認其效力；由執行機關執行逮捕時，其逮捕卽屬合法。第 7 條之「中央機關」係指各會員國依其法律制度指定一個或多個中央機關協助之權責司法機關。中央機關負責歐盟逮捕令之傳遞及接收之行政工作，及其餘全部之相關官方通訊。簡言之，上述第 6 條及第 7 條主要係規定國家之窗口機關。

在窗口機關的發展演進上，歐洲引渡公約第 12 條規定，請求應以書面方式並經由外交途徑傳遞，[428]國家之間的窗口爲外交部門，但歐洲引渡公約第 2 附加議定書第 5 條重新規定，將請求途徑改由請求方之司法部長，向被請求方之司法部長爲之，但

---

[424] *Id.* at 240.

[425] *Id.* at 241. 所謂需終生拘禁之人，例如精神疾病者，此類案例無法定出一定時間。

[426] *Id.* at 242.

[427] Blekxtoon & Ballegooij, *supra* note 49, at 243.

[428] *European Convention on Extradition,* Article 12: The request shall be in writing and shall be communicated through the diplomatic channel.

不排除原來的外交途徑，甚至還可經由締約國各別協議的方式做爲途徑，[429]窗口的選擇已趨彈性。

　　歐盟成員國間引渡公約第 13 條規定，「各會員國應指定一個或數個中央機關(central authorities)負責傳送及接收引渡請求及資料」，已經不再提及外交管道。歐盟逮捕令架構協定第 7 條的中央機關，即是延續此一規定而來。

（二）解送程序

　　第 2 章「解送程序(Surrender Procedure)」從第 9 條至第 25 條，規定包括：歐盟逮捕令之傳遞及其細部程序（第 9 條及第 10 條）、被請求人之權利（第 11 條）、留置（第 12 條）、同意解送（第 13 條）、被請求人之聽證（第 14 條）、解送裁定（第 15 條）、數國請求之裁定（第 16 條）、裁定執行之期限與程序（第 17 條）、暫停裁定之情形（第18 條）、暫停裁定時之聽證（第19 條）、特權與豁免權（第20 條）、國際義務衝突（第 21 條）、裁定之通知（第 22 條）、解送之期限（第 23 條）、延後解送或附條件解送（第 24 條）、過境（第 25 條）。

（1）執行國之留置權與決定權

　　應逮捕之人被逮捕時，執行之權責司法機關應依其國內法律告知逮捕令內容及是否可能同意解送請求國。[430]基於相互信任原則，本條文所指之權責司法機關應指所有的司法機關，否則此一機制將無法運作。[431]

　　執行之司法機關應依國內法律決定是否留置，留置的主要目的當然是在防止逃匿，如果採取必要之措施防止逃匿後，亦得隨時附加條件，暫時釋放該被逮捕人。[432]如果留置的對象爲本國國民時，有認爲其較無逃匿之虞，因爲若該人逃匿至他國後被逮捕時，即失去本國依第 5 條第 3 項「得要求保證在判刑後送回本國執行其於發布國所被判處之徒刑」之權利。[433]

　　被解送人於被逮捕後，依據第 13 條第 1 項規定其得出於自願同意解送，惟爲讓

---

[429] *Second Addition Protocol to the European Convention on Extradition,* Art. 5. The request shall be in writing and shall be addressed by the Minister of Justice of the requesting Party to the Ministry of Justice of the requested Party; however, use of diplomatic channel is not excluded. Other means of communication may be arranged by direct arrangement between two or more Parties.

[430] *Council Framework Decision, supra* note 411, EAW Art. 11.1.

[431] Blekxtoon & Ballegooij, *supra* note 49, at 248.

[432] *Council Framework Decision, supra* note 411, EAW Art. 12.

[433] Blekxtoon & Ballegooij, *supra* note 49, at 249.

被引渡或被解送之人明確瞭解所要面對的訴訟範圍，保障渠不會被以次要案件引渡，而被以原本不會准予引渡的案件——例如政治犯罪案件——進行審理，本項條文中亦規定了傳統引渡法中的「引渡效果有限原則(Specialty Rules)」。這也是爲何歐盟逮捕令架構協定第 8 條「逮捕令之內容」與格式附件爲何要求提供當事人相關資料及全部犯罪事實(full description of offence)的另一原因。[434]

司法機關應於規定期間內決定是否解送，並得訂定補正期限，請求發布國補充必要資訊，特別是第 3 條「應不執行事由」、第 4 條「得不執行事由」、第 5 條「特殊案件之保證」及第 8 條「逮捕令之內容」等。[435]

若逮捕令是爲了起訴之目的而發布者，執行之司法機關應同意舉行聽證或同意暫時移送，二者擇一。[436]如果同意舉行聽證時，應指派人員協助，聽證除依據執行國之法律規定外，還應遵守發布國與執行國司法機關協定之條件。權責執行之司法機關得指派國內另一司法機關參與聽證，以確保聽證依規定適當執行。[437]如果同意暫時移送，則暫時移送之條件及期間也是由發布國與執行國協議決定，且必須讓受逮捕之人能返回執行國參加關於其本身之解送聽證之部分。[438]

（2）被逮捕之人之諮詢權、同意權與聽證權

應逮捕之人被逮捕時，依執行國國內法規定，有權聘請法律顧問（律師）及通譯。[439]被逮捕之人同意解送時，應向執行之司法機關爲同意之意思表示。[440]如果被逮捕後不同意解送時，有權請執行之司法機關依該國法律聽取陳述，是爲聽證權。[441]

（3）裁定時限與解送時限之原則及例外

執行之司法機關，應依時限規定爲裁定及解送。[442]被逮捕之人同意解送時，應於同意後 10 日內做成執行之終局裁定，並於裁定做成後 10 日內解送[443]。被逮捕後如不

---

[434] *Id.* at 249-250.
[435] *Council Framework Decision, supra* note 411, EAW Art. 15
[436] *Id.* EAW Art. 18.1
[437] *Id.* EAW Art. 19
[438] *Id.* EAW Art. 18.2-18.3
[439] *Id.* EAW Art. 11.2
[440] *Id.* EAW Art. 13.1
[441] *Id.* EAW Art. 14
[442] *Id.* EAW Art. 17.2
[443] *Id.* EAW Art. 23.2

同意解送時，則應於逮捕後 60 日內做成是否執行之終局裁定[444]，而如果裁定執行，應於裁定做成後 10 日內解送被逮捕之人。[445]

如遇有特殊情形無法在規定時限內做成裁定時，應立即通知發布國之司法機關並敘明遲延之原因，此時裁定之時限得延長 30 日。[446]如因任何會員國無法掌控之情況，致無法於裁定後 10 日內解送者，雙方之司法機關應即相互聯繫，就新的解送日期達成同意，並於新的解送日期開始後 10 日內完成解送。[447]

應逮捕之人於執行國享有管轄或執行之特權與豁免權時，依第 20 條規定，在該特權或豁免權尚未通知取消之前，裁定時限應先中斷，並自接獲通知取消特權或豁免權之時起算。[448]倘因重大人道因素，如：有實質事由可信明顯將危及應逮捕之人之生命或健康者，得例外暫時延後解送；延後之事由不存在時，應即執行。如果規定之期限屆至，而應逮捕之人尚在拘禁者，應即釋放。[449]

執行之司法機關於決定解送後，得為案件之起訴或為執行其他案件之判決而延後解送被逮捕之人。若不延後解送，亦得依據執行之司法機關與發布之司法機關彼此協定之條件，暫時先將被逮捕之人解送至發布國，即為有條件解送。[450]

（4）數國請求時之決定

有二個以上會員國對同一人發布歐盟逮捕令時，由執行之司法機關就犯罪之地點、犯罪情狀、逮捕之日期等情形審酌決定。[451]基本上，此一條文之規定與歐洲引渡公約第 17 條之規定相仿，唯一不同者乃歐洲引渡公約中之「被解送人之國籍(nationality)」，已非歐盟逮捕令架構協定規範之考量因素。[452]

（5）特權與豁免權、國際義務衝突

應逮捕之人於執行國享有特權與豁免權時，應先請求授與特權與豁免權之國家或

---

[444] *Id.* EAW Art. 17.3

[445] *Id.* EAW Art. 23.2

[446] *Id.* EAW Art. 17.4

[447] *Id.* EAW Art. 23.3

[448] *Id.* EAW Art. 20

[449] *Id.* EAW Art. 23.4-23.5

[450] *Id.* EAW Art. 24

[451] *Id.* EAW Art. 16

[452] *European Convention on Extradition*, Art. 17: "… the requested Party shall make its decision having regard to all the circumstances and especially the relative seriousness and place of commission of the offences, the respective dates of the requests, the nationality of the person claimed and the possibility of subsequent extradition to another State."

國際組織解除之。[453]若應逮捕之人係被請求國從第三國引渡之人,且該人係受協議條款所保護之人時,歐盟逮捕令架構協定不得排除該執行國之義務。執行國應經原核准引渡國之同意,始得該應解送之人解送至歐盟逮捕令之發布國。[454]此為「引渡效果有限原則(Special Rule)」之實踐,用以保障非歐盟國家對於「引渡效果有限原則」的信賴。[455]

(6) 過境

歐盟逮捕令架構協定關於過境之處理,與歐洲引渡公約第 21 條之規定原則相同,即「會員國除因過境之人為本國國民或居民而具有可拒絕之事由之外,應准許該被解送之人於解送時過境其領土」。惟歐盟逮捕令對本國國民或居民之過境放寬規定,得附加「該人於聽證後,送回本國執行發布國所判處之刑期或拘禁令」為條件,同意過境。[456]

(三) 解送之效果

第 3 章「解送之效果(Effects of the Surrender)」第 26 條至第 30 條規定,包括:留置期間之扣除(第 26 條)、有起訴其他犯罪之虞(第 27 條)、再解送或最終之引渡(第 28 條)、物之遞交(第 29 條)及費用(第 30 條)。

(1) 引渡效果有限原則

歐盟逮捕令架構協定第 27 條「其他犯罪之起訴限制」規定,任何被解送之人,均不得因解送前所犯解送以外之其他罪而被起訴、審判或剝奪個人自由。[457]此一規定即引渡法之「引渡效果有限原則(Special Rule),又稱引渡與追訴一致原則(Principle of Identity of Extradition and Prosecution)」,係指被請求國經由引渡程序,將人犯解交請求國時,請求國只能就引渡請求書所載之犯罪為追訴或處罰,凡不在引渡請求書中所列舉之犯罪行為,非經被請求國之同意,不得為之,以免破壞國與國間之誠信。惟此一原則之保護不能漫無限制,因而設有例外。[458]

---

[453] *Council Framework Decision, supra* note 411, EAW Art. 20
[454] *Id.* EAW Article 21
[455] Blekxtoon & Ballegooij, *supra* note 49, at 257.
[456] *Council Framework Decision, supra* note 411, EAW Art. 25
[457] *Id.* EAW Art. 27
[458] 陳榮傑,同註 3,頁 63-72。

（2）再解送

歐盟逮捕令架構協定第 28 條「解送或最終之引渡」同樣是涉及「引渡效果有限原則」。歐洲引渡公約第 15 條對於「再引渡第三國」規定，「該人被解送至目的國後，經釋放後有機會離開該國領域，而經過 45 天仍未離去者，或於離去後返回該國領域者」。架構協定第 28 條不僅延用此一規定，甚至放寬再解送之條件，規定「各會員國除了在特定的案件中另有敘明者之外，推定執行國同意發布國將被逮捕之人解送至執行國以外之其他會員國[459]。如被逮捕之人於執行國（假設 A 國）解送至發布國（假設 B 國）之前，已有其他國家（假設 C 國）也發布之歐盟逮捕令，發布國（B 國）在下列情形時，得不經執行國（A 國）之同意，將歐盟逮捕令所指之人解送至該（C）會員國：

(a) 該人被解送至目的國後，經准予釋放後有機會離開該國領域，而經過 45 天仍未離去者，或於離去後返回該國領域者；

(b) 被逮捕之人同意被依歐盟逮捕令解送至執行國以外之會員國者，得被解送至該會員國。該項同意應向發布國之權責機關為之，並依該國國內法記錄之。該項同意應明確顯示被逮捕之人係出於自願，並完全了解其後果。為此目的，被逮捕之人應有諮詢法律之權利；

(c) 被逮捕之人依據第 27 條第 3 項第(a)、(e)、(f)及(g)之規定，不受「引渡效果有限原則(special Rules)」條款規範。

四、歐盟逮捕令架構協定的幾項新思維

整部歐盟逮捕令架構協定基於坦派勒決議所提出的司法判決相互承認原則之下，將傳統的引渡做了改變，程序上改以解送(surrender)取代引渡，實質面的調整包括相互承認原則、缺席判決、一事不再理原則、雙重犯罪原則及國民不引渡原則。此外，政治犯不引渡原則更已在新制度中消失。[460]

（一）以解送取代引渡

原先在歐洲引渡公約乃至於傳統的引渡制度中，將程序分為暫時逮捕(provisional arrest)及引渡請求(extradition request)兩個階段，暫時逮捕規範搜查(search)、逮捕

[459] *Council Framework Decision, supra* note 411; EAW Art. 28.1
[460] Blekxtoon & Ballegooij, *supra* note 49, at 41.

(arrest)、拘禁(detention)3 項，引渡請求規範解送(surrender)。歐盟基於相互承認原則，不再做兩階段區分，由歐盟逮捕令直接規範包括此 4 項。[461]

（1）傳統引渡法制之審核機關

傳統的引渡請求一般是由請求國之行政機關出面，經由外交途徑為之，歐洲引渡公約第 12 條第 1 項前段即規定，「（引渡）請求應以書面為之，並且須經外交途徑傳遞」，[462]此一程序，旨在保護請求國、被請求國及人犯之利益。[463]至於被請求國受理後是選擇由行政的層次審核，抑或全部或局部交由司法機關審核，並不一致，[464]實務上即有行政機關審核制、司法機關審核制及折衷制三種。[465]

行政機關審核制是由行政機關掌握絕對決定權，採此制度的國家目前已非常少數，除了影響個人自由及法律的正當程序外，還會因為外交部門直接承擔決定的責任，而讓請求國政府對於其善意產生疑問，而使國家的外交處於不利的的地位。[466]

折衷制方面，比利時是第一個在引渡程序中，將請求之案件轉請司法機關審核的國家，1833 年的法律規定引渡案件應送交司法機關審核，但沒有規定司法機關的意見對於引渡與否有絕對決定性，行政機關仍被賦予決定的責任。由於法院見解對行政機關沒有拘束力，因而不管法院的意見是否贊成，當事人都沒有上訴權。直到現代引渡制度之初期，行政機關對於引渡仍有絕對的支配權。[467]

折衷制是由司法機關與行政機關共同參與引渡審核，惟行政機關的核准程序屬於行政程序，由行政核准機關與司法機關分工結果形成漏洞，對個人造成損害。廢除行政機關核准程序對個人保障更為有利，因公平審判的制度性保障例如諮詢權、聽證權、上訴權，在行政機關核准程序中幾乎都被免除。[468]

德國 1929 年引渡法採司法機關審核制，依該法第 8 條及第 28 條規定，法院之決定不論同意引渡或拒絕引渡，具有拘束行政機關的確定力，行政機關對引渡請求沒有

---

[461] Commission of the European Communities, *Proposal for a Council Framework Decision on the European arrest warrant and the surrender procedures between the Member States*. Brussels, 25.9.2001 COM (2001) 522 FINAL/2., at 7.

[462] *European Convention on Extradition*, Art. 12.1. The request shall be in writing and shall be communicated through the diplomatic channel.

[463] 陳榮傑，同註 3，頁 143。

[464] Shearer, *supra* note 18, at 197.

[465] 陳榮傑，同註 3，頁 148-151。

[466] Shearer, *supra* note 18, at 198-199.

[467] *Ibid.*

[468] Blekxtoon & Ballegooij, *supra* note 49, at 43-44.

裁量權。司法審核制對個人自由的保障較為周密，然未能兼顧國家對外關係之需要，[469]惟隨著基本人權保障日益成熟，關於影響個人自由問題，由憲法上客觀中立的司法機關處理，當然比由服膺政府政策的行政機關處理更為適合。[470]

（2）歐盟逮捕令架構協定之解送審核機關

行政核准機關與司法機關分工的結果，造成一些問題，諸如歐盟逮捕令架構協定第 4 條及歐洲引渡公約第 11 條的「得不執行事由」應由何機關決定？法律上的問題應由何機關決定？外交層面的考量是專保留予行政核准機關？人權的問題是外交問題，還是應由法院決定的司法問題？更需釐清的是，對行政核准機關的決定究竟可否上訴？這一連串爭議，都是因行政核准機關與司法機關兩套程序同時存在，並同時介入引渡決定而產生的。[471]

歐盟為除去引渡程序的複雜及潛在延遲，歐盟逮捕令架構協定在用語上，全部以解送(surrender)取代引渡(extradition)，以執行之司法機關(executing judicial authority)取代被請求國(the requested state)。[472]序言第 5 點更明白揭示，為建構歐盟成為一自由、安全及正義之地區，會員國間之引渡應予廢除，由司法機關以解送制度取代之。換言之，歐盟逮捕令架構協定訂定時，選擇採取司法機關審核制。

解送與引渡的差別，在於決定遞交的機關與決定的程序不同。歐盟逮捕令架構協定指定解送機關應為司法機關，由司法機關決定是否解送，行政機關核准程序應予廢除。[473]協定前言第 9 點指出，中央機關在歐盟逮捕令之執行上，所擔任之角色應局限於實務協助及行政協助。在第 7 條亦指出，中央機關僅得從事組織上之協助，而非擔任裁判機關，第 3 條及第 4 條有關應不執行之事由及得不執行之事由，也都明定由會員國執行之司法機關決定。[474]

雖然歐盟逮捕令架構協定是為簡化國際間刑事合作，將由外交管道改由司法機關之間直接聯繫與審查。但此一調整並非全無疑慮，因為，不管是引渡或解送，本質上都牽涉政治因素，執行之司法機關如何處理敏感的政治問題？此外，又沒有外交上的能力，可確保能在時間之內收到正確的資料及保證？又如果收到的只是一般性的報

---

[469] 陳榮傑，同註 3，頁 148，註 18。
[470] Shearer, *supra* note 18, at 197.
[471] Blekxtoon & Ballegooij, *supra* note 49, at 43-44.
[472] *Id.* at 40.
[473] *Id.* at 42.
[474] *Id.* at 41-42.

告，司法機關可否拒絕解送？[475]這些都是可能產生的問題。

解送制度僅適用於歐盟會員國間，對於非歐盟之國家即回復為引渡程序，因而，第28條第5項明訂，任何依歐盟逮捕令被解送之人，未經解送國權責機關之同意者，不得將該人引渡至第三國。

（二）相互承認原則

由於各國主權自主，他國所做的判決是基於他國的不同價值及不同法律所得出的評價，因而本國沒有義務執行該評價所為之判決，然而隨著歐盟整合，各國刑法所保護的價值已經趨同化，相互承認也因此成為重要原則。

相互承認，有賴會員國相互間對他國法律及司法制度的互信(mutual trust)。[476]傳統引渡條約雖然未見互信的定義，惟有認為條約存在本即推定了締約國之間具有互信，美國法中的「不詢問法則(rule of non-inquiry)」也是推定互信存在，理由在於尊重請求國之主權。[477]惟此一原則並非絕對，引渡或解送中的不執行事由，即是相互承認原則的例外規定，檢視 1957 年歐洲引渡公約中的聲明、保留、拒絕引渡事由，及「被判刑人移交公約中的「保證(guarantee)」，即有認為前述的互信推定根本就不存在。[478]

歐盟在刑事法方面推動相互承認原則，首見於前述歐盟理事會坦派勒決議第 33 點，而歐盟逮捕令架構協定，則為刑事法推動相互承認原則第一部具體措施，其第 1 條第 2 項規定，會員國基於相互承認之原則執行歐盟逮捕令。歐洲憲法條約更在刑事司法合作條文中具體納入此一原則，規定歐盟刑事司法合作，應本於相互承認刑事判決及裁定之原則，並應包括法規的趨同化。而為助於相互承認之實現，得於必要時以歐盟架構法(European framework laws)訂定最低規範。[479]

---

[475] *Id.* at 95.

[476] *Communication from the Commission to the Council and the European Parliament Implementing the Hague Programme: The way forward.* Commission of the European Communities. Brussels, 28.6.2006 COM (2006) 331 final.

[477] Blekxtoon & Ballegooij, *supra* note 49, at 85.

[478] *Id.* at 89.

[479] Anthony Cowgill and Andrew Cowgill, *the European Constitution in Perspective*, British Management Data Foundation, Gloucestershire England, at 66 (December 2004). The Treaty Establishing Constitution for Europe, Part III, Title III, Chapter IV, Section 4 [Judicial Co-operation in Criminal Matters] Article III 270 (ex Article 31(1) TEU):

  1.Judicial co-operation in criminal matters in the Union shall be based on the principle of mutual recognition of judgments and judicial decisions and shall include the approximation of the laws and recognitions of the Member States in the area referred to in paragraph 2 and in Article III-271.

  2.To the extent necessary to facilitate mutual recognition of judgments and judicial decisions and

歐盟逮捕令架構協定中的相互承認原則，可從不執行解送之事由及一些程序上改變來觀察。架構協定第 3 條僅剩赦免、一事不再理及無刑事責任能力人等三項應不執行事由，較引渡之拒絕事由大幅減少，第 4 條「得不執行事由」因屬任意性規定，因此會員國得自行決定是否將其內國法化。第 5 條雖然規定執行國可要求發布國於特殊案件提出保證，但架構協定並未規定發布國沒有遵守保證的處理方式。[480]這代表依第 4 條及第 5 條規定而被解送之人的防禦權，會因國而異。而這些不執行解送之事由及保證的要求，其實是國家主權與相互承認原則兩者妥協的結果。[481]

另架構協定前言第 12 點揭示「任何人之地位有因性別、種族、宗教、國籍、語言、政治觀點、性取向等原因而受侵害之虞」，及第 13 點揭示「任何人均不得被遷移、驅逐或引渡至其極有受死刑、酷刑或其他非人道／降等之待遇或處罰之虞的會員國」，從這兩項要點之文意，亦可解釋為不執行解送之事由。甚至有認為這些事由根本超出了 1957 年歐洲引渡公約拒絕引渡的範圍。但這些目前還未發生，未來仍有待觀察。[482]

雖然歐盟逮捕令架構協定存在著上述不執行解送之事由，然因程序的改變——如解送的決定機關改由司法機關、限制資料審查可能性、解送的決定時間縮短等——來看，歐盟會員國之間的互信似乎向前推進了一步。[483]

（三）一事不再理原則

歐盟逮捕令架構協定關於一事不再理原則有相當的進展，不再從傳統引渡法角度切入，與歐洲引渡公約比較即可清晰看出其差異。歐洲引渡公約第 9 條規定「如被請求國對於被請求人所被請求之犯罪已為確定判決者，應拒絕引渡；如被請求國對於同一犯罪決定不提起訴訟或決定終止訴訟者，得拒絕引渡」。此一條文基本上認為，在被請求國有既判力的判決為應拒絕引渡事由。而歐盟逮捕令架構協定第 3 條第 2 項規定「如執行之司法機關得知受逮捕之人就該同一行為，業經某一會員國為確定之判決，如該判決已執行完畢或目前在執行中，或依審判之會員國之法律為不得再執行者，執行之司法機關應拒絕執行歐盟逮捕令」。

---

police and judicial co-operation in criminal matters having a cross-border dimension, European framework laws may establish minimum rules. Such rules shall take into account the differences between the legal tradition and systems of the Member States.

[480] Blekxtoon & Ballegooij, *supra* note 49, at 92-93.

[481] *Id.* at 96.

[482] *Id.* at 94.

[483] *Id.* at 97.

　　歐盟逮捕令架構協定此一條文的重大成就在於，所有會員國所爲有既判力的判決，都與被請求國之確定判決有相同的評價，都應被承認而做爲應拒絕解送之事由。換言之，任何會員國所做的確定判決，所有會員國均應遵守，因而，如果 A 國國民在 B 國領域內犯罪後，經 B 國判決確定但還未執行前即逃匿至 C 國，此時 C 國依據協定第 3 條第 2 項之規定，即必須將其解送至 B 國，或者如果 A 國同意代 B 爲執行時，應解送至 A 國。[484]

（四）雙重犯罪原則

　　傳統的引渡制度中，對雙重犯罪原則(the Principle of Double Criminality)向來少有爭論。對於被請求國不認爲是犯罪的引渡請求，雙重犯罪原則是最能確保其人身自由的一項原則。雙重犯罪原則部分是基於前述的互惠原則，部分是基於拉丁法諺「無法律就不處罰(nulla poena sine lege)」。基於互惠原則的原因在於，對於本國不會相對提出引渡請求的犯罪，就沒有同意他國引渡請求的必要[485]。

　　從文獻回顧，歐洲引渡公約有關雙重犯罪原則規定於公約第 2 條第 1 項，「犯罪依據請求國及被請求國雙方之法律，爲最重本刑在 12 個月以上有期徒刑之罪者，應准予引渡，如請求國已就該犯罪爲確定判決時，該刑期應爲 4 個月以上之有期徒刑」。依此條文規定可知，沒有構成雙重犯罪時，應爲拒絕引渡之事由。

　　歐盟逮捕令架構協定破除了長久建立的雙重犯罪原則，[486]協定第 2 條第 1 項規定，凡犯罪行爲依發布國屬最重本刑 12 個月以上之監禁徒刑或拘禁，或經判處 4 個月以上監禁徒刑或拘禁者，得發布歐盟逮捕令。第 2 條第 2 項例外地規定了 32 款犯罪行爲，如在發布國屬最重徒刑爲 3 年以上之監禁徒刑或拘禁之行爲，並且爲會員國法定之犯罪，不需確認雙重刑事犯罪，應即依本協定進行解送。至於該 32 款以外之其他犯罪，應依據第 1 項及第 4 項的原則性規定。

　　從上述條文規定可知，法定本刑最高可處 12 個月以上有期徒刑之罪，實際上有各種審判結果，而確定判決時爲 4 個月之罪，其法定刑亦可能不是最高可處 12 個月以上有期徒刑之罪。而依同條第 4 項之規定，其解送「得」以執行國之國內法對於該行亦認爲構成犯罪爲條件。[487]換言之，依據第 1 項及第 4 項的原則性規定，得以雙重犯

---

[484] *Id.* at 102.
[485] Shearer, *supra* note 18, at 138.
[486] Blekxtoon & Ballegooij, *supra* note 49, at 228.
[487] *Council Framework Decision*, *supra* note 411, EAW Art. 1-2.

罪原則裁量拒絕解送；雙重犯罪原則在請求國屬強制性規定，但是在被請求國則屬任意性選擇。[488]

（五）國民不引渡原則

　　1996 年的歐盟成員國間引渡公約第 7 條規定，不得以被請求之人為其本國國民而拒絕引渡，惟條文中仍規定會員國得就國民引渡原則聲明保留。

　　歐盟逮捕令架構協定對於國民不引渡原則已有新突破，第 1 條第 2 項規定，會員國應依據相互承認原則及本架構協定之條款執行歐盟逮捕令。第 3 條的「應不執行」事由及第 4 條「得不執行」事由也都沒有將國籍列為不執行事項。第 5 條第 1 項第 3 款規定，歐盟逮捕令所載被請求之人如果是執行國之國民或居民，得附加條件要求將被逮捕人於聽證後，送回執行國執行其於發布國被判處之徒刑或拘禁令。換言之，基於人民必須對於自身行為負責之原則下，會員國對於在其他歐盟國家從事犯罪的本國國民，不得拒絕該國請求解送，但可請求將送回本國服刑，[489]以此方式解決歐盟內的國民引渡問題。

　　同時，在會員國國內法方面，歐盟之大陸法系國家為因應 2004 年 1 月 1 日架構協定施行後的國民引渡問題，有部分國家訂定國內配套法律解決之，有部分國家則認為在歐盟內解送無關憲法禁止國民引渡的問題，亦有部分會員國已先修改本國憲法之規定。[490]例如德國於 2000 年 11 月 29 日修改基本法第 16 條第 2 項加上但書規定：「德國人民不得引渡於外國，在符合法治國原則的情況下，就引渡至歐盟會員國或國際法庭，得以法律課以其他法律外之規定」[491]。其目的在確保刑事程序的公正與客觀，並

---

[488] Blekxtoon & Ballegooij, *supra* note 49, at 139-140.

[489] 國際刑事司法互助研討會會議資料，法務部，頁 74，2005 年 7 月 27 日至 29 日。

[490] Zsuzsanna Deen-Racsmany, Judge Rob Blekxtoon, *The Decline of the Nationality Exception in European Extradition? The Impact of the Regulation of (Non-) Surrender of nationals and Dual Criminality under the European Arrest Warrant,* para 3.1 The achievements of the EAW at the national level, European Journal of Crime, Criminal Law and Criminal Justice (2005).

[491] 德國統一後 1990 年 9 月 23 日通過之基本法第 16 條第 2 項規定：Article 16 [Citizenship; Extradition]... (2) No German may be extradited to a foreign country. Persons persecuted for political reasons enjoy the right of asylum。2000 年 11 月 29 日修正前舊條文第 16 條規定 Article 16 [Citizenship; Extradition] (1) No German may be deprived of his citizenship. Citizenship may be lost only pursuant to a law, and against the will of the person affected only if he does not become stateless as a result. (2) No German may be extradited to a foreign country. 。2000 年 11 月 29 日修正第 16 條第 2 項但書規定：Article 16 [Citizenship; Extradition]... (2) No German may be extradited to a foreign country. A different regulation to cover extradition to a Member State of the European Union or to an international court of law may be laid down by law, provided that constitutional principles are observed.

保護德國人免於陷入他國不可知之訴訟程序。此一憲法修正創設了德國國民可引渡的憲法依據，惟其解送僅限國際法庭或其他歐盟會員國[492]。

歐盟逮捕令架構協定在國民引渡問題的重大進展誠屬不易，因為歐盟 25 個會員國中，不僅包括了法國及德國等發展並傳統堅持國民不引渡原則的大陸法系國家，也包括了英國這個傳統上同意國民可引渡原則的普通法系國家，此一進展自然受到普通法系國家的歡迎。英國內政部即表示，此為第一次其他國家無法單純以本國國民的國籍為理由拒絕解送("For the first time, under the EAW, other countries will not be able to refuse to surrender a fugitive simply because there are one of their own nationals.)。由於國家之間在偵查及起訴上逐漸建立的合作與相互信任，使國籍例外被排除的因素弱化，讓歐洲成為第一個真正實現國民引渡原則的區域。[493]

---

[492] Arnd Duker, supra note 206, at 1174.
[493] *Id.* para 1.

第十節 英國國民林克穎（Zain Taj Dean）引渡案

英國籍商人林克穎（Zain Taj Dean，英國籍；又名柯睿明 Khalad Hamid，以下均稱「林克穎」）飲用酒類達到不能安全駕駛狀態，而駕駛汽車撞死我國黃姓送報生一案，於我國法院審理中、判決尚未確定前，林克穎(Zain Dean)明知本案業經我國法院第一審判決，而為逃避嗣後本案確定判決之執行，經其女友董女及英國籍友人邱凱（中文譯名）協助，以邱凱之英國護照及中華民國居留證供林克穎(Zain Dean)使用，林克穎(Zain Dean)遂於我國法院判決確定前，即搭乘飛機離開我國國境，致其後縱本案刑事判決確定，仍須待緝捕歸案後方得入監執行。

經由我國法務部及外交部努力，在 2013 年 10 月 16 日與英國簽署「臺英關於引渡林克穎(Zain Dean)瞭解備忘錄」，後林克穎(Zain Dean)在英國被捕並於 2013 年 10 月 17 日經愛丁堡法院裁定羈押，嗣經英國各級法院審判結果，蘇格蘭高等法院做出「本案被告林克穎(Zain Dean)應予釋放、引渡令應予撤銷」之判決而未獲引渡。惟本案為我國請求外國引渡罪犯而一度獲得成功之案例，除可用以檢視普通法系國家有關引渡法規所蘊含各項基本原則之具體適用外，透過本案英國法院合議庭法官之贊成與反對見解，亦可佐證前述之學說引渡法制與相關規定之優、缺點等相關爭議，頗具參考價值，爰就本案事實始末、相關法規及學說見解等詳述如下。

第一項 本案審理過程概況

一、我國審理概況

（一） 基礎事實

林克穎明知飲用酒類，將使駕駛車輛之注意力減低，反應能力趨緩，危及其他人車往來安全，竟於 2010 年 3 月 25 日凌晨 0 時許先與友人在臺北市某 A 酒店共同飲酒

至同日上午 3 時許,再由該友人聯絡該 A 酒店幹部派人前往駕駛林克穎(Zain Dean)所使用之自小客車(車主登記為英商恩禧策略傳播股份有限公司臺灣分公司),將林克穎(Zain Dean)及其友人載往臺北市某 B 酒店繼續飲用酒類,至同日上午 4 時 38 分許,林克穎(Zain Dean)已達不能安全駕駛動力交通工具之程度,遂由某 A 酒店代客停車人員卓某於同日凌晨 4 時 50 分許,代為駕駛載送林克穎(Zain Dean)返回住處。詎林克穎(Zain Dean)於同日凌晨 4 時 50 分至 4 時 56 分間某時,在卓某載送返家途中,堅持自行駕車,並要求卓某下車,卓某遂依其指示在某 A 酒店附近之街口附近靠邊停車後,於同日上午 4 時 56 分許,步行返抵某 A 酒店代客停車檯處。

林克穎(Zain Dean)於卓某離開後,即在不能安全駕駛動力交通工具情況下,在駕駛上開車輛返回住處途中,於同日(2010 年 3 月 25 日)上午 5 時 4 分 54 秒前某時,林克穎(Zain Dean)行經臺北市大安區某路段 128 號前,本應注意遵守汽車駕駛人應注意車前狀況,並隨時採取必要安全措施之規定,而當時雖天候有雨,然有晨光,且該處為市區道路、無缺陷或障礙,並無不能注意遵守前開規定之情形,竟因酒後注意力減低,反應能力趨緩,疏未注意同向由黃姓送報生所騎乘之重型機車行駛在前,致所駕駛上開自用小客車右前車頭不慎撞及黃姓送報生所騎乘之重型機車尾部,導致黃姓送報生人車倒地,引起顱內出血併頸椎脫位。林克穎(Zain Dean)見狀,明知已經肇事而致人受傷,竟未對黃姓送報生採取救護或其他必要措施,逕自駕車逃逸。嗣經路人發現,始於同日上午 5 時 4 分 54 秒撥打 110 報警,經警到場後,將黃姓送報生送醫急救,惟黃姓送報生經送臺北市聯合醫院仁愛院區急救後,仍於同日上午 10 時 5 分許,因上開車禍引起之顱內出血併頸椎脫位,導致神經性休克死亡。嗣因該車經送往明裕汽車修理廠修理,於 2010 年 3 月 26 日上午,適有修車顧客見該車輛受損嚴重,並於返家後,經由媒體報導得知上述車禍現場遺有賓士汽車碎片,而提供線索,經警循線查獲。

林克穎(Zain Dean)前述犯罪行為經法院審判後,業於 2012 年 7 月 26 日確定在案,由臺灣臺北地方檢察署於 2012 年 8 月 27 日以 101 年度執字第 5013 號分案執行,嗣臺灣臺北地方檢察署於 2012 年 8 月 28 日以北檢治退 101 執 5013 字第 466 號函行文通知行政院海岸巡防署海岸巡防總局、內政部入出國及移民署(下稱入出國及移民署)限制林克穎(Zain Dean)出境、出海。入出國及移民署復於同年月 31 日函知林克穎(Zain Dean)應依前開公函及入出國及移民法第 21 條第 1 項第 1 款之規定,禁止其出國,林克穎(Zain Dean)為受禁止出國處分之外國人。

惟林克穎(Zain Dean)明知既經判處有期徒刑以上之刑確定,尚未執行,且因案經司法

機關限制出國，而受禁止出國之處分，竟為逃避前開確定判決之執行，遊說其女友董女及英國籍友人邱凱（中文譯名）協助其離開我國國境，故由邱凱提供其英國護照及中華民國居留證供林克穎(Zain Dean)使用，林克穎(Zain Dean)遂於 2012 年 8 月 14 日上午 7 時 20 分許，冒充係邱凱本人並持邱凱名義之英國護照及中華民國居留證而順利通關，旋於同日中午 12 時 16 分搭乘航班 BR67 之飛機離開我國國境。林克穎(Zain Dean)涉犯脫逃罪部分，由於林克穎(Zain Dean)現仍藏匿在國外，待到案後另行審結。董女及邱凱幫助受禁止出國處分之林克穎(Zain Dean)出國，且邱凱嗣後為申請補發證件，至內政部入出國及移民署專勤隊申報護照及居留證遺失，涉犯未指定犯人而向該管公務員誣告犯罪，臺灣臺北地方法院判決邱凱應執行有期徒刑柒月，得易科罰金，並於刑之執行完畢或赦免後，驅逐出境。董女則判處有期徒刑伍月。

（二）我國法院判決

1. 第一審　臺灣臺北地方法院[494]

　　林克穎(Zain Dean)及其辯護人在第一審臺灣臺北地方法院審理中，提出諸多主張、抗辯，例如：林克穎(Zain Dean)當日在某 B 酒店飲酒後欲返家，其係由某 A 酒店之另一頭髮梳中分、戴著粗框眼鏡、身穿羽絨外套之男子駕車載其離開酒店，而其非於肇事路口與該男子對換駕駛位置；警方辦案時故意造成媒體渲染效果，製造出林克穎(Zain Dean)因犯罪羞愧見人之假象，其後檢方為平息眾怒，故意摒除對林克穎(Zain Dean)有利之證據且將其起訴，進而造成本件冤案；另該酒店數名人員證詞間頗多矛盾，可見當時駕車撞人者另有其人，且該數名某 A 酒店人員為免同事之犯行，使酒店生意受到影響，而故意栽贓給當時不省人事的林克穎(Zain Dean)。且林克穎(Zain Dean)後來接續另位酒店人員將肇事車輛開入自家停車場時，未曾看一眼車輛前頭撞擊部位，顯示林克穎(Zain Dean)根本不知道有撞擊情事發生。又林克穎(Zain Dean)非於肇事地點才接手開車，而是先在車上休息，之後才在距離其自宅距離一、二百公尺處開車回家，當時已經有安全駕駛的能力等語。

　　針對上述主張、抗辯，臺灣臺北地方法院判決內容略以：「……按告訴人、證人之陳述有部分前後不符，或相互間有所歧異時，究竟何者為可採，法院仍得本其自由心證予以斟酌，非謂一有不符或矛盾，即應認其全部均為不可採信；尤其關於行為動

---

[494]　臺灣臺北地方法院 99 年度交訴字第 44 號判決（裁判日期：2011 年 3 月 15 日）

機、手段及結果等之細節方面，告訴人之指陳，難免故予誇大，證人之證言，有時亦有予渲染之可能；然其基本事實之陳述，若果與眞實性無礙時，則仍非不得予以採信……」，由林克穎(Zain Dean)自宅停車場監視錄影器畫面上手扶電梯牆面以乘坐電梯，及其女友有關林克穎(Zain Dean)返家時躺在自宅大門口等證述內容可知，林克穎(Zain Dean)確實已因酒醉，而達無法安全駕駛動力交通工具之程度，連隨身包包都沒有拿上樓而留在車上，故林克穎(Zain Dean)當時應頗爲疲倦，而無心力觀察該車車頭撞擊部位之情況，且林克穎(Zain Dean)雖先由某 A 酒店人員駕車駛離酒店，惟實於距離某 A 酒店不遠處，即行要求某 A 酒店人員下車而稱可自行駕車返家；至林克穎(Zain Dean)及其辯護人稱警方有故意隱匿對林克穎(Zain Dean)有利之證據部分，首先，林克穎(Zain Dean)及其辯護人如何得知有該等有利證據存在？且若眞有該證據，爲何林克穎(Zain Dean)方不將此等證據儘速提出以證明淸白，反以前述推測之言詞恣意指控檢、警誣陷，故並不足據以作爲有利於林克穎(Zain Dean)之認定。

　　臺灣臺北地方法院判決林克穎(Zain Dean)服用酒類，不能安全駕駛動力交通工具而駕駛，累犯，處有期徒刑伍月；又因過失致人於死，處有期徒刑壹年肆月；又駕駛動力交通工具肇事，致人死亡而逃逸，累犯，處有期徒刑壹年。應執行有期徒刑貳年陸月，並於刑之執行完畢或赦免後，驅逐出境。

2. 第二審　臺灣高等法院[495]

　　林克穎(Zain Dean)上訴後，除再行提出其於原審臺灣臺北地方法院之前述諸項意見外，在第二審臺灣高等法院審理中，另行主張者有：警察分局人員集體與特定行業之人事勾結，涉及不法；分局人員蓄意隱匿對其有利之證據，且未調取林克穎(Zain Dean)車輛自某 A 酒店返回住處沿路設置之監視器畫面，蒐證不當等。

　　臺灣高等法院針對前述主張一一論駁，認前述主張或屬對犯罪基礎事實認定無影響之細節，或有本案其他可信事證，故無調查必要者；或僅爲空言指涉而不足採信；至質疑警方未提出對林克穎(Zain Dean)有利之監視器畫面或部分監視器畫面因受限於距離、角度等因素而未臻淸晰部分，法院見解認爲，「……道路監視器之設置，固有維護治安、協助破案實效，然其究非監控民眾所有舉動之工具，更非法定必要蒐證手段。……質疑蒐證不當云云置辯，實有未洽。……」，另就指稱媒體報導分局警員集體與特定行業人員勾結，涉及不法云云，更與本案並無關連。

---

[495] 臺灣高等法院 100 年度交上訴字第 49 號判決（裁判日期：2012 年 7 月 26 日）

臺灣高等法院最終撤銷原審判決改判林克穎(Zain Dean)涉犯修正前刑法第 185 條之 3 之服用酒類，不能安全駕駛動力交通工具而駕駛罪、刑法第 276 條第 1 項之過失致死罪（依道路交通管理處罰條例第 86 條第 1 項規定加重其刑），及刑法第 185 條之 4 之肇事逃逸罪，合併應執行刑爲有期徒刑 4 年，並以林克穎(Zain Dean)未具本國國籍，並受本案有期徒刑宣告，經斟酌被告林克穎(Zain Dean)在酒駕肇事後逕行逃逸，漠視用路安全與欠缺對於生命價值之尊重等態度，實難排除有危害本國社會安全之虞，認其不宜繼續居留在我國境內，因此臺灣高等法院依刑法第 95 條規定，判處被告林克穎(Zain Dean)於刑之執行完畢或赦免後，驅逐出境。

3. 第三審　最高法院[496]

林克穎(Zain Dean)向最高法院提出上訴，理由略以：臺灣高等法院採信多位某 A、B 二酒店人員卽證人於一、二審之內容矛盾而有瑕疵之證詞，有違經驗法則及判決不備理由之違法，且臺灣高等法院未仔細調查系爭車輛等證據，而有應於審判期日調查證據未予調查及理由不備之違法等。

針對前述上訴理由，最高法院判決見解略以：多位某 A、B 酒店人員證詞內容所呈現之待證事實，與林克穎(Zain Dean)有無駕駛動力交通工具肇事致人死亡而逃逸犯行無關，而林克穎(Zain Dean)方主張之應於原審調查而未予調查之證據，並不影響林克穎(Zain Dean)犯行成立之判斷，原審判決亦已說明無調查之必要，故上訴理由置原判決之論斷於不顧，徒憑己見再爲事實上之爭辯與任意指摘，其上訴違背法律上之程式，應予駁回。至原審判決「服用酒類不能安全駕駛動力交通工具而駕駛」與「過失致人於死」部分，屬於刑事訴訟法第 376 條第 1 款之案件，不得上訴於第三審法院，故此部分上訴顯爲法所不許，故均應予駁回上訴。

本案經最高法院判決駁回林克穎(Zain Dean)上訴後，全案確定。

4. 幫助林克穎(Zain Dean)潛逃出境的董女及邱凱之入出國及移民法等案件[497]

林克穎(Zain Dean)前揭案件之「服用酒類不能安全駕駛動力交通工具而駕駛」與「過失致人於死」部分，屬於刑事訴訟法第 376 條第 1 款之案件，不得上訴於第三審法院，業於 2012 年 7 月 26 日確定在案，由臺灣臺北地方檢察署於 2012 年 8 月 27 日

---

[496]　最高法院 101 年度台上字第 6459 號判決（裁判日期：2012 年 12 月 20 日）
[497]　臺灣臺北地方法院 102 年度易字第 334 號判決（裁判日期：2013 年 5 月 30 日）；臺灣高等法院 102 年度上易字第 1289 號判決（裁判日期：2013 年 8 月 22 日）

以 101 年度執字第 5013 號分案執行，其為刑法第 164 條第 1 項所稱之犯人。嗣臺灣臺北地方檢察署於 2012 年 8 月 28 日以北檢治退 101 執 5013 字第 466 號函行文通知行政院海岸巡防署海岸巡防總局、內政部入出國及移民署(下稱入出國及移民署)限制林克穎(Zain Dean)出境、出海。入出國及移民署復於同年月 31 日通知林克穎(Zain Dean)，應依前開公函及入出國及移民法第 21 條第 1 項第 1 款之規定，禁止其出國，林克穎(Zain Dean)為受禁止出國處分之外國人。

惟林克穎(Zain Dean)明知既經判處有期徒刑以上之刑確定，尚未執行，且因案經司法機關限制出國，而受禁止出國之處分，竟為逃避前開確定判決之執行，遊說其女友董女及英國籍友人邱凱（中文譯名）協助其離開我國國境，故由邱凱提供其英國護照及中華民國居留證供林克穎(Zain Dean)使用，林克穎(Zain Dean)遂於 2012 年 8 月 14 日上午 7 時 20 分許，冒充係邱凱本人並持邱凱名義之英國護照及中華民國居留證而順利通關，旋於同日中午 12 時 16 分搭乘航班 BR67 之飛機離開我國國境。

董女及邱凱幫助受禁止出國處分之林克穎(Zain Dean)出國，且邱凱嗣後為申請補發證件，至內政部入出國及移民署專勤隊申報護照及居留證遺失，涉犯未指定犯人而向該管公務員誣告犯罪，臺灣臺北地方法院判決邱凱應執行有期徒刑柒月，得易科罰金，並於刑之執行完畢或赦免後，驅逐出境。董女則判處有期徒刑伍月。至林克穎(Zain Dean)涉犯脫逃罪部分，由於林克穎(Zain Dean)現仍藏匿在國外，待到案後另行審結。

5. 林克穎(Zain Dean)案之民事賠償

除前述刑事判決外，黃姓送報生雙親提起刑事附帶民事請求侵權行為損害賠償訴訟，經臺灣臺北地方法院在 2013 年 2 月 27 日做成 100 年重訴字第 525 號民事判決，判命林克穎(Zain Dean)應分別賠償黃姓送報生之雙親新臺幣 3,593,410 元及 3,963,705 元，及自 2010 年 5 月 6 日起至清償日止，按年息 5%計算之遲延利息。

嗣後在 2014 年 2 月間，我國駐英代表處代表黃姓送報生之父，向林克穎(Zain Dean)提出英國法律下的民事求償，英國皇家高等法院法官判決承認中華民國法院判決結果（即臺灣臺北地方法院 100 年重訴字第 525 號民事判決），裁定林克穎(Zain Dean)必須賠償受害者家屬新台幣約 908 萬，由於英國為歐盟會員國並簽署盧加諾公約（Lugano Convention），該項判決將自動適用於歐盟各國及若干其他歐洲國家（如冰島、瑞士、挪威等）。

另外，旺旺友聯產物保險股份有限公司依強制汽車責任保險法規定於 2010 年 4

月 30 日賠付黃姓送報生之雙親卽法定繼承人共 1,602,320 元保險金（卽掛號費 160
元、其他診療費用 2,160 元、死亡給付金 160 萬元）後，依強制汽車責任保險法第 29
條第 1 項之規定，得在給付金額範圍內，代位行使黃姓送報生之法定繼承人對被告
之侵權行為損害賠償請求權，故向臺灣臺北地方法院起訴請求林克穎(Zain Dean)賠付
前揭款項。全案於 2020 年 8 月 7 日由臺灣臺北地方法院做成 102 年訴字第 2655 號
民事判決，因被告林克穎(Zain Dean)現仍藏匿於國外，故均未到院、亦未提出上訴，
全案卽告確定。

二、英國審理概況

　　本案林克穎(Zain Dean)經我國法院確定判決判處公共危險 6 個月徒刑、過失致死
罪 1 年 4 月徒刑、肇事逃逸 2 年 6 個月徒刑，合計應執行刑 4 年。2012 年 8 月 14 日
林克穎(Zain Dean)持假護照潛逃出境後輾轉回到英國，案經法務部及外交部努力，我
國終於在 2013 年 10 月 16 日與英國簽署「臺英關於引渡林克穎(Zain Dean)瞭解備忘
錄」，之後林克穎(Zain Dean)在英國被捕並於 2013 年 10 月 17 日經愛丁堡法院裁定羈
押。

1. 第一審：愛丁堡法院
　　2014 年 6 月 11 日愛丁堡地方法院一審宣判林克穎(Zain Dean)應引渡我國服刑，
並經蘇格蘭司法部長批准引渡。按英國引渡訴訟的歷次審判中，除特定原則之外，主
要爭點與質疑都已在一審涵蓋，從判決書的討論依序包括：
(1) 臺灣是否為英國引渡法所指的領域(territory)；
(2) 酒醉駕駛(drink driving)、過失致人於死(negligent manslaughter)及車禍肇事後逃逸
　　(escaping after having caused traffic casualties)與英國道路交通法不符，不合於引渡
　　法可引渡之罪(extradition offence)；
(3) 本引渡案是基於種族及國籍上的歧視，不合於英國引渡法第 81 條；
(4) 從歐洲人權公約(European Convention of Human Rights)及歐洲基本權利憲章(EU
　　Charter of Fundamental Rights)來看，臺灣的審判程序不合於英國引渡法第 87 條的
　　人權事項(包括證據是否充分或有缺席判決之疑慮)
(5) 違反歐洲人權公約第 3 條「禁止酷刑(prohibition of torture)」；
(6) 違反歐洲人權公約第 2 條「生命權(right to life)」；

(7) 違反歐洲人權公約第 6 條「公平審判之權利(right to a fair trial)」。

2. 第二審：蘇格蘭高等法院

林克穎(Zain Dean)提出上訴後，蘇格蘭高等法院(Scotland's High Court of Justiciary)於 2016 年 9 月 23 日以本案引渡不符合歐洲人權公約第 3 條，改判林克穎(Zain Dean)無須引渡回台服刑。

本案在蘇格蘭高等法院的 4 項主要爭點包括：（1）臺灣是否爲英國引渡法認定之「領域」、（2）歐洲人權公約第 6 條公平審判之權利、（3）英國 2003 年引渡法第 81 條及（4）歐洲人權公約第 3 條。其中關於歐洲人權公約第 3 條及我國監獄條件的部分，高等法院與推翻一審同意引渡之判決，合議法官多數認爲本案林克穎(Zain Dean)的引渡不符歐洲人權公約第 3 條，引渡令應予撤銷，被告應予釋放。但法官 Lord Drummond Young 於第二審提出之不同意見書，仍認同一審判決。

3. 第三審：蘇格蘭最高法院

本案再上訴到蘇格蘭最高法院，主要的爭點爲歐洲人權公約第 3 條與我國監獄條件，但蘇格蘭最高法院並未認同高等法院對我國的疑慮與質疑。最高法院認爲，我國對於締結備忘錄及提出的保證都會誠信地遵循，也沒有跡象顯示林克穎(Zain Dean)在我國有受到不當對待，我國提出的保證能給予林克穎(Zain Dean)免於暴力的合理保護；提供的監禁環境並不會有侵害其歐洲人權公約第 3 條的眞實危險(real risk)。因而最高法院 2017 年 7 月 28 日判決，認定我國會遵守出具之承諾且會採取合理的措施來保證林克穎(Zain Dean)的安全，並不違反歐洲人權公約第 3 條，並將全案發回蘇格蘭高等法院，另因蘇格蘭高等法院在原判決中，未論及林克穎(Zain Dean)所爭執蘇格蘭司法部部長引渡命令適法性之問題(devolution issue)，蘇格蘭最高法院也一併發回蘇格蘭高等法院。[498]

4. 更審：蘇格蘭高等法院

按英國似無類似我國刑事訴訟法第 17 條第 8 款「法官曾參與前審裁判者，應自行迴避，不得執行職務」之規定，因而更審的法官仍爲先前二審的 3 位法官。本案發回蘇格蘭高等法院更審後，引渡的主要疑慮轉爲特定原則，法官質疑英國與臺灣的備忘

---

[498] 法務部新聞稿，本部對蘇格蘭高等法院宣判不予引渡林克穎回臺服刑之回應，2019 年 6 月 7 日

錄是依據引渡法 194 條批准而有確定效力，但備忘錄並沒有顯現英國引渡法第 95 條特定原則(speciality)的用字(wording)與意義，卻可以僅憑臺灣提出的書面保證的方式「修改(modify)」或因而「合於資格(qualify)」，法官認爲，臺灣將會認定可以起訴逃匿及使用他人護照的部分，而備忘錄第 11(1)(b)的規定模糊、不確定等法律爭論，縱我國提出保證書函亦無法澄清疑慮。綜上，法官認爲我國提出的承諾無法實踐特定原則的要件，至此全案判決確定，被告釋放、引渡令撤銷。

　　本案爲我國引渡首例，雖然功虧一簣，但本案涉及許多引渡的法律與實務值得探討，包括國民引渡原則、可引渡之罪、互惠原則、睦誼原則、不詢問原則(審查請求國審理程序)、備忘錄之效力、特定原則及外交保證等探討如下。

第二項　臺灣與英國簽訂引渡備忘錄

一、英國採取國民可引渡原則

　　本案被告林克穎(Zain Dean)爲英國公民，關於國民是否引渡，以英美爲首的普通法系採取國民可引渡的理念，這與管轄理論及陪審制度息息相關，也與大陸法系有截然不同，參本書第二章及本章第四節已有詳盡說明。簡言之，英國奉行嚴格屬地原則的傳統理念，認爲「任何居住在本地之人，不管是蘇格蘭人或外國人，不會因爲在外國的犯罪而受本國法院審判。法院不是用來主持全世界的正義。對於領域外所爲之犯罪，英國法院不會採取措施予以矯正，亦無資格爲之」；「所有的犯罪都屬地域性，犯罪的管轄屬於犯罪發生地之國家」，取嚴格的屬地原則之下，認爲「邊界之所止卽社區責任之所止；責任之所止卽管轄之所止」。犯罪應由犯罪地處罰最爲適當，陪審制度下，陪審團成員基本上由當地人組合而成，陪審團成員被假定對於發生於他國的行爲或事件沒有認知(cognizance)能力，因而對於在他國犯罪的本國國民，不反對引渡予他國制裁，甚至積極贊成與提倡國民應引渡。相對地歐陸國家由於地理上有地界及河界，人民在國與國之間的遷移輕而易舉，因而爲防止逃犯脫免司法制裁，必須採屬人原則，本國國民在他國犯罪後逃回本國時，如果本國政府拒絕將本國國民引渡給犯罪地國，則本國能做的就是對該犯罪行使管轄。換言之，如果引渡的意願較低，則管轄權主張的範圍可能就會較廣。

本案英國同意其本國國民林克穎(Zain Dean)引渡，基本上是因爲英國的刑法對於一般刑事犯罪沒有領域外犯罪的屬人管轄權（但仍有保護原則及世界原則是適用)，對於在他國犯罪的本國國民，其處理的方式是採取國民可引渡的方式讓罪犯部逍遙法外，此爲英國傳統的理念與思維。

二、引渡備忘錄之內容

關於備忘錄之效力，在本書第四章有說明，國際上常見各國執法機關間使用合作備忘錄作爲合作依據、條約與備忘錄的區別，以及爲何簽署備忘錄而不簽訂條約。就法律與政治層面，雖然備忘錄並沒有像條約依樣的法律拘束力，所爲之承諾有時不被嚴肅看待，然而政治承諾乃政府誠信的擔保，儘管備忘錄的承諾無法實踐通常不具法律後果，但並不表示一個國家在政治或道德上可自由地不予理會及不尊重備忘錄的承諾。備忘錄雖然不一定要由外交部門草擬，但通常在備忘錄送交他國之前，會向外交部門諮詢。備忘錄與條約有別，一國若違反備忘錄規範，他國原則上不能像違反條約一般訴諸國際法院解決。乍看之下，違反備忘錄似乎只是國家政治誠信與道德問題，然而實際上，選擇使用備忘錄固有其因，但並不表示國家基於保密、時效、彈性之目的，而選擇簽訂備忘錄，意味著得以放棄其法律拘束力及執行力。事實上國家基於國際法的「誠信原則(principle of good faith)」及普通法系國家之「禁反言原則(doctrine of estoppel)」仍會實踐承諾。

關於林克穎(Zain Taj Dean)引渡案以簽訂備忘錄方式進行，一如大法官釋字329號解釋對於我國對外爲何多簽署備忘錄而少簽訂條約，乃鑒於我國現今與無邦交國家締結之國際書面協議，他國因政治顧慮，往往不願以政治層次較高之「條約」形式締結，而出之於「協定」形式。外交部外交年鑑中記載，與我無正式外交關係之國家常因對我國名、簽約代表之職銜或機構名稱有所顧慮，以致影響談判之進行，足見以我國目前之非常處境，外交條約之處理，已難以常態方式進行，有若干國家在國際上不承認我國國際人格地位，爲推展務實外交，爭取我國在國際上之生存空間，不得不從權處理。

至於在英國，以備忘錄進行引渡是依據英國引渡法第194條規定，對於沒有簽訂引渡的國家，准予針對某一人進行「特別的引渡協議安排(special extradition arrangements)」，性質爲個案(case by case)、一次性(one off)、臨時性(ad hoc)。[499] 例如

---

[499] UK 2003 Extradition Act, Section 194 [Special extradition arrangements]

2003 年英國曾針對約旦請求 *Othman* 回國接受爆炸案件的審理，與約旦簽署引渡備忘錄；[500]2006 年英國曾針對盧安達請求引渡 4 名被告回國接受種族滅絕(genocide)罪的審理，與盧安達簽署引渡備忘錄，[501]2013 年因林克穎(Zain Dean)一案與我國簽署引渡備忘錄之後，2019 年英國針對巴基斯坦請求前財政部長 Ishaq Dar 回國接受貪污及洗錢案件的審理，與巴基斯坦簽署引渡備忘錄。

我國與英國簽署的引渡備忘錄內容可以說即為一份完整的引渡條約，內容共 16 節(paragraphs)包括：定義(Definitions)、引渡安排(Arrangement to extradite)、可引渡之罪(Offences allowing extradition)、拒絕引渡事由(Grounds for refusal)、引渡程序與所需文件(Extradition procedures and required documents)、語言(Language)、暫時逮捕(Provisional arrest)、決定與移交(Decision and surrender)、延後移交與有條件移交(Postponed and conditional surrender)、複數引渡請求(Multiple requests for extradition)、特定原則(Speciality)、同意(Consent)、物之扣押與遞交(Seizing and surrender of property)、程序(Procedure)、(Representation and expenses)、(Effective date)。

備忘錄明確指出係基於引渡林克穎(Zain Dean)至我國服刑之目的而簽署，可引渡之罪必須構成英國法律可處 12 個月以上徒刑或拘禁，且經臺灣判處 4 個月以上徒刑或拘禁之罪，才准予引渡，如英國司法當局認為對於林克穎(Zain Dean)的引渡請求係基於其種族、宗教、國籍、性別、性傾向或政治信仰、審判上的歧視、不符人權、缺席判決、死刑判決、牴觸 1951 年難民地位公約、不符特定原則等情況時，得拒絕引渡。

引渡應以書面向英國內政大臣提出，並提供林克穎(Zain Dean)之通緝書、犯罪事實及證據、可能下落、相關法律規定及說明，並於指定的時間內提供。情況急迫時，我國得向英國請求暫時逮捕，並於暫時逮捕之日起 60 日內提出完整之引渡請求。如引渡之請求獲得同意，應於 28 日內引渡，但如果因為英國對林克穎(Zain Dean)另有進行起訴或為了執行有罪判決之目的，得延後移交，此外林克穎(Zain Dean)亦得以書面同意移交至臺灣。

關於特定原則之規定，除了所引渡之罪、臺灣提供關於該犯罪的資訊所揭露之犯

---

(1) This section applies if the Secretary of State believes that—(a) arrangements have been made between the United Kingdom and another territory for the extradition of a person to the territory….

[500] *Othman (Abu Qatada) v. The United Kingdom, (Application no. 8139/09),* Strasbourg, 17 January 2012.

[501] *Brown v Rwanda [2009] EWHC 770 (Admin),* Case No: CO/6247/2008；08/04/2009

罪,或經英國同意之外,我國對於林克穎(Zain Dean)於引渡前所犯之罪均不得審理。但如果林克穎(Zain Dean)於引渡之後已經離開臺灣但自願返回臺灣;或已給予機會離開臺灣而一直未離開者,不在此限。

英國依據國內法得扣押用以犯罪之物、構成犯罪證據之物;及犯罪時取得之物,並於 Zain Dean 引渡時將其一併遞交臺灣。費用方面,我國應負擔林克穎(Zain Dean)移交之交通費用;於英國境內因引渡訴訟直接衍生之費用英國支付,但雙方領域均不得向他方就林克穎(Zain Dean)之逮捕、拘禁、鑑定或移交為金錢上之主張。最後關於生效日期規定本備忘錄於簽署之日生效。

由於備忘錄未有公開之中文版本,本文依據蘇格蘭高等法院更審 [2019] HCJAC 31 HCA/2014/003519/XM 裁判書所附之英文版內容翻譯供讀者參考,詳如後附件所示。

第三項　蘇格蘭愛丁堡法院一審判決: 同意引渡林克穎(Zain Dean)

有關 2014 年 6 月 11 日愛丁堡地方法院一審判決,因無法於英國司法判決索引,本書作者僅以當年判決後透過管道取得之版本說明,並盡量原文摘錄。

如前所述,本案在英國引渡訴訟的歷次審判中,除特定原則之外,主要爭點與質疑都已在一審涵蓋,從判決書的討論依序包括:(1)臺灣是否為英國引渡法所指的領域(territory);(2)酒醉駕駛(drink driving)、過失致人於死(negligent manslaughter)及車禍肇事後逃逸(escaping after having caused traffic casualties)與英國道路交通法不符,不合於引渡法的引渡之罪(extradition offence);(3)本引渡案是基於種族及國籍上的歧視,不合於英國引渡法第 81 條;(4)從歐洲人權公約(European Convention of Human Rights)及歐洲基本權利憲章(EU Charter of Fundamental Rights)而言,臺灣的審判程序不合於英國引渡法第 87 條的人權事項(包括證據是否充分或有缺席判決之疑慮)。[502]而英國引渡法第 87 條規定之人權事項,所牽涉者為本案是否違反歐洲人權公

---

[502] UK 2003 Extradition Act, Section 87 [Human rights]

(1) If the judge is required to proceed under this section (by virtue of section 84, 85 or 86) he must decide whether the person's extradition would be compatible with the Convention rights within

約第 2 條「生命權(right to life)」[503]、第 3 條「禁止酷刑(prohibition of torture)」[504]及第 6 條「公平審判之權利(right to a fair trial)」[505]即為本案的核心問題。

一、關於領域

我國是否為英國引渡法所指的領域(territory)，這是被告在歷次審判中所提出的質疑。首先應說明者，英國引渡法將請求之引渡以領域(territory)稱之，領域又分為兩類(categories)，所謂「第 1 類領域(category 1 territories)」指歐盟 27 個會員國加上直布羅陀，英國與這些領域間引渡是以歐盟逮捕令(European arrest warrant, EAW)的方式運作，[506]所謂「第 2 類領域(category 2 territories)」指歐洲引渡公約中不屬於歐盟的簽署

---

the meaning of the Human Rights Act 1998 (c. 42).

(2) If the judge decides the question in subsection (1) in the negative he must order the person's discharge.

(3) If the judge decides that question in the affirmative he must send the case to the Secretary of State for his decision whether the person is to be extradited.

[503] 歐洲人權公約第 2 條
一、任何人的生存權應受到法律的保護。不得故意剝奪任何人的生命，但法院依法對他的罪行定罪後而執行判決時，不在此限。
二、當由於絕對必要使用武力而造成生命的剝奪時，不應該被認為有抵觸本條：
　　(a) 防衛任何人的非法暴力行為；
　　(b) 為實行合法逮捕或防止合法拘留的人脫逃；
　　(c) 為鎮壓暴力或叛亂而合法採取的行動。

[504] 歐洲人權公約第 3 條
任何人不得加以酷刑或使受非人道的或侮辱的待遇或懲罰。

[505] 歐洲人權公約第 6 條
一、在決定某人的公民權利與義務或在決定對某人的任何刑事罪名時，任何人有權在合理的時間內受到依法設立的獨立與公正的法庭之公平與公開的審訊。判決應公開宣布，但為了民主社會中的道德、公共秩序或國家安全的利益，而該社會中為了少年的利益或保護當事各方的私生活有此要求，或法院認為在其種特殊的情況下公開將有損於公平的利益而堅持有此需要，可以拒絕記者與公眾旁聽全部或部分的審判。
二、凡受刑事罪的控告者在未經依法證明有罪之前，應被推定為無罪。
三、凡受刑事罪的控告者具有下列最低限度的權利：
　　(甲) 立即以他所能了解的語文並詳細地告以他被控的性質和原因；
　　(乙) 為準備辯護，應有適當的時間和便利；
　　(丙) 由他本人或由他自己選擇的法律協助為自己進行辯護，或如果他無力支付法律協助的費用，則為公平的利益所要求時，可予免費；
　　(丁) 訊問不利於他的證人，並在與不利於他的證人相同的條件下，使有利於他的證人出庭受訊。
　　(戊)如果他不懂或不會講法院所使用的語文，可以請求免費的譯員協助。

[506] 有關歐盟逮捕令制度，請參閱柯慶忠，歐盟引渡制度之新變革──以歐盟逮捕令為逮捕及解送之新制，東吳法律學報，第 18 卷第 3 期，頁 123-188，2007 年 4 月。

國、大英國協間有關通緝罪犯遞解綱領(Commonwealth Scheme for the Rendition of Fugitive Offenders)國家，以及與英國簽署雙邊引渡條約之國家。[507]

　　如果不是第 1 類及第 2 類領域，只能循英國引渡法第 194 條「特別引渡協議安排」之途徑尋求引渡，該條文規定「如果內政大臣相信：(a)英國與另一領域基於引渡特定之人前往該領域之目的而已完成協議安排，並且(b)該領域不是第 1 類或第 2 類領域時，適用之。」[508]簡言之，只要不是適用歐盟逮捕令或與不是與英國有簽署引渡條約的領域，英國引渡法第 194 條提供了「特別引渡協議安排(Special extradition arrangements)」這個途徑，如果內政大臣同意簽屬「特別協議安排」，仍可以進行引渡，但原則上必須與請求國針對特定的引渡請求完成簽署備忘錄，至於是否簽署取決於內政大臣的裁量與考量，沒有強制性。[509]

　　關於臺灣不是英國引渡法所指的領域(territory)：在愛丁堡地方法院的訴訟中，被告主張英國承認的是國家(states)不是政府(government)，臺灣不是聯合國成員，也不是英國外交上承認的國家。蘇格蘭檢察總長 Lord Advocate Dickson 認為備忘錄是英國內政部希望就引渡的方面給予臺灣外交上的承認，內政大臣此舉只是基於引渡的目的，而將臺灣指定為第 2 類領域，讓法官有准駁請求的依據，例如香港就被認為是領域(territory)。愛丁堡法院一審法官認為英國引渡法刻意用領域一詞避開國家(nation, country, state)、主權(sovereign power)、邊界(borders)，臺灣有穩定的政府組織(settled government)、良好的國際關係、繁榮的出口市場、及國際認可的民主。鄰國(neighbor state)取得臺灣之前在聯合國的席次，形成長久以來的歷史政治難題。聯合國很多強大而重要的國家雖然是英國在外交上承認的國家，但也不是英國引渡目的所承認的國家。因此不應將引渡法上的領域(territory)與聯合國會員國做關聯與比較。

---

[507] Home Office, *Extradition in criminal investigation cases*, Version 6.0, , at 7-8, published for Home Office staff on 19 June 2020.

[508] UK 2003 Extradition Act, Section 194 [Special extradition arrangements]
(1) This section applies if the Secretary of State believes that:
    (a) arrangements have been made between the United Kingdom and another territory for the extradition of a person to the territory, and
    (b) the territory is not a category 1 territory or a category 2 territory.

[509] *A Review of the United Kingdom's Extradition Arrangements* (Following Written Ministerial Statement by the Secretary of State for the Home Department of 8 September 2010) Presented to the Home Secretary on 30 September 2011, at 272.

二、關於引渡之罪

　　被告主張「酒醉駕駛」、「過失致人於死」及「車禍肇事後逃逸」與英國道路交通法 (Road Traffic Act 1988)規定不符，不合於引渡法的引渡之罪(extradition offence)，被告試圖以兩國的法律文字的不同規定，例如我國沒有像英國法規定的「不適宜駕駛之特定程度(particular level of unfitness to drive)」，爲此一審法官認爲應重新還原林克穎 (Zain Dean)酒駕當日情形，認爲「……其本質不是單看臺灣刑法對於犯罪的翻譯敍述，而是注視附件有關這個有罪判決的證據及行爲本質的詳細敍述。……事實背景已經很明白，林克穎(Zain Dean)在極端喝醉而且是爛醉無法站立的情況下開車，……在此情況下，本人認爲該案構成蘇格蘭交通法的第 170 條第 4 項常見的酒駕指控。」[510]

三、關於英國引渡法第 81 條

　　被告主張本引渡案是基於種族及國籍上的歧視，不合於英國引渡法第 81 條，按英國引渡法第 81 條「外部因素考量(Extraneous considerations)」規定：「任何人引渡至第 2 類領域，如有以下外部因素考量之情形，禁止引渡：(a)引渡之請求顯然係基於針對其種族、宗教、國籍、性別、性傾向或政治信仰，以達到起訴或處罰之目的，或(b)如果引渡，審判時可能受到歧視，或可能基於其種族、宗教、國籍、性別、性傾向或政治信仰而受到處罰、拘禁或限制人身自由。」該條文之規定事實上與備忘錄第 4 節 (b)項得拒絕引渡的規定相同。[511]

　　被告表示，在臺灣的法院被視爲外國人及黃皮膚的印度人，涉有種族歧視等語。惟法官表示「臺灣沒有陪審制度，所以沒有所謂的陪審員因爲審前名聲宣傳而產生偏見歧視的情事。當事人林克穎(Zain Dean)本身就是證明，他在臺灣居住將近 20 年，

---

[510] [i]t was essential not simply to look at the way in which the Taiwanese criminal code described the charges in the translated form in which they arrived here in the request, but in fact to look at the annexed documents which gave very detailed accounts of the evidence and of the nature of the conduct which led to the convictions……. The factual background here is very straightforward and I think unarguable, in that the Taiwanese case is that Mr Dean drove a vehicle while extremely drunk and indeed so drunk that he had difficulty in standing…… In these circumstances I took the view that this was a case in which Scottish crimes under the Road Traffic Act 1988 could be very clearly seen within those circumstances and in particular the start and end point of driving while under the influence of alcohol and failing to stop after an accident were clearly charges that could very properly and readily be brought under sections 4 and 170 of the Road Traffic Act 1988 respectively.

[511] 參附件，臺英關於引渡林克穎(Zain Dean)瞭解備忘錄第 4 節拒絕引渡(b)一節。

在這個國家並沒有族群偏見與仇外的印象與經驗。」[512]

四、關於英國引渡法第 87 條規定

被告主張臺灣的審判程序不合於英國引渡法第 87 條的人權事項（按該條文規定包括證據是否充分或有缺席判決之疑慮），並以其認知指摘訴訟過程。[513]按英國引渡法第 87 條的人權事項，事實上就是牽涉到的是本案在二審的核心，即林克穎(Zain Dean)的引渡是否違反歐洲人權公約第 3 條「禁止酷刑(prohibition of torture)」、第 2 條「生命權(right to life)」及第 6 條「公平審判之權利(right to a fair trial)」。

關於第 3 條「禁止酷刑(prohibition of torture)」的爭議，被告林克穎(Zain Dean)指出臺灣監獄的過度擁擠問題、尚未廢除死刑（當時剛執行 5 人）、臺灣對於林克穎(Zain Dean)所提的保證不可信賴，蘇格蘭檢察總長 Lord Advocate Dickson)則提出林克穎(Zain Dean)的囚室狀況與一般受刑人不同，包括看管人員、同囚室友、食物、便溺設施、放風時間及床鋪等提出說明。

關於第 2 條「生命權(right to life)」的爭議：被告主張臺灣的酒店黑幫將以賞金獵其人頭；此一威脅也來自同囚室友及監獄黑幫、監獄管理員與囚犯比例低：蘇格蘭檢察總長 Lord Advocate Dickson 指出被告的主張證據薄弱(week)、臆測(speculative)而沒有事實根據(unsubstantiated)，被告在台交保期間及回到英國各有數個月的時間，都提不出有受威脅的任何證據。衡酌臺灣所提出的保證，應可信賴被告能獲得保護。

涉及第 6 條「公平審判之權利(right to a fair trial)」的爭議：被告主張事發當時的監

---

[512] Taiwan does not have a jury trial system, so there was no issue of prejudice against him by a jury as a result of pre-trial publicity. Mr. Dean's own evidence was that during the 20 years or so that he lived in Taiwan he had no impression of it being a country where there was a particular problem in relation to racial prejudice, and he had not previously experienced such prejudice in his encounters with other races including local Taiwanese.

[513] 林克穎(Zain Dean)表示，當日喝醉已經不記得任何過程，本案的結果是推論(inference)的結果而不是他非直接的認知(direct knowledge)。…之後離開臺灣，並未出席最後聽證，但最高法院仍做出判決，並將原本 2 年 6 個月的徒刑改判為 4 年有期徒刑。…臺灣的媒體對他有敵意，敵意來自因為沒有依據臺灣的文化向被害人家屬賠償及請求原諒，並歧視性地將他描述為外國富人。又林克穎於審判過程中幾乎以黑幫(mafia)來形容酒店及與警方掛勾，指摘黑幫威脅其本人及其律師，警察貪腐並惡意將他暴露於警局外任由暴徒(mob)對他身體上的虐待(physical abuse)，指責法官不斷更換，一審法官沒有一開始就揭示所有的證據，整個訴訟過程從警方、檢察官乃至於法官都很腐敗(corruption)，且法官收賄並與組織犯罪掛勾，第一次聽證時沒有翻譯，高等法官法官打瞌睡 20 分鐘，請求作證的外事警員並不是當晚同一位員警，並否認他是逃逸司法的罪犯(fugitive from justice)，因為他無法取得正義(I was not allowed to get justice. I could not get justice.)。

視畫面沒有成爲法院證物，對他不利，並推論警方貪腐，法官對於應提出而未提出的證據睜一隻眼閉一隻眼，委任律師說服他相信司法而不要提出貪腐的控訴，林克穎(Zain Dean)認爲委任律師是出於對他人身安全的擔心，而非出於有效的法律建議。蘇格蘭檢察總長 Lord Advocate Dickson 指出這必須看引渡的被告提出的資料是否造成公然的拒絕正義(flagrant denial of justice)，本案並無直接證據，臺灣的訴訟程序過程公平，也沒有證據顯示對於臺灣訴訟程序必須再審理，關於法官是否有歧視、是否會受到人爲或組織幫派的不公平壓力或影響亦無證據，臺灣的刑事司法不至於到無法命令引渡送回的狀況。

　　本案蘇格蘭愛丁堡法院一審法官綜合全般情況，不認同林克穎(Zain Dean)所提「如果引渡臺灣會受到不人道及降等待遇(inhuman and degrading)」即本案的引渡會牴觸其歐洲人權公約第 3 條、第 2 條及 6 條的規定。就英國 2003 年引渡法第 87 條之人權規定，林克穎(Zain Dean)引渡臺灣也不會不合於歐洲人權公約，本案林克穎(Zain Dean)應引渡我國服刑，並移請蘇格蘭部長同意引渡。

第四項　蘇格蘭高等法院二審判決：拒絕引渡林克穎（Zain Dean）[514]

　　本案林克穎(Zain Dean)提出上訴後，爭點主要有以下四項：（1）臺灣是否爲英國引渡法認定之「領域」、（2）歐洲人權公約第 6 條公平審判之權利、（3）英國 2003 年引渡法第 81 條基於種族及國籍上的歧視，及（4）歐洲人權公約第 3 條規定。

一、關於領域

　　關於臺灣不是英國引渡法所指的領域(territory)，蘇格蘭上訴法院認同一審見解認爲臺灣確爲英國引渡法上的領域，世界上仍有許多地方爲獨立領域(independent territories)或殖民地(colonies)等，英國引渡法 194 條同意引渡至這些實體(entity)，領域

---

[514] Appeal Court, High Court of Justiciary, *Appeals under Sections 103 and 108 of the Extradition Act 2003 by Zain Taj Dean against (first) the Lord Advocate and (Second) the Scottish Ministers*, [2015] HCJAC 52, 24 June 2015.

的表徵爲土地(land)、人民(population)及有效的政府(effective government)，其中包括運作的司法制度(functioning legal system)，世界上許多國家與鄰國都有邊界的爭議，但爭議的存在不因而導致不被認爲是領域，雖然中華人民共和國否認臺灣以獨立國家存在，但這無關乎臺灣作爲英國引渡法上的領域(territory)，有效的政府(effective government)是重要的根本，與政府是否受到承認或否認無關。

二、關於歐洲人權公約第 6 條

歐洲人權公約第 6 條規定「公平審判之權利(right to a fair trial)」，本案被告主張一審法官關於被告在公平審判之權利上的認定有誤。[515]本案的上訴，上訴人主張臺灣法官懼於強大而尖酸刻薄的媒體所做出的報導，而害怕做出正確的判決，認爲沒有獲得公平的審判，一審法官關於被告在公平審判權利上的認定有誤。[516]

蘇格蘭高等法院法官表示引渡聽證時審酌了相關證據，認爲依據 *Soering v UK* (1989) 11EHHR 439 引渡的被告對於受到公然的拒絕正義(flagrant denial of justice)負有舉證責任，[517]並贊同一審法官見解，即本案關鍵事項，是這輛肇事車輛當時由何人駕駛，相關證據包括口述證據、證人的信用與可靠度屬於一審法官職權，關於媒體報導的證據，其對於被告的細節與指控，以及對被害家人的反應所做的詳述，這些都是類似事件發生時可以預期到的新聞報導，要將媒體報導的敵意歸咎於被告的種族或國籍，這樣的指控沒有實質性。有關本案一審法官表示：「臺灣當地報導的是一位富有的外國人應爲一名無辜的送報生喪命一事負責(……a rich foreigner who was responsible for the death of an innocent paper delivery man)，類似的報導在英國本地也時有所聞，但本人不認爲這尚不至於影響專業法官的有罪判決及量刑。臺灣沒有陪審制度，所以沒有所謂的陪審員因爲審前名聲宣傳而產生偏見歧視的情事。當事人在臺灣居住將近 20 年，並不認爲這個國家有族群偏見與仇外的印象與經驗。」[518]

---

[515] *Id.* at para 5.
[516] *Id.* at para 43.
[517] *Id.* at para 23. 審酌相關證據事項包括：本案被告之口述證據、與本案被告在台委任律師視訊之口述證據、與本案被告在台女友視訊之口述證據、媒體對本案被告不友善的敵意報導、本案被告離台前各項出席場合的影像 DVD、引渡請求所附 3 份判決書英文譯本(包括臺灣臺北地方法院 2011 年 3 月 15 日判決書、臺灣高等法院 2,012 年 7 月 26 日判決書、最高法院 2,012 年 12 月 20 日判決書)。
[518] *Id.* at para 44-46.

三、關於英國引渡法第 81 條規定

英國 2003 年引渡法第 81 條之規定，如引渡之請求顯然係基於針對其種族、宗教、國籍、性別、性傾向或政治信仰，以達到起訴或處罰之目的，或如果被引渡，其審判時可能受到歧視，或可能基於其種族、宗教、國籍、性別、性傾向或政治信仰而受到處罰、拘禁或限制人身自由，引渡應禁止之。

參照一審法官的證據、證人的信用與可靠度、媒體報導及臺灣判決的內容，法官們認為這些報導對於被告的細節、對被告的指控、被害家人的反應做了詳述，這些都是這種事情發生時可以預期到的新聞報導，要將媒體報導的敵意歸咎於被告的種族或國籍，這樣的指控沒有實質性。臺灣的 3 份法院判決書在我們來看並未顯現有仇外，或有任何證據顯示臺灣當局及法院的審判決定，是基於種族或國籍仇恨的動機所引導。[519]

四、關於歐洲人權公約第 3 條與我國監獄條件[520]

（一）我國之保證與承諾

按我國與英國於 2013 年 10 月 16 日簽訂備忘錄之後，曾數度向英國提出承諾，包括：[521]

(1) 2013 年 12 月：英國為執行我國之請求而拘禁林克穎(Zain Dean)的時間，將從確定判決中扣除。並以證明確認刑期為 4 年，沒有判處死刑。

(2) 2014 年 2 月：承諾：（1）選派適當的矯正人員負責監看本案被告；（2）為確保本案被告的安全，應分配適當的囚室，事先過濾受刑人選出非暴力、輕罪而且與犯罪組織沒有關聯的外國受刑人為同囚室友，以去除霸凌的顧慮；（3）建立明確的申訴或請求的溝通管道；（4）評估大眾對於本案被告的感受，事先過濾對他有惡意的受刑人，以便排除與本案被告可能的接觸，並且以特殊案件處理被告監禁服刑事宜，必要時區隔被告與其他受刑人的團體活動及互動，檢視本案被告的食物，如果囚犯有疑似惡意對待情況，應移到不同的囚室。

---

[519] *Id.* at para 54.

[520] Appeal Court, High Court of Justiciary, *Appeals under Sections 103 and 108 of the Extradition Act 2003 by Zain Taj Dean against (first) the Lord Advocate and (Second) the Scottish Ministers*, [2016] HCJAC 83, 23 Sep. 2016.

[521] *Id.* at para 8-10.

(3) 2015 年 8 月：矯正署指出，如果林克穎(Zain Dean)於引渡後不服從管教而有違規抑或犯法行為，我國將依據違規（違法）行為之嚴重程度分別予以以下處罰，若所觸犯者行為情節較輕，或觸犯刑法上輕罪、依法得宣告緩刑之罪者，林克穎將將於囚房中受到監視或接受相關矯正措施；如果構成嚴重違規或嚴重犯罪者，將依刑法處罰，並移監至戒律房。

(4) 2015 年 8 月：承諾準備符合歐洲人權公約第 3 條的囚房，並說明囚房位置、面積、人數 2 人及設備（包括桌、椅、便溺設施、窗戶、電扇、通風、燈光、作息、飲水及三餐等）。

(5) 2015 年 9 月：由於違反監獄規則可能會處罰，但為避免違反歐洲人權公約的爭議，即使嚴重的違規，都會在原來的囚房進行管教。

(6) 2015 年 12 月：引渡後，如果英國在台辦事處對本案被告是否有遭受違反臺灣先前提出保證事項之處遇，而提出任何質疑，臺灣當局將予以回應處理，以確保疑似違反保證事項者立即補救處置。

(7) 2016 年 5 月：新任總統蔡英文當選上任，新任法務部長以信函重申 2013 年 12 月 23 日、2014 年 2 月 25 日、2015 年 1 月 30 日、2015 年 8 月 19 日、2015 年 9 月 2 日及 2015 年 12 月 25 日的保證。

（二）合議法官多數見解[522]

關於是否有實質理由(substantial grounds)認為林克穎(Zain Dean)有「受到不當對待的真實危險(real risk of ill treatment)」而牴觸歐洲人權公約第 3 條，法官認定監獄嚴重擁擠(gross overcrowding)、人員明顯不足(significant understaffing)、弱勢受刑人受虐及受霸凌沒有制止與控制(unchecked and uncontrolled abuse and bullying of weaker prisoner)、通風及便溺設備不足(inadequate ventilation and toilet facilities)、受刑人至戶外活動的機會不足(inadequate opportunities for prisoner to exercise in the open air)、其犯行在臺灣招致全面性負面宣傳(widespread adverse publicity)、監獄受刑人的針對性敵意(at particular risk of being the focus of hostility form prisoners within the prison)。如果讓本案被告住於制式設施中，即有實質理由(substantial grounds)認為有「受到不當對待的真實危險(real risk of ill treatment)」而牴觸歐洲人權公約第 3 條規定。

關於臺灣方面承諾給予特別安排，法官假定的是受刑人會被安排住在 1 間囚室、

---

[522] *Id.* at para 44-45.

與 1 名外國受刑人同住、有床、桌椅、便溺及淋浴設施、可以選擇是否外出勞動工作、有時提供漢堡等西式食物、書報紙張、電池式電視、1 小時的放風時間其他受刑人會被移開活動區域。然而最初臺灣當局預想的是讓本案被告住在標準囚房、降低同囚人數、挑選沒有暴力傾向的受刑人、沒有床、桌椅、席地而睡、沒有電風扇或通風設施、每天與其他囚犯勞作、與其他受刑人做少量的戶外運動。[523]

　　法官認為這些是訴訟過程中經過幾個階段調整及改改善相關安排，然而這樣的安排將被獄方、受刑人及社會大眾認為完全是特例(wholly exceptional)，上訴人所犯之罪及其已聲名狼藉的情況下，這樣的優惠將會造成其他受刑人高度的敵意，對上訴人相當不利。為本案被告量身訂做(tailored)的特別囚室已經招致而也會繼續招致死者家屬的憤恨、臺灣人民知悉這外國被告撞死送報生被判有罪，並且其他同一監獄的受刑人會怨恨這種特殊囚室的優越舒適空間與設施、怨恨可以有特別的食物、怨恨有限而寶貴的放風時間卻被排開活動區域讓他可以獨處、怨恨他可以選擇是否勞動或上課等。[524] 這樣臺灣當局也會陷於困境，因為如果對於承諾的事項有所限縮或偏離，或可安撫對於上訴人林克穎(Zain Dean)的憤怒，但這將是眾目睽睽之下沒信守保證。[525]

　　本案法官歸結以下理由，無法確信提出的保證中所做的特殊協議安排(exceptional arrangement)消除了歐洲人權公約第 3 條「不當對待的真實危險(real risk of ill treatment)」的疑慮：[526]

(1) 監獄嚴重擁擠且人員明顯不足(gross overcrowded and significantly understaffed)：這蘊含的是住處狹窄而不衛生、欠缺隱私已成常態、放風活動受限(reduced out of cell activities)，人力及設備不敷需求，造成醫療超過負擔，緊張焦慮的上升也增加了受刑人之間及受刑人與職員間暴力的發生。

(2) 受刑人之間的暴力(inter-prisoner violence)：在臺北監獄這樣一個嚴重擁擠且人員明顯不足的環境下，法官認為相當令人懷疑即使是受過良好訓練的人員，是否有能力提供本案被告充分的保護。

(3) 「單獨監禁(solitary confinement)」：如果被告基於自身安全決定全部時間都待在牢房（因而全然區隔其他受刑人），他將無法勞作以獲取假釋、他將無事可做、他會幾乎沒有運動，這「單獨監禁(solitary confinement)」的結果，一般認為這對於受

---

[523] *Id.* at para 46.
[524] *Id.* at para 47.
[525] *Id.* at para 49.
[526] *Id.* at para 50-57.

刑人的精神與身體健康非常有害。

(4) 關於目的性活動(purposeful activities)：包括勞動工作、職訓、受教育、運動與休閒，「歐洲理事會防止酷刑委員會(Council of Europe Committee for the Prevention of Torture, the CPT)」表示，受監禁之人每日應至少有 8 小時待在囚房外從事上述的目的性活動（參照 CPT standards (CPT/Inf/E(2002)1-Rev 2015 English) [13/6]）。每天有 1 小時戶外運動是公認的最基本保障。單獨監禁也會發展成不人道及降等待遇(inhuman and degrading treatment)。如果本案被告離開囚室出去勞作或運動，他會容易成為其他受刑人的目標，即使有全時人員戒護或警戒，法官認為仍然會有受攻擊的重大風險，沒有證據顯示這擁擠而人力不足的監獄有能力提供或會提供有效的全時人員戒護本案被告在監獄內或囚室外的安全。

(5) 依據監獄如此眾多的人數，該監獄的受刑人及本案被告會獲得充足的醫療人員及服務，受刑人必須支付非緊急的醫療、牙醫治療及非標準廠牌的藥品。

(6) 臺北監獄沒有英國或國際監督機制，如果臺灣當局發現自己沒有辦法實踐承諾，則沒有有效的救濟，臺灣不是歐洲人權公約(ECHR)或歐洲引渡公約(ECE)簽約國，也不是歐洲理事會或聯合國成員，英國在台辦事處也無法確認這些保證的執行、對英國在台監禁的英國受刑人也無法提供某種程度的保護或協助，甚至也沒有證據顯示英國在台辦事處曾經設法改善這些狀況。

(7) 認定英國在台辦事處對於英國籍受刑人未嘗試介入改善服刑狀況，或有介入但沒有顯著的效果：2015 年 9 月 8 日英國外交部(Foreign and Commonwealth Office)信函表示：「……有進行領事探視，但領事人員不是監獄標準方面的專家，沒有途徑讓他們因而能提出關於此事的真實的證據。但認為將對於受刑人給與領事協助時所取得的資訊傳送給第三方，是超出領事職權並且可能因而危及未來領事接觸的機會(consular access)。就本案而言，也就是不再提供有關台北監獄狀況。揭露基於信賴而給我們的資訊會損及與對方的關係：對方會因而更有戒心，與我方往來時會減少合作。」等語。法官表示就本案專家證人 Dr. McManus 所知，英國在台辦事處對於 Dr. McManus 當時訪台時被監禁的 17 名英國籍受刑人。要不是從未嘗試介入去改善他們的狀況，就是有介入但沒有顯著效果。

(8) 臺灣的法院沒有既有的管道讓受刑人可以對監獄條件尋求救濟。顯然受刑人的人權(prisoners' right)還在非常早期的發展階段。

(9) 基於以上理由，本案法官認為有實質理由(substantial grounds)足信認即使這些特殊條件的承諾都實踐，本案被告仍有受到不當對待的真實危險(real risk of ill

treatment)而不符合歐洲人權公約第 3 條之人權。此外，法官說明本案因監獄條件造成訴訟延宕，結果造成本案被告事實上在英國已經拘禁超過四年，與 2013 年 10 月當時簽署備忘錄的狀況已有所不同。[527]

（三）不同見解

本案二審法官 Lord Drummond Young 持不同見解，並開宗明義提出幾項法律原則：[528]

第一、引渡在國內及國際上有維持法治(rule of law)的重要性，如果犯罪的被告或有罪確定之人因爲遷移到另一個國家就能夠逃離法律的正當程序，則一個國家的刑法就無法一致而公平地(consistently and impartially)維持。基於此，本人認爲根本的政策考量應在於：如果符合雙重犯罪及特定原則的標準要件，而且請求國也是遵守法治的國家時，只要有充分證據證明當事人確實犯下該罪，則引渡的請求應賦予效力。因此，以請求國監獄制度無法符合歐洲人權公約第 3 條的標準爲由而拒絕引渡請求，應被認爲是例外情況。

第二、本案引渡是依據兩國司法機關於 2013 年 10 月 16 日簽訂的備忘錄，雖然備忘錄只牽涉到本案被告一人，但這備忘錄仍然享有國際協定的地位。本案已認定臺灣爲基於引渡法目的所稱的領域(territory)，且所有的協議安排(arrangement)也經過兩國行政部門同意，這樣的引渡安排是正常的締結方式。

第三、引渡的安排就以備忘錄的方式爲例，這是英國政府的行政部門與其他領域的行政部門所締結，就英國而言，這是行政部門的事務，本人認爲應尊重政府締結協議安排的決定，不應用此方法推翻決定，內政大臣(Home Secretary) 對於是否適宜締結引渡條約、條件爲何，比法院更了解。

第四、當英國與外國領域締結引渡條約時，本人認爲法院應認定對方對於約定的要求事項以及附帶的承諾會有誠信地遵守(observed in good faith)。引渡是將嫌犯送回友好的外國，基於彼此的互信與尊重，受雙方國家承諾所拘束，條約義務的尊重具有強大的公共利益。請求國提出的保證推定有誠信原則之適用。這份備忘錄案是中華民國第一次締結的引渡安排，中華民國由於缺乏國際承認而面對明顯的困難，備忘錄的要求事項更加會被遵守。臺灣的存在不被英國及多數國家承認，但臺灣有一個運作中的政府及司法制度，也因此認定爲引渡法中的領域(territory)，英國也有外交上的維

---

[527] *Id.* at para 58.
[528] *Id.* at para 63-69.

繫，即便不是等同於大使館或領事館。因此是有監督臺灣遵守備忘錄及提出的保證事項的可能性。

關於臺灣的監獄制度涉及歐洲人權公約第 3 條部分：「眞實危險(real risk)」必須是重大而實質(significant and substantial)，其舉證的負擔在於主張者。歐洲人權公約特別是第 3 條的規定不會被視爲是一項「讓公約國得將本國的標準加諸於其他國家」的手段，也不是任何型態的惡意對待都會成爲禁止遣送，例如並不會因爲偶爾的疏忽沒有提供適當的醫療照護而導致法院認定違反第 3 條，換成在領域外的環境也不會動不動就構成違反。[529]儘管監獄的擁擠也會等同於違反第 3 條，但如果有提出充分保證，會採取特別的措施確保引渡當事人不會被置於擁擠的囚房時，本人認爲與公約意旨相符，本人認爲請求國會以誠信的方式遵守承諾而爲之。[530]

其他方面關於臺灣的承諾、專家證人的證據、新聞與網路文章、臺北監獄提出的待遇，以及相關保證，法官 Lord Drummond Young 亦提出說明如下：

（1）關於臺灣的承諾：[531]

按所有對於拘禁情況的關切，主要是依據英國監獄或歐洲人權公約第 3 條的標準而來，臺灣當局於 2013 年 12 月 23 日承諾，在蘇格蘭拘禁期間會從全部的刑期中扣減，四年的有期徒刑也已經定讞不會再審，如果是在英格蘭因危險駕駛或酒駕而致人於死，這個判決也是相當可接受的範圍。2014 年 2 月 25 日，臺灣當局承諾本案將有適當矯正人員管理被告，會分配一間囚室，只有少許輕罪非暴力的外國受刑人，且與犯罪組織沒有關聯；也同意建立明確的申訴或請求的溝通管道，必要時區隔本案被告與其他受刑人的團體活動及互動，本人認爲上述是基於誠信所做的承諾，如據以執行應能保障本案被告的安全。本案專家證人 Dr. McManus 曾前往臺灣評估臺灣當局所提的拘禁條件，2015 年 8 月 19 日法務部長及矯正署長並承諾囚室將符合歐洲人權公約

---

[529] *Id.* at para 70-73. *Ahmad v United Kingdom,* (2013) 56 EHRR 1, when it was stated, at paragraph 177 : "[T]he absolute nature of art. 3 does not mean that any form of ill-treatment will act as a bar to removal from a Contracting State .... [T]he Convention does not purport to be a means of requiring the Contracting States to impose Convention standards on other states. This being so, treatment which might violate art.3 because of an act or omission of a Contracting State might not attain the minimum level of severity which is required for there to be a violation of art.3 in an expulsion or extradition case. For example, a Contracting State's negligence in providing appropriate medical care within its jurisdiction has, on occasion, led the Court to find a violation of art.3 but such violations have not been so readily established in the extra-territorial context".

[530] *Id.* at para 75.

[531] *Id.* at para 76-79.

第 3 條的規定。2015 年 8 月 31 日，專家證人 Dr. McManus 提出報告，臺灣當局保證本案被告的安全，得選擇是否到工廠勞作或受教育。如果英國在台辦事處(British Office in Taipei)感覺有違反保證時，臺灣當局會立即補救處置，上述保證並經法務部於 2016 年 5 月 31 日以書面確認。

　　鑒於以上保證，可以認爲這些承諾都會誠信地遵守，台北的獄方不會違反歐洲人權公約第 3 條的規定。雖臺灣當地監獄有擁擠的問題，但本案被告並不會被監禁在這擁擠的狀況，人員不足的問題，依據提出的囚室方案對於本案被告的安全並不會有嚴重的衝擊。

（2）關於專家證人的證據[532]

　　本備忘錄屬於國際協定，有國際法的效力，臺灣政府所做的保證及協定的附帶條件同樣有國際法的效力，如果有任何違反，英國在台辦事處將會採取做爲。專家證人 Dr. McManus 拜訪英國在台辦事處，也前往監獄看過本案被告將會監禁的囚室及室外狀況，光線及通風狀況良好，關於專家證人 Dr. McManus 認爲台北的監獄嚴重擁擠，但因爲本案被告囚室狀況也獲得保證，已不是問題，關於專家證人 Dr. McManus 所指人員不足會影響獄方控制受刑人之間的暴力一節，本案被告的囚室將緊鄰管理人員所在，隨時會提供高度保護。專家證人 Dr. McManus 雖然主張臺灣監獄有暴力事件，但也表示監獄的控制情況非常良好。本案所提供被告的特殊條件顯然是爲了處理任何對他安全有威脅的感覺。

（3）關於新聞與網路文章[533]

　　法院也接獲許多關於臺灣監獄制度的新聞與網路文章，提到近年來監獄擁擠及暴力事件的問題，然而同樣地，臺灣司法部的承諾讓我認爲這不會是問題。特別是依據 Ahmad v United kingdom 一案，歐洲人權公約並沒有要求締約國將歐洲人權公約第 3 條的標準加諸於非締約國，而是只要合理遵守公約，就應該讓引渡進行。特別要記得的是，法院應推定與外國對於簽訂的協定及承諾，會誠信地遵守及執行(……agreements and undertakings entered into by other states will be observed and implemented in good faith.)。被告提出某些媒體報導死者家屬憤恨並想要報復本案被告，以及本案被告比其他一般受刑人享有不同條件，事實上媒體報導家屬確實有高度憤怒，然而這

---

[532] *Id.* at para 81.

[533] *Id.* at para 84.

並無不尋常之處，媒體對監獄的批評也不只在臺灣獨有，相信臺灣當局也有能力控制對於包括來自被害人家屬的任何憤怒。

（4）關於臺北監獄提出的待遇[534]

　　如果臺灣法務部遵照保證，法官認爲所提出的被告待遇，對於引渡到非公約領域的案件，足以符合歐洲人權公約第 3 條。由於安置的特別囚室不會有擁擠的問題；有合理的運動程度，如果想的話也可以勞作，且勞作可以換取假釋，雖然這對他的安全有顧慮，但勞作與否是他可以決定的。按臺灣的制度，工作可以取得提前釋放的資格，如果本案被告因爲顧慮安全而沒有辦法勞動工作，是會有侵害性(prejudicial effect)，臺灣當局也表示，本案被告在蘇格蘭拘禁時間雖會算入本刑，但不會算入假釋，這無疑地對本案被告是不利的。然而這不能說等同於不人道或降等待遇而認爲違反歐洲人權公約第 3 條。關於被告如果不與其他受刑人同住而形成「單獨監禁(solitary confinement)」一事，這是當事人基於安全的選擇，在英國監獄制度樣會基於自身安全而單獨監禁，這是合於法令，因此本人無法認爲違反歐洲人權公約第 3 條。

（5）關於保證[535]

　　臺灣批准了公民與政治權利國際公約 (International Covenant on Civil and Political Rights)及經濟社會文化權利國際公約(International Covenant on Economic Social and Cultural Rights)，沒有文件及證據顯示臺灣罔顧人權，本案被告在臺灣住了相當的時間，直到本案發生才離開。本案法院評估保證是否可信，依據 Othman v United *Kingdom* ((2012) 55 EHRR 1)提出的 11 項要件檢視：[536]

---

[534] *Id.* at para 86.
[535] *Id.* at para 90.
[536] *Othman v United Kingdom* ((2012) 55 EHRR 1)
    (1) whether the terms of the diplomatic assurances have been disclosed to the Court;
    (2) whether the assurances are specific or are general and vague;
    (3) who has given the assurances and whether that person can bind the receiving state;
    (4) if the assurances have been issued by the central government of the receiving state, whether local authorities can be expected to abide by them.
    (5) whether the assurances concern treatment which is legal or illegal in the receiving state;
    (6) whether they have been given by a Contracting State;
    (7) the length and strength of bilateral relations between the sending and receiving states, including the receiving state's record in abiding by similar assurances;
    (8) whether compliance with the assurances can be objectively verified through diplomatic or other monitoring mechanisms, including providing unfettered access to the applicant's lawyers;
    (9) whether there is an effective system of protection against torture in the receiving state …;

(a) 外交保證的條件是否有向法院揭示；

(b) 外交保證是否明確，或只是普通而模糊；

(c) 外交保證由何機關代表提出，是否能拘束接收國；

(d) 如果外交保證是由接收國中央政府發出，是否能期待地方政府遵守保證；

(e) 保證的事項涉及的處遇在引渡接收國是否合法；

(f) 保證事項是否是由締約國提出；

(g) 引渡移交國及接收國雙邊關係的久暫以及強度，包括接收國在相類似的保證的遵守紀錄；

(h) 是否能透過外交或其他監督機制客觀地查證保證事項，包括不得限制其與律師聯繫；

(i) 是否有防止在引渡接收國受凌虐的有效保護機制；

(j) 當事人是否先前曾在接收國受不當對待；

(k) 保證的可靠性是否曾受移交國國內法院檢驗。

　　除第(k)點目前正由英國法院檢驗中外，法官認為其餘各項都符合。本案的保證來自臺灣政府高層，保護本案被告免於不當對待的條件明確，不管是擁擠或同室受刑人攻擊的問題，也能夠獲得領事保護，本人認為評估本案被告送回臺灣是否會侵害歐洲人權公約第 3 條時，應將上述納入思考。

　　被告的主張不斷強調臺北監獄擁擠、人員不足、弱勢受刑人受霸凌沒有控制、通風及便溺設備不足，以及受刑人至戶外活動的機會不足，這些批評不無所本，從西歐國家的標準來看，確實是臺灣一般監獄制度的嚴重缺失，但這些缺失與本案從臺灣法務部提出的保證條件來看，毫無相關。本人也認為強調其他受刑人的敵意過於誇大，被害者家屬無疑地對本案被告憤恨不平，然而死者只是送報生，家人也與犯罪組織沒有牽連，或認識有力人士準備未死者進行報復，死者家屬感到極度悲傷本是常情，這在英國也是一如臺灣，獄政機關也都深知必須採取措施避免私人報復，這在臺灣當局的保證也有提到。[537]

　　關於「本案被告監禁上的特別安排會被受刑人、獄方及社會大眾認為是特例(exceptional)，對上訴人相當不利，並且上訴人所犯之罪及其情況已聲名狼藉的情況

---

(10) whether the applicant has previously been ill treated in the receiving state; and

(11) whether the reliability of the assurances has been examined by the domestic courts of the sending/Contracting State".

[537] *Id.* at para 97.

下，這樣的優惠將會造成其他受刑人高度的敵意，結果會受到其他受刑人報復的危
險」一節，毫無實質依據。相較於西方的標準，本案被告被監禁的是比大多數受刑人
好，然而很重要的是不能把西方的標準嚴格套用在外國監獄。[538]

關於「臺灣當局也會陷於困境，如果他們對於承諾的事項有所限縮或偏離，或可
安撫對於本案被告的憤怒，但這將無法信守對英國的保證。」一節，本然認為這並不
是重大的困境，事實上任何政府都有實踐義務的責任，並且法院也應該認定在引渡案
件中，接收國政府會信守保證事項，因而也必須認定臺灣會以誠信實踐對英國承諾的
義務。本案所提是誇大對被告的憤怒、沒有證據顯示一般受刑人會知道被告是誰，遑
論對他的憤怒。監獄內有各種嚴重犯罪的受刑人，本案被告也不太可能名列前茅，被
害人平凡的家庭也不可能雇請幫派分子或監獄內的人當復仇者，此外，臺灣當局也已
同意採取實質的措施保護本案被告。如果被告關切自身的安全，將會留在囚室而與其
他受刑人區隔，因而無法勞作換取假釋，然而本案被告也不全然單獨囚禁，獄方會安
排少數同囚受刑人，並時而更換，但被告在囚室內仍可閱讀、收聽電台廣播或收看電
視。無法勞作換取假釋並不能視為侵害歐洲人權公約第 3 條的權利。此外，如果被告
認為人身傷害的風險很低，也並沒有禁止被告勞作，要勞作或待在囚室都是被告的選
擇。[539]

關於假釋及監獄的醫療服務：本案被告如果沒有勞作賺取假釋，這與受刑人受到
不人道或降等對待完全無關。醫療服務部分，專家證人 Dr. McManus 並沒有辦法完整
評估，臺灣已有相當的發展，可以預期會有不錯的醫療服務，歐洲人權公約第 3 條並
不是要將英國或締約國的標準加諸於非締約國。[540]

有關臺北監獄沒有英國或國際監督機制，這並非有力的論點，按兩國的領事制度
可以協助本案被告，這就是國際承諾或保證的標準執行方式。而且重點在於提出保證
必須出於誠信。[541]

關於英國外交部表示「不願提供有關英國國民在臺北監獄所受待遇的評估以及不
願提供領事協助期間所取得的資訊給第三方」一節，所提原因之一是認為這會危及未
來領事接觸的機會(consular access)，本人認同領事機關對於公務的拜訪必須以機密看
待，同時領事人員確實不是監獄標準方面的專家，他們的功能是處理監獄中英國國民

---

[538] *Id.* at para 98-99.
[539] *Id.* at para 100-101.
[540] *Id.* at para 102-103.
[541] *Id.* at para 104.

的抱怨或問題，但這不會讓他們拘於評估監獄條件的地位。[542]

綜上，法官 Lord Drummond Young 不同意多數見解，認爲應駁回上訴。

第五項　蘇格蘭最高法院：發回高等法院更審[543]

關於歐洲人權公約第 3 條，最高法院法官認爲臺灣司法當局對於締結備忘錄及提出的保證都會遵循誠信而爲，也同意上訴法官認定臺北監獄會不遺餘力實踐承諾。一如 Lord Drummond Young 法官在不同意見書所述，「引渡有助維護法治，包括國內及國際。……英國政府選擇了與友好國家或領域締結引渡條約。備忘錄即使在執行上沒有國際法上的地位，卻對於促進及維護法治上，仍有強烈的公共利益(Extradition assists in maintaining the rule of law both nationally and internationally……the MOU does not have the status of a treaty enforceable in international law. That notwithstanding, there remains a strong public interest in promoting and maintaining the rule of law by mean of extradition.)」。[544]

本案的保證是臺灣中央政府所提出，這是一個有遵守法治傳統的已開發社會，沒有跡象顯示臺灣當局在林克穎(Zain Dean)離開臺灣之前對他有不當對待。保證事項經兩位法務部長及負責監獄管理的矯正署長所提出。保證的事項特別是關於居住飲食及基於安全必要時的區隔也已明確，也設想到英國領事人員將可以到監獄探視，也包括如果領事人員向獄政機關提出違反保證時，承諾會補救處置。備忘錄及保證事項給與領事人員一個過去英國人在台監禁時所沒有的地位，沒有理由認爲林克穎(Zain Dean)請求幫助時領事人員會不密切關注。[545]

關於林克穎(Zain Dean)的隔離問題還不到違反歐洲人權公約第 3 條，有關醫療人員與受刑人比例的問題，比例是遠低於「歐洲理事會防止酷刑委員會(CPT)」的標準，但上訴審法官 Paton 也提到專家證人 Dr. McManus 認爲受刑人在取得必要的醫療方面沒有太大問題。有關受刑人必須支付非緊急的醫療、牙醫治療、非專利藥品一節，並

---

[542] *Id.* at para 105.
[543] The Supreme Court, JUDGMENT *Lord Advocate (representing the Taiwanese Judicial Authorities) (Appellant) v Dean (Respondent) (Scotland)*, [2017] UKSC 44, 28 June 2017.
[544] *Id.* at para 36.
[545] *Id.* at para 38.

不具重要性，歐洲人權法院不斷重申歐洲人權公約的意旨並非在於要求締約國將公約的標準加諸於其他國家。[546]

關於英國領事人員過去未促使改善英國受刑人的監禁條件，這不能推論為領事人員不會保護林克穎(Zain Dean)，如前所述，簽署的備忘錄及臺灣當局的保證事項認可了領事人員保護林克穎(Zain Dean)利益的職責地位，在這之前並沒有這樣的職責地位。[547]

關於臺灣法院沒有既有管道讓受刑人對於監禁情況尋求救濟，從保證事項及英國領事人員會承擔督促之責來看，這些考量無關宏旨。[548]

最高法院總結認為：(a)臺灣當局的保證提供了林克穎(Zain Dean)免於暴力的合理的保護；(b)如果能夠不將他混合安排到受刑人當中，以他的監禁環境並不會有侵害其歐洲人權公約第3條的真實危險。[549]惟蘇格蘭高等法院在原判決中，未論及林克穎(Zain Dean)所爭執蘇格蘭司法部部長引渡命令適法性之問題(devolution issue)，蘇格蘭最高法院遂將全案發回蘇格蘭高等法院。[550]

第六項　蘇格蘭高等法院更審：拒絕引渡[551]

一、合議法官多數見解：關於備忘錄中特定原則之質疑

蘇格蘭高等法院更審的主要疑慮轉為特定原則，質疑英國與臺灣的備忘錄是依據引渡法194條批准而有確定效力。臺灣當局一直所提就是5項刑事犯罪，然而備忘錄僅列3項犯罪，2013年10月28日的引渡請求書請求引渡3項有罪判決之服刑，包括酒醉駕駛(drink driving)、過失致人於死(negligent manslaughter)及逃離事故現場(leaving the scene of the accident)。但並未明確列入臺北地方法院等待審理的涉嫌逃亡(alleged

[546] *Id.* at para 44.
[547] *Id.* at para 46.
[548] *Id.* at para 47.
[549] *Id.* at para 48.
[550] 法務部新聞稿，本部對蘇格蘭高等法院宣判不予引渡林克穎回臺服刑之回應，2019年6月7日。
[551] Appeal Court, High Court of Justiciary, *Appeal under Section 108 of the Extradition Act 2003 by ZAIN TAJ DEAN Appellant against (FIRST) THE LORD ADVOCATE and (SECOND) THE SCOTTISH MINISTER*, [2019] HCJAC 31, 6 June, 2019.

absconding from Taiwan in 2012)及涉嫌使用他人護照(alleged use of another's passport)。本案問題在於蘇格蘭部長 2014 年 8 月 1 日簽署的引渡令是否遵循 2003 年引渡法第 95 條的特定原則(speciality)。按備忘錄第 11 節名稱定爲特定原則，但該節並未複製(reproduce)第 95 條的文字或意義，蘇格蘭部長應爲不引渡之裁定。[552]

　　法官引述學者 Nicholls 等之著作說明，特定原則是一項引渡法的法則，旨在確保被引渡之人不會因爲引渡以外之罪而在請求國受理及審理，被告僅得以同意引渡之罪審判。但此一法則在近代引渡的立法已有放寬，亦卽如果是可引渡之罪，請求國得尋求被請求國的同意而對於原始請求未涵蓋的罪進行審判。[553]

　　法官認爲備忘錄的用詞(wording)可能會引起不同的認知，臺灣可能會認爲這備忘錄可據以起訴逃匿及使用他人護照。並表示依據臺灣 2013 年 10 月 28 日引渡請求書僅敍述通緝書通緝原因爲：酒醉駕駛(drink driving)、過失致人於死(negligent manslaughter)及逃離事故現場(leaving the scene of the accident)。通緝原因爲：逃匿(Cause of being wanted: absconding)，但重要的是並未提及逃匿及使用他人護照的起訴部分。導致蘇格蘭部長不知道這 3 項犯罪之外同時尚有起訴。[554]

我國法務部於 2014 年 7 月 25 日致英國保證信函部分摘錄

Dear Lord Advocate,

Regarding the extradition of Zain Dean, the following is the assurance with relation to speciality.

Further to the memorandum of understanding entered into between the Home Office and the Judicial authority of Taiwan, the judicial authority of Taiwan hereby

---

[552] *Id.* at para 3-4.
[553] *Id.* at para 26. Nicholls, Montgomery and Knowles, *The Law of Extradition and Mutual Assistance* (3rd ed para 5.72 et seq) "Specialty (also called 'speciality') is a rule of extradition law that is intended to ensure that a person extradited is not dealt with in the requesting state for any offence other than that for which he was extradited … In its absolute form, specialty requires that the defendant only be tried for the offence for which his extradition was granted. However the rule as stated has been widely relaxed in modern extradition legislation, including the EA 2003. That relaxation is reflected in the fact that under the EA 2003 the requesting state may be permitted to deal with the defendant for offences other than those for which he was returned which are disclosed by the facts upon which his surrender was based. Also, the requesting state may be permitted to seek from the requested state its consent to try the defendant for another offence not covered by its original request, provided that the offence is extraditable." (Nicholls, Montgomery and Knowles, The Law of Extradition and Mutual Assistance (3rd ed para 5.72 et seq).
[554] *Id.* at para 34 & 43.

> undertakes and offers assurance that, notwithstanding para 11(1)(b) of the said memorandum of understanding, should the judicial authority of Taiwan seek to prosecute Zain Taj Dean for any offence committed before extradition other than those listed in paragraph 2 of page 2 of the Request for Extradition dated October 28, 2013, namely (1) driving under the influence as indicated in Article 185-3, (2) negligent manslaughter as indicated in Article 276(a) and (3) escaping after having caused traffic casualties as indicated in Article 185-4 all of the Criminal Code of the Republic of China (Taiwan), it shall issue a further request for extradition. Any such additional request for extradition shall seek the consent of Scottish Ministers to permit Zain Taj Dean being dealt with for any alleged offence committed before extradition, or an offence other than the offences in respect of which he was extradited, in particular his alleged absconding from Taiwan referred to at paragraph 4 on page 3 of the said request ……"

資料來源：Appeal Court, HGH COURT OF JUSTICIARY [2019] HCJAC 31, HCA/2014/003519/XM

本案法官基於以下理由，認為不符引渡法第 95 條的特定原則(speciality)：第一，英國與臺灣的備忘錄是依據引渡法 194 條批准而有確定效力，是否可以用書面保證的方式「修改(modify)」或因而「具備資格(qualify)」；第二，備忘錄並沒有顯現引渡法第 95 條特定原則(speciality)的用字(wording)與意義，因此法官認為臺灣會認定可以取得起訴逃匿及使用他人護照的部分，備忘錄第 11(1)(b)之規定模糊、不確定及法律爭論。第三、臺灣提出的保證書函沒有澄清疑慮，法官不認為提出的承諾能實踐特定原則的要件。[555]

法官於判決書尚表示「顯然臺灣當局非常希望對於逃匿及使用他人護照的部分達到有罪判決，……兩案可能判決達 9 年有期徒刑，加上原有 4 年總計會是 13 年而非 4 年。臺灣的保證沒有延伸包括這些犯罪，這些在當初蘇格蘭部長同意引渡時全然不知這會違反 95 條的特定原則，儘管有保證信函，卻沒有特定原則的協議安排(speciality arrangements)，否則當時蘇格蘭部長應會以此為由不准予引渡。」[556]

二、關於睦誼與互惠[557]

法官不認為本備忘錄不屬於互惠，互惠是雙向的，但本備忘錄是一個涉及單獨一人、單方、單向的獨特協定。對於善意信賴與促進友好關係無法改變備忘錄上明白的

---

[555] *Id.* at para 46-49.
[556] *Id.* at para 63.
[557] *Id.* at para 65-66.

道理。即使依據 *Othman v United Kingdom* (2012,55 EHRR 1)的標準來看待臺灣的保證，也無助於問題的解決，理由如下：

有關於「（7）移交國及接收國雙邊關係的久暫以及強度，包括接收國在相類似的保證的遵守紀錄」：Paton 法官表示：「本備忘錄是一個獨特的單方、單向的協定，與一般兩國以上的國家可以相互引渡有所不同，本備忘錄不具互惠的特性，此外英國在國際上承認的是中國而非臺灣，即使有英國在台辦事處(British Office in Taipei)，但與臺灣不存在正式的外交或領事，在英國的標準來看，臺灣在引渡條約、協議安排及立法並不顯著。臺灣並未列在英國引渡法第 1 類及第 2 類國家，臺灣不是任何國際公約例如歐洲引渡公約的簽約國，臺灣迄今從未完成任何英國公民甚至任何國籍的人士引渡到臺灣，英國迄今未曾與臺灣簽訂引渡條約或協定。在此情況下，關於「移交國及接收國雙邊關係的久暫以及強度」沒有基礎存在，關於「接收國在相類似的保證的遵守紀錄」也沒有紀錄等語。保證信函被認為有其他解釋的可能、用語矛盾而模糊不清(ambivalent and ambiguous)無法提供。[558]

有關於「（8）是否能透過外交或其他監督機制客觀地查證保證事項，包括不得限制其與律師聯繫」一節，按英國與臺灣不存在正式的領事，英國在台辦事處(British Office in Taipei)能做的有限 （參 paragraph [56] of Dean v Lord Advocate 2016 SLT 1105)，臺灣不是歐洲共同體(European community)的一員，不是歐洲人權公約、歐洲引渡公約及歐洲理事會防止酷刑委員會的締約國，因此本人認為第（8）節是否能透過外交或其他監督機制客觀地查證保證事項，包括不得限制其與律師聯繫」一節所述無法符合。

基於以上理由，本案被告應予釋放、引渡令應予撤銷。

三、不同見解

本案高等法院更審法官 Lord Drummond Young 再次提出不同見解，並重申前次判決所提出的法律原則：第一、引渡在國內及國際上維持法治(rule of law)的重要性，如果符合雙重犯罪及特定原則的標準要件，而且請求國也是遵守法治的國家時，只要有充分證據證明當事人確實犯下該罪，則引渡的請求應賦予效力。第二、2013 年 10 月 16 日簽訂的備忘錄，認定臺灣為基於引渡法目的所稱的領域(territory)，臺灣當局所提的保證應認為有效。第三、是否訂定引渡協定是行政部門的事務，本人認為應尊重內

---

[558] *Id.* at para 70-71.

政大臣(Home Secretary)的決定。第四、當英國與外國領域締結引渡條約時，法院應認定對方對於約定的要求事項以及附帶的承諾會有誠信地遵守(observed in good faith)。Lord Drummond Young 法官認為從國際法(International law)的角度，備忘錄是兩國的協定，有國際法上的效力，雖不以條約為名，但有國際協定的地位。維也納條約法公約(Vienna Convention on the Law of Treaties 1969)雖然適用的是條約，但公約的原則應適用到國際上各種的協議安排，包括英國引渡法 94 條。誠信原則(Good faith)意即國際協定的實踐應依其主旨與目的，並以務實的態度解釋之，關注的應該在於協定的主要重點，而不是用詞(wording)的細微末節，拘泥於學究式地推敲用詞不應該讓一方逃避了所應履行的根本義務。[559]

關於特定原則(Specialty)，Lord Drummond Young 認為，特定原則是要避免請求引渡的國家起訴引渡以外之罪，雖然蘇格蘭部長被賦予權力可以同意起訴引渡以外之罪，但這並沒有限縮特定原則。英國與臺灣備忘錄第 11 條特定原則的用詞雖然與英國引渡法第 95(4)條規定的用詞不同，問題就在於用詞的不同(difference in wording)究竟是否會讓特定原則因此就廢除(abrogate)，本案被告認為應廢除；蘇格蘭部長不認同廢除。特定原則既是國際法的一部分，則：（1）所有國家都應遵守此一原則；（2）因為特定原則所造成起訴上的限制，不應被認為是被告的防衛抗辯(defense)，而是國際法上基於國際睦誼用以尊重引渡國的權力與職權；（3）此一原則是用來確認引渡令指控的犯罪為何，而不是證明確實有犯罪。[560]

引渡同意時，推定其要求與條件都會依據誠信原則遵守。特定原則亦同，英國締約時不可能排除這個原則，締結的外國也不可能排除這個原則。備忘錄訂定時，關注的應該在於內容的重點、主要目的，而不是過度關注於學究式拘泥字義或細微地區別用詞(wording)，本人認為備忘錄第 11 節與引渡法第 95(4)(b)條所要達到的目標完全相同。[561]

此外，備忘錄第 1 段規定本備忘錄目的為遞解林克穎(Zain Dean)至臺灣執行監禁判決之服刑目的(for the purpose of serving a sentence of imprisonment)。既然 3 項犯罪刑期已定，這就是引渡請求的範圍。臺灣請求引渡也明確指出這 3 項犯罪，蘇格蘭部長的引渡令也只同意這 3 項犯罪，至於逃匿與使用他人護照逃匿是性質不同而可以區別的犯罪，如果臺灣希望起訴這兩項犯罪，基於誠信，可以提出新的引渡請求或依據備

---

[559] *Id.* at para 83.
[560] *Id.* at para 87 & 93.
[561] *Id.* at para 94 & 97.

忘錄第 11.1(c)條請求蘇格蘭部長的同意,如果沒有依照程序提出,就應該推定臺灣會依照誠信而為,會遵守特定原則而不會對這三項引渡以外之罪起訴。縱然引渡的請求有提到逃匿,但在相關的指控中並沒有述及逃匿及使用他人護照逃匿的刑法法條,即使被告逃離臺灣的敘述提及逃匿及使用他人護照逃匿,也沒有與本引渡案的請求有關,因此並未侵害特定原則。[562]

　　Lord Drummond Young 法官尚提出諸多臺灣法務部與英國的許多往返信函提出說明及保證,包括先前所述向英國提出的多項承諾,[563]以及臺灣法務部在 2014 年 7 月 25 日保證:「如果臺灣司法機關尋求起訴引渡林克穎(Zain Dean)在 2013 年 10 月 28 日請求引渡前所犯之任何犯罪,應另提引渡請求,追加的請求應尋求蘇格蘭部長同意處理,特別是所提涉嫌逃匿部分。」[564],蘇格蘭部長的引渡命令只有酒醉駕駛(drink driving)、過失致人於死(negligent manslaughter)及肇事後逃逸(escaping after having caused traffic casualties)三項,其他的犯罪將有特定原則的是用,臺灣基於誠信原則將會遵守此一原則。[565]

---

[562] *Id.* at para 99-103.

[563] 參閱前揭註 521.

[564] *Supra* note 560.; 2019 JCJAC 31 para [105] The assurances referred to are contained in a letter dated 25 July 2014 from the Director General of the Department of International and Cross-Strait Legal Affairs in the Taiwanese Ministry of Justice to the Lord Advocate. In that letter it is narrated that, notwithstanding paragraph 11(1)(b) of the Memorandum of Understanding: "should the judicial authority of Taiwan seek to prosecute Zain Taj Dean for any offence committed before extradition other than those listed in paragraph 2 of Page 2 of the Request for Extradition dated October 28, 2013, namely (1) driving under the influence as indicated in Article 185-3, (2) negligent manslaughter as indicated in article 276(a) and (3) escaping after having caused traffic casualties as indicated in Article 185-4 all of the Criminal Code of the Republic of China (Taiwan), it shall issue a further request for extradition. Any such additional request for extradition shall seek the consent of Scottish Ministers to permit Zain Taj Dean being dealt with for…in particular his alleged absconding from Taiwan referred to at paragraph 4 on page 3 of the said request."

[565] *Id.* at para 123. 本案 Lord Drummond Young 的不同意見書敘述諸多法務部與英國的多往返信函提出說明及保證,惟英國審判長 Lady Paton 法官心證業已形成,甚至表示「這樣的處理導致這狀況下的引渡失去信賴……對我來說還有其他的部分失去信賴,對於遺漏逃匿起訴的部分解釋不清,臚列及詳述已無意義。See: para [71]……Such an approach gives rise to a loss of confidence in the context of extradition. Even if some other interpretation of the letters of assurance might be thought possible, the letters are too ambivalent and ambiguous to provide the necessary comfort in the context of speciality. [72] For my part, there have been other losses of confidence in this case. Examples include the following. (i) The still unexplained apparent omission to advise the UK government about the existence of the absconding prosecution.

第七項　小結

　　本案蘇格蘭上訴法院法官 Lady Paton 於判決書第 50 至 52 節以推論方式歸納出許多我國監獄有歐洲人權公約第 3 條「不當對待的眞實危險(real risk of ill treatment)」疑慮與批評，不可諱言，我國監獄條件相較於歐洲國家確有討論與改善空間，但 Lady Paton 法官罔顧我國政府所做的各項保證與承諾，亦不信賴該國外交部門派駐我國的英國在台辦事處能發揮監督的功能。即便蘇格蘭最高法院明白指出「臺灣對於備忘錄及提出的保證都會遵循誠信而爲，臺北監獄會不遺餘力實踐承諾，臺灣是遵守法治的社會，沒有對林克穎(Zain Dean)有不當對待，提出保證的是法務部長，保證事項也已明確，英國領事人員也可隨時前往監獄探視，若有違反保證也承諾補救處置，重申歐洲人權公約的意旨並非將公約的標準加諸於其他國家。並總結認爲臺灣的保證提供了林克穎(Zain Dean)免於暴力的合理保護；監禁環境不會有侵害其歐洲人權公約第 3 條的眞實危險。」[566]即便如此， Lady Paton 法官仍於發回更審的判決表示：「……英國在國際上承認的是中國而非臺灣，……與臺灣不存在正式的外交或領事，……臺灣並未列在英國引渡法第一類及第二類國家，……臺灣不是任何國際公約的簽約國，臺灣從未完成任何引渡……。」其心證有失公允。

　　Lord Drummond Young 法官在兩次不同意見書均提到，引渡在國內及國際上維持法治(rule of law)的重要性，引渡協定的簽訂屬於行政部門的事務，應尊重內政大臣(Home Secretary)的決定，與外國領域締結引渡條約時，認爲如果符合引渡要件並有充分證據即應同意引渡，此外並從國際法的角度，認爲備忘錄是兩國的協定，有國際法上的地位與效力。關於特定原則的見解應以務實的態度解釋，而不是過度關注於學究式拘泥字義或細微地區別用詞。審酌我國國際外交、法治、經貿、人權、證據及我國的承諾與保證，認定我國對於約定的要求及附帶的承諾都會有誠信地遵守(observed in good faith)。[567]

---

[566] Id. at para 48.

[567] Id. at para 123. 本案 Lord Drummond Young 的不同意見書敘述諸多法務部與英國的多往返信函提出說明及保證，惟英國審判長 Lady Paton 法官心證業已形成，甚至表示「這樣的處理導致這狀況下的引渡失去信賴……對我來說還有其他的部分失去信賴，對於遺漏逃匿起訴的部分解釋不清，臚列及詳述已無意義。See: para [71]……Such an approach gives rise to a loss of confidence in the context of extradition. Even if some other interpretation of the letters of assurance might be thought possible, the letters are too ambivalent and ambiguous to provide the necessary comfort in the context of speciality. [72] For my part, there have been other losses of

　　法務部指出，因蘇格蘭高等法院認為林克穎上訴有理由之部分，僅係蘇格蘭司法部長之引渡命令存有瑕疵，而非愛丁堡地方法院之原審判決違法，因此僅蘇格蘭司法部有權提出上訴，蘇格蘭檢方無從代表我國提出上訴。英國法院在本案相關判決中承認我國司法高權，並肯定我國司法判決符合公平審判程序等節，均經確認而未受改變。又英國同意與我國簽訂引渡林克穎之備忘錄，使未列於英國引渡法中第 1 類領域與第 2 類領域之我國，得具備向英國請求引渡之基礎，使外逃被告知悉我國已有提出引渡請求之適格及能力。我國民事判決亦獲英國法院承認，僅因無法查得林克穎財產而無法執行。林克穎因本請求引渡案遭英方逮捕及羈押 2 年 10 月，倘林克穎在臺服刑，於服刑滿 2 年 8 月後即可能獲得假釋，是本案亦可謂已相當程度實現司法正義。而英國最高法院將全案發回蘇格蘭高等法院重新審理後，蘇格蘭高等法院未再指摘我國監獄人權違反歐洲人權公約第 3 條。[568]

---

confidence in this case. Examples include the following. (i) The still unexplained apparent omission to advise the UK government about the existence of the absconding prosecution......

[568] 法務部新聞稿，本部對蘇格蘭高等法院宣判不予引渡林克穎回臺服刑之回應，2019 年 6 月 7 日

第十一節　我國引渡法修正草案

　　我國引渡法修正草案經 2022 年 3 月 31 日第 3796 次行政院院會決議，總說明揭示，隨著科技進步及交通發達，我國與世界各國往來日益頻繁，人員移動愈形便利。不論是外國罪犯事後走避我國，或國內犯罪之人遠遁他國，均所在多有。爲此，唯有積極與他國進行引渡之司法互助，合作追緝外逃人犯，將之解交予請求國或使之回國接受法律制裁，方能實現刑罰權，彰顯正義。

　　按引渡法自 1954 年 4 月 17 日公布施行後，曾於 1980 年 7 月 4 日修正施行，茲因已四十餘年未修正，其規範內容與國際引渡實務已有落差，且與現行刑事訴訟制度產生扞格，實難以因應環境與法制之快速變遷。爰參考聯合國相關國際公約、德國、日本及韓國等外國立法例，擬具本法修正草案。其修正要點如下：

1. 增訂本法之立法目的。（修正條文第一條）
2. 增訂本法之用詞定義。（修正條文第三條）
3. 增訂引渡應本於互惠原則爲之。（修正條文第四條）
4. 修正請求引渡之受理機關、引渡請求書之格式及應備文件。（修正條文第五條至第八條）
5. 修正應拒絕引渡及得拒絕引渡之事由。（修正條文第九條及第十條）
6. 修正外交部或法務部收受引渡請求後之相關處理規定。（修正條文第十一條至第十三條）
7. 增訂請求引渡案件之專屬管轄法院。（修正條文第十四條）
8. 修正聲請引渡許可由檢察官爲之、聲請書應記載事項及應附具文件。（修正條文第十五條）
9. 修正法院受理引渡聲請之審理程序及增訂引渡拘提、引渡傳喚、引渡通緝之要件、引渡拘票、引渡傳票、引渡通緝書應記載事項。（修正條文第十六條至第十九條）
10. 修正法官訊問被請求引渡人應先告知事項。（修正條文第二十條）
11. 增訂被請求引渡人同意引渡或捨棄相關保障之程序及該表示之效力。（修正條文第二十一條）
12. 修正被請求引渡人之辯護權，並增訂被請求引渡人之受通譯協助權。（修正條文

第二十二條及第二十三條）

13. 定明引渡羈押及緊急引渡羈押之要件、程序及執行相關事項。（修正條文第二十四條至第二十九條）

14. 增訂撤銷或停止引渡羈押及緊急引渡羈押之要件、程序及執行相關事項。（修正條文第三十條）

15. 增訂緊急引渡通緝之要件及程序。（修正條文第三十一條）

16. 修正緊急引渡請求提出之期限及程序。（修正條文第三十二條）

17. 修正聲請引渡許可法院之處理程序。（修正條文第三十三條）

18. 增訂檢察官於法院審查程序中發現有應拒絕引渡或得拒絕引渡事由時之處理方式。（修正條文第三十四條）

19. 增訂引渡請求相關裁定之救濟及法院之處理程序。（修正條文第三十五條至第三十八條）

20. 增訂為執行引渡而羈押被請求引渡人之要件、期間及程序。（修正條文第三十九條）

21. 修正引渡之執行程序。（修正條文第四十條至第四十三條）

22. 修正引渡之特定性原則。（修正條文第四十四條）

23. 修正再引渡之禁止原則。（修正條文第四十五條）

24. 增訂我國向外國請求引渡時之要件、途徑及程序。（修正條文第四十六條及第四十七條）

25. 增訂我國向受請求國提出保證之主體、要件及效力。（修正條文第四十八條）

26. 增訂被請求引渡人人身自由受拘束得折抵刑期、罰金或保安處分之日數、額數。（修正條文第四十九條）

27. 增訂我國向外國請求引渡，於引渡程序中被請求引渡人人身自由受拘束，引渡請求未執行時得請求補償之情形。（修正條文第五十條）

　　本法修正草案總條文數為 52 條，並分為四章，本次修正內容重點：（一）第一章「總則」：增訂立法目的、相關定義及互惠原則。「互惠」乃現行國際刑事司法互助之基本原則，明訂在修正草案中。（二）第二章「外國向我國請求引渡」：明確聲請書及格式要、統一請求路徑、明定應拒絕或得拒絕協助的條件及專屬管轄法院；增訂簡化引渡審查程序、辯護依賴權及受通譯協助權；增訂引渡羈押、緊急引渡等相關程序；增訂法院處理引渡程序之規定；增訂引渡執行羈押、修正引渡特定性原則及再引渡禁止原則。（三）第三章「我國向外國請求引渡」：增訂向外國提出引渡請求之路徑與程

序。（四）第四章「附則」：引渡羈押補償事宜。

條文內容及立法說明如下：

第一章　總則

【第 1 條】[569]

為促進國際刑事司法互助，共同打擊犯罪，善盡國際責任，落實人權保障，維護國家利益及社會秩序，特制定本法。

【第 2 條】[570]

引渡依條約，無條約或條約無規定者，依本法之規定。

【第 3 條】[571]

本法用詞定義如下：

一、 請求國：指對我國請求引渡之外國政府。

二、 受請求國：指我國對之請求引渡之外國政府。

三、 被請求引渡人：指我國或請求國在刑事偵查、審判中或受判決確定後請求引渡之人。

四、 引渡犯罪：指我國或請求國請求引渡，該被請求引渡人所犯之罪。

【第 4 條】[572]

依本法請求之引渡，應本於互惠原則為之。

---

[569] 立法說明：
　一、 本條新增。
　二、 明揭本法立法目的，以為解釋及執行本法時之參考。
[570] 立法說明：條次變更，內容未修正。
[571] 立法說明：
　一、 本條新增。
　二、 第一款及第二款係分別規範向我國請求引渡及我國對之請求引渡之主體，即請求國及受請求國之定義。
　三、 第三款規定被請求引渡人之範圍。
　四、 第四款係規定引渡犯罪之定義。
[572] 立法說明：
　一、 本條新增。
　二、 「互惠原則」乃引渡之基本原則，且為現行國際刑事司法互助之慣例，爰參考聯邦德國國際刑事司法協助法第五2條、大韓民國罪犯引渡法第四條之立法例，增訂本條規定。

第二章　外國向我國請求引渡

【第 5 條】[573]

引渡之請求，除本法或條約另有規定外，應經由外交部向法務部爲之。

【第 6 條】[574]

請求引渡時應提出引渡請求書，並記載下列事項：

一、　提出請求及進行偵查、審判或執行之機關名稱。

二、　請求目的。

---

[573] 參照現行法第 9 條。立法說明：

一、條次變更。

二、請求國向我國請求引渡，固應循外交途徑向外交部為之，然引渡程序涉及司法審查，故宜由法務部為後續處理，爰參酌日本逃亡犯罪人引渡法第三條、大韓民國罪犯引渡法第十一條之立法例，修正本條。本條所稱「本法另有規定」係指修正條文第二十五條及第三十二條第一項規定，併此敘明。

[574] 參照現行法第 10 條。立法說明：

一、條次變更。

二、現行條文移列第一項，序文酌作文字修正，各款並修正如下：(一)增列第一項第一款規定，引渡請求提出後，仍有諸多事宜待雙方聯繫。為使此一程序順利進行，爰參照國際刑事司法互助法第八條第三項第一款之規定，明定引渡請求書應記載提出請求及進行偵查、審判或執行之機關，以利後續執行。(二)引渡之目的係為了刑事偵查、刑事審判抑或執行確定判決而請求，攸關引渡得否准許，且對於判斷應否引渡至關重要，將現行第三款「請求引渡之意旨」之文字，修正為「請求目的」，並移列至第一項第二款，以資明確。(三)引渡實務上，時有被請求引渡人為請求方及受請求方以外之第三國人之情形。為利辨識被請求引渡人所屬國籍，將現行第一款移列為第一項第三款，增訂國籍為引渡請求書應記載事項，並酌為文字修正，復增訂可辨別被請求引渡人特徵之如照片、指紋等例示項目，以免因被請求引渡人身形、面貌之改變及證件之偽造而不利我國查找。另被請求引渡人因具逃匿之性質，並時有在我國住所、居所不明之情形，爰於但書增訂引渡請求書得免予記載，以利引渡之進行。(四)引渡犯罪事實之載明，應包含犯罪時間、地點、行為及結果，以利我國審查請求國是否具有審判權、時效是否消滅及行為在我國是否可罰。而引渡犯罪除涵蓋偵查、審判中之刑事案件外，尚包括判決確定後之執行案件。於後者情形，如屬尚未執行者，應記載應執行之刑期及其行刑權時效；如已執行部分刑期，則應載明所餘之刑期及其行刑權時效，爰將現行第二款移列為第一項第四款，酌為文字修正並增訂相關規定。(五)拘提或羈押涉及人身自由之限制，應有相當之理由及事證，以符法治。為保障被請求引渡人之人身自由，並使引渡程序順利進行，爰增訂第一項第五款之規定。(六)現行第三款所列之「互惠之保證」移列為第一項第六款。(七)現行第四款所列應遵守之保證事項，配合條次調整修正所引條項，並修正移列為第一項第七款。

三、為免掛一漏萬，如具體個案中有第一項所定七款以外之相關事項，自得一併記載於引渡請求書，爰增訂第二項規定。

三、 被請求引渡人之姓名、性別、出生年月日、國籍、護照號碼、照片、指紋等足資辨別之特徵及在我國之住所、居所或可供查找之地點。但在我國住所、居所不明者，得免予記載。

四、 引渡犯罪之事實、證據、所犯法條、刑度及其追訴權時效；已經判決確定者，其應執行之刑期或剩餘刑期及其行刑權時效。

五、 為執行引渡而拘提或羈押被請求引渡人之理由及必要之事證。

六、 互惠之保證。

七、 關於遵守第四十四條第一項本文及第四十五條本文之保證。

其他與引渡請求相關之事項，亦得於引渡請求書記載之。

【第 7 條】[575]

提出引渡請求書，應附具下列文件：

一、 為刑事偵查請求引渡者：應提出通緝書、逮捕令或與之有相同效力之司法文書。

二、 為刑事審判請求引渡者：除應提出前款所定司法文書外，如未經判決，應另提出起訴書；如已判決，應另提出最後之有罪判決書。

三、 為執行確定判決請求引渡者：除應提出第一款所定司法文書外，應提出確定之有罪判決書及應執行之刑期或所餘刑期之證明。

其他有助於引渡審查之資料，亦得附具之。

【第 8 條】[576]

---

[575] 參照現行法第 11 條。立法說明：
一、 條次變更。
二、 第一項序文酌作文字修正。
三、 因各國法制不同，請求國得以拘束被請求引渡人人身自由之司法文書，並不以法院之拘票為限，亦可能包括法院通緝書、檢察機關通緝書及拘票或由法院、檢察機關所核發其他具有相同效力之司法文書，且依本法請求引渡之範圍，既包括判決確定後之執行案件，則現行第一項第二款僅規定檢具起訴書或有罪判決書，即有所不足，為求周延，爰將現行第一項各款依照偵查、審判及執行之不同訴訟階段，重新分列為第一項第一款、第二款及第三款，並依上述說明修正。而第二款所定「最後之有罪判決書」，係指請求國對被請求引渡人所為之最後判決仍為有罪判決，始足當之，併此敘明。
四、 現行第二項移列修正條文第八條規定，爰予刪除。
五、 為利引渡程序之進行，個案中如有第一項所定三款以外而有助引渡審查之資料，得一併檢附之，爰增訂第二項。
[576] 立法說明：
一、 本條由現行第十一條第二項移列修正。
二、 修正條文第六條之請求書及第七條所附具之文件，固以中文提出為宜。惟要求請求國一律以中文提出，恐有其困難，故仍應准許請求國以外文提出。但為便利我國相關機

引渡請求書及其附具文件非使用中文者，應檢附中文譯本。

前項文書應經我國駐外館處驗證。

【第 9 條】[577]

　　　　關審核及執行，爰於第一項明定仍應檢附中文譯本，且於第二項規定所提出之文書資料應經我國駐外館處驗證，以昭審慎。

　三、　第二項所稱之我國駐外館處，包括我國駐外使領館、代表處、辦事處或其他外交部授權之機構。

[577] 立法說明：

　一、　本條由現行第三條、第四條及第五條第一項合併修正。

　二、　第一項修正如下：（一）提供引渡協助，如將使我國主權、國家安全、公共秩序、國際聲譽或其他重大公共利益有危害之虞時，為維護國家整體利益，應予拒絕，爰增訂第一項第一款。另所謂「重大公共利益」，不以所涉之利益純屬公部門利益為限，私部門之利益受損如將連帶影響公共利益受損，並達重大之程度者，亦屬之。（二）政治性及宗教性犯罪不引渡為傳統之引渡原則，亦為現行法所採，爰將現行第三條本文有關政治性及宗教性犯罪修正移列為第一項第二款。至所謂「政治性犯罪」，各國間未必有一致看法，是否屬政治性犯罪，因時空變遷而有不同詮釋，容應有更彈性之規定以為因應，爰刪除現行第三條但書第一款及第二款之列舉事項。另「政治性犯罪」定義廣泛，可包含因政治見解或與不同政治立場之社會團體聯繫等內涵，併此敘明。（三）軍事犯不引渡原則亦為國際普遍採行，而所謂軍事犯係指純粹違反軍事義務，且非普通刑法規範之犯罪行為，例如單純逃亡、擅自缺職及違抗命令等，爰參酌聯邦德國國際刑事司法協助法第七條、聯合國引渡示範公約第三條第(c)款，將現行第三條本文有關軍事性犯罪，移列為第一項第三款，並酌為文字修正。（四）參考聯合國引渡示範公約第三條第(b)款之規範，將僅因種族、國籍、性別或身分，而可能遭請求國施以刑罰或不利處分之情形，納入第四款之應拒絕範圍內。（五）現行第四條第一項移列為第一項第五款本文及但書第一目，並酌為文字修正。另關於國民引渡之議題，國際上有三種處理原則：一、國民引渡原則，即國民得引渡之對象為所有人，包含本國國民在內；二、國民不引渡原則，即嚴格禁止引渡本國國民；三、裁量引渡原則，即國家雖無引渡本國國民之義務，但得自由裁量、自行解交國民。傳統上，大陸法系較傾向國民不引渡原則，國家對國民有保護義務等考量。相較之下，英美法系則較願意將在境外犯罪之國民交由犯罪行為地國審判與處罰。基於擴大國際司法互助之國際趨勢與互惠原則之考量，本法折衷改採重罪得引渡原則，讓法院得以就是否引渡至請求國為裁量，在我國對引渡犯罪無從追訴時，避免因本國國民不引渡原則之適用而使應受刑法懲罰之罪犯逃脫法律之制裁，爰增訂第一項第五款但書第二目及第三目。（六）現行第五條第一項係有關「一事不再理」之規定。但引渡法上之「一事不再理」，應以引渡犯罪業經實質認定確定者為限，如屬形式判決或因欠缺訴追要件而為不起訴處分，則不宜認係引渡法上之「一事不再理」事由，爰將現行第五條第一項移列為第一項第六款，規定引渡犯罪經我國依刑事訴訟法第二百五十二條第一款、第三款或第十款為不起訴處分、第二百五十三條之一之緩起訴處分、第二百九十九條之有罪判決、第三百零一條之無罪判決、第三百零二條第一款或第三款之免訴判決者，應拒絕引渡之請求，並增列有關依少年事件處理法第二十八條第一項或第二十九條第一項為不付審理，依同法第四十一條第一項為不付保護處分或第四十二條第一項為保護處分等裁定確定之情形。另有關依刑事訴訟法第二百五十二條第二款為不起訴處分係修正條文第十條第五款規定之得拒絕引渡請求事由，刑事訴訟法第二百五十二條第四款、第五款、第七款至第

有下列情形之一者，應拒絕引渡：

一、 同意引渡，對我國主權、國家安全、公共秩序、國際聲譽或其他重大公共利益有危害之虞。

二、 引渡犯罪屬政治性、宗教性犯罪。

三、 引渡犯罪僅係違反軍事義務之行為。

四、 有理由足信同意引渡將使被請求引渡人因種族、國籍、性別或身分，而受刑罰或其他不利益處分之虞。

五、 被請求引渡人為我國國民。但有下列情形之一者，不在此限：

（一） 取得我國國籍在請求引渡後。

（二） 引渡犯罪，係我國法律規定法定最輕本刑為三年以上有期徒刑之罪，經徵詢檢察機關及相關機關意見後，認在我國無從追訴或其追訴顯有困難。

（三） 為執行徒刑而請求引渡，其應執行刑期或剩餘刑期逾一年。

六、 引渡犯罪業經我國依刑事訴訟法第二百五十二條第一款、第三款或第十款為不起訴處分、緩起訴處分、有罪或無罪判決、依刑事訴訟法第三百零二條第

九款則為修正條文第十條第一款得拒絕引渡請求事由。（七）審判權為一國行使其司法權之前提要件，是如請求國對引渡犯罪無審判權而提出引渡請求，自應予以拒絕，爰增訂第一項第七款。（八）酷刑不引渡原則，為美國及加拿大等多數國家所採，爰增訂第一項第八款；另於酷刑後增列其他殘忍、不人道或有辱人格之待遇或處罰之文字，以資周延。（九）正當法律程序保障係訴訟人權之重要支柱，未經該程序即逕為有罪判決，斲傷人權至鉅，惟各國之正當法律程序並不盡相同，也無一定定義，是以若請求國未能提出相關資料足資證明據以請求引渡之相關程序係遵循保障人民基本權之程序，且違反正當法律程序之情節重大，即屬應拒絕事由，爰增訂第一項第九款。（十）被請求引渡人不在我國境內或已死亡，與第一項其他各款事由不同，係可得立即確定之事宜，故法院應依修正條文第十八條第五項立即通知法務部經由外交部轉知請求國，而被請求引渡之主體既不在我國境內或已死亡，自應予以拒絕引渡之請求，爰增訂第一項第十款。（十一）請求引渡之目的不外係為追訴、審判及執行引渡犯罪，是倘依請求國之法律，引渡犯罪之追訴權時效或行刑權時效已完成，則引渡之執行即無實益，爰增訂第一項十一款。（十二）有關應拒絕引渡事由，如：聯合國兒童權利公約第三十七條第(a)項明定：「不得對十八歲以下之罪犯判以死刑，或不可能獲得釋放之無期徒刑。」；刑法第六十三條規定：「未滿十八歲人…犯罪者，不得處死刑或無期徒刑」，故於審酌是否同意引渡時，自應將此等法律上之限制及人道上之因素，與被請求引渡人之年齡及健康狀況一併考量，為免掛一漏萬，爰於第一項第十二款增訂補充性之規範，以資周延。

三、 刑法第五條至第七條業已規定處罰我國人民在我國領域外罪行之範圍，爰將現行第四條第二項文字修正為「觸犯我國刑罰法律之虞者」，以符合刑法之規定。又此一犯罪事實，既未經我國起訴，自應依法偵辦，故將現行第四條第二項「移送該管法院審理」之規定，修正為「移送該管檢察署偵辦」，並列為第二項，以符實際。

四、 現行第五條第二項移列修正條文第十條規定，爰予刪除。

　　一款或第三款爲免訴判決、依少年事件處理法裁定不付審理、不付保護處分
　　或保護處分確定。

七、請求國無審判權。

八、有理由足信被請求引渡人在請求國領域內曾受到或將會受到酷刑或其他殘忍、
　　不人道或有辱人格之待遇或處罰。

九、請求國據以請求引渡之案件，未予被請求引渡人正當法律程序之保障，且情
　　節重大。

十、被請求引渡人不在我國境內或已死亡。

十一、依請求國之法律，引渡犯罪之追訴權時效或行刑權時效已完成。

十二、其他不應許可引渡之情形。

依前項第五款本文拒絕請求國引渡請求時，如該引渡犯罪之犯罪事實有觸犯我國刑罰
法律之虞者，應即移送該管檢察署偵辦。

【第 10 條】[578]

---

[578] 立法說明：

一、本條由現行第二條、第五條第二項及第二十二條第二項合併修正。

二、現行第二條第一項本文及第二項本文以引渡犯罪依我國及請求國雙方均屬可罰（即學
理上所謂「雙重可罰」），作爲我國得准許引渡之條件。而引渡犯罪依我國法律雖屬不
罰或欠缺訴追條件，如提供協助未違公平正義，或有助共同打擊犯罪，非一概不能爲
之，爰將現行第二條第一項本文及第二項本文合併修正，並列爲第一款。

三、現行第二條第一項但書及第二項但書僅規定如引渡犯罪屬我國法律規定最重本刑爲
一年以下有期徒刑之罪者，得不予引渡。惟如此將使許多輕罪不得拒絕引渡，徒耗司
法資源，爰將拒絕引渡之犯罪範圍擴大至屬我國法定最重本刑三年以下有期徒刑之罪，
或應執行刑期或剩餘刑期在一年以下而請求引渡者。惟個案中如有特別情事，亦得准
許引渡，以應所需，爰將現行第二條第一項但書及第二項但書合併修正，並移列爲第
二款之得拒絕事由。

四、現行第五條第二項被請求引渡人另犯他罪繫屬於我國法院之規定，修正移列爲第三款，
且爲包含被請求引渡人擔任證人之情形，爰將文字修正爲「同意引渡將對我國進行中
之司法程序有妨礙之虞」，一方面貫徹「我方程序優先原則」，他方面亦不排除可依個
案情況准予引渡。又所稱之「司法程序」，包括民事、刑事、行政訴訟程序及少年保護
處分執行程序，併此指明。

五、引渡案件經行政院爲不予引渡之決定後，同一請求國嗣後若就同一案件請求引渡，因
可能有情事變更，原有考量不予引渡之因素不復存在，故不應一律拒絕，而得由我國
決定是否受理，爰修正現行第二十二條第二項，列爲第四款。另增列請求國無正當理
由未於指定時間內接收被請求引渡人，參酌西班牙被動引渡法第十九條第三項規定，
由我國決定是否受理該國同一案件之引渡請求。

六、有關其他得拒絕引渡之事由，如：被請求引渡人經發布通緝後二年，仍遍尋無著；依
我國法律引渡犯罪之追訴權時效或行刑權時效已完成等，且實務、學說仍持續發展中，
爲免掛一漏萬，爰於第五款增訂補充性之規範，以資周延。

七、現行第二十二條第一項移列修正條文第四十條規定，爰予刪除。

有下列情形之一者，得拒絕引渡：

一、 引渡犯罪如發生在我國，依我國法律規定非屬刑事可罰行為。

二、 引渡犯罪，係我國法律規定法定最重本刑為三年以下有期徒刑之罪，或為執行徒刑而請求引渡，其應執行刑期或剩餘刑期在一年以下。

三、 同意引渡將對我國進行中之司法程序有妨礙之虞。

四、 請求引渡案件有第四十條第二項或請求國有第四十一條第二項之情形，該國就同一案件，再提出引渡請求。

五、 其他不宜許可引渡之情形。

【第 11 條】[579]

外交部收到引渡之請求後，應就引渡請求書及附具之文件是否符合第四條、第六條至第八條規定進行審查，如有欠缺得通知請求國限期補正；屆期未補正，外交部應拒絕該請求。

外交部依前項審查認請求符合程式者，應將相關文件送交法務部，如認有第九條第一項或前條之情形者，並得加註意見。

法務部收受引渡請求書後，認其內容不完備而無法審查或執行時，得通知請求國限期補充資料或提出說明；屆期未提出者，應拒絕其請求。

法務部認引渡之請求符合程式、無第九條第一項各款所定情形，且未依前條規定拒絕引渡者，應作成意見書，通知該管檢察署向法院提出引渡許可聲請。

【第 12 條】[580]

---

[579] 參照現行法第 15 條。立法說明：

一、 條次變更。

二、 外交部收到請求國之引渡請求後，應就請求之程式是否符合規定進行審查，如有欠缺，得限期通知請求國補正，倘請求國屆期未補正，則應由外交部拒絕該請求，爰修正現行規定，列為修正條文第一項。

三、 外交部為第一項形式審查後認符合要件者，應將相關文件送交法務部，如認有修正條文第九條第一項應拒絕引渡事由或第十條得拒絕引渡事由之情形者，並得加註意見，以促使法務部注意，俾利後續審查，爰增訂第二項規定。

四、 法務部審查後認引渡請求書內容不完備，為求時效，得逕行通知請求國於一定期間內補正；如請求國屆期未補正，即應拒絕該引渡請求，爰增訂第三項規定。

五、 又依修正條文第十四條規定許可引渡請求之案件，專屬中央政府所在地之高等法院管轄，是如引渡請求符合程式、無修正條文第九條第一項各款所定情形及未依第十條規定拒絕引渡者，應作成意見書並通知該管檢察署，以利後續審查程序之進行，爰增訂第四項。

[580] 參照現行法第 6 條。立法說明：

一、 條次變更。

二、 序文酌作修正，明定同一被請求引渡人如有數引渡請求，法務部受理數引渡請求後，

法務部受理數請求國對同一被請求引渡人請求引渡，而依條約或本法應予同意時，依下列規定定其送交法院審查之順序：

一、　依條約提出之引渡請求。

二、　數請求國均為締約國或均非締約國時，依犯罪行為地所屬請求國之請求。

三、　數請求國均為締約國或均非締約國，而犯罪行為地不屬任一請求國時，依被請求引渡人所屬請求國之請求。

四、數請求國均為締約國或均非締約國，而指控之引渡犯罪罪名不同者，依最重犯罪行為地所屬請求國之請求；其法定刑度輕重相同者，依引渡請求書首先送達至外交部之請求。

【第 13 條】[581]

法務部為審查引渡請求是否符合第四條、第六條至第八條規定，有無第九條第一項或第十條各款情形及定前條優先順序時，得徵詢檢察機關及相關機關之意見。

【第 14 條】[582]

引渡案件之審理，專屬中央政府所在地之高等法院管轄。

【第 15 條】[583]

　　送交法院之順序。法務部依本條規定排列順序逐案送審查，於前一引渡請求案終結後，再為是否續送排序在後之引渡請求案予法院審查之決定。

三、　第一款至第三款酌作文字修正。

四、　現行第四款後段「首先正式請求引渡」，其意為何，頗滋疑議，爰將之修正為「依引渡請求書首先送達至外交部之請求」，以資明確，其餘文字酌作修正。所謂「最重犯罪行為地」之「最重犯罪」，依後段文字解釋，自應依引渡犯罪在數請求國所規範之法定刑度，而非以罪名作為判定之標準，併此敘明。

[581] 立法說明：

一、　本條新增。

二、　請求國向我國請求引渡，時有涉及我國國內檢察機關及其他相關機關業務之情形，例如修正條文第九條第一項第五款被請求引渡人是否為我國國民及取得我國國籍之時間，及第六款引渡犯罪是否業經我國為不起訴處分等情形，為期周延，法務部於審查引渡請求是否符合要件時，因可能牽涉國安、外交、政治等國家利益或公益事項，爰增訂本條規定。

三、　[582] 立法說明：

四、　本條新增。

五、　引渡案件涉及司法主權之行使且具高度專業性，為利法務部及外交部提供協助，並兼顧外國人犯監所管理及提解訊問之便利，是類案件宜專屬中央政府所在地之高等法院管轄，並參酌法院組織法第三條第二項規定，由高等法院三名法官組成合議庭行之，以資慎重，爰增訂本條規定。

[583] 立法說明：

一、　本條由現行第十六條及第十七條第一項合併修正。

二、　引渡程序要求迅速，無須調查犯罪內容，只須審查請求國之引渡請求，是否符合相關

檢察官於接獲法務部通知之請求引渡案件後，應向法院聲請引渡許可。

聲請引渡許可，應由檢察官向法院提出聲請書為之。

前項聲請書應記載下列事項：

一、 被請求引渡人之姓名、性別、出生年月日、國籍、護照號碼、其他足資辨別之特徵及在我國之住所、居所或可供查找之地點。但在我國之住所、居所不明者，得免予記載。

二、 請求國。

三、 請求目的及理由。

四、 法務部對請求引渡案之意見。

請求國之引渡請求書、法務部通知書及第七條、第八條所定應附具之文件，應一併送交法院。

【第 16 條】[584]

要件，與刑事訴訟程序迥異，是引渡程序中之拘提及羈押裁定交由法院執行，以節省引渡之時程，爰將現行第十六條檢察官簽署拘票，及第十七條第一項檢察官訊問之規定合併修正為第一項逕向法院聲請引渡許可。

三、 引渡許可之聲請，應於收到法務部通知後，由檢察官以書面向管轄法院為之，爰增列第二項規定，以示慎重。

四、 聲請書應記載被請求引渡人之年籍資料、請求國、請求目的及理由，法務部認符合修正條文第六條至第八條所規定之引渡積極要件，且無修正條文第九條第一項或第十條各款之拒絕引渡事由之消極要件等意見，以利法院迅速瞭解引渡案情，爰增列第三項規定。

五、 為使法院得有效就引渡案件進行審查，檢察官於聲請引渡許可時，應將修正條文第六條之引渡請求書、第十一條第四項之法務部通知書（含外交部或其他機關之意見書）及第七條、第八條所定應附具文件一併送交法院，爰增列第四項規定。

六、 現行第十七條第二項移列修正條文第十六條，爰予刪除。

[584] 立法說明：

一、 本條由現行第十七條第二項移列修正。

二、 法院受理引渡許可聲請，應先審核其是否符合法定程式，如不合法律上之程式而可以補正者，則應定期先命補正，爰增訂第一項規定。

三、 基於引渡程序與刑事訴訟程序不同，檢察官在引渡程序中僅具有聲請人的地位，無須進行刑事偵查行為，即直接向法院聲請引渡許可，而當法官收到檢察官聲請之引渡案件後，為確保被請求引渡人到場，在國外之逮捕令無法成為國內拘提依據之情形下，除顯有不應引渡之理由外，就由法官逕予核發拘票拘提之，以利引渡請求之執行。但被請求引渡人已另案經依法拘禁者，因其人身自由已受限制，則以傳喚使其到場即足，無為拘提之必要，爰將現行第十七條第二項酌作修正，移列為第二項規定，並增列但書。

四、 拘提被請求引渡人應用引渡拘票，以利確認人別，並使被請求引渡人瞭解被拘提之案由、理由及應解送之處所，而維護其權利。對被請求引渡人核發拘票，於法院審查引渡案件時，由法官簽名核發，以利執行，爰參考刑事訴訟法第七十七條規定增訂第三

法院對於引渡許可之聲請,認為不合法律上之程式者,應以裁定駁回之。但其不合法律上之程式可以補正者,應定期間先命補正。

法院於受理檢察官聲請之引渡案件後,為防止被請求引渡人逃亡,除顯有不應引渡之理由外,應簽發拘票拘提被請求引渡人。但被請求引渡人已另案羈押、在監執行、收容或其他事由經依法拘禁者,不在此限。

前項引渡拘票,應記載下列事項:

一、 被請求引渡人之姓名、性別、出生年月日、國籍、護照號碼、在我國之住所或居所、其他足資辨別之特徵。但在我國之住所或居所不明者,得免記載。

二、 引渡犯罪之案由。

三、 拘提之理由。

四、 應解送之處所。

刑事訴訟法第七十一條第四項、第七十八條至第八十二條、第八十九條、八十九條之一第一項、第二項、第九十條、第九十一條、第一百三十條及第一百三十三條第一項規定,於引渡拘提準用之。

【第 17 條】[585]

項規定:(一)被請求引渡人多為在我國之外籍人士,是拘票除應記載其姓名、性別及出生年月日外,亦應包括所屬國籍、護照號碼、其他足資辨別之特徵及在我國之住所、居所,爰增訂第一款以資明確。惟被請求引渡人因具逃匿之性質,並時有在我國住所、居所不明之情形,此時即毋庸記載該事項,爰增訂第一款但書。(二)記載引渡犯罪之案由,使被請求引渡人知悉係因何緣由遭拘提,以利日後答辯,保障其訴訟權,爰增訂第二款規定。(三)提審法第二條規定,人民被逮捕、拘禁時,逮捕、拘禁之機關應即將逮捕、拘禁之原因、時間、地點及得依該法聲請提審之意旨,以書面告知本人及其指定之親友。是拘票上即應將請求國之引渡請求及其所請求引渡之事實加以記載,以利被請求引渡人瞭解拘提之理由,爰增訂第三款規定。(四)因引渡案件專屬中央政府所在地之高等法院管轄,則被請求引渡人經拘提後,應解送之處所亦為中央政府所在地之高等法院,以利日後程序之進行,爰增訂第四款規定。

五、 有關引渡拘提之執行、解送及附帶搜索等事項,應予準用刑事訴訟法規定,爰增訂第四項規定。

[585] 立法說明:

一、 本條新增。

二、 被請求引渡人如已另案在羈押、在監執行、收容或因其他事由經依法拘禁者,因其人身自由已受限制,則以傳票傳喚其到場即可,且傳票在法院審理引渡許可程序中,由法官簽名核發,以利執行,爰參考刑事訴訟法第七十一條第四項,增訂第一項。

三、 第二項明定引渡傳票應記載事項如下:(一)被請求引渡人多為入境我國之外籍人士,是傳票除應記載其姓名、性別及出生年月日外,亦應包括所屬國籍、護照號碼及在我國之住所、居所,爰增訂第一款,以資明確。然被請求引渡人時有在我國住所、居所不明之情形,此時即毋庸記載該事項,爰增訂第一款但書。(二)記載引渡犯罪之案由,以利被請求引渡人知悉遭傳喚之案由,以利日後答辯,保障其訴訟權,爰增訂第二款

被請求引渡人有前條第二項但書之情形者，應由法官簽發傳票傳喚之。

前項引渡傳票，應記載下列事項：

一、 被請求引渡人之姓名、性別、出生年月日、國籍、護照號碼、在我國之住所或居所。但在我國之住所或居所不明者，得免記載。

二、 引渡犯罪之案由。

三、 應到之日、時、處所。

刑事訴訟法第七十一條第四項、第七十三條及第七十四條規定，於引渡傳喚準用之。

【第 18 條】[586]

被請求引渡人逃亡或藏匿者，法院得通緝之。

前項引渡通緝自發布日起，逾二年未執行被請求引渡人到案時，應即撤銷。

刑事訴訟法第八十六條及第八十七條規定，於引渡通緝準用之。

被請求引渡人已死亡或不在我國境內者，法院應裁定駁回引渡請求。

前項裁定確定後，該管檢察署應即陳報法務部轉知外交部通知請求國。

【第 19 條】[587]

通緝被請求引渡人，應用通緝書。

規定。（三）記載應到之日、時及處所，以利被請求引渡人於傳喚之時間到場接受訊問，爰增訂第三款規定。

四、 與引渡傳喚相關之簽名、通知及訊問方式，應準用刑事訴訟法第七十一條第四項、第七十三條及第七十四條規定，爰為第三項規定。

五、 又引渡傳喚既以人身自由受拘束之被請求引渡人為對象，自無記載無正當理由不到場，得命引渡拘提之必要，併此敘明。

六、 586 立法說明：

七、 本條新增。

八、 法官為執行請求國之引渡請求時，如被請求引渡人逃亡或藏匿者，得為引渡通緝，促使被請求引渡人到案，爰增訂第一項規定。

九、 通緝係以公告周知之方式為之，影響被請求引渡人名譽甚鉅。為免案件久懸未決，爰增訂第二項明定逾二年未執行應撤銷引渡通緝規定。

十、 引渡通緝準用刑事訴訟法通緝之相關規定，以利被請求引渡人到案進行引渡程序，爰增訂第三項規定。

十一、 被請求引渡人如業已逃匿至我國境外或已死亡，因已無協助引渡之必要，應由法院裁定駁回引渡請求，並即陳報法務部轉知外交部通知請求國，以免徒耗司法資源，爰增訂第四項及第五項規定。

[587] 立法說明：

一、 本條新增。

二、 為前條引渡通緝時，應使用引渡通緝書，並記載一定事項，以昭審慎。參酌刑事訴訟法第八十五條第一項及第二項規定，增訂第一項及第二項規定。

三、 參酌刑事訴訟法第八十五條第三項規定，明定引渡通緝書應由法院院長簽名，增訂第三項規定。

引渡通緝書，應記載下列事項：

一、 被請求引渡人之姓名、性別、出生年月日、國籍、護照號碼、在我國之住所或居所、其他足資辨別之特徵。但在我國之住所或居所不明者，得免記載。

二、 引渡犯罪之事實。

三、 引渡通緝之理由。

四、 犯罪之日、時及處所。但日、時及處所不明者，得免記載。

五、 應解送之處所。

引渡通緝書由法院院長簽名。

【第 20 條】[588]

被請求引渡人因拘提、逮捕或傳喚到場後，法官應即時訊問其姓名、出生年月日、國籍、護照號碼、在我國之住所或居所，確認其人別有無錯誤，並告知下列事項：

一、 請求國。

二、 請求引渡之意旨。

三、 請求國訴追之罪名及事實。

四、 得保持緘默，無須違背自己之意思而為陳述。

五、 得選任辯護人及聲請法院指定通譯。

六、 得同意引渡及同意引渡之效果。

---

[588] 參照現行法第 18 條。立法說明：

一、 條次變更。

二、 被請求引渡人不論因拘提、逮捕或傳喚到場，法官應即時確認其人別有無錯誤，以免冤抑，爰將現行第十八條修正列為第一項，並增訂應告知事項如下：（一）為利使被請求引渡人知悉請求國請求引渡意旨，爰增訂第一款及第二款規定。（二）為使被請求引渡人得就與引渡請求相關之罪名、事實予以說明及辯論，爰將現行「應將請求引渡之事實證據，告知被請求引渡人」之規定，酌作文字修正後，列為第三款。（三）為維護被請求引渡人自由陳述及保持緘默之權利，爰增訂第四款規定。（四）為使被請求引渡人於受訊問時，得有受辯護人及通譯協助之機會，爰增訂第五款規定。（五）本次修正新增「同意引渡」之規，為讓被請求引渡人得了解該程序，自應告知其得同意引渡與同意引渡之效果，爰增訂第六款規定。（六）應否准予引渡請求，攸關被請求引渡人權益至鉅，自應告知其有請求調查與引渡有關而對自己有利事項之權利，爰參考刑事訴訟法第九十五條第一項第四款，增訂第七款規定。另參酌現行條文後段有關提出答辯書之規定，賦予被請求引渡人提出答辯書之權利，並刪除「六十日」之期限。至引渡犯罪成立與否，因非我國得予審查事項，故不在上述範圍內，附此敘明。（七）為履行國際公約義務，並便利外國駐華外交或代表機構保護其僑民，爰增訂第八款規定，以強化領事探視權之行使。

三、 法官確認到場者非被請求引渡人時，自無續行引渡程序之必要。如該人係拘捕到場者，應立即釋放；如係另案依法拘禁，經傳喚到場者，則應解還，以維其等權益，爰增訂第二項規定。

七、 得請求調查與是否引渡有關而對自己有利之事項，並得提出答辯書。

八、 得請求通知所屬國駐我國外交或代表機構。前項到場之人，其人別如係錯誤，
應即釋放或解還。

【第 21 條】[589]

法院審查引渡案件時，被請求引渡人如同意引渡，並經記明筆錄者，法院得逕為許可
引渡之裁定。被請求引渡人所為之同意，不得撤回。

前項情形，被請求引渡人另為第四十四條第一項或第四十五條之同意，經記明筆錄者，
亦不得撤回。

【第 22 條】[590]

被請求引渡人得隨時選任辯護人。

於引渡審查中未經選任辯護人者，法院應指定公設辯護人或律師為其辯護。

選任之辯護人於法院指定之期日無正當理由而不到庭者，審判長得指定公設辯護人或
律師。

關於辯護人之選任、權利及其限制，準用刑事訴訟法第二十七條第二項、第三項、第
二十八條至第三十條、第三十一條第三項、第四項、第三十二條、第三十三條第一項

---

[589] 立法說明：

一、 本條新增。

二、 現今與引渡相關之國際公約，如聯合國反貪腐公約第四十四條第九項、聯合國打擊跨
國有組織犯罪公約第十六條第八項，多規範如經被請求引渡人之同意，其引渡審查程
序可以簡化。為尊重被請求引渡人之權利及意願，並節省司法資源，另為維持程序安
定性，自不宜允許被請求引渡人於同意後撤回，爰參酌聯邦德國國際刑事司法協助法
第四十一條、加拿大引渡法第七十一條等規定，增訂第一項。

三、 有關修正條文第四十四條第一項限制請求國不得對被請求引渡人追訴或處罰引渡犯
罪以外之犯行，及第四十五條禁止請求國將被請求引渡人引渡至第三國，被請求引渡
人亦得自行斟酌是否同意，爰參考聯邦德國國際刑事司法協助法第四十一條，增訂第
二項規定，不允許被請求引渡人於同意後撤回。

[590] 參照現行法第 19 條。立法說明：

一、 條次變更。

二、 為保障被請求引渡人之辯護權，爰將現行條文前段移列為第一項，明定其得隨時選任
辯護人，使其得受律師協助。

三、 被請求引渡人於引渡審查中未選任辯護人時，法院應指定公設辯護人或律師為其辯護，
以確保其法律上利益，爰增訂第二項規定。

四、 引渡案件採取強制辯護制度，在被請求引渡人所選任之辯護人於法院指定之期日無正
當理由未到庭時，審判長自得指定公設辯護人或律師為其辯護，爰參酌刑事訴訟法第
三十一條第二項之規定，增訂第三項。

五、 被請求引渡人選任辯護人之權利及其限制，準用刑事訴訟法之相關規定，以確保被請
求引渡人在引渡審查過程中，選任辯護人之權利，爰將現行條文後段條文規定修正，
移列第四項，並明列準用之條文，以資明確。

規定。

【第 23 條】[591]

被請求引渡人如不通曉或不能使用我國語言，法院應為其指定通譯協助之。

【第 24 條】[592]

被請求引渡人經法官訊問後，認有下列情形之一，而有羈押必要，得為引渡羈押：

　一、有事實足認被請求引渡人有逃避引渡程序或引渡執行之虞。

　二、有事實足認被請求引渡人有妨礙外國訴訟或引渡程序調查之虞。

引渡羈押期間自簽發押票之日起，最長不得逾三月。但有繼續羈押之必要時，得於期間未滿前，經法院依前項規定訊問被請求引渡人後，以裁定延長之；延長羈押期間不得逾二月，以二次為限。

刑事訴訟法第九十三條第五項但書、第六項、第九十八條至第一百條、第一百條之一第一項、第二項、第一百零八條第二項、第三項及第四項但書規定，於引渡羈押準用之。

【第 25 條】[593]

---

[591] 立法說明：
　一、本條新增。
　二、為期保障被請求引渡人如不通曉或不使用我國語言，亦得受公正之審問，並確保其法律上之利益，爰增訂本條法院應指定通譯協助之規定。

[592] 立法說明：
　一、本條新增。
　二、引渡羈押剝奪被請求引渡人之人身自由，應由法官依法為之，且被請求引渡人具有高度之逃亡可能性，為使引渡程序得以順利進行，爰參酌聯邦德國國際刑事司法協助法第十五條規定，於第一項增訂引渡羈押之要件。
　三、引渡羈押時間之久暫，攸關被請求引渡人權益，爰參酌刑事訴訟法之規定，於第二項明定期間、延長之期間及其次數，以資明確。
　四、引渡羈押之相關程序，應準用刑事訴訟法之相關規定，爰增訂第三項規定。

[593] 參照現行法第 12 條。立法說明：
　一、條次變更。
　二、現行條文第一項修正移列為第一項。
　三、本條係落實聯合國反貪腐公約第四十四條第十項、聯合國打擊跨國有組織犯罪公約第十六條第九項之內容。於情況急迫之情形下，請求國不及向我國提出正式引渡請求時，得透過傳真、電子郵件或其他方式，以書面向法務部請求緊急引渡羈押被請求引渡人，並聲請將引渡請求書逕送法務部以求時效，爰參酌現行第一項本文規定，酌為文字修正後，列為第一項。
　四、限制人身自由為重大權利之侵害，為利審查應否協助緊急引渡羈押，仍應要求第一項書面記載被請求引渡人之人別資料、可能藏身處所、犯罪案情簡述；並附具相關司法文書，爰將現行第一項但書之規定修正移列為第二項。
　五、為求迅速，請求國依第二項提出之書面資料，可免去經我國駐外館處驗證之程序，另

因情況急迫，請求國不及向我國提出引渡請求時，得透過傳真、電子郵件或其他方式，以書面向法務部請求緊急引渡羈押被請求引渡人。

前項書面應記載第六條第一項第三款所定事項及犯罪案情簡述，並聲明將引渡請求書逕送法務部。另應附具第七條之司法文書。

請求國依前項規定提出之書面資料，無須經我國駐外館處驗證；其非使用中文者，應檢附中文譯本。

法務部於收受第一項、第二項書面請求、資料後，應通知外交部。

第十三條規定，於請求緊急引渡羈押亦適用之。

【第 26 條】[594]

檢察官於收到法務部通知之請求緊急引渡羈押案件後，應簽發拘票拘提被請求引渡人。但被請求引渡人已另案羈押、在監執行、收容或因其他事由經依法拘禁者，應用傳票傳喚之。

檢察官訊問被請求引渡人後，認符合第二十四條第一項規定，應自拘提、逮捕之時起二十四小時內，敘明理由並檢附前條第一項之書面及第二項之司法文書向法院聲請緊急引渡羈押。

　　　應檢附中文譯本，爰增訂第三項規定。

六、　請求國於提出緊急引渡羈押請求後，依修正條文第三十二條第一項規定，向法務部提出引渡請求，法務部依同條第二項規定，須徵詢外交部意見，故法務部於收受請求國緊急引渡羈押之請求後，應通知外交部，以利外交部事後為引渡請求意見之提供，爰增訂第四項。

七、　法務部在受理緊急引渡羈押案件時，為期審查周延，自得依照修正條文第十三條規定徵詢檢察機關及相關機關之意見，爰增訂第五項規定。

八、　現行第十二條第二項移列修正條文第三十二條，爰予刪除。

[594] 立法說明：

一、　本條新增。

二、　檢察官收到請求緊急引渡羈押案件後，為確保被請求引渡人到場，得逕予核發拘票拘提之，以利引渡請求之執行。但被請求引渡人已依法拘禁者，因其人身自由已受限制，則以引渡傳喚使其到場即足，無為引渡拘提之必要，爰增訂第一項規定。

三、　在請求緊急引渡羈押案件中，被請求引渡人具逃亡之高度可能，為保全該人使引渡程序得順利進行，爰於第二項增訂由檢察官向法院聲請緊急引渡羈押之要件及方式。

四、　為維護被請求引渡人在緊急引渡羈押程序中有與一般引渡羈押程序中相同之保障，爰於第三項增訂法官於受理緊急引渡羈押之聲請後，應即時訊問，並告知修正條文第二十條第一項各款所列之事項。

五、　緊急引渡羈押時間之久暫，攸關被請求引渡人權益，爰於第四項明定緊急引渡羈押期間及其計算方式，以資明確。

六、　緊急引渡羈押之傳喚、拘提、訊問、選任辯護人等相關程序，應準用一般引渡羈押及刑事訴訟法之相關規定，爰增訂第五項。

法院於受理緊急引渡羈押之聲請後，應即時訊問被請求引渡人，並告以第二十條第一項各款所列之事項。

緊急引渡羈押期間，自簽發押票之日起，最長不得逾三十日，且不得延長之。緊急引渡羈押期間不計入引渡羈押期間。

第十六條第三項、第四項、第十七條第二項、第三項、第二十條第二項、第二十二條第一項、第二項、第二十三條、第二十四條第一項、刑事訴訟法第二十七條第二項、第三項、第二十八條至第三十條、第三十一條第二項至第五項、第三十二條至第三十四條之一、第九十三條第一項、第五項但書、第六項、第九十三條之一、第九十八條至一百條、第一百條之一第一項、第二項、第一百零八條第三項、第四項規定，於緊急引渡羈押準用之。

【第 27 條】[595]

法官為第二十四條第一項、第二十六條第三項之訊問時，檢察官得到場陳述意見並提出必要之證據。

法官為羈押裁定所依據之事實、理由及證據，應告知被請求引渡人及其辯護人，並記載於筆錄。

【第 28 條】[596]

引渡羈押或緊急引渡羈押被請求引渡人，應用押票。

押票應按被請求引渡人指印，由法官簽名並記載下列事項：

---

[595] 立法說明：
　一、　本條新增。
　二、　為利檢察官於法官審理引渡羈押及緊急引渡羈押案件時，就相關事項有說明及證明之機會，爰增訂第一項規定。
　三、　法官為引渡羈押及緊急引渡羈押裁定，所依據之事實，與引渡羈押理由之具體內容及有關證據，如經法院採認者，均應將其要旨告知被請求引渡人及其辯護人，俾利其有效行使防禦權，並記載於筆錄，以為提起抗告時之憑據，爰增訂第二項規定。
[596] 立法說明：
　一、　本條新增。
　二、　引渡羈押或緊急引渡羈押剝奪被請求引渡人人身自由，嚴重影響其權益，應以書面載明相關事項，爰增訂第一項規定。
　三、　引渡羈押或緊急引渡羈押之押票應由被請求引渡人按捺指印，並由法官簽名核發，以昭審慎；又其上除應載明人別、羈押期間及起算日，以利執行外，並應記載請求國、請求引渡之目的、引渡羈押之理由、案由及所依據之事實、不服時之救濟方法及應引渡羈押之處所等，使被請求引渡人瞭解遭羈押之事由及地點，決定是否提起救濟，爰參考聯邦德國國際刑事司法協助法第十七條第二項、大韓民國罪犯引渡法第十九條第三項、日本逃亡犯罪人引渡法第五條第三項及我國刑事訴訟法第一百零二條第二項，增訂第二項規定。

一、 被請求引渡人之姓名、性別、出生年月日、國籍、護照號碼、在我國之住所或居所。但在我國之住所或居所不明者，得免記載。

二、 請求國。

三、 請求引渡之目的。

四、 引渡羈押之理由、案由及所依據之事實。

五、 引渡羈押期間及其起算日。

六、 應引渡羈押之處所。

七、 如不服引渡羈押處分之救濟方法。

【第 29 條】[597]

引渡羈押，依審判長或受命法官之指揮執行之。緊急引渡羈押，依檢察官之指揮執行之。

刑事訴訟法第八十一條、八十九條、第八十九條之一第一項、第二項、第九十條、第一百零三條第二項、一百零三條之一及第一百零五條規定，於執行引渡羈押或緊急引渡羈押準用之。

【第 30 條】[598]

被請求引渡人經法官或檢察官訊問後，雖有第二十四條第一項所定情形之一，而無羈押之必要者，得命具保、責付、限制住居、限制出境或限制出海。

---

[597] 立法說明：
　　一、 本條新增。
　　二、 明確規定引渡羈押及緊急引渡羈押之執行主體，作為實際上指揮司法警察及看守所執行被請求引渡人之羈押、拘提等相關作業之依據，爰增訂第一項規定。
　　三、 引渡羈押或緊急引渡羈押之執行程序，應準用刑事訴訟法相關規定，爰增訂第二項。

[598] 立法說明：
　　一、 本條新增。
　　二、 法官或檢察官於訊問被請求引渡人後，雖認有修正條文第二十四條第一項所定情形，但無羈押之必要，如被請求引渡人有固定住所及無逃脫之虞等情形，為確保其日後到場，宜以具保、責付或限制住居等強制措施替代羈押，另規範限制出境、限制出海等強制處分，防免其未受羈押而逃匿國外，妨礙引渡程序之進行，爰為第一項規定。所稱羈押之必要性，係由法院或檢察官就具體個案，依職權衡酌是否有非予羈押顯難保全引渡程序者為準據，併此敘明。
　　三、 引渡羈押因故停止後，本案新發生修正條文第二十四條第一項引渡羈押事由，而有羈押必要，自亦得命再執行引渡羈押或緊急引渡羈押，爰增訂第二項規定。
　　四、 引渡羈押或緊急引渡羈押之羈押期滿、原因消滅經法院撤銷，或經檢察官依修正條文第三十二條第四項、第三十四條第二項規定聲請撤銷羈押，並經裁定許可者，因無續行羈押之必要，應即釋放被請求引渡人，爰增訂第三項規定。
　　五、 與引渡羈押相關之撤銷、停止、再執行及其替代處分，應準用刑事訴訟法相關規定，爰增訂第四項規定。

停止引渡羈押或緊急引渡羈押後，本案另發生第二十四條第一項所定情形之一，而有羈押之必要者，亦得命再執行羈押。

引渡羈押或緊急引渡羈押有下列情形之一者，法院應即撤銷羈押，並釋放被請求引渡人：

一、引渡羈押：羈押原因消滅、羈押期滿或依第三十四條第二項規定聲請撤銷羈押。

二、緊急引渡羈押：羈押原因消滅、羈押期滿或依第三十二條第四項規定聲請撤銷羈押。

有關引渡羈押或緊急引渡羈押之撤銷、停止、具保、責付、限制住居、限制出境、限制出海或再執行羈押，準用刑事訴訟法第九十三條之二第二項、第九十三條之三至第九十三條之五、第一百零七條第二項至第五項、第一百十條、第一百十一條、第一百十三條、第一百十四條第二款、第三款、第一百十五條、第一百十六條、第一百十六條之二第一項、第二項、第四項、第一百十七條第二項、第三項、第一百十七條之一、第一百十八條第一項、第一百十九條、第一百十九條之一第一項、第二項、第一百二十一條規定。

【第 31 條】[599]

被請求緊急引渡人已逃亡或藏匿者，除確認其不在我國境內或已死亡，應即陳報法務部經由外交部轉知請求國外，得為緊急引渡通緝。

前項之通緝書，由檢察長簽名。

第十八條第二項、第三項及第十九條第一項、第二項規定，於緊急引渡通緝準用之。

【第 32 條】[600]

---

[599] 立法說明：

　一、本條新增。

　二、檢察官為執行請求國之緊急引渡羈押請求，而為引渡拘提時，如被請求引渡人業已逃匿至我國境外或已死亡，因已無協助引渡之必要，檢察官應即陳報法務部經由外交部轉知請求國，以免徒耗司法資源；反之，如被請求引渡人無前述情形，檢察官得為緊急引渡通緝，促使被請求引渡人到案，爰增訂第一項規定。

　三、緊急引渡通緝書應由檢察長簽名，爰增訂第二項規定。

　四、緊急引渡通緝準用引渡通緝相關規定，以利被請求引渡人到案進行引渡程序，爰增訂第三項規定。

[600] 參照現行法第 12 條第 2 項。立法說明：

　一、請求緊急引渡羈押後補提引渡請求之期間不宜過長，爰將現行第十二條第二項前段有關提出引渡請求書之規定修正移列為第一項，以利法務部審查。

　二、請求國於緊急引渡羈押後之引渡請求，因涉及對國家利益、安全及主權有無危害之審查，收受引渡請求之法務部亦應徵詢外交部之意見，以求慎重，爰增訂第二項規定。

請求國應自我國緊急引渡羈押之日起三十日內，依第六條至第八條規定向法務部提出引渡請求。

法務部依第十三條規定審查前項請求時，應並徵詢外交部之意見。

第一項請求國有下列情形之一者，法務部應通知該管檢察署終止引渡程序：

一、 未依第一項規定提出引渡請求。

二、 所提請求有第九條第一項規定之情形。

三、 所提請求有第十條規定之情形而認應拒絕引渡。

四、 請求國未依法務部所定期限補充資料或提出說明。

檢察官接獲前項通知後，被請求引渡人已經緊急引渡通緝者，檢察官應撤銷緊急引渡通緝。已由法院裁定緊急引渡羈押者，檢察官應向法院聲請撤銷緊急引渡羈押。

【第 33 條】[601]

三、 倘請求國未依第一項規定提出引渡請求、未依期限補充資料或提出說明或雖依限提出請求，惟有修正條文第九條第一項應拒絕引渡或第十條得拒絕引渡而認應拒絕引渡之情形，法務部應通知該管檢察署終止引渡程序，爰增列第三項規定。

四、 如被請求引渡人已經緊急引渡通緝，由檢察官撤銷緊急引渡通緝；已由法院裁定緊急引渡羈押者，由檢察官向法院聲請撤銷緊急引渡羈押，以維被請求引渡人之權益，爰增訂第四項規定。

五、 參酌聯合國引渡示範公約第九條第五項、葡萄牙國際刑事司法協助法第三十八條第七項規定，緊急引渡羈押目的非在審查引渡請求有無理由，是該羈押經撤銷後，請求國如再提引渡請求，尚不生重複審查之問題，故刪除現行第十二條第二項後段不得再就同一案件請求引渡之規定。

[601] 參照現行法第 20 條。立法說明：

一、 條次變更。

二、 法院為調查引渡聲請有無理由，應以傳喚方式使被請求引渡人到場，並將審查之日、時及處所，通知檢察官、辯護人，使其等到場陳述對案件、爭點及證據之意見，無須為如刑事訴訟程序之言詞辯論。依修正條文第十六條第二項所示，法院係以「拘提」為原則，「傳喚」為例外，此為法院於收到檢察官所提出之引渡請求時，「拘提」為決定是否為引渡羈押所為之前置行為，除顯有不應引渡之理由，或被請求引渡人已另案羈押、在監執行、收容或其他事由經依法拘禁者，法院應為拘提，法院為拘提後，審酌是否有修正條文第二十四條第一項情形而為引渡羈押；若無羈押之必要，得命具保、責付或限制住居、限制出境或限制出海。是以，第一項之「傳喚」係指法院於決定是否為引渡羈押後，審查是否准予引渡，通知被請求引渡人到場之程序，故法院所傳喚者不外乎以下兩者：一、人身自由未受拘禁之被請求引渡人；二、人身自由已受拘禁之被請求引渡人。故第一項規定與修正條文第二十四條第一項規定之程序迥異。現行第十二條所規範緊急引渡羈押階段，法院尚未受理引渡之請求，自無從傳喚被請求引渡人等到庭陳述意見，另配合現行第十八條之修正，爰刪除現行第一項前段「第十二條第二項及第十八條規定之期間屆滿時」等文字。而法院為釐清案情之必要，亦得依職權調查之，爰將現行第一項後段酌作修正移列為第一項。

三、 被請求引渡人在未依法拘禁其人身自由時，經傳喚無正當理由不到場者，得以引渡拘

法院爲調查引渡許可聲請有無理由，應指定期日傳喚被請求引渡人，並通知檢察官、辯護人到庭陳述意見，爲必要之調查。

被請求引渡人經合法傳喚，無正當理由不到場者，得爲引渡拘提；已逃亡或藏匿者，得爲引渡通緝。

第十六條第二項至第四項、第十七條第二項、第三項、第十八條第二項至第五項、第十九條、第二十條、刑事訴訟法第七十一條第二項第四款、第七十二條、第二百七十二條、第二百八十一條第一項、第二百八十二條及第二百八十三條規定，於前二項情形準用之。

【第 34 條】[602]

檢察官於法院審查引渡案件時，發現請求國之引渡請求有第九條第一項或第十條情形者，應卽陳報法務部。

法務部認引渡請求確有第九條第一項之情形，或有第十條之情形而認應拒絕引渡者，應通知該管檢察署終止引渡程序，並由檢察官提出撤回書向法院撤回引渡許可之聲請。被請求引渡人已由法院裁定羈押者，檢察官應向法院聲請撤銷引渡羈押。

前項情形，檢察官應陳報法務部，法務部於接獲檢察官陳報後，應卽經由外交部轉知請求國。

【第 35 條】[603]

提使其到場；如其已逃亡或藏匿，則得為引渡通緝，爰為第二項規定。
四、　法院審查中所為之引渡傳喚、引渡拘提、引渡通緝，及傳票送達期間、被請求引渡人到庭之義務、在庭之身體自由、在庭義務等，應準用本法及刑事訴訟法之相關規定，爰為第三項規定。
五、　現行第二十條第二項及第三項規定移列修正條文第三十五條，爰予刪除。
[602] 立法說明：
一、　本條新增。
二、　檢察官於法院審查引渡程序時，發現有修正條文第九條第一項、第十條之應拒絕引渡或得拒絕引渡之事由者，應即陳報法務部，爰增訂第一項規定。
三、　法務部審酌後，認引渡請求確有上開應拒絕引渡或得拒絕引渡而認應拒絕引渡者，即應通知該管檢察署終止引渡程序，並由檢察官提出書狀向法院撤回引渡許可之聲請；被請求引渡人業經羈押者，檢察官另應向法院聲請撤銷引渡羈押，爰增訂第二項規定。
四、　檢察官依規定撤回引渡許可之聲請或聲請撤銷引渡羈押時，應陳報法務部，以利法務部經由外交部轉知請求國，使請求國明瞭此一情形，爰為第三項規定。
[603] 立法說明：
一、　本條由現行第二十條第二項及第三項合併修正移列。
二、　除有修正條文第二十一條所定被請求引渡人同意引渡之情形外，法院應就引渡之請求為准駁之裁定，並敘明理由。另配合修正條文第三十三條規定，法院傳喚被請求引渡人，並通知檢察官、辯護人到庭陳述意見，為必要之調查，且引渡聲請並非規定為以判決行之，而係由法院以裁定為准駁，故無須為如刑事訴訟程序之言詞辯論，引渡程

引渡許可聲請，除有第二十一條第一項所定情形外，法院應依其聲請有無理由，分別為准駁引渡之裁定。

【第 36 條】[604]

檢察官或被請求引渡人對法院所爲之裁定不服者，得於裁定送達後五日內抗告於上級法院。但法院依第二十一條第一項所爲許可引渡之裁定，不得抗告。

前項抗告，應以抗告書狀，敘述抗告之理由，提出於原審法院爲之。

【第 37 條】[605]

原審法院認爲抗告不合法律上之程式或法律上不應准許，或其抗告權已經喪失者，應以裁定駁回之。但其不合法律上之程式可補正者，應定期間先命補正。

原審法院認爲抗告有理由者，應更正其裁定；認爲全部或一部無理由者，應於接受抗告書狀後三日內，速將該案卷宗及證物送交抗告法院，並得添具意見書。

【第 38 條】[606]

抗告法院認爲抗告有前條第一項本文之情形者，應以裁定駁回之。但其情形可以補正而未經原審法院命其補正者，應定期間先命補正。

序既無言詞辯論，且引渡案件常因案情繁雜或人數眾多，法院審查時間長短難以估算，自無從規範法院應於言詞辯論終結後一定期間內製作裁定書，爰合併修正現行條文第二項及第三項之規定，移列爲本條。

[604] 立法說明：
一、 本條新增。
二、 爲使檢察官或被請求引渡人對法院所爲引渡羈押、緊急引渡羈押、准否引渡、具保、責付或限制住居等之裁定有救濟之機會，爰增訂第一項規定得於收受裁定後一定期間內，提起抗告。但准予引渡之裁定，如係基於被請求引渡人之同意所爲，自無另賦予其救濟途徑之必要，爰增訂但書規定。
三、 爲利原審法院及抗告法院審酌，抗告應以書狀爲之，並敘述具體理由，爰增訂第二項規定。

[605] 立法說明：
一、 本條新增。
二、 原審法院對於依修正條文第三十六條所提之抗告，應視其形式已否完備，而分爲命補正、駁回之處置，爰增訂第一項規定。
三、 原審法院認抗告有理由者，應更正其裁定；認無理由者，則應將卷宗及證物送交抗告法院。另引渡程序要求迅速，無須調查犯罪內容，只須審查請求國之引渡請求，與刑事訴訟程序迥異，且對於抗告法院所爲之裁定，不得再行抗告，並參考刑事訴訟法第四百零八條第二項規定，明定原審法院得添具意見書，爰增訂第二項規定。

[606] 立法說明：
一、 本條新增。
二、 抗告法院對於原審法院依修正條文第三十七條第二項送交之抗告，亦應先檢視程序是否合法，而分爲命補正或駁回之處置，爰參考刑事訴訟法第四百十一條，增訂第一項規定。

抗告法院認爲抗告無理由者，應以裁定駁回之；認爲抗告有理由者，應以裁定將原裁定撤銷，並自爲裁定。

【第 39 條】[607]

法院准予引渡裁定確定後，爲確保引渡之執行，法官應爲引渡執行羈押，其期間自裁定時起不得逾二月。

第十六條第二項至第四項、第十八條至第二十條、第二十七條至第二十九條、刑事訴訟法第九十三條第五項但書、第六項、第九十八條至第一百條、第一百條之一第一項、第二項規定，於引渡執行羈押準用之。

【第 40 條】[608]

法院准予引渡裁定確定後，該管檢察署應報請法務部陳報行政院，行政院認爲執行引渡適當者，得命法務部發執行引渡命令，交由該管檢察署通知被請求引渡人並指派檢察官指揮執行。

行政院爲不予引渡之決定時，應通知法務部及外交部，並由外交部轉知請求國。

---

[607] 立法說明：
一、本條新增。
二、爲確保引渡之執行，如被請求引渡人已終局確定應予引渡卻未受引渡羈押，爲讓在羈押中之被請求引渡人，於准予引渡裁定確定後，有繼續拘束其人身自由之依據，或爲讓已另案羈押、在監執行、收容或其他事由經依法拘禁之被請求引渡人，準備進入引渡執行程序，爰參考聯邦德國國際刑事司法協助法第三十四條、大韓民國罪犯引渡法第三十七條，增訂第一項規定。
三、引渡羈押及刑事訴訟法羈押之相關規定，性質上於引渡執行羈押有準用之必要，爰增訂第二項規定。

[608] 立法說明：
一、本條由現行第二十一條及第二十二條第一項合併修正移列。
二、引渡事務與總統依憲法行使締約等外交權有間，爰將現行第二十一條第一項及第二十二條第一項由總統核定及准許引渡之規定，修正爲由行政院爲之，並修正陳報程序後，列爲修正條文第一項前段規定。另引渡程序無關乎犯罪事實之認定，與司法、行政權力分立無涉，引渡程序經由司法審查，是爲保障被請求引渡人權利，就引渡被請求引渡人對國家利益、安全及主權有無危害之審查，涉及不同國家間主權與主權間之往來，政府要負政治責任，故須由行政部門做最終決定，並於認執行引渡適當時，交由法務部完成通知及移交被請求引渡人之程序。爰修正現行第二十二條第一項規定，列爲修正條文第一項後段。
三、現行第六條已修正爲修正條文第十二條，規定法務部受理數引渡請求後，送交法院審查之順序，而法院於受理檢察官請求引渡許可之聲請後，依修正條文第三十五條爲准駁引渡之裁定，故法院並無不能依規定定解交之國之情形，爰刪除現行第二十一條第二項規定。另行政院如爲不予引渡之決定，應通知外交部，由外交部轉知請求國，且此時亦無續行引渡執行羈押之必要，應由法務部轉知該管檢察署通知法院釋放被請求引渡人，爰增訂第二項及第三項規定。

法務部於收到前項通知後，應轉知該管檢察署通知法院，法院應卽撤銷引渡執行羈押，並釋放被請求引渡人。

【第 41 條】[609]

行政院同意執行引渡後，外交部應通知請求國依法務部指定之時間、地點及方式接收被請求引渡人。

請求國無正當理由未於前項時間內接收被請求引渡人，視為放棄引渡請求，法務部並應通知法院，法院應卽釋放被請求引渡人。

引渡執行羈押期間已滿，被請求引渡人未經接收者，視為撤銷羈押，法院應卽釋放被請求引渡人。

【第 42 條】[610]

被請求引渡人之移交，由中央政府所在地之高等檢察署檢察官指揮司法警察執行之。

被請求引渡人為婦女、未成年人或身心障礙者，引渡之執行應依保障其權益之相關規定為之。

【第 43 條】[611]

---

[609] 參照現行法第 23 條。立法說明：
　一、條次變更。
　二、現行第二十三條第一項規定六十日之起算時點未臻明確，為免紛爭，爰於第一項規定請求國應依照我國法務部指定之時間、地點及方式接收被請求引渡人，並酌作修正。
　三、請求國未於指定之時間內接收被請求引渡人，卽視為放棄引渡請求，法務部應卽通知法院，由法院釋放被請求引渡人，然未能接收被請求引渡人可能係基於國內發生重大天災或人禍等無法歸責於請求國之因素，爰於第二項前段增列「無正當理由」等文字。至現行第二項後段不得再就同一案件提出請求之規定，配合修正條文第十條第四款之增訂，予以刪除。
　四、引渡執行羈押期滿，被請求引渡人尚未經請求國接收時，因無續行引渡執行羈押之必要，應卽釋放被請求引渡人，爰增訂第三項規定。

[610] 參照現行法第 24 條。立法說明：
　一、條次變更。
　二、引渡之執行，係廣義刑事訴訟執行程序之一環，性質上宜由檢察官指揮司法警察為之；又為便利請求國與我國聯繫，並維事權統一，自以中央政府所在地之高等檢察署較為便捷，爰將現行由行政院指派人員執行之規定，修正為由檢察官於法務部指定請求國接收被請求引渡人之時間後，開立提票指揮司法警察移交被請求引渡人，列為第一項。
　三、另於婦女、未成年人或身心障礙者為被請求引渡人時，應遵循公民與政治權利國際公約及經濟社會文化權利國際公約施行法、消除對婦女一切形式歧視公約施行法、兒童權利公約施行法、身心障礙者權利公約施行法、少年事件處理法等所揭櫫事項，例如由法定代理人陪同在場、隱私權保護、與成年人或一般被告分界等相關司法程序特別保障事項，以妥善保護婦女、未成年人或身心障礙者之權益，爰增訂第二項規定。

[611] 參照現行法第 25 條。立法說明：
　一、條次變更。

因請求引渡所生之費用，除另有約定外，不問引渡是否准許，法務部均得向請求國要求分擔。

【第 44 條】[612]

請求國非經我國政府或被請求引渡人同意，不得追訴或處罰引渡請求書所載以外之犯罪。但被請求引渡人在請求國之訴訟程序終結或刑罰執行完畢後，自願留居達九十日以上者，不在此限。

被請求引渡人於引渡後，在請求國另犯他罪者，請求國仍得追訴或處罰之。

【第 45 條】[613]

請求國非經我國政府或被請求引渡人同意，不得將被請求引渡人再引渡至第三國。但被請求引渡人有前條第一項但書之情形者，不在此限。

第三章　我國向外國請求引渡

【第 46 條】[614]

向受請求國請求引渡，應由法官或檢察官經由法務部轉請外交部提出引渡請求書。

　　二、請求引渡所生之費用，原則上由法務部向請求國請求分。惟個案中如有 特殊情況（如請求國與我國經濟水準差距過大），雙方可透過協商，約定由我方負擔一部或全部，爰修正本條規定，並酌為文字修正。

[612] 參照現行法第 7 條。立法說明：
　　一、條次變更。
　　二、國際引渡實務中之「特定性原則」，係指請求國如未取得受請求國或被請求引渡人同意，僅得追訴請求書所載之引渡犯罪，爰修正第一項規定，並酌作文字修正。
　　三、第二項酌為文字修正。

[613] 參照現行法第 8 條。立法說明：
　　一、條次變更。
　　二、「再引渡之禁止」屬「特定性原則」之一環，係限制請求國於取得我國或被請求引渡人同意前，不得將被請求引渡人引渡至第三國，以符合受請求國或被請求引渡人同意引渡之範圍，爰修正本條規定，並酌作文字修正。

[614] 立法說明：
　　一、本條新增。
　　二、現行法係就請求國向我國請求引渡有所規定。至我國向他國提出引渡請求時，應如何處理，則付之闕如。為使後者有明確之依據，爰於第一項明定我國向他國請求引渡時之方式。
　　三、我國向受請求國請求時，亦可能有情況急迫，而須請求緊急引渡羈押之情形，爰於第二項明定此時應依循之程序。
　　四、司法警察機關偵辦案件，如有向受請求國請求引渡或緊急引渡羈押之需要，因引渡案件涉及司法審查程序，故司法警察機關應先報請檢察官，檢察官如認有提出引渡請求或緊急引渡羈押之必要，即應依第一項及第二項之規定為之，爰增訂第三項。

因情況急迫，而不及提出引渡請求書時，得經受請求國同意，由法務部透過傳眞、電子郵件或其他方式，以書面向受請求國請求緊急引渡羈押。

司法警察機關因追訴犯罪，認有提出引渡請求或緊急引渡羈押之必要者，應報請檢察官依前二項規定爲之。

【第 47 條】[615]

前條第一項引渡請求書及第二項緊急引渡羈押請求文書所應記載之內容，應依受請求國之法律規定，並於不違反我國法律之情況下爲之。

【第 48 條】[616]

受請求國要求我國出具不追訴或處罰引渡請求書所載以外之犯罪、不將被請求引渡人再引渡至第三國或其他特定之保證時，得由法務部部長或其指定之人，在不違反我國法律之情況下爲之。

各級檢察署及檢察分署應受前項保證之拘束。

【第 49 條】[617]

被請求引渡人於我國接收前，因我國所提出之引渡請求，致其人身自由受受請求國拘束之日數，應以一日折抵有期徒刑或拘役一日、或裁判所定之罰金額數。

被請求引渡人無前項刑罰可折抵時，如經宣告拘束人身自由之保安處分者，得以一日折抵保安處分一日。

---

[615] 立法說明：
　　一、本條新增。
　　二、我國向受請求國請求引渡所提出之引渡請求書或請求緊急引渡羈押之文書，其內容應有一定之規範，爰增訂本條，以利受請求國審查。

[616] 立法說明：
　　一、本條新增。
　　二、國際實務上，常見受請求國要求請求國保證一定事項（如不追訴或處罰引渡請求書所載以外之犯罪等），作爲許可引渡之條件。受請求國如要求我國出具此等保證時，可由法務部長或法務部長指定之任何足資代表我國之機關首長或主管爲之，爰增訂第一項。
　　三、受請求國如基於此一保證執行我國之引渡請求，各級檢察署及檢察分署自應遵守該保證內容，爰增訂第二項。

[617] 立法說明：
　　一、本條新增。
　　二、被請求引渡人在我國接收前，其因我國引渡請求之提出而受到受請求國或因接收程序拘束人身自由，爲使上開被請求引渡人人身自由受拘束之日數得以折抵日後相關刑期、罰金或保安處分之日數、額數，爰參考刑法第三十七條之二，增訂本條規定，以保障被請求引渡人之權益。

第四章　附則

【第 50 條】[618]

我國向外國請求引渡，非因可歸責於被請求引渡人之事由而未執行時，於引渡程序中
曾受人身自由拘束之被請求引渡人得依受拘束日數，請求補償。

前項補償之程序、方法、要件及其他相關事項之辦法，由法務部定之，並編列預算執
行。

【第 51 條】[619]

外國政府間引渡人犯，於徵得我國政府之同意後，得通過我國領域。但人犯之通過，
有妨礙我國利益之虞時，得不准許之。

【第 52 條】

本法自公布日施行。

---

[618] 立法說明：
　　一、本條新增。
　　二、人身自由係受憲法保障之基本人權，如因我國向外國提出引渡請求，嗣又非因可歸責於
　　　　被請求引渡人之事由，而未執行引渡時，被請求引渡人於該外國受理此引渡案件之程序
　　　　中，對所遭受之人身自由拘束，應有權請求補償，爰增訂第一項規定。
　　三、第一項所定之補償相關辦法，於第二項明文規定授權由法務部定之，另補償金由法務部
　　　　編列預算統一支付。
[619] 立法說明：條次變更，並酌為文字修正。

附　錄

This Memorandum of Understanding between the Home Office (United Kingdom) and the Judicial Authorities of Taiwan 臺英關於引渡林克穎(Zain Dean)瞭解備忘錄	
本備忘錄基於有效合作打擊犯罪，確實顧及人權與法治，並注意個別司法體制下所做有關公平審判的保證，就林克穎(Zain Dean)之引渡達成諒解。	DESIRING to provide for more effective cooperation in combating crime; HAVING DUE REGARD for human rights and the rule of law; MINDFUL of the guarantees under their respective legal systems which provide an accused person with the right to a fair trial, including the right to adjudication by an impartial tribunal established pursuant to law; Records the understandings which have been reached for the extradition of Zain Dean to Taiwan:
第 1 節 定義 基於本備忘錄之目的， (a)引渡是指基於執行監禁判決之服刑目的，而遞解臺灣權責機關通緝的林克穎(Zain Dean)至該領域； (b) 英國司法當局(The UK Judicial Authority)指依據英國法律被賦予考量引渡請求職責司法機關。	Paragraph 1 Definitions For the purposes of this Memorandum: (a) 'Extradition' means the surrender to Taiwan of Zain Dean who is wanted by the competent authorities in that territory for the purpose of serving a sentence of imprisonment; (b) 'The UK Judicial Authority' means the judicial authority which is charged, under the law of the United Kingdom, with the duty of considering requests for extradition;
第 2 節 引渡安排 英國將依據本備忘錄之條文將林克穎(Zain Dean)移交至臺灣。	Paragraph 2 Arrangement to extradite The UK will surrender Zain Dean to Taiwan in accordance with the provisions of this Memorandum.
第 3 節 准予引渡之罪 1.引渡於以下情形時，將予同意：(a)構成犯罪之行爲如係發生於英國，而構成英國法律可處 12 個月以上徒刑或拘禁；且(b)該行爲業經臺灣判處 4 個月以上徒刑或拘禁。 2.犯罪不論雙方領域之法律是否置於相同種類，或是否以不同用語描述，將爲可引渡之罪。	Paragraph 3 Offences allowing extradition 1. Extradition will be granted where (a) the conduct would constitute an offence under the law of the United Kingdom punishable with imprisonment or another form of detention for a term of 12 months or a greater punishment if it occurred in the United Kingdom, and (b) a sentence of imprisonment or another form of detention for a term of four months or a greater punishment has been imposed in Taiwan in respect of the conduct. 2. An offence will be an extraditable offence whether or not the laws of the territories place the offence within the same category or describe the offence by

第 4 節
拒絕引渡
以下情形得拒絕引渡：

(a) 英國司法當局認爲，關於先前的無罪釋放或有罪判決，如果請求引渡之罪如在英國領域內起訴，依據法理(rule of law)，林克穎(Zain Dean)有權利獲得釋放；

(b) 英國司法當局認爲，對於林克穎(Zain Dean)的引渡請求，係基於其種族、宗教、國籍、性別、性傾向或政治信仰而起訴或處罰；或認爲該人在審判時可能受歧視，或可能基於上述之任何理由而拘禁或限制人身自由；

(c) 英國司法當局認爲，由於時間的經過，林克穎(Zain Dean)所犯之罪的引渡將會是不公或苛刻；

(d) 英國司法當局認爲，引渡不符林克穎(Zain Dean)之人權；

(e) 英國司法當局認爲，林克穎(Zain Dean)的身心狀況已到了引渡將會是不公或苛刻的狀態；

(f) 英國司法當局認爲，林克穎(Zain Dean)之判決爲缺席判決，但
　　(i)本人於審判時蓄意不出庭，或
　　(ii)已提出保證將給予重新審理(retrial)或上訴時重新審查(review)者不在此限；

(g) 引渡將牴觸 1951 年難民地位公約(Convention relating to the Status of Refugees) ；

(h) 林克穎(Zain Dean)可能被判死刑，除非以書面保證將不科以死刑，或如科以死刑並不會執行；

(i) 臺灣與英國沒有特定原則的協議安排；

(j) 其他因任何英國國內法之原因而禁止引渡。

different terminology.

Paragraph 4
Grounds for refusal
Extradition may be refused if:

(a) it appears to the UK Judicial Authority that Zain Dean would be entitled to be discharged under any rule of law relating to previous acquittal or conviction if he were charged with the offence for which extradition is sought in the territory of the UK;

(b) it appears to the UK Judicial Authority that the request for Zain Dean's extradition has been made for the purpose of prosecuting or punishing him on account of his race, religion, nationality, gender, sexual orientation or political opinions; or that he may be prejudiced at trial, or that he will be detained or otherwise restricted in his personal liberty, for any of those reasons.

(c) it appears to the UK Judicial Authority that it would be unjust or oppressive to extradite by reason of the passage of time since Zain Dean is alleged to have committed the offence for which his extradition is sought;

(d) it appears to the UK Judicial Authority that extradition would be incompatible with Zain Dean's human rights;

(e) it appears to the UK Judicial Authority that the physical or mental condition of Zain Dean is such that it would be unjust or oppressive to extradite him;

(f) if it appears to the UK Judicial Authority that Zain Dean has been convicted in absentia, unless:
　　(i) he deliberately absented himself from his trial; or
　　(ii) an assurance is provided that he will be entitled to a retrial or (on appeal) to a review amounting to a retrial.

(g) extradition would be contrary to the 1951 Convention Relating to the Status of Refugees;

(h) Zain Dean could be sentenced to death, unless a written assurance is given that a sentence of death will not be imposed, or, if imposed, will not be carried out;

(i) there are no speciality arrangements in place between the UK and Taiwan;

(j) extradition is barred for any other reason under the domestic law of the UK.

第 5 節
引渡程序與所需文件
1. 引渡之請求應以書面為之。
2. 引渡之請求應向英國內政大臣(Secretary of State for the Home Department)為之。
3. 請求引渡應提供：
(a) 關於林克穎(Zain Dean)的確實敍述，連同任何有助於確認身分及可能所在位置之資訊；
(b) 犯罪事實之陳述；
(c) 所引渡之罪相關法律內容構成要件；
(d) 所引渡之罪相關法律之處罰；
(e) 相關的證據證明交付審判的正當性，或屆時於英國實施逮捕時英國法律相關部分之相對應證明；
(f) 法官或檢察官核發之逮捕令狀。
4. 引渡所附隨之文件如以英國接受之方式認證(authenticated)時，得接受並認可於引渡程序中做為證據。
5. 如果英國認為有需要進一步提供資料，得請求在指定的時間內提供。

第 6 節
語言
雙方領域所提出之文件應以英文提出，或附英文翻譯並以英國接受之方式認證。

第 7 節
暫時逮捕
1. 情況急迫時，臺灣司法當局在引渡之請求完整提出前，得請求暫時逮捕林克穎(Zain Dean)。
2. 暫時逮捕之請求應向英國內政大臣(Secretary of State for the Home Department)為之。
3. 暫時逮捕之請求應包括：
(a) 林克穎(Zain Dean)之詳細敍述；

Paragraph 5
Extradition procedures and required documents
1. The request for extradition will be made in writing.
2. The request for extradition will be made to the Secretary of State for the Home Department.
3. The request for extradition will be supported by:
(a) as accurate a description as possible of Zain Dean, together with any other information that would help to establish identity and probable location;
(b) a statement of the facts of the offence;
(c) the relevant text of the law(s) describing the essential elements of the offence for which extradition is requested;
(d) the relevant text of the law(s) prescribing the punishment for the offence for which extradition is requested;
(e) such evidence as would justify committal for trial or the equivalent under the laws of the relevant part of the United Kingdom, where arrest is effected; and
(f) a copy of the warrant or order of arrest issued by a judge or prosecutor.
4. The documents which accompany the extradition request will be received and admitted as evidence in extradition proceedings if they are authenticated in a manner accepted by the law of the UK.
5. If the UK considers that further information is needed the UK may request that additional information be furnished within such time as it specifies.

Paragraph 6
Language
All documents submitted by either territory will be in English or accompanied by an English translation which is authenticated in a manner accepted by the law of the UK.

Paragraph 7
Provisional arrest
1. In an urgent situation, the Judicial Authorities of Taiwan may request the provisional arrest of Zain Dean pending the making of a full request for extradition.
2. The request for provisional arrest will be made to the Secretary of State for the Home Department.
3. The application for provisional arrest will contain:
(a) a description of Zain Dean;
(b) the location of Zain Dean, if known;
(c) a brief statement of the facts of the case including, if possible, the date and location of the offence;

(b) 林克穎(Zain Dean)之所在位置，如果知悉；

(c) 案件事實的簡要敍述，如果可能的話或，包括犯罪日期及地點；

(d) 所犯法條；

(e) 林克穎(Zain Dean)之逮捕令狀、有罪判決或確定判決之原本；及

(f) 以書面聲明有關林克穎(Zain Dean)之佐證文件會依據本備忘錄第7(5)節所定之時間內提出。

4. 關於暫時逮捕的決定及無法進行的原因，臺灣司法當局將會立即收到通知。

5. 臺灣司法當局應於暫時逮捕之日起60日內，依據本備忘錄第5節提出完整之引渡請求。

6. 未遵循本備忘錄第7節第5項之規定者，將導致該人之釋放。

7. 依據本備忘錄第7節第6項而釋放者，不排除該人之再逮捕及引渡。

第8節
決定與遞解

1. 英國應即通知臺灣司法當局有關於引渡請求之決定。

2. 如請求之全部或一部被拒絕時，除基於保密之義務外，英國應提供有關拒絕理由之資料。英國於接獲請求時，將應提供相關司法判決之影本。

3. 如引渡之請求獲得同意，雙方領域將安排林克穎(Zain Dean)之遞解。

4. 引渡程序結束後，林克穎(Zain Dean)應於28日內引渡，如有情況使得英國無法在時限內遞解林克穎(Zain Dean)時，應即通知臺灣。雙方領域將決定新的期間。

第9節
延後移交及有條件移交

1. 英國得基於對林克穎(Zain Dean)進行起訴，或基於執行有罪判決之目的而

(d) a description of the law(s) violated;

(e) the original or a copy of the warrant or order of arrest, the finding of guilt, or the judgment of conviction against Zain Dean; and

(f) a statement that the supporting documents for Zain Dean will follow within the time specified in Paragraph 7(5) of this Memorandum.

4. The Judicial Authorities of Taiwan will be notified without delay of the decision on its request for provisional arrest and the reasons for any inability to proceed with the request.

5. The Judicial Authorities of Taiwan must submit a full request for extradition in compliance with Paragraph 5 of this Memorandum within sixty (60) days of the date of provisional arrest.

6. A failure to comply with Paragraph 7(5) of this Memorandum may result in the discharge of the person sought.

7. The fact that the person sought has been discharged from custody pursuant to Paragraph 7(6) of this Memorandum will not prejudice the subsequent re-arrest and extradition of that person.

Paragraph 8
Decision and surrender

1. The UK will promptly notify Taiwan through the Judicial Authorities of Taiwan of its decision on the request for extradition.

2. If the request is refused in whole or in part, the UK will, unless obligations as to confidentiality prevent it, provide information as to the reasons for the refusal. The UK will provide copies of pertinent judicial decisions upon request.

3. If the request for extradition is granted, the authorities of the Territories will make arrangements for the surrender of Zain Dean.

4. At the conclusion of the extradition proceedings, Zain Dean must be extradited within 28 days. If circumstances prevent the UK from surrendering Zain Dean within that timeframe, it will notify Taiwan. The Territories will decide upon a new period of time for surrender.

Paragraph 9
Postponed and conditional surrender

1. The UK may postpone the surrender of Zain Dean in order to proceed against him or, if he has already been convicted, in order to enforce a sentence of

延後移交林克穎(Zain Dean)，於此情
況應告知臺灣。

2. 如不依本備忘錄第 9 節第 1 項延後移
交，英國得依據雙方領域所決定之條
件將林克穎(Zain Dean)暫時移交臺
灣。

第 10 節
複數引渡請求

如英國接獲臺灣及其他領域請求引渡林
克穎(Zain Dean)，不論針對同一犯罪或
不同犯罪，英國將決定首先考慮引渡請
求的國家。要做成決定時，英國應考慮
所有相關事實，包括但不限於：

(a) 犯罪的相對嚴重性；

(b) 犯罪所為地點(或涉嫌所為地點)；

(c) 請求接收的日期；及

(d) 各犯罪案件中，林克穎(Zain Dean)是
否被控告從事犯罪或已被判刑確
定。

第 11 節
特定原則

1. 除有以下情形外，對於林克穎(Zain
Dean)於引渡前所犯之罪，臺灣不得
予以處置：

(a) 所引渡之罪；

(b) 臺灣提供關於該犯罪的資訊所揭露
之犯罪；

(c) 經英國同意予以處置之犯罪。

2. 基於本備忘錄第 11 節(1)(c)之目的而
做成請求時，英國得請求提出本備忘
錄第 5 節所需之文件；

3. 有以下情形時，本節第(1)項及第(2)
項之規定不因而致使林克穎(Zain
Dean)於引渡前所犯之罪免於處置：

(a) 於引渡之後已經離開臺灣，但自願
返回臺灣；

(b) 已給予機會離開臺灣而一直未離
開。

imprisonment. In such a case the UK will advise Taiwan accordingly.

2. The UK may, instead of postponing surrender under Paragraph 9(1) of this Memorandum, temporarily surrender Zain Dean to Taiwan in accordance with conditions to be decided between the Territories.

Paragraph 10
Multiple requests for extradition

If the UK receives requests from Taiwan and from any other territory for the extradition of Zain Dean, either for the same offence or for a different offence, the UK will determine which of the requests for extradition will be considered first. In making the decision, the UK will consider all relevant facts, including but not limited to:
(a) the relative seriousness of the offences concerned;
(b) the place where each offence was committed (or was alleged to have been committed);
(c) the date on which the requests were received; and
(d) whether, in the case of each offence, Zain Dean is accused of its commission (but not alleged to have been convicted) or has been convicted.

Paragraph 11
Speciality

1. Zain Dean may not be dealt with in Taiwan for any offence committed before extradition save for:
(a) the offence in respect of which he has been extradited;
(b) an offence disclosed by the information provided by Taiwan in respect of that offence; or
(c) an offence in respect of which consent to his being dealt with is given by the UK.

2. Where a request for the purpose of Paragraph 11(1)(c) of this Memorandum is made, the UK may require the submission of the documents called for in Paragraph 5 of this Memorandum.

3. Paragraphs 11(1) and (2) of this Memorandum will not prevent Zain Dean being dealt with for an offence committed before extradition where he:
(a) has left Taiwan after the extradition but has voluntarily returned to it; or
(b) has not left the territory of Taiwan despite having been given an opportunity to do so.

第 12 節 同意 如林克穎(Zain Dean)以書面同意移交至臺灣，儘管第 5 節之要件一直未有符合，英國仍得快速移交林克穎(Zain Dean)。	Paragraph 12 Consent If Zain Dean consents in writing to surrender to Taiwan, the UK may, notwithstanding that the requirements of Paragraph 5 of this Memorandum have not been met, surrender Zain Dean as expeditiously as possible.
第 13 節 物之扣押與移交 1. 英國依據國內法在不損及他人權利的情況下，扣押以下所述之物品，並於林克穎(Zain Dean)引渡時將其一併遞交臺灣，或之後立即爲之： (a) 用以犯罪之物或構成犯罪證據之物；及 (b) 犯罪時取得之物，而如果是逮捕之時仍在林克穎(Zain Dean)持有。 2. 如前項所指之扣押物品對於在英國之犯罪偵查或起訴有需要時，得延遲該等物品之遞送，或該等物品得以在臺灣的訴訟結束後會送回爲條件之下遞送。 3. 依據英國法律或基於保護第三人權利之必要，任何遞送之物如經他方領域請求時,應於訴訟完成後返還而不得收取費用。	Paragraph 13 Seizing and surrender of property 1. The UK will, within the authority of its domestic law and without prejudice to the rights of others, seize the materials stated below and deliver the same to Taiwan at the time of extradition of Zain Dean or immediately thereafter: (a) items used in the commission of the offence or which constitute evidence of the offence; and (b) items obtained during the commission of the offences if they are in the possession of Zain Dean at the time of the arrest. 2. If the seized materials referred to in Paragraph 13(1) of this Memorandum are required for an investigation or for the prosecution of an offence in the UK, then the delivery of those materials may be delayed, or those materials may be delivered on the understanding that they will be returned after the conclusion of the proceedings in Taiwan. 3. Where the law of the UK or the protection of the rights of third parties so requires, any property so delivered will be returned to the UK free of charge after the completion of the proceedings, if that territory so requests.
第 14 節 程序 除本備忘錄另有規定外，有關引渡及暫時逮捕之程序僅依英國法律規範之。	Paragraph 14 Procedure Except where this Memorandum otherwise provides, the procedure with regard to the extradition and provisional arrest will be governed solely by the law of the UK.
第 15 節 代表出席與費用 1. 基於臺灣的利益，英國將提供諮詢、協助與代表，安排於任何關於請求引渡的法庭訴訟中代表出席。 2. 臺灣負擔林克穎(Zain Dean)移送之交通費用，英國應支付於該國境內因引	Paragraph 15 Representation and expenses 1. The UK will arrange for the interests of Taiwan to be represented in any court proceedings directly concerning the request for extradition by arranging for the provision of advice, assistance, and representation. 2. Taiwan will bear the expenses related to the transport of Zain Dean at his surrender. The UK will pay all other expenses incurred in that territory as a direct

渡訴訟直接衍生之費用。 3. 雙方領域均不得向他方就林克穎(Zain Dean)之逮捕、拘禁、鑑定或移交，爲金錢上之主張。	result of the extradition proceedings. 3. Neither territory will make an pecuniary claim against the other territory arising out of the arrest, detention, examination or surrender of Zain Dean.
第 16 節 生效日期 本備忘錄於簽署之日生效。	Paragraph 16 Effective date This memorandum will come into effect on the date of signature.

參考文獻

柯雨瑞、吳佳霖、黃翠紋，試論外國人與大陸地區人民收容、驅逐出國及強制出境之司法救濟機制之困境與對策。中央警察大學國土安全與國境管理學報，第 29 期，2018 年

陳榮傑，引渡之理論與實踐，三民書局，1985 年 1 月

游啟忠・條約在我國國內法上之地位及其適用(七)，法務通訊第 1596 期 (第三版)，1992 年 10 月 29 日

國際刑事司法互助研討會會議資料，法務部，2005 年 7 月 27 日至 29 日

陳新民、黃富源、吳志光等，廢除死刑暨替代方案之研究，法務部委託研究報告(PG 9603-0122)，2007 年 12 月 10 日

林超駿，提審法、人身保護令狀與外國人驅逐出國程序，第七屆「憲法解釋之理論與實務」學術研討會，中央研究院法律研究所，2009 年 12 月 12 日

法務部新聞稿，本部對蘇格蘭高等法院宣判不予引渡林克穎回臺服刑之回應，2019 年 6 月 7 日

許義寶，論驅逐出國與強制出境之法規範，收錄於國境執法與合作一書，黃文志、王寬弘主編，五南，初版，2020 年 1 月

蔡震榮，由人身自由與居住遷徙自由限制論行政上的強制執行，收錄於國境執法與合作一書，黃文志、王寬弘主編，五南，初版，2020 年 1 月出版

Bibliography

A Review of the United Kingdom's Extradition Arrangements (Following Written Ministerial Statement by the Secretary of State for the Home Department of 8 September 2010) Presented to the Home Secretary on 30 September 2011

Anthony Cowgill and Andrew Cowgill, *the European Constitution in Perspective*, British Management Data Foundation, Gloucestershire England, December 2004

Appeal Court, High Court of Justiciary, *Appeal under Section 108 of the Extradition Act 2003 by ZAIN*

Appeal Court, High Court of Justiciary, *Appeals under Sections 103 and 108 of the Extradition Act 2003 by Zain Taj Dean against (first) the Lord Advocate and (Second) the Scottish*

Ministers, [2015] HCJAC 52, 24 June 2015

Appeal Court, High Court of Justiciary, *Appeals under Sections 103 and 108 of the Extradition Act 2003 by Zain Taj Dean against (first) the Lord Advocate and (Second) the Scottish Ministers*, [2016] HCJAC 83, 23 Sep. 2016

Bruce Zagaris, *U.S. Efforts to Extradite Persons for Tax Offenses* Loy. L.A. Int'l Comp. L. Rev. 2003

Duane K. Thompson, *The Evolution of the Political Offense Exception in an Age of Modern Political Violence,* Yale J. of World Public Order, Vol. 9:315, 1983

Gavan Griffith QC & Claire Harris, *Recent Developments in the Law of Extradition* Melbourne J. of Int'l L. Vol. 6, 2005

Geoff Gilbert, *Transnational Fugitive Offenders in International Law, Extradition and Other Mechanisms,* Martinus Nijhoff Pulishers, 1998

Geoffrey R. Watson, *Offenders Abroad: The Case for Nationality Based Criminal Jurisdiction*, Yale Journal of International Law, Winter, 1992

Harvard Research in International Law, Amer. J. Int'l L., Vol. 29, 1935

Home Office, *Extradition in criminal investigation cases*, Version 6.0, published for Home Office staff on 19 June 2020

Iain Cameron, *The Protective principle of international criminal jurisdiction*, Dartmouth, 1994

INTERPOL: Red Notices, The Law Library of Congress, Global Legal Research Center, July 2010

Ivan A Shearer, *Extradition in International Law*, Oceana, 1971

Jacques Semmelman, *Federal Courts the Constitution and the Rule of Non-Inquiry in International Extradition Proceedings*, Cornell L. Rev. Vol. 76, Issue 6, Sep. 1991

John F. Murphy, *Punishing International Terrorists: The Legal Framework for Policy Initiatives,* Rowman Allanheld Publishers, 1985

John Quigley, *The Rule of Non-Inquiry and Human Rights Treaties*, Cath. U. L. Rev. Vol. 45 Issue 4, 1996

John T. Parry, International Extradition, *The Rule of Non-Inquiry, and the Problem of Sovereignty,* Bos. L. Rev. Vol. 90, 2010

L. Oppenheim, *International Law: A Treatise,* Longmans Greens, and Co., 8th ed., 1955

M. Cherif Bassiouni & Edward M. Wise, *AUT DEDERE AUT JUDICARE: The Duty to Extradite or Prosecute in International Law,* Martinus Nijhoff Publishers, 1995

M. Cherif Bassiouni and Ved P. Nanda, *A Treatise on International Criminal Law,* Vol. II, Springfield, Illinois: Charles C. Thomas, Publisher, 1973

M. Cherif Bassiouni, *International Extradition, United States Law and Practice*, Oceana publications, Inc., 2007

M. Cherif Bassiouni, *International Extradition, United States Law and Practice*, Oceana publications, Inc. February, 1983

Marjorie Whiteman, *Digest of International Law*, 1968

Message to the Congress Transmitting the Hong Kong-United States Extradition Agreement,

Weeekly Compilation of Presidential Documents Volume 33, Issue 10

Michael Aidan O'Connor, *International Extradition and the Political Offense Exception: The Granting of Political Offender Status to Terrorists by United States Courts,* N.Y.L. Sch. J. Int'l & Comp. L. No. 3 Vol. 4, 1983

Michael Plachta *(Non-) Extradition of Nationals: A Neverending Story?* Emory Int'l L Rev., Spring, 1999

Ribia Anne Cebeci, *International Extradition Law and the Political Offense Exception: The Traditional Incidence Test as a Workable Reality,* Loy. L.A. Int'l & Comp. L. Rev., Vol. 10, 1988

Rob Blekxtoon & Wouter van Ballegooij, *Handbook on the European Arrest Warrant*, T.M.C ASSER Press, 2005

Roberto Iraola, *Foreign Extradition and In Absentia Convictions,* Seton Hall L. Rev. Vol 39, 2009

Ronald J. Hedges, *International Extradition: A Guide for Judges,* Federal Judicial Center, 2014

Secretary of State to the Senate Committee on Foreign Relations and the House Committee on International Relations, *Report on International Extradition pursuant to Section 211 of Public Law 106-113*

Sharon A. Williams and Jean-Gabriel Caste, *Canadian Criminal Law: International and Transnational Aspects*, Osgoode Digital Commons, 1981

Sharon A. Williams, *The double criminality rule and extradition: A Comparative Analysis*, Nova L. Rev. Vol. 15, Issue 2, 1991

Sibylle Kapferer, *The Interface between Extradition and Asylum,* UNHCR Department of International Protection, 2003

Speedy Rice & Renee Luke, *U.S. courts, the Death Penalty, and the Doctrine of Specialty: Enforcement in the Heart of Darkness,* Santa Clara L. Rev. Vol. 42 No. 4, 2001

TAJ DEAN Appellant against (FIRST) THE LORD ADVOCATE and (SECOND) THE SCOTTISH MINISTER, [2019] HCJAC 31, 6 June, 2019

The Supreme Court, JUDGMENT *Lord Advocate (representing the Taiwanese Judicial Authorities) (Appellant) v Dean (Respondent) (Scotland)*, [2017] UKSC 44, 28 June 2017.

Treaties and Other International Agreements: The Role of the United States Senate (A Study Prepared for the Committee on Foreign Relations United States Senate by the Congressional Research Service Library of Congress,) 6th Congress 2d Session, Jan. 2001

Zsuzsanna Deen-Racsmany, Judge Rob Blekxtoon, *The Decline of the Nationality Exception in European Extradition? The Impact of the Regulation of (Non-) Surrender of nationals and Dual Criminality under the European Arrest Warrant,* para 3.1 The achievements of the EAW at the national level, European Journal of Crime, Criminal Law and Criminal Justice, 2005

第四章

境外取證

第一節　境外取證的歷史與國際發展

第一項　概說

　　由於普通系與大陸法系兩大主要法系國家的刑事訴訟制度壁壘分明，連帶使得跨國及國際犯罪的合作及整合形成困難。普通法系國家強調爭議的解決是訴訟兩造的事，法官主要針對檢察官及被告在審判中提出的證據給予評價，但大陸法系國家追求真實發現，法官扮演了更積極的角色，必須檢驗起訴的法律要件，並注意對被告的有利事項，必要時，法官必須完成證據的提出，或要求補足調查。兩大法系國家法官職務的根本差異，使得刑事訴訟程序也不同，在普通法系國家，訴訟雙方對於不需要聲請法官強制處分的事項，都得以進行取證。[1]

　　大陸法系國家則有不同，早期訴訟雙方都不得取證，取證是法官獨占的權利（職權調查原則），嚴格來說，只有當案件進到法院時才會有取證，偵查階段對證人所取得之證詞並非嚴格意義的取證，只是蒐集及保全證據資料的準備行為，且僅能由獲得授權偵查之機關進行蒐集，並供法院審理，因而早期在大陸法系國家，嚴格意義的取證及證據保全等不能由私人進行。[2]

　　換言之，早期司法協助本質，在普通法系國家觀念中，法官無論為了國內或國外的訴訟，是基於為了協助無法取證的一方進行取證，而大陸法系國家則相反，不管國內或國外訴訟，證據的取證及保全向來賦予機關及法院，當有需要取得及保全證據時，原則上只能求諸屬地國權責機關或法院，而在刑事案件中，是由當地的權責調查機關來代替請求方的機關或法院去執行。又由於刑事訴訟法本質上是規範管轄領域內犯罪的偵查、起訴與審判，因此就執行國而言，這種程序作為並非刑事訴訟程序的一

---

[1] M. Cherif Bassiouni & Ved P. Nanda, *A Treatise on International Criminal Law, Vol. II Jurisdiction and Cooperation*, Charles C. Thomas, 1973, at 171-172.
[2] *Id.* at 173-174.

環，最早也是規範在引渡條約中。[3]

　　國家需要依賴他國協助犯罪偵查、起訴及打擊日益增加的跨國犯罪；長久以來，歐陸大陸法系國家已體認到處理跨國犯罪案件的相互依存，以及必須協商正式的合作協定，且其於利用條約或內國法協助取得、提供及使用刑案證據方面一直居於領先地位，開拓了各種刑事互助程序與規範內國法規定。然而，普通法系國家遲至近代才注意對境外取證及提供互助，普通法系國家不如大陸法系國家感到有境外取證的需求，主要是因普通法系國家對於犯罪管轄原則基本上採屬地原則，不像大陸法系國家定有廣泛的領域外犯罪管轄權，特別是國民在國外犯罪或成為被害人；大陸法系國家並認為，有訂定條約及法律來規範此種取證及協助程序之必要。普通法系國家由於對質與交互詰問上的問題，直到近代才覺得有需要發展一套既能從其他國家取得證據又能有效保障權利的制度，並開始考慮修改刑事訴訟法則，容許證物於訴訟程序上使用，例如美國於 1975 年修訂的聯邦刑事訴訟規則，對於身在他國但拒絕前來作證時，檢察官可以取得及引用其證言。[4]

　　大陸法系國家有關國際刑事合作的法律，最早只有幾個國際協定，並且侷限在程序的執行原則，在二次世界大戰前，除國際協定外，搜索或扣押等強制處分適用於大陸法系國家的國際刑事合作，只見於比利時、阿根廷、挪威、法國、德國及義大利等國家，[5]而即使當時這些強制處分合法，仍受到相當的質疑，因為當時並無法律或條約上的依據。[6]

　　被請求國提供司法協助程序，基本上不視為國內刑事程序的一部分，而是自成一格的程序(procedure sui generis)，被請求國為執行司法互助請求，而在檢察機關設置運作機制並適用刑事訴訟法規，是基於實務的考慮，司法互助程序不因此轉換或改變為刑事訴訟程序，即便有些國家，將國際司法互助的條文規定在刑事訴訟法仍然不變。國家的刑事程序，是國家的起訴權利，司法互助程序則是基於國際法及協定所訂的原則，目的是執行外國的起訴權利，因而在條約中，如歐洲刑事司法互助公約第 3 條規

---

[3] *Ibid.*

[4] Michael Abbell, *Obtaining Evidence Abroad in Criminal Cases*, Nartinus Nijhoff Publishers, Feb. 2007, at 1-1 to 1-3.

[5] Bassiouni, *supra* note 1, at 176; 按 1927 年之前只有 3 個地方有規定，即(1)1874 年比利時引渡法、(2)1885 年阿根廷刑事訴訟法，及(3)1915 年挪威司法組織法。1927 年法國及其屬地多哥(Togo)頒布了引渡法，其中亦有幾項國際刑事合作的條文規定。第一份詳細的立法是 1929 年的德國引渡法，之後義大利於 1930 年在刑事訴訟法新法當中，亦有類似的立法。（由此可以看出，司法互助最早是隱身於引渡法制中）。

[6] Ibid.

定:「……被請求國應依本國法律規定之方式執行之」。被請求國之刑事訴訟法並不是直接適用,而是隨著必要的改變(mutatis mutandis)而適用,司法互助是為了協助外國的訴訟,本身是可以用全然不同的一套法規來規範,未必需要本國既有法規來規範。[7]

國家要取得國外證據,早先仰賴傳統的「調查委託書(letters rogatory)」制度,當證人不願作證或提供證據時,即必須請求外國提供協助,以調查委託書強制提出證據。[8]由於調查委託書非以條約為依據,因此不能保證被請求國或法院必定會給予協助或如何協助,[9]調查委託書的司法協助是基於睦誼(comity)而不是條約,司法協助程序是依據被請求國司法程序,性質屬於裁量性,且方式不必然會遵循本國方式。又調查委託書在刑事偵查階段不適用,且較司法互助條約更為費時而難以預料,這主要是因為調查委託書的執行不是基於條約,而是法院之間的睦誼。基於以上原因,除非沒有司法互助條約時,檢察官才會將調查委託書做為最後手段。相對地,因為私人不能援用司法互助條約,被告辯護人及民事訴訟當事人只能利用調查委託書。[10]

基本上,調查委託書須循外交管道提出,且無明文規定請求協助的範圍,復因普通法系國家與大陸法系國家在偵查與訴訟的法制傳統上有根本差異,使得這種蒐集證據的方式在時效上已無法符合現代要求,加上恐怖主義及跨國組織犯罪興起等原因,到了 20 世紀中期,證據調查協助方式的改變已刻不容緩,因而促使了新的合作蒐集證據概念的產生,即刑事司法互助(Mutual Legal Assistance in Criminal Matters)。

第二項　歐洲國家的司法互助制度演進

國際法學者不認為國際習慣法國家有相互提供司法協助的義務。當缺乏條約或協定時,司法協助是基於睦誼(comity)或善意(courtesy),且通常要有互惠(reciprocity)之下,出於國家之自願而提供,至於國內法,則是在欠缺國際條約,或協定沒有規範時才適用;有條約可以適用時,國內法居於輔助及補充的作用。對締約國而言,司法互

---

[7] *Id.* at 194

[8] *Preparation of Letters Rogatory,* http/travel.state.gov/law/judicial/judicial_683.html (last visited on Nov. 10, 2021)

[9] T. Markus Funk, *Mutual Legal Assistance Treaties and Letters Rogatory,* A Guide for Judges, Federal Judicial Center, 2014, at 19-20.

[10] *Ibid.* at 2-3.

助公約優先應適用，其次適用雙邊協定及有拘束力之國際習慣，沒有協定時才適用國內法及國際睦誼。[11]

　　歐洲直到 19 世紀後半才開始將刑事司法互助的法律系統化，在那之前，只有一些以引渡爲主的國際條約在「其他事項」中有訂司法協助，這些「其他事項」也僅是國際引渡談判時的附帶條文。最早有記載的司法互助條文見諸 1793 年 11 月 29 日德國境內「漢諾威選侯國(Electorate of Hanover)」與「薩克森哥塔公國(Dukedom of Sachsen-Gotha)」所訂的條約，規定：「刑事案件之請求如不是爲了引渡，而只是爲了訊問證人或其他人時，兩國法院應基於應盡義務(due obligingness)而相互協助，如請求之法官認有逮捕證人或其他人之必要時，亦不得拒絕」。[12]

　　基於作證及對質之目的而將人移交外國者，首見於 1808 年瑞士與巴登、1828 年瑞士與奧地利及 1828 年瑞士與法國所締結的引渡條約。荷蘭與漢諾威王國於 1817 年簽訂的「罪犯互惠引渡條約(Reciprocal Extradition of Criminals)」訂有「基於對質目的而移送罪犯」之條文，荷蘭與比利時於 1843 年簽訂之引渡條約，以及荷蘭與法國於 1844 年簽定了更實質的司法互助義務。司法互助中關於送達的規定，首見於 1869 年比利時與義大利簽訂的引渡條約及同年比利時與法國簽訂的引渡條約，這些條約同時也規定證人的訊問並概括規定「其他偵查作爲(any other measures of investigation)」。另法國與巴伐利亞王國(Kingdom of Bavaria)於同年締結的條約規定中，有互助取證的義務。在財物遞交(delivery of property)方面，則首見於 1917 年德國與土耳其引渡條約，規定私人持有的物品於必要時得予以查扣。[13]

　　早先，歐洲大陸法系國家未與普通法系國家簽訂刑事司法互助條約，當時的英國以國內法沒有相關規定而拒絕協助。[14]第一個有關搜索扣押證據的司法互助的立法是 1868 年 4 月 5 日的比利時引渡法，其於第 11 條規定，得代替外國機關搜索扣押證據；英國於 1870 年 8 月 9 日的引渡法第 24 條中，也規定了證人的訊問。此外，阿根廷則是第一個大幅承認司法互助的國家，其 1888 年的刑事訴訟法第 663 條規定：「外國權責機關的司法互助請求，除該刑事案件爲政治性質外，應經外交管道傳遞，並將其轉交權責司法機關」。只是當時除了這些少數實例外，其他國家對於提供刑事司法

---

[11] M. Cherif Bassiouni, *International Criminal Law, Vol. II, Procedural and Enforcement Mechanisms, Second Edition*, Transnational Publishers, Inc., 1998, at 362-363.

[12] Bassiouni, *supra* note 1, at 195-196.

[13] *Id.* at 196-197.

[14] *Id.* at 197.

互助仍舊遲疑，[15]直到 20 世紀，許多國家才開始在刑事訴訟法、引渡法或特別法中訂定刑事司法互助條文。[16]

刑事司法互助的最重要發展是在 20 世紀中期，這時期有許多刑事司法互助條約的締結，特別是原本沒有刑事司法互助法律規定的國家也開始簽訂對外條約，促使刑事司法互助形成一套體制。隨著法律及條約的發展，刑事司法互助的必要性增加，認為司法互助應該更具便利性，因而許多傳統觀念被揚棄，例如 1958 年 1 月 17 日「德國比利時引渡及司法互助條約(German-Belgium Treaty on Extradition and Judicial Assistance in Criminal Matters)」首次將雙邊可罰原則自條約中去除，只有在請求搜索或扣押時，才當成是否核准的要件。歐洲這種緊密的刑事合作新趨勢，也形成了幾個多邊刑事司法互助協定的簽訂，例如 1948 年瑞典、挪威及丹麥達成協議，同意相互協助執行刑事判決，包括罰金、沒收及訴訟費用等，該協定於 1963 年有芬蘭及冰島加入；之後有 1959 年 4 月 20 日「歐洲刑事司法互助公約(European Convention on Mutual Assistance in Criminal Matters) 」、1964 年 11 月 30 日「道路交通罪處罰歐洲公約(European Convention on the Punishment of Road Traffic Offences) 」及 1964 年 11 月 30 日「緩刑及假釋人犯監控歐洲公約(European Convention on the Supervision of Conditionally Sentenced or Conditionally Released Offenders) 」，其他例如 1962 年 6 月 27 日「比荷盧引渡與刑事司法互助條約」。[17]

上述第一個刑事司法互助的重要文件，是歐洲理事會於 1959 年 4 月 20 日制定並於 1962 年 6 月 12 日生效的「刑事司法互助歐洲公約(European Convention on Mutual Assistance in Criminal Matters)」，在當時的重要成果是：認知到協定的簽訂對於合作蒐集證據的必要性，然而一如所有新協議剛開始時一樣，這個協議也有它的限制，其中最顯著的一項，就是公約是設計給歐洲這些司法體制相似的大陸法系國家使用，因而沒有提到法系差異要如何有效互助的這個最大挑戰。普通法系國家也有類似情況，大英國協國家於 1986 年訂定的「國協間有關刑事司法互助綱領(Scheme relating to Mutual Legal Assistance in Criminal Matters within the Commonwealth)」雖然不是以條約為基礎，而是要求各國在其內國立法條訂准予提供刑事協助的法律，但基本上仍是基於相同法律體系之間的互助。[18]

---

[15] *Id.* at 197-199.

[16] *Ibid.*

[17] *Id.* at 199-200.

[18] Ivan A Shearer, *Extradition in International Law*, Oceana, 1971, at 22-23. 不訂定條約是因為大英國協在這些事項中，並不將彼此視為「外國」，多經由決議要求各國在其內國法內條訂定

　　第一個跨越不同法系的司法互助條約首推 1977 年的「美國與瑞士司法互助條約」，這個條約打破法系上的問題，帶動了雙邊司法互助條約的蓬勃發展。聯合國方面也有兩項成果，即「聯合國司法互助模範條約(United Nations of the Model Treaty on Mutual Assistance)及 1988 年 12 月 19 日「聯合國禁止非法販運麻醉藥品和神經藥物公約(United Nations Convention against the Illicit Traffic in Narcotic Drugs and Psychotropic Substances, 1988)」。前者對有意發展司法互助的國家提供了極佳的指引，後者則在公約第 7 條規定毒品方面的司法互助。[19]

第三項　美國司法互助制度發展[20]

　　美國在國際刑事互助法律發展上，最早通過的立法可溯自 1855 年，准許聯邦法院對外國法院提供刑事協助，而有數州法律在更早之前，就已准許法院執行此種外國法院的司法互助請求。1926 年，國會通過立法以處理有關聯邦調查及起訴的境外取證。該法律准許聯邦法院發出調查委託書給外國法院，請求強迫美國公民及居民於該等國家之法院出庭作證，如證人未能至法院出庭，法律授權美國提出請求之法院傳喚證人前來出庭，該法條尚准許聯邦法院在聯邦檢察官請求，而非被告請求時，核發傳喚強迫在國外的美國公民或居民返回美國，於聯邦刑事審判以證人身分出庭，違者可處以藐視法庭罪，並得扣押財產執行。[21]

　　1930 年代，美國國會通過第一個法律，規定外國商業紀錄如經法院認定為真實時，在聯邦刑事審判上具有證據能力，該法律賦予美國駐外領事官員有法律依據，可依文件保管人的證詞決定文件紀錄真實性的問題。該法律進一步賦予外國政府文件在經過美國領事官員認證(certification)後，具有證據能力。1946 年生效的聯邦刑事規則(Federal Rules of Criminal Procedure)首次明確准許，若聯邦刑事訴訟審判程序無法要求證人親自到庭時，得取得國外證人的證言，並確保依聯邦刑事規則(Federal Rules of

---

互惠條款。

[19] Kimberly Prost, *Breaking Down the Barriers: International Cooperation in Combating Transnational Crime;* Breaking Down the Barriers: International Cooperation in CombatingTransnational Crime, Global Drugs Law, D. C. Jayasuriya, R. K. Nayak, A. Wells (eds.), Har-Anand Publications PVT, Ltd, New Delhi, Pakistan, 1997.

[20] Abbell, *supra* note 4, at 1-1 ~ 1-3 & 4-1.

[21] *Ibid.*

Criminal Procedure)取得的證言在審判中具有證據能力。1964 年,國會進一步修法,准許外國檢察官或被告直接向美國法院直接提出請求。1996 年時國會再次修改了提供協助外國請求刑案偵查的法律,明確准許「在正式起訴之前所做刑事偵查前,提供此種協助」。1970 年美國國會立法准許得依檢察官之請求取得證言,然而此種證言當時僅限組織犯罪案件,5 年後聯邦刑事規則再次修正,准許所有起訴之聯邦刑事案件取得國外證人的證言,去除了先前禁止聯邦檢察官依據外國證據起訴案件的障礙,將美國的跨國執法努力,帶進一個新世紀。[22]

　　總之,美國於 1787 年制憲時,認爲所有犯罪都是在地性(All crimes are local),由於當時旅行與通訊不便,跨州犯罪尚不多見,更遑論跨國犯罪,加上大西洋的阻隔,使得人口稠密的歐洲,其犯罪不至漫延至美國,時至 19 世紀及 20 世紀前半時期,由於人口成長、科技及交通發展,跨州的犯罪急驟增加,因而國會通過法律以便利跨州犯罪的偵查及起訴,但此一時期的美國,跨國犯罪問題仍不重大,基本上 1960 年代的引渡數量與 1880 年代也沒有太大的變化。1960 年代後期是分水嶺,國際旅遊、貿易、商務及通訊快速增加與發展,海洋不再是犯罪的屏障,沒有他國的合作,跨國犯罪不再能獨自處理。如上所述,在 1960 年代以前,美國並未感到有從其他國家取得刑事調查或起訴證據的必要,最主要也是由於欠缺法律規定及缺乏使用此等證據之經驗,直到 1950 年代後期至 1960 年代初期,聯邦執法機關發現,美國黑手黨在拉斯維加斯取得大量不法利益後存於瑞士銀行,政府卻束手無策,才讓偵查機關及國會明瞭境外取證的重要性、實際取證上面臨的障礙,以及證據能力等重大問題。

　　體認此一結果後,美國決定採取兩大作爲:(一)立法允許聯邦刑事審判採納境外取得之證據:按 1970 年通過的法律,最初只允許政府在組織犯罪的案件採納證言做爲證據,之後隨著聯邦刑事程序規則(Federal Rules of Criminal Procedure)第 15 條關於「具結作證(Deposition Rule)的立法,境外證言得在國內做爲證據。(二)與其他國家簽署條約或行政協定,以便在境外有效而迅速取證:此係借鏡歐洲將刑事司法互助機制化,最好的方法就是締結條約,第一個締結的條約是 1977 年與瑞士簽訂的司法互助條約。

---

[22] Abbell, *supra* note 4, at 1-1 ～ 1-6

第四項 我國與德國、瑞士及司法互助制度發展[23]

　　關於德國及瑞士的國際刑事互助，前於第一章已說明兩國家規範的內容涵蓋引渡、司法互助、受刑人移交及刑事訴追移轉管轄四大面向。

　　德國的刑事司法互助可依據條約、公約或國內法規定進行，此由德國國際刑事司法互助法第 1 條規定「有條約時，條約優先」可得而知。只要沒有違反法律基本原則，德國法允許外國在沒有雙邊或多邊協議時，依據互惠原則向德國請求互助，範圍包括引渡、司法互助、外國判決之相互執行等。又德國國內法允許外國在沒有雙邊或多邊協定下，得依據互惠原則向德國請求司法協助，亦即如無司法互助協定時，依德國國際刑事司法互助法第 59-67a 條「其他互助」規定而提供協助，本章第四節第一項已有說明。[24]

　　瑞士國際刑事互助法適用的範圍同樣涵蓋引渡、刑事互助、刑事訴追及處罰之移轉、外國刑事判決之執行等四大部分，適用上必須是依請求國法律得向法院提起的刑事案件，才有瑞士國際刑事互助法之適用，但瑞士國際刑事互助法並沒有賦予國際刑事合作之請求權，意即各國與瑞士有締結條約時，應依條約規定之義務提供互助；無條約時，瑞士得依國際刑事互助法提供互助，但外國並不因而取得要求瑞士合作的權利。刑事互助規定於瑞士法第 63 條至第 67a 條，包括互助事項、外國法律適用、在國外訴訟中出庭、一事不再理、特定原則、資訊及證據之主動傳送等。[25]亦請參閱本章第四節第一項之說明。

　　我國國際刑事司法互助法第 1 條規定，在相互尊重與平等之基礎上，為促進國際間之刑事司法互助，共同抑制及預防犯罪，並兼顧人民權益之保障，特制定本法。立法總說明中提及，我國現行之外國法院委託事件協助法，因制定年代久遠，且規範內容較簡，已不敷國際刑事司法互助現況所需。又我國國情特殊，目前僅有與美國等少數國家簽有刑事司法互助條約或協定（議），且各該條約或協定（議）仍需與國內法相互搭配，始得順利執行；而在無條約或協定（議）之情況下，尤需有完備之內國法規，俾外國向我國請求刑事司法互助時，有明確具體之依據。[26]第 1 條揭示立法目的

---

[23] Abbell, *supra* note 4, at 1-1 ～ 1-3 & 4-1.
[24] 請參閱本書第 1 章第 4 節。
[25] 同上註。
[26] 立法院公報第 107 卷第 32 期院會紀錄。

係爲促進國際刑事司法互助，共同抑制及預防犯罪，同時兼顧人民權益之保障，建制我國與外國政府、機構或國際組織間請求或提供國際刑事司法互助之架構，在相互尊重與平等之基礎上制定本法，以爲我國執行刑事司法互助事項所應遵循之法律。[27]惟我國刑事司法互助，依據同法第 4 條第 1 款之定義規定，指我國與外國政府、機構或國際組織間提供或接受因偵查、審判、執行等相關刑事司法程序及少年保護事件所需之協助。但不包括引渡及跨國移交受刑人事項，故其範圍較前述德國、瑞士之刑事司法互助範圍爲狹。至於我國國際刑事司法互助法制定後，偵查實務及法院判決見解對於境外證據取得之正當程序、未依刑事司法互助程序進行調查取證、或違法取證之法律上評價及對被告之防禦權保障方面爲何，詳如後述。

另依司法院釋字第 329 號解釋，憲法所稱之條約，係指中華民國與其他國家或國際組織所締結之國際書面協定，包括用條約或公約之名稱，或用協定等名稱，而其內容直接涉及國家重要事項或人民權利義務且具有法律上效力者而言。符合上揭要件之國際書面文件，縱使用「條約」以外之名稱，因其內容涉及國家重要事項或人民權利義務，仍應送立法院審議，而爲憲法上所稱之「條約案」。是此所稱「條約」，卽涵蓋具相同法律屬性之「協定（議）」等國際書面協定，例如我國與美國間之「駐美國台北經濟文化代表處與美國在台協會間之刑事司法互助協定」、與菲律賓間之「駐菲律賓臺北經濟文化辦事處與馬尼拉經濟文化辦事處間刑事司法互助協定」、與南非間之「駐南非共和國臺北聯絡代表處與南非聯絡辦事處刑事司法互助協議」，[28]及我國與史瓦帝尼王國間簽署之引渡條約、移民事務及防制人口販運合作瞭解備忘錄及警政合作協定與「跨國移交受刑人協定」等。

---

[27] 立法院公報第 107 卷第 32 期院會紀錄第 1 條及名稱總說明。
[28] 立法院公報第 107 卷第 32 期院會紀錄第 2 條說明。

第二節　境外取證概説

　　跨國犯罪調查涉及國外證據的蒐集，然而國家主權、國際條約及國際法禁止國家直接進入他國從事訊問及取證，因而境外取證成為重要課題。[29]境外取證常涉及法律問題如下：首先，由於法院或司法機關的管轄權只限於領域內，因此國家必須在內國法中訂定有關法院或司法機關得進行境外取證或透過外國進行取證的法律規範；其二，在國際法原則下，任何國家都禁止在外國領域行使權力，因此，國家有權禁止任何外國機關在本國領域內從事任何程序上的作為，甚至有些國家對於這些作為認為是侵犯本國政府的主權功能(sovereign function)；其三，境外取證可能對個人權利造成衝擊，例如被告與證人對質詰問的權利或涉及其個人隱私領域，最後，在異於本國程序的不同環境下所做的境外取證，無法確認是否為法院所接受及信賴，或接受及信賴的程度為何。[30]

　　何以需要正式的司法互助？雖說各國透過警察機關相互協助蒐集犯罪證據及情報，其管道包括警察機關之間直接聯繫、駐外警察聯絡官、或國際之間的警察組織，如；國際刑警組織(International Criminal Police Organization，通稱：INTERPOL，縮寫：ICPO)及歐盟警察組織(European Union Agency for Law Enforcement Cooperation，簡稱 Europol)，這些機制雖然不會被正式、官方的司法互助制度所取代，但問題在於：有些互助型態及案件要求被請求國必須依其司法程序，配合司法上的令狀或強制手段來取得證據，不能經由警察或非正式的管道進行，例如取得他國的銀行資料或搜索被告為於他國的某一住所等是。

　　警察及調查機關雖能獲得外國的調查資訊及證據，但警察層級無法取得或不符法定要式之情況如：(1)證據須經由法定之強制處分程序取得，證人所在國規定，除非有法院命令或由權責機關開立相關令狀，否則得拒絕或依法排除其提供證言或提出紀錄或文件，特別是與以限制人身自由方式始能取得之相關證據，如：被告拘提、逮捕或證人詢（訊）問等，應由法院核發令狀；(2)某些犯罪之刑事司法協助事項，需依

---

[29] T. Markus Funk, *supra* note 9, at 1.
[30] M. Cherif Bassiouni, *International Criminal Law, Vol. II, Procedural and Enforcement Mechanisms, Second Edition*, Transnational Publishers, Inc., 1998, at 351.

國際條約或協定提出請求，才得做為協助提供非公開文件或公文書之依據；(3)被請求國依據特定法定程序或形式所取得證據，在請求國進行審判，方得依法認定具有證據能力；(4)國家僅在有法律或條約授權時，才願意或得以依其內國法規範之條件或程序，以代替他國發動刑事偵查；(5)警察或偵查機關從他國獲得之協助，通常對被告沒有實益。[31]

　　總之，刑事司法互助條約是以條約為基礎的制度，尋求外國執法機關的合作與協助犯罪調查或訴訟進行，此一程序只供政府機關特別是檢察官運用，不適用於民事訴訟程序。又對於外國透過司法互助條約提出的請求，地方法院有其執行監督與參與等權限，但法院並不發動或是處理對外的司法互助請求，因為這屬於行政機關的範疇。[32]

　　境外取證(obtaining evidence abroad)的方式有 3 種，包括：「正式請求外國協助」、「非正式請求外國協助」及「逕行傳喚國外證人」。[33]正式請求外國協助又包括以「司法互助條約(MLAT, Mutual Legal Assistance Treaty)」或「調查委託書(letters rogatory)」，透過正式請求協助取得之證據，得在法院程序中提出而具有證據能力；就刑事訴訟而言，調查委託書與司法互助條約都是取得證據的手段，但就民事訴訟之證據取得、調查等事項而言，幾乎只能透過調查委託書。[34]

---

[31] Abbell, *supra* note 4, at 1-9 & 1-12.

[32] T. Markus Funk, *supra* note 9, at 2.

[33] *Ibid.*; USDOJ, Criminal Resource Manual 274 [Method]; 278 [Informal Means]; 279 [Subpoenas]; Mutual Legal Assistance Treaties and Letters Rogatory, A Guide for Judges, 2014

[34] T. Markus Funk, *supra* note 9, at 1.

第三節　以司法互助條約進行境外取證

第一項　協助的義務、階段、範圍

　　司法互助條約通常於第 1 條規定「協助義務(Obligation to Assistance)」、「適用範圍(Scope of Application)」或「協助範圍(Scope of Assistance)」。規定締約國應：「依據條約(in accordance with the provisions of the Treaty)」、「受他方締約國請求時(upon request by the other Contracting Party)」[35]、「應依據本國法律提供互助協助(shall provide mutual assistance in accordance with its national law)」。[36]

　　首先，刑事司法互助事項通常並不包括引渡、基於引渡之逮捕或拘禁、刑事判決之執行，以及基於刑之執行而移交人犯，例如 1959 年 4 月 20 日歐洲刑事司法互助公約第 1 條第 2 項規定，「本公約不適用軍法之逮捕、判決之執行、或軍法犯罪」。[37]加拿大與德國司法互助條約規定「本條約不適用於以下之請求：(a)為了引渡之逮捕或拘留；(b)被請求國執行請求國之刑事判決；(c)基於刑之執行而移交受刑人。」[38]此外，尚有東南亞 10 國司法互助條約第 2 條第 1 項及 1990 年聯合國刑事互助示範條約第 1

---

[35] USA-Japan MLAT, *Art. 2 "Each Contracting Party shall, upon request by the other Contracting Party, provide mutual legal assistance in connection with investigations, prosecutions and other proceedings in criminal matters."*

[36] Canada-China MLAT Art. 4: *"The Requested Party shall provide assistance in accordance with its national law."*

[37] European Convention on Mutual Assistance in Criminal Matters, *Art. 1.2 This Convention does not apply to arrests, the enforcement of verdicts or offences under military law which are not offences under ordinary criminal law.*

[38] Canada-Germany MLAT Art. *1 [Obligation to Grant Mutual Assistance] 6. This Treaty shall not apply to requests for:*
a.extradition and the arrest or detention of any person with a view to extradition;
b.subject to Article 6 of this Treaty, the execution in the Requested State of criminal judgments imposed in the Requesting State; or
c.the transfer of prisoners to serve sentences.

條第 3 項規定「刑事訴追移轉管轄之事項」也不適用[39]。應說明者，乃這些非屬司法互助條約範圍的事項雖僅見於少數司法互助條約予以敍明，但實際上幾乎所有司法互助條約，都沒有包括這些事項，即均非屬於司法互助項目。我國國際刑事司法互助法於第 4 條定義，刑事司法互助指「我國與外國政府、機構或國際組織間提供或接受因偵查、審判、執行等相關刑事司法程序及少年保護事件所需之協助。但不包括引渡及跨國移交受刑人事項。」引渡及跨國移交受刑人事項，因另有引渡法及跨國移交受刑人法規範，故予除外。[40]

　　司法互助規範主體為政府，私人並無請求之權利。[41]至於請求管道方面，引渡與司法互助不同，引渡的請求應循外交途徑向外交部為之，司法互助的請求管道需視有無條約而不同。雙方簽訂條約基本上律定由中央機關(Central Authorities)作為請求的傳遞與接收的窗口，且多為司法部，[42]多數國家並未訂定緊急時的特殊傳遞管道，少數國家例如英國與部分國家簽訂的司法互助條約規定，緊急時得透過國際刑警組織遞送請求。[43]

　　臺美刑事司法互助協定第 3 條[受指定之代表] (AIT-TECRO MLAT Art. 3

---

[39] Model Treaty on Mutual Assistance in Criminal Matters, A/RES/45/117 68th plenary meeting 14 December 1990. Art. 1 *[Scope of Application] 3. The present Treaty does not apply to: (a) The arrest or detention of any person with a view to the extradition of that person; (b) The enforcement in the requested State of criminal judgments imposed in the requesting State except to the extent permitted by the law of the requested State and article 18 of the present Treaty; (c) The transfer of persons in custody to serve sentences; (d) The transfer of proceedings in criminal matters.*
See also Treaty on Mutual Legal Assistance in Criminal Matters, Done at: Kuala Lumpur; Date enacted: 2004-11-29, The Governments of Brunei Darussalam, the Kingdom of Cambodia, the Republic of Indonesia, the Lao People's Democratic Republic, Malaysia, the Republic of the Philippines, the Republic of Singapore and the Socialist Republic of Vietnam

[40] 立法院公報第 107 卷第 32 期院會紀錄第 4 條說明。

[41] 臺美司法互助協定第 1 條(AIT-TECRO MLAT Art. 1)：......4. 本協定係僅供締約雙方間司法互助之用，並不因而使私人得以獲取、隱匿、排除證據或阻礙執行請求之權利。

[42] US-Japan MLAT Art. 1: *Each Contracting Party shall designate the Central Authority that is to perform the functions provided for in this Treaty: ......(1) For the United States of America, the Central Authority shall be the Attorney General or a person designated by the Attorney General. (2) For Japan, the Central Authority shall be the Minister of Justice or the National Public Safety Commission or persons designated by them.*

[43] UK-Algeria MLAT Art. 3 (5) *In cases of urgency, requests may be transmitted via the International Criminal Police Organization (Interpol). See also MLATs of UK-Morocco, UK-Algeria, & UK-the Philippines. In cases of urgency, requests may be transmitted via the International Criminal Police Organization (Interpol); See also MLATs of UK-Arab Emirates: In cases of urgency, requests may be transmitted directly via the International Criminal Police Organization (Interpol)... In both cases, copies of such requests shall also be sent through diplomatic channels as soon as practicable hereafter.*

Designated Representatives)規定，任何一方應指定受指定代表人，以依照本協定提出或受理請求；對美國在台協會而言，該受指定代表人係美國在台協會所屬領土之司法部長或受司法部長指定之人；對駐美國台北經濟文化代表處而言，其受指定代表人，係駐美國台北經濟文化代表處所屬領土之法務部長或受法務部長指定之人。我國國際刑事司法互助法第 7 條規定：「向我國提出刑事司法互助請求，應經由外交部向法務部為之。但有急迫情形時，得逕向法務部為之。」

司法互助的對象雖然以外國的司法機關為主，但有些司法互助條約也將對象包括外國負責偵查犯罪的行政機關，例如美國與丹麥司法互助條約第 5 條第 1 項規定：「司法互助應提供依法負有從事刑事起訴或刑事移送的國家行政機關，但如預期案件不會起訴或移送時，不予協助。」[44]美國與日本司法互助條約第 1.3. (1)條也有相同規定。[45]又司法互助不僅在起訴及訴訟階段提供互助，也包括偵查階段，實際的司法互助條約也有提到是為了預防(prevention)[46]及壓制犯罪(suppression of crime)之目的。[47]

近代司法互助針對偵查、起訴及刑事訴訟，可以提供多樣的協助，大約 1980 年代起，司法互助將互助事項擴增在刑事訴訟程序(in proceedings related criminal proceedings in criminal matters)，讓締約國得以對於非法資產的凍結與沒收、不法所得的返還被害人及對被害人補償，及刑事罰金收取等方面提供互助，[48]此外，也有司法互助條約將互助義務包括課稅、關稅、海關及國際匯兌方面的協助，例如加拿大與德

---

[44] US-Denmark MLAT *Art. 5 [Mutual legal assistance to administrative authorities] 1. Mutual legal assistance shall be afforded to a national administrative authority, investigating conduct with a view to a criminal prosecution of the conduct, or referral of the conduct to criminal investigation or prosecution authorities, pursuant to its specific administrative or regulatory authority to undertake such investigation. Mutual legal assistance may also be afforded to other administrative authorities under such circumstances. Assistance shall not be available for matters in which the administrative authority anticipates that no prosecution or referral, as applicable, will take place.*

[45] US-Japan MLAT Art. 1. 3. (1)

[46] Abbell, *supra* note 4, at 4-4; see also US-Argentina MLAT Art. 1 *The Contracting parties shall provide mutual assistance, in accordance with the provisions of the Treaty, in connection with the prevention, investigation, and prosecution of offenses and in proceedings related to criminal matters.*

[47] *The Government of the United States of America and the Government of Canada, DESIRING to improve the effectiveness of both countries in the investigation, prosecution and suppression of crime through cooperation and mutual assistance in law enforcement matters……*
Art. II [Scope of Application] The parties shall, in accordance with the provisions of the Treaty, provide mutual legal assistance, in all matters relating to the investigation, prosecution, and suppression of offenses.

[48] Abbell, *supra* note 4, at 4-4 to 4-8；see also USA-Cayman MLAT *Art. 1. [Scope of Application] 2.... (g) immobilizing criminally obtained assets; (h) assistance in proceedings related to forfeiture, restitution and collection of fines.*

國司法互助條約。[49]

　　刑事司法互助從法律或條約名稱來看，當然是在「刑事(in criminal matters)」，但早期曾有美國與哥倫比亞司法互助條約規定：「締約國同意依據本條約之條文，就刑事、民事及行政之調查及訴訟，提供互助。」不過該條約並未生效。[50]另外美國與英屬開曼群島司法互助條約第 1 條規定：「締約國同意依據本條約之條文，就刑事犯罪之偵查、起訴及證據排除提供互助，包括第 19 條第 3(c)項所指之民事及行政訴訟。」[51] 美國與瑞士司法互助條約亦規定：「締約國權責機關得同意對於犯罪者所採取的處分的附帶行政訴訟，得依本條約准予協助。」[52]

第二項　拒絕協助

　　司法互助雖然依據條約相互負有協助的義務，但也有條約載明在何種情況下本國將拒絕提供協助，實際條文有稱「協助之限制(Limitation on Assistance)」、「裁量協助(Discretionary Assistance)」、「拒絕協助(Denial of Assistance)」或「遵守之限制(Limitations on Compliance)」、「拒絕(Refusal)」等。[53]

　　基本上，拒絕提供協助的條文規定都是「得(may)拒絕協助」，但有些國家的部分

---

[49] Canada-Germany MLAT Art. 1 *[Obligation to Grand Mutual Assistance]…… 4. Criminal matters shall also include investigations or proceedings relating to offences concerning taxation, duties, customs and international transfer of capital or payments.*

[50] US-Colombia MLAT: *The Government of the United States of America and the Government of the Republic of Colombia, Desiring to provide for more effective cooperation between the two States in the repression of crime; and Desiring to conclude a Treaty on Mutual Legal Assistance in criminal, civil, and administrative matters; Have agreed as follows: ARTICLE 1 [Obligations and Scope] 1. The Contracting Parties agree to provide mutual assistance, in accordance with the provisions of this Treaty, in criminal, civil, and administrative investigations and proceedings.*

[51] US-Cayman MLAT *Art. 1 The Parties shall provide mutual assistance, in accordance with the provisions of this Treaty, for the investigation, prosecution, and suppression of criminal offenses of the nature and in the circumstances set out in the Treaty, including the civil and administrative proceedings referred to in paragraph 3(c) of Article 19.*

[52] US-Switzerland MLAT *Art. 1 [Obligation to Furnish Assistance] 3. The competent authorities of this Contracting Parties may agree that assistance as provided by this Treaty will also be granted in certain ancillary administrative proceedings in respect of measures which may be taken against the perpetrator of an offense falling within the purview of this Treaty.*

[53] US Switzerland MLAT Art. 3 [Discretionary Assistance]; US-Thailand MLAT Art 2 [Limitations on Compliance]; US-UK MLAT Art. 3 [Limitation on Assistance]; US-FRANCE MLAT Art. 6 [Denial of Assistance]; US-Germany MLAT Art. 3 [Refusal]

司法互助條約，將幾乎相同的拒絕協助事項分爲「得(may)拒絕協助」與「應(shall)拒絕協助」，例如澳洲的多數司法互助條約、加拿大與香港司法互助條約，及德國與香港司法互助條約，都有「得拒絕」與「應拒絕」的區別。請求之事項當然得爲全部或一部之拒絕，拒絕協助之前，被請求國應該考慮是否在認爲某些條件下可以協助，如請求國接受有條件下所提供的協助，被請求國應遵守之。[54]

　　我國司法互助法第 10 條亦將拒絕協助分爲「應拒絕」及「得拒絕」。有下列情形之一者，法務部應拒絕提供協助：一、提供協助對我國主權、國家安全、公共秩序、國際聲譽或其他重大公共利益有危害之虞。二、提供協助有使人因種族、國籍、性別、宗教、階級或政治理念而受刑罰或其他不利益處分之虞。有下列情形之一者，法務部得拒絕提供協助：一、未依本法規定提出請求。二、提供協助違反第五條所定之互惠原則。三、請求方未提出第十六條、第十九條第四項、第二十條或互惠之保證。四、請求所涉之犯罪事實依我國法律不構成犯罪。五、請求所涉行爲係觸犯軍法而非普通刑法。六、提供協助，對我國進行中之刑事調查、追訴、審判、執行或其他刑事司法程序有妨礙之虞。七、請求所依據之同一行爲業經我國爲不起訴處分、緩起訴處分、撤回起訴、判決、依少年事件處理法裁定不付審理、不付保護處分或保護處分確定。

　　拒絕提供司法互助的條文內容最簡單的規定例如美國與德國司法互助條約第 3 條：「對於互助之請求，如其執行將妨害被請求國的主權、安全或其他根本利益時，得拒絕協助之。」[55]也有較明確規定者例如美國與澳洲司法互助條約第 3 條規定：「如果請求的事項涉及以下事項時，被請求國得拒絕：(a)政治犯罪、(b)軍事犯罪、(c)被請求國之安全等根本利益。[56](d)……」；瑞士刑事司法互助聯邦法」第 1 條規定：「本法之適用應考量瑞士主權、安全、公共秩序或相關根本利益。」[57]；其他的司法互助條

---

[54] Canada-Czech Republic MLAT *Art. 3 [Refusal or Postponement of Assistance] 4. Before refusing to grant a request for assistance or before postponing the grant of such assistance, the Requested State shall consider whether assistance may be granted subject to such conditions as it deems necessary. If the Requesting State accepts assistance subject to these conditions, it shall comply with them.*

[55] US-Germany MLAT *Art. 3 [Refusal] Assistance may be denied if execution of the request would prejudice the sovereignty, security, or other essential interests of the Requested States.*

[56] US Australia MLAT *Art. 3 [Limitations on Assistance] 1. The Central Authority of the Requested State may deny assistance if: (a) the request relates to a political offense (b) the request relates to an offense under military law which would not be an offense under ordinary criminal law; or (c) the execution of the request would prejudice the security or essential interests of the Requested State. See also* US Argentina Art. 3

[57] Federal Act on International Mutual Assistance in Criminal Matters, Mutual Assistance Act, IMAC, *Art. 1a [Limitation of cooperation] In the application of this Act, Swiss sovereignty, security, public*

約關於拒絕協助尚有規定如下：「請求如涉及在被請求國偵查、起訴、有罪判決確定或無罪釋放的犯罪時，得拒絕或延後該協助。（英國與阿爾及利亞）」[58]；「請求內所指之人如其犯罪在被請求國追訴，會以先前已無罪釋放或有罪判決為理由而釋放時，得拒絕協助。」[59]；「不利於個人的偵查是基於性別、種族、社會階級、國籍、宗教或意識形態時，得拒絕協助。」[60]

國際上刑事司法互助公約關於拒絕協助的規定

【1990年聯合國刑事互助示範條約】
(1990 United Nations Model Treaty on Mutual Assistance in Criminal Matters)

第4條第1項：有以下情形時得拒絕協助：(a)被請求國認為同意協助將侵害主權、安全、公共秩序或其他根本公共利益時、(b)被請求國認為屬政治犯罪、(c)有實質理由可信該請求協助之事項，其起訴是基於該人之人種、性別、宗教、國籍、種族或政治觀點，或其他侵害該人地位之原因、(d)請求國起訴之犯罪不合於被請求國關於雙重危險（一事不再理)之法律規定、(e)請求協助之事項須被請求國執行強制處分，但如果該犯罪若本國偵查或起訴時，係本國法律及實務不一致時、(f)所犯為軍法之罪。

第4條第2項：不得僅以銀行或金融機密為由拒絕協助。第3項規定，如因立即執行將干擾被請求國進行中之偵查或起訴時，被請求國得延後執行之。第4項規定，拒絕或延後執行之前，被請求國應考慮得同意協助之但書條件，如請求國接受該但書條件，應遵守之。第5項規定，絕拒或延後執行互助，應告知事由。

【1959 年歐洲刑事司法互助公約】
(1959 European Convention on Mutual Assistance in Criminal Matters)

第 2 條：以下情形得拒絕協助：(a)請求事項經被請求國認為屬政治犯罪、牽涉政治之犯罪或財稅犯罪，(b)被請求國認為執行請求有損害主權、安全、公共秩序或國家之其他根本利益之虞。

---

order or similar essential interests must be taken into account.

[58] UK-Algeria MLAT *Art. 4 [Refusal or Postponement of Assistance] 1. Assistance may be refused or postponed, as the case may be if: ...b) The request relates to an offence that is subject to investigation, prosecution, conviction or acquittal in the Requested Party.*

[59] UK-Brazil MLAT *Art. 4 [Grounds for Refusal of Assistance] 1. The Central Authority of the Requested Party may refuse assistance if: (a) the execution of the request would prejudice the sovereignty, security, ordre public or other essential interests of the Requested Party; (b) the request relates to a person who, if proceeded against in the Requested Party for the offence for which assistance is requested, would be entitled to be discharged on the grounds of a previous acquittal or conviction; ......*

[60] Inter-American Convention on Mutual Assistance in Criminal Matters, *Art. 9 [Refusal of Assistance] b. The investigation has been initiated for the purpose of prosecuting, punishing, or discriminating in any way against an individual or group of persons for reason of sex, race, social status, nationality, religion, or ideology.*

【歐洲刑事司法互助公約附加議定書】
(1978 Additional Protocol to the European Convention on Mutual Assistance in Criminal Matters)

第1條：締約國不得僅以請求事項為被請求國認為屬於財稅犯罪為理由，而拒絕協助。

第2條第1項：於締約國審酌調查委託書所載之犯罪情況，認為依請求國及被請求國之法律均為可處罰，因而依調查委託書執行搜索或扣押財產時，此一情況已構成，而於財稅犯而言，如該犯罪依請求國之法律為可罰，並且依被請求國之法律，有相等之同性質犯罪時，亦同。

第2條第2項：不得以被請求國國內法未規定課徵該同種類之賦稅，或未有與請求國相同之賦稅、關稅及匯兌法規為由，而拒絕執行之。

【大英國協刑事互助綱領】
Scheme relating to Mutual Assistance in Criminal Matters within the Commonwealth)

第 8 條：被請求國中央機關認為有以下情形時，得為全部或一部之拒絕：(a)該行為依被請求國之法律不構成犯罪；(b)該犯罪或訴訟為政治性；(c)該行為於請求國屬於軍法或軍事義務之相關法律之犯罪；(d)被告或犯罪嫌疑人所涉之行為業經被請求國法院無罪釋放或判刑確定。

【美洲國家間刑事司法相互助公約】
(Inter-American Convention on Mutual Assistance in Criminal Matters)
第8條：純屬軍事法律之罪，不適用。
第9條：拒絕協助事項規定：(a)請求協助之事項，其欲起訴之人業經請求國被請求國判刑或無罪釋放；(b)不利於個人的偵查，是基於性別、種族、社會階級、國籍、宗教或意識形態；(c)該項請求涉及政治犯罪或與政治犯罪有關；(d)該項請求是基於特別法庭或臨時法庭(special or ad hoc tribunal)的請求而核發；(e)損害公共政策、主權、安全，或基本公益；(f)請求事項涉及稅務犯罪，但如該犯罪是為了隱匿所得，而以國際性的不實報表或國際間未申報所得而犯之者，不在此限。

第三項　司法互助基本原則

第一款　雙重犯罪原則

　　司法互助中的雙重犯罪原則，是源自引渡制度，但非絕對性，不僅因國而異，且國際司法互助條約、公約都規範爲「裁量拒絕」。實務上，各國請求前都會與被請求國

商議，如確認需要符合雙重犯罪原則，指的是行為在兩個國家是否構成犯罪，不是行為必須構成相同罪名。[61]雙重犯罪原則在引渡制度是實質要件與重要原則，但是在司法互助制度則不然。早期例如美國與巴哈馬司法互助條約第 2 條[62]、美國與巴拿馬司法互助條約第 1(1)條、第 2 條及附錄，[63]以及英國與越南條約[64]都訂有雙重犯罪原則規定，並且在不合致雙重犯罪原則規定時，雙方同意就附錄一覽表所列之罪提供協助。近年來的條約則沒有規定雙重犯罪作為一般性先決要件，因而即使沒有條約，也可以提供協助。[65]

有些國家例如美國並不要求雙重犯罪原則；[66]加拿大則規定除非是司法互助條約要求，否則通常也不需符合雙重犯罪原則，但某些強制處分例如請求扣押或沒收時，必須適用雙重犯罪原則；[67]也有些國家認為，沒有雙重犯罪原則代表可以拒絕提供司法互助的裁量；有些國家則規定雙重犯罪原則是必要的先決要件。[68]另一個重點是雙重犯罪原則認定的是「行為是否在兩國都屬於犯罪」，而非「行為是否應以相同之罪或罪名處罰」。[69]

（1）適用雙重犯罪原則：以美國與英屬開曼群島司法互助條約第 3 條第 1 項規定為例，無法判處 1 年以上徒刑之行為不予提供互助；[70]美國與巴哈馬司法互助條約規定，對於所犯之罪提供司法互助，並且定義所謂的「罪(offence)」是指「任何依雙方

---

[61] Council of Europe, *Mutual Legal Assistance Manual*, Mar. 2013, at 26-27.

[62] US-Bahamas MLAT *Art. 2.1 For the purpose of this Treaty, the term "offense" means: (a) any conduct punishable as a crime under the laws of both the Requesting and Requested State; or (b) any conduct punishable as a crime under the laws of the Requesting State by one year's imprisonment or more……*

[63] US Panama *art. 1(1), 2, and annex*

[64] UK-Vietnam MLAT *Art. 4 (e) the conduct to which the request relates fails to satisfy a requirement of the domestic law of the Requested Party requiring the establishment of dual criminality*

[65] Bassiouni, *supra note 30*, at 388.

[66] T. Markus Funk, *supra note 9*, at 11. 美國認為司法互助是為了促進執法合作與及時協助，在司法互助條約之下，即使請求國國內法訂有雙重犯罪原則，美國仍會回應請求事項，目的是讓美國因此能「促使外國以同樣的速度回應證據的請求」。

[67] Minister of Justice and Attorney General of Canada, *Requesting Mutual Legal Assistance from Canada A Step-by-Step Guide,* Cat. No. J2-388/2013E-PDF, 2013

[68] United Nations Office on Drugs and Crime (UNODC), *Manual on Mutual Legal Assistance and Extradition*, New York 2012, at 69.

[69] *Ibid.*

[70] Treaty between the United Kingdom of Great Britain and Northern Ireland the United States of America concerning the Cayman Islands relating to Mutual Legal Assistance in Criminal Matters *Art. 3 [Limitations on Assistance] I. The assistance afforded by this Treaty shall not extend to……(b) any conduct not punishable by imprisonment of more than one year.*

國家法律可當成犯罪予以處罰之行爲，或條約內所列之毒品、暴力、詐騙政府、違反金融交易等特定犯罪而可處一年以上徒刑之行爲。」[71]

　　（2）不要求雙重犯罪原則：條文規定以美國與加拿大司法互助條約第 2 條爲例，對於在請求國受調查或起訴之行爲，「不論該行爲是在被請求國是否構成犯罪或得被起訴，都應提供協助。」[72]類似的條文規定有：「不論依受請求方所屬領土內之法律規定是否構成犯罪，除本協定另有規定外，應提供協助。」[73]「不論該行爲是否爲被請求國所禁止，或不論被請求國對於該行爲在相同情況下是否有管轄權，應提供協助。」[74]

　　（3）不要求雙重犯罪原則，然而以但書規定得裁量拒絕協助：例如美國與牙買加司法互助條約第 1 條第 3 項後段規定，被請求國之中央機關如認爲該行爲若在本國並不構成犯罪時，得裁量拒絕全部或一部之協助。[75]又大英國協刑事司法互助綱領第 7 條第(1)項(a)款規定，行爲不構成本國犯罪者，得爲全部或一部之拒絕協助。[76]司法互助條約也可能規定某些協助事項例如要透過強制處分(compulsory measures)來取證

---

[71] US-Bahamas MLAT *Art. 1 [Obligation to Assist] 1 The Contracting States agree, in accordance with the provisions of this Treaty, to provide mutual assistance in the investigation, prosecution and suppression of offences and in proceedings connected therewith, as defined in Article 2.*
Article 2 [Definition] For the purposes of this Treaty, term "offence" means: (a) Any conduct punishable as a crime under the laws of both the Requesting and Requested States; or...

[72] USA-Canada MLAT *Art. II [Scope of Application] Assistance shall be provided without regard to whether the conduct under investigation or prosecution in the Requesting State constitutes an offense or may be prosecuted by the Requested State.*

[73] 如臺美司法互助協定第 1 條(AIT-TECRO MLAT Art. 1)協定，在請求方所屬領土內受調查、追訴或進行司法程序之行為，「不論依受請求方所屬領土內之法律規定是否構成犯罪，除本協定另有規定外，都應提供協助。」

[74] US-Thailand MLAT *Art 1 [Obligation to Assist] 3. Assistance shall be provided without regard to whether the acts which are the subject of the investigation, prosecution or proceedings in the Requesting State are prohibited under the law in the Requested States, or whether the Requested States would have jurisdiction with respect to such acts in corresponding circumstances.*

[75] US-Jamaica MLAT *Art. 1 [Obligation to Assist] ...3, Assistance shall be rendered subject to the provisions of this Treaty if the acts which are the subject matter of the investigation or proceeding are prohibited under the laws of the Requesting State and regardless of whether those acts are prohibited under the laws of the Requested State or whether that State would have jurisdiction with respect to similar acts in corresponding circumstances. However, the Requested State may, in its discretion, refuse to comply in whole or in part with a request for assistance under this Treaty to the extent that it appears to the Central Authority of the Requested state to concern conduct which would not constitute an offence under the laws of the Requested State.*

[76] Commonwealth Scheme for Mutual Legal Assistance in Criminal Matters, *Paragraph 7: (1) The requested country may refuse to comply in whole or in part with a request for assistance……(a) conduct which would not constitute an offence under the law of that country.*

的請求必須符合雙重犯罪要件，特別是搜索扣押的請求，[77]例如美國與委內瑞拉司法互助條約第1條第3項規定：「……如請求或合作事項為搜索、扣押或沒收之執行時，僅得於被請求國認為該行為若在被請求國也屬可處罰之犯罪時為之。」[78]又如美國與荷蘭司法互助條約第 6 條規定：「被請求國關於搜索及扣押請求之執行，如犯罪依雙方國家之法律為可處以剝奪一年以上自由，或是本條約附錄所列一年以下之罪，應執行之。」[79]

有些司法互助條約規定不論請求國所調查、起訴或訴訟的行為在被請求國是否構成犯罪、[80]或得以起訴、[81]或規定不論被請求國在相同情況下是否有管轄權，[82]都應提供協助。有條約規定如：美國與墨西哥司法互助條約並未列出適用範圍，但規定協助事項所處理的必須是與犯罪的預防、偵查及起訴，以及犯罪的訴訟有關的行為，而該

---

[77] US Switzerland MLAT *Art. 4 [Compulsory Measures]…2. Such measures shall be employed, even if this is not explicitly mentioned in the request, but only if the acts described in the request contain the elements, other than intent or negligence, of an offense: a. which would be punishable under the law in the requested State if committed within its jurisdiction and is listed in the Schedule….*
US Netherland MLAT *Art. 6 [Executing Requests for Search and Seizure] 1. The Requested State shall execute requests for search and seizure in accordance with its laws and practices if the subject offense is punishable under the laws of both Contracting Parties by deprivation of liberty for a period exceeding one year, or, if less, is specified in the Annex of this Treaty.*

[78] US-Venezuela MLAT *Art. 1 [Scope of Assistance] …3. Assistance shall be provided without regard to whether the conduct that is the subject of the investigation, prosecution, or proceeding in the Requesting States would constitute an offense under the laws of the Requested State. However, assistance or cooperation in connection with searches, seizures and forfeitures shall only be provided if the Central Authority of the Requested State determines that the act to which the request relates in the Requesting State is also punishable as an offense under the laws of the Requested State.*

[79] US-Netherlands MLAT *Art. 6 [Executing Requests for Search and Seizure] 1. The Requested State shall execute requests for search and seizure in accordance with its laws and practices if the subject offense is punishable under the laws of both Contracting Parties by deprivation of liberty for a period exceeding one year, or, if less, is specified in the Annex of this Treaty.*

[80] US-Argentina MLAT *Art. 1 [Scope of Assistance] 3. Assistance shall be provided without regard to whether the conduct which is the subject of the investigation, prosecution, or proceeding in the Requesting State would constitute an offense under the laws of the Requested State.* (See also US-Israel MLAT Art. 1, 3.; US-Philippines MALT Art. 1.3.; US-Poland Art. 1.3.)

[81] US – Canada MLAT *Art. II [Scope of Application] 3 Assistance shall be provided without regard to whether the conduct under investigation or prosecution in the Requesting State constitutes an offence or may be prosecuted by the Requested State.*

[82] US - Italy MLAT *Art. 1 [Obligation to Render Assistance] 3. Assistance shall be rendered even when the acts under investigation are not offenses in the Requested State and without regard to whether the Requested State would have jurisdiction in similar circumstances.*
US-UK MLAT *Art. 1.3. Assistance shall be provided without regard to whether the acts which are the subject of the investigation, prosecution, or proceeding in the Requesting State are prohibited under the law in the Requested State, or whether the Requested State would have jurisdiction with respect to such acts in corresponding circumstances.*

行爲必須在請求協助之時，屬於請求國的權責或管轄之下。[83]

美洲國家間刑事司法互助公約第 5 條關於雙重犯罪原則規定，即使行爲依據被請求國法律不可處罰，仍應提供協助。請求事項涉及財產的查封及隔離，以及搜索及扣押時，被請求國得拒絕提供協助。第 6 條規定，基於本公約之目的，請求協助必須該行爲在請求國屬於可處 1 年以上徒刑之罪。[84]

我國國際刑事司法互助法第 22 條規定，請求方請求協助提供第 6 條第 3 款至第 7 款，或其他刑事強制處分事項，以其所涉行爲在我國亦構成犯罪者爲限。立法說明指出：（一）第 6 條第 3 款至第 7 款之搜索、扣押、禁止處分財產、執行與犯罪有關之沒收或追徵之確定裁判或命令、犯罪所得之返還，或其他刑事強制處分（如拘提、鑑定留置、通訊監察等；但不包括傳喚），將使受執行人之財產或人身自由受到限制。爲求愼重，請求方請求協助之個案，應符合雙重可罰原則，即以司法互助請求所涉行爲在我國亦構成犯罪爲限，我國始提供協助，爰爲本條規定，並以之爲第 10 條第 2 項第 4 款之特別規定。（二）又國際間犯罪所得查扣之司法合作，其內容、形態及方式仍在持續發展中，故上述「其他刑事強制處分」一語，亦涵蓋日後可能創設、而與現行搜索、扣押等具有同一效力之措施。[85]

第二款　互惠原則

互惠原則爲國際法及外交上的重要原則，基本上是對請求國承諾未來會提供同樣的協助，此一原則規範於條約、備忘錄及國內法，在大陸法系國家屬普遍且有拘束力，但在普通法系國家則非屬義務原則(obligatory principle)。我國國際刑事司法互助法第 5 條規定「依本法提供之刑事司法互助，本於互惠原則爲之。」同法第 10 條第 2

---

[83] US - Mexico MLAT *Art. 1 [Scope of the Treaty] 1.... Such assistance shall deal with the prevention, investigation and prosecution of crimes or any other criminal proceedings arising from acts which are within the competence or jurisdiction of the requesting Party at the time the assistance is requested, and in connection with ancillary proceedings of any other kind related to criminal acts in question.*

[84] Inter-American Convention on Mutual Assistance in Criminal Matters, *Art. 5 [Double Criminality] The assistance shall be rendered even if the act that gives rise to it is not punishable under the legislation of the requested state. Article 6: For the purpose of this convention, the act that gives rise to the request must be punishable by one year or more of imprisonment in the requesting state.*

[85] 立法院公報第 107 卷第 32 期院會紀錄第 22 條及說明。

項規定「提供協助違反第 5 條所定之互惠原則。或請求方未提出第 16 條、第 19 條第 4 項、第 20 條或互惠之保證」，法務部得拒絕提供協助。

　　向外國請求協助時，依國際刑事司法互助法第 32 條規定，法務部提出刑事司法互助請求時，得爲互惠原則之保證。立法說明指出，互惠原則爲國際刑事司法互助之重要原則，爰參考「聯邦德國國際刑事司法互助法」第 76 條、「瑞士聯邦刑事司法互助法」第 8 條、「葡萄牙國際刑事司法協助法」第 4 條、「韓國國際刑事司法互助法」第 4 條、「澳門刑事司法互助法」第 5 條等立法例，將互惠原則納入本法。[86]

　　瑞士國際刑事司法互助法(Federal Act on International Mutual Assistance in Criminal Matters, IMAC)關於互惠原則係在總則明訂：瑞士於必要時得要求外國提出互惠保證，但送達、基於打擊某些犯罪、基於有助於被告的社會康復，或基於針對不利瑞士國民的犯罪有助澄清時，不需互惠保證。[87]又瑞士對外如有必要時，得對外國提出互惠保證。[88]瑞士國際刑事司法互助法第 8 條規定：只有在請求國提出互惠保證時，才會同意互助，但(1)文件送達；(2)基於打擊犯罪的必要特別考量；(3)基於對被告的社會康復(social rehabilitation)；或(4)對於本國國民受害的案件有助釐清，這 4 個情況下不需要互惠原則。[89]日本的司法互助與引渡國內法則以互惠保證爲提供協助的前提要件。[90]

　　互惠原則雖然是司法互助的重要法律基礎，但是在條約及公約上並沒有絕對性，

---

[86] 立法院公報第 107 卷第 32 期院會紀錄第 5 條說明。

[87] *Federal Act on International Mutual Assistance in Criminal Matters* (Mutual Assistance Act, IMAC) of 20 March 1981 (Status as of 1 March 2019) Art. 1, 2 & 3.

[88] *Ibid.* Art. 8 *[Reciprocity]*

[89] *Ibid.*

　　1 As a rule, a request shall be granted only if the requesting State guarantees reciprocity. The Federal Office of Justice22 of the Federal Department of Justice and Police (Federal Office) shall obtain a guarantee of reciprocity if this is considered necessary.

　　2 Reciprocity is in particular not required for the service of documents or if the execution of a request:
　　a. seems advisable due to the type of offence or to the necessity of combating certain offences;
　　b. is likely to improve the situation of the defendant or the prospects of his social rehabilitation; or
　　c. serves to clarify an offence against a Swiss national.

　　3 The Federal Council may, within the scope of this Act, provide other States with a guarantee of reciprocity.

[90] *Supra* note 67, at 23.

　　Note 39: Japan provides international cooperation (mutual legal assistance and extradition) based on its domestic laws that consider assurances of reciprocity as preconditions to providing such assistance (see art. 3, para. (ii), of the Act of Extradition, and art. 4, para. (ii), of the Act on International Assistance in Investigation and Other Related Matters; both are available from the Ministry of Justice of Japan at www.moi.go.jp/ENGLISH)

互惠原則屬於裁量拒絕協助的事由之一，此可參 1959 年的歐洲司法互助公約第 5 條將是否適用互惠原則的權利保留給被請求國決定。又例如英國除子稅務方面的協助要求互惠外，其他不管是否有條約、公約、協定，雖期待他國互惠，但不要求絕對的互惠。[91]

第三款　保密與特定原則

依據司法互助取得或提供的資料及證據涉及刑事審判應予保密，並且基於特定原則(rule of specialty)，未經被請求國事先同意，不得為請求目的以外之使用。[92]保密與特定原則常規定於同一條文，例如英國與香港司法互助條約第 8 條第 1 項"Limitation on Use"規定：(1)被請求國除經請求國同意或執行請求之必要程度者外，應予保密；(2)任何文件除被請求國在其刑事訴訟有揭露的法律義務外，被請求國經與請求國商議之後，得要求資料或證據保密，或依據明定的條件及情況揭露及使用；(3)請求國除依刑事訴訟對於文件有揭露的義務外，未經被請求國中央機關事先同意，不得於案件外的訴訟中使用及揭露。[93]

---

[91] *Supra* note 60, at 26.; International Criminality Unit, Home Office, *Requests for Mutual Legal Assistance in Criminal Matters Guidelines for Authorities Outside of the United Kingdom – 2015*, 12th Edition, at 6. *Reciprocity: The UK does not generally require reciprocity but would expect assistance from countries which are parties to relevant bilateral or international agreements with the UK. The UK would also expect reciprocity from countries to which we give assistance without a treaty or an international agreement. Reciprocity is required in all requests for assistance in tax matters.*

[92] UK-Canada MLAT concerning Mutual Assistance in relation to Drug Trafficking *Art. 7 [Confidentiality and restricting use of evidence and information]……(3) The Requesting Party shall not use for purposes other than those stated in a request evidence or information obtained as a result of it, without the prior consent of the Requested Party.*

[93] UK-Hong Kong MLAA *Art. 8 [Limitation on Use] 1. The Requested Party shall use its best efforts to keep confidential a request and its contents except: Except: (a) where otherwise authorised by the Requesting Party; or (b) to the extent necessary to execute the request. (2) Except in relation to any document which the Requesting Party is or would be under a legal duty in criminal proceedings to disclose, the Requested Party, after consultation with the Requesting Party, may require that information or evidence furnished or to be furnished pursuant to this Agreement be kept confidential or be disclosed or used only subject to such terms and conditions as it may specify. (3) Except in relation to any document which the Requesting Party is under a legal duty in criminal proceedings to disclose, the Requesting Party shall not disclose or use information or evidence furnished for purposes other than those stated in the request without the prior consent of the Central Authority of the Requested Party.*

　　同樣在英國與菲律賓司法互助條約第 6 條規定: (1)被請求國對於請求內容、佐證文件及回應內容應予保密；(2)如無法於保密情況下執行時，應通知請求國決定現況下是否仍要執行或執行的程度；(3)請求國依據本條約取得的資料或證據，未經被請求國事先同意，不得於案件外的訴訟使用及揭露；(4)本條文不得排除請求國依據國內法之義務，而基於司法訴訟之目的而使用及揭露資訊。[94]

　　我國關於保密原則規定於國際刑事司法互助法第 14 條:「對請求協助及執行請求之相關資料應予保密，但為執行請求所必要、雙方另有約定或法律另有規定者，不在此限。」關於特定原則，如是外國向我國請求協助，則依據國際刑事司法互助法第 16 條:「法務部得要求請求方保證，非經我國同意，不得將我國提供之證據或資料，使用於請求書所載以外之目的。」如是我國向外國請求協助，則依據國際刑事司法互助法第 32 條第 1 項第 2 款規定「未經受請求方之同意，不將取得之證據或資料，使用於請求書所載用途以外之任何調查或其他訴訟程序。」

　　立法說明指出，國際刑事司法互助之請求與執行，往往涉及偵查中之個案或依法應受保護之個人資料，甚至牽涉國家安全及利益之維護。故關於請求協助及執行請求之相關資料，如第 8 條之請求書及其附件、第 17 條之待證事項、參考問題及相關說明、第 20 條之物證或書證、第 21 條至第 23 條之協助事項等，除為執行請求所必要、雙方另有約定或法律另有規定者外，均應予保密。[95]

---

[94] UK-the Philippines MLAA Art. 6 *[Limitation on Use] (1) The Requested States shall, upon request, keep confidential the request for assistance, its contents and supporting documents, and any response to such a request. (2) If the request cannot be executed without breaching confidentiality, the Requested State shall so inform the Requesting State, which shall then determine whether, and the extent to which, it wished the request to be execute. (3)The Requesting State shall not use or disclose any information or evidence obtained under this Treaty for any purpose other than for the proceedings state in the request without the prior consent of the Requested State. (4) Nothing in this Article shall preclude the use or disclosure of information to the extent that there is an obligation under the domestic law of the Requesting State to use or disclose such information for the purpose of judicial proceedings. The Requesting State shall, whenever possible, notify the Requested State in advance of any such disclosure. (5) Either Contracting State may refuse to transfer personal data obtained as a result of the execution of a request made under this Treaty where the transfer of such data is prohibited under its domestic law. (6) Either Contracting State that transfers personal data obtained as a result of the execution of a request made under this Treaty may require the Contracting State to which the data have been transferred to give information on the use made of such data.*

[95] 立法院公報第 107 卷第 32 期院會紀錄第 14 條說明。

第四款　一事不再理（雙重危險）原則

一事不再理原則(*ne bis in idem*)於司法互助也有適用，此一原則也是裁量拒絕協助的事由，例如規定：請求如涉及在被請求國有罪判決確定或無罪釋放、[96]圍恕、赦免確定，[97]或如其犯罪在被請求國追訴時，會被以先前無罪釋放或有罪判決而釋放、[98]服刑完畢[99]等情況時，得拒絕或延後協助。所謂判刑確定(convicted)、處罰(punished)、審判(tried)、無罪釋放(acquitted)等，必須由刑事案件加以檢驗案件的單一性、同一性，是從被告及其行為（犯罪事實）來看，而不是從罪名觀察。[100]

第五款　比例原則與善意信賴原則

---

[96] UK-Algeria MLAT *Art. 4 [Refusal or Postponement of Assistance] 1. Assistance may be refused or postponed, as the case may be if: ...b) The request relates to an offence that is subject to investigation, prosecution, conviction or acquittal in the Requested Party;*

[97] UK-Antigua and Barbuda concerning the Investigation, Restraint and Confiscation of the Proceeds and Instruments of Crime, *Art. 6 [Refusal of Assistance] (1) Assistance may be refused if: (a) the Requested Party is of the opinion that the request, if granted, would seriously impair its sovereignty, security, national interest or other essential interest; or (b) provision of the assistance sought could prejudice an investigation or proceedings in the territory of the Requested Party, prejudice the safety of any person or impose an excessive burden on the resources of that Party; or (c) the action sought is inconsistent with principles of the law of the Requested Party; or (d) the request concerns restraint or confiscation of proceeds or instruments of an activity which, had it occurred within the jurisdiction of the Requested Party, would not have been an activity in respect of which a confiscation order could have been made; or (e) the request relates to an violence in respect of which the person has been finally acquitted, pardoned, or made subject to an amnesty; or (f) the request relates to a confiscation order which has been satisfied. (2) Before refusing to grant a request for assistance, the Requested Party shall consider whether assistance may be granted subject to such conditions as it deems necessary. If the Requesting Party accepts assistance subject to conditions, it shall comply with them.*

[98] UK-Brazil MLAT *Art. 4 [Grounds for Refusal of Assistance] 1. The Central Authority of the Requested Party may refuse assistance if: (a) the execution of the request would prejudice the sovereignty, security, ordre public or other essential interests of the Requested Party; (b) the request relates to a person who, if proceeded against in the Requested Party for the offence for which assistance is requested, would be entitled to be discharged on the grounds of a previous acquittal or conviction; ......*

[99] (2) Before refusing to grant a request for assistance, the Requested Party shall consider whether assistance may be granted subject to such conditions as it deems necessary. If the Requesting Party accepts assistance subject to conditions, it shall comply with them.

[100] Council of Europe, *Supra* note 60, at 29.

司法互助中，被請求國對於請求的事項，仍應考量比例原則。例如：對於強制處分的請求例如監聽，必須有更正當的事由。歐盟會員國間刑事互助公約前言即有揭示，強化相互間司法合作的同時應有比例原則的適用。[101]此外瑞士司法部在司法互助指引(International Mutual Assistance in Criminal Matters Guidelines)也有提到善意信賴原則(principle of good faith)，基於此一原則，司法互助中被請求國對於請求國提出的下述事項並不會質疑，包括請求國的管轄權、請求國對於指涉的涉外的法律訴訟及刑事責任、請求案件所述之情狀、對特定原則是否遵守，及互惠保證的可信度。[102]

第六款　死刑

關於死刑的案件，通常廢除死刑的國家會將死刑列為拒絕協助的事由。澳洲司法互助法規定，外國的互助請求如起訴或處罰之罪，在請求國會被判處死刑時，除檢察總長(Attorney-General)認為，基於案件特別情況應予以協助之外，該項外國提出之請求必須(must)予以拒絕。如檢察總長提供協助「可能」導致某人會被判處死刑時，檢察總長得(may)拒絕該項外國請求。[103]澳洲與香港司法互助協定第 4 條第(4)項亦規定，「如犯罪在請求國有死刑規定，但該行為在被請求國無死刑規定時，被請求國應(shall)拒絕協助；如被請求國認為請求國可以針對個案提出保證不判決死刑，或如判決死刑

---

[101] *Id.* at 36.
Council Act of 29 May 2000 establishing in accordance with Article 34 of the Treaty on European Union the Convention on Mutual Assistance in Criminal Matters between the Member States of the European Union ONSIDERING that the Member States attach importance to strengthening judicial cooperation, while continuing to apply the principle of proportionality.

[102] Swiss Confederation, Federal Department of Justice and Police FDJP, Federal Office of Justice FOJ, Mutual Assistance Unit, *International Mutual Assistance in Criminal Matters Guidelines*, 9th edition 2009 (Case law as of May 2010), 2009, at 28.

[103] Australia Mutual Assistance in Criminal Matters Act 1987, *Part I Preliminary, 8 Refusal of assistance (1A) A request by a foreign country for assistance under this Act must be refused if it relates to the prosecution or punishment of a person charged with, or convicted of, an offence in respect of which the death penalty may be imposed in the foreign country, unless the Attorney-General is of the opinion, having regard to the special circumstances of the case, that the assistance requested should be granted. (1B) A request by a foreign country for assistance under this Act may be refused if the Attorney-General: (a) believes that the provision of the assistance may result in the death penalty being imposed on a person; and (b) after taking into consideration the interests of international criminal co-operation, is of the opinion that in the circumstances of the case the request should not be granted.*

並不會執行時，不在此限。」[104]澳洲與泰國司法互助條約關於死刑規定為得(may)拒絕協助，並增加規定「被請求國如基於此一事由拒絕協助時，請求國未來對於性質與重大程度類似的犯罪，基於相互原則，有拒絕協助他方之裁量權。」[105]

　　將死刑列為拒絕協助的事由，其關鍵不是在於國家是否保留死刑，而是該犯罪是否會被處以死刑，此一原則在引渡容易適用，但司法互助較難適用，因為司法互助的案件多在偵查之初，是否會求處及判處死刑都言之過早，既然死刑屬於得裁量拒絕協助的事由，請求國應了解是否有死刑的適用，以及是否提出保證一旦有罪確定時不會科以死刑；而就被請求國而言，由於協助是屬於裁量性質，因而可事先與請求國協調。[106]

第四項　一般司法互助事項

　　按各國雙邊司法互助條約或主要司法互助公約，對於傳統的主要互助事項的範圍規定大致相同，如下表所列，晚近則發展了幾項特殊互助類型，包括控制下交付與隱密偵查（臥底)、聯合偵查、通訊監察、視訊與電話聽證。特殊互助類型，詳見本章本節第五項說明。

---

[104] Australia-Hong MLAA (Mutual Legal Assistance Agreement) *Art. IV [Limitations on compliance] (4) The Requested Party shall refuse assistance if the request relates to an offence which carries the death penalty in the Requesting Party but in respect of which the death penalty is either not provided for in the Requested Party or not normally carried out unless the Requested Party gives such assurances as the Requested Party considers sufficient that the death penalty will not be imposed or, if imposed, not carried out.*

[105] Australia-Thailand MLAT *Art. 2 [Grounds for Refusal or Postponement] ...(2) Assistance may be refused if: ...(e) the request is made with regard to an offence punishable by the death penalty under the law of the Requesting State but not under the law of the Requested State. Notwithstanding the foregoing, the request may not be refused if the Requesting State gives such assurances as the Requested State considers sufficient that the death penalty will not be pronounced or, if it is pronounced, will not be executed. Refusal by the Requested State to execute a request on this ground shall entitle the Requesting State to have discretion to refuse, on the basis of reciprocity, to execute a request from the other state relating to an offence of similar nature and gravity.*

[106] Council of Europe, *supra* note 60, at 28.

國際上的刑事司法互助公約關於互助事項之規定

【大英國協刑事互助綱領】
(Scheme relating to Mutual Assistance in Criminal Matters within the Commonwealth)

第1條：本綱領之目的在於強化大英國協各國政府在刑事協助的層面及範圍，規範之刑事協助包括：
(a)查證身分及尋人(identifying and locating persons)；
(b)文書送達(serving documents)；
(c)詰問證人(examining witnesses)；
(d)搜索及扣押(search and seizure)；
(e)取證(obtaining evidence)；
(f)便利證人出庭(facilitating the personal appearance of witnesses)；
(g)受拘禁之人以證人出庭時之暫時移交(effecting a temporary transfer of persons in custody to appear as a witness)；
(h)取得司法或官方資料(obtaining production of judicial or official records)；
(i)追查、扣押及沒收犯罪所得或工具；
(j)保存電腦資料。

【1990年聯合國刑事互助示範條約】
(1990 United Nations Model Treaty on Mutual Assistance in Criminal Matters)

第1條第1項：關於適用範圍規定，相互提供協助包括犯罪之偵查或法院訴訟。第2項規定互助事項包括：
(a)從人取得證據或陳述(taking evidence or statement from persons)；
(b)協助從被拘禁之人或其他之人提出證據或協助偵查(assisting in the availability of detained persons or others to give evidence or assist in investigations)；
(c)司法文書送達(effecting service of judicial documents)；
(d)執行搜索及扣押(executing search and seizures)；
(e)勘驗物件及處所(examining objects and sites)；
(f)提供資訊與證據項目(providing information and evidentiary items)；
(g)提供相關文件及紀錄之原本及正本，包括銀行、財務、公司或商業記錄(Providing originals or certified copies of relevant documents and records, including bank, financial, corporate and business records)

【美洲國家間刑事司法相互助公約】
(Inter-American Convention on Mutual Assistance in Criminal Matters)

第2條第1項：關於範圍與適用規定，對於請求國在請求協助之時具有管轄權的犯罪，本國應該在偵查、起訴及訴訟上提供互助。第3項規定公約不為任何私人創設任何權力以取得證據或排除證據。第7條規定協助事項包括：
(a)裁判結果的通知(notification of rulings and judgments)；
(b)取得證詞或陳述(taking of testimony or statements from persons)；
(c)傳喚證人及專家證人以提供證詞(summoning of witnesses and expert witnesses to provide testimony)；
(d)財產的查封與隔離、資產凍結，及扣押相關程序之協助(immobilization and sequestration of property, freezing of assets, and assistance in procedures related to seizures)；

> (e)搜索或扣押(searches or seizures)；
> (f)物件及處所勘驗(examination of objects and places)；
> (g)司法文書送達 (service of judicial documents)；
> (h)文件、報告、資訊及證據之傳送(transmittal of documents, reports, information, and evidence)

　　我國國際刑事司法互助法第 5 條規定：「得依本法請求或提供之協助事項包括：取得證據、送達文書、搜索、扣押、禁止處分財產、執行與犯罪有關之沒收或追徵之確定裁判或命令、犯罪所得之返還，及其他不違反我國法律之刑事司法協助。」第 6 條規定，得請求協助之事項主要包括：取得證據、送達文書、搜索、扣押、禁止處分財產、執行與犯罪有關之沒收或追徵之確定裁判或命令及犯罪所得之返還，這些都是國際刑事司法互助的主要項目。其中，禁止處分財產在我國洗錢防制法內已有規定，至犯罪所得的返還，是指國際間犯罪所得查扣之合作事項，即「資產恢復(asset recovery)」。又國際間發生的犯罪態樣不一，所需協助事項亦因個案差異而有不同，未必爲第 1 款至第 7 款之協助事項所可全部涵蓋。爲免掛一漏萬，乃於第 8 款設一補充性之概括規定，在不違反我國法律前提下，得以請求或提供其他刑事司法協助事項。[107]

　　茲依前述各國刑事司法互助中各協助種類(Types of Assistance)概要說明如下：

第一款　尋人[108]

　　所有司法互助條約都有尋人下落的規定，通常國家透過警察管道協尋人的下落最有效率，因而實際上，國家如有透過司法互助條約請求尋人的情況，大多是因爲透過被請求國以警察管道協尋後沒有獲得回應。

---

[107] 立法院公報第 107 卷第 32 期院會紀錄有關我國國際刑事司法互助法第 6 條說明。
[108] Abbell, *supra* note 4, at 4-13.

第二款　文書送達[109]

　　所有司法互助條約都有送達的規定，但其條文規定視受送達人是否前往請求國出庭而有所差異。

　　(1)「不需受送達人前往請求國出庭」之文書送達：此種送達在所有司法互助條約都有規範應予協助，並且也規定送達方式及應將送達證明（證書）擲回請求國。

　　(2)「需受送達人前往請求國出庭」之文書送達：所有司法互助條約在送達方面最有差異的部分就屬「傳喚被請求國之人非以被告身分前往請求國出庭」，並非所有送達都納入「要求受送達人在請求國出庭」這一項，[110]基本上請求國應在預定出庭前的合理時間內提出請求[111]，此外，有司法互助條約規定不拘束被請求國有送達的義務，例如：「……被請求國不受拘束要送達任何傳喚書或要求前往親自出庭」；[112]或「如果證人或專家未至請求國出庭回應傳喚時，即使傳票列有處罰規定，並不會使其受到民刑事沒收、限制處分或法律制裁，除非該人進入請求國領域並被合法傳喚。」；[113]或「如果受送達之人為刑事被告，除該人為請求國國民外，被請求國得拒絕送達；傳票列有處罰規定，也不會使其受到民刑事沒收、限制處分或法律制裁，但請求國國民不再此

---

[109] *Ibid.*

[110] Id. at 4-13 ~ 4-15.

[111] US-China MLAT *Art. 8 [Service of Documents] 2. The Requesting State shall transmit any request for the service of a document requiring the appearance of a person before an authority in the Requesting State a reasonable time before the scheduled appearance.*

[112] US-Bahamas MLAT *Art. 17 [Serving Documents]……provided that the Requested State shall not be obliged to serve any subpoena or other process requiring the attendance of any person before any authority or tribunal in the Requesting State.*

[113] US-Turkey MLAT *Art. 31 [Appearance of Witnesses and Experts in the Requesting Party]*
　　(1) If the Requesting Party considers the personal appearance of a witness or expert before its judicial authorities especially necessary, that Party shall so indicate in its request for service of a summons. The Requested Party shall invite the witness or expert served to appear before the relevant judicial authority of the Requesting Party and ask whether the person agrees to the appearance. The Requested Party shall promptly notify the Requesting Party of the reply of the witness or expert.
　　(2) A witness or expert who fails to answer a summons to appear before a judicial authority of the Requesting Party shall not, even if the summons contains a notice of penalty, be subjected to any civil or criminal forfeiture, measure of restraint or legal sanction unless subsequently the person enters the territory of the Requesting Party and is there again duly summoned.

限」；[114]或有規定賦予被請求國有裁量送達的權力。[115]也有條文規定如美國與加拿大司法互助條約XI條規定，任何文件(any document)都應送達，但以不違反被請求國法律爲條件。尙有些國家可能其內國法律禁止其機關送達此種文書，因此，卽使現行司法互助條約沒有就傳喚進行規定，被請求國也會禁止這種送達。

我國司法互助法第21條規定，請求方請求之協助爲送達文書時，爲使我國能有效執行該協助，請求方自應於請求書詳載應受送達人及應受送達處所之下列相關事項：一、應受送達人及其法定代理人、代表人、管理人之姓名、名稱、國籍 或其他足資識別身分之資料。二、應受送達人之住所、居所、事務所、營業所或其他得以收受送達之處所。請求方無法特定收受送達之處所時，得同時表明請求查明送達處所之旨。若請求方無法特定收受送達處所，以致無法依第一項規定記載應受送達之處所時，亦得請求我國先查明收受送達之處所後再行送達。[116]

第三款　政府文書之文件證明與證據能力[117]

政府文書指政府機關掌有之非公開、非司法或非執法機關無法取得之文書，此類文書在偵查階段若透過執法機關管道常能迅速取得，但同樣地會面對審判時的證據能力問題。司法互助條約均規定，被請求國應提供政府機關所持有得公開之紀錄，如持有不公開文件、紀錄或資料，得依照處理本國執法或司法機關相同的程度及條件下提

---

[114] US Switzerland MLAT *Art. 22 [Compulsory Measures] & Art. 24 [Effect of Service]*
Art. 22 [Compulsory Measures]
The requested state may refuse to effect service of legal process on a person, other than a national of the requesting state, calling for his appearance as a witness in that state if the person to be served is a defendant in the criminal proceeding to which the request relates.
Art. 24 [Effect of Service]
1. A person, other than a national of the requesting state, who has been served with legal process calling for his appearance in the requesting state, pursuant to Article 22, shall not be subjected to any civil or criminal forfeiture, other legal sanction or measure of restraint because of his failure to comply therewith, even if the document contains a notice of penalty.

[115] US-Jamaica MLAT *Art. 18 [Serving Documents] 1. The Requested State shall effect service of any document......; provided that the Requested State may in its discretion decline to serve any subpoena or other process requiring the attendance of any person before any authority or tribunal in the Requesting State.*

[116] 立法院公報第 107 卷第 32 期院會紀錄第 21 條及立法說明。

[117] Abbell, *supra* note 4, at 4-16 ~ 4-17.

供之,並且通常被請求國得裁量拒絕全部或部分之請求。[118]政府文件的取得若透過警察管道,將面臨的是「證據能力」的問題,為此,多數司法互助條約有明定文件證明程序,以符合文件證明的證據能力的要件。[119]

第四款　搜索與扣押[120]

所有司法互助條約都規定締約國有搜索與扣押之義務,如提出之請求資料充分,且依被請求國法律規定有搜索及扣押之正當性時,則有義務執行之。大部分司法互助條約,也要求請求國機關須提供「物證管制流程(chain of custody)」之證明,[121]晚近美國採取的方式是在司法互助條約中規定格式,[122]依據此項格式所提出的證明,在請求國即具有證據能力。[123]此外,司法互助條約對於扣押物,亦訂有保護第三人的規定。[124]

---

[118] US Thailand MLAT *Art. 9 [Providing Records of Government Offices or Agencies] 1. The Requested State shall provide copies of publicly available records of a government office or agency. 2. The Requested State may provide any record or information in the possession of a government office or agency, but not publicly available, to the same extent and under the same conditions as it would be available to its own law enforcement or judicial authorities. The Requested State in its discretion may deny the request entirely or in part.*

[119] US-Bahamas MLAT *Art. 13 [Providing Records of Government Agencies] 3. Documents provided under this Article shall be attested by the official in charge of maintaining them through the use of Form B appended to this Treaty. No further certification shall be required. Documents attested under this paragraph shall be admissible evidence in proof of the truth of the matters set forth herein.*

[120] Abbell, *supra* note 4, at 4-26 ~ 4-36.

[121] US-Canada MLAT *Art. XVI [Search and Seizure] 2. The competent authority that has executed a request for search and seizure shall provide such certifications as may be required by the Requesting State concerning, but not limited to, the circumstances of the seizure, identity of the item seized and integrity of its condition, and continuity of possession thereof.*

[122] US-Bahamas MLAT *Art. 15 [Search and Seizure] 2. Every official of the Requested State who has custody of seized articles shall certify, through the use of Form C appended to this Treaty, the continuity of custody, the identity of the article, and the integrity of its condition. No further certification shall be required. The certificates shall be admissible in evidence in the Requesting State as proof of the truth of the matters set forth therein.*

[123] US-Canada MLAT *Art. XVI [Search and Seizure] 3. Such certification may be admissible in evidence in a judicial proceeding in the Requesting State as proof of the truth of the matters certified therein, in accordance with the law of the Requesting State.*

[124] US-Bahamas MLAT *Art. 15 [Search and Seizure] The Requested State shall not be obliged to provide any item seized to the Requesting State unless that State has agreed to such terms and conditions as may be required by the Requested State to protect third party interests to the Requesting State.*

第五款　在被請求國取得證言

　　在被請求國取得證言，係指被請求國得以傳喚書通知強制到場，依據被請求國的法律，使證人作證及提出證據，[125]從普通法系國家法規來看，這些條文的設計是確保被告在請求國有機會由辯護人到場的情況下詰問證人，並容許直接或間接對證人提問問題，[126]然而，許多大陸法系國家無法讓外國檢察官或辯護律師親自詰問或訊問，必須交由本國司法機關進行。

　　晚近發展出「視訊聽證(Hearing by videoconference)」的方式取得證言，例如歐盟會員國間司法互助公約規定，有特殊互助類型之請求，得請求以視訊會議的方式進行，如視訊的使用沒有違反本國法律基本原則，且技術可行時，被請求國應同意。[127]美國與歐盟司法互助條約(Agreement on Mutual Legal Assistance Between the United States of America and the European Union)第6條規定，締約各國應採取必要作為，對於在被請求國內的證人或專家以視訊科技進行取得證言。[128]

　　有關遠距訊問之類似規定，見於我國國際刑事司法互助法第31條第1項規定：「向受請求方提出詢問或訊問我國請求案件之被告、證人、鑑定人或其他相關人員之請求時，得依受請求方之法律規定，請求以聲音及影像相互傳送之科技設備，將詢問或訊問之狀況即時傳送至我國」，因此，我國法院或檢察官得依法律規定以遠距訊問境外

---

[125] US-Canada MLAT *Art. XII [Taking of Evidence in the Requested State] A person requested to testify and produce documents, records or other articles in the Requested State may be compelled by subpoena or order to appear and testify and produce such documents, records, and other articles, in accordance with the requirements of the law of the Requested State.*

[126] US-Italy MLAT *Art. 14 [Taking Testimony in the Requested State]*
3. The Requested State shall permit the presence of an accused, counsel for the accused, and persons charged with the enforcement of the criminal laws to which the request relates.
4. The executing authority shall provide persons permitted to be present the opportunity to question the person whose testimony is sought in accordance with the laws of the Requested State.
5. The executing authority shall provide persons permitted to be present the opportunity to propose additional questions and other investigative measures.

[127] Council Act of 29 May 2000 establishing in accordance with Article 34 of the Treaty on European Union the Convention on Mutual Assistance in Criminal Matters between the Member States of the European Union, *Article 10 [Hearing by videoconference]*

[128] Agreement on Mutual Legal Assistance Between the United States of America and the European Union, *Article 6 [Video conferencing]*
1. The Contracting Parties shall take such measures as may be necessary to enable the use of video transmission technology between the United States and each Member State for taking testimony in a proceeding for which mutual legal assistance is available of a witness or expert located in a requested State,……

之證人，除取得具有證據能力之證言以發見眞實以外，並兼顧被告對質詰問權之保障，自國際刑事司法互助法公布施行以後，應依該法所定程序爲之，始爲適法。此可參閱我國最高法院110年度台上字第2082號判決要旨。

第六款　前往請求國提出證言與證據

「前往請求國提出證言與證據」，依據身分又分爲一般之人及受監禁之人。基於偵查或訴訟之目的，司法互助條約會請求他國一般之人，包括證人或鑑定人前往請求國到庭陳述。我國國際刑事司法互助法第 19 條規定「我國得依請求方之請求，協助安排人員至我國領域外之指定地點提供證言、陳述、鑑定意見或其他協助。請求方並應於請求書中說明其應支付之費用及協助之期限（第 1 項）。受安排人員，不包括該請求案件之被告、犯罪嫌疑人，及在我國人身自由受限制或經限制出境之人（第 2 項）。執行時請求應經該人員之同意，並不得使用強制力（第 3 項）。」又例如美國與瑞士司法互助條約規定，請求國請求某人前往該國協助調查或以證人身分前往時，被請求國應轉請當事人同意後爲之，請求國應提供費用與津貼。由於此一請求不屬於強制性，因此當事人若拒絕前往時，並不會受到被請求國任何處罰，但如當事人爲請求國國民時除外。[129] 司法互助條約也會請求他國將受監禁之人暫時移轉到請求國提出證言與證據，歐盟關於「爲偵查之目的而暫時移交被羈押之人犯」[130]規定：會員國權責機關之間依據協定，如基於案件之偵查，需要在他方羈押之人親自到場時，得暫時將該人移交至該國，並訂定時間將該人交還。在被求國羈押的期間，日後應自執行期間扣除。

---

[129] US-Switzerland LMAT *Art. 23 [Personal Appearance]*

　　1. When the personal appearance of a person, other than a defendant in the criminal proceeding to which the request relates, is considered especially necessary in the requesting state, such state shall so indicate in its request for service and shall state the subject matter of the interrogation. It will also indicate the kind and amount of allowances and expenses payable.

　　US-Switzerland LMAT *Art. 24 [Effect of Service]*

　　1. A person, other than a national of the requesting state, who has been served with legal process calling for his appearance in the requesting state, pursuant to Article 22, shall not be subjected to any civil or criminal forfeiture, other legal sanction or measure of restraint because of his failure to comply therewith, even if the document contains a notice of penalty.

[130] Convention Established by the Council in accordance with Article 34 of the Treaty of European Union on Mutual Assistance in Criminal Matters between the Members State of the European Union, Article 9 [Temporary transfer of persons held in custody for purposes of investigation]

關於受監禁之人的移交基本規定如英國與香港司法互助條約 XV：「被請求國監禁之人基於司法互助之目地移交請求國，必須：(a)該人同意；(b)請求國保證期間應將該人繼續監禁，確保刑之執行；及(c)請求國保證最終將該人回到被請求國。[131]較詳細的規定例如英國與菲律賓司法互助條約第 14 條：(1)移轉須經當事人及締約兩國的同意；(2)請求國負責在押期間的安全；(3)請求國應確保此一期間不會以該人在離開被請求國之前已經進行的訴訟或判決確定，而受到文書送達、被留置、受到人身限制；(4)被請求國認爲人身安全無虞之時，得徵求該人提供證據或協助；(5)除被請求國另有通知外，否則請求國有權力及義務持續將該人予以監禁；(6)如果經被請求國告知該人已經不需繼續監禁時，請求國應將該人釋放，當成一般前往出庭之人；(7)除當事人及雙方締約國同意，否則請求國情況許可時應將該人押回被請求國，但最遲不得超過被請求國宣告釋放的日期；(8)請求國不得要求被請求國透過引渡程序讓該人返回；(9)被請求國應將該人在請求國領域內拘禁的期間從全部的監禁期間扣除。」[132]

---

[131] UK-Hong Kong MLAA (Mutual Legal Assistance Agreement) *Art. XV [Transfer of Person in Custody] A person in custody in the Requested Party whose presence is requested in the Requesting Party for the purposes of providing assistance pursuant to this Agreement shall, if the Requested Party consents, be transferred from that Party to the Requesting Party for that purpose, provided: the person consents; and (b) the Requesting Party has guaranteed the maintenance in custody of the person while the sentence of imprisonment remains in force; and (c) the Requesting Party has guaranteed such person's subsequent return to the Requested Party.*

[132] UK-the Philippines MLAT *Art.14 [Transfer of Persons in Custody]*
1. Where a request is received by the Requested State for the transfer of a person in the custody of that State to the territory of the Requesting State for the purpose of providing assistance under this Treaty, that person shall be so transferred if he and the Contracting States consent.
2. The Requesting State shall be responsible for the safety of the person transferred whilst in custody.
3. The Requesting State may make arrangements to ensure, so far as is possible, that a person attending in the territory of the Requesting State pursuant to this Article shall not be subject to service of process, or be detained or subjected to any further restriction of personal liberty, by reason of any acts or convictions in the 13 Requesting State that preceded that person's departure from the territory of the Requested State.
4. The Requested State may, if satisfied that appropriate arrangements for that person's safety will be made by the Requesting State, invite the person to give or provide evidence or assistance in relation to a criminal matter in the Requesting State. The person shall be informed of details of any immunity as required by Article 4(4) (Form, Language and Contents of Requests) of this Treaty.
5. Unless notified to the contrary by the Requested State, the Requesting State shall have the authority and the obligation to keep in custody the person transferred.
6. Where the Requested State advises the Requesting State that the person transferred is no longer required to be held in custody, that person shall be released from custody and be treated as a person to whom Article 13 (Attendance of Persons in the Requesting State) of this Treaty applies.
7. The Requesting State shall return the person transferred to the custody of the Requested State as

　　多數司法互助條約沒有明定暫時移交的期間，僅訂定如不再需要或已經不需繼續監禁時，應將該人送回被請求國。但亦有司法互助條約，例如英國與阿拉伯聯合大公國司法互助條約(UK-Arab Emirates)規定請求國應於移轉後一個月押解回國，或依兩國協議的時間押解回國；加拿大與烏拉圭司法互助條約 (Canada-Uruguay) 規定不能超過剩餘監禁期間或最長不超過 90 日，看何者時間先至。

　　最後應說明者，司法互助是爲了取得證據(Evidence)，若爲了取得情報(intelligence)應透過行政協助，若爲了追緝及嫌犯或通緝犯，應透過引渡。透過行政協助取得的情報及相關證據，只要法院認爲是具有證據能力的形式，仍得用於訴訟。如被請求國的證人同意，亦可付費請該證人前來本國陳述，這比起偵查人員前往該國取證會是快速、經濟而簡單的方式。同理如請求國的駐外使館經當地國同意，偵查人員也可以在使館內對當地國的證人取證。另外，許多國家不反對請求國的檢察官或偵查人員事先通知請求國並經同意後，先以電話方式取得位於該國當事人的證言，再以郵寄方式寄送當事人簽名後回寄。[133]

第七款　刑事不法資產之凍結與沒收[134]

　　司法互助也對資產進行沒收、返還、分享及補償被害人，並規定締約方應依據本國國內法協助他方確認、找尋、追蹤、限制、凍結、扣押、沒收、充公不法所得與犯

---

soon as circumstances permit and in any event no later than the date upon which he would have been released from custody in the territory of the Requested State, unless otherwise agreed by the Contracting States and the person transferred.

8. The Requesting State shall not require the Requested State to initiate extradition proceedings for the return of the person transferred. 9. The period of custody in the territory of the Requested State shall be deducted from the period of detention which the person concerned is, or will be, obliged to undergo in the territory of the Requesting State.

關於上述第 8 點，美國與義大利司法互助條約 16 條也有規定請求國不得以國籍為由拒絕讓該人返回(…c: the receiving State shall not decline to return a person transferred on the basis of nationality…)；美國與牙買加司法互助條約 12.6 條規定：被移轉之人身為被請求國的國民，不影響被請求國依據條約讓該人送至請求國的義務(The fact the person transferred is a national of the Requested State shall not affect any obligation of that State under this Treaty to return that person to the Requesting State.)；美國與瑞士司法互助條約第 26.5 條規定：請求國不得以因該人為本國國民為由拒絕送回被請求國(The requesting State shall not decline to return a person transferred solely because such person is a national of that State.)

[133] Council of Europe, *Supra* note 61, at 10-11.

[134] Abbell, *supra* note 4, at 4-37.

罪工具。[135]以美國與義大利司法互助條約第20條爲例：「締約一方認爲有犯罪所得在締約對方所屬領土內時，得通知對方之指定代表人。締約雙方應在所屬領土內之法律許可範圍內，在沒收犯罪所得、償還被害人、刑事判決罰金之執行等程序中相互協助。」[136]有關沒收對象，有司法互助條約只規定應受沒收之物，[137]有單純規定犯罪所得(proceeds of criminal offenses)[138]或包括孳息(fruits)，[139]多數規定除犯罪所得外亦包括犯罪工具(instrumentalities)。[140]

　　英國與各國的司法互助條約有詳細規定，請求國有罪判決確定後，被請求國即得以依據本國法律規定進行沒收，並返還請求國。但應注意善意第三人的權利。一般而言，返還必須經請求國判決確定，但被請求國也得以依據其本國法律，在訴訟確定前將資產返還。如查扣或沒收的是政府公帑，必須返還請求國。又資產的分享，是由查扣或沒收的國家依據本國法與合作國分享，合作國如果因爲協力合作而促成沒收，也可以依據司法互助條約請求扣押國分享資產。司法互助條約也會規定請求的期間，例如應於沒收裁定確定之日起 1 年內請求，但經雙方國家同意者不在此限。查扣沒收國應注意查扣或沒收的標的是否爲政府公帑，如果得以明確認定爲特定被害人所有時，被害人的權利應優先。查扣沒收國提出資產分享時，應依據本國法律衡量各方的協力狀況決定分享比例。除另外協議之外應依據本國貨幣計算，匯款至對方國家中央窗口指定機關，並且分享的資產亦不得附加使用的條件，不得要求分給其他的國家、組織或個人。[141]

　　加拿大對外的司法互助條約明確規定，沒收之犯罪不法所得或犯罪工具除經雙方

---

[135] UK-Brazil MLAT *Art. 17 [Assistance in Confiscation Proceedings]*
The Parties shall assist each other in proceedings involving the identification, tracing, restraint, seizure and confiscation of the proceeds and instrumentalities of crime in accordance with the domestic law of the Requested Party.
US-Australia MLAT *Art. 17 [Assistance in Forfeiture Proceedings]*
1. Upon request of the Central Authority of the Requesting State, the Requested State, to the extent permitted by its law, shall endeavor to locate, trace, restrain, freeze, seize forfeit or confiscate the proceeds and instrumentalities of crime.

[136] US-Jamaica MLAT Art. 20 [Proceeds of Crime]; US-Canada MLAT *Art. XVII [Proceeds of Crime]*

[137] *US-Italy MLAT Art. 18 [Immobilization and Forfeiture of Assets] 1. In emergency situations, the Requested State shall have authority to immobilize assets found in that State which are subject to forfeiture.*

[138] US-Canada MLAT; US-Cayman Islands MLAT; US France MLAT

[139] US-Mexico MLAT; US-Thailand MLAT

[140] US-Australia MLAT

[141] UK-Brazil MLAT Art. 18 to 24

同意，否則應歸於被請求國、[142]由被請求國處分，[143]或應與請求國商議決定分配。[144]如因被請求國的協助因而請求國得以查扣及沒收資產時，也有國家約定分享，例如美國與加拿大協定(Agreement Between the Canada and the Government of the United States of America Regarding the Forfeited Assets and Equivalent Funds)規定此時請求國得依其國內法與被請求國分享，分享的額度與比例由請求國依據國內法定之，請求國不得限制被請求國如何使用，也不得附加條件要求被請求國分享給其他國家、政府、組織或個人。

　　我國國際刑事司法互助法第 33 條規定：「外國政府、機構或國際組織提供協助，有助於我國沒收或追徵與犯罪有關之財產，或我國協助外國政府、機構或國際組織沒收或追徵與犯罪有關之財產者，法務部得與其協商分享該財產之全部或一部。返還財產予外國政府、機構或國際組織前，應扣除我國因提供外國政府、機構或國際組織協助而支出之費用，並尊重原合法權利人及犯罪被害人之權益。」第 34 條第 1 項規定：「扣押物、沒收物及追徵財產，有事實足認得請求發還或給付者為外國人，經依刑事訴訟法所定程序，仍不能或難以發還或給付時，法務部得基於互惠原則，依所簽訂之條約、協定或協議，經該外國人所屬政府之請求，個案協商將該扣押物、沒收物及追徵財產之全部或一部交付該外國人所屬之政府發還或給付之。」；同條第 2 項規定「前項請求，應於不起訴處分、緩起訴處分或裁判確定後 3 年內為之。被告有數人，或與扣押物、沒收物及追徵財產相關案件有數案，其不起訴處分、緩起訴處分或裁判確定日期不同者，以最後確定者為準。第一項扣押物、沒收物及追徵財產之交付，由該管檢察官執行之。」第 3 項規定「扣押物、沒收物及追徵財產依前三項規定，已交付外國

---

[142] Canada-Trinidad and Tobago MLAT *Art. 13 [Proceeds of Crime] 3. Proceeds confiscated or forfeited pursuant to this Treaty shall accrue to the Requested Party, unless otherwise agreed.* See also Canada-South Africa MLAT *Art. 14 [Proceeds of Crime] 3. Proceeds forfeited pursuant to this Treaty shall occur to the Requested State, unless otherwise agreed.*

[143] Canada-Hellenic Republic MLAT *Art. 13 [Proceeds of Crime] 3. Proceeds of crime forfeited further to a request made pursuant to this Treaty shall be disposed of in accordance with the law of the Requested State, unless otherwise agreed.*
Canada-Peru MLAT *Art. 11 [Proceeds of Crime] 3. Proceeds forfeited pursuant to this Treaty shall accrue to the Requested Party, unless specified in a separate agreement.*
Canada-Hong Kong MLAT *Art. 15 [Proceeds of Crime] 4. Proceeds or instrumentalities confiscated pursuant to this Agreement shall be retained by the Requested Party, unless otherwise agree upon between the Parties.*

[144] Canada-Belgium MLAT *Art. 13 [Proceeds of Crime] 3. The Requested State shall, in accordance with its laws and after consulting with the Requesting State, decide the issue of sharing with the Requesting State any proceeds of crime which were confiscated pursuant to a request for assistance made in accordance with paragraph (1)(a).*

政府後，該外國人不得再向我國政府請求發還或給付。」

第五項　特殊互助類型之請求

特殊互助類型之司法互助請求包括：(1)控制下交付與隱密偵查（臥底）、(2)聯合偵查、(3)通訊監察、(4)視訊與電話聽證。[145]

第一款　控制下交付

控制下交付(controlled delivery)是指「在權責機關知悉及監督下，允許非法或可疑貨物運出、通過或運入一國或多國領域之手段，以達到犯罪偵查及確認參與犯罪者之身分。」[146]國際上關於控制下交付的規範首見於「1988 年聯合國禁止非法販賣麻醉藥品

---

[145] 參照「歐盟會員國間司法互助公約(Council Act of 29 May 2000 establishing in accordance with Article 34 of the Treaty on European Union the Convention on Mutual Assistance in Criminal Matters between the Member States of the European Union)」第 8 條以下條文規定，有以下幾項：第 8 條「返還請求(Article 8 Restitution)」、第 9 條「為偵查之目的而暫時遞交被羈押之人犯(Temporary transfer of persons held in custody for purposes of investigation)」、第 10 條「視訊聽證(Hearing by videoconference)」、第 11 條「電話聽證(Hearing of Witnesses and experts by telephone conference)」、第 12 條「控制下交付(Controlled Deliveries)」、第 13 條「聯合偵查小組(Joint Investigation Teams)」、第 14 條「隱密偵查(Covet Investigations)」、第 18 條「通訊監察(Requests for interception of telecommunications)」

[146] 「聯合國打擊跨國有組織犯罪公約(United Nations Convention Against Transnational Organized Crime Article)」第 2(i)條定義："Controlled delivery" mean the technique of allowing illicit or suspect consignments to pass out of, through or into the territory of one or more States, with the knowledge and under the supervision of their competent authorities, with a view to the investigation of an offence and the identification of persons involved in the commission of the offence;

「1988 年聯合國禁止非法販賣麻醉藥品管理條例暨精神藥物公約(1988 United Nations Convention against Illicit Trafficking in Narcotic Drugs and Psychotropic Substances Article)」第 1(g) 條定義："Controlled delivery" means the technique of allowing illicit or suspect consignments of narcotic drugs, psychotropic substances, substances in Table I and Table II annexed to this Convention, or substances substituted for them, to pass out of, through or into the territory of one or more countries, with the knowledge and under the supervision of their competent authorities, with a view to identifying persons involved in the commission of offences established in accordance with article 3, paragraph 1 of the Convention;

管理條例暨精神藥物公約」第 11 條[147]及 1997 年「美洲國家間禁止非法製造及販賣武器、軍火、爆裂物與相關非法物質公約」第 XVIII 條、[148]。2000 年聯合國打擊跨國有組織犯罪公約第 20 條關於特殊偵查手段規定：「各締約國應在其本國法律基本原則下，根據本國法律規定條件採取必要措施，允許其主管當局在其境內適當採取控制下交付，並在其認為適當的情況下使用其他特殊偵查手段，如電子偵監及臥底行動，以有效地打擊有組織犯罪。」；歐盟會員國間刑事互助公約第 12 條「控制下交付」規定：「會員國對於可引渡之犯罪，受他國請求在其國內進行控制下交付之偵查時，應予同意；控制下交付之執行，由被請求國權責主管機關依其國內法之規定個案決定之；控制下交付應依被請求國之程序進行，會員國權責主管機關對於該行動，有執行、指揮及控制之權。」[149]又國際上並非所有國家都用法律來規範控制下交付，許多國家是用行政規則(administrative regulations) 或警察準則(police guidelines)來規範。[150]

控制下交付，實質上是「暫緩逮捕與暫緩扣押」，等到時機成熟再一舉成擒，人贓

---

[147] 「1988 年聯合國禁止非法販賣麻醉藥品管理條例暨精神藥物公約 91988 United Nations Convention against Illicit Trafficking in Narcotic Drugs and Psychotropic Substances) 」第 11 條(控制下交付)：
1. 在其國內法律制度基本原則允許的情況下，締約國應在可能的範圍內採取必要措施，根據相互達成的協定或安排，在國際一級適當使用控制下交付，以便查明涉及第 3 條第 1 款確定的犯罪的人，並對之採取法律行動。
2. 使用控制下交付的決定應在逐案基礎上作出，並可在必要時考慮財務安排和 關於由有關締約國行使管轄權的諒解。
3. 在有關締約國同意下，可以攔截已同意對之實行控制下交付的非法交運貨 物，並允許將麻醉藥品或精神藥物原封不動地繼續運送或在將其完全或部分 取出或替代後繼續運送。
[148] Inter-American Convention against the Illicit Manufacturing of and Trafficking in Firearms, Ammunition, Explosives, and Other Related Materials) *Article XVIII [Controlled Delivery]*
  1. Should their domestic legal systems so permit, States Parties shall take the necessary measures, within their possibilities, to allow for the appropriate use of controlled delivery at the international level, on the basis of agreements or arrangements mutually consented to, with a view to identifying persons involved in the offenses referred to in Article IV and to taking legal action against them.
  2. Decisions by States Parties to use controlled delivery shall be made on a case-by-case basis and may, when necessary, take into consideration financial arrangements and understandings with respect to the exercise of jurisdiction by the States Parties concerned.
  3. With the consent of the States Parties concerned, illicit consignments under controlled delivery may be intercepted and allowed to continue with the firearms, ammunition, explosives, and other related materials intact or removed or replaced in whole or in part.
[149] Council Act of 29 May 2000 establishing in accordance with Article 34 of the Treaty on European Union the Convention on Mutual Assistance in Criminal Matters between the Member States of the European Union) *Art. 12 [Controlled Deliveries]*
[150] *Model legislation and commentaries in relation to the controlled delivery of firearms, ammunition, explosives, and other related materials*, Third Conference of the State Party to CIFTA, May 2012

俱獲，並非縱容或包庇犯罪。[151]我國在毒品危害防制條例第 32 之 1 條規定：「爲偵辦跨國性毒品犯罪，檢察官或刑事訴訟法第二百二十九條之司法警察官，得由其檢察長或其最上級機關首長向最高檢察署提出偵查計畫書，並檢附相關文件資料，經最高檢察署檢察總長核可後，核發偵查指揮書，由入、出境管制相關機關許可毒品及人員入、出境。」並另外訂定「偵辦跨國性毒品犯罪入出境協調管制作業辦法」。

控制下交付主要用在毒品走私，也常用在其他物的走私如贓品、槍械、保育類動物，以及人的移動例如人口販運、非法移民。控制下交付的價值在於提供資訊包括：運送路線、源頭、目的地、犯罪組織的組成、犯罪手法、架構、資源及活動。執法機關的訊息來源包括線民、嫌犯、他國執法機關、機場港口緝毒犬現場嗅出。另控制下交付的「控制」方式可分三類：(1)親自觀察與監看、(2)臥底幹員或線民直接參與，及(3)電子監控例如以訊號發射器追蹤。[152]走私路線有航空、水路、陸路、火車及公共貨運運輸有固定路線及抵、離時間，容易擬定計畫，水路及道路則容易改變路線。[153]

控制下交付又分爲：有嫌犯合作、無嫌犯合作、有臥底幹員配合，及無臥底幹員配合。(1)有嫌犯合作：卽嫌犯在犯罪被發現後，讓嫌犯藏著毒品繼續進行，例如入境行李查獲；(2)無嫌犯的合作：卽暗中控制下交付，指運送者或夾帶者不知毒品其實已被查獲的情況下，讓運送物品繼續通過，以便追查走私網絡。最常使用的時機，就是海關從空運中對沒有當事人在場的行李或郵件進行檢驗，此時若沒有使用控制下交付時，就只能單純查獲毒品或違禁物，查不到其他違禁物，而販毒集團頂多就是損失毒品而已。這情況下的控制下交付，會涉及包裹內容的調換問題、跟監、裝置 GPS 追蹤設備等偵查。[154]

販毒集團的網絡通常只招募可信賴之人，除線民外，表面上取得的證物很難掌握集團的網絡。線民提供有關犯罪的資訊給警方以換取報酬、特殊待遇，或對其未結的被告案件之有利考量。線民又分：(1)無參與：單純提供訊息給執法機關；(2)有參與：直接親自參與集團的犯罪角色，例如擔任運送者、夾帶者。[155]

以機場發現跨國毒品走私爲例，進行控制下交付的作爲包括：(1)立卽通報發現

---

[151] 陳瑞仁，控制下交付與搜索逮捕之關係，日新，第 3 期，2004 年 8 月，頁 26-29。

[152] Steven David Brown, *Combating International crime, the Longer arm of the law,* Routledge-Cavendish, 2008, at 199-204.

[153] *Id.* at 148-157.

[154] Ignacio Miguel de Lucas Martin and Cristian-Eduard Stefan, *Transnational Controlled Deliveries in Drug Trafficking Investigations Manual*, JUST/2013/ISEC/DRUGS/AG/6412, at 148-157

[155] *Id.* at 165.

毒品；(2)採樣、秤重、證據鑑識、採集 DNA；(3)評估跨國控制下交付的可行性，包括與目的地國及過境國有無相關協定或是否可以克服，以及檢察署是否同意；(4)與目的地國機關聯繫、目的地國同意、雙方建立聯繫窗口；(5)聯繫機場單位及航空公司安排運送過境；(6)確認日期時間班機之後，偵查機關與機場單位於機場會合當面檢視寄送之包裹；(8)將資料書面交付機長，偵查機關將包裹放上飛機，之後偵查機關通知目的地國已寄出；(9)目的地國於包裹抵達後告知本國。[156]

　　控制下交付可與線民、臥底、跟監、GPS 追蹤、通訊攔截這幾個偵查工具交互使用，[157]但實務上從事跨國控制下交付極為困難，原因如下：[158]

(1) 路線、車籍資料、涉嫌人身分、交付時間無法事先確定，或狀況瞬間改變造成有些國家難以提供協助，有時對於司法機關管轄權也需要時間確認，這些事項都應載明於司法互助的請求書上，實務上都只能事後由警方提供，但許多國家無法接受。

(2) 為他國裝置 GPS 追蹤設備，或他國要求直接接管本國裝置的 GPS 追蹤設備，在實務上有不同意見，有時法律亦不允許。

(3) 現場查扣決策：當國家發現有大宗毒品須過境本國時，國家法律的差異常會導致無法預期的查扣。此外，執法機關基本上難以抗拒查扣，即使有國外的請求放行都很為難，更不用說如果國家規定必須查扣時，更不會放行，因而造成最後追查的困難，也是因此，有些國家拒絕執行控制下交付，並於毒品入境時逕自查扣，或有國家認為應將跨國控制下交付(cross border delivery)改成跨國偵監(cross border surveillance)，亦即將包裹內容完全調換，只將行動的目的限縮在查證或追查交付歷程及最後目的地。

(4) 臥底幹員：臥底幹員的運用各國不同，有國家要求臥底幹員必須親自出庭提出證言，所蒐集之證據才有證據能力，特別是刑事訴追移轉管轄時，如果卷宗內沒有臥底幹員親自出庭提出證言時，證據就會產生問題，此外，有些國家會運用非執法人員擔任臥底，這也產生刑事訴追訟上的問題。

(5) 各國法制不同，執法機關不願意前來他國出庭作證，讓跨境控制下交付的證據能力產生問題。

---

[156] *Id.* at 158-160.

[157] *Id.* at 164.

[158] *Cross-border controlled deliveries from a judicial perspective*, Issue in Focus number 1-First Addendum to the Implementation Report, at 4-8.

(6) 各國偵查過程中蒐集的情資例如 GPS 資訊之分享與解密條件不同，造成起訴及審判上的困難。

(7) 包裹內容的調換問題：包裹內容調換問題也有研究將控制下交付分爲「現況控制下交付 (Live Controlled Delivery)」與「移除後控制下交付 (Clean Controlled Delivery)」。「現況控制下交付」指讓原本違禁物繼續在執法人員的監控下繼續移動至目的地；「移除後控制下交付」指執法人員移除物品並用無害物質替換後，在執法人員的監控下繼續移動至目的地。[159]有些國家不允許將包裹內容例如毒品全部調換，只允許部分調換，這主要涉及之後刑事訴訟時，如果受理國的法律不允許毒品調換，證據能力就會產生問題。另外，有些國家允許調換包裹內容，但即便如此也應相當謹慎，因爲在此情況下所查緝調換的包裹，必須仰賴他國在法定期間將證物送達，並非易事，有時會影響對於嫌犯的起訴與羈押。總之，跨國控制下的包裹內容調換問題，端看包裹經過路線中所有國家的法律規定，並經各國相互同意。在控制下交付應擔心的是：因走私路線突然改變等原因，造成失去追蹤，而即使一時失去追蹤，未來查獲時，仍有足夠的證物可供起訴。毒品的重新包封必須在專門的實驗室以刑事鑑識的方法爲之。毒品偵查員應於查獲時在場，再由專業人員置入替代品例如咖啡粉、麵粉、鹽、糖等重新包裝；若不調換包裹內容，會爲偵查帶來高度壓力及風險，特別是必須經過好幾個過境的國家。[160]

　　控制下交付也無可避免地會運用臥底偵查，以「歐盟會員國間刑事互助公約 (Council Act of 29 May 2000 establishing in accordance with Article 34 of the Treaty on European Union the Convention on Mutual Assistance in Criminal Matters between the Member States of the European Union)」第 14 條規定，及 2001 年歐洲刑事司法互助公約第二附加議定書於斯特拉斯堡(Second Additional Protocol to the European Convention on Mutual Assistance in Criminal Matters 第 19 條爲例，關於隱密偵查(Covert Investigations)規定：「請求國及被請求國得相互同意協助他方偵查人員以隱密或僞裝之身分偵查犯罪。請求之決定，由被請求國權責機關參照其國內法律與程序決定，隱密偵查期間，其細部條件以及相關員警在隱密偵查期間的法律地位，應經會員國參照其國內法律與程序彼此同意，在他國領域進行隱密偵查應依據他國國內法律及程序，相關國家應合

---

[159] *Countermeasure against organized crime,* United Nations Asia and Far East Institute for the Prevention of Crime and the Treatment of Offenders (UNAFEI), Resource Material Series No 65. at 182, Mar. 2005. 有中國大陸及國內研究將 Live Controlled Delivery 翻譯為「有害的控制下交付」；將 Clean Controlled Delivery 翻譯為「無害的控制下交付」。

[160] Ignacio Miguel de Lucas Martin and Cristian-Eduard Stefan, *supra 153*, at 148-157.

作確保隱密偵查之準備及監督，並保護隱密或偽裝身分之偵查人員之安全。」[161]

第二款　國際聯合偵查

由於近代單靠國際間執法及司法合作已經不足以處理跨國犯罪，各國乃有聯合偵查的合作模式。聯合偵查分為兩大類：(1)「聯合同步偵查(Joint Parallel Investigation, JPI)」、(2)「聯合偵查組 (Joint Investigation Team, JIT)」。「聯合同步偵查(JPI)」係指兩個或多個國家基於同一目的，各自在其國內進行偵查，通常透過聯絡官或本人親自聯繫，人員沒有共同的辦公地點，靠的是長期合作模式及司法互助機制，兩地蒐集的證據也是為了兩地各別的起訴，並透過正式的司法互助程序交換。

「聯合偵查組 (JIT)」源自既有警察及司法合作無法有效處理重大的跨國境犯罪，認為如由兩國司法機關及偵查人員合作，有明確的法源，且參與者有明確的權利、任務及義務規範，將能促進有效打擊犯罪。[162]

聯合偵查組基本上是各國透過書面協議，由法官、檢察官、執法機關合組而成，於所定期間內，基於特定目的，在牽涉的國家內執行犯罪偵查的一個小組。聯合偵查組係各國基於特定目的而協議設置，同意在一定期間內執行刑事偵查，其成立是因為犯罪需於兩國同時偵查且執行困難而費力，而有必要協調一致的行動。聯合偵查組由希望執行的國家設立，領導者應為參與刑事偵查運作國的權責機關代表來擔任，並依其在國內法律賦予的權限內為之。執行時應依據任務執行地的法律執行。聯合偵查組當中，非執行地國的人員都稱為「輔助成員(seconded member)」，輔助成員得於偵查行動進行時在場，並由小組領導者授予並執行核可之任務。聯合偵查組於其中一國採取偵查措施時，該國所派的「輔助成員」得請求本國權責機關採取作為，視同在本國請求進行之偵查一般。如果聯合偵查小組需要其他國或甚至第三國的協助，得由執行國權責機關依據相關規範或協定提出請求。聯合偵查小組成員得依據國內法律及在賦予的權限內，提出與偵查相關的本國資訊。又參與聯合偵查小組因而取得的資訊之使用，

---

[161] 「歐盟會員國間司法互助公約(Council Act of 29 May 2000 establishing in accordance with Article 34 of the Treaty on European Union the Convention on Mutual Assistance in Criminal Matters between the Member States of the European Union)」第 14 條「隱密偵查(Covet Investigations)」

[162] United Nations Office on Drugs and Crime (UNDOC), *Trafficking in Persons & Smuggling of Migrants, Guidelines of International Cooperation*, Feb. 2010, at 40-45.

僅得基於：(a)聯合偵查組成立的目的、(b)資料提供國事先同意供犯罪之偵查及起訴、(c)預防立即而重大的公共安全威脅、(d)其他聯合偵查組同意之事項。[163]

　　國際間目前有幾項公約訂有聯合偵查組規範。[164]在歐洲，2000 年 5 月 29 日「歐盟會員國間司法互助公約(Council Act of 29 May 2000 stablishing in accordance with Article 34 of the Treaty on European Union the Convention on Mutual Assistance in Criminal Matters between the Member States of the European Union」第 13 條有聯合偵查組(Joint Investigation Team)的規定，時至 2001 年 11 月 8 日歐洲國家通過「歐洲刑事司法互助公約第二附加議定書 (Second Additional Protocol to the European Convention on Mutual Assistance in Criminal Matters Strasbourg, November 8, 2001)」，第 20 條開宗明義規定：「會員國權責主管機關得基於特定之目的而於特定之期間內，設置聯合偵查小組，在其組成國之內執行刑事偵查，其期間並得經相互同意而延長。小組之組成應於協議中明定之。針對以下事項，得設置聯合偵查小組：(a)犯罪偵查因牽涉他國而具困難性及費時費力。(b)數國同時進行犯罪之偵查，而依案件情況認為相關會員國在行動上有協調一致之必要。」

　　「歐盟會員國間司法互助公約」第 13 條關於聯合偵查組及聯合偵查組架構協定第 7 點規定，聯合偵查組如需要小組成員國之某一國採取偵查作為時，由該國派駐偵查組的人員要求所屬國國內權責機關以視同本國內偵查請求為之。第 9 點規定，聯合偵查組之成員得依其本國法並在其權責內，針對聯合偵查組進行的刑事偵查目的，提供本國資料給聯合偵查組。聯合偵查組的運用，也可免去透過司法互助協定或調查委託書，可迅速完成強制處分例如搜索扣押。例如荷蘭警察參加德國的聯合偵查組，可以請荷蘭的執法機關依據荷蘭法律聲請搜索票進行搜索。但「歐盟會員國間司法互助公

---

[163] 「歐盟會員國間司法互助公約(Council Act of 29 May 2000 establishing in accordance with Article 34 of the Treaty on European Union the Convention on Mutual Assistance in Criminal Matters between the Member States of the European Union)」第 13 條「聯合偵查小組(Joint Investigation Teams)」

[164] 「聯合國打擊跨國有組織犯罪公約 (United Nations Convention against Transnational Organized Crime)」第 19 條；「聯合國反貪腐公約 (United Nations Convention against Corruption)」第 49 條；「歐洲刑事司法互助公約第二附加議定書 (Second Additional Protocol to the European Convention on Mutual Assistance in Criminal Matters)」第 20 條；「歐盟會員國間司法互助公約(Council Act of 29 May ,2000 stablishing in accordance with Article 34 of the Treaty on European Union the Convention on Mutual Assistance in Criminal Matters between the Member States of the European Union」第 13 條(聯合偵查組)；「聯合偵查組架構協定 (Council Framework Decision of 13 June 2002 on joint investigation team)」第 1 條；「歐盟與美國司法互助協定(Agreement on mutual legal assistance between the European Union and the United States of America)」第 5 條

約」也規定不得超越國內法，國家雖可以要求他國協助通訊監察、車籍資料、犯罪紀錄等資料，但在法院是否有證據能力，當然仍要由各國法院認定。[165]

雖然「歐盟會員國間司法互助公約」的目的是將司法合作現代化，便利會員國執法機關合作，但由於各國批准速度緩慢，歐盟在 2002 年 6 月 13 日通過「聯合偵查組架構協定(Council Framework Decision of 13 June 2002 on joint investigation team)」，條文第 1 條也使用「聯合偵查組」字樣為規定。另檢視歐洲上述 3 項法律文件，關於聯合偵查組的法條文字規範其實完全相同。

歐盟 2002 年 6 月 13 日「聯合偵查組架構協定(Council Framework Decision of 13 June 2002 on joint investigation team)」第 1 條：

第 1 條 （聯合偵查組）

第 1 項 兩個或兩個以上國家之權責機關基於彼此同意，得設立聯合偵查組，得為特定目的在一定期間，並經彼此同意延長期間，在組成國國內執行刑事偵查。聯合調查組設置地點：

(a) 對犯罪調查有需求的國家或跟犯罪有關聯的國家；

(b) 某一會員國正偵查犯罪，而其案例情況需相關國家協調一致的行動。聯合偵查組也可以設於執行調查的國家。

第 2 項 除依據歐洲司法互助公約第 14 條及 1962 年「荷比盧條約(Benelux Treaty)」第 27 條規定及其 1974 年 5 月 11 日之議定書之外，請求成立聯合偵查組時應包括小組組成之提案。

第 3 項 聯合偵查組應於設置國的領域內執行之，依據以下慣例：

(a) 聯合偵查組由調查運作國的權責機關派代表擔任負責人(leader)，依其國內法賦予的權限下執行之。

(b) 該小組應依執行地國家之法律執行任務。

(c) 執行偵查組運作的會員國應做必要的組織安排。

第 4 項 依據本架構協定，聯合偵查組運作所在地國以外的其他調查組會員國，稱為輔助國(seconded)。

第 5 項 偵查作為進行時，輔助國得參與之，但聯合偵查組負責人得基於特別因素，依據執行地所在國的法律另為決定。

第 6 項 輔助國得依執行地所在國的法律，由聯合偵查組的負責人授權。

第 7 項 聯合偵查組需要組成國其中某一國採取偵查作為時，由該國派駐偵查組的人員要求國內權責機關視同本國國內之偵查請求為之。

第 8 項 聯合偵查組需偵查組以外的歐盟國或第三國協助時，得由執行國的權責機關向該國提出請求。

第 9 項 聯合偵查組之成員得依其本國法並在其權責內，針對聯合偵查組進行的刑事偵查目的，提供本國資料給聯合偵查組。

第 10 項 原本無法取得而在聯合偵查組期間才能取得合法取得的資料，僅得於以下目的使用之：

(a) 基於聯合偵查組設立目的。

(b) 基於資料來源國之事先同意，而做為發現、調查、起訴其他犯罪。該項同

---

[165] Council of European Union, *Joint Investigation Teams Manual*, 15790/1/11 REV 1, at 9, (Nov. 2011)

> 意僅於其使用將危害及會員國的刑事偵查，或該資料來源國得拒絕司法
> 協助時，得撤回之。
> (c) 基於預防對公共安全之立即而嚴重的威脅。
> (d) 組成之會員國同意之其他事項。
> (e)
> 第 11 項　略。
> 第 12 項　略。

　　歐洲與美國依據「歐盟與美國司法互助協定(Agreement on mutual legal assistance between the European Union and the United States of America)」第 5 條聯合偵查組(Joint investigative teams)規定：(1)歐盟及美國基於便利刑事偵查與起訴之目的，同意讓聯合調查組在美國及相關的歐盟會員國領域內成立，(2)同意相關運作程序，例如組成、期間、地點、組織、功能、目的、在他國參與調查的條件等等，(3)雙方建立直接聯繫管道，及(4)聯合偵查組需要組成國其中某一國採取偵查作為時，該國派駐偵查組的人員得要求國內權責機關進行之，不須他方提出司法互助請求。

　　聯合國方面，「聯合國打擊跨國有組織犯罪公約 (United Nations Convention against Transnational Organized Crime)」第 19 條及「聯合國反貪腐公約 (United Nations Convention against Corruption)」第 49 條關於聯合偵查組有相同規定：「聯合偵查之相關締約國應考慮締結雙邊或多邊協定(agreement)或安排(arrangement)，針對在某一國或多國的偵查、起訴或司法訴訟，由權責機關建立聯合偵查機構(joint investigation body)，欠缺協定或安排時，得個案以協議為之。」實務上各國的警察合作也有聯合偵查組(JIT)的規定，例如「東南歐警察合作公約(Police Cooperation Convention for Southeast Europe)」第 27 條規定「締約國執法機關之間基於特定目的並於特定期間內，得設立聯合偵查組(JIT)進行刑事偵查。」[166]

　　成立「聯合偵查組 (JIT)」的好處包括：(1)快速交換資訊及快速採取因應作為、(2)減少及省去司法互助請求、(3)增加各國司法合作、(4)減少證據能力的問題、(5)資源整併，強化了執法機關的能力、(6)各國整合為一個團隊，團隊成功則各國都成功、(7)增進國際互信與關係、[167](8)組成國之間不需司法互助的請求，可直接分享資訊、

---

[166] Police Cooperation Convention for Southeast Europe, *Art. 27 [Joint Investigation Teams] (1) By mutual agreement, the law enforcement authorities of two or more Contracting Parties may set up a joint investigation team for a specific purpose and a limited period, which may be extended by mutual consent, to carry out criminal investigations in one or more of the Contracting Parties setting up the team. The composition of the team shall be set out in the agreement setting up the team.*

[167] *Supra note* 162, at 40-45. *Trafficking in Persons*

(9)整體行動由負責人指揮,有明確的組織負責人、(10)偵查組的成員之間直接請求偵查作為,不需調查委託書、(11)偵查組的成員得於各國管轄境內之搜索及訪談時在場,協助克服語言問題、(12)現場可立即協調並交換所得資訊、(13)若是在歐盟境內,歐盟警察組織(Europol)及歐盟司法合作組織(Eurojust)得直接提供支援與協助,甚至可以向歐盟、歐盟警察組織及歐盟司法合作組織申請經費補助。[168]

聯合偵查組雖以重大案件為主,但對於小型跨國犯罪的基礎偵查也提供便利的合作。在歐盟,除會員國可以提議籌組聯合偵查組外,歐盟警察組織(Europol)及歐盟司法合作組織(Eurojust)也可以提議。雖然條文規定看起來各國成員可能在一段期間聚集於某個聯合偵查組成立的國家,但實務上成員國仍可能都在各別國內作業,這是考量到經費、人力、期間長短及案件性質等。聯合偵查組由調查運作國的權責機關派代表擔任負責人(leader),未規定負責人身分,但考慮聯合偵查的性質屬於特殊形態的司法互助,因此負責人是由司法部門的人員擔任。[169]

第三款　通訊監察

基於刑事偵查之目的,請求國權責機關得依據其本國法律規定,向被請求國權責機關請求攔截並立即傳送電話通訊,或攔截、錄音並事後傳送電話錄音通訊。雖然對象身處於請求國,但需要被請求國的技術協助,而被請求國能做到攔截者,請求國權責機關亦得向被請求國權責機關請求。被請求國則依據相似的國內案件所遵守的條件應同意之。[170]

電子監控(Electronic Surveillance)屬於最後手段與侵入性的偵查方式,實務上各國請求電子證據或電子監控的請求並不積極,這是因為效益不佳及行政遲延。收到外國提出之電子監控請求,被請求國會進行偵查的原因是基於該項犯罪也違反本國刑法,

---

[168] European Commission Directorate-General Migration and Home Affairs, *Study on paving the way for future policy initiatives in the field of fight against organised crime: the effectiveness of specific criminal law measures targeting organised crime (Final Report, Part 3 Legal and Investigative Tools)*, Feb. 2015, at 327

[169] *Supra* note 165, at 7-8. *Joint Investigation Teams Manual*

[170] 「歐盟會員國間司法互助公約(Council Act of 29 May 2000 establishing in accordance with Article 34 of the Treaty on European Union the Convention on Mutual Assistance in Criminal Matters between the Member States of the European Union)」第 18 條「通訊監察(Requests for interception of telecommunications)」

被請求國需要詳細的犯罪資料認定該犯罪已經完成、正在進行或即將進行，而有違法之虞，這涉及在外國取得的證據與取證的形式在本國法院審理的證據能力的問題。

電子監控(Electronic Surveillance)

聲音監控 Audio surveillance	影像監控 Visual surveillance	追蹤監控 Tracking surveillance	資料監控 Data Surveillance
監聽 Phone-tapping	隨車紀錄器 In-car video systems		電腦/網路 (間諜軟體/追蹤) Computer/Internet (spyware/cookies)
網路電話 Voice over internet protocol (VOIP)	隨身密錄器 Body-worn video devices		Blackberries/mobile phone
竊聽裝置 Listening devices	前視紅外線熱顯像 Thermal imaging / forward looking infrared	生物辨識科技(機場之視網膜識別) Biometric information technology (retina scans at airport)	鍵擊監控 Keystroke monitoring
	監視攝影機 CCTV		

Source: Current practices in electronic surveillance in the investigation of serious and organized crime, United Nations Office on Drugs and Crime, UNODC, New York 2009

　　關於通訊監察，國際間司法互助條約沒有公開准予跨國偵查，而只是創設了聯絡的平台，換言之如果請求國希望執行國（即被請求國）協助電子偵查，也只有執行國可以同意授權或發出令狀。[171]

---

[171] United Nations Office on Drugs and Crime (UNODC), *Current practices in electronic surveillance in the investigation of serious and organized crime, United Nations Office on Drugs and Crime*, at 9 (2009)

第四款　視訊與電話聽證

視訊聽證(videoconferencing)為 1970 年代開始使用的特殊互助類型，至 1990 年中期開始快速發展，目前包括歐盟及先進國家都有採用視訊聽證。[172]視訊聽證係指：如果甲國之人需以證人或專家身分前往乙國之司法機關陳述，如該人不欲或不能親自前往乙國時，乙國得請求以視訊會議的方式進行。基本上如視訊的使用沒有違反法律基本原則而且技術上條件可行，則被請求國基於條約上的義務應予同意。[173]

刑事訴訟方面，使用視訊聽證最早是以土地廣闊的國家，如：美國使用較多，例如嫌犯逮捕後 24 小時要解送法院或是關於拒繳罰鍰或賠償的案件中，嫌犯及委任律師通常在看守所或警方的留置室等待法官裁定是否羈押，就可以用視訊的方式進行。[174]由於視訊聽證具有以下優點，國際間刑事訴訟也常使用：[175]

(1) 省錢與省時：土地廣闊的國家，證人出庭長途跋涉，跨國更是如此，由於本國法律無權強制國外證人前來本國出庭做證，證人的旅費及專家證人的出席費用所費不貲，如果需要自付旅費，整體訴訟費用也會增加，如果是公部門負擔，也會增加公帑支出，因而視訊聽證成為好的選項(see *United States v. Guild 2008 WL 191184*)。如果是由公帑支出，依據歐盟與美國司法互助協定第 6 條第 2 項「視訊聽證」規定，除請求國與被請求國同意之外，請求國應負擔視訊相關費用以及被請求國國內出庭者的出差旅費。[176]

(2) 安全考量：有些嫌犯例如恐怖份子的安全顧慮極高，基於安全考量，也基於移動的戒護與人力成本高，採用視訊聽證可降低人犯脫逃風險，以及脫逃產生的人身傷害及大量警察佈署的問題。

---

[172] Daniel Devoe and Sarita Frattaroli, *Videoconferencing in the Courtroom: Benefits, Concerns, and How to Move Forward*, at 3

[173] CONVENTION established by the Council in accordance with Article 34 of the Treaty on European Union, on Mutual Assistance in Criminal Matters between the Member States of the European Union *Article 10 [Hearing by videoconference]*; Second additional Protocol to the European convention on Mutual Assistance in Criminal Matters, *Article 9 [Hearing by video conference]*

[174] Sabine Braun and Judith L. Taylor, *Videoconference and Remote Interpreting in Criminal Proceedings (Videoconferencing in criminal proceedings),* Intersentia Publishing Ltd., 2012, at 13.

[175] Ibid.; Daniel Devoe and Sarita Frattaroli, *Videoconferencing in the Courtroom: Benefits, Concerns, and How to Move Forward*, at 21-26.; Riley A. Williams, *Videoconferencing: Not a Foreign Language to International Court*, Oklahoma J. of Law and Technology, Vol. 7 No. 1, 2011, at 14-18.

[176] Article 6(2), Agreement on mutual legal assistance between the European Union and the United States of America

(3) 無跨國出庭意願：許多證人特別是應受保護的未成年人、弱勢、性侵害案件被害人多半沒有意願長途旅行出庭，如果使用視訊聽證可以免於與嫌犯直接面對。

(4) 提升刑事訴訟的品質：證人原本無法前來，因爲視訊而能在法官及兩造前親自陳述事實，也能提升訴訟品質。

(5) 減少嫌犯因爲交通壅塞無法準時出庭造成的遲延，並得以對身在國外、監獄、醫院之人進行聽證。

一、視訊聽證規範

國際間幾個主要司法互助公約都有視訊聽證的規範，[177]以「歐盟會員國間司法互助公約」第 10 條「電話聽證」爲例，基本上視訊聽證之請求應敍明證人或鑑定人沒有到庭作證意願，或不能請證人或鑑定人親自到庭及進行聽證的司法機關及人員名稱，被請求國之司法機關應依其法定方式傳喚相關人員。聽證時，被請求國應有司法人員在場，必要時由通譯協助並應負責確認保聽證對象的身分，並尊重被請求國的法律基本原則。如被請求國司法機關認爲在聽證時，該國的法律基本原則受到侵害，應立即採取必要措施以確保聽證依該國法律原則進行。必要時請求國及被請求國之權責機關應就聽證陳述之人的保護措施達成協議。

聽證應由請求國司法機關依其國內法律直接進行，或在其指揮下進行。經請求國或聽證人的請求，被請求國應確保聽證人於必要時有通譯協助。證人之證詞若依被請求國及請求國之法律，關乎於自己之利害關係時，得主張拒絕證言。被請求國之司法機關應於聽證後，載明聽證之日期及地點、證人之身分、被請求國其他參與聽證之人的身分及職責，以及任何宣示(oath 具結)及聽證進行的技術條件(technical conditions)。被請求國主管機關應將此等文件送交請求國主管機關。

被請求國架設及傳送視訊之費用，以及通譯、證人及鑑定人於被請求國之費用及旅費，除被請求國免除一部或全部之負擔，均應由請求國墊付。當證人或鑑定人、專

---

[177] 例如歐盟與美國司法互助協定第 6 條第 2 項「視訊聽證」Agreement on mutual legal assistance between the European Union and the United States of America, Article 6(4);「歐洲刑事司法互助公約第二附加議定書」(Article 9 Hearing by video conference, Second additional Protocol to the European convention on Mutual Assistance in Criminal Matters); 「歐盟會員國間司法互助公約」第 10 條 CONVENTION established by the Council in accordance with Article 34 of the Treaty on European Union, on Mutual Assistance in Criminal Matters between the Member States of the European Union, *Article 10 Hearing by videoconference*

家在本國聽證，有義務做證而拒絕作證或未根據事實做證時，應依本國法律比照國內訴訟適用。如果經會員國權責機關彼此同意，視訊聽證相關規定也可適用在對於被告的聽證，但得於被告同意時為之。

二、視訊聽證實務

刑事案件的視訊聽證最為爭議的，是證據的提出與證人對質的問題，在美國 *Maryland v. Craig* 一案中，最高法院表示美國憲法第 6 條的對質條款，並不禁止以視訊方式對不利於被告的證人進行聽證；該案中檢方希望使用單向的視訊聽證方式，對性侵害案的 6 歲被害人進行聽證，程序中檢察官、證人、被告之律師都移至另一間房間陳述證詞，主要是顧及被告在幼童面前會可能造成創傷症候群，雖然被告沒有親身直接與證人對質，但被告觀察(observe)及詰問(cross examine)證人的權利仍有獲得保障，陪審團也看到證人的態度舉止，「對質條款並不保證刑事被告有絕對權利在審判中與證人面對面(The Confrontation Clause does not guarantee criminal defendants an *absolute* right to a face-to-face meeting with the witnesses against them at trial.)」

另外在 *United States v. Gigante* (166 F. 3d 75)一案中，嫌犯 Peter Savino 擔任窩裡反之污點證人，直接提供自身參與犯罪的證詞，在審判的後階段證人 Peter Savino 得了癌症末期住在醫院療養，檢察官代表控方請求法院以視訊方式聽證，法院針對 Peter Savino 是否適合旅行一事也開庭審查，據醫生表示其病況不適合旅行，法官因而同意視訊聽證。法官認為證人 Peter Savino 有進行宣示及進行交互詰問程序，法院、陪審團、律師及被告也都全程觀看，顯見被告沒有失去憲法的保護。

在司法互助條約或公約沒有視訊聽證條款之前，有些國家是引用司法互助條約或公約的帝王條款規定，例如歐洲刑事司法互助公約第 1 條第 1 項：「……應依本公約之條文相互提供最大訴訟互助措施。」[178]如司法互助條約沒有明文規範而被請求國國內法律也沒有禁止的情況下，提供可行的協助方式。但是如果連條約都沒有的話，基本上難以進行視訊聽證。[179]

---

[178] 例如歐洲刑事司法互助公約第 1 條第 1 項：請求國司法機關於請求協助時，犯罪之處罰屬於請求國之司法機關管轄，締約國應依本公約之條文相互提供最大訴訟互助措施。*The Contracting Parties undertake to afford each other, in accordance with the provisions of this Convention, the widest measure of mutual assistance in proceedings in respect of offences the punishment of which, at the time of the request for assistance, falls within the jurisdiction of the judicial authorities of the requesting Party.*

[179] Council of the European Union, *Handbook on the practical application of the EU-U.S. Mutual*

有關視訊聽證是否違反對質條款，因而導致證詞之證據能力恐有疑慮一節，如果被告沒有異議，或是如果被告在國內現場，而證人先前在國外的詰問時有檢察官及被告律師在證人做證的現場時，其證據能力沒有疑義。[180]關於證人在視訊聽證中也有可能做偽證或觸犯普通法系國家之「藐視法庭罪」一節，這涉及偽證罪或藐視法庭罪有無「雙重犯罪」的問題，以及由哪一國行使管轄權的問題。此雖無習慣國際法可遵循，但基本上是依據屬地主義決定。[181]又參照歐盟與美國司法互助協定第 6 條第 4 項「視訊聽證」規定：證人在國際間視訊聽證不實陳述或其他不當行為，應依被請求國法律比照國內訴訟處罰，[182]但不能請求引渡。[183]

依據國外的研究，法院方面通常頗為歡迎視訊聽證，認為嫌犯不會遲到，審理上的掌握、嫌犯的行為，及聽證過程中的溝通，都沒有負面影響，案件審理比較順暢與快速。檢察官方面雖然歡迎視訊聽證，但程度不若法官，檢察官方面認為聽證時，被告與其他訴訟參與者之間的溝通品質降低。被告律師方面認為，視訊聽證會有瑕疵，認為法官對於訴訟比較無法掌控，溝通程序複雜，造成對被告的法律扶助品質與效率。被告方面則認為，面對螢幕進行辯論的感受並不真實，例如被告對著法官答辯，法官卻是對著螢幕看被告，有被告認為會限制答辯，有些想問的問題也就沒問、對著螢幕講話及行為舉止跟平常不一樣，但被告基本上可以接受視訊聽證，認為視訊聽證讓案件的進展更快。[184]

現代視訊聽證的品質已經提升，如果辯護律師與被告在一起，好處是被告安心順利與被告溝通，但是相對的，律師就無法與法官直接交換意見，還得花更大的力氣說服法官。[185]

我國國際刑事司法互助法第 17 條規定，請求方請求我國詢問或訊問請求案件之被告、證人、鑑定人或其他相關人員時，應於請求書載明待證事項、參考問題及相關說明。協助機關得以聲音及影像相互傳送之科技設備，將詢問或訊問之狀況即時傳送至請求方。立法說明指出：（一）依國際刑事司法互助之慣例，請求國請求受請求國

Legal Assistance and Extradition Agreement, March 2011, at 27-28.
[180] *Ibid.*
[181] Riley A. Williams, *Videoconferencing: Not a Foreign Language to International Court*, Oklahoma J. of Law and Technology, Vol. 7 No. 1, 2011, at 18 & 21.
[182] Agreement on mutual legal assistance between the European Union and the United States of America, Article 6(4)
[183] *Supra* note 179.
[184] *Supra* note 174, at 17-19.
[185] *Ibid.*

詢問、訊問請求案件之被告、證人、鑑定人或其他相關人員時，原則上應由受請求國之人員執行詢問或訊問。在請求方請求我國協助詢問、訊問此等人員時，因協助機關對請求司法互助個案之案情未必熟稔，故請求方自應於請求書明確記載其待證事項、參考問題，並爲相關之說明，以利協助機關代爲執行詢問或訊問，爰爲第 1 項規定。（二）跨國司法互助，時有透過科技設備將受請求國詢問、訊問實況同步傳送予請求國之需求，爰參考「聯合國反貪腐公約」第 46 條第 18 項及「聯合國打擊跨國有組織犯罪公約」第 18 條第 18 項、「香港刑事事宜相互法律協助條例」第 10 條及臺美刑事司法互助協定第 9 條第 3 項等，爲第 2 項規定。（三）依第 2 項規定，透過科技設備將詢問、訊問狀況傳送至請求方，請求方人員在延伸之場域，如發現有需補充詢問或訊問之必要事項時，得立卽透過科技設備提出補充請求，於取得協助機關同意後，由協助機關再爲詢問或訊問，爰爲第 3 項規定。[186]

電話會議方面，以電話會議(telephone conference)進行聽證係指被請求國之證人或鑑定人如果必須前往請求國提出證言，而請求國國內法規定得以電話會議方式進行聽證時，請求國得請求以電話會議進行聽證。電話會議僅於證人或鑑定人同意該方式時得爲之，被請求國對於電話會談聽證如認爲未違反法律基本原則，應同意之。電話會談之請求除包括歐洲司法互助公約第 14 條及荷比盧條約第 37 條之內容外，應敘明執行聽證之司法機關及人員之名稱，及證人及鑑定人願意參與電話會談。聽證的實際安排經雙方同意後，被請求國應：(a)將電話聽證的時間及地點通知相關證人或專家；(b)確認證人或專家身分；(c)確認證人或專家同意以電話聽證方式進行。[187]

第六項　認證、驗證及外交部門在司法互助中的角色

在請求提出前，外交部門在司法互助中任務是擔任非正式協助機關，有些國家會先透過使領館與駐在國以非正式方式協調刑事案件的合作，窮盡外交管道之後，如果兩國未簽有司法互助條約時，才由請求國權責機關準備正式書面請求，透過外交管道

---

[186] 立法院公報第 107 卷第 32 期院會紀錄第 17 條及說明。

[187] 「歐盟會員國間司法互助公約(Council Act of 29 May 2000 establishing in accordance with Article 34 of the Treaty on European Union the Convention on Mutual Assistance in Criminal Matters between the Member States of the European Union)」第 11 條「電話聽證(Hearing of Witnesses and experts by telephone conference)」

請求之。[188]除非請求國有特別請求外，相關文件、譯文、紀錄、陳述以及其他資料，免除任何外交或領事人員的認證(certification)或驗證(authentication)，即使請求國有請求，也是由被請求國的中央機關認證即可。[189]加拿大與巴西及俄羅斯的雙邊司法互助條約中，針對領事官員的角色有特別規定：「領事官員在沒有正式請求的情況下，得基於證人自願，在駐在國向證人取證，但此一程序應先通知駐在國，駐在國得基於拒絕協助之理由，拒絕同意。領事官員亦得對於志願前往使領館之人送達文件。」[190]

　　請求管道方面，司法互助與引渡不同，引渡的請求應循外交途徑向外交部為之，司法互助的請求管道須視有無司法互助條約而不同：

　　欠缺司法互助條約或公約時，請求國的權責機關應準備正式的書面請求，並透過外交管道請求之。[191]

　　雙方有簽訂司法互助條約時，律定由中央機關(Central Authorities)作為請求的傳遞與接收窗口；[192]也有國家在條文中規定，指定之窗口應以外交照會(diplomatic note)的方式通知。[193]所指的中央機關 (Central Authority)有指定「司法部長(Minister of

[188] Requesting Mutual Legal Assistance in Criminal Matters from G20 Countries, A Step-by-Step Guide, 2012. 參閱文中巴西、中國、日本、西班牙、沙烏地阿拉伯均說明非簽約國之調查委通書必須透過外交管道提出(Non-Treaty Letters of Request must similarly be submitted and granted via the diplomatic channel.)。

[189] UK-the Philippines MLAT *Art. 7 [Legalisation Requirements] 1. Documents, transcripts, records, statements and other materials shall be exempted from any legalisation requirements, including certification or authentication by consular or diplomatic officer.*
2. Documents, transcripts, records, statements and other materials which are to be transmitted to the Requesting State shall only be certified if the Requesting State so request. For that purpose, certification by the Central Authority of the Requested State shall be sufficient.

[190] Canada-Brazil MLAT *Art. 15 [Consular Officials] 1. Consular officials may take evidence in the territory of the receiving state from a witness on a voluntary basis without a formal request. Prior notice of the intended proceedings shall be given to the receiving state. That state may refuse its consent for any reason provided in Article 3 of the present Treaty. 2. Consular officials may serve documents on an individual who appears voluntarily at the consular premises. (*see also Canada-Russian MLAT *Art. 19)*

[191] *Supra* note Requesting Mutual Legal Assistance in Criminal Matters from G20 Countries, Non-Treaty Letters of Request must similarly be submitted and granted via the diplomatic channel. 巴西、中國、日本、西班牙、沙烏地阿拉伯。

[192] US-Japan MLAT *Art. 2. Each Contracting Party shall designate the Central Authority that is to perform the functions provided for in this Treaty: ……* 臺美司法互助協定第 3 條(AIT-TECRO MLAT Art. 3)規定 *Each Party shall designate Designated Representative to make and receive requests pursuant to this Agreement: ……*

[193] UK-Vietnam MLAT *Art. 3 [Central Authorities] 3. The parties may at any time designate any other authority as a Central Authority for the purposes of this Treaty. Notification of such a designation will take place by exchange of diplomatic notes.* (see also UK-Brazil MLAT Art 34; UK-Kazakhstan MLAT Art. 3.5; UK-Morocco MLAT Art. 3.6)

Justice)或其指定之人、檢察總長(Attorney General) 或其指定之人」，有指定機關如司法部(Ministry of Justice、Department of Justice)、(Office of Attorney General、Office of Prosecutor General)。英國較為特殊，中央機關的窗口則為內政部（Home Office，請參考英國與香港司法互助條約)或內政大臣(The Secretary of State for the Home Department，即內政部長)，泰國有以檢察總長或其指定之人(Thailand and Canada)或內政部長(Minister of Interior)或其指定之人(Thailand and USA)。少數國家例如英國與部分國家簽訂的司法互助條約規定緊急時，得透過國際刑警組織遞送請求，[194]未依司法互助條約規定之一致方式提出請求時，會予以拒絕協助。[195]

從以上可知，國際間進行司法互助時應由何機關擔任聯繫窗口，各國規範不一，有以外交部為聯繫窗口者，如我國外國法院委託事件協助法第 3 條規定及「日本國際偵查互助法」，均規定委託事件之轉送，應經由外交管道為之；亦有側重協助之效率，而以其他特定機關為聯繫窗口者，如以檢察總署（葡萄牙）或司法部 （美國）、律政司（香港）為聯繫窗口。臺美刑事司法互助協定規定以雙方法務部（司法部）為直接聯繫窗口，即為著例。按我國立法者認為，外交部為國家對外之窗口，涉外事務仍以外交單位參與並聯繫為宜，以維護我國國家主權及國家利益，故規定請求方向我國提出刑事司法互助請求時，應經由外交部向法務部為之。如我國與請求方簽有司法互助條約，並約定以法務部作為請求方向我國提出刑事司法互助之管道，此時既有特別約定，即應依雙方另行約定之管道進行司法互助。又案件遇有急迫情形時，恐有不及透過外交管道進行司法互助之情況，亦特別允許請求方直接以法務部作為請求司法互助聯絡管道，爰為但書規定。[196]

拒絕提供協助的決定權，是在被請求國的權責機關，被拒絕也幾乎沒有談判的空間。實務上拒絕並不常發生，拒絕的原因不外乎是：行為不構成犯罪、資訊不足而無法確認證據與證人的所在而導致請求無法執行，或同一行為已經無罪釋放或有罪判決確定等。[197]

---

[194] UK Algeria MLAT *Art. 3 [Central Authorities] 5. In cases of urgency, requests may be transmitted via the International Criminal Police Organisation (Interpol). (see also UK-Morocco MLAT; UK-Arab Emirates MLAT; UK-Philippines MLAT)*

[195] Canada-US MLAT *Art. V [Limitations on Compliance] 1 The request may deny assistance to the extent that: 1. the request is not made in conformity with the provisions of this treaty;...*

[196] 立法院公報第 107 卷第 32 期院會紀錄第 7 條說明。

[197] Council of Europe, *supra* note 60, at 26-29.

第七項　安全通行權

　　請求國認爲證人或專家有必要親自到庭時，應透過被請求國轉請詢問該證人或專家是否同意出庭。[198]請求國提出請求時，首先應敍明所欲詰問證人的事項及需要親自出庭的原因，出庭的相關費用應由請求國支應。

　　證人與專家赴國外出庭涉及的問題是，如果證人或專家因之前的行爲或有罪判決有可能被留置或限制個人自由時，必須有處理機制，此稱爲「安全通行權(Safe-Conduct)」，大英國協刑事互助綱領稱之爲「出庭人之豁免權(Immunity of Persons Appearing)」。安全通行權，最早是基於交戰國賜予敵方、中立者或其例如敵對方的外交官員得基於特定目的及指定時間，途經某一特定區域或停留該地的一種書面許可，[199]例如第1次世界大戰時，新任奧匈帝國駐美大使Count Tarnow向美國請求協助，美國乃向英國及法國請求提供「安全通行權」讓她得以從歐洲前往華府就任。近代的安全通行權，是一項政府提供通過其管轄領域的安全保證，[200]只要遵守所定條件，該項權利爲不可侵犯，除非有明文規定，否則安全通行權不及於其物品或行李。[201]

　　安全通行權基本規定爲，在請求國領域內作證，不得因爲離開被請求國之前的作爲、不作爲或有罪判決，而受到送達、起訴、民事訴訟、留置或限制個人自由。[202]安

---

[198] 1959 European Convention on Mutual Assistance in Criminal Matters, Art. 10

[199] Bryan A. Garner, *Black Law Dictionary*, Eighth Edition, at 1363. *"A privilege granted by a belligerent allowing an enemy, a neutral, or some other person to travel within or through a designated area of a specified purpose." "The grantee is inviolable so long as he complies with the conditions imposed on him or necessitated by the circumstances of the case. Unless stated, a safe-conduct does not cover goods or luggage. To be effective under international law, the grant must have been arranged between belligerents."* David M. Walker, The Oxford Companion to Law 1098 (1980)

[200] Kraska, James, *Safe Conduct and Safe Passage* (July 1, 2009), Max Planck Encyclopedia of Public International Law, 2009

[201] *Supra* note 198.

[202] US Bahamas MLAT *Art. 12 [Safe Conduct] 1. No person in the territory of the Requesting State to testify in pursuance of the execution of a request shall be subject to service of process or prosecution or suit or be detained or subjected to any restriction of personal liberty by reason of any acts which preceded his departure from the Requested State.*
Scheme relating to Mutual Legal Assistance in Criminal Matters within the Commonwealth (The Harare Scheme) *[Immunity of persons appearing] (1) Subject to the provisions of paragraph 24, witnesses appearing in the requesting country in response to a request under paragraph 23 or persons transferred to that country in response to a request under paragraph 24 shall be immune in that country from prosecution, detention or any other restriction of personal liberty in respect of criminal acts, omissions or convictions before the time of their departure from the requested*

全通行權在該人接到出庭通知、可以自由離開後的一定期間（例如美國與日本司法互助條約規定為7日[203]；大英國協及歐洲公約規定為15日；加拿大與泰國、挪威及中國規定為15日；或加拿大與香港司法互助條約規定為30日）經過，或是離開請求國之後又自願返回時，便會終止。[204]另外由於有些條文並無「前往請求國」的規定，因此，並非所有司法互助條約都有安全通行權的規定。

對於受拘禁人之國外解送見諸於 1959 年歐洲刑事司法互助公約第 11 條，規定請求國基於對質之目的，而請求被拘禁人以證人身分出庭時，如請求國能依被請求國所規定之期間內將其送回者，應暫時解送至請求國聽證處所。但若有以下情形時，得拒絕移送：(a)被拘禁人未同意，(b)被拘禁人在被請求國必須親自出庭，(c)移送將造成其羈押之延長，及(d)有其他不予移送之更重要事由。

加拿大與中國司法互助條約第15條規定，(1)證人或專家赴請求國提供證據或專家評估時，不得因為入境前所犯之罪，在請求國受刑事調查、逮捕、拘禁、剝奪或限制人身自由，也不得要求對請求以外的訴訟出庭提出證據，(2)於請求國認為不需該證人或專家到庭，經通知可離開而經過15日之後尚未離開，或離開後自行返回請求國者，即喪失前項保護。但不可歸責於該人之因素而無法離開者，不在此限，(3)如果沒有前往請求國，雙方國家不得以刑罰相繩或威脅，(4)請求國也應該告知該人有關在法院的責任與義務，以確保不會受到訴訟。[205]

我國國際刑事司法互助法第32條第3項規定「法務部得應受請求方之請求，對於前來我國提供證言、陳述、鑑定意見或其他協助之人員，豁免下列義務或責任：

---

country.

Australia Thailand MLAT *Art. 18 [Safe Conduct] No person in the territory of the Requesting State to testify or provide a statement in accordance with the provisions of this Treaty shall be prosecuted or punished in the Requesting State for any offence, nor be subject to any civil suit, being a civil suit to which the person could not be subjected if the person were not in the Requesting State or subjected to any other restriction of personal liberty by reason of any acts or omissions which preceded that person's departure from the Requested State, nor shall that person, without that person's consent, be obliged to give evidence in any proceeding other than the proceeding to which the request relates.*

[203] Us-Japan MLAT *Art. 14.3.1 (a)*

[204] US-Bahamas MLAT *Article 12: 2. The safe conduct provided for in this Article shall cease if, ten days* after *the person appearing has been notified that his presence is no longer required, that person being free to leave, has not left the Requesting State; or having left the Requesting State, has returned.*

[205] Canada-China MLAT *Art. 15 [Protection of Witnesses and Experts]*

一、因拒絕到場、未到場或到場後拒絕陳述，而予以起訴、羈押、處罰、限制出境或為其他不利於該人員之處置。

二、對於請求以外之事項提供證言、陳述、鑑定意見或其他協助。

三、因該人員於進入我國前之任何犯行而受起訴、羈押、處罰、傳喚、限制出境，或以其他形式限制其行動自由。

同條第4項規定，前項豁免之效力於我國通知受請求方及該人員已無需應訊15日後，或於該人員離開我國後終止。

綜觀各重要條約及公約，解送目的有規定是「基於本公約協助的目的」、[206]「基於證言或其他目的之必要」、[207]「基於提出證言或證據，或提供關於刑事的調查或起訴」[208]，或「基於提出證言或提供文件、資料或證據」，[209]但近期關於「解送受拘禁人」另有規定「如果親自到場對於請求事項之執行是需要的話，也可以將本國受拘禁之人解送至他國」，[210]這種放寬的規定，不僅容許拘禁中的被告得以基於對質的目的而解送，也讓在請求國拘禁中的證人基於實務需要，如：指出贓物所在或埋屍地點，而得以被解送至被請求國。[211]

被請求國應負責拘禁該人，並應於解送目的完成後迅速送回被請求國，[212]大部分條約也規定，受移送方之機關不得要求移送方之機關發動引渡程序才能送還被移送之人；即使被解送人是被請求國國民，被請求國仍有義務將該人送回。[213]

---

[206] US-Germany MLAT *Art. 7 (...for purposes of assistance under this Treaty)*

[207] US-Japan MLAT *Art. 15 (...necessary for testimony or other purposes)*

[208] US-France MLAT *Art. 16 (...to give testimony or evidence or otherwise provide assistance in investigations or proceedings in relation to criminal matters)*

[209] US-Germany MLAT *Art. 7 (...to give testimony or to provide documents, records, or evidence)*

[210] US-Cayman Islands MLAT *Art. 11. 2.   A person in the custody of the Requesting Party whose presence in the territory of the Requested Party is need in connection with the execution of a request under this Treaty may be transported to the territory of the Requested Party if the person and both Parties consent.*

[211] Abbell, *supra* note 4, at 4-27.

[212] US-Netherland MLAT *Art. 8 [Transferring Persons in Custody to the Requested State] 3. The Requested State shall return a person not released under paragraph 2 to the custody of the Requesting State as soon as circumstances permit or as otherwise agreed. The Requested State shall not decline to return the person transferred because such person is a national of that State.*

[213] *Ibid.*; *Supra* note 131.

第四節　以調查委託書進行境外取證

第一項　調查委託書之意義

國家要取得國外證據，早先仰賴的，是傳統的委託調查書(letters rogatory)制度，調查委託書為一國法院向他國司法機關請求強制證言、證據或送達，其提出必須循外交管道，海牙民商證據公約(Hague Evidence Convention)稱之為 letter of request，[214]在美國調查委託書如果是由利害關係人提出時稱為 letters of request，實務上使用之名稱「letter rogatory」與「letters of request」幾無差別。[215]

有外國文章指出，法院或司法機關發出之委託調查書如果是請求他國對等機關代為取得或蒐集證據，稱為積極的司法互助(active judicial assistance)；如果是交給本國外交領事機關代為執行必要作為，稱為消極的司法互助(passive judicial assistance)或「任意的司法互助(free judicial assistance)」，惟此種消極（任意）的司法互助方式，在法律上只有當領事所在地國表明同意或容認默許下才有可能。[216]

調查委託書較司法互助條約為廣，可以由法院基於刑事、民事甚至行政的訴訟而核發，可用於民事、刑事及行政案件。[217]至於若並無簽訂海牙民商證據公約或刑事司法互助條約此類公約、條約時，則國家對於對外國法院所提供的司法協助往往是基於睦誼(comity)。[218]

---

[214] *Supra* note 8.

[215] T. Markus Funk, *supra* note 9.

[216] Bassiouni, *supra* note 29, at 360.
　　實務上偵查機關也常會不經過外國機關，而以自行調查方式以直接取得位於外國之證據。例如，經由領事或指定之公務人員，在沒有積極或消極的司法互助之下進行證據取得。法院或司法機關不在他國取證，而是將證據方法(means of evidence)帶到國內，例如核發傳票將證人、專家、被告，或被拘禁之人請到或解送到舉行聽證的國家，但事實上這部分的取證並沒有在境外進行。

[217] Supra note 9. A Guide for Judges, 2014

[218] *Supra* note 8.

調查委託書基本上是由國內法規定，例如美國聯邦法典 Title 28 Part V Chapter 117 第 1782 條規定，「當事人居住或所在之地方法院，得命其提供證言或陳述，或提出文書或其他物品，供外國或國際之法院於訴訟使用，包括正式起訴前之刑事調查。此一命令(order)得依外國或國際法院發出之調查委託書或請求書爲之，或依據利害關係人聲請，要求向法院指定之人提出證言、陳述、文件或其他物品。」

當證人不願跨國前往作證或提供證據，固然是啟動請求互助的原因，[219]實務上有些國家卽使證人自願，亦不接受外國前來本國境內取證，此時調查委託書成爲送達或強制提出證據的方式。[220]當正式訴訟程序開啟之後，檢察官、被告及民事訴訟代理人都可以利用調查委託書，至於刑事偵查階段則沒有適用，調查委託書較司法互助條約更爲費時而難以預料結果，主要是因爲調查委託書的執行不是基於條約，而是基於不同國家法院間的睦誼(comity)。基於以上原因，除非在沒有簽訂司法互助條約時，檢察官才會將調查委託書做爲最後手段。相對地，因爲私人不能援用司法互助條約，被告辯護人及民事訴訟當事人只能利用調查委託書。[221] 大部分案件，法院會尊重請求國發出的調查委託書及其請求，然而被請求國的協助是基於睦誼而不是條約，並依據被請求國司法程序，性質爲裁量性，裁量權屬於受囑託的管轄法院，如果同意協助，協助方式也不必然遵循請求國所提出者。[222]

第二項　調查委託書之內容與程序

調查委託書內容一般包括以下： (a)說明司法協助的請求是基於司法的利益；(b)案件摘要、背景(調查機關、被調查之人及所涉犯罪)、事實(足夠之資訊，以供外國法官認定該犯罪確有發生，並察看該事實與所欲蒐集證據之相關性)；(c)案件種類(刑事或民事)；(d)所需協助的性質(例如強制證言、提出證據、送達)；(e)請求事項(請求事項應明確但應有彈性條款，以便需要延伸請求事項時，不需另行提出調查委託書)；(f)受送達人或應取證之人的姓名及地址；(g)擬訊問之問題，通常以書面訊問的形式；(h)擬請提出之文件或其他證據；(i)互惠條款，亦卽請求法院說明願意提供同樣的

---

[219] *Ibid.*
[220] *Ibid.*
[221] *Supra* note 9.
[222] *Supra* note 8.

對等協助予被請求國司法機關。[223]

程序方面，調查委託書可經由外交途徑傳送，或由法院直接對外國法院、甚至直接對外國機關或官員傳送。[224]例如：美國 Title 28 Part V Chapter 117 第 1781 條「調查委託書或請求書之傳遞」規定如下：

(a)國務院有權直接或經由適當管道：

(1)接受外國或國際法庭發布之調查委託書或製作之請求書、傳遞至美國的受文法院、官員或機關，並於執行後接受及轉回。

(2)接受美國之法庭發布之調查委託書或製作之請求書、傳遞至外國或國際之受文法院、官員或機關，並於執行後接受及轉回。

(b)本條文不得排除：

(1)外國或國際法院直接將調查委託書或製作之請求書傳遞至美國的受文法院、官員或機關，並且不得排除以相同的方式轉回。

(2)美國法院直接將調查委託書或製作之請求書傳遞至外國或國際受文法院、官員或機關，並且不得排除以相同的方式轉回。[225]

調查委託書通常是透過外交途徑轉請他國適當機關執行，並經由相同管道回覆，然而，美國司法部與一些國家有訂定非正式協定，由檢察機關直接傳送及接收調查委託書，並監督其執行，部分國家並允許私人之聘雇律師直接向其國家之法院陳遞被告的調查委託書，並協助回送美國。[226]

調查委託書應有法院用印及法官之簽署，書記官不得代替法官簽署，大部分國家只要有法院用印及法官之簽署就可確認，但有些國家要求進一步確認調查委託書(authentication of letters rogatory)，甚至要求三重確認(triple certification)，亦即法官簽署、書記官證明該法官確為法官、法官再證明該書記官確為書記官，此即為驗證(exemplification certificate)。除上述確認外，有國家要求調查委託書應經駐美大使館

---

[223] *Supra note* 9, at 21.

[224] *Ibid.*

[225] 28 U.S. Code § 1781 - Transmittal of letter rogatory or request:

(a) *The Department of State has power, directly, or through suitable channels—*

(1) *to receive a letter rogatory issued, or request made, by a foreign or international tribunal, to transmit it to the tribunal, officer, or agency in the United States to whom it is addressed, and to receive and return it after execution; and*

(2) *to receive a letter rogatory issued, or request made, by a tribunal in the United States, to transmit it to the foreign or international tribunal, officer, or agency to whom it is addressed, and to receive and return it after execution.*

[226] Abbell, *supra note* 4, at 3-10.

或領事館認證程序認證(authentication)。[227]翻譯方面，調查委託書應翻譯爲被請求國之語言，翻譯人應於公證人前證明翻譯的效力。[228]

美國向外國法院提出調查委託書請求執行（流程）
Submitting a Letter Rogatory for Execution by a Foreign Court

地方法院（或辯護人）撰擬調查委託書、法官簽名，並傳送給國務院
State of federal court (or counsel) transmits the letter rogatory to the U.S. Department of State (DOS)

⬇

國務院審查調查委託書，若核准則傳送駐當地的美國大使館
DOS reviews the letter rogatory and, once approved, transmits it to the U.S. embassy in the applicable country

⬇

美國大使館以節略(diplomatic note)傳送調查委託書給駐當地國外交部
U.S. embassy transmits the letter rogatory to the Ministry of Foreign Affairs

⬇

外交部將調查委託書傳送該國司法部
Ministry of Foreign Affairs transmits the letter rogatory to the Ministry of Justice

⬇

該國司法部將調查委託書傳送該國法院
Ministry of Justice transmits the letter rogatory to the foreign court

⬇

該國法院提供協助
Provided the request comports with foreign laws and regulations, the foreign court provides requested assistance

⬇

協助的結果透過外交管道傳送回美國國務院
Result of the assistance is transmitted to DOS via the diplomatic channels

⬇

國務院以郵寄將結果傳送美國的請求法院
DOS Office of American Citizens Services transmits the result to the requesting court in the United States via certified mail

⬇

法院通知請求的辯護人或一方接獲證據
Requesting counsel or party is notified

資料來源: Mutual Legal Assistance Treaties and Letters Rogatory, A Guide for Judges, 2014

---

[227] *Supra* note 8.
[228] *Ibid.*

第三項　調查委託書在刑事偵查上的使用問題[229]

以調查委託書進行境外取證，通常無法符合偵查及起訴之需求。首先，調查委託書無法在偵查階段使用，法院只能在案件已進入司法程序才核發調查委託書，如果沒進入此一程序，法院就沒有行使此一司法權的基礎，因此，如果偵查機關希望取得境外證據，即須請檢察機關說服該法院提出調查委託書由法官簽署。

第二，即使說服檢察官依程序向法院取得調查委託書，有些被請求國的法律可能禁止其法院執行。

第三，調查委託書的傳遞與接獲證據的回覆所進行之管道常造成實質延遲，使得以調查委託書方式取得司法協助實際上結果令人氣餒，為此，除協商簽定司法互助條約外，美國司法部尚與他國對口機關簽訂非正式工作協定，容許司法部與司法部之間直接傳遞調查委託書，同時指定接收機關負責監督執行與回覆，以節省傳送及執行的時間，並確保請求之執行。

第四，當刑事案件之調查委託書經由外交管道傳送時，通常沒有足夠的監督及監控。調查委託書執行之監控責任通常落在領事官員身上，調查委託書之執行並非為領事人員所執行職務之優先順序，司法機關只能與他國聯繫對口所簽訂的非正式的工作協定，尋求在其本國法律許可的範圍內，免除外交與領事人員之程序來解決此一問題。

第五，外國是否執行調查委託書屬該國裁量權，被請求國的任何司法機關或執行機關，得基於任何原因拒絕執行。

第六，依調查委託書取得的證詞必須符合法定程序才有證據能力，然而，被請求國雖會依據特定程序取得證詞，但被請求國司法機關並非必須要遵照該項請求程序。又，本國向外國提出調查委託書時，亦無法控制被請求國的司法機關准許哪些人於取證時得在場、向證人詢問問題或提出問證人的問題為何，也無法控制被請求國以何種方式紀錄證詞，此外，當被告在美國的刑事程序中受羈押時，亦無法達成協議，讓被告依據該調查委託書之請求前往請求國。

---

[229] Abbell, *supra* note 4, at 3-10.

第四項 調查委託書與司法互助協定之比較與實務案例

正式請求外國協助包括「司法互助條約(MLAT, Mutual Legal Assistance Treaty)」與「調查委託書(letters rogatory)」，已如前述。從這兩項取得證據得在法院審判程序中提出而有證據能力，就刑事訴訟而言，調查委託書與司法互助條約都是取得證據之手段，但就民事訴訟而言，只能透過調查委託書。[230]調查委託書通常是用來取得證據，例如強制證言，對於在外國的刑事或民事訴訟當事人，如果沒有司法授權，便無法取得。相較於司法互助條約，調查委託書在程序上較不拘束，但執行上較為耗時。[231]由於調查委託書是費時繁瑣的程序，除非別無選擇，否則都甚少採用。[232]關於調查委託書與司法互助協定的比較如下表：

事項	司法互助條約(MLAT)	調查委託書(letter rogatory)
文件性質	雙邊條約	法院基於睦誼而核發，有互惠之期待。
使用範圍	刑事事務	民事與刑事事務
司法審判機關的參與	地方法院執行監督與參與對本國的請求	各級法院其執行監督與參與對本國及對外國的請求
刑事被告可否利用	否	是
民事訴訟可否利用	否	是
檢察官可否利用	是	是
案件是否必須已經進入法院進行審理	否	是
偵查階段可否利用	是	否
取證效率	相對有效率	一般而言緩慢
透過外交管道	是	絕大部分都是

資料來源[233]

關於境外取證的證言，美國聯邦刑事程序規則(Federal Rules of Criminal Procedure)第 15 條「具結作證(Depositions)」規定：(a)(1) 任何一造得聲請證人或預期的

---

[230] *Supra* note 9, at 1.
[231] *Ibid.*
[232] *Supra* note 8.
[233] *Supra* note 9.

證人作證，以保留爲審判證言。法院得基於「特殊例外情況及司法上的利益 (exceptional circumstances and in the interest of justice)」准其聲請。(2)略。(3)在境外沒有被告在場之取證：在境外沒有被告在場的情況下，如法院認定有以下特殊情況時，得進行取證：(A)對於重罪的起訴，證人之證詞對於重要事實(material fact)能提供實質證明(substantial proof)；(B)證人無法於審判時親自出席；(C)證人無法親自前來美國具結作證；(D)被告因爲以下理由無法出席：(i)證人所在之國家不同意被告出席具結作證；(ii)被告在監禁中，其解送安全及監禁狀態無法確保，或(iii)被告不在監禁中，而無合理情況可以確保能出席具結作證或出庭；(E)被告能透過合理的方式實質參與具結作證。[234]

此在我國刑事訴訟法第 159 條規定，被告以外之人於審判外之言詞或書面陳述，除法律有規定者外，不得作爲證據。刑事訴訟法第 159 條之 1 則規定，被告以外之人於審判外向法官所爲之陳述，得爲證據。被告以外之人於偵查中向檢察官所爲之陳述，除顯有不可信之情況者外，得爲證據。刑事訴訟法第 159 條之 2 規定，被告以外之人於檢察事務官、司法警察官或司法警察調查中所爲之陳述，與審判中不符時，其先前之陳述具有較可信之特別情況，且爲證明犯罪事實存否所必要者，得爲證據。刑事訴訟法第 159 條之 3 規定，被告以外之人於審判中有下列情形之一，其於檢察事務官、司法警察官或司法警察調查中所爲之陳述，經證明具有可信之特別情況，且爲證明犯罪事實之存否所必要者，得爲證據：一、死亡者。二、身心障礙致記憶喪失或無法陳述者。三、滯留國外或所在不明而無法傳喚或傳喚不到者。四、到庭後無正當理

---

[234] US Federal Rules of Criminal Procedure, Rule 15

(a)(1) *A party* may move that a prospective witness be deposed in order to preserve testimony for trial. The court may grant the motion because of exceptional circumstances and in the interest of justice.

(3) *Taking Depositions Outside the United States Without the Defendant's Presence.* The deposition of a witness who is outside the United States may be taken without the defendant's presence if the court makes case specific *findings of all the following:*

(A) *the witness's testimony could provide substantial proof of a material fact in a felony prosecution;*

(B) *there is a substantial likelihood that the witness's attendance at trial cannot be obtained;*

(C) *the witness's presence for a deposition in the United States cannot be obtained;*

(D) *the defendant cannot be present because: (i) the country where the witness is located will not permit the defendant to attend the deposition; (ii) for an in-custody defendant, secure transportation and continuing custody cannot be assured at the witness's location; or (iii) for an out-of-custody defendant, no reasonable conditions will assure an appearance at the deposition or at trial or sentencing; and*

(E) *the defendant can meaningfully participate in the deposition through reasonable means.*

由拒絕陳述者。

　　案件進入法院之後，被告一方常會要求法院核發調查委託書，此一裁量權在於法院。另一問題是法院除調查委託書外，是否可以要求負責司法互助的行政部門透過司法互助條約請求取證；以及當事人是否有權請法院要求負責司法互助的行政部門透過司法互助條約進行取證，討論如下：

　　美國認為案件進入法院之後，核發調查委託書的裁量權在於法院，由法院依據前述聯邦刑事程序規則第 15 條規定行使裁量：

　　(1)法院裁量同意的情形：例如在 *US v. Michael Lindsay* 案，被告 Lindsay 涉嫌與菲律賓友人之未滿 18 歲女兒 S.Q.發生性行為，案經菲律賓通緝，之後被告 Lindsay 返回美國後於 2012 年 11 月被以違反 18 U.S.C. § 2423 條「赴國外從事違法的性行為 (traveling abroad with intent to engage in illicit sexual conduct)」逮捕，法院依據 28 U.S.C. § 1291 條主張有管轄權並將其起訴，Lindsay 提出辯護質疑告訴人 S.Q.陳述的可信度 (credibility)，認為告訴人 S.Q.證詞矛盾，並且沒有提出支持佐證的證人(corroborating witnesses)，與其證詞相反的證人也沒有訊問。2014 年 3 月，地方法院經 Lindsay 請求同意向菲律賓發出調查委託書請求協助向 6 人進行取證，並延後審理。

　　(2)法院裁量不同意的情形：以 US v. Pirouz Sedaghaty, 11-30342 (9th Cir. 2013)一案為例，該案中法院同意其中一位被告 Seda 的請求而向沙烏地阿拉伯發出調查委託書請求取得 Al-Sanad 的證言，但沒有獲得沙烏地阿拉伯的回覆；法院在同案中，拒絕向埃及發出調查委託書請求取得 El-Fiki 等人的證言，因為查證兩人並不認識也沒有聯繫，因此其證言沒有實質重要性(material)，而不同意發出調查委託書請求，法院並無濫用裁量。[235]

　　由上述案例可知，核發調查委託書的裁量權，在於法院。

　　有關案件進入法院審理程序後，法院除調查委託書外，可否要求負責司法互助的行政部門透過司法互助條約請求取證？當事人是否有權要求法院轉而要求負責司法互助的行政部門透過司法互助條約進行取證？

　　在 US v. Ross McLellan 一案中，McLellan 涉嫌跨國證券及匯款詐欺遭起訴，當事人認為麻薩諸塞州(Massachusetts) 地方法院的有罪判決除證據不足外，主要爭議還包

---

[235] 法官引述 *US v. Liner* / 435_F.3d_920, 924 (8th Cir. 2006)一案表示，聲請的一方必須證明證人無法前來(unavailability)並且證人的證詞人有實質重要性(materiality) See *United States v. Liner*, (explaining that in a criminal case, "the moving party must show the witness's unavailability and the materiality of the witness's testimony").

括聯邦地方法院未能行使權力要求政府依據美國與英國司法互助條約向英國取得有利被告之證據,涉有違失。本案在審前階段(pre-trial),McLellan 要求聯邦地方法院向英國與愛爾蘭發出調查委託書取得證據,聯邦地方法院同意所請,並因此將訴訟順延 7 個月,但愛爾蘭司法機關於 2018 年 1 月回覆拒絕聯邦地方法院所請,並表示透過司法互助條約為唯一管道,於是 McLellan 轉而要求地方法院必須請行政部門依據司法互助條約,向英國及愛爾蘭請求提供文件,地方法院表示沒有法律賦予的權力可以為之,但法官也表示,當事人在「強制國外的證詞或文書的提出」方面的權力,遠比在國內受到更多的限縮,的確會產生公平性或正當程序的顧慮,本案經地方法院判決 McLellan 有期徒刑 1 年 6 個月,案經 McLellan 提起上訴。[236]

McLellan 主張依據憲法第五修正案的正當程序原則及第六修正案「在所有刑事案中,被告應有權利……要求以強制手段促使對被告有利的證人出庭作證……」,向聯邦地方法院聲請要求政府分別依據美國與英國及美國與愛爾蘭的司法互助條約,取得有利被告之證據,案經聯邦地方法院及聯邦政府駁回請求。McLellan 上訴表示,如果聯邦地方法院認為調查委託書沒有效果時,不應該駁回透過司法互助條約的請求。[237]

第一上訴巡迴法院結論認為,依據 *US v. Li,* 206 F. 3d 56, 60 (1st Cir. 2000)案,條約並不創設個人對聯邦法院有可執行的權利,[238]美國與英國司法互助條約第 1 條第 3 項已經明白指出,本協定係僅供締約雙方間司法互助之用,並不因而使私人得以獲取、制止、排除證據或阻礙執行請求之權利。[239]

McLellan 指出,司法互助條約對涉外刑事案件造成「證據蒐集失衡(evidence-gathering imbalance)」,即使司法互助條約欠缺個人在司法互助條約上的權利,但憲法第五修正案正當程序及第六修正案的強制程序規定,正是賦予法院保障當事人回復證據衡平的權利,[240]由於聯邦政府沒有行使裁量權透過司法互助條約取證,讓 McLellan 進而要求法院,認定司法互助條約應從司法的角色,擴增到強制行政部門取得請求的證據。惟上訴巡迴法院認為在權力分立之下,不能在沒有法律明文規定下,擴張提供

---

[236] *United States v. McLellan* No. 18-2032 (1st Cir. 2020), at 19-22.

[237] *Ibid.* at 55-56.

[238] *US v. Li,* 206 F. 3d 56, 60 (1st Cir. 2000) "…Treaties do not generally create rights that are privately enforceable in the federal courts."

[239] US-UK MLAT *Art. 1 [Scope of Assistance] 3. This Treaty is intended solely for mutual legal assistance between the Parties. The provisions of this Treaty shall not give rise to a right on the part of arty private person to obtain, suppress, or exclude any evidence, or to impede the execution of a request.*

[240] *United States v. McLellan* No. 18-2032 (1st Cir. 2020), at 60

地方法院得以迫使平行的行政部門代表個人採取作為。這等於是容許司法侵犯行政，法官引述 *US v. Sedaghaty* 案表示，憲法保障國民在國內不須遵從外國司法互助條約請求的訊問，但並沒有賦予犯罪被告有權強制政府代表個人提出外交上的請求。[241]此外，在許多案例中都顯示，法院沒有法律上的權力，得以命令行政部門援引條約規定，而為個人取得國外證據。[242]

有關第六修正案「在所有刑事案中，被告應有權利……要求以強制手段促使對被告有利的證人出庭作證……」，在 *US v. Resurrección*, 978 F.2d 759, 762 (1st Cir. 1992)一案中，法官表示這不是一項絕對的權力；在 *United States v. Hoffman*, 832 F.2d 1299, 1303 (1st Cir. 1987)一案中法官指出，憲法不會賦予刑事被告有權利要求無法取得的證言，除非作為或不作為可歸責於國家，而且該項無法取得的證詞對於案件具有實質重要性(material)、有利於被告，但這項程序上權利不會超過國界。[243]

法官結論指出，聯邦地方法院無權責令政府發出司法互助條約的請求，讓被告因透過司法互助條約取得對他有利而原本無法取得的證據，因為這不是政府的職責，然而，司法互助條約也沒有明白排除政府不得行使裁量而代表刑事被告提出請求，關於這點，第一上訴巡迴法院並沒有不贊同，畢竟在可行的範圍內，檢察官有責任代表正義，而採用司法互助條約作為實踐職責的方式。[244]

---

[241] *US v. Sedaghaty*, 728 F. 3d. 885, 917 (9th Cir. 2013)

[242] *United States v. McLellan* No. 18-2032 (1st Cir. 2020), at 62; *Escalante v. Lizarraga* (C.D. Cal. Apr. 16, 2018) 刑事被告沒有權利在美國與墨西哥司法互助條約之下得取得證據。("[A] criminal defendant has no rights under the [MLAT between the U.S. and Mexico] to obtain evidence."); *United States v. León* (N.D. Ill. Apr. 16, 2018) 本院無權命令行政部門援引條約為國民個人取得國外證據。("[T]his Court has 'no authority to order the Executive Branch to invoke the treaty process to obtain evidence abroad for a private citizen."); *United States v. Márquez*, (S.D. Cal. Feb. 2 2012) 憲法第六修正案關於「在所有刑事案中，被告人應有權……要求以強制手段促使對被告有利的證人出庭作證」…並沒有要求強制政府使用司法互助條約代替被告取證("[T]he Sixth Amendment right to compulsory process . . . does not require an order compelling the Government to use the MLAT to obtain evidence on behalf of the Defendant."); *United States v. Jefferson*, (E.D. Va. 2009) 很明確地，憲法第六修正案的強制程序只讓法院可以本於其權力進行程序，而不是以要求行政部門或外國法院合作的方式進行。("It is . . . 'quite clear that the right to compulsory process extends only to forms of process a court can issue of its own power, not to forms of process that require the cooperation of the Executive Branch or foreign courts.")

[243] *United States v. McLellan* No. 18-2032 (1st Cir. 2020), at 64-65. "The Constitution does not automatically entitle a criminal defendant to unobtainable testimony."). "There can be no violation of the defense's right to present evidence . . . unless some contested act or omission (1) can be attributed to the sovereign and (2) causes the loss or erosion of testimony which is both (3) material to the case and (4) favorable to the accused." ……the right of compulsory process does not ordinarily extend beyond the boundaries of the United States."

[244] *United States v. McLellan* No. 18-2032 (1st Cir. 2020), at 68

　　另在 US v. Jefferson 一案中，被告 William J. Jefferson 爲美國政要，於奈及利亞成立代理公司，其爲獲得不法商業上利益，涉嫌向奈及利亞政要 Atiku Abubaka 賄賂並向其妻 Jennifer Douglas Abubakar （美國公民）表示事成之後會投桃報李，Atiku Abubaka 同時另透過奈及利亞商人 Suleiman Yahyah 向其他奈及利亞官員行賄，案經美國以賄賂及洗錢等罪審理，並認定該 3 人皆爲本案共犯。

　　由於三人皆在奈及利亞並矢口否認有賄賂情事，被告 William J. Jefferson 主張該三人無法前來美國，且證言具有實質重要性，並據此請求依據聯邦刑事程序規則(Federal Rules of Criminal Procedure)第 15 條關於「具結作證(Depositions)」之規定進行取證，又因爲 Atiku Abubaka 及 Suleiman Yahyah 拒絕證言，被告主張要求透過司法互助條約取得具結的證言，或是以調查委託書請奈及利亞取得證詞，惟被告之請求均遭到法院駁回。

　　本案關於傳喚方面，依據美國法律只能傳喚國外之美國公民，此可參閱 United States Code 28 U.S.C.第 1783 條「傳喚在外國之人(Subpoena of person in foreign country)」規定，因而美國可對 Jennifer Douglas Abubakar 進行傳喚，要求以證人身分出庭。關於是否核發調查委託書，其裁量權在於法院。同樣地法院認爲司法互助條約僅供締約雙方間司法互助之用，並不因而使私人得以獲取、制止、排除證據或阻礙執行請求之權利，此種條約並不創設個人對聯邦法院有可執行的權利。

第五節　逕行傳喚國外證人進行取證

逕行傳喚國外證人為國家單方使用強制處分，是指法院或司法機關決定不在他國取證，而將證據方法帶到國內，例如核發傳票請國外的證人、專家、被告或被拘禁之人前來本國進行聽證，[245]美國正式制訂以強制手段取得在國外之美國公民提出證言或資料的法律，是源於 1926 年的茶壺山醜聞事件(Teapot Dome scandal)，國會乃制訂了 Walsh Act 法案，就刑事案件之審理，授權聯邦法院核發傳喚書，命令海外美國公民返回美國以證人身分出庭。依據該項法律規定，法院於檢察總長或聯邦檢察官提出請求時，有權核發此等傳喚，該項法律尚要求傳喚通知書必須由駐在國的美國領事官員親自送達，如果證人未能返國出庭則依法論以藐視法庭罪。法律並允許依刑事被告之請求向另一國法院發出調查委託書，請求該國法院要求美國公民回國並到法院出庭作證。之後最高法院在指標案件 *Blackmer v. United States*，支持此一法案：「此等法律權力之行使只涉及國內法(municipal law)所確立的國民對政府的義務，國際法上沒有疑問。」[246]

Walsh Act 法案之後歷經修法，准許刑事案件的被告及檢察官請求核發傳喚通知書給國外的美國公民，即今日的美國法典 United States Code 28 U.S.C. §1783 及§1784 之規定。針對的就是聯邦刑事規則(Federal Rules of Criminal Procedure)第 15 條無法到庭之情形，特別是證人同意具結作證，或因健康因素無法親自蒞庭的情況。然而這項負擔不能以強迫的理由，加諸於旅外公民身上。[247]

美國法典 United States Code 28 U.S.C.第 1783 條「傳喚在外國之人(Subpoena of person in foreign country)」規定，美國任何法院對於在國外之美國國民或住民，如認為其證言、特定文件或物品之提出，對於司法利益有必要，且法院認為須經由刑事訴訟程序要求親自出席，才能以符合證據能力的形式取得證言或提出文件時，得傳喚其以證人身分親自出庭，或至其指定機關提出該文書或物品，傳喚應指定出席或提出文件

---

[245] M. Cherif Bassiouni, *International Criminal Law, Vol. II, Procedural and Enforcement Mechanisms, Second Edition*, Transnational Publishers, Inc., at 360 (1998)

[246] Abbell, *supra* note 4, at 5-1 to 5-9.

[247] *Ibid.*

及物品之時間及地點。

第 1784 條「藐視(Contempt)」規定，法院核發傳喚送達外國，得命該未能到庭或未能提出文書或物品之人，於指定之時間提出其不應處罰藐視之理由。否則得依徵收或查扣之法律規定將該人在美國境內之財產予以徵收或查扣，如認定該人有藐視之罪時，法院得科以 10 萬美金以下之罰金，並得命令拍賣其徵收或查扣之財產，做為繳交罰金及訴訟費用。

雖然最高法院在 *Blackmer v. United States* 一案中認為對在外國的美國公民送達傳喚並沒有侵害外國主權，但許多大陸法系國家仍認為此種送達，在沒有領事公約或其他條約或協定許可之前提下，屬侵害他國司法主權。[248]實際上外國政府強烈反對此種傳喚，認為此舉不當地擴張國家的管轄權。由於單方使用強制處分會產生與外國的執法關係的不良影響，因此仍應優先檢視是否透過司法互助條約或調查委託書，並決定是否有基於偵查、起訴或防止資料滅失，而有絕對要用逕行傳喚國外證人方式的必要。[249]

雖然傳喚是一種強大的武器，而司法部在適當的案子中也支持此一方式，但傳喚不是唯一有效且符合經濟效益或及時的方式。司法部也不否認此種方式牽涉到美國主張管轄權，而與外國有所衝突，未經協調而使用此種方式，會引起侵犯外國主權的疑慮，嚴重地損害國家的對外關係，對其他偵查中的案件產生了不利的影響，數個國家對於美國使用這種傳喚，向美國國務院及司法部提出了強烈抗議。[250]司法部乃要求各檢察機關應取得司法部一致的意見，應考量有無其他替代方式，例如司法互助條約、稅務條約或調查委託書；並考量資料對於偵查或起訴是否不可或缺；以及考量該項國外資料是否會受到銷毀。[251]

---

[248] *Ibid.*

[249] *Id.* at 5-1 to 5-8

[250] *Id.* at 5-1 to 5-2.

[251] *Ibid.*

第六節　非正式請求外國協助

第一項　各國執法機關間偵查協助

　　司法互助的目的是為了取得證據，若為了取得情報，應透過行政協助，若為了追緝嫌犯或通緝犯應透過引渡。[252]行政協助得用於不需強制處分的證據蒐集，減少遲延的風險，受多數國家歡迎，雖然行政協助屬於非正式協助，但並不表示所蒐集的不得為證據。相反地，遵照行政方式蒐集的證據與依據正式請求書所獲得證據，具有同樣的證據能力。事實上，在複雜的司法互助案件中，行政/非正式協助都應該是第一步，即使本來就打算請求司法互助的案件，此種雙方檢警的非正式或行政協助，讓彼此有機會商議之後進行正式請求時需要怎樣的形式與要件，有時候被請求國也會認為以非正式方式更為有效而快速，因而檢察機關必須了解是否真有需要用司法互助來取得某項證據。誠然，各國即使是正式的請求，其願意協助的程度也有極大差異，多數情況還是要看國內法以及請求國與被請求國的關係，端視兩國機關相互協助的態度與意願，因而維持良好的跨國工作關係具有一定程度的重要性。[253]

　　「非正式請求外國協助」主要常用於執法機關合作偵查犯罪，[254]在跨國案件中，極大部分的偵查協助事項是由警察或調查機關層級進行，若證據沒有必要以強制手段取得，或請求國法院對於證據的採信不要求遵循特定形式或程序時，警察及調查機關通常有相當廣泛的權力及能力對外國提供偵查協助。[255]

---

[252] Council of Europe, *Supra* note 61, at 10-11. 行政協助的型態，例如：例行性的詢問事項、不需要請求強制處分的事項；公開資訊(public records)，例如公司登記，各國不同；自願協助請求國的證人；不須法院的令狀就可非正式提供的前科判決事項(list of previous convictions)或電信公司公開的電話裝機資料。所有的事項都因國而異。需要透過司法互助例如：非自願證人之取證、犯罪嫌疑人訊問、搜索扣押、基於訊問之目的移轉自願之在押嫌犯等。

[253] Council of Europe, *Supra* note 61, at 9.

[254] M. Anderson, *Policing the World, Interpol and the Politics of International Police Co-operation*, Oxford Univ. Press, at 7, 1989.

[255] Abbell, *supra* note 4, at 1-9 & 1-12.

　　透過執法機關層次合作取得的刑事資料及證據主要包括：(1)公開紀錄及資料之取得及提供、(2)清查下落、(3)文件送達、(4)偵查請求之執行、(5)進行聯合偵查，及(6)直接在被請求國協助調查。其中第(1)項是實務上最單純的情資交換項目，但各國不同，包括：[256]

(1) 個人資料：包括人犯、嫌犯或不明身分之人的姓名、性別、出生年月日、職業及工作、指紋提供、指紋比對、住居所、身分確認、DNA、前科及刑事判決、護照、身分證及相片等。

(2) 車輛：人犯或嫌犯使用的車輛、犯罪現場或監視器所錄之車輛、車輛登記資料、車輛所有人、車輛使用人、車身號碼、引擎號碼、購車資料、進出口文件等。

(3) 財務：公司資料、銀行往來資料、產權關係、銀行帳戶、交易資料、帳戶所有人、公司董監事、股本及股份、資產及收入、不尋常可疑交易等。

(4) 通訊與偵查：裝機人資、帳寄地址、雙向通話記錄、電子郵件、通訊監察、槍械之號碼與執照、犯罪凶器與武器、偵訊資訊、查扣之違禁品及證物、犯罪手法、海關及移民資料、趨勢統計資料等。

　　「非正式請求外國協助」在偵查階段效果顯著，惟取得的證據在刑事審判上可能不具證據能力。而取得外國非正式協助的方式有以下幾項：[257](1)說服他國開啟偵查，透過偵查取得所需證據，再請該國將證據與本國分享；(2)透過外交管道請求提供被請求國視為公開，而且該國如經由正式請求時會提供的文書及資料，例如飯店紀錄；(3)在使、領館內對於自願性證人進行取證；(4)提出條約型態的請求，這是指雖然沒有有效的條約存在，但被請求國機關已表示將接受及執行請求；(5)警察與警察間非正式請求，例如駐外聯絡官；(6)透過國際刑警組織請求提供證據或情資，例如透過紅色通報請求提供相關人的地址、個資及相片等。

　　非正式合作並非總是暢行無阻，往往在第一步溝通聯繫或情資分享上就產生困難，這是礙於：[258]

(1) 法規障礙：例如各國法律關於資料使用的安全與隱私有不同的立法；不同機關與個人有不同的權限，取得資訊的層級也不同；各機關不清楚彼此能調閱取得何種

---

[256] International Center for Migration Policy Development, *Study on the status of information exchange amongst law enforcement authorities in the context of existing EU instruments*, 3.4 Type of Information, JLS/2009/ISEC/PR/001-F3, Dec. 2010.

[257] USDOJ, Criminal Resource Manual 274 [Method]; 278 [Informal Means]; 279 [Subpoenas]

[258] *Understanding law enforcement information sharing for criminal intelligence purposes*, Law Trend & Issues in crime and criminal justice, No566, at 2-5, (Dec. 2018).

資料。

(2) 文化因素：指執法界所習慣的規矩、價值、行為影響情資分享意願，常將情資握在手上不放。

(3) 本位主義：以自我為中心掌控情資，在分享、互換或控制收放之間形同一種權力(power)，當一個機關或組織相信控留情資會有額外的獲得時，就不會分享。本位主義也會導致各機關之間為了績效及功獎而產生摩擦。

(4) 競爭：績效的爭取會造成機關之間的直接競爭。如果考量分享後會增加別的機關的聲譽與成果，甚至獲得更多資源的話，機關容易將情資控留不放。

(5) 過濾：機關對於要提供的情資往往會先行過濾，最後只提供了願意提供的部分。

(6) 不信任：對於接收方在保密安全或情資使用上沒有信賴，而不願意提供情資。

(7) 欠缺互惠：情資的提供往往也希望有互惠(reciprocity)，期待對方報以情資或是成功時給予表揚，沒有互惠必然影響未來再次合作。

(8) 需要知道多少給多少：執法機關在情資的交換尚有「需要知道多少給多少(Need-to-Know)」的慣性，也就是：提供的機關會評斷資料對於對方機關是否有用，只提供其認為對方需要知道或有用的部分情資，而不是由對方機關有機會評估資訊之可用性。

(9) 保密文化：這與上述「需要知道多少給多少」相關，在於恐懼與擔心如果敏感的情資流入不適當的人時，會造成社會傷害。

　對檢察機關而言，若要透過行政/非正式協助方式，應考慮：(1)該證據必須是請求國本國可以合法蒐集，而在本國法院審理時沒有理由會被排除為證據；(2)該證據必須也是被請求國可以合法蒐集的證據；以及(3)被請求國無異議。實務上，非正式的方式若操作不當，有時會惹怒他國而造成日後合作上的困難。[259]

---

[259] Council of Europe, *Supra* note 61, at 12.

第二項　以備忘錄為執法合作依據

第一款　備忘錄的意義與性質

　　按國際間簽訂書面協定除條約(treaty)、公約(convention)、協定(agreement)外，備忘錄(memorandum of understanding, MOU)也是國際間常用的合作依據，備忘錄是以法律文件的形式做成的協議，雖不如契約一般具有完全的拘束力，但較傳統的君子協議(gentleman's agreement)更有約束力而且更正式，在私法上的用語是「意向書(letter of intent)」。[260]

　　今日的備忘錄已廣泛地運用在國際關係的各個領域，舉凡外交、經貿、援助、運輸交通等，由於備忘錄被廣泛地使用，有些政府部門人員常將備忘錄看成是一種常態的形式。然而，除非基於特殊考量需要以備忘錄的方式，否則沒有理由不優先選擇簽訂條約；但相反而言，除非是有必要創設法律拘束雙方的權利與義務，或因為標的事項(subject matters)在本國憲法或法律上有規定必須以條約為之，否則也沒有理由不用備忘錄，而非用條約不可。[261]

　　基本上，條約與備忘錄可用以區分國家是否有意締結具法律拘束的約定，從用語上略可看出其差別，當國家締結條約時用語為「應(shall)」、「達成協議(agree)」、「保證(undertake)」、「權利(rights)」、義務(obligation)、「生效(enter into force)」，當國家不欲締結有法律拘束力的文件時，會避免使用「達成協議」及「保證」，並將「生效」的用語則改為 come into effect 或 come into operation。然而這些用語的差異，並非絕對代表國家有意或無意締結具法律拘束之約定。

---

[260] European IP Helpdesk, *Memorandum of Understanding (Template for Horizon 2020 negotiations)*
[261] Anthony Aust, *Modern Treaty Law and Practice*, Third Edition, Cambridge Univ. Press, at 28-32, 2013

附錄

條約與備忘錄用語表	
條約用語	備忘錄用語
Article	Paragraph
agree	decide, accept, approve
agreement	arrangement(s), understanding(s)
agreed	decided, accepted, approved
authentic	equally valid
authoritative	equally valid
clause	paragraph
conditions	provision
continue in force	continue to have effect
done	signed
enter into force	come into effect, come into operation
mutually agreed	jointly decided
obligations	commitments
parties	participants
preamble	introduction
rights	benefits
shall	will
terms	provisions
undertake	carry out
undertakings	understandings

Anthony Aust, *Modern Treaty Law and Practic*e, Third Edition, Cambridge Univ. Press, Appendix G, 2013

　　兩國之間為何簽署備忘錄而不簽訂條約，按備忘錄通常用以補充條約，幾乎雙邊航空協定都附有備忘錄，而且多以機密處理。備忘錄牽涉的層面較窄，通常僅談判或運用者才會覺得重要，而選擇簽訂備忘錄的原因是基於保密(Confidentiality)與方便(convenience)。在保密方面，由於備忘錄不是條約，國內及國際上並沒有公布備忘錄的要求或必要，因此，有的國家對於非機密性的備忘錄，除非有特別原因，例如有政治上的重要性或備忘錄與條約緊密相關必須公開，否則也不予公布，且因備忘錄不是條約(treaty)或國際協定(international agreement)，因此也不用依據聯合國憲章第 102 條規定向聯合國秘書處登記。[262]

---

[262] United Nations Charter, *Chapter XVI [Miscellaneous Provisions] Art. 102*
　　1. Every treaty and every international agreement entered into by any Member of the United Nations after the present Charter comes into force shall as soon as possible be registered with the Secretariat and published by it.
　　2. No party to any such treaty or international agreement which has not been registered in accordance with the provisions of paragraph 1 of this Article may invoke that treaty or agreement before any organ of the United Nations.

以國防方面的協定為例，基於國家安全因素，軍事合作必須保密，因而這類協定文字只能見諸備忘錄，各國的實踐都是如此，雖然有時國內要求必須選擇性或秘密性地向民意機關告知備忘錄內容，也不會因此而認為應公布或登記；另以航空協定為例，基於保護敏感的商業資訊，以秘密備忘錄定明訂航權及載運量也是最好例子。[263]

又我國對外為何多簽署備忘錄而少簽訂條約，依大法官釋字 329 號解釋可知，鑒於我國現今與無邦交國家締結之國際書面協議，他國因政治顧慮，往往不願以政治層次較高之「條約」形式締結，而出之於「協定」形式。外交部外交年鑑中記載，與我無正式外交關係之國家常因對我國名、簽約代表之職銜或機構名稱有所顧慮，以致影響談判之進行，足見以我國目前之非常處境，外交條約之處理，已難以常態方式進行，有若干國家在國際上不承認我國國際人格地位，為推展務實外交，爭取我國在國際上之生存空間，不得不從權處理。

第二款　備忘錄的特點[264]

（一）形式(formality)

備忘錄無須列最後條款(final clauses)，通常簽字就生效，不需進一步的程序。換言之，備忘錄從談判、簽署到生效比條約來得快，反觀條約，就算條約在簽署時就生效，但其先前的內部程序冗長，也可能正是因為這些因素，使得備忘錄成為唯一可行的方式。備忘錄既然不是條約，則憲法上的一些程序諸如送交國會等，都有不同。如此，一些試驗性的協定都能很快地生效，並且在這實務過程中能輕易而快速地修正。備忘錄與條約一樣，通常由部長或政府官員簽署，但備忘錄較多由政府官員簽署，是因備忘錄內容主題的重要性相對較低。

第 102 條

一、本憲章發生效力後，聯合國任何會員國所締結之一切條約及國際協定應儘速在秘書處登記，並由秘書處公佈之。

二、當事國對於未經依本條第一項規定登記之條約或國際協定，不得向聯合國任何機關援引之。

[263] Modern Treaty Law and Practice Appendix G at 429

[264] Anthony Aust, *Modern Treaty Law and Practice*, Third Edition, Cambridge Univ. Press, at 40-53, 2013

（二）修訂(amendment)

　　修訂容易也是備忘錄的特點之一，在一些協定中，例如共同防禦計畫或援助發展計畫，牽涉到複雜的技術或財務事項，常有做重大修改的必要，此時爲了促進效率，即有必要減化形式及防止遲延。反觀條約，即使訂有修訂的簡化程序，還是會要求一定的形式。

（三）終止(Termination)

　　備忘錄的終止與條約類似，通常規定以 6 個月爲期限，但有時沒有終止的規定，特別是以備忘錄做爲條約的補充時。由於備忘錄不是條約，因此就算沒有事先通知，也不會有法律上的影響。只是如果備忘錄對於條約的施行是必要的話，就會有爭議產生。

（四）爭議解決與解釋(Dispute settlement and interpretation)

　　備忘錄通常訂有爭議解決的條文，而其解決方式以磋商(negotiation)爲主，較不循法院或第三人仲裁之管道。關於備忘錄的解釋或適用方面，在不違背備忘錄無法律拘束力的性質的前提下，方便而合理的方法就是援用條約的解釋規則。

（五）法律與政治層面

　　由於備忘錄並沒有法律上的拘束力，因此備忘錄所爲之承諾有時不被嚴肅看待。然而，政治承諾乃政府誠信的擔保，即使備忘錄的承諾無法實踐，通常不會有法律上的後果，但並不表示一個國家在政治上或道德上可自由地不予理會及尊重備忘錄的承諾。備忘錄雖然不一定要由外交部門草擬，但通常在備忘錄送交他國之前，會向外交部門諮詢。外交部門負有義務說明條約與備忘錄的差異、何種情況下要使用何種文件、條文的格式及用語。由於備忘錄與條約有別，一國若違反備忘錄的話，他國原則上不能像違反條約一般訴諸國際法院解決，因而乍看之下，似乎違反備忘錄只是國家的政治誠信與道德的問題，然而實際上，選擇使用備忘錄固有其原因，但並不因此表示國家基於保密、時效、彈性之目的而選擇備忘錄的同時，就得放棄其法律拘束力及執行力。事實上國家基於國際法的「誠信原則(principle of good faith)」及普通法系國家的「禁反言原則(doctrine of estoppel)」仍會實踐承諾。

第三款　國際執法機關間之備忘錄

　　備忘錄也是國際間執法機關常用的合作依據，在簽訂主體方面，執法機關的備忘錄沒有規定簽署層級，有以國家名義，有以組織名義，也有以執法機關名義。[265]備忘錄的法律依據方面，有敘明應依據內國法、有敘明依據兩國先前之雙邊條約、備忘錄、共同宣言等，[266]另外有很多是直接切入主題沒有敘明依據。

　　執法機關簽署備忘錄簽訂的合作事項方面，包括成立聯合行動(joint operational activities)、情報與資訊的分享(intelligence and information sharing)、聯合工作小組(joint working group)、訓練(Training program)、講座與會議(Seminars and conferences)、設備

---

[265] 有以國家名義，如：印尼政府與澳洲打擊跨國犯罪暨發展警察合作備忘錄(Memorandum of Understanding Between the Government of the Republic of Indonesia and the Government of the Commonwealth of Australia on Combating Transnational Crime and Developing Police Cooperation)；有以組織名義，如歐盟警察組織與國際刑警組織備忘錄(Memorandum of Understanding on the Establishment of a Secure Communication Line between the Europol and Interpol)；有以執法機關名義，如印尼國家警察與紐西蘭警察備忘錄(Memorandum of Understanding between Indonesian National Police and New Zealand Police on Police Cooperation and Training to Combat International Terrorism and Transnational Crime)。

[266] 詳請參閱以下備忘錄：
(1) 美國聯邦調查局與哈薩克檢察總署(2009 年 11 月 17 日)：Memorandum of Understanding Between the General Prosecutor's Office of the Republic of Kazakhstan and the Federal Bureau of Investigation, U.S/ Department of States
(2) 歐盟警察組織與國際刑警組織(2001 年 11 月 5 日)：Memorandum of Understanding on the establishing of a secure communication line between the European Police Office EUROPOL and the International Criminal Police Organization – INTERPOL
(3) 義大利內政部公安局與蘇丹內政部國家警察(2016 年 8 月 3 日)：Memorandum of Understanding Between the Public Security Department of the Italian Interior Ministry and the National Police of the Sudanese Interior Ministry for the Fight Against Criminality, Management of Frontiers and Migration Flows and about Repatriation (Italy PSD – Sudan NPS MOU)
(4) 印尼政府與澳洲政府(2005 年 11 月 18 日)：Memorandum of Understanding Between the Government of the Republic of Indonesia and the Government of the Commonwealth of Australia on Combating Transnational Crime and Developing Police Cooperation
(5) 瑞士聯邦司法警察部與大不列顛及北愛爾蘭(2019 年 7 月 10 日)：Memorandum of Understanding Between the Federal Department of Justice and Police of the Swiss Confederation and the Home Office of the United Kingdom of Great Britain and Northern Ireland on Strengthening Police and other Law enforcement Cooperation, Combating and Preventing Crime and Terrorism (Swiss FDJP – UK Home Office MOU)
(6) 澳洲聯邦警察與新加坡中央緝毒局(2016 年 10 月 13 日)：Memorandum of Understanding between the Australian Federal Police and the Central Narcotics Bureau of Singapore on Combating Transnational Drug Crime and Developing Cooperation

與科技提供(Provision of equipment, police science and technology)、偵查協助(investigative assistance)、工作經驗交換(exchange work experience)、人員交換(exchange of personnel)。其中最主要核心為聯合行動與情資交換。

聯合行動方面：是指本國派員參與在外國領域內的行動。

情資交換方面：好處是可以提供做為決策、便於鎖定目標、過濾案件輕重、避免造成聯繫盲目。而所謂的情資包括了情報(intelligence)與資訊(information)，情報是將許多的資訊進行分析之後有價值的產品(Intelligence is the valued-added product after pieces of information have been analyzed)。資訊是指蒐集而來並經過評估、分析及傳遞的犯罪資料(information that is collected about crime and criminals and evaluated, analyzed and disseminated)。資料(information)是情報的原料，舉凡未處理的資料(data)、犯罪紀錄都是。[267]

資訊交換方面：可分正式與非正式兩種：[268](1)正式：司法機關之間透過以國家為主體簽署的國際條約或雙邊條約進行交換，即如透過司法互助協定，請求外國以強制處分(coercive powers)的方式，原則上是政府對政府。(2)非正式：基本上不是基於條約的規範，原則上是依據政府以下的機關間(agency to agency, police to police)以半正式(semi-formal)的備忘錄，多邊的管道如國際刑警組織。

聯繫方面：備忘錄在合作機制上會規定締約雙方成立窗口建立聯繫流程模式，並指定聯絡人依據流程模式直接聯繫。[269]

生效與期間方面：備忘錄的簽署日就是生效日，有的備忘錄會訂定 3 年或 5 年期間，若雙方同意則到期得再延。也有備忘錄載明生效直到他方經外交管道通知終止，

---

[267] *Understanding law enforcement information sharing for criminal intelligence purposes*, Law Trend & Issues in crime and criminal justice, No566 Dec. 2018, at 2-5

[268] Michael Robert Walton, *Informal Transnational police to police information sharing: Its Structure and Reform*, LLM Theses, Odgoode Hall Law School of York University, Toronto, Ontario, at 5-7, April 2014.

[269] *Supra* note 266, Australia-Singapore MOU
   5. Mechanisms of Cooperation
   5.2 The exchange of information and experiences and other forms of cooperation described in this MOU are to be conducted directly by the Participants under the modalities to be established by both Participants, and subject to the domestic laws, policies and procedures of the Participants.
   5.3 To facilitate the implementation of this MOU, each Participant will designate a respective liaison officer to coordinate communication and information exchanges, and other activities under this MOU. Any changes in the liaison officer of one Participant will be notified to the others immediately.

[270]但其實許多備忘錄沒有訂期間。

資料的運用限制方面：有規定「交換的資訊僅屬情資，不得用於法院的訴訟；若無提供國的書面同意，不得轉提供第三國；即使備忘錄終止之後，保密條款仍適用。」[271]

---

[270] *Supra* note 266

    (1)Australia-Singapore MOU

        9.1 : This MOU will come into effect on the date of signing and will remain in effect for there (3) years. The MOU may be extended on the same terms for an additional three years for the date of original expiry, if mutually decided in writing by the Participants prior the expiry of the MOU.

        9.2: This MOU can be amended by mutual written consent of the Participants. The amendments will come into effect on a date to be mutually decided by the Participants.

        9.3: Either Participant may terminate this MOU by giving the other Participant there (3) months notice in writing.

    (2) FBI –Kazakhstan General Prosecutor's Office MOU

    Section 13.: This MOU is to commence on the date of signature by both Participants for a term of five years. This MOU may be extended for additional five-years increments, subject to mutual written consent of the Participants.

    (3) Indonesia – Australia MOU

    This Memorandum of Understanding shall be in effect for a period of 3 (three) years and extendable for a further period of 3 (three) years based on the written agreement of the Participants.

    (4) Italy PSD – Sudan NPS MOU

    Article 20. 1: This Memorandum enters into effect from the moment of its signing and has an unlimited standing. Article 20.2: This Memorandum stays effective until one of the Parties notify the other on paper, through the diplomatic channels, his intention of terminating it. In that case, the Memorandum ceases to have effect after six (6) months from the date of the notification of termination.

    (5) Australia AFP -Singapore CNBC MOU

      9.2 This MOU can be amended by mutual written consent of the Participants. The amendments will come into effect on a date be mutually decided by the Participants.

    (6) Indonesia – Australia MOU

    Paragraph 13. 4 This Memorandum of Understanding may be amended by mutual agreement by the Participants in writing. Such amendment or revision shall be effective from the date of signing by the Participants.

    (7) FBI –Kazakhstan General Prosecutor's Office MOU

    Section 12. This MOU may be modified by the mutual consent of the Participants.

[271] *Supra* note 266

    Australia AFP -Singapore CNBC MOU

    6.2 Information exchanged between the Participants will be used only for intelligence purposes and will not be used in any court proceedings.

    6.5 No information obtained under this MOU will be disclosed or distributed to a third party without the written consent of the Participant from whom the Information originated. Such consent can be subject to such conditions as the Participant from whom the Information originated may impose.

　　備忘錄在法律拘束力方面：執法機關也會明訂「備忘錄無意創設雙方法律拘束關係，亦無意有法律或拘束性的效果，不會取代國內法律、政策，或既有雙方或多方協定。」。[272]

---

[272] *Supra* note 266

　　(1) Australia AFP -Singapore CNBC MOU

　　　2.2 Nothing in the MOU is intended to create any legally binding relationship between the Participants, nor is it intended to have any legal or binding effect on either Participant.

　　　2.3 The terms of this MOU operate subject to, and do not supersede, the domestic laws, policies and procedures of the Participants or existing bilateral or multilateral agreements between Australia and the Republic of Singapore.

　　(2) FBI –Kazakhstan General Prosecutor's Office MOU

　　　Section 9: This MOU is not intended to prevent the Participants from determining and developing other mutually acceptable directions and forms of cooperation. This MOU is an expression of the intent of the Participants and is not intended, and should not be construed, to create any right or benefit, substantive or procedural, enforceable at law or otherwise as between the Participants or by any third party against the Participants, their agencies, the United States, the Republic of Kazakhstan, or the officers, employees, agents, or other associated personnel thereof.

　　　Section 11: Nothing in this MOU should be interpreted to affect the rights and obligations of the Participants as prescribed in their participation in international treaties and agreements, and the domestic laws, legal regulations and customs of the individual nations. This MOU is not intended to be an international agreement and does not create any obligations under international or domestic law.

　　(3) Swiss FDJP – UK Home Office MOU

　　　Noting that this document is a statement of intent and does not constitute a binding legal agreement and that the participants cooperate under this Memorandum of Understanding within the framework of their applicable national laws

　　(4) Italy PSD – Sudan NPS MOU

　　　This Memorandum does not produce effects in the field of extradition and judicial mutual assistance in the criminal field.

第七節　我國司法實務對於境外取證之法律上評價

第一項　概述

　　我國憲法第 16 條保障人民之訴訟權，就刑事被告而言，包含其在訴訟上應享有充分之防禦權。刑事被告詰問證人之權利，即屬該等權利之一，且屬憲法第八條第一項規定「非由法院依法定程序不得審問處罰」之正當法律程序所保障之權利。為確保被告對證人之詰問權，證人於審判中，應依法定程序，到場具結陳述，並接受被告之詰問，其陳述始得作為認定被告犯罪事實之判斷依據，前述憲法規定原則落實於刑事訴訟法等規定，對於直接審理原則、嚴格證明原則及對被告對質詰問權之保障等定有明文。然而，境外取證所得證據，多有證人無法回國作證、非供述證據如物證等、因被請求國與我國之法令規範差異、無司法互助機制等原因，而無法取得或無從於審判中進行直接調查或提示，而衍生出境外取得之證據因我國法有關證據排除等規定而無從用以證明犯罪事實，且法院應權衡犯罪事實之認定與被告權益保障之難題。

　　按受請求國提供協助而取得之調查結果，例如：證人之警詢筆錄或現場勘驗之影音紀錄等，在我國係以「活動記錄」方式呈現，我國法院得否以朗讀、交予閱覽或勘驗影音記錄等方式以調查犯罪事實？涉及證據能力有無之認定問題，亦即證據取得、證據調查程序之合法性，而與該證據是否具備證據能力，得用於審判程序中以證明犯罪，與證據之取得方式、進行取證之主體是否適格及是否依法實施法定義務等息息相關。[273]如：證人、鑑定人於境外經受請求國警察、偵查機關依該國法定程序所做成之筆錄及影音記錄等，屬被告以外之人於審判外之言詞或書面陳述，即所謂「傳聞證據」，除非符合刑事訴訟法第 159 條之 1 以下等例外規定情形，方得做為證據。又非

---

[273] 吳俊毅，2018 年國際刑事司法互助法制定後境外取得證據的使用與相互承認原則，刑事政策與犯罪防治研究專刊第 22 期，2019 年 9 月，頁 12-24。

以我國法明文規定之偵查、取證方式，抑或未告知詢問（訊問）之證人、被告相關訴訟上權利事項（如我國刑事訴訟法第 95 條第 2、3 款規定得保持緘默，無須違背自己之意思而爲陳述；得選任辯護人。貨其他依法令得請求法律扶助情形者，得請求之；第 100 條之 3 規定夜間詢問原則禁止；證人、鑑定人有具結義務等），將導致因證據取得違法，所得到陳述須予以排除之效果。而我國通訊保障及監察法第 5 條、第 6 條及第 18 條之 1 規定之有關「依附性證據使用禁止」原則等規定，亦將導致所取得之另案證據無法使用之結果。

　　要求受請求國依據我國法律相關規定辦理取證作業，在實務上幾近不可能，已如本章節前述。而我國法院對於受請求國取得之證據評價，對於犯罪事實之認定及被告權益之保障等，具有深遠影響，茲就近年來我國法院判決見解分析如下。

第二項　我國法院判決見解評析

一、外國公務員於職務上所製作之證明文書

　　最高法院 98 年度台上字第 648 號判決：「……原判決雖說明：上述奈及利亞國家安全局總局長及奈及利亞國家安全局總部查證復函係外國公務員本於其職務上所製作之證明文書，且無『顯有不可信之情況』，合乎公示性、良心性等要求，應認其具有證據能力云云（見原判決第十三頁第十三至十七行）。但並未適用同法第一百五十九條之四第三款之規定，就該等外國公務員所製作之文書是否在『可信之特別情況下』所製作，加以論述說明，以作爲判斷其有無證據能力之依據，依上述說明，自有判決理由不備之可議。……」；又最高法院 100 年度台上字第 4813 號判決要旨：「……中國大陸地區公安機關所製作之證人筆錄，爲被告以外之人於審判外所爲之書面陳述，屬傳聞證據，除非符合傳聞法則之例外，不得作爲證據，而該公安機關非屬我國偵查輔助機關，其所製作之證人筆錄，不能直接適用刑事訴訟法第一百五十九條之二或同條之三之規定，而同法第一百五十九條之四第一款之公務員，僅限於本國之公務員，且證人筆錄係針對特定案件製作，亦非屬同條第二款之業務文書，但如於可信之特別情況下所製作，自得逕依本條第三款之規定，判斷其證據能力之有無。……至於該款所稱之『可信之特別情況下所製作』，自可綜合考量當地政經發展情況是否已上軌道、從事

筆錄製作時之過程及外部情況觀察,是否顯然具有足以相信其內容為真實之特殊情況等因素加以判斷。」。

該最高法院判決內容敘明我國刑事訴訟法第 159 之 4 第 1 款之「公務員」,以我國之公務員為限,且同條第 3 款規範,可信的特別情況之判斷依據為:綜合考量當地政經發展情況是否已上軌道、從事筆錄製作時之過程及外部情況觀察,是否顯然具有足以相信其內容為真實之特殊情況等因素加以判斷。[274]

二、證人(含共同被告以證人身分對於本案被告及犯罪事實所為證述)

最高法院 98 年度台上字第 2354 號判決要旨:略以,……「惟按:(一)、原判決已說明:本件日本國福岡地方法院第二刑事部於平成十二年(西元二○○○年,即民國八十九年)……之判決書,及其援引之證據資料與該國公務員職務上製作之文書及業務文件具有同等程度可信性之文書,依刑事訴訟法第一百五十九條之四第三款『其他於可信之特別情況下所製作之文書,得為證據』之規定,應准其有證據能力。另本案共同正犯……均經日本國查獲並羈押於該國,而我國雖與日本國間無邦交關係,無法適用司法互助引渡各該共同正犯返國到庭訊問。惟共同正犯及相關人證在該國司法機關之供述紀錄,其性質與外國法院基於國際互助協定所為之調查訊問筆錄同,並基於證據共通原則,應認屬刑事訴訟法第一百五十九條第一項法律另有規定之情形,而有同法第一百五十九條之四第三款之適用,自應准其有證據能力。……本案共同正犯在日本國司法機關之陳述,或日本國法院判決書及其援引之證據資料,業已向被告宣讀或告以要旨,使被告有充分之防禦機會,自得作為本案之證據等旨。再上揭日本國刑事判決係由我駐該國福岡辦事處所提供,相關筆錄則由調查局自日本國索取,且均有中文譯本在卷可憑,並為上訴人及其選任辯護人所不爭執。原審經合法調查,自得採為判決基礎,所踐行之訴訟程序,並無不合。……」。

該最高法院判決意見認為,原審法院應就境外取證是否具有可信性之特別情形詳為說明,並為落實直接審理原則,應以不能傳喚證人到庭進行訊問、又該證言對於證明犯罪事實之成立具有重要性等為前提,且應於訴訟程序上,透過向被告宣讀或告以要旨等方式,保障被告之防禦權,方為適法。

近年來,我國法院於國際刑事司法互助法對於境外取證之證據能力及相關判決見解一系列演變,得透過我國漁船「新再發二號」走私運輸毒品一案在日本國遭日本海上

---

[274] 吳巡龍,境外取證之證據能力,臺灣法學雜誌第 282 期,2015 年 10 月 28 日,頁 282。

保安廳緝獲一案之歷次最高法院判決見解，予以扼要分析如下：

1.最高法院 102 年度台上字第 575 號刑事判決「……刑事訴訟法第一百五十九條之三之規定，依其文義解釋，係規範被告以外之人於我國檢察事務官、司法警察官或司法警察調查中所為之陳述，在具有該條各款所列情況之一時，得以例外取得證據能力之要件，似不包括被告以外之人在『外國司法警察人員』調查中所為之陳述在內。前揭日方人員之供述筆錄，均係由日本海上保安廳人員調查時所製作，並非由我國檢察事務官、司法警察官或司法警察調查時所製作，核與前揭規定之前提要件（即於我國檢察事務官、司法警察官或司法警察調查中所為之陳述）不符。原判決並未就前揭日方人員在日本司法警察人員調查中所為之陳述，何以亦能依刑事訴訟法第一百五十九條之三之規定而取得證據能力，說明其法理上之依據，遽認日本海上保安廳對於上述日方人員所製作之供述筆錄，均可依上述規定取得適法之證據能力，而採為王明賢犯罪之證據，其理由欠備，本院自無從為原判決適法與否之審斷。又原判決雖謂『基於客觀條件無法以證人身分傳喚上述日方人員到庭具結陳述並踐行交互詰問程序』云云，然並未進一步說明其所謂『客觀條件』之實質內涵，亦未剖析論敘本件何以不能透過我國駐日代表機關轉請上述日方人員到庭陳述，或採用遠距視訊方式具結陳述並踐行交互詰問程序，亦嫌理由欠備。……」，可知該最高法院判決見解認為，除需詳細說明無法傳喚身處國外證人到庭陳述客觀原因外，亦需進一步剖析論敘法院何以不能透過我國駐外機關轉請通知證人或外國調查人員到庭陳述，或採用遠距視訊方式具結陳述，並踐行交互詰問程序。

2.最高法院 104 年度台上字第 2479 號刑事判決明確指稱：「……刑事訴訟法第一百七十七條第二項規定，證人不能到場或有其他必要情形，證人所在與法院間有聲音及影像相互傳送之科技設備而得直接訊問，經法院認為適當者，得以該設備訊問之。證人、鑑定人住居國外，二國雖無刑事司法互助協定，倘能藉由視訊傳輸而訊問者，便具有調查可能性，為保障上訴人之權利，法院仍應盡調查義務，或透過國家機關要求日本國法院協助訊問證人、鑑定人，或透過視訊訊問方式，給予被告在場對質詰問管道。原審未盡調查義務，片面以日本國政府前未有同意中華民國法院以視訊方式詰問該國政府人員之先例（見原判決第六頁），尚有應於審判期日調查之證據而未予調查之違法。……」，該最高法院判決見解點明，法院應盡之調查義務，包含透過國家機關要求日本國法院協助訊問或者透過視訊方式進行訊問。

3.全案定讞的最高法院 106 年度台上字第 287 號判決要旨中：略以，「按被告以外之人於我國司法警察官或司法警察調查時所為之陳述經載明於筆錄，係司法警察機關

針對具體個案之調查作爲，不具例行性之要件，亦難期待有高度之信用性，非屬刑事訴訟法第 159 條之 4 所定之特信性文書。司法警察官、司法警察調查被告以外之人之警詢筆錄，其證據能力之有無，應依刑事訴訟法第 159 條之 2、第 159 條之 3 所定傳聞法則例外之要件爲判斷。又刑事訴訟法第 159 條之 2、第 159 條之 3 警詢筆錄，因法律明文規定原則上爲無證據能力，必於符合條文所定之要件，始例外承認得爲證據，故被告以外之人除有第 159 條之 3 所列供述不能之情形，必須於審判中到庭具結陳述，並接受被告之詰問，而於符合㈠審判中之陳述與審判外警詢陳述不符，及㈡審判外之陳述具有『相對可信性』與『必要性』等要件時，該審判外警詢陳述始例外承認其得爲證據。……在體例上，我國傳聞法則之例外，除特信性文書（刑事訴訟法第 159 條之 4）及傳聞之同意（刑事訴訟法第 159 條之 5）外，係視被告以外之人在何人面前所爲之陳述，而就其例外之要件設不同之規定（刑事訴訟法第 159 條之 1 至第 159 條之 3）。……因是，依我國法之規定，被告以外之人於審判外向㈠法官、㈡檢察官、㈢檢察事務官、司法警察官或司法警察等三種類型以外之人（即所謂第四類型之人）所爲之陳述，即無直接適用第 159 條之 1 至第 159 條之 3 規定之可能。惟被告以外之人在域外所爲之警詢陳述，性質上與我國警詢筆錄雷同，同屬傳聞證據，在法秩序上宜爲同一之規範，爲相同之處理。若法律就其中之一未設規範，自應援引類似規定，加以適用，始能適合社會通念。在被告詰問權應受保障之前提下，被告以外之人在域外所爲之警詢陳述，應類推適用刑事訴訟法第 159 條之 2、第 159 條之 3 等規定，據以定其證據能力之有無。此爲本院最近一致之見解。……原判決就證人光田浩二（日本國〈下稱日本〉水產廳所屬漁業巡護船龍星丸號〈下稱龍星丸號船長〉）、浦田英雄（龍星丸號輪機長）、福田正秀（龍星丸號船員）、勢理客安彥（日本內閣府沖繩總和事務局農林水產課漁業監督官司法警察員）等人於日本海上保安廳（爲日本司法警察機關）人員面前所爲之供述調書（即警詢筆錄），業已審酌上開證人經循司法互助模式，多次透過我國外交部請求日本外務省、法務省安排到庭或透過遠距視訊方式於我國公開法庭爲證述，然均未獲同意，其等無法到庭接受詰問，顯非肇因於可歸責於法院之事由。復於原審判決書理由欄壹、二、㈣之 1 至 5 載認上開供述調書如何具有絕對可信之特別情況及證明犯罪事實存否所必要之理由。據以類推適用刑事訴訟法第 159 條之 3 規定，認具有證據能力，已記明認定之理由，並無不合。上訴意旨執此指摘，主張原判決認定上開供述調書具有證據能力爲違法，核與法律規定得爲第三審上訴理由之違法情形，不相適合。……」亦即肯認，法院在無法透過司法互助模式或遠距視訊模式爲陳述時，被告以外之人在域外所爲之警詢陳述，應類推適用刑事訴

訟法第 159 條之 2、第 159 條之 3 等規定，據以定其證據能力之有無。

隨後最高法院作成 107 年度第 1 次刑事庭會議決議，決議要旨與境外取證之證據效力有關者，摘錄如下：「二、……至第 159 條之 3，係為補救採納傳聞法則，實務上所可能發生蒐證困難之問題，於本條所列各款被告以外之人於審判中不能供述之情形，例外承認該等審判外警詢陳述為有證據能力。此等例外，既以犧牲被告之反對詰問權，除應審究該審判外之陳述是否具有『絕對可信性』及『必要性』外，二要件外，關於不能供述之原因，自應以非可歸責於國家機關之事由所造成者，始有其適用，以確保被告之反對詰問權。……三、……惟被告以外之人在域外所為之警詢陳述，性質上與我國警詢筆錄雷同，同屬傳聞證據，在法秩序上宜為同一之規範，為相同之處理，若法律就其中之一未設規範，自應援引類似規定，加以適用，始能適合社會通念。在被告詰問權應受保障之前提下，被告以外之人在域外所為之警詢陳述，應類推適用刑事訴訟法第 159 條之 2、第 159 條之 3 等規定，據以定其證據能力之有無。」

三、非供述證據：含現場照片、鑑定報告、錄影帶、毒品等物證

以前述我國漁船「新再發二號」走私運輸毒品一案最終定讞之最高法院 106 年度台上字第 287 號判決要旨為例，「……原判決復就卷附日本海上保安廳總務部海上保安試驗研究中心科學搜查研究課（下稱日本科學搜查研究課）出具 2004 年（平成 16 年）8 月 25 日之鑑定書（含文字說明、檢體照片、儀器測試圖片、鑑定資料質量一覽表等鑑驗過程照片、數據資料）（下稱鑑定書）影本，說明雖非我國檢察官、法院等司法機關依法委託鑑定之政府機構或團體所為，該實施鑑定者亦非受我國司法單位所委託。惟審酌：㈠龍星丸號人員於民國 93 年 7 月 13 日上午 8 時 55 分許至 9 時 15 分期間，在日本沖繩縣八重山郡與那國屬與那屋手久 1219 號的東崎燈塔的 144 度約 25.9 海浬（東經 123 度 19.2 分、北緯 24 度 06.9 分）之附近海域，陸續打撈取得之漂流物共 4 大袋，已經全數攜回日本予以查扣、保存，不同意將之交予我國執法人員處理。原審依職權委請外交部協助向日本海上保安廳及其相關單位詢問可否提供查扣之毒品物證或少許樣品，迭經日本以台日尚乏司法互助協議而拒絕提供。是原審雖始終無法取得本案查獲之甲基安非他命之全部或一部，然已窮盡調查之能事，且無法取得查獲之毒品以供鑑驗，亦非肇因於可歸責於法院之事由。㈡日本科學搜查研究課上開鑑定書所採之鑑定方法為：先進行外觀檢查，將所鑑定之鑑定資料白色結晶體，分別放入鑑定資料⑴20 袋、鑑定資料⑵25 袋、鑑定資料⑶31 袋、鑑定資料⑷28 袋，充

分攪拌各自袋中的結晶後，從每袋用藥湯匙取出分配作爲分析式樣 1 到分析式樣 104，使用硝酸銀來確認分析式樣 1 到分析式樣 104 確認鹽類存在，再以紅外吸收光譜法、熔點的測量分析式樣 1 到分析式樣 104，後以氣體色層分離法爲質量分析，鑑定結果皆爲鹽酸鹽的成分，全體純度的平均值爲 98.95%，經乾燥後所存留的鑑定物分別爲(1)19930.979 公克、(2)24148.761 公克、(3)26057.922 公克、(4)277 92.399 公克（總計：97930.061 公克），係經我國行政院衛生署認可之鑑驗方法；且所出具之鑑定書中，詳予列載使用硝酸銀確認分析式樣 1 到分析式樣 104 確認鹽類存在，再以紅外吸收光譜法、熔點的測量分析式樣 1 到分析式樣 104，後以體色層分離法爲質量分析等過程及相關數據，自兼具公示性各情。並敘明日本科學搜查研究課人員所爲鑑驗過程及其檢驗結果如何具有可信性之特別情況之理由綦詳，載認上開鑑定書具有證據能力之理由。又就日本科學搜查研究課上開鑑定書及證人光田浩二、浦田英雄、福田正秀、勢理客安彥供述調書之中文翻譯本，於其理由欄壹、一之（六）敘明：本件第二次更審前原審審理期間，曾將卷附上開鑑定書及供述調書囑託證人童唯綺（金石翻譯公司之翻譯人員）據實翻譯，而童唯綺係畢業於日本國學校法人集團學園日本外國語專門學校，爲日文翻譯中文之語文學校，亦從事日文翻譯爲中文之翻譯工作，並通過日語檢定第 1 級資格，領有日本語能力認定書（1 級），載認上開鑑定書、供述調書之中文譯本具有證據能力之理由。均無不合。……」亦即非供述證據，法院仍應依職權設法取得以直接進行調查爲原則，然而若因無法歸責於法院之事由致無從取得者，則以該證據是否具有可信性之特別情狀，如本判決要旨提及之「日本鑑驗人員之鑑驗過程及其檢驗結果與我國或公示鑑驗方法相符」等，以認定是否具有證據能力。

四、國際刑事司法互助法公布施行後之最高法院判決見解

我國國際刑事司法互助法於 107 年 5 月 2 日公布施行後，依據該法第 2 條、第 6 條及第 31 條規定，可知我國偵查、審查及執行相關刑事司法程序及少年保護事件之偵查、審判機關（檢察署及法院），向被請求方（外國政府、機構或國際組織）請求或提供之協助事項中，有關詢問或訊問我國請求案件之被告、證人、鑑定人或其他相關人員之請求時，「得」依受請求方之法律規定請求以聲音及影像互相傳送之科技設備，將詢問或訊問之狀況即時傳送至我國，亦即符合前述本章之「依照被請求國法律規定」方式爲之，該法施行後，指標性最高之法院判決見解爲最高法院 110 年度台上字第 2082 號判決，其要旨略以：「……刑事訴訟法關於以聲音及影像相互傳送之科技

設備詢問或訊問（下稱遠距訊問）境外證人之規定，雖付之闕如，迄國際刑事司法互助法於 107 年 5 月 2 日公布施行，……至此，我國法院或檢察官得依法律規定以遠距訊問境外之證人，除取得具有證據能力之證言以發見真實外，並兼顧被告對質詰問權之保障。查我國與加拿大並未訂有司法互助條約或協定，關於我國法院以遠距訊問在加拿大境內之證人，自國際刑事司法互助法公布施行以後，應依該法所定程序為之，始為適法。原判決引用加拿大籍證人 Chris Yababuski 於原審 109 年 7 月 15 日審理庭經依我國刑事訴訟法規定具結後之證言（見原判決第 9 頁），資為不利於蔡思庭、邢光智、黃建添等之證據，係依循檢察官依同法第 30 至 32 條等規定，向加拿大提出遠距訊問 Chris Yababuski 請求之聲請。原審爰依法提出請求書囑託外交部向加拿大相關機關提出司法互助請求獲准以後，始於同日以遠距訊問之方式，並依我國刑事訴訟法規定，於 Chris Yababuski 具結前，告以具結之義務及偽證之處罰，並命朗讀結文後具結及簽署結文，始依法進行詰問等相關程序。……並無上訴意旨所指採證違法之情形存在。」亦即，我國法院或檢察官應依國際刑事司法互助法規定之程序，以遠距訊問境外之證人，除取得具有證據能力之證言以發見真實外，並兼顧被告對質詰問權之保障，始為適法。

另最高法院針對本文前所述及之「胡 O 泰強盜案件」，最高法院做成 106 年度台上字第 2657 號刑事判決，全案定讞，判決內容提及對於國際刑事司法互助法部分摘錄如下：「……(一)我國為促進國際刑事司法互助，共同抑制及預防犯罪，同時兼顧人民權益之保障，建制我國與外國政府、機構或國際組織間請求或提供國際刑事司法互助之架構，於民國 107 年 5 月 2 日始制定國際刑事司法互助法，以為我國執行刑事司法互助事項所應遵循之法律。而在本法制定前與他國之刑事司法互助，僅賴與友我國家之間所簽定之條約或司法互助協定，資為依據。本此，我國於 91 年 3 月 26 日由駐美國臺北經濟文化代表處與美國在臺協會簽訂刑事司法互助協定，經由雙方所屬領土內之相關主管機關，依本協定之規定，提供有關調查、追訴、犯罪防制及相關刑事司法程序中之相互協助。…5.依本條規定在受請求方所屬領土內所取得之證據或依本條規定取得之證詞，得以聲明方式，包括業務上紀錄之情形，依本協定附表 A 所示之證明方式確認證實。依附表 A 所證明之文件，應准許在請求方所屬領土內之法院作為證據使用。則證人在該國所為之證詞得逕為證據使用者，應指『受請求後』依本條規定所取得之證言。本件證人 Michael Liu 於美國法院 E 男案件審判中之證述，即非此所指。……應類推適用刑事訴訟法第 159 條之 2 、第 159 條之 3 等規定，據以定其證據能力之有無。本件證人 Michael Liu 於美國法院 E 男案件審判中之證述，依其陳述

時之外部情況，因法院係就案件為審理，進行之訴訟須受法定程序之規範，具有高度之可信性，應可期待足以保障當事人之權益。且證人 Michael Liu 於美國法院審判中作證後，因受證人保護方案，已變更年籍資料、住所，取得全新身分，目前在美國，但不知住所，且 Michael Liu 不得離開美國，否則將遭遭返中國，故無法至本國作證，已經證人卽美國聯邦調查局特別幹員 Blake Charles Wirth 於我國檢察官偵查中到庭結證在卷（見 103 年度他字第 6879 號卷第 51 頁），客觀上已無從傳訊踐行詰問程序，而 Michael Liu 為直接與上訴人接觸之人，其證言為證明上訴人犯罪事實所必要，自得類推刑事訴訟法第 159 條之 2 、第 159 條之 3 規定，認其在審判外之陳述有證據能力……。」

第三項　小結

為促進國際間之刑事司法互助，共同抑制及預防犯罪，並兼顧人民權益之保障，我國制定國際刑事司法互助法，在相互尊重與平等之基礎上，我國與外國政府、機構或國際組織間，得以提供或接受因偵查、審判、執行等相關刑事司法程序及少年保護事件所需協助。然而所有境外取得之證據，在進入我國法院審理後，原則上仍須依我國法律作為認定事實依據，並權衡對於被告詰問權等基本權益保障。

有學者見解認為，應參考歐盟各成員國內國法院判決的相互承認，以及司法機關間刑事訴追領域的合作機制，藉以解決境外證據無法取得，或於無法符合我國法定程式調查取證時，被告基本權保障恐有不周等質疑，使被告權利在請求國與被請求國均受到充分尊重及保障，且判決之可預測性方得因此建立，以確立法的安定性，[275] 或可提供做為境外取證制度之未來展望及制度發展參考。

---

[275] 同註 273。

參考文獻

立法院公報第 107 卷第 32 期院會紀錄

吳巡龍，境外取證之證據能力，臺灣法學雜誌第 282 期，2015 年 10 月 28 日

吳俊毅，2018 年國際刑事司法互助法制定後境外取得證據的使用與相互承認原則，刑事政策與犯罪防治研究專刊第 22 期，2019 年 9 月

陳瑞仁，控制下交付與搜索逮捕之關係，日新，第 3 期，2004 年 8 月

Bibliography

Anthony Aust, *Modern Treaty Law and Practic*e, Third Edition, Cambridge Univ. Press, 2013

Council of Europe, *Mutual Legal Assistance Manual*, Mar. 2013

Council of the European Union, *Handbook on the practical application of the EU-U.S. Mutual Legal Assistance and Extradition Agreement*, March 2011

Countermeasure against organized crime, United Nations Asia and Far East Institute for the Prevention of Crime and the Treatment of Offenders (UNAFEI), Resource Material Series No 65. Mar. 2005

Cross-border controlled deliveries from a judicial perspective, Issue in Focus number 1-First Addendum to the Implementation Report

Current practices in electronic surveillance in the investigation of serious and organized crime, United Nations Office on Drugs and Crime, UNODC, New York 2009

Daniel Devoe and Sarita Frattaroli, *Videoconferencing in the Courtroom: Benefits, Concerns, and How to Move Forward*

Daniel Devoe and Sarita Frattaroli, *Videoconferencing in the Courtroom: Benefits, Concerns, and How to Move Forward*

European Commission Directorate-General Migration and Home Affairs, *Study on paving the way for future policy initiatives in the field of fight against organised crime: the effectiveness of specific criminal law measures targeting organised crime (Final Report, Part 3 Legal and Investigative Tools)*, Feb. 2015

European IP Helpdesk, *Memorandum of Understanding (Template for Horizon 2020 negotiations)*

Federal Act on International Mutual Assistance in Criminal Matters (Mutual Assistance Act, IMAC) of 20 March 1981 (Status as of 1 March 2019)

Ignacio Miguel de Lucas Martin and Cristian-Eduard Stefan, *Transnational Controlled*

Deliveries in Drug Trafficking Investigations Manual, JUST/2013/ISEC/DRUGS/AG/6412

International Center for Migration Policy Development, *Study on the status of information exchange amongst law enforcement authorities in the context of existing EU instruments,* 3.4 Type of Information, JLS/2009/ISEC/PR/001-F3, Dec. 2010

Ivan A Shearer, *Extradition in International Law,* Oceana, 1971

Kimberly Prost, *Breaking Down the Barriers: International Cooperation in Combating Transnational Crime;* Breaking Down the Barriers: International Cooperation in CombatingTransnational Crime, Global Drugs Law, D. C. Jayasuriya, R. K. Nayak, A. Wells (eds.), Har-Anand Publications PVT, Ltd, New Delhi, Pakistan, 1997.

Kraska, James, *Safe Conduct and Safe Passage* (July 1, 2009), Max Planck Encyclopedia of Public International Law, 2009

M. Anderson, *Policing the World, Interpol and the Politics of International Police Co-operation,* Oxford Univ. Press, 1989.

M. Cherif Bassiouni & Ved P. Nanda, *A Treatise on International Criminal Law, Vol. II Jurisdiction and Cooperation,* Charles C. Thomas, 1973

M. Cherif Bassiouni, *International Criminal Law, Vol. II Procedural and Enforcement Mechanisms, Second Edition,* Transnational Publishers, Inc., 1998

Michael Abbell, *Obtaining Evidence Abroad in Criminal Cases,* Nartinus Nijhoff Publishers, Feb. 2007

Michael Robert Walton, *Informal Transnational police to police information sharing: Its Structure and Reform,* LLM Theses, Odgoode Hall Law School of York University, Toronto, Ontario, April 2014.

Minister of Justice and Attorney General of Canada, *Requesting Mutual Legal Assistance from Canada A Step-by-Step Guide,* Cat. No. J2-388/2013E-PDF, 2013

Model legislation and commentaries in relation to the controlled delivery of firearms, ammunition, explosives, and other related materials, Third Conference of the State Party to CIFTA, May 2012

Preparation of Letters Rogatory, http/travel.state.gov/law/judicial/judicial_683.html (last visited on Nov. 10, 2021)

Requesting Mutual Legal Assistance in Criminal Matters from G20 Countries, A Step-by-Step Guide, 2012.

Riley A. Williams, *Videoconferencing: Not a Foreign Language to International Court,* Oklahoma J. of Law and Technology, Vol. 7 No. 1, 2011

Sabine Braun and Judith L. Taylor, *Videoconference and Remote Interpreting in Criminal Proceedings (Videoconferencing in criminal proceedings),* Intersentia Publishing Ltd., 2012

Steven David Brown, *Combating International crime, the Longer arm of the law,* Routledge-Cavendish, 2008

Swiss Confederation, Federal Department of Justice and Police FDJP, Federal Office of Justice FOJ, Mutual Assistance Unit, *International Mutual Assistance in Criminal Matters Guidelines*, 9th edition 2009 (Case law as of May 2010), 2009

T. Markus Funk, *Mutual Legal Assistance Treaties and Letters Rogatory,* A Guide for Judges, Federal Judicial Center, 2014

Understanding law enforcement information sharing for criminal intelligence purposes, Law Trend & Issues in crime and criminal justice, No566 Dec. 2018

United Nations Office on Drugs and Crime (UNODC), *Current practices in electronic surveillance in the investigation of serious and organized crime, United Nations Office on Drugs and Crime*, 2009

United Nations Office on Drugs and Crime (UNODC), *Manual on Mutual Legal Assistance and Extradition*, New York 2012

USDOJ, Criminal Resource Manual

第五章

跨國移交受刑人與
刑事訴追移轉管轄

第一節　刑事判決相互承認與執行

第一項　刑事相互承認之困境

　　不論是跨國移交受刑人或刑事訴追移轉管轄，基本上共同涉及了一個重要的事項，即刑事相互承認的問題。在國家主權觀念規範之下，刑法是以屬地原則為基礎，司法裁判不會延伸至領域外，早在 1797 年，英國學者 David Hume 即表示：「任何居住在本地的人，不管是蘇格蘭人或外國人，不會因為在外國的犯罪而受本國法院審判。法院不是用來主持全世界的正義。對於領域外所為的犯罪，英國法院不會採取措施予以矯正，亦無資格為之」；1891 年英國刑法學者 Lord Halsbury 亦指出：「所有的犯罪都屬地域性，犯罪的管轄屬於犯罪發生地之國家」；[1] 另 1825 年美國大法官 John Marshall 在 *Antelope* 一案中指出，「沒有任何國家的法院會執行另一個國家的刑法」，[2] 自然也就沒有承認外國刑事判決的問題。

　　雖然有的觀點認為承認外國判決有違主權觀念，但中世紀歐洲亦曾有執行外國判決之例，只是其目的在於剝削人犯的工作能力，例如舊時威尼斯即曾承接外國判決的人犯以維持船艦上的廚工人力，19 世紀亦有條約將外國刑事判決之執行納入，例如 1868 年 10 月 17 日 *Revised Act of the Shipment on the Rhine* 規定，萊茵河流域比利時、德國、法國、荷蘭及瑞士等邊界國，基於互惠應相互執行判決，但其執行僅限於罰

---

[1]　Michael Hirst; *Jurisdiction and the Ambit of the Criminal Law*, Oxford University Press, at 29 (2003) David Hume wrote: A person domiciliated here, whether a Scotsman or a foreigner, for any crime he may have committed abroad, is not liable to be tried by our courts. They are not instituted to administer justice over the whole world….Lord Halsbury could similarly assert: All crime is local. The jurisdiction over the crime belongs to the country where the crime is committed.

[2]　Cherif M. Bassiouni, *International Criminal Law Vol. II Multilateral and Bilateral Enforcement Mechanisms*, Martinus Nijhoff Publishers, at 508 (3rd ed, 2008)…"The restatement Third on Foreign Relations also noted: The doctrine requiring courts to give effect to foreign acts of state may be contrasted with the unwillingness of courts to give effect to foreign public law judgments. In general, effects by foreign state to secure recognition of judgments involving penal, fiscal or other public law matters have been unsuccessful, though international law does not forbit duch recognition."

金。內國法方面，瑞士 1892 年 1 月 22 日的 Swiss Federal Act（引渡法）亦有規定受外國判決之人得送至瑞士監獄服刑。[3]

　　時至今日，從國內法來看，各國制定的刑法典仍少有考量刑法國際衝突的可能性及其困難，不區辨彼此的專屬管轄權，也未規定普遍性地承認外國判決，因此在國外受判決即使執行或赦免後，仍得依本國法律起訴。[4]即使基於國際法律互助的思想，在一定限度內予以承認，其承認的範圍亦不一致。[5]

　　近代判決相互承認的觀念，始於 1970 年代的歐洲。然而，儘管國際法不禁止承認他國判決，但此種努力並不成功，[6]國家難以承認及執行外國刑法及刑事判決有諸多原因，包括：（1）國家主權限制、（2）對外國司法行政及外國法院執行的不信任及懷疑、（3）承認外國判決並將其轉化為本國法，有實務困難；[7]（4）執行外國法律有困難；（5）檢驗外國法律招致反感；（6）法院沒必要協助外國政府促進其國家利益；[8]（7）承認外國判決既判力等於預先假定對外國刑事司法有某種程度的信任，惟國家基於利益考量，即使他國已判決確定，本國仍會考慮重新起訴，特別是犯罪行為已於領域內或其結果已影響本國利益時；（8）一事不再理牽涉的法律問題錯綜複雜，各國解決方式不同，造成國家不願承認外國判決的既判力。[9]這些原因，造成國家對於外國判決無法建立有拘束性的承認標準。然而，執行外國刑事判決會對主權產生侵害的論點，已經弱化不獲贊同，因為國家執行外國判決雖是承接外國主權的執行行為，但同時也意指本國法院的判決得在外國執行，等於擴張了本國主權的執行範圍。[10]

[3] Bassiouni, Cherif and Ved Nanda, *A Treatise on International Criminal Law*, Vol. II. at 261-66, (1973)

[4] *Ibid.*

[5] 章瑞卿，在外國犯罪經外國法院判決之效力，刑事法雜誌第 37 卷第 1 期，1993 年 1 月，頁 70-71。可分積極承認與消極承認二方面說明。積極承認之範圍可分為：(1)完全承認外國法院判決之效力同於本法院之判決、(2)承認外國法院之緩刑判決效力、(3)承認外國刑法所宣告之與本國刑法相同刑罰之判決。消極承認雖非與積極承認可比，但究非完全不承認外國法院判決之效力，各國態度可分為以下幾種情形：(1)認為外國法院之判決構成訴訟上之障礙，即有一事不再理原則之適用、(2)在外國受刑之執行者，得免除其刑、(3)在外國受刑之執行者，得算入本國法院之判決所宣告刑罰之內，此尤以本國刑法所規定之刑罰重於外國刑法時，有其實質意義。

[6] Bassiouni, *supra* note 2, at 508

[7] Bassiouni & Nanda, *supra* note 3.

[8] William S. Dodge, *Breaking the Public Law Taboo*, 43 Int'l L. J 162, 206, 209 (2002); See also *Moore v. Mitchell*, 30 F 2d 600, 603-604 (2d. Cir. 1929), Bassiouni, *supra* note 2, at 508.

[9] Rob Blekxtoon & Wouter van Ballegooij, *Handbook on the European Arrest Warrant,* T.M.C ASSER Press, at 100 (2005)

[10] Bassiouni & Nanda, *supra* note 3, at 275.

第二項　外國受刑人之困境

由於經濟發展、運輸與通訊革新，人口快速流動，犯罪已國際化，外國受刑人數量相對增加，甚至羈押比率比本國國民還高。有些國家的監獄，外國人犯高達三分之一，此可參酌歐盟刑事統計年報，[11]及國際組織 PRISONWATCH 每五年所做的統計資料，[12]以下詳列各國數據，並摘錄重要國家數據：

國家	受刑人總數	外國受刑人人數	外國受刑人比例	
奧地利	13,836	4,882	35.2%	資料來源請參註 12
比利時	10,808	4,736	43.8%	
法國	70,651	16,398	23.2%	
丹麥	4,140	1,246	30.0%	
義大利	60,971	19,841	32.5%	
荷蘭	7,509	2,431	32.3%	
西班牙	49,998	12,563	25.1%	
德國	64,666	15,520	24.0%	資料來源請參註 13
香港	8,181	2,446	29.9%	
日本	50,578	2,883	5.7%	
紐西蘭	9,893	297	3%	
菲律賓	215,000	645	0.3%	
南韓	55,198	2,208	3.8%	
新加坡	11,737	1,292	11%	
泰國	367,162	15,788	4.3%	
美國	2,121,600	110,323	5.2%	
澳洲	43,139	7,765	18%	

尤其工業重鎮更把外國人與犯罪相連結，刑事司法體系要如何處理外國人的高犯罪率，是重要議題。外國受刑人的困境不僅在其所處的法律地位，同時也來自於獄政人員及其他受刑人的對待。當本國國民抵達另一個國家時，其生活習慣及宗教信仰亦

---

[11] Aebi, M. F., & Tiago, M. M., *SPACE I – 2020 – Council of Europe Annual Penal Statistics: Prison populations*. Strasbourg: Council of Europe (2021).

[12] PrisonWatch, *Percentage and total number FNP worldwide 2020-2015-2010-2005*, at: https://prisonwatch.org

隨之帶到另一國家，而由於社會、經濟、政治、家庭及心理狀況不同，面臨許多不利的困境，包括人在異國所產生的語言、文化、宗教、社會、氣候、食物等障礙、無法與原本社會、朋友及親人聯繫；職訓計畫及資訊無法如本國般地發揮作用；潛在可能的歧視亦可能使受刑人無法得到這些計畫的幫助與益處；司法體系亦可能認為外國受刑人比一般人犯更有逃匿之虞，而拒絕給予假釋。[13]

此外，外國受刑人因為不熟悉所在地國的制度而易受虐待，教化工作深受語言障礙所影響，必須採用特別措施，但有時社會對外國人帶著敵意，獄政刑罰體系也無法倖免。對外國受刑人在教化上產生歧視，監獄內防止種族歧視的防護措施不足，欠缺對外國人的人權保護，使得在外國判決確定後在外國監禁服刑，有成為二等公民之虞。[14]因而聯合國即呼籲「各國對於外國人犯的待遇應與本國人犯一樣有接受教育、工作及職業訓練的權利，適用與本國民同等的處遇原則，對於外國的宗教戒律及習俗應予尊重，以人犯所理解的語言告知監獄制度，人犯有權與其使領館聯繫，並應給予適當的醫療、申訴、齋戒、宗教引導等協助；以及便利人犯與家人及國際人道組織之聯繫。」[15]

第三項　犯罪地審判、國籍國執行

由於刑事政策已趨於重視人犯教化，一般認為在其國籍國或居住地國執行，比在犯罪地及審判地執行，更有助於其再社會化。此一政策同時也是源於考量人道、語言障礙造成溝通困難、與當地文化及習慣有隔閡、與親屬及朋友欠缺聯繫，[16]基於這些原因，才對外國裁判效力延伸的問題，致力於制定規範。而因長久樹立的法律傳統及一些現代認為不足的法律概念已造成障礙，近年隨著國際引渡條約發展成為國際上有效防制犯罪的工具後，承認外國的判決也顯現急迫的重要性。[17]

[13] Bassiouni, *supra* note 2, at 507, 545-556；Bassiouni & Nanda, *supra* note 3, at 261-62；
[14] *Ibid.*
[15] *Model Agreement on the Transfer of Foreign Prisoners and Recommendations on the Treatment of Foreign Prisoners*
[16] *Explanatory Report, General Observation, European Convention on the International Validity of criminal judgments* CETS No. 70, (1974)
[17] Bassiouni & Nanda, *supra note 3.*

外國受刑人移交制度，落實了學者 Ivan A. Shearer 於 1971 年所提倡的「犯罪地審判、國籍國執行」理念，[18]成為當今國際刑事合作的重要制度。人犯移交條約的締結，是源於審判國的獄政機關、人犯國籍國的外交及執法機關，以及人犯本身及其家屬的推動。每項條約的締結背景不同，審判國的獄政機關將人犯移交條約視為減緩外國人犯暴增的負擔，以及監獄人滿為患的對策，[19]又締結此類條約，是推定國家關切國民在國外的待遇、國家關切未來國民的行為、國際間共同關切犯罪的預防與壓制、執法合作共同打擊犯罪、更良好的司法執行、增進條約締約之間更進一步合作，發展締約國友誼關係。[20]

受刑人移交雖有上述優點，但實務上此種條約也可能被審判國用來作為驅逐外國受刑人的方式，或被政府操作並運用來說服在外國服刑的本國國民與政府合作，迫使他們在「移交回國且喪失上訴權利」與「繼續待在次級水準的外國監獄」之間做選擇、提供情資以換取有利判決，或以赦免交換或迫使其合作；執法人員亦可能向人犯暗示其獲得釋放或狀況改善的可能性，繫於其與當局合作的程度；儘管這種條約雖非完美，卻是目前最好的解決方式。[21]

第四項　「外國判決承認與執行」、「跨國移交受刑人」與「引渡」之關聯

判決相互承認雖是對屬地原則的再省思，[22]但由於刑事判決相互承認制度極為複雜，除了歐洲於 1970 年訂定「刑事判決國際效力歐洲公約」外，當今國際間發展主要趨勢是：將引渡、司法互助、受刑人移交等合作機制賦予法律效果；即使在歐盟，刑

---

[18] Ivan A Shearer, *Extradition in International Law*, Oceana, at 125-130 (1971).
A new approach is therefore suggested which would rest firmly upon the principle that the proper court for the trial of a criminal is the court of the locus delicti,…once he has been sentenced by a foreign court, should be returned to his home State to serve the sentence imposed abroad but subject to the regulations in force in his home State.

[19] Michael Abbell, *International Prisoner Transfer*, Martinus Nijhoff Publishers, at 1-5~1-6 (2007)

[20] Bassiouni, *supra* note 2, at 553-555

[21] *Id.* at 589-590

[22] Valsamis Mitsilegas, *The Constitutional Implications of Mutual Recognition in Criminal matters in the EU*, Common Market L. Rev. at 1277-1311 (2006).

事的相互承認將判決所涉及的歐盟通緝制度[23]、受刑人移交執行[24]、罰金、訴訟費、刑事附帶民事賠償[25]、沒收[26]、緩刑及假釋人犯監控[27]、不羈押之監控（即具保或責付時之監控）[28]等事項，分別訂定有拘束力之架構協定做為合作規範，可見國際間刑事判決相互承認制度的困難與複雜。

　　在刑事判決承認與執行中，如受刑人已不在審判國，不須經參與國移交受刑人時，即無移交的必要。故為了執行外國判決之目的所為的受刑人移交程序，僅屬刑事判決相互承認與執行的下位概念。[29]接受外國移交受刑人，是否即代表承認外國的刑事判決？美國學者 M.Cherif Bassiouni 認為：「雖然欠缺條約或國內法的時候，從國家法律的立場，對外國刑事判決並不予承認，但實務上不盡然如此。以引渡為例，國家對外同意引渡，依據的是外國的刑事判決，不可否認在這種情況下，被請求國並未積極承認外國的刑事判決，而是以該判決為基礎同意引渡，進而賦予其有法律的效果，因而隱含地承認外國刑事判決的有效性；同樣地，外國刑事判決之移轉、執行，係以執行外國刑事判決的方式給予法律效果，就跟引渡一樣，對外國判決的執行，並非基於對外國的刑事判決給予承認，而是以在本國執行的方式，賦予該判決法律效果。因而可以認為，賦予外國刑事判決具有效果，等同於隱含承認外國判決，如同莎士比亞所說，玫瑰就算換了一個名字，也還是玫瑰。」[30]

---

[23] *Council Framework Decision 2002/584/JHA of 13 June 2002 on the European arrest warrant and the surrender procedures between Member States - Statements made by certain Member States on the adoption of the Framework Decision*

[24] *Council Framework Decision 2008/909/JHA of 27 November 2008 on the application of the principle of mutual recognition to judgments in criminal matters imposing custodial sentences or measures involving deprivation of liberty for the purpose of their enforcement in the European Union*

[25] *Council Framework Decision 2005/214/JHA of 24 February 2005 on the application of the principle of mutual recognition to financial penalties*

[26] *Council Framework Decision 2006/783/JHA of 6 October 2006 on the application of the principle of mutual recognition to confiscation orders*

[27] *Council Framework Decision 2008/947/JHA of 27 November 2008 on the application of the principle of mutual recognition to judgments and probation decisions with a view to the supervision of probation measures and alternative sanctions*

[28] *Council Framework Decision 2009/829/JHA of 23 October 2009 on the application, between Member States of the European Union, of the principle of mutual recognition to decisions on supervision measures as an alternative to provisional detention*

[29] 陳重言，德國法規範下之國際刑事執行互助基礎架構—兼評我國跨國受刑人移交法草案，法學叢刊，No. 228，2012 年 10 月，頁 51-52。

[30] Bassiouni, *supra* Note 2, at 507. 意即認為對外國刑事判決給予法律效力，意義等同於判決承認。Although non-recognition of foreign penal judgments in the absence of a treaty and national legislation seem to be categorical in the legal position of states on this question, this is not

　　受刑人移交的目的顯然是基於人道及教化，而非實現本國刑罰權，此種國際互助事實上與其他司法互助的差異在於，審判國對於判決本可獨立完成執行，並不「需要(need)」他國協助，但是「想要(want)」他國協助。也因此，如同歐洲移交公約於解釋報告書中所指出，「締約國沒有必須遵守移交請求的義務，基於此一原因，本公約即沒有必要表列拒絕移交的事由，執行國亦無需說明拒絕移交的原因」。[31]

　　引渡之目的，在於實現其本國刑罰權，國家扮演積極的角色；而受刑人移交具有矯正及實現外國刑罰權的雙重作用，又審判國的監獄設施及矯正方法可能比本國先進或落後，但由於人犯當初既然是在國境外從事該等犯罪行為，被捕後本就會在該國的設施水準下服刑，如果人犯選擇不返回本國服刑，亦無理由不賦予其得選擇的權利，[32]國家似也不必過於主動，又被引渡之人可能剛好為同一案件服刑的受刑人，如果本國選擇請求引渡，面臨的是外國司法程序的複雜及多變；如果選擇請求受刑人移交，則對本國案件的起訴將有所限制，此時國家與受刑人都各有利弊盤算。[33]

---

necessarily the case in practice. For example, extradition is granted by one state to another, when the request is based on a foreign penal judgments. Admittedly, in such a case, the requested state does not give recognition to the foreign penal judgment *per se*, but it gives it effect by granting extradition on the basis of that judgment, thus implicitly recognizing its validity. Similarly, the transfer and enforcement of foreign penal sentences gives effect to a foreign penal judgment by enforcing the sanctions contained in the foreign penal judgment. As in the case of extradition, the enforcement of foreign penal sanctions is not based on the recognition of the foreign penal judgment in question. Instead the enforcing state gives effect to that judgment by relying on it in the execution of the foreign sentence in its own state it could therefore be argued that giving effect to a foreign penal judgment is tantamount to the implicit recognition of such a judgment. The paraphrase Shakespeare, "A rose by any other name is still a rose."

[31] Bassiouni, *supra* note 2, at 581.

[32] Ivan A Shearer, *supra* note 17, at 127.

[33] Criminal Resource Manual 742 [Relationship of Prisoner Transfer to Extradition], Chapter 9-35.000 [International Prisoner Transfers], Title 9, *United States Attorneys' Manual,* available at http://www.justice.gov/usao/eousa/foia_reading_room/usam/title9/crm00742.htm.

第二節　跨國移交受刑人之近代國際發展

　　跨國移交受刑人的近代國際發展，始於 1970 年代的歐洲。歐洲、歐盟、大英國協、美洲國家，乃至於聯合國，都訂有受刑人移交規範，此外，國與國之間也常締結雙邊條約，名稱上有使用"Transfer of Offenders"、"Transfer of Inmates and the Supervision of Persons Under Sentence"、"Execution of Penal Sentences"、"Serving of Penal Sentences"或"Transfer of Sentenced Persons"等，而規範內容與國際公約大同小異。[34]內國法方面，國家亦得立法規定在互惠原則下進行互惠移交，但只有少數國家，如德國有此立法。美國雖於聯邦刑法典 18 USC 第 4100 條至第 4115 條訂有受刑人移交規定，但這是因爲美國的人犯移交條約屬於非自動履行條約，因而需在國內立法，實際上人犯移交仍應以條約爲依據，且僅限於締約國之間移交。由於德國的國內法規定已有文獻詳細介紹，故本文擬概要介紹美國聯邦刑法典關於受刑人移交的規定。

---

[34] 名稱參考：
(1) Transfer of Offenders 例如加拿大與阿根廷條約：Treaty Between the Government of Canada and the Government of the Argentine Republic on the Transfer of Offenders；
(2) Transfer of Inmates and the Supervision of Persons Under Sentence 例如：加拿大與玻利維亞條約 Treaty between Canada and Bolivia on the Transfer of Inmates and the Supervision of Persons Under Sentence；
(3) Execution of Penal Sentences 例如加拿大與美國條約：Treaty between Canada and the United States of America on the Execution of Penal Sentences)；
(4) Serving of Penal Sentences 例如加拿大與委內瑞拉條約：Treaty between the Government of Canada and the Government of the Republic of Venezuela on the Serving of Penal Sentences；
(5) Execution of Penal Sentences 例如美國與墨西哥條約：United States-Mexico Treaty on Execution of Penal Sentences
(6) Transfer of Sentenced Persons 例如法國與美國條約：France and United States of America Convention on the transfer of sentenced persons.
(7) 英國所有條約都用 Transfer of Sentenced Persons (香港與英國相同)

第一項　聯合國

聯合國於「第五屆犯罪預防暨人犯待遇大會(Fifth United Nations Congress on the Prevention of Crime and the Treatment of Offenders)」提議，「為便利國外受刑人犯返回住居地服刑，應透過區域合作及雙邊協議形成政策」；時至 1985 年 8 月 6 日米蘭「第七屆犯罪預防暨人犯待遇大會」再提出「外國人犯移交與外國人犯待遇模範協定(Model Agreement on the Transfer of Foreign Prisoners and Recommendations on the Treatment of Foreign Prisoners)」（流程如下圖 1)，獲聯合國大會 resolution 40/32 決議通過以下重要內容：[35]「各國應經由快速機制，將人犯送回本國服刑，促進人犯再社會化；人犯移交應適用雙重犯罪原則；審判國或執行國均可以提出請求，經雙方國家及受移交人同意才可移交，並應賦予執行國有確認人犯同意的自由意志；請求時，受刑人應至少仍有 6 個月餘刑；執行國應繼續執行徒刑，或依其本國法相同之罪轉換徒刑；如果繼續執行，執行國應受審判國所定的刑期拘束，或依本國法相同之罪轉換徒刑，但不得將自由刑易科罰金；執行國應受審判國的裁判所拘束，僅審判國有重新審查權；移交所生的費用除雙方另有訂定外，由執行國負擔；雙方國家應有權利給予赦免。」此一模範協定旨在提供雙邊或區域訂定協議時可引用的事項，列舉通用的一般原則。另聯合國於 1990 年「第八屆犯罪預防暨人犯待遇大會」提出「緩刑及假釋人犯監控模範條約(Model Treaty on the Transfer of Supervision of Offenders Conditionally Sentenced or Conditionally Released)」並經聯合國大會 resolution 45/119 決議通過。

【圖 1】　聯合國外國人犯移交模範協定之移交流程

Flowchart showing the procedure under the Model Agreement on the Transfer of Foreign Prisoners

[para. 4] 請求:由執行國或審判國提出
Request: Either administering State or sentencing State

↓

[paras. 1, 3, 10, 11] 移交條件: 國籍、雙重犯罪、確定判決、6 個月之餘刑或不定期刑
Transfer conditions: Nationality or residence, dual criminality, final judgment, six months remaining to be served or indeterminate sentence.

↓

---

[35] Bassiouni, *supra* Note 2, 530-32

[para. 5]執行國同意
Administering State consent

⬇

[paras. 5-7, 9]受刑人同意:受刑人具有瞭解同意及其後果之能力而爲同意、執行國須有確認同意之機會
Prisoner consent: The consent must be informed, given by a person capable of understanding the consequences of doing so and the administering State must be given the opportunity to verify it.

⬇

[paras. 14-16]刑之承認 Recognition of sentence
執行國得換算刑期或繼續執行審判國所科之刑
The administering State can opt to either convert the sentence or continue to enforce the sentence imposed by the sentencing State with the option of limited adaptation.

⬇

[para. 21]刑之執行 Enforcement of sentence
刑之執行應受執行國法律支配
The enforcement of the sentence must be governed by the law of the administering State.

⬇

[para. 22]赦免及減刑 Pardon, commutation, amnesty
審判國與執行國均有給予赦免之權
Both the sentencing and the administering State are competent to grant pardon and amnesty.

⬇

[para. 17]重新審查 Review
執行國受審判國認定之事實所拘束，僅審判國有權重新審查判決
The administering State is bound by the findings as to the facts insofar as they appear from the judgment imposed in the sentencing State. Thus, the sentencing State has the sole competence for a review of the sentence.

資料來源：Handbook on the International Transfer of Sentenced Persons

United Nations Office on Drugs and Crime Vienna, Annex II

New York 2012

第二項　歐洲

　　歐洲的受刑人移交雖以 1983 年 3 月 21 日「受刑人移交歐洲公約」爲主要公約，但歐洲理事會(Council of Europe)在之前通過三項與刑事判決相互承認有關的公約，分別

是 1964 年 11 月 30 日「緩刑及假釋人犯監控歐洲公約」與「道路交通犯罪處罰歐洲公約」，以及 1970 年「刑事判決國際效力之歐洲公約」。

第一款　緩刑及假釋人犯監控歐洲公約[36]

此一公約乃歐洲理事會認為，監禁服刑以外的裁判或處遇方式通常無法在國外實行，例如驅逐出境之處分，因本國無法監控，常見其返國後故態復萌，本國法院因而不願做出在其他國家沒有規範效力的裁判，使得通常合於緩刑或假釋的外國人犯，多獲判監禁並服刑至期滿，隨著案件增多不堪負荷，乃制訂此一公約，以確保其行為在居住地國得以獲得矯正。

第二款　道路交通犯罪處罰歐洲公約[37]

此一公約緣於歐洲公路交通發達，但因各國刑法固守屬地主義，使得車禍肇事者在事故發生後，只要回到居住地國，就得以逃避追訴及處罰，行為地國的訴訟被迫停止，已確定的判決常無法執行，這些原因使得行為地國因擔心肇事者離境逃避追訴，因此常於事發後將肇事者拘留，但如此一來也造成肇事者的不便。歐洲理事會乃制定此一公約，以解決屬地原則下管轄法院及刑法適用上的問題。此一公約賦予肇事者居住地國有權承接犯罪地國發生的案件。在刑法適用方面，本公約規定居住地國在一定條件下，須執行他國依法所為的判決。犯罪地國可以選擇經由通常程序完成訴訟後，再請求居住地國執行，或請求居住地國進行訴訟。居住地國不論收到代行訴訟或執行判決之請求，負有義務採取作為，並注意避免重複起訴或重複執行。此一公約的處罰範圍限於刑事犯罪，不包括民事賠償部分。此一公約表現的是，犯罪地國對於犯罪處罰有最大的實益，應保有立法及司法上的權力，但如刑罰無法執行時，居住地國應開啟本國司法機制，以協助犯罪地國追訴及處罰，雖然此一公約之適用僅限於道路交通刑事案件，卻是歐洲刑事國際合作的重要階段。

---

[36] *European Convention on the Supervision of Conditionally Sentenced or Conditionally Released Offenders & Explanation Report*, CETS No. 51(1964), The Council of Europe's official Treaty Office

[37] *European Convention on the Punishment of Road Traffic Offences, & Explanatory Report*, CETS No.52 (1964), The Council of Europe's official Treaty Office,

第三款　刑事判決國際效力歐洲公約[38]

　　長久以來，在刑法的立法及司法中，國家基於主權而以屬地原則爲思考，歐洲理事會認爲國家主權不應成爲拒絕承認外國裁判的理由，爲解決外國法院判決承認與一事不再理之問題，乃在 1970 年訂定「刑事判決國際效力之歐洲公約」，讓居住地國在特定條件下，確保犯罪地國宣告之刑罰及其再社會化措施能在該國獲得執行。此一公約擴大前述 1964 年「道路交通罪處罰歐洲公約」所揭示之諸項規定與原則，但認爲國家爲刑事合作的主體，受刑人只是此種刑事合作之下的客體，移交不以獲受刑人同意爲要件，被移交時受刑人也沒有表示意見的權利；審判國有請求移交的絕對權利，並拘束執行國在一定情況下必須接受移交。[39]執行國雖有接受的義務，但也給賦予拒絕接收的事由。

　　此一公約全文共有 68 條，得請求他國執行刑事判決的範圍包括自由刑、罰金或沒收及褫奪公權，主要條文規定包括：執行之請求、缺席判決及簡易程序判決、暫時性處分，自由刑、罰金或沒收及褫奪公權之執行，以及一事不再理之國際效力等。公約主要內涵如下：

　　【請求之要件】：會員國得請求他國執行刑事判決的範圍包括：自由刑、罰金或沒收及褫奪公權。審判國請求他國執行刑罰應符合以下要件：（1）受刑人通常居住於執行國、（2）在執行國較有利於受刑人的再社會化、（3）受刑人在他國亦因案受審中，本國所科之刑罰能接續於該國之後執行、（4）執行國爲受刑人的國籍國(state of origin)，及（5）如審判國認爲即使提出引渡亦無法執行制裁，而執行國能執行時（第 2 條、第 5 條）。

　　執行國原則不得拒絕執行之請求，但有以下情形時得拒絕執行：（1）其執行違反執行國法律基本原則、（2）執行國認爲該罪涉及政治性或軍事性、（3）有實質理由可信該判決是基於種族、宗教、國籍或政治信仰而做成、（4）該項執行與國際義務相違背、（5）執行國已就該行爲進行審理中，或即將進入訴訟、（6）執行國對該行爲已決定不予追訴或將停止追訴、（7）該犯罪行爲並非在請求國領域內實施、

---

[38] *European Convention on the International Validity of criminal judgments & Explanatory Report* CETS No. 70, (1974), *available at*: The Council of Europe's official Treaty Office,

[39] Ekkehart Muller-Rappard, *The Transfer of Sentenced Person – Comments on the Relevant Council of Europe Legal Instrument*, Pace Y. B Int'l L. at 157-58 (1991)

（8）執行國無法執行制裁、（9）如請求國認爲即使提出引渡亦無法執行制裁，因依本公約第 5 條之規定轉請執行國執行，但執行國亦認爲執行條件不符時，得拒絕請求、（10）執行國認爲請求國有能力執行制裁、（11）被告受審判時之年齡在執行國並無起訴之可能，及（12）請求國請求時，依執行國之法律，時效已消滅。（第 6 條）

【移交之效果】：移交後，除應執行之刑外，不得爲了執行遞解前刑事判決或拘禁令之目的，而追訴、審判或拘禁。又除了移交國同意，或受判刑之人經釋放後有機會離開該國領域，而經過 45 日仍未離去者，或於離去後返回該國領域外，亦不得以任何其他理由限制人身自由。（第 9 條）

移交後之執行，依執行國法律規範，並由該國自爲適當裁判，例如假釋。審判國保有案件重新審查之權，但赦免權則兩國都有權行使。審判國請求後即不得再執行，惟提出請求時，人犯已在該國服刑者，不在此限。審判國於被請求國執行前撤回請求，或被請求國通知不採取作爲，或被請求表明放棄執行之權利時，執行之權利轉回請求國。（第 10 條、第 11 條）

被請求國知悉有大赦、特赦、聲請重新審查，或其他致使刑罰停止執行之裁判時，或罰金已完納者，應即停止執行。行刑權時效消滅時，請求國應爲通知。（第 12 條）

【請求】：請求應以書面，由請求國與被請求國之司法部爲之，如經締約國同意，亦得直接由相互同意之機關聯繫；回覆應依相同管道爲之，案件急迫者，得透過國際刑警組織進行。（第 15 條）

【缺席判決及簡易程序判決】：缺席判決及簡易程序判決之執行，應依相同規定執行。缺席判決，意指任何由締約國法院依刑事訴訟程序並進行聽證，而受判決人未親自到庭的情況下所爲之裁判。但缺席判決及簡易程序判決經受判決人提出異議後，經宣判國確定或宣判，或缺席判決業經受判決人提起上訴時，應認爲裁判之做成係經過聽證。（第 21 條）

裁判經送達後，受判決人得提出異議，異議得由請求國或被請求國之權責法院審查，由受判決人擇一，如受判決人不選擇時，由被請求國之權責法院審查之。程序中受判決人在兩國有請求司法協助之權利。（第 24 條、第 27 條）

【處罰之執行】

請求國所科之處罰，除非經由被請求國的法院另以裁判的方式做成，否則不得執行，（第 37 條）受請求執行之法院爲裁判前，應予人犯陳述之機會，人犯得親自到

場或以調查委託書之方式向法院為陳述。（第 39 條）

　　法院如接受外國請求執行，應依本國法律宣告徒刑。刑罰之犯罪本質與科罰期間，得與請求國法規定不同；如果後來的刑罰低於被請求國依法所得宣告最低度刑罰，此時被請求國法院得不受最低度刑罰之限制，而得以用請求國相當之刑罰進行裁判。法院不得比原來在請求國所受刑罰更為加重其刑責，羈押之期間應予核算。（第 44 條）

　　【罰金及沒收之執行】：如執行國同意協助執行罰金或沒收所得，法院應依判決當時之匯兌值，將金額轉換為執行國之金額，罰金或所得之沒收不得超過該國所定之最高額，或如無最高額時，不得超過被請求國同樣犯罪通常所科之金額。如被請求國對於該同樣之犯罪未規定罰金或沒收所得之數額，但准予更嚴厲的刑罰時，法院即得維持請求國所科之數額。（第 45 條）

　　如請求沒收特定物品，法院僅於該項沒收於被請求國相同犯罪亦可沒收時，得宣告沒收。如被請求國對於該同樣之犯罪准予更嚴厲的刑罰時，法院即得維持請求國所科之沒收。（第 46 條）

　　如罰金無法執行，被請求國法院得於兩國法律規定之下，易科自由刑，但請求國明示限定該項請求為罰金者，不在此限。如於請求國之判決中已易科自由刑之宣告，被請求國法院應依其本國法律決定刑度。如請求國所定之自由刑較被請求國得科之最低度刑更低時，被請求國法院得依請求國之規定處罰，不受被請求國本國規定之限制。又被請求國法院不得更為加重之刑責。（第 48 條）

　　【褫奪公權之執行】

　　請求執行褫奪公權時，此種請求國所科之褫奪公權，僅在被請求國對相同犯罪准予褫奪公權時，才得在被請求國產生效力。被請求國法院應評估在該國境內執行褫奪公權是否適宜。如法院命執行褫奪公權，應依被請求國法律規定之期間，決定其期間。被請求國有權恢復被判決之人先前被褫奪之權利。（第 49 條、第 50 條、第 52 條）

　　【一事不再理原則】：任何刑事判決之被告，如果已被釋放、在執行中、執行完畢、全部或一部受赦免、時效完成，或宣告之刑無需執行時，其他締約國不得就同一行為再行起訴、審判或執行徒刑。然締約國除提出請他國承接訴訟者外，如據以判決之行為，係針對本國具有公務身分之個人或機關而為時，不受拘束。此外，於締約國之內犯罪，或於依該國法律認為係屬締約國內犯罪時，該締約國不受拘束，除非是在請求承接訴訟情形，則必須承認一事不再理之效力。（第 53 條）

第四款　受刑人移交歐洲公約[40]

　　由於「刑事判決國際效力歐洲公約」之批准國不多、規範太廣、行政程序複雜，因而無法快速進行外國受刑人的移交，歐洲理事會乃在 1983 年 3 月 21 日通過「受刑人移交歐洲公約」，希望透過簡單而迅速的程序，便利外國受刑人返回所屬國。公約主要內涵如下：

　　【移交條件】：受刑人之移交必須：(a)為執行國國民；(b)裁判確定；(c)請求移交時，仍有 6 個月以上徒刑應執行，但有特殊情形時，徒刑雖少於 6 個月，締約國仍得同意移交；(d)審判國、執行國及受刑人三方同意。受刑人同意方面，如審判國或執行國審酌受刑人年齡、身體或精神狀態，認為必要時，應由受刑人之法定代理人同意；(e)科刑判決須依執行國之法律亦已構成犯罪，或如於執行國領域內犯罪亦將構成犯罪。（第 3 條）

　　【資訊提供之義務】：如受刑人向審判國表明移交意願，審判國應於判決確定後通知執行國。通知內容包括：姓名、日期及出生地、受刑人於執行國之地址以及據以判刑之事實。受刑人亦得向執行國表明移交意願，審判國應於接獲執行國請求後，將前述通知內容傳送執行國。審判國或執行國依前幾項之規定對於移交之請求所採取之作為，應連同兩國所為之裁判，以書面告知受刑人。（第 4 條）

　　【請求與回覆】：移交之請求及回覆應以書面為之。請求，應由請求國之司法部向執行國之司法部為之，並循相同管道回覆；執行國決定後，應即通知請求國。（第 5 條）

　　【輔助文件】：執行國經審判國請求時，應提供：(a)受刑人為執行國國民之文件；(b)判決內容之作為或不作為，依據執行國之法律亦構成刑事犯罪，如於執行國領域內所為亦將構成犯罪時，應提供相關法令；(c)執行國遵循之程序。如移交之請求經提出後，審判國應向執行國提供下列文件，但經審判國或執行國表示將不同意移交者，不在此限：(a)判決書及適用之法律；(b)已服刑之日數，包括羈押、赦免及其他刑之執行；(c)受刑人或其法定代理人同意移交之聲明，及(d)必要時提供受刑人之醫療概況及未來在執行國治療之建議。（第 6 條）

　　【同意及同意之確認】：審判國應確認受刑人之同意出於自願，並完全知悉法律後果，同意之程序應依審判國之法律規範。審判國應同意執行國由領事官或相互同意之

---

[40] *European Convention on the Transfer of Sentenced Persons & Explanatory Report,* CETS No. 112, (1983).

官員確認該同意係依據上述條件所為之表示。（第 7 條）

【移交對於審判國之效果】：執行國如接管受刑人，對於審判國而言，具有停止刑之執行的效果；如執行國認為已完成刑之執行時，審判國即不得再為執行。（第 8 條）

【移交對於執行國之效果】：執行國應透過司法或行政程序，轉換徒刑並繼續執行，刑之執行及各項處分應依執行國之法律為之，但必要時應將遵循之程序告知審判國。（第 9 條）

【刑之繼續執行】：執行國對於接續執行之案件，應受審判國對於案件認定之法律性質及決定之刑度所拘束，但如判決所依據之法律性質與執行國法律不合，或法律另有規定時，執行國得依其本國法律相同犯罪科以刑罰或處分，但不得較原刑罰或原處分更為加重，亦不得超過本國法律規定。（第 10 條）

【刑之轉換】：刑之轉換應依執行國法律所訂程序為之，轉換時，受審判國判決所認定之事實所拘束，剝奪自由之徒刑不得變更為罰金刑；刑之轉換不得加重，並且不受執行國法律規定之最低刑度所拘束。如於移交後才進行刑之轉換，則執行國應先拘束受刑人人身自由或確保其於執行國程序進行中能到庭。（第 11 條）

【赦免、重新審查及停止執行】：締約國得依憲法或法律通過大赦、特赦或減刑；審判國就申請之案件有權獨自決定進行重新審查，如為停止執行之裁判或處分，則執行國經審判國告知後，應停止執行。（第 12、13、14 條）

【執行之資料】：執行國有以下情形時，應將刑之執行資料提供審判國：(a)刑之執行已完畢；(b)被審判之人於刑之執行完畢前脫逃；(c)審判國請求專案報告。（第 15 條）

【過境】：本國與他國或第三國之間如有協議同意人犯過境本國領域時，本國於他國提出過境請求後，應依本國法律准予過境，但受刑人為本國國民，或受刑人之犯罪依本國法律不為罪時，締約國得拒絕過境。過境之請求及回覆，同樣由請求國與執行國之司法部為之。但本國與他國之間如有協議同意人犯之過境進出本國領域時，本國於第三國提出過境請求後，得依本國法律准予過境。被請求過境之國家，僅得於受刑人過境該國領域時拘禁之，過境國不得因受刑人在審判國出境前所為之犯罪或審判之刑而將其起訴，或為前述規定外之留置或限制其在過境國之人身自由。如經空中交通飛越他國領域但不預定降落時，不需請求過境，惟締約國於存放批准、接受或入會文件時，得向歐洲理事會秘書長提出聲明，要求飛越該國領域之過境應通知之。（第 16 條）

「受刑人移交公約」與「刑事判決國際效力歐洲公約」之不同在於程序簡化，審判國及執行國均可請求移交。由於「受刑人移交公約」只是一個移交的程序架構，締約國沒有遵守移交請求之義務，因此公約認為沒有必要表列拒絕移交之事由，執行國亦無需說明拒絕移交的原因。

第五款　受刑人移交歐洲公約附加議定書[41]

歐洲理事會為解決國民不引渡及判決附帶驅逐出境之受刑人權益問題，於 1997 年 12 月 18 日另通過「受刑人移交歐洲公約附加議定書」。

【國民不引渡】：[42]以「A 國國民在 B 國判刑後，逕行離開 B 國、返回 A 國而逃避刑之執行（但不包括 B 國在其返回 A 國之後所做缺席判決）」為例，其一、原本之受刑人移交公約沒有規範如受刑人已先離開審判國時之處置，其二、國民不引渡原則使得引渡不可行，其三、在 A 國重新審理雖為可行選項，而且沒有一事不再理之問題，但重新審理浪費司法資源，其四、雖可考慮刑事判決國際效力歐洲公約可以適用，但此一公約的批准國不多，使用有困難。簡言之，如果以上引渡、重新審理及刑事判決國際效力歐洲公約都不可行，本例之人犯即逃匿了制裁。

理事會鑑於許多國家不引渡本國國民，因而在附加議定書第 2 條規定，締約國之本國國民如為其他締約國確定裁判中之受刑人，為逃避執行而於執行前逃匿時，審判國得請求該所屬國承接執行。執行國經審判國請求時，得於請求之證明文書送達前，或於該請求決定前，先逮捕受刑人，或採取其他措施，確保該受刑人留在領域內，等待該請求做成決定。

另按受刑人之同意雖是重要要件，但鑑於當事人蓄意逃避司法制裁，委員會認為，此種情況的移交執行不需受刑人同意，為適當而可接受的規定。

【判決附帶驅逐出境】：[43]理事會認為，如受刑人將於刑之全部或一部執行後驅逐出境，此時既不再准許該人停留，即沒有達到再社會化的意義。驅逐出境雖不需當事人同意，但應保障其權益，例如「特定原則(principle of speciality)」，因而第 3 條「驅逐

---

[41] *Additional Protocol to the European Convention on the Transfer of Sentenced Persons & Explanatory Report,* CETS No. 167, (1997).

[42] *Id.* at art. 2 & *Explanatory Report* 11, 13 & 14

[43] *Id.* at art. 3 & *Explanatory Report* 21 et.seq

令或遣送令之受刑人」規定，審判國之判決或因該判決所做之裁定，如包含驅逐或遣送之裁定或其他處分，不准許該人於監獄釋放後繼續留滯審判國領域內時，經審判國請求，執行國得依本條規定同意移交，不需經受刑人同意，但同意前應先審酌受刑人意見。基於上述目的，審判國應將以下提供執行國：(a)受刑人對於即將移交所為之聲明；(b)驅逐令、遣返命令或其他受刑人如出獄後即不得再留於審判國命令之副本。

　　被移交人於移交前所為之犯罪，除該請求執行之罪外，不得追訴、判決或拘禁之，亦不得以任何理由限制其人身自由，但以下情形不在此限：(a)審判國授權，此時應提出授權之請求，並附相關文件及判決確定之人所做陳述之司法紀錄；如受請求之罪依請求國法律應予引渡，或引渡將因處罰刑度原因而受排除時，應授權之。(b)受刑人經最後釋放後有機會離開執行國領域，而經過 45 日仍未離境者，或於離境後返回該國領域者。

第三項　歐盟

第一款　歐盟刑事合作概況

　　歐洲聯盟整合過程中，關於刑事司法合作，以歐洲聯盟條約、阿姆斯特丹條約及歐盟理事會坦派勒決議，為最重要的 3 項司法合作文件。歐洲聯盟條約在第 6 章第 K.1 條第 7 款提到「刑事司法合作(judicial cooperation in criminal matters)」，[44]但條文無實質內容；阿姆斯特丹條約第 6 章 29 條強調強化合作將歐洲發展為自由、安全及正義的區域，[45]理事會隨即在 1998 年 12 月 3 日通過「維也納計劃(Vienna Action Plan)」，

---

[44] 第 6 章第 K.1 條(Article K.1 of Title VI *Provisions on Cooperation in the Fields of Justice and Home Affaris*)「為達成聯盟之目標，讓人民能自由遷移，在不侵害歐洲共同體的權力下，會員國應將以下事項認為有共同利益：1. 政治庇護政策。2. 有關人民跨越邊境及其管制之實施等相關法規。3. 移民政策及第三國人民：(a) 入境會員國及遷移條件；(b) 居留、依親及應聘條件；(c) 打擊非法移民、居留、工作。4. 打擊毒品吸食。5. 打擊跨國詐欺。6. 民事司法合作。7. 刑事司法合作。8. 海關合作。9. 警察合作，以預防及打擊恐怖主義、非法毒品走私及其他重大國際犯罪，並於必要時，透過「歐盟警察組織 (European Police Office, Europol) 」交換資訊。

[45] Blekxtoon, *supra* note 9, at 27.

有關刑事司法合作方面，第(f)項為「研擬有關促進相互承認裁定(decisions)及刑事判決執行(enforcement of judgments in criminal matters)之程序」，[46]另阿姆斯特丹條約第 34 條規定，為了將會員國的法規調整一致，理事會得決議通過「架構協定(Framework Decision)」，架構協定對會員國不產生直接的效果，但對各會員國有拘束力，會員國亦得自由選擇形式與方式，其優點在於其生效前不需經過批准。[47]

歐盟理事會坦派勒決議提出司法判決相互承認，為奠定歐盟在司法合作的基礎。該決議第 5 點揭示，「不讓罪犯因會員國司法制度差異而有機可乘，對於歐盟的任何判決都要尊重與執行」；第 33 點揭示，[48]「促進司法判決相互承認及立法上一致，有助於各國機關間合作以及司法對個人權利的保護，歐洲聯盟理事會贊同相互承認原則，並認為相互承認是民事及刑事司法合作的里程碑。相互承認原則的範圍包括判決(judgments)及司法機關的裁定(decisions)。」另 2008 年 11 月 29 日之歐盟理事會坦派勒決議通過推動相互承認刑事判決原則之措施計畫，就相互承認有期徒刑確定判決（第 14 點）以及受刑人移交原則（第 16 點），要求評估建立新的機制。[49]

第二款　歐盟相互承認原則適用於刑事判決執行架構協定

2008 年歐盟理事會通過「有關相互承認原則適用於刑事判決執行架構協定」，[50]明訂自 2011 年 12 月 5 日起取代會員國之間受刑人移交歐洲公約及刑事判決國際效力歐洲公約之適用。[51]該架構協定旨在建立規範，供會員國據以承認及執行判決，其目的同樣在於促進受刑人再社會化。架構協定僅適用於本協定意義之判決承認與刑之執

---

[46] *Action Plan of the Council and the Commission on how best to implement the provisions of the Treaty of Amsterdam on an area of freedom, security and justice* - Text adopted by the Justice and Home Affairs Council of 3 December 1998, *Official Journal C 019, 23/01/1999 P. 0001- 0015*:..(f) initiate a process with a view to facilitating mutual recognition of decisions and enforcement of judgments in criminal matters.

[47] Blekxtoon, *supra note 9*, at 27.

[48] *Tampere European Council 15 and 16, October 1999, Presidency Conclusions,* European Parliament

[49] *Council Framework Decision 2008/909/JHA of 27 November 2008 on the application of the principle of mutual recognition to judgments in criminal matters imposing custodial sentences or measures involving deprivation of liberty for the purpose of their enforcement in the European Union*

[50] *Ibid.*

[51] *Id.* at art. 26

行，至於罰金或沒收仍依各該國家間之規範進行。[52]

架構協定主要在第 2 章規定「判決之承認與刑之執行」，重要內涵如下：

【判決時可能受刑人位於發布國（以下稱請求國）或執行國】：此時請求國與執行國商議後，如認為由執行國執行能促進受刑人之再社會化，得進行判決書及請求書之傳送；如執行國認為，在該國執行並不能達到促進其再社會化及成功融入社會之目的時，得附具理由向請求國說明。施行本架構協定時，各會員國應採取措施，將受刑人之再社會化納入考量，作為權責機關決定案件是否同意傳送判決書與請求書之基礎。（第 4 條）

【雙重犯罪原則】：如依執行國法律亦構成犯罪，則執行國須承認與執行。但 32 種[53]犯罪行為，如在請求國屬最重徒刑為 3 年以上之監禁徒刑或拘禁之行為，並且為會員國法定之犯罪，應依本架構協定承認判決並執行之，不需確認雙重刑事犯罪。（第 7 條）

【判決之承認與刑之執行】：執行國於接獲請求後，除決定援引不承認與不執行之事由（如下述第 9 條）外，應承認判決並執行之。徒刑之刑度與執行國法律不相合時，執行國僅於刑度超過本國法律相類似之罪所定之刑度時，得依本國規定變更之，但變更後之徒刑，不得低於執行國法律相類似之罪所規定之最高徒刑。徒刑之犯罪性質與執行國法律不相合時，執行國僅得於本國法律相類似之罪所規定之徒刑或處遇規定變更之。盡可能與請求國所科之刑罰相符，且不得易科為罰金。變更後之罪刑與刑度不得較請求國更為加重。（第 8 條）

【不承認與不執行之事由】有下列情形時，執行國得拒絕承認及執行判決：(a)請求

---

[52] *Id.* at art. 3. 罰金所依據以下架構協定為 Council Framework Decision 2005/214/JHA of 24 February 2005 on the application of the principle of mutual recognition to financial penalties；沒收所依據之架構協定為 Council Framework Decision 2006/783/JHA of 6 October 2006 on the application of the principle of mutual recognition to confiscation orders

[53] 第 7 條規定之 32 種犯罪不需確認雙重，此規定與 2002 年「歐盟通緝令架構協定」第 2 條之規定相同，包括：參與犯罪組織；恐怖主義；人口走私；兒童性剝削及兒童色情；非法走私麻醉藥物及神經性物質；非法武器、軍火及爆裂物；貪污；詐欺，包括依據 1995 年 7 月 26 日歐洲共同體財政利益保護公約文意下之影響歐洲共同體之財政利益之詐欺；犯罪所得之洗錢；偽造貨幣，包括歐元；電腦相關犯罪；環境犯罪，包括非法走私瀕臨絕種類動物、植物及其他物種；便利非未經許可之入境及居留；殺人及重傷；非法交易人體之器官及組織；綁架、非法監禁及人質挾持；種族優越及仇視外國人；組織或攜械強盜；非法走私文物，包括古董及藝術品；詐騙；恐嚇取財敲詐及勒索；偽造及仿冒產品；偽造公文書及其走私；偽造支付證券；非法走私荷爾蒙物質及其他生長激素；非法走私核能或放射性物質；走私失竊車輛；強暴；縱火；國際刑事法院管轄之犯罪；非法劫持航空器／船隻；惡意破壞。

書不完備或顯與判決不符，且未於執行國所定訂之合理期限內補正或更正；(b)不符第(1)點（即架構協定第 4 條)之要件；(c)刑之執行有違一事不再理原則；(d)判決所指之行為依執行國法律不構成犯罪，惟有關賦稅、關稅及匯兌之事項，不得以執行國國內法未規定課徵該同種類之賦稅，或未有與請求國相同之賦稅、關稅及匯兌法規為由，而拒絕執行判決；(e)該刑之執行，為執行國法律明文禁止；(f)刑之執行，為執行國之法律所豁免；(g)依執行國法律，受刑人之行為，依其年齡為無刑事責任能力者；(h)執行國接獲判決時，應服之刑期短於 6 個月；(i)缺席判決，但請求書載明業已傳喚本人，或依請求國之法律已將審判時間及地點通知代理人，而因本人缺席而為判決，或因其向權責機關表明不為抗辯者而為判決時，不在此限；(j)經請求國不同意執行國因移交前所犯移交以外之罪進行起訴、判刑或剝奪自由；(k)所科之刑包括精神治療或身體治療之措施，或其他剝奪自由，而雖有第 8(3)條之規定，但執行國依其司法或衛生醫療體系無法執行；(l)判決所涉之犯罪行為，依執行國之法律認為該犯罪之全部或主要部分在其領域內或視為領域內所為。（第 9 條）

【局部承認與執行】執行國如認為可局部承認及執行判決時，得於決定拒絕承認與拒絕執行判決前，與請求國商議，於刑期不加重之情況下，依個案及雙方所定之條件，同意局部承認與執行判決。（第 10 條）

【延後承認與執行】：請求之書面不完備或顯與判決不符時，執行國得定訂合理期限要求補正或更正，並延後承認與執行判決。（第 11 條）

【徒刑之決定執行與決定期限】：執行國應儘速決定是否承認與執行，並通知請求國，包括變更判決之決定。除有延後之事由外，判決之承認與刑之執行，應於接獲判決書及請求書起 90 日內確定之。（第 12 條）

【請求之撤回】：於執行國未開始執行前，請求國得提出理由而撤回請求，請求書經撤回後，執行國即不得執行之。（第 13 條）

【暫時逮捕】受刑人如在執行國內，執行國於判決書及證明未送達前，或於判決之承認與執行尚未決定前，得依請求國之請求而逮捕受刑人。刑期不得因暫時逮捕之羈押，而更為加重。（第 14 條）

【受刑人移交】：受刑人如在請求國內，應於執行國承認及執行判決之決定確定後 30 日內，依請求國及執行國同意之時間移交執行國。如因不可預見之情況而無法移交時，請求國及執行國應於無法移交之原因消滅後，進行移交。請求國應即通知執行國，並協議新的移交日期，並於新協議移交日起 10 日內移交。（第 15 條）

【過境】：請求國提出過境請求並附具請求書副本時，會員國應依其本國法律，同

意受刑人於移交時過境。過境之請求及請求書得用任何書面提出，但請求國請求許可過境時，應依過境國接受之語言提出請求書翻譯。受請求過境之會員國於接獲過境之請求時，如無法保證受刑人於離境前不會因為任何所犯之罪或所科之刑而受起訴、留置或限制人身自由者，應通知請求國，有此情況時，請求國得撤回請求。

受請求過境之會員國應於接獲請求之日起一星期內，依相同程序將其決定通知請求國，如因等待書面翻譯，得延後該決定，並僅得於過境其領土所必要之時間內拘禁受刑人。經領空過境而未預期之中途停留，不須提出過境請求；遇有非預期之中途落地情況時，請求國應於 72 小時內提出前述過境請求所需之資料。（第 16 條）

【執行之法律依據】：刑之執行依執行國之法律，執行國應決定執行程序與措施。執行國應自應服刑之總期間扣除其因判決所羈押之所有時間。執行國如經請求，應將可能提早假釋適用之條款通知請求國，請求國得同意該項適用或撤回請求書。會員國得規定，有請求國之註明時，得依本國內國法律規定於特定之時間提早釋放或假釋。（第 17 條）

【特定原則】受移交之人，不得因移交前所犯移交以外之罪而受起訴、審判或剝奪自由，但以下情況不適用之：(a)於該人有機會離開該國領域，而經過 45 日仍未離去者，或離去後再返回該國領域者；(b)所犯之罪屬不得監禁或拘禁者；(c)刑事訴訟程序不會形成限制人身自由之處罰者；(d)受刑人之刑罰，得不科以自由刑者，例如金錢之處罰；(e)受刑人同意移交在先；(f)受刑人於移交後，表明放棄移交前某些犯罪之特定原則適用權利，該項放棄應向請求國為之，並依該國國內法記錄，其放棄應明確顯示被通緝人係出於自願，並完全知悉後果。為此目的，應有諮詢法律之權利；(g)其他(a)至(f)款以外之案件經請求國同意者，亦得不適用。（第 18 條）

【赦免】：請求國及執行國均得給予赦免，但僅請求國得決定對該執行之判決重新審查。（第 19 條）

【請求國通知】：請求國如因做成任何決定或措施，而致刑之停止執行者，應即將該決定或措施通知執行國，執行國接獲通知時，應即停止刑之執行。（第 20 條）

【執行國通知】：執行國應以書面通知請求國：(a)已依規定將判決書及請求書傳送負責執行之機關；(b)執行國於接到判決書及請求書後，因無法在領域內找到受刑人，實務上無法為刑之執行，已不負執行之義務；(c)承認及執行判決所做之最終決定及決定期日；(d)為不承認及執行判決之決定，並附具決定之理由；(e)為變更徒刑之決定，並附具決定之理由；(f)為不執行判決之決定，並附具決定之理由；(g)假釋之起迄時間；(h)受刑人逃匿；(i)刑已執行完畢。（第 21 條）

再看看【受刑人移交之效果】：刑期一經執行國開始執行，請求國即不得執行，但請求國經執行國通知因受刑人逃匿而不執行判決時，刑之執行權利應轉回請求國。（第 22 條）

第四項　大英國協

大英國協國家於 1986 年通過「大英國協受刑人移交綱領」[54]，規定被審判國宣告有罪及徒刑之人，得依本綱領之條文移交執行國服完餘刑。移交綱領之重要內涵如下：

【受刑人之移交】：審判國應將本綱要之本旨，告知適用之受刑人。受刑人僅於審判國或執行國提出請求後，得以移交，惟受刑人得提出移交之聲請。受刑人聲請時，受理之國家認為有適用時，應即通知他國。

【移交之條件】：依據本綱領，受刑人僅得於符合以下條件時移交：(a)該人為執行國國民、(b)確定判決、(c)接獲請求時，受刑人仍有 6 個月以上徒刑或不定期刑應執行、(d)移交經受刑人同意，或鑒於其年齡、身體或精神狀態，經一國或兩國認為有必要時，由有資格代理之人同意，及(e)審判國及執行國同意移交。另外，於特殊之情形時，雖餘刑少於(c)款所定之 6 個月期間，亦得由審判國及執行國決定是否移交。

【提供資訊之義務】：依本綱領提出請求或聲請後，為使判決得以做成，除雙方已決定不同意移交之外，審判國應傳送以下資訊及文件予執行國：(a)受刑人之姓名、出生日及出生地；(b)於執行國之地址；(c)裁判書正本及適用法律之影本或法律；(d)罪與刑之事實記載；(e)刑之性質、期間與起始日；(f)若有，則受刑人之醫療或社會報告、於審判國之治療情況及其未來在執行治療之建議，以及(g)其他執行國註明需要之資料，以便其考量是否移交及通知受刑人及審判國關於移交的全部後果。另執行國如受審判國之請求時，應就受審判人是否符合前述【移交之要件】之情形提出說明。

【請求與回覆】：移交之請求與申請及回覆，應以書面為之；審判國與執行國之聯繫，應透過指定之管道為之。

【輔助文件】：除裁判書正本及適用法律之影本或法律之外，依本綱領傳送之文件不需驗證。

---

[54] *Scheme for the Transfer of Convicted Offenders within the Commonwealth,* 12 Comm. L. Bull. 1115-18 (1986), adopted at the meeting of Law Ministers in Harare in 1986.

【同意及其確認】：有關受刑人或依規定代理同意之人，審判國應確保其同意係出於志願，以書面爲之，且全部瞭解法律後果；同意之程序依審判國之法律定之；審判國應提供機會予執行國查證該項同意確實依法律規定爲之。

【決定之通知】：審判國及執行國對於受刑人請求移交所做之決定，應以書面通知受刑人。

【移交在審判國之效果】：刑罰如於執行國執行完畢，於審判國亦有執行之效果。

再查看【移交在執行國之效果】：執行國應繼續刑之執行，其執行應依執行國之法律規範之，且執行國有權做適當之決定。各國對於人犯所課之處遇，如因精神狀態原因，認其對於所犯之罪無刑事責任者，而其他國家依據本國法，無法繼續進行執行程序，且準備接受該人犯做進一步治療時，得敍明該國在此等案件將遵循的程序。

【繼續執行】：執行國應受審判國所認定之刑之罪質及期間所拘束，如執行國認爲刑之罪質及期間與執行國法律不符，或執行國法律另有規定時，得由執行國依其本國法令採納該項處罰或處分，罪質方面，該處罰或處分應儘可能與審判國所裁判相同。

【赦免】：(1)除審判國及執行國另有同意外，僅審判國得依據該國憲法及其他法律給予赦免或減刑，及對於聲請的案件進行重審。

【中止執行】：執行國接獲審判國有關停止執行之裁判或處分時，應即停止刑之執行。

【執行之通知】：以下情形，執行國應通知審判國：(a)執行國認爲刑之執行完畢之時間；(b)受刑人於刑之執行完畢前脫逃。審判國得隨時請求執行國提出關於刑之執行之特別報告。

【過境】：各國應提供合理合作，於本綱領之國家移交受刑人時，同意過境其領域，此種移交應由有意執行移交之國家事先通知。

【費用】：受刑人移交費之由審判國及執行國依合意之比例分攤。

第五項　美洲國家

美洲地區於 1993 年通過「美洲國家間有關外國服刑公約」[55]，宣示審判國

---

[55] *Inter-American Convention on Serving Criminal Sentence Abroad*, Jun. 9, 1993, O.A.S. Treaty No. A-57 (1993), *entered into force* Apr. 12, 1996.

(sentencing state)及接收國(receiving state)相互提供最大合作，讓刑罰得在國籍國執行之。「刑(sentence)」指觸犯刑事犯罪受處罰，包括監禁、假釋、緩刑或其他不受監禁的監控等司法裁判。（第1條及第2條）。公約之重要內涵如下：

【移交之要件】：須為確定判決、當事人應被告知法律後果並同意移交、符合雙重犯罪原則、受刑人須為接收國國民、不得為死刑之刑、請求時之餘刑在6個月以上、刑之執行不得違反接收國國內法。（第3條）

【告知義務】：各國應將移交受刑告知受刑人，並隨時告知進展。（第4條）

【移交程序】：移交請求之提出，由審判國、接收國或受刑人依本公約為之。移交程序得由審判國或接收國展開，並須有受刑人明示同意，移交請求應透過中央機關，或透過領事或外交管道。各國依其國內法將本公約之規定通知國內機關時，應致力建立各中央機關合作之機制，移交之前，審判國應准許接收國指定官員向受刑人確認完全知悉移交之後果並同意。同意之決定，得參酌人犯再社會化的可能性、犯罪嚴重性、犯罪紀錄、健康狀況，及其可能在兩國之家庭、社會關係及其他關係，審判國應提供判決相關書面資料，包括已服刑期、勞務折抵、表現良好之折抵，或羈押日數之折抵，接收國認為必要時，亦得要求提供資料。受刑人交接地點依兩國中央機關合意之地點為之，交接後之拘禁，由接收國負責。費用方面，受刑人完成移交前所生之費用，由審判國負責；移交後所生之費用，由執行國負責（第5條）。

【拒絕移交】拒絕移交請求時，應即通知請求國，並在可能及適當的時機，解釋拒絕的原因。（第6條）

【被移交人之權利及服刑狀況】：依本公約為移交者，不得再以該執行之同一犯罪被逮捕及審判，刑之執行依接收國之法律與程序，包括監禁時間之扣除或刑之替代執行方式。接收國不得為任何延長執行超過審判國法院所定之期日，審判國得透過中央機關請求有關服刑情況之報告。（第7條）

【判決之審查及接收國的效果】：審判國對於其法院所為之判決，應保有完全之管轄權。接收國收到任有關本案之通知時，應立即採取對應的措施。（第8條）

【少年犯適用】本公約得適用於少年犯，少年犯之同意應向法律授權得為同意之人取得。（第9條）

第三節　受刑人移交之內國法律規定
——以美國為例

　　缺乏條約或公約時，國家不承認他國的刑事判決，惟國家亦得立法規定，在互惠原則下進行互惠移交，例如土耳其、奧地利、瑞士及德國。即使有條約，國家也會要求，透過內國立法特定該條約的適用或放寬實務或內國法律效果的規範。[56]按德國國內法規定已有文獻詳細介紹，[57]本文以下擬介紹美國聯邦刑法典關於受刑人移交之規定。

第一項　美國聯邦刑法典之規定

　　美國透過引渡、受刑人移交及刑事司法互助對他國刑法賦予法律效力。[58]聯邦刑法典第 306 節第 4100 條至第 4115 條[59]訂有受刑人移交的規定，但這是因爲美國人犯移交條約屬於非自動履行(non self-executing)，需有國內立法規定，[60]實際上人犯移交，應依據條約爲之，且僅限於條約的締約國之間移交。[61]

　　美國自 1976 年開始簽訂雙邊條約，目前共與 12 個國家（地區）訂有雙邊外國受

---

[56] Bassiouni, *supra* Note 2, at 507, 544.

[57] 俞秀瑞、林麗瑩、楊婉莉、范振中，德國跨國移交受刑人制度之運作，法務部出國報告，2012 年 11 月 22 日；陳重言，德國法規範下之國際刑事執行互助基礎架構——兼評我國跨國受刑人移交法草案，法學叢刊，No. 228，2012 年 10 月，頁 45-93；江世雄，國際刑事司法互助合作之國際實踐--以受刑人移管制度為例 涉外執法與政策學報，創刊號，2011 年 5 月，頁 121-146；王效文，德國刑事司法互助法制與歐盟法之影響涉外執法與政策學報，第 2 期，2012 年 5 月，頁 1-32。

[58] Bassiouni, *supra* note 2.

[59] *Transfer to or From Foreign Countries Act*, 18 U.S.C. §§ 4100-4115 (2000).

[60] Louis Antonacci1, *Lessons from Lagrand: An Argument for the Domestic Enforcibility of Treaty-Based Rights under International Prisoner Transfer Treaties*, Santa Clara, J. of Int'l. L., Vol. 3, at 27 (2005).

[61] 18 U.S.C. § 4100.

刑人移交條約，一開始基於美國公民因毒品案受外國監禁，據報生活處境難以令人忍受，之後因國外監禁人數急劇增加，移交受刑人因而顯現其重要性，而美國的政策考量，同樣也在於人道、矯正及再社會化。[62]

有關美國聯邦刑法典第 4100 條至 4115 條規定如下：第 4100 條明訂人犯移交的實質要件，包括：條約、國民、雙重犯罪、確定判決、人犯同意；第 4101 條針對雙重犯罪原則(double criminality)、監禁(imprisonment)、少年犯(juvenile、juvenile delinquency)、人犯(offender)、假釋(parole)、緩刑(probation)、刑(sentence)、移交(Transfer)、及條約(treaty)為名詞定義；第 4102 條規定檢察總長職權；第 4103 條規定除條約或本章另有規定外，所有美國有關囚犯、緩刑者、假釋人及少年犯，對於移交至美國的人犯適用之；第 4104 條規定緩刑犯之移交；第 4105 條規定刑之轉換；第 4106 條規定假釋人犯之移交及移交人犯之假釋；第 4107 條規定人犯同意從美國移交外國之確認；第 4108 條規定人犯同意移交美國之確認、第 4109 條規定律師權、法律扶助之指任；第 4110 條規定未成年人犯之移交；第 4111 條規定禁止重複追訴；第 4112 條規定權利喪失與剝奪、第 4113 條規定移交外國之外國人犯之地位；第 4114 條規定移交人犯之回送；第 4115 條規定金錢之執行。茲將規定之重要內涵說明如下：

【實質要件（依條約、國民、雙重犯罪、確定判決、人犯同意）】：美國人犯之移交應依據條約為之，且僅限於條約締約國之間移交。移交至美國的人犯，必須具有美國公民或國民之身分，其移交所依據之外國判決應於美國全部執行；美國移交外國籍人犯時，僅得移交至人犯所屬之國籍國。而不管人犯是轉入美國或移交外國，均須取得人犯同意，且犯罪應符合雙重犯罪原則。人犯同意移交並經確認後，該項同意即不可撤銷，如人犯於移交時未滿 18 歲，或經權責官員確認官已確認人犯無心智上能力而無法為同意自願移交之意思表示時，須經父母之一方、監護人、指定監護人或審判國之法院同意，否則不得移交。如案件因上訴而尚未確定，則人犯不得移交出或移交至美國。美國於收到審判國通知人犯已獲得准予赦免、減刑、撤銷判決時，應將審判國的該項判決結果之利益歸予人犯（第 4100 條）。

【檢察總長職權】：檢察總長之職權包括：（1）代表美國作為條約所指之機關；（2）將外國監禁、交保或假釋之美國籍人犯，接收並監禁於適當之刑事或矯正機關，或責付保釋或假釋機關監督；（3）將判處監禁、交保或假釋之人犯移交人犯所

---

[62] Bassiouni, *supra* note 2, at 551-52.

屬國籍國。（4）制定規則，以便利條約及本章規定之施行。

　　（5）對外國遞送及接收依據條約所需製作之書類及報告；（6）依據協定，訂定協議(arrangements)，以便移交該國於本國在押人犯返國，或以便監禁移交回美國之人犯；（7）就解送過境美國前往第三國執行判決之事項，制定協定及規則，相關費用應由解送請求國支付；（8）與外國機關訂定協定，並依據條約發布有關少年犯移交及處理規則，相關費用應由少年所屬國籍國支付；（9）有關健康、教育及福利事項，與外國訂定協定，並發布有關因案涉訟經確認有精神疾病者之移交及處理規則，相關費用應由該人所屬國籍國支付；（10）指定代表人代表美國接收外國政府遞交回美國服刑之美國公民，將其送往檢察總長指定之處所，受指定人在遞送過程中，在移交及保護安全之必要範圍內，具有法警權力；而在外國領域內，該指定代表人擁有之權力，依外國機關所賦予之範圍定之；（11）依本章所賦予權利，對司法部人員進行授權。（第 4102 條）

　　【準用規定】：除條約或另有規定外，美國有關囚犯、緩刑者、假釋人及少年犯之法律規定，對於移交至美國之人犯，適用之。（第 4103 條）

　　【緩刑犯之移交】：關於緩刑犯之移交，在同意緩刑犯移交美國之前，檢察總長應確認有適當之美國法院願意承接人犯監督。檢察總長從他國接收緩刑之人犯後，應將其送至執行監督之地方法院，法院應比照該院之做法，依其認為適宜之條件，將其交由法院觀護人監督。緩刑得依聯邦刑法第 3565 條及聯邦刑事程序規則之適當條文予以撤銷之，違反緩刑條件時，即構成撤銷原因。如緩刑經撤銷後，其徒刑應予執行。本法第 4105 條及第 4106 條之規定，於緩刑撤銷後，適用之。在同意緩刑犯移出美國之前，檢察總長應取得緩刑犯管轄法院批准同意。（第 4104 條）

　　【刑之轉換】：除本條另有規定外，在外國服刑之人犯移交檢察總長後，應由檢察總長比照美國依相同條件及相同期間續以監禁。移交之人犯於開始服刑前因本案羈押之日數應予計算，人犯於移交前，在移交國因勞務及服刑表現良好所折抵之日數，應依 3624(b) 條「良好服刑表現獎勵(Credit toward service of sentence for satisfactory behavior)」之規定核算，並應依規定核算釋放期日，同理，折抵之日數亦得撤銷之。在外國所處之有罪判決如涉及侵害美國時，得將該國外判決視同美國法院對侵害美國之罪所為之判決而加重之。（第 4105 條）

　　【假釋人犯之移交；移交人犯之假釋】：檢察總長於接收外國假釋之人犯時，應將人犯交由「美國假釋委員會(United States Parole Commission)」監督，「美國假釋委員會」對於國外移交至美國服刑之受刑人，應比照美國法院對於類似案件之審理，決定釋放

之期日，不得有非必要之延遲。「美國假釋委員會」於決定時，應審酌「美國觀護署(United States Probation Service)」之建議，及移交國所提供之任何有關人犯之文件。依此決定做成之服刑及假釋，總合時間不得超過外國法院對人犯宣告徒刑之長度。當事人對於「美國假釋委員會」所作之裁定，得於收到裁定書起 45 日內向美國之上訴巡迴法院提起上訴(appeal)，上訴法院應將上訴之案件視同美國地方法院所做成之判決，而依第 3742 條之規定對案件做裁定或駁回，人犯假釋期間，其監督由住所地之地方法院為之。(第 4106A 條)

【人犯同意從美國移交外國之確認】：人犯同意從美國移交外國之前，應由法官確認該項移交業經人犯同意，且該同意出於自願並瞭解其後果。確認時，應詢問人犯是否瞭解及同意以下條件：（1）只有管轄之美國法院得修改或廢棄判決或徒刑，任何尋求修改或廢棄之訴訟僅得向該美國法院提起；（2）刑期應依接受國法律執行之；（3）如接收國之法院認定，依據條約或該國法律，該移交之程序尚未完備時，則如果美國請求將其送回美國時，其可能被送回美國以完成程序；（4）移交同意經確認後，即不可撤銷。

權責官員確認官在進行確認前，應告知人犯依本章之規定有律師權，如果人犯在同意前希望諮詢律師，則應告知將等其諮詢律師後，程序才會續行。確認官應做必要詢問，以決定人犯之同意為自願，而非出於任何承諾、威脅或其他不當之引誘，並且人犯接受前述之移交條件。該項同意及接受應依檢察總長所定之形式為之，此一程序應由書記或錄音方式記載，資料應由檢察總長保管。（ 第 4107 條)

【人犯同意移交美國之確認】：人犯移交回美國之前，應由美國法官或法官指定之人在審判國確認人犯同意移交，且該項同意出於自願並瞭解其後果，如被指定之人為美國政府官員時，應獲該機關首長之同意。確認官應詢問人犯是否瞭解並同意以下條件：（1）只有審判國之法院得修改或廢棄判決或徒刑，任何尋求修改或廢棄訴訟等方式，僅得向審判國提起；（2）刑期應依美國法律執行之；（3）如美國之法院認定，依據條約或美國法律，其移交之程序尚未完備，則如果移交國請求將其送回該國時，其可能被送回該國以完成程序；（4）其移交之同意若經確認後，即不可撤銷。

確認官在進行確認前，應告知人犯依本章之規定有律師權。如果人犯在同意前希望諮詢律師，則應告知將等其諮詢律師後，程序才會續行。確認官應做必要的詢問，以決定人犯之同意為自願，而非出於任何承諾、威脅或其他不當之引誘，並且人犯接受本條前述之移交條件。該項同意及接受應依檢察總長所定之形式為之。此一程序應由書記或以錄音方式記載，資料應由檢察總長保管。（第 4108 條)

【律師權、法律扶助之指任】：向人犯確認同意期間，人犯有律師權，如人犯因資力無法負擔時：（1）依第 4107 條進行訴訟之法律扶助應依本法第 3006A 條規定指任之，此一指任，應視為輕罪案件基於依本法之補償目的而為指任；（2）依第 4108 條進行訴訟之法律扶助應由確認官依 Administrative Office of the United States Courts 所定之規範指任之，國務卿應於第 3006A 條規定所定額度內，支付確認官同意之指任費用。超出法定額度之費用，如經確認官認為基於公平補償而有必要，且經權責之上訴巡迴法院首席法官(chief judge)同意時，亦得支付。法律扶助亦得指定政府部門為之，此時，國務卿應支付費用，或補償聘任機關因而支出之旅費。

確認官依本法第 4100 條指派指定監護人予人犯，如人犯無資力支付該指定監護人旅費時，依前述規定補償之。人犯依第 4106A 條之規定於「美國假釋委員會」進行訴訟程序中，有律師權及上訴權。如果人犯無資力負擔律師費用時，應依本法第 3006A 條之規定指派法律扶助。（第 4109 條）

【未成年人犯之移交】：移交美國之人犯，如其先前於國外行為在美國屬少年犯罪時，除相關條約或協定另有規定外，依本法第 403 條規定辦理。（第 4110 條）

【禁止重複追訴】：移交美國之人犯，如其所犯之罪在美國之管轄法院屬於不得起訴之犯罪時，即不得在美國予以拘禁、起訴、審判或為有罪之判決。（第 4111 條）

【其他權利保障──權利喪失與剝奪】：人犯被移交美國執行外國法院之徒刑時，除該外國有罪判決所依據之事實依美國法律或州法律另有規定外，其民事、政治或公民權利，不因而喪失亦不受剝奪。（第 4112 條）

【移交外國之外國人犯之地位】：得遣送出境之外國人如依移民法第 240B 條規定准予其得自願離境，而依本法移交外國者，應視其為自動離境。外國人依移民法第 240 條經核予驅逐令(order of removal)時，均應視為拒絕入境而驅逐出境(excluded from admission and removed from the United States)。（第 4113 條）

【移交人犯之回送】：移交之人犯經美國法院裁判確定其移交未依據條約或美國法律，且已令將其釋放並免於在美國執行徒刑時，得經移交國請求，將人犯送回原移交國完成程序。檢察總長應於 10 日內將釋放人犯之決定，通知原判決國，並明定期日，判決國必須於 30 日內提出人犯送回之請求。

接獲原判決請求將人犯送回以完成徒刑時，檢察總長得向人犯所在之管轄法院之法官提起聲請(complaint)，聲請時，應宣示並佐以證明文件確認：人犯在請求移回之國家受有罪判決、人犯當初送交美國係為執行徒刑、人犯於服刑期滿前，其移交係未依據條約或美國法律，而因經由美國法院釋放，及審判國請求將該人送回該國完成刑

期。聲請時，應附審判法院之判決影本以及釋放人犯之法院裁定。法官應核發傳喚通知或令狀(summons or a warrant)，命人犯到庭或拘提到庭，如法官裁判確認人別身分且其聲請中所指事實爲眞實時，應核發監禁令(warrant for commitment)，由檢察總長於解送前羈押之。法官之上述裁判、在法官之前所爲之供述及所有提示文件，均應傳送給國務卿，於判審國適當機關提出請求時，得爲人犯之遞送而核發「返回令(Return Warrant)」。

人犯依本法送回之後，依接收國管轄。但人犯送回應附加條件，要求人犯在美國拘禁或監督期間之良好服刑表現所折抵之日數，應予核算。另依本節送回人犯，不得基於任何目的而視其爲被引渡，人犯被依本節規定請求回送，得於訴訟之任何階段同意交保，或於人犯提出保證金具結後釋放。（第 4114 條）

【金錢之執行】：如移交國之刑事判決要求移交美國之人犯應支付金錢予被害人作爲損害賠償時，得視爲美國地方法院所做之民事判決而執行之；追繳訴訟得由任何美國地方法院之檢察長提出，取得之金錢，應循外交管道交由移交國之條約主管機關以轉交被害人。（第 4115 條）

第二項　美國對外條約之特殊規定

實務上美國與外國訂定之條約，對於移交尙有些特殊規定或補充，說明如下：[63]

【國民】：所有雙邊條約均規定受移交人須爲「國民(national)」，國民一詞沒有疑義，但有條約將永久居民—即綠卡持有人—排除（如加拿大及墨西哥），因爲此等身分之人不受外交保護。又人犯不得爲審判國「定居」之人，墨西哥及土耳其之條約卽禁止將定居於判決國之定居者移交，而定居者(domiciliary)，係指在判決國居住 5 年以上而仍有續住之意願者。雙重國籍者亦同理適用。

【雙重犯罪】：將移民犯罪自雙重犯罪之規定排除（如美國與墨西哥）。

【最低應服刑期】：訂定最低應服刑期乃基於成本效益考量，且再社會化需要時間。對外條約有分爲 6 個月（如美國與玻利維亞、加拿大、墨西哥、巴拿馬、秘魯、

---

[63] For relevant articles and explanations, *see* Abbell, *supra* note 18, *Chapter 3 & 6*; and Bassiouni, *supra* note 2, at 565-571.

土耳其、歐洲公約、中美洲公約）；及 1 年（如美國與法國、泰國、香港）。

【政治犯罪排除】：政治犯罪不移交（如美國與墨西哥、法國、泰國、土耳其）。

【軍事犯罪排除】：大部分條約規定軍事犯不移交（如美國與墨西哥、法國、玻利維亞、秘魯、巴拿馬、土耳其、加拿大），但受軍事法院依普通刑法處罰者，得移交。

【死刑判決排除】：部分條約規定死刑犯不移交（如美國與玻利維亞、巴拿馬、秘魯及中美洲公約）。有部分條約採取條列式明定得移交之刑，但此種條約未將死刑列為得移交之刑（如美國與加拿大、墨西哥、泰國）。實務上，有些條約雖未規定死刑判決之處置，但基於人犯再社會化之目的，且條約賦予裁量，顯然不可能移交死刑犯。

【金錢罰應已先支付】：有條約規定刑罰有併科罰金時，應先完納罰金才得移交（如美國與玻利維亞、土耳其），或規定得以罰金是否完納作為是否同意之裁量（如美國與秘魯），或規定若罰金尚未完納者，得裁量拒絕移交（如美國與法國）。

【在審判國已服最低應服之刑】：美國與泰國商議條約時，泰國提出，受移交之人必須在泰國已服三分之一徒刑刑期，或以 4 年計算。美國先前條約沒有這種規定，惟此一條件可由審判國在實際上已服完所訂之特定期限時，再做為裁量。

【對元首犯罪排除移交】：禁止移交在判刑國針對元首犯罪之人（如美國與泰國）。

【人犯之最佳利益】：美國與加拿大條約規定，移交應考量人犯有最佳之利益。

【雙重危險　（一事不再理原則）】：執行國禁止對於審判國判刑確定因而移交之同一犯罪再行起訴拘禁或審判（如墨西哥、玻利維亞、秘魯、巴拿馬、加拿大、中美洲公約、聯合國模範公約）。應注意者，雙重危險與特定原則有所不同，儘管條約禁止起訴同一犯罪，但卻不禁止起訴其他犯罪。特定原則指國家依引渡條約接收人犯時，只能依所引渡之事項審理，美國除與土耳其之條約外，其餘條約或公約都無此等條款。這對受外國判決而服刑之人頗為重要，因為一旦被送回母國，會因其他未決案件受起訴，因而才明確規定必須由法官確認當事人依第 4107 條所為之同意，應完全知悉其後果，及其不可撤回性。並且明定法院如果認為程序不完備時，得在審判國要求下將人犯回送。

【其他】：有規定禁止移交有危害主權、安全及公共秩序之虞之人（如美國與泰國）。

第四節　我國之跨國移交受刑人法

　　我國之跨國移交受刑人法於 2003 年 1 月 23 日公布實施，立法目的指出本法是為移交受刑人至其本國執行，以彰顯人道精神，達成刑罰教化目的。有關移交受刑人之規範適用順序，移交受刑人應依我國與移交國間之條約；而無條約或條約未規範時，始依本法。又移交受刑人之程序，性質屬刑事程序，故條約未規定時，應依刑事訴訟法之規定；再者，本法之「受刑人」包括未成年人等，是無條約或條約未規定之情形，少年事件處理法或其他有關法律乃為補充規範。

　　第 3 條規定用詞之定義，「受刑人」指因犯罪經法院判處徒刑確定而受執行及應受執行者。「接收」指接回我國受刑人在我國執行徒刑之程序。「遣送」指將外國受刑人交予其本國執行徒刑之程序。「移交」指接收及遣送受刑人。「移交國」指與我國進行移交受刑人之外國。

　　第 4 條規定接收受刑人應符合下列條件：（一）移交國及我國雙方均同意移交。（二）受刑人經移交國法院判處徒刑確定。（三）受刑人之犯行如發生在我國，依我國法律亦構成犯罪。（四）受刑人具有我國國籍且在臺灣地區設有戶籍。（五）受刑人或其法定代理人以書面表示同意。但法定代理人之表示不得與受刑人明示之意思相反。（六）移交國或我國提出移交請求書時，殘餘刑期 1 年以上。但經移交國及我國雙方同意者，不在此限。（七）依我國法律，該裁判行刑權時效尚未完成。（八）同一行為於移交國法院裁判確定前，未經我國法院判決確定。（九）受刑人在移交國接受公正審判之權利已受保障。如受刑人及其法定代理人未為相反主張，推定受刑人接受公正審判之權利已受保障。

　　第 5 條規定，法務部應派員或委託機關指派人員確認受刑人或其法定代理人所為之同意出於自願，並告知受刑人及其法定代理人接收後之法律效果。同意經確認後不得撤回。法務部應派員或委託機關指派人員應依受刑人之請求，協助其依移交國之法令，閱覽卷證取得相關資料，併送返國。並應告知受刑人有上述之權利。

　　按第 5 條立法理由指出，受刑人本人同意為移交受刑人之重要條件，為求慎重，於第 1 項規定應由法務部請外交部協助指定派駐在該外國之外交人員，或由法務部直接指派相關人員親自向受刑人或其法定代理人確認，其同意係出於自願，受刑人及其

法定代理人並已充分瞭解移交後之法律效果，例如，回國後應服刑期、我國對該外國裁判不得再審、非常上訴，如宣告緩刑等條件我國法院可能未必宣告相同條件、在移交國之犯行將可能構成累犯要件、監獄服刑條件等重要事項，以確認其意願，並減少受刑人回國後可能產生之爭議。此外，爲免受刑人及其法定代理人隨意撤回同意，造成我國及移交國程序虛耗，爰於第 2 項仿照德國及美國之立法例，規定受刑人及其法定代理人經第 1 項之確認及告知程序後，即不得撤回其同意。然若受刑人於確認後確實表示不願意回國執行，法務部或檢察官自仍得中止程序。三、又爲使受刑人得依法主張其權益，依本條第 1 項指派之人員，於受刑人請求時，應依移交國法律規定，協助受刑人閱覽卷證並取得相關資料，併送返國。四、增列第 4 項「第 1 項之人員應告知受刑人有前項之權利。」以讓受刑人知悉其權利，而得主張或行使其權利。

第 6 條規定，法務部接獲外國請我國接收我國受刑人返國執行請求之處理程序。法務部接獲移交國提出接收受刑人之請求時，認爲符合第 4 條規定，經徵詢相關機關之意見，而認爲適當者，應通知該管檢察署，由檢察官檢附移交國提供之裁判書、請求時已執行徒刑日數及執行前拘束受刑人人身自由日數之證明，並附上其他足資釋明符合第 4 條條件之文件，以書面向法院聲請許可執行移交國法院裁判。

第 7 條規定，許可執行移交國法院裁判之案件，專屬中央政府所在地之地方法院管轄。立法理由指出，接回我國受刑人返國繼續執行，涉及司法主權之行使，應由法院宣告許可，始得在我國執行移交國法院所宣告之徒刑；再者，考量「接收受刑人」之案件具有高度專業性，且爲便捷後續法務部核發接收命令之聯繫，爰爲本條規定。

第 8 條規定，法院認爲檢察官之聲請符合第 4 條規定，且得依第 9 條規定轉換移交國法院宣告之徒刑者，應裁定許可執行，並宣告依第九條規定轉換之刑。聲請不合程式或不應准許者，應裁定駁回。檢察官、受刑人或其法定代理人對法院所爲裁定不服者，得抗告於直接上級法院。但抗告法院所爲之裁定，不得再抗告。立法理由指出，第 1 項規定法院接獲檢察官之聲請後，若認爲聲請符合要件且得依本法轉換徒刑時，應以裁定許可執行並宣告依第 9 條規定轉換之徒刑。第 2 項規定聲請不合程式或不應准許之效果，至於所稱「不應准許」，包括檢察官之聲請不符合第 4 條各款要件，或無法依第九條規定轉換移交國宣告之徒刑等情形。接受具有我國國籍且在臺灣地區設有戶籍之受刑人回國執行，牽涉外交及國家安全等法律以外之因素，依國際移交受刑人之立法例，多規定針對法院就此之決定，不得救濟。惟法院許可與否，涉及客觀因素之審查，對我國受刑人人權影響甚鉅，對第 1 項及第 2 項裁定，應有救濟管道，然爲避免程序延滯過久，不得再抗告，爰爲第 3 項規定。

第 9 條規範轉換移交國法院宣告徒刑之方式。移交國法院宣告之徒刑，依下列各款轉換：（一）原經宣告無期徒刑之同一行為，依我國法律亦得處無期徒刑者，宣告無期徒刑。（二）原經宣告無期徒刑之同一行為，依我國法律其最重本刑為有期徒刑者，宣告依我國法律對同一行為所得科處之最重刑，且不得易科罰金。（三）原宣告之刑，未逾依我國法律對同一行為所得科處之最重刑，或低於依我國法律所得科處之最輕刑者，依原宣告之刑。（四）原宣告之刑，逾依我國法律對同一行為所得科處之最重刑者，宣告依我國法律所得科處之最重刑，且不得易科罰金。（五）原宣告之多數有期徒刑，已經移交國法院定應執行之刑者，依原宣告應執行之刑，但不得逾 30 年。（六）原宣告之多數有期徒刑，未經移交國法院定應執行之刑者，經依第 1 款至第 4 款轉換後，依我國法律定其應執行之刑。（七）原宣告徒刑附加未違反我國強制或禁止規定、公共秩序或善良風俗者之條件者，得併予附加條件。但原附加條件違反我國強制或禁止規定、公共秩序或善良風俗者，得視同未附加條件。

第 10 條規定，係參照刑法第 46 條第 1 項規定，明定應予折抵之情形。接收前在移交國已執行徒刑之日數、執行前拘束受刑人人身自由之日數及接收程序所經之日數，均應以 1 日分別抵依前條轉換之有期徒刑 1 日。

第 11 條規範許可執行裁判確定後之處理程序。於第 8 條第 1 項裁定確定後，該管檢察署應陳報法務部。法務部認為接收受刑人為適當者，得核發接收命令，交由該管檢察署指派檢察官指揮執行。法務部核發前項接收命令前，應徵詢相關機關意見。立法理由指出，接收非單純司法案件，亦有外交層面之考量，故法務部應徵詢外交部或相關機關意見，衡酌國家安全、公共秩序及受刑人是否撤回其同意等重要事項，始決定是否核發接收命令，爰為第 2 項規定。

第 12 條規定，依本法接收之受刑人，應依我國法律執行其徒刑。即我國刑法、監獄行刑法、行刑累進處遇條例及赦免法等法律執行其徒刑。

第 13 條規定，依第 8 條第 1 項規定許可在我國執行之同一行為，不得再依我國法律處斷。刑法累犯之規定，於前所犯罪在外國法院受裁判，而該裁判依第 8 條第 1 項規定許可在我國執行者，亦適用之。立法理由指出，我國法院既已依本法宣告許可執行外國法院裁判，依一事不再理及妥適運用司法資源等原則，爰為本條第 1 項規定。又外國法院裁判，既經我國法院宣告許可執行並轉換徒刑，刑法第 47 條規定亦應適用之，爰為本條第 2 項規定。

第 14 條規定，接收受刑人而返國執行後，發現移交國宣告徒刑之裁判違背移交國法令或發現新事實、新證據者，僅得請求移交國依法處理。立法理由指出，國際間

移交受刑人，係基於「尊重外國原判決」原則，歐洲移交受刑人公約第 13 條亦本於上開原則，規定複查權屬於移交國，即我國自移交國接收具我國國籍且在臺灣地區設有戶籍之受刑人返國執行後，不得逕依我國法律，以非常上訴或再審等程序，推翻移交國之確定裁判；然而，爲保障國民權益，如發現得依移交國法令聲請非常上訴或再審之事由，得敦促移交國依其法令爲我國國民救濟，爰爲本條規定。

第 15 條規定，經接收在我國執行之受刑人，有下列情形之一者，得由執行之矯正機關報請法務部，許可假釋出獄：（一）一般受刑人合併其國內外已執行之徒刑，符合刑法第 77 條第 1 項規定，悛悔有據，且無同條第 2 項之情形。（二）少年受刑人合併其國內外已執行之徒刑，符合少年事件處理法第 81 條第 1 項之規定，悛悔有據。受刑人於移交前在移交國受執行之紀錄，得按行刑累進處遇條例所定類別之責任分數換算所得分數，並得爲認定前項有悛悔之依據。其換算標準、認定依據及有關事項之辦法，由法務部定之。立法理由指出，第 1 項規定經接收返國執行受刑人之假釋條件。又受接收之受刑人在移交國之執行，得視情形，按我國行刑累進處遇條例所定類別之責任分數標準，換算所得分數，使其返國執行後，得有假釋機會，爰爲第 2 項規定，以保障其權益。

第 16 條規定，法務部經移交國通知已免除或減輕接收受刑人所受宣告之徒刑，應立即通知該管檢察署指派檢察官，以書面向法院聲請免除或減輕依第 8 條第 1 項、第 9 條規定宣告許可執行並轉換之徒刑。立法理由指出，本法採取由我國法院以裁定宣告許可執行移交國刑事裁判並轉換其刑期，而非直接承認移交國刑事裁判之效力而據以執行，是移交國有赦免或減刑而致免除或減輕原移交國宣告之徒刑，仍應由我國法院宣告免除或減輕，而非經移交國通知即發生免除或減輕之效果。

第 17 條規定，經移交國同意後，得依我國法律赦免經接收返國執行之受刑人。立法理由指出，除條約另有約定外，我國得依我國赦免法等法律對受刑人進行大赦、特赦、減刑或復權，惟爲尊重移交國，爰規定須經移交國同意後，我國方得爲赦免。

第 18 條規定，遣送受刑人予外國，應符合下列條件：（一）移交國及我國雙方均同意移交。（二）受刑人具有移交國國籍。但受刑人同時具有我國國籍且在臺灣地區設有戶籍者，不得遣送。（三）受刑人或其法定代理人以書面表示同意。但法定代理人之表示不得與受刑人明示之意思相反。（四）請求遣送時，殘餘刑期 1 年以上者。但經移交國及我國雙方同意者，不在此限。（五）移交國已以書面保證互惠。（六）受刑人在我國無其他刑事案件在偵查或審判中。

第 19 條規定，係關於確認外國受刑人及其法定代理人同意移交之方式，規定法

務部應派員確認受刑人或其法定代理人同意回國執行出於自願，並告知受刑人及其法定代理人遣送後之法律效果。移交國得指派人員於前項確認及告知之場合到場。經受刑人或其法定代理人同意，一經確認後不得撤回。

第 20 條規定，法務部接獲移交國提出遣送受刑人之請求，認爲符合第 18 條規定，經邀集相關機關共同審議而認爲適當者，得核發遣送受刑人命令，交由該管檢察署執行。立法理由指出，於接獲移交國請求我國遣送該國籍受刑人返國執行徒刑時，應由主管刑事執行之法務部，邀集相關機關指派代表共同考量國家安全、公共秩序及受刑人教化可能等重要事項而爲決定。經決定准許後，卽應通知該管檢察署執行移交命令。

第 21 條規定，係關於經遣送之受刑人在移交國執行殘餘刑期之效力，規定受刑人經我國遣送至移交國執行完畢者，其在我國未執行之徒刑，以已執行論。

第 22 條規定，本法對施行前經刑事裁判確定之受刑人，亦適用之。此係參考「中華民國與巴拿馬共和國關於遣送受裁判人條約」第 18 條規定，爰規定本法具有溯及既往之效力。

第 23 條規定，係關於臺灣地區與大陸地區、香港及澳門間之受刑人移交，準用本法規定，不受臺灣地區與大陸地區人民關係條例第 75 條及香港澳門關係條例第 44 條規定之限制。按立法訂定之時，我方於大陸地區服刑人數約有一千餘人，大陸於臺灣地區服刑人數約五十餘人，基於保障受刑事裁判確定人及促進受刑人再社會化，並使兩岸間受刑事裁判確定人之接返有所遵循，爰明定兩岸間罪犯接返事項得準用本法規定辦理。目前我方於香港、澳門服刑人數有六十餘人，香港、澳門於臺灣服刑人數有三十餘人，爲促進臺灣與香港、澳門間司法互助，以及因應未來可能產生罪犯接返需求，並使受刑事裁判確定人之接返有所遵循，爰將臺灣與香港、澳門間有關罪犯接返事項納入本法準用範圍。

依據法務部於其官方網站上「跨國移交受刑人專區」之實施現況與成效，至 110 年 11 月，我國積極與各國洽簽移交受刑人條約或協議，現已與德國、英國、丹麥及波蘭合作，遣返共十名外國籍受刑人返回其母國服刑。我國依據「駐德國台北代表處與德國在台協會關於移交受刑人及合作執行刑罰協議」，迄今已將在台服刑之 7 名德籍受刑人全數移交返回德國服刑。依照我國與英國完成簽署之「大不列顛暨北愛爾蘭聯合王國主管機關與臺灣司法主管機關間移交受刑人協議」，迄今完成移交一名英籍受刑人返回英國服刑。依照我國與丹麥完成簽署之「駐丹麥代表處與丹麥商務辦事處移交受刑人協議」，迄今完成移交一名丹麥籍受刑人返回丹麥服刑。依照我國與波蘭完

成簽署之「駐波蘭代表處與波蘭臺北辦事處刑事司法合作協定」，迄今完成移交一名波蘭籍受刑人返回波蘭服刑。基於人道考量，法務部依「跨國移交受刑法人」及「海峽兩岸共同打擊犯罪及司法互助協議」規定，自 100 年 1 月間起迄今，已接返在大陸地區受刑之國人十一人回臺服刑。

　　至我國受刑人因犯罪經外國法院判處徒刑確定，而受執行及應受執行者，經我國請求外國移交至本國執行時，應依我國與移交國簽訂之條約移交；無條約或條約未訂者，應依跨國移交受刑人法處理；跨國移交受刑人法未規定者，則適用刑法、刑事訴訟法、少年事件處理法及其他相關法律之規定；且接收前在移交國以執行刑之日數、執行前拘束受刑人人身自由之日數及接收程序所經之日數，均應以一日分別折抵轉換之有期徒刑一日，前已敘明。至於被告或犯罪嫌疑人於國外經本案羈押期間，可否於有罪裁判確定後折抵刑期，雖法無明文，然而依據最高法院 109 年度台抗字第 1082 號裁定要旨，「……惟外國司法機關因偵察犯罪之必要，依該國法律予以羈押，嗣經個案跨國國際合作共同打擊犯罪，該國於偵查中即將被告遣送，交由我國司法機關依法進行偵查、審判與執行，此刑事司法互助合作，符合我國與國際社會之共同利益；又參照我國具有內國法效力之聯合國反貪腐公約第 46 條第 10 項、第 11 項明定在一締約國領域內被羈押之人，如被要求至另一締約國進行辨認、作證或提供其他協助，以利相關犯罪之偵查、起訴或審判程序取得證據之目的者，該人在被移交前往之國家內之羈押期間，應折抵其在移交締約國應執行之刑期，易言之，為達取證目的而移交被羈押人至他國時，該人在他國之羈押期間應折抵移交國刑期。因此，適用跨國移交受刑人法執行經外國法院判決確定之徒刑，或聯合國反貪腐公約內國法化之為取證目的而移交至他國羈押期間，均可折抵徒刑刑期，參酌前揭法理，僅於外國境內羈押，而遣送回國接受偵查、審判、執行之情形，更應可以折抵刑期，方可兼顧我國司法權行使之延伸，與憲法第 8 條、公民與政治權利國際公約第 9 條保障人身自由之意旨。故於此情形下，自應類推適用刑法第 37 條之 2 、跨國移交受刑人法第 10 條之規定，將其在外國所為本案羈押期間，依法折抵徒刑之刑期或保安處分。……」。本案係我國國民於波蘭境內機房詐騙大陸地區人民旋於波蘭被逮捕，並由波蘭盧布林地方法院認為有涉犯詐欺罪嫌情事而與以羈押在案。嗣經我國臺灣苗栗地方檢察署檢察官即以刑事司法互助請求書向波蘭國家檢察院就偵查中相關刑事程序提起司法互助請求。詳見司法院法學資料檢索系統。

第五節　國際間刑事訴追移轉管轄制度

第一項　刑事訴追移轉管轄的緣起與發展

刑事訴追移轉(transfer of criminal proceedings)也稱刑事起訴移轉(transfer of prosecution)，是指「一國權責機關將某一特定嫌犯的刑事案件移轉另一國並請求起訴」的程序。[64]舉例說明，犯罪人在某國（甲國）犯罪後離開該國領域，逃回居住國（乙國），甲國若決定將訴訟移轉管轄至乙國，甲國就不用再進行訴訟或提出引渡請求。[65]

近代國際間有關刑事訴追移轉管轄的合作，最早見於 1959 年 4 月 20 日之歐洲刑事司法互助公約(European Convention on Mutual Assistance in Criminal Matters)第 21 條規定：對於在請求國犯罪後逃匿之人，如無法引渡時，得請求另一締約提起訴訟。[66]之後歐洲理事會認為有訂定關於刑事訴追移轉管轄規範的必要，但首先進行的是一個特別而限定的法律領域，即 1964 年 11 月 3 日之「道路交通犯犯罪處罰歐洲公約」，該公約第 3 條規定「居住地國對於在犯罪地國所犯之道路交通罪，經犯罪地國之請求，有起訴能力/資格(competence)」，此一公約後經 1972 年 5 月 15 日簽署的「刑事訴追移轉管轄歐洲公約(European Convention on the Transfer of Criminal Proceedings in Criminal Matters)」取代，但此一公約通過的國家不多，使用的案例也極少。

時至歐盟整合之後，歐盟會員國於 2002 年通過歐盟逮捕令架構協定，廢除會員

---

[64] Boudewijin de Jonge, *Transfer of criminal proceedings: from stumbling block to cornerstone of cooperation in criminal matters in the EU*, Journal of the Academy of European Law, Vol. 21, issue 3, at 449-450, (July 2020). "A transfer of proceedings is the process in which the competent authority of one state transfer a criminal case against a particular suspect to the competent authority of another state, with the request to consider prosecution." 研究專書例如 *Rethinking international cooperation in Criminal matters in the EU* 均以刑事起訴移轉(transfer of prosecution)稱之。

[65] *Explanatory Report, Solution Adopted,* European Convention on the Transfer of Proceedings in Criminal Matters

[66] 但英國對該條規定提出保留，聲明該條之規定在英國不適用，亦沒有簽署「刑事訴追移轉管轄歐洲公約」。

國間之引渡，此一架構協定對於解決刑事管轄衝突的貢獻在於，會員國得基於起訴或執行之目的而通緝他國國民，換言之，由犯罪地國追訴或處罰犯罪的原有限制已大幅減少，又在 2009 年 6 月 30 日歐盟理事會雖提出「歐盟刑事訴追移轉管轄架構協定草案(Draft Council Framework Decision on the transfer of proceedings in criminal matters)」但迄未通過，因此歐盟國家間目前沒有進一步的刑事訴追移轉管轄法源依據。

　　普通法系國家對於刑事訴追移轉管轄並不採納，大英國協國家所訂之各項「綱領(Scheme)」雖有引渡、司法互助及受刑人移交，[67]但沒有刑事訴追移轉管轄，英國雖然也是 1959 年「歐洲刑事司法互助公約」的會員國，但對該公約第 21 條有關刑事訴追移轉管轄的規定提出保留，聲明該條文之規定在英國不適用，[68]此外英國亦沒有簽署1972 年刑事訴追移轉管轄歐洲公約。

　　美國亦沒有與任何國家締結刑事訴追移轉管轄之條約或公約。對外，美國憲法及法律不禁止將刑事訴追移轉外國管轄，實際上亦可操作；但對內，美國一如其他普通法系國家一樣，並不接受他國移轉刑事訴追。[69]聯合國則在 1990 年 12 月 14 日訂定了「刑事訴追移轉管轄模範條約(Model Treaty on the Transfer of Proceedings in Criminal Matters)」。

第二項　刑事訴追移轉管轄原則思維

　　除了引渡、司法互助及跨國移交受刑人之外，訴追移轉管轄也是歐洲發展出來解決傳統刑事管轄權問題的機制。[70]刑事訴追移轉在觀念上包含「代理處罰原則

---

[67] 通緝犯遞交之綱領（即引渡）Commonwealth Scheme for the Surrender of Fugitive Offenders London Scheme of 1966）；司法互助之綱領 Scheme Relating to Mutual Assistance in Criminal Matters within the Commonwealth)；受刑人移交之綱領 Commonwealth Scheme for the Transfer of Offenders。

[68] The Council of Europe's 1959 convention provides at article 21 for the transfer of criminal proceedings to another state. The United Kingdom has a reservation to this article ... The Commonwealth Scheme on Mutual Assistance in Criminal Matters, known as the 'Harare Scheme', is a non-binding scheme affecting commonwealth countries.

[69] Michael Abbell, *Extradition to and from the United States,* Martinus Nijhoff Publishers, at 9-3~9-6, (Oct. 2008).

[70] M. Cherif Bassiouni, *International Criminal Law, Vo. II, Multilateral and Bilateral Enforcement Mechanisms*, Transnational Publishers Inc., at 643-644, (1995).

(Representation Principle)」及「權限移轉原則(Principle of Distribution of Competence)」兩個概念。「代理處罰原則」係指在滿足雙重犯罪原則等特定要件下，由本國司法機關代替(on behalf of)或代表(represent)外國起訴在外國犯罪而目前停留於本國領域內的人，此以 1964 年「道路交通犯罪處罰歐洲公約」為其典範；「權限移轉原則」乃犯罪地放棄對犯罪人起訴或處罰的權利，轉由犯罪人的國籍國或居住地國起訴或處罰，此以 1972 年制訂的「刑事訴追移轉管轄歐洲公約」為其典範。「代理處罰」與「權限移轉」為一體兩面。[71]

　　代理處罰原則為大陸法系國家採納，普通法系國家則未予採納。大陸法系國家採納的因素之一，是因為傳統法制思想及規範上拒絕將本國居住之人向外引渡；此外基於便利性考量，犯罪人可能在不同國家從事類似犯罪，如果相關的刑事司法體系同意「由一個國家對一個罪犯進行一次起訴及一次裁判(a single prosecution of the offender and a single sentence)」，就資源使用上較為經濟，對於被告也較為有利。[72]

　　按國際刑事訴追移轉管轄制度，係源於管轄權規定的衝突與困境。國家的刑法一方面訂定內國管轄的犯罪為何，另一方面規定其空間範圍。在屬地、屬人、保護及世界這四項管轄原則中，屬地管轄涉及的是犯罪地(rule of *locus delicti commissi*)原則，犯罪地包括犯罪的行為地及結果地，如果有跨越國境的情形，則形成兩個以上的國家有管轄權；屬人管轄又分積極屬人管轄及消極屬人管轄，如果有跨越國境的情形，依樣形成兩個以上的國家有管轄權；保護管轄依其保護的法益來看，如果有跨越國境的情形，要從其國籍國引渡犯罪人並不易成功；世界管轄更是不管犯罪地、行為人國籍或被害人國籍國都有管轄權，由於管轄權的組合造成積極衝突，造成起訴及審判不易，因此為了確保在外國的犯罪或罪犯不會免於受到追訴，必須創設刑事訴追移轉管轄做為輔助性管轄。[73]

　　歐洲理事會為了解決積極的管轄衝突，認為有必要對積極的管轄衝突加以限制，各國必須達成協定，以解決由哪一個國家採取作為，讓管轄衝突產生時，即便有國家已對犯罪進入訴訟程序，還能集中由某一個國家審理。按理，如果本國對該項領域外犯罪擁有管轄權時，移轉管轄的規定其實是不必要的，因此，此一規定是源於當該國刑法沒有規範該犯罪的管轄權時，如果沒有從請求國獲得管轄權，在本國起訴必然有

---

[71] *Ibid.*

[72] Iain Cameron, *The Protective principle of international criminal jurisdiction*, Dartmouth, at 22, (1994).

[73] *Explanatory Report, Analysis of systems of jurisdiction, European Convention on the Transfer of Proceedings in Criminal Matters* （本公約以下簡稱 ECTPC）

困難。[74]此外，歐洲理事會一方面認為，犯罪地有最優先的起訴順位，其他的原則都依附其下，住居地國是否起訴要視犯罪地起訴的情況而定；但另一方面也認為，推定由犯罪地起訴雖然適當，卻不見得完全合理，因為在現代刑法中，犯人的再社會化漸漸受到重視，再社會化最適合的地方，科刑與執行就應由該地進行。而一般認為，犯罪人的家庭、社會連結網絡以及執行完畢後的住居地，是最適合進行審理的處所。換言之，犯人的再社會化是權限移轉原則訂定的原因之一。[75]

刑事訴追移轉管轄所欲解決的是積極管轄衝突的案件，亦即「數個國家以犯罪地為理由而主張管轄（屬地管轄衝突）」，或「數個國家以積極屬人或消極屬人原則、保護或世界管轄等不同管轄原則造成的管轄衝突」。[76]又國家之所以會考慮願意放棄追訴，主要是鑑於外國人在其所屬的國籍國追訴及處罰有其優點，例如：（1）基於環境、語言及法律適用，從嫌犯的角度來看會偏好在其本國受審；（2）有助於嫌犯的再社會化；（3）行為地法院節省訴訟資源；（4）行為地法院因而取得很好的理由不必做成缺席判決，這是因為基於國民不引渡的原則，引渡已經不可能，且既然執行已無望，做成缺席判決的價值亦不無疑問；（5）行為地國如果得知該外國嫌犯會在其國籍國受審，也會減低羈押的可能性；（6）如果知道該外國嫌犯會在其國籍國因其他案件受審，也會較願意移轉訴追。[77]

國際之間移轉刑事管轄不僅是將刑事訴追的管轄移轉另一國，也代表適用的實體法及程序法都改為另一國。刑事訴追一經移轉，移轉國立即喪失管轄權；受移轉國立即取得管轄權，換言之，一旦開啟移轉，不管實體法或程序法都必須依照被移轉國的法律。移轉包括資料、證據及相關之訴訟程序，移轉管轄除了要符合管轄的要件之外，還要有其他類似引渡的條件，例如雙重犯罪原則、特定原則及一事不再理原則。接受移轉的國家須依據其本國刑法起訴，但依據的基礎則是原本移轉所指控的內容。而由於是移轉至另一個主權國家，因而若欠缺條約及內國法的規定，被移轉國並無接受移轉之義務，[78]因而會員國認為解決積極的管轄衝突的方法，就是簽署協議，讓會員國能夠決定由那一個國家採取法律訴訟，但必須會員國即使他國已開啟訴追，仍舊在移轉訴追上有妥協的可能性。[79]

---

[74] *Explanatory Report, B. notes on the articles Part II Article 2*, ECTPC.

[75] *Explanatory Report, Solution Adopted*, ECTPC.

[76] *Ibid.*

[77] Bassiouni, *supra* note 68, at 643-644, (1995).

[78] *Id.* at 515-517, (1995).

[79] *Part IV Plurality of Criminal Proceedings Art. 30-34; Part V ne bis in iem Art. 35-37*, ECTPC.

刑事訴追移轉管轄在行使上有幾項先決要件：（1）必須犯罪地國無法依該國法律起訴、無法引渡，或不適合引渡；（2）非屬政治性犯罪；（3）必須在犯罪地亦屬可罰之罪（雙重犯罪原則）；（4）必須有原始管轄權的國家請求起訴，否則不得行使此一輔助性管轄。[80]

雖然刑事訴追移轉管轄的案件並不限於移轉被請求國國民所犯，但實際上刑事訴追移轉管轄的案件，幾乎無可避免地與被請求國國民所犯的案件有關。引渡與受刑人移交制度可以併用，亦即嫌犯在請求引渡的國家被判決有罪，並透過受刑人移交制度交由國籍國執行時，產生與刑事訴追移轉管轄一樣的效果。當外國國民在本國犯罪後被逮捕及追訴，其國籍國可以選擇接受刑事訴追移轉管轄，或選擇於判決後接受受刑人移交；檢察官也可選擇於起訴前將刑事訴追移轉管轄，或選擇於判決後將受刑人移交。[81]

權限移轉原則要解決另一項問題，是證據的取得，一個國家將訴訟移給另一國家後，犯罪地證據的取得變得困難，且因案而不同，因而此一公約讓各國提供證據時，避免了制度上的約束及限制。同時儘管國家對犯罪有權審理，但認為由另一個國家起訴會較有效率，而同意將訴訟移轉管轄，這些都是刑法領域上談國際合作時，必須簽訂國際公約賦予他國承接訴訟權力的原因。[82]

第三項　刑事訴追移轉管轄歐洲公約內涵

刑事訴追移轉管轄歐洲公約(European Convention on the Transfer of Criminal Proceedings in Criminal Matters，下文稱「公約」)於 1972 年簽署，成員國基於管轄競合造成的積極管轄衝突，以及犯罪被重複起訴及處罰等因素，認為應簽署公約解決。公約主要有四大部分，包括移轉管轄權基礎、訴追之移轉、複數訴追及一事不再理等。

從內容來看，本公約所要解決的問題包括：（1）刑事訴訟在何種條件下得移轉管轄；（2）被請求國法官對於案件的審理權力及其必須適用之法律；（3）請求移轉管轄對請求國的效力；（4）請求國與被請求國之聯繫；（5）請求國已完成的初步偵

---

[80] *Explanatory Report, Solution adopted,* ECTPC.
[81] Abbell, *supra note 68.*
[82] *Explanatory Report, Solution Adopted,* ECTPC.

查在被請求國的法律效力；（6）法律明文限制的問題；（7）告訴的問題，及（8）被請求國之原始權力及公約之關係。[83]以下就刑事訴追移轉管轄歐洲公約移轉管轄權基礎、訴追之移轉、複數訴追、一事不再理這四大部分說明。

第一款　移轉管轄權基礎[84]

按理，如果本國對某項領域外犯罪本有管轄權時，國家可對該犯罪進行追訴，不需他國移轉。此處所生問題在於，國家刑法所定之罪，並非都有領域外犯罪之適用，在本國起訴必然有困難，加上國民引渡有諸多限制，使得他國審理亦有困難，如果各國基於國際合作之需，考慮移轉訴追來消弭這個漏洞，即必須透過公約創設管轄權基礎，此即公約第 2 條第 1 項規定「締約國有權依據本國刑法起訴他國法律有適用之犯罪」的意義，但此一條文是在雙重犯罪原則之下，替無管轄權的犯罪創設本國管轄權，但國外行為如果在本國不認為犯罪時，不會因而在國內被認定為犯罪。

雖此項規定旨在避免欠缺管轄權，但如此一管轄權沒有進一步限制，締約國即得隨時依據此一規定及本國刑法進行處罰，等於擴張締約國的管轄權，因此於公約同條第 2 項規定，「締約國依前項取得之權限，僅於他國提出訴追之請求時，得行使之」，作為輔助管轄(subsidiary jurisdiction)，並避免抵觸罪刑法定原則。

同理，本國對某項領域外犯罪擁有管轄權時，本可對該犯罪進行追訴，亦不可能移轉他國管轄。此時若沒有公約作為基礎，國家亦不可能放棄或停止訴追。而在他國承接犯罪嫌疑人的同一犯罪訴訟案件後，本國法院就能捨棄或停止訴訟。因此公約第 3 條規定，「犯罪嫌疑人之同一犯罪行為，如於他國起訴中或將起訴者，雖締約國依其本國刑法亦有權起訴，得基於適用本公約之目的，放棄或停止訴追，惟此一放棄或停止訴追之裁判為暫時性裁判(provisional decision)，有待他國之裁判結果」。

基於犯罪原則，第 4 條規定被請求國依據本公約進行訴追之案件，於知悉處罰的權利業依請求國之法律規定之事由而喪失時，應停止訴追。這些喪失事由包括一事不再理、被請求國已有管轄權、時效消滅等（參第 10 條 c 款、第 11 條 f 款及 g 款、第 22 條及第 23 條之時效原因）。但如果本國本就對某項領域外犯罪擁有管轄權，同時

---

[83] *Explanatory Report, Part II and III-Competence and transfer of proceedings, A. General Remarks, Basic problem and Basic solution*, ECTPC.

[84] *Art. 2- Art. 5. & Explanatory Report*, ECTPC.

又基於公約受他國請求對該犯罪進行追訴，此時依據第 5 條規定，被請求國依其本國法之起訴權力，不得受本公約第 3 章「訴追之移轉」規定所限制。

第二款　訴追之移轉

訴追移轉所規範的五個部分包括：訴追之請求、移轉程序、訴追移轉後在請求國之效果、訴追移轉後在被請求國之效果、被請求國之暫時處分，詳述如下：

一、訴追之請求[85]

締約國認為某人涉嫌違反法律時，得請求另一締約國依本公約規定之條件，對該案件提起訴訟。由於移轉管轄的請求不是一種義務，公約規定「締約國依本公約之規定得請求他國提起訴訟時，並應由請求國考量他國提起訴訟之可能性」。此一考量之要項難以列舉，包括證據及人犯在他國再社會化之可能性。（第 6 條）

請求移轉追訴之案件必須符合雙重犯罪原則，「除非受請求追訴之罪於領域內所為時，依法亦構成犯罪且行為人應受處罰，否則不得進行追訴。」由於各國法律必然有差異，因此罪名及犯罪之法律類別不要求必須相同，但行為人與被害人之關係（可能形成不處罰）、阻卻違法事由、減輕事由（例如正當防衛等）、主觀及客觀處罰事由都必須納入雙重犯罪原則的考量，如果這些事由在被請求國有規定、但在請求國法無明文規定時，便不符雙重犯罪原則。另考量犯罪主體及客體之特定身分，「如果犯罪主體為具有公務身分之人，或犯罪客體為請求國有公務身分之人或機關時，被請求國應視為本國有公務身分之人從事犯罪，或對本國有公務身分之人或機關從事犯罪」。若無此一規定，國家必然不會有意願追訴。（第 7 條）

訴追之請求方面，締約國得請求他國提起訴訟之條件包括：(a)犯罪嫌疑人通常居住於被請求國；(b)犯罪嫌疑人為被請求國之國民(national)或該國為其出生地(state of origin)；(c)犯罪嫌疑人目前正在或即將在被請求國進行自由刑的判決；(d)因同一犯罪在被請求進行訴訟中；(e)有正當事由足認訴訟移轉管轄有利於發現真實，且被請求國已取得最重要證據；(f)認為如審判後，在被請求國執行較有可能促使被判刑之人的再

---

[85] *Art. 6- Art. 12. & Explanatory Report,* ECTPC.

社會化；(g)如犯罪嫌疑人無法在請求國進行聽證，而被請求國能確保聽證之進行；(h)如請求國裁判後，透過引渡制度仍無法執行判決，而被請求國能執行時，得請求提起訴訟。（第 8 條）

　　上述條件各為獨立條件且重要性相等，前四項為客觀條件，後四項為請求國主觀的評估推斷，第(a)至(c)項考量的是人犯的再社會化、第(d)至(f)項為請求國考量訴訟效率及達到司法的目的；第(g)項旨在避免缺席判決、保障公平審判及維護被告防禦權的目的；第(h)項是為了避免判決因無法執行而形同廢紙，而在更早的時期就將訴追移轉管轄，終而能在判決後執行。如果案件業經判決確定，締約國仍然可以請求移轉，但必須「請求國即使透過引渡制度仍無法執行判決，或因其他締約國不接受執行外國判決，或拒絕執行此種判決時，才得請求移轉追訴」。此一規定之目的，在於防止嫌犯因而逃避了處罰。（第 8 條）

　　被請求國之程序方面，被請求國之主管機關應就移轉管轄之訴追請求審查之，並依本國法律決定訴訟進行，審查是否符合請求要件、雙重犯罪原則及一事不再理原則；之後再審查是否一部或全部拒絕。（第 9 條）

　　有關拒絕移轉管轄請求之事由，又分為絕對拒絕事由與裁量拒絕事由。絕對拒絕事由包括：不符雙重犯罪原則、不符一事不再理原則，或請求時一依據請求國之法律，時效已消滅。（第 10 條）裁量拒絕事由，包括：(a)認為依公約第 8 條提出請求之理由不正當；(b)犯罪嫌疑人並非通常居住於被請求國之人；(c)犯罪嫌疑人非被請求國之國民，或犯罪時並非通常居住於被請求國之人；(d)認為所犯之罪為政治犯、軍事犯或財政犯；(e)認為有實質理由可信，移轉管轄之請求，係基於種族、宗教、國籍或政治立場之考量；(f)如本國刑法就該罪本即有適用，或於接獲訴追移轉管轄之請求時，依本國法律，已消滅時效；(g)依據本公約取得訴訟法上資格(能力)之案件，於接獲請求時已消滅時效；(h)所犯之罪係在請求國領域外完成者；(i)提起追訴牴觸被請求國之國際責任；(j)提起追訴牴觸被請求國司法制度之基本原則；(9)請求國違反本公約之程序規定。（第 11 條）

　　被請求國同意移轉管轄之後，仍可將該同意撤回。又分為「應撤回」及「得撤回」。應撤回指「被請求國於接受請求後，如有公約之拒絕移轉管轄事由時，應撤回已接受之請求」；得撤回已同意請求之事由包括：(a)犯罪嫌疑人顯然無法在請求國進行聽證，或該國如有進行判決，亦無法執行判決；(b)如於案件向法院提起之前，發現有公約所指之拒絕事由；(c)其他之案件經請求國同意者。（第 12 條）

二、移轉程序[86]

請求應以書面由請求國向被請求國之司法部爲之，但締約國另有協定時，亦得直接由兩國同意之機關做爲聯繫管道，並依此管道回復，如果案件急迫亦得透過國際刑警組織管道傳遞請求及通訊。另締約國如果願接受其他之規定方式，亦得向歐洲理事會秘書長提出聲明。請求應檢附刑事卷證及其他必要文件之正本，如嫌犯已羈押且被請求國無法隨案移轉文件，得於之後爲之。如被請求國認爲資料不足時，得要求附加必要之資料，並得訂定收件期日。至於被請求國方面應將其對移轉管轄之訴追所爲之決定，通知請求國，而被請求國應以書面通知有關請求國於傳送後所做之程序作爲或處分，並將副本(certified copy)傳送請求國。（第 13 條及第 19 條）

三、訴追移轉後之效果[87]

（一）訴追移轉後在請求國之效果：請求國請求移轉管轄時，即不得就請求移轉管轄之同一訴訟再行起訴，或對同一犯罪已宣告之判決要求執行。但如果被請求國通知：（1）依據上述第 10 條規定決定對於請求事項不採取作爲、（2）依據上述第 11 條規定決定拒絕接受請求、（3）依據上述第 12 條規定決定撤回接受請求、（4）決定不進行訴追或停止訴追；或（5）如果請求國於被請求國通知對於請求採取之作爲前撤回請求。有以上之情形時，起訴或執行之權利應轉回請求國。（第 21 條）

（二）訴追移轉後在被請求國之效果：依據本公約提出訴追移轉管轄時，時效應延長 6 個月。如訴追在兩國須有告訴(complaint)之提出，則在請求國提出的告訴，也在被請求國有同等之效力；如訴追僅被請求國需有告訴之提出，而有權提出告訴之人於接獲通知其有反對之權利，經過 1 個月未爲異議，此時被請求國雖欠缺告訴之提出，仍得追訴之。另外，除法律另有規定外，犯罪之處罰應依被請求國法律規定爲之，但依據本公約提出訴追移轉管轄之案件，其宣告之處罰不得超過請求國法律之規定。請求國爲了訴追之目的而依據其本國法規之作爲，應視同被求國之作爲而有同等效力，但其在被請求國的證據力不得大於請求國。因請求國之任何作爲而中斷時效時，在被請求國亦有等同之法律效果，反之亦然。（第 23 條至第 25 條）

---

[86] *Art. 13- Art. 19. & Explanatory Report,* ECTPC.
[87] *Art. 23- Art. 25 & Explanatory Report,* ECTPC.

四、被請求國之暫時處分[88]

當請求國表達移轉訴追之意願，而依被請求國之法律對於該罪准予羈押，或被請求國有理由認為嫌疑人有逃匿或湮滅證據之虞時，則經請求國請求，得暫時逮捕嫌疑人。暫時逮捕之請求應敍明請求國已依法核發逮捕令狀或其他有相同效力之令狀，並應敍明將會請求移轉管轄的犯罪為何，以及犯罪之時間及地點，並應對嫌犯確切地描述，並就案件情況摘要敍述。暫時逮捕之請求應由權責機關直接以郵寄、電報等方法傳送被請求國之對口機關，被請求國應儘速告知請求之結果。（第 27 條）被請求國接到移轉管轄之請求及文件時，一如該犯罪在領域內所為時之本國法適用，即有管轄權並得適用暫時處分，包括嫌犯之羈押、財產之扣押。（第 28 條）暫時處分應依被請求國的法律規範，受羈押之人依法逮捕後，被請求國若未於逮捕之日起 18 日內接獲移轉管轄訴追之請求時，應即釋放。又被請求國若未於收到移轉管轄訴追之請求時起 15 日內接獲移轉管轄請求所應附具之文件時，應即釋放；羈押期間無論任何情況下均不得超過 45 日。（第 29 條）

第三款　同一案件有複數刑事訴追[89]

國家在案件審理前知悉其他締約國正就同一人之同一案件進行訴訟時，應考量是否放棄、中止或移轉管轄訴訟，如依情況認為不放棄或中止本國的訴追較為適當時，應即通知他國。相關國家並應於評估狀況之後，決定那一個單獨繼續進行訴追。基於發現真實及適當處罰之目的，相關國家應審查由其中一國單獨進行訴訟是否有利，如果有利，應於以下情形，致力於決定由何國進行：(a)可以分別在數個國家刑法分別構成的犯罪，是由一人犯或數人所為時；(b)數人共犯一罪，而該罪符合各該國家刑法之規定時。放棄訴追之國家，應視為將訴追移轉他國。（第 30 條至第 34 條）

---

[88] *Art. 29 & Explanatory Report,* ECTPC.
[89] *Art. 30- Art. 34 & Explanatory Report,* ECTPC.

第四款　一事不再理[90]

刑事裁判確定而可執行後，受判決之人如果：（1）業經釋放、（2）刑罰已執行完畢或在執行中、其全部或尚未執行之部分受赦免，或因時效消滅而無法執行，或（3）或有罪之判決沒有科以刑罰時，對於同一犯罪，不得受另一締約國再行起訴、判決或執行處罰。（第 35 條）

第四項　美國對於刑事訴追移轉管轄之觀點

第一款　將刑事管轄移出美國[91]

美國憲法或法律不禁止將刑事訴追移轉外國管轄。事實上，由於美國對於決定是否起訴以及在何處起訴，授予檢察官有實質裁量之權力，這使得美國不管是正式或非正式的移出管轄，都比大陸法系國家更有彈性。因大陸系基於罪刑法定原則，拘束其起訴義務。

美國沒有締結或參加刑事訴追移轉管轄之條約或公約。然而，在對外締結的引渡條約中，如果他國拒絕引渡國民，應將案件移由該國權責機關起訴。換言之，在引渡條約「或起訴、或引渡」的拘束下，美國能有效地將國內發動的刑事訴追移轉給締約他國。而由於這種條約幾乎都是與大陸法系國家訂定，又大陸法系國家通常訂有積極國籍管轄的規定，因此，近年來對於拒絕引渡國民的國家，美國也會非正式地將訴追移轉。

---

[90] *Art. 35,* ECTPC.
[91] Abbell, *supra* note 68.

第二款　將刑事管轄移入美國[92]

　　雖然從美國刑事訴追移轉至其他大陸法系實際上可操作，但美國或甚至是其他普通法系國家實務上卻不可能接受他國移轉刑事訴追。原因如下：首先，美國與其他普通法系國家，通常沒有積極屬人管轄原則，因而，除非有其他的管轄依據，例如保護原則之下被害人是美國保護之人，或特別軍事管轄(special maritime jurisdiction)，否則不能起訴移轉之案件。第二，卽使美國有管轄權起訴移轉的案件，在邏輯上亦不可行，除非當事人認罪。例如，如果起訴要求國外證人之證詞，則必須證人親自前來出庭作證，或前往境外取得證言(be deposed abroad)，其他方式都不符憲法第 6 修正案對質條款之要件。如果多數證人都不願意前往美國作證，檢察官卽必須花費大量時間、精力及資源前往境外取得證言。況且，對於陪審團而言，前往境外取得證言不像證人現場供述那麼有效率。最後，卽使聯邦刑法典第 3505 條的立法大幅地便利了取得外國商業記錄供爲聯邦刑事訴訟之用，但程序極爲費時，此外，如需在外國的人身證據，爲了證據能力的考量，仍然必須證人親自到場或前往境外取證。第三、不管證人親自到場或前往境外取證，費用都很高。

第五項　小結

　　當各國刑法因爲管轄權的規定產生管轄衝突，或因爲引渡上的限制而無法對犯罪者行使制裁時，各國必須透過刑事司法合作來消弭這個漏洞。其合作方式包括刑事司法互助、訴追移轉管轄及跨國移交受刑人等機制，各有其功能及目的。但沒有一個準則可以決定哪一種合作模式是最好的，必須依犯罪性質、刑事程序的要件，特別是犯罪證據而定。

　　訴追移轉雖有許多優點，但各國仍然不願採用此種刑事合作模式，原因在於刑事司法人員對於此種程序不熟悉，並且太過堅守傳統主權看法。大部分法學家仍然認爲刑事訴訟難以移轉他國。

　　歐洲的刑事訴追移轉管轄公約雖然更有制度地解決刑事管轄衝突的問題，且歐洲

---

[92] *Ibid.*

理事會在 1964 年、1970 年及 1972 年分別簽訂了「道路交通犯罪處罰歐洲公約」、「刑事判決國際效力歐洲公約」及「刑事訴追移轉管轄歐洲公約」，試圖以「代理原則」及「權限移轉原則」來突破傳統刑法在管轄權的限制，解決刑事管轄權適用及執行上產生的問題，但因牽就犯罪人之所在而由國籍國或居住地國審理，畢竟不如犯罪地國依屬地原則處罰來得恰當，因而成效似乎不彰，且實際上仍有許多國家尚未批准，實務上藉助此種司法互助的案例少之又少，引渡仍是第一首選；當引渡已沒有可能性，而國家無法或不願進行一造缺席判決時，刑事訴追移轉管轄才是次佳的考慮。尤其英美法系國家因為向來主張屬地原則，並不選擇使用刑事訴追移轉管轄制度，來避免管轄衝突的問題。

時至今日，歐盟理事會雖於 2009 年提出「歐盟刑事訴追移轉管轄架構協定草案」，但迄未通過，因此，歐盟國家間目前沒有刑事訴追移轉管轄之法源依據。雖然如此，有學者見解仍認為由於犯罪的國際化，基於以下理由，刑事訴追移轉管轄制度仍有其必要性：[93]（一）在國與國邊境管制寬鬆的國家，例如：歐洲各國間，罪犯在國與國之間移動，短期間連續在數個不同國家犯罪，因而形成數個國家都有管轄權的情況，將這些管轄權移轉集中在一個案件審理，可以簡化訴訟程序，對嫌犯犯罪全貌更能掌握，審判也更能公允。邊境管制寬鬆也使得人民在國籍國以外居留或停留的時間增加，由實際居住地國審理，對於各國都有實益。（二）組織性的犯罪常涉及數個國家，各國可能同時在進行偵查或起訴，案件因而只能各行其是，如果各國司法機關同意分工，再將案件合併偵辦，便能完整起訴。（三）網路空間(cyberspace)作為不法行為實施地(*locus delicti*)，網路釣魚(phishing)的犯罪模式氾濫，上網即可開設外國銀行帳號躲避查緝並行騙天下，常見各國追查的犯罪組織或嫌犯其實都是同一對象，只是受害人住在不同的管轄地國。

---

[93] Boudewijin de Jonge, *supra* note , at 455-456.

參考文獻

陳重言，德國法規範下之國際刑事執行互助基礎架構—兼評我國跨國受刑人移交法草案，法學叢刊，No. 228，2012 年 10 月。

章瑞卿，在外國犯罪經外國法院判決之效力，刑事法雜誌第 37 卷第 1 期，1993 年 1 月。

跨國移交受刑人法立法資料彙編，法務部，2012 年 11 月。

Bibliography

Boudewijin de Jonge, *Transfer of criminal proceedings: from stumbling block to cornerstone of cooperation in criminal matters in the EU*, Journal of the Academy of European Law, Vol. 21, issue 3, July 2020

Cherif M. Bassiouni, *International Criminal Law Vol. II Multipateral and Bilateral Enforcement Mechanisms*, Martinus Nijhoff Publishers (3rd ed., 2008)

Ekkehart Muller-Rappard. *The Transfer of Sentenced Person - Comments on the Relevant Council of Europe Legal Instrument*, Pace Y. B Int'l L. 1991

European Convention on the Transfer of Proceedings in Criminal Matters *Explanatory Report, Solution Adopted*

Handbook on the International Transfer of Sentenced Persons United Nations Office on Drugs and Crime Vienna, Annex II, New York 2012

Iain Cameron, *The Protective principle of international criminal jurisdiction*, Dartmouth, 1994

Ivan A Shearer, *Extradition in International Law*, Oceana, (1971

Louis Antonacci1, Lessons from Lagrand: *An Argument for the Domestic Enforcibility of Treaty-Based Rights under International Prisoner Transfer Treaties*, Santa Clara, J. of Int'l. L., Vol. 3, 2005

M. Cherif Bassiouni, *International Criminal Law, Vo. II, Multilateral and Bilateral Enforcement Mechanisms*, Transnational Publishers Inc., 1995

Michael Abbell, *Extradition to and from the United States,* Martinus Nijhoff Publishers, Oct. 2008

Michael Abbell, *International Prisoner Transfer*, Martinus Nijhoff Publishers, 2007

Michael Hirst; *Jurisdiction and the Ambit of the Criminal Law*, Oxford University Press, 2003

Rob Blekxtoon & Wouter van Ballegooij, *Handbook on the European Arrest Warrant,* T.M.C

ASSER Press, 2005

Valsamis Mitsilegas, *The Constitutional Implications of Mutual Recognition in Criminal matters in the EU*, Common Market L. Rev. 2006

William S. Dodge, *Breaking the Public Law Taboo*, 43 Int'l L. J, 2002

國家圖書館出版品預行編目資料

國際刑事合作概論／柯慶忠著. －初版.--臺中
市：白象文化事業有限公司，2022.6
　　面；　公分
　ISBN 978-626-7056-96-7（平裝）
　1. 國際刑法 2. 國際合作
579. 95　　　　　　　　　　110021022

國際刑事合作概論

作　　者　柯慶忠
校　　對　柯慶忠
發 行 人　張輝潭
出版發行　白象文化事業有限公司
　　　　　412台中市大里區科技路1號8樓之2（台中軟體園區）
　　　　　出版專線：（04）2496-5995　　傳真：（04）2496-9901
　　　　　401台中市東區和平街228巷44號（經銷部）
　　　　　購書專線：（04）2220-8589　　傳真：（04）2220-8505
專案主編　林榮威
出版編印　林榮威、陳逸儒、黃麗穎、水邊、陳媁婷、李婕
設計創意　張禮南、何佳誼
經紀企劃　張輝潭、徐錦淳、廖書湘
經銷推廣　李莉吟、莊博亞、劉育姍、林政泓
行銷宣傳　黃姿虹、沈若瑜
營運管理　林金郎、曾千熏
印　　刷　基盛印刷工場
初版一刷　2022 年 6 月
定　　價　650 元

缺頁或破損請寄回更換
本書內容不代表出版單位立場，版權歸作者所有，內容權責由作者自負